東進ハイスクール・東進衛星予備校
宮崎 尊

はじめに

東大に受かる人

　この本は僕が過去二十数年、東大受験者とともに作業してきたことをまとめたものです。多くの人たちを見てきましたが、東大英語をクリアして合格する人に共通する特徴として、以下のことがあげられると思います。
　①基礎ができている。つまり基本的な構文知識と語彙が身に付いている。
　②文法の袋小路に入り込まない。細部を積み重ねた結果として読める、でなく、早く内容そのものを読もうという意識が強い。
　③今読んでいるものを、外部コンテクストの中に位置付け、これまでの知識を総動員して、考えることができる。だから、勘がいい。
　④自分の考えを客観視できる。したがって、英文を書くとき、言いたいことの本質を表現することができる。
　⑤仕事が早い。
　つまり東大受験者はそうなれば合格者になれるわけで、これはそうなるための本です。**blood, sweat and tears** だけではない（もちろん、努力ができるというのは最低限必要な資質ですが）正しい方法論があると思っていますので、それを書きました。

英語ができるようになるまで

　英語ができる（大人の英語を読み・聞いて理解し、筋の通った内容を英語で発信できる）ようになるための必要事項は以下の通りです。

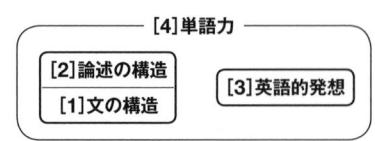

　まず基本として［1］文の構造が分かること。これについては高校2年ぐらいまでにほぼすべて学習済みです。とはいえ「習った」と「身に付いた」は別ですから、人によってはまだ練習が必要でしょう。次は［2］論述の構造。パラグラフ、文章全体という大き

な単位がどう組み立てられているか、ということですが、これはまだ意識的に学習した人が多くありません。この本のかなりの部分はそれを扱います。これとは別に、型の問題としてはとらえられない [3]英語的発想という要素があります。例えば日本語では「いい考えが浮かんだ」と頭の中で起きるようにとらえる現象を、英語では A good idea came to me. / A bright idea occurred to me. と外から来るものとしてとらえる、というようなことです。最後に、と言っても4番目ではないのですが、最終的に英語が使えるようになるか否かを決めるのが [4]単語力です。あるところを超えたら「英語のできる人」イコール「単語をたくさん知っている人」となります。野蛮な話ですが事実です。ですから、将来英語を使ってビジネス・学問をやるという予想がある人は今からせっせと単語を覚えることです。東大の問題は語彙力を試す問題でないというのは事実ですけれど、入試で必要ないから覚えない、と心をケチにした時点でその人の英語力はストップします。

　ところで東大の入試ですが、現時点では(とはいえ十数年間ほぼ変わらず)以下のような構成です。

　　第1問　A 要旨記述　B 長文(主として論説文)段落完成・段落整序
　　第2問　作文2題
　　第3問　リスニング3題
　　第4問　A 文精読／語整序　B 下線部訳
　　第5問　長文(小説あるいはエッセイ)

制限時間は120分(うちリスニングが約30分)。120点満点です。多くの人は80点、つまり3分の2を1つの目標としており、実際80点を超えた人のほとんどが合格しています。

　そしてこの設問は上に述べた「英語ができるようになるまで」ときれいに対応しているのです。

　　第1問A、Bは [2]論述の構造を読めるかを試す問題。
　　第2問は [1]文の構造・[2]論述の構造および [3]英語的発想の力を活かして英文が作れるかを試す問題。
　　第3問は [2]論述の構造と密接に関係があります。
　　第4問 A は主として [1]文の構造が精密に分かるかどうかを試し、B は [1]文の構造および [3]英語的発想の力を試します。
　　第5問は [2]論述の構造も重要ですが [3]英語的発想について盛んに聞いてきます。

　そして言うまでもなく [4]単語力がこのすべてのベースになります。また東大入試で

はいわゆる「基本語」についてかなり突っ込まれることも知っておいてください。中学で習うような語が実は難しかったりするからです。

東大入試の準備をしながら結果としてこの本は「英語ができるようになるまで」をテーマとした本になっているというわけです。

1つ付け加えるならば、東大の問題はすごくよくできていると僕は思っています。大学入試問題には受験の「お約束事」を覚えてきた人に点を与えようといういかがわしいものが多いのですが、東大の問題はそういうものを拒否している。逆に、TOEIC や TOEFL などと違って、英語に慣れているだけでは答えられない問題も多い。きちんとした言語センスを身に付けた人が（まだ語彙力が不足していても）点を取れるように作られています。この先、東大の問題も時代に合わせて変化していくのでしょうが、知識人としての potential を試そうという根本的な姿勢は変わらないと思います。

本書の特徴

①参考書であり問題集である。

解説と演習を統合しました。問題を解きながら関連事項を扱った方が能率的だからです。

②例題のすべてと例文のほとんどが東大過去問。

1巻ほぼまるごと東大英語です。一般参考書を読んでから東大過去問を解く、という二度手間を省くためです。事項を説明するための例文も、できるだけ過去約20年分の東大過去問から取りましたが、僕が書いた英文および一般書籍から取ったものも少し交ざっています。引用には出典を明示しておきました。

③英作文は理論より、良い英語を覚えることを主眼とする。

過去問をできるだけ多く扱い、立派で偉そうな模範解答でなく「簡潔で書きやすい英語」による解答例を付けました。

④ Deep Practice

現時点での自分の実力を少し超えた題材を徹底的に練習 (deep practice) し、無理やり自分のものにすることで、次に出合う同レベルのものが楽に感じられる、というやり方を使います。時々同じ素材が繰り返されるのはそのためです。

⑤リスニング対策を重視。

リスニングを効果的に練習するための方法論を提示しました。リスニングと速読とをリンクします。

構成と使い方

第1章　文の構造：この本の中で最も参考書っぽい部分です。特に前半は基本的なことを書きましたので、知っていることが多いという人はどんどん読み飛ばし、あれ？　と思うところだけ立ち止まってください。

第2章　精読問題と和訳：第1章の知識が東大ではどのように試されるのかを見ます。精読しろ、と言われると基本が案外身に付いていないことを発見するかもしれません。この章では和訳の技術についても述べます。自分でも手を動かして書いてください。日本語を書くのも修行の1つです。

第3章　論述の構造と長文問題：ここでは主としていわゆる「論説文」を扱います。長文をただ文の連続として左から右へ読むのでは足りません。要はパターン認識です。

第4章　基本語の用法：日本語と英語の発想の違いが特に大きく現れるのが基本語です。語句を「訳」で理解するのでなく「動き」「働き」でとらえることと「比喩的用法」を意識することが大切です。短いけれど重要な章です。

第5章　小説のしくみ：試験問題として小説を読むのと寝転がって楽しみのために読むのとは違います。一度しっかり小説のしくみを理解すれば、見え方が変わってきます。

第6章　英文ライティング：語句のレベルで「この日本語はこう英訳する」などとやっていたのでは駄目。この章では良い英語をまるごと暗記してもらいます。

第7章　リスニング：リスニングは語彙力や読解力と密接にリンクしていますから、この章は一番あとにするのがいいでしょう。

第7章は別として、どこから読んでも構いません。何を読む場合もそうですが、心がそちらに向いていないのに無理やり我慢して読んでもどうせ頭には入りません。ですから各章のはじめを読んで、ここ面白そうだ、と思ったところから読む方がいいと思います。

ただ、読み始めたら集中してなるべく短時間で読み、間違いを恐れず・ためらわずに解答を作ってください。忘れることを恐れる必要もありません。大切なことは頭のどこかに引っかかっているものです。やや厚い本ですが、これを例えば1ヵ月で終えることができるなら、あなたは少なくとも冒頭にあげた⑤仕事が早い　という条件をクリアしたことになります（もちろん①〜④もですが）。

アメリカ／イギリス英語の違い

　講義を始める前に1つ、英語における米英の違いについて触れておく。日本の高校の多くではアメリカ英語をスタンダードとして教えているが、東大の過去問には英国人著者による題材もきわめて多く用いられるからだ。入試ではそうしたものをアメリカ式に直すことはしないから、例えば見慣れたcivili*z*ation や lab*or* が civili*s*ation、lab*our* と書かれていて、あるいは elevator、subway がそれぞれ lift、underground となっていて戸惑うこともあるだろう。またリスニング問題をイギリス人（あるいはその他の、英語を母語とする話者）が読んでいて、聞き慣れた米音と違うということもありうる。

　以下、特に目立つ米英の英語の差異（1　スペリング　2　語彙　3　発音／強勢）をあげる。

1　スペリング

American	British
cent*er*, theat*er*, lit*er*	cent*re*, theat*re*, lit*re*
col*or*, harb*or*, hum*or*	col*our*, harb*our*, hum*our*
real*ize*, ideal*ize*, symbol*ize*	real*ise*, ideal*ise*, symbol*ise*
---------	
*air*plane	*aero*plane
*es*thetic	*ae*sthetic
arch*e*ology, encyclop*e*dia	arch*ae*ology, encyclop*ae*dia
kilogra*m*	kilogra*mme*
licen*s*e, offen*s*e	licen*c*e, offen*c*e
s*k*eptical	s*c*eptical
jail	*gaol*
gr*a*y	gr*e*y
trave*l*er	trave*ll*er
che*ck*	che*que*
tire	*tyre*

2 語彙

American	British
elevator	lift
truck	lorry
subway	underground / tube
line	queue
railroad	railway
track (railroad)	line
drapes	curtain
bathroom	lavatory / toilet
guy	bloke (informal)
damn (informal)	bloody (informal)

3 発音／強勢 track #01・02

(▶発音記号については第7章を参照)

音源を聞きながら音の違いを確認しなさい。はじめが米音、次が英音。

Item	American	British
after, answer, aunt	aftur, ansur, ant	ahftur, ahnsur, ahnt
bath, glass, laugh	bath, glas, laf	bahth, glahs, lahf
mask	mask	mahsk
rather	rathhur	rahthhur
staff	staf	stahf
anti-	antai- / anti:	anti:
ate	eit	et / eit
clerk	klurk	kla:k
herb	urrb / hurb	hurb
leisure	li:zhur	lezhur
route	raut / ru:t	ru:t
tomato	tuhmaytoh	tuhuma:toh
vase	vays / vayz	va:z

American	British
*ad*dress	ad*dress*

adver***tise***ment	ad***ver***tisement
cigarette	ciga***rette***
controversy	cont***ro***versy
fron***tier***	***fron***tier
ga***rage***	***ga***rage
laboratory	lab***o***ratory
translate	trans***late***

まとまった文を聞いてみよう。まず米音、次に英音で同じ文を朗読する。特に母音の違いに注意して、慣れなさい。印刷された英文は確認用である。耳に神経を集中すること。

EXAMPLE 1 track #03

　The word "dating" first appeared as slang used among the working class during the 1890s. By the middle of the 1920s, though, most young girls and boys in America, whatever social class they came from, were spending a lot of their time, energy and money on dating.

　This new popularity of dating was made possible by the prosperity that came to America in the 1920s. Not long before, very few young men had been rich enough to pay for meals, drinks, and entertainment. And very few young women could have afforded clothes and make-up. Now there was enough money for all that. Young men and women were now spending money in a way that would have been considered a shameful waste only a few decades before.
（第3章で扱う文の一部）

EXAMPLE 2 track #04

　A few months ago, as I was walking down the street in New York, I saw, at a distance, a man I knew very well heading in my direction. The trouble was that I couldn't remember his name or where I had met him. This is one of those feelings you have especially when, in a foreign city, you run into someone you met back home or the other way around. A face out of context creates confusion. Still, that face was so familiar that, I felt, I should certainly stop, greet and talk to him; perhaps he would immediately respond, "My dear Umberto, how are you?" or even "Were you able to do that thing you were telling me about?" And I would be at a total loss. It was too late to get away from him. He was still looking at the opposite side of the street, but now he was beginning to turn his eyes towards me. I might as well make the first move; I would wave and then, from his voice, his first remarks, I would try to guess his identity.

(第5章で扱う文の一部)

EXAMPLE 3 track #05

When I was eleven, I took violin lessons once a week from a Miss Katie McIntyre. She had a big sunny fourth-floor studio in a building in the city, which was occupied below by dentists, paper suppliers, and cheap photographers. It was approached by an old-fashioned lift that swayed dangerously as it rose to the fourth floor, which she shared with the only other occupant, Miss E. Sampson, a spiritualist who could communicate with the dead.

I knew about Miss Sampson from gossip I had heard among my mother's friends. The daughter of a well-known doctor, she had gone to Clayfield College and been clever and popular. But then her gift appeared — that is how my mother's friends put it, just declared itself out of the blue, without in any way changing her cleverness or good humour.

(同じく第5章で扱う文の一部)

はじめに 002

第1章 文の構造

1. 基本構造　014
1. 修飾 014
2. 接続詞と関係詞 019
3. 並列構造 043
4. 挿入 051
5. 比較 060
6. 分詞構文 066
7. to 不定詞 072
8. 補語および意味上の主語＋述語 078
9. 倒置／語句の移動 085

2. ニュアンスを添える　090
1. 助動詞 095
2. 副詞 100
3. to 不定詞 102
4. 修飾語句 103
5. 関係詞 what 117
6. 節を加える 121
7. 特徴的な (凝った) 言い回しをする 121
8. 語の選択 127

第2章 精読問題と和訳

1. 間違い指摘問題／語整序問題　138
1. 間違い指摘問題 138
2. 語整序問題 154

2. 和訳問題　158
1. 和訳の3C's 158
2. 時間の順／論理の順と記述の順を一致させる 167
3. 名詞を「動かす」 170
4. 代名詞／代動詞／時制 175
5. 機能語 178

第3章 論述の構造と長文問題

1. 論述の基本的な型　192
1. IDEA & EXAMPLE 192
2. CATEGORY / LISTING 200
3. CONTRAST / CONCESSION 206
4. CAUSE & EFFECT 215
5. TIME SERIES 221

2. 長文の枠組み　230
1. 段落整序問題 244
2. 段落完成問題／要旨選択問題 257
3. 全要素の入った問題 271

3. 速読について　294

第4章 基本語の用法

1. 基本語の考え方　314
1. Literal と Figurative 314
2. Core (root) meaning 318
3. 「熟語」 320
4. Phrasal Verb 326

CONTENTS

第5章 小説のしくみ

1. **小説とエッセイの構造** 360
   1. Narration（語り） 362
   2. Scenes（場面） 382
   3. Foreshadowing（伏線） 402
2. **小説の分析** 404
3. **設問の実際** 426

第6章 英文ライティング

1. **英文を書くとは** 484
   1. 「訳す」のでなく「移す」 484
   2. 型を覚え、中身を入れ替える 490
   3. 何が評価されるのか？ 498
2. **良い英語とは** 500
3. **良い英語を書く8つのルール** 506
   1. 英語らしい英語を書け 506
   2. 短く・強く書け 507
   3. 丁寧に書け 508
   4. きれいな形で書け 513
   5. collocation（連語）を覚えろ 515
   6. 便利な日本語に注意せよ 518
   7. 類似表現を区別せよ 526
   8. 見直し箇所を決めろ 535
4. **論述12パターン** 540
   1. AはBだ 540
   2. 並べる 541
   3. 意見・感想を述べる 543
   4. 譲歩する 544
   5. 〜を見ると〜が分かる 545
   6. 例をあげる 546
   7. 理由を述べる 548
   8. 因果関係 550
   9. 違いを説明する 551
   10. 比較する 553
   11. 「第5文型」を書く 554
   12. 接続詞でつなぐ 555
5. **東大ライティング6つの型[例文集]** 558
   1. DESCRIBE IT 558
   2. ARGUMENT + BECAUSE 564
   3. DIFFERENCE / COMPARISON / CONTRAST 569
   4. FROM BOTH SIDES 574
   5. SUPPOSE... 579
   6. FIRST, SECOND, FINALLY 582

第7章 リスニング

1. **リスニングの注意点** 592
   1. WHAT YOU SEE ISN'T WHAT YOU HEAR. 592
   2. NUMBERS 602
2. **リスニング問題の実際** 616
   1. ANTICIPATION 616
   2. DICTATION 621
   3. LECTURES 626
   4. CONVERSATIONS 640
   5. KEYNOTE TALKS + DISCUSSIONS 653
   6. MORE QUESTIONS 679

索引 724

はじめに

#01	01_Introduction_Pronunciation	007
#02	02_Stress	007
#03	03_EXAMPLE1	008
#04	04_EXAMPLE2	008
#05	05_EXAMPLE3	009

第3章

#06	06_Chapter3_QUETSION32	304
#07	07_QUETSION33	306
#08	08_QUETSION34	308
#09	09_QUETSION38	309

⇧truck No　⇧トラックタイトル　　　対応ページ⇧

第7章

#10	10_Chapter7_PRONUNCIATION SYSTEM [VOWELS+SEMIVOWLES]	593
#11	11_[CONSONANTS]	594
#12	12_QUETSION125-1	595
#13	13_QUETSION125-2	595
#14	14_QUETSION125-3	596
#15	15_QUETSION125-4	596
#16	16_QUETSION125-5	596
#17	17_LIAISON(WORD CONNECTION)_QUETSION126	600
#18	18_QUETSION127	600
#19	19_QUETSION128	601
#20	20_QUETSION129	606
#21	21_QUETSION130	608
#22	22_QUETSION131	615
#23	23_QUETSION132	621
#24	24_QUETSION133	623
#25	25_DRILL25	627
#26	26_DRILL26	633
#27	27_DRILL27	640
#28	28_DRILL28	646
#29	29_DRILL29-a	653
#30	30_DRILL29-b	659
#31	31_DRILL30-a	667
#32	32_DRILL30-b	673
#33	33_QUETSION134	680
#34	34_QUETSION135	685
#35	35_QUETSION136	689
#36	36_QUETSION137	696
#37	37_QUETSION138-a	701
#38	38_QUETSION138-b	706
#39	39_QUETSION139-a	712
#40	40_QUETSION139-b	717

CONTENTS
TRACK 01〜40

東大英語総講義

【付録】
リスニング用
音声収録CD-ROM
(#01〜#40：計98分 収録)

付録 CD-ROM にはパソコンで使用するための音声データ (MP3) が収録されています。音楽用 CD プレイヤーでは使用できません。パソコンや携帯音楽プレイヤーなどの各再生機能については、ご使用になる機器の取扱説明書を必ずご参照の上、ご利用ください。

第1章
文の構造

1. 基本構造
2. ニュアンスを添える

1 基本構造

文が長くなるメカニズム

英文が数行に及ぶ長さになることは決して珍しくない。
1つの文が長くなる要因を一つひとつ見ていけば、
知識としては学習済みのことばかりだと思う。

1 修飾

　[主部+述部]だけで構成された文の、主部に修飾語句を付けていく。これにより主部が徐々に大きくなっていく様子を見よう。

(**1-a**) The transition（主部[名詞]）**was** not easy.（述部）
　　　〈移行は簡単ではなかった。〉

(**1-b**) The transition *in* these countries **was** not easy.
　　　〈これらの国における移行は簡単ではなかった。〉

(**1-c**) The transition
　　　in these countries ← that belonged *to* the former Eastern Bloc
　　　　　　　　　　　　　　　　　　　　　　　　　　　　was not easy.
　　　〈これら旧東側に属する国々の移行は簡単ではなかった。〉

(**1-d**) The transition *from* a centrally planned economy
　　　　　　　　　　　　　　　　　to a market economy
　　　in these countries ← that belonged *to* the former Eastern Bloc
　　　　　　　　　　　　　　　　　　　　　　　　　　　　was not easy.
　　　〈これら旧東側に属する国々の、中央計画経済から市場経済への移行は簡単ではなかった。〉

(**1-e**) The transition *from* a <u>communist,</u> centrally planned economy
　　　　　　　　　　　　　　to a <u>functioning</u> market economy

in these countries ← that belonged *to* the former Eastern Bloc
　　　　　　　　　　　　　　　　　　　　　　　　　　　　was not easy.
　　〈これら旧東側に属する国々の、共産党による中央計画経済から市場経済が機能するまでへの移行は、簡単ではなかった。〉

（**1-f**）The transition *from* a communist, centrally planned economy
　　to a functioning market economy, ← **which *began* in**
　　　　　　　　　　　　　　　　　　　　　　　　　　　　the late 80s
　　in these countries ← that belonged *to* the former Eastern Bloc,
　　　　　　　　　　　　　　　　　　　　　　　　　　　　was not easy.
　　〈80年代末に始まった、これら旧東側に属する国々の、共産党による中央計画経済から市場経済が機能するまでへの移行は、簡単ではなかった。〉

　このように、名詞に様々な修飾語句を付けていくことで名詞のかたまりが大きくなる。修飾語句は、名詞の前に付く場合（前置修飾）と後に付く場合（後置修飾）がある。修飾語句の要素をまとめると次のようになる。

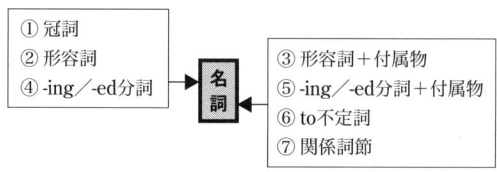

① *a* dog〈1匹の犬〉、*the* dog〈その犬〉　冠詞も一種の修飾語。
② *other* problems〈ほかの問題〉、*hard* materials〈硬い材質〉
③ problems *other than terrorism*〈テロ以外の問題〉、
　materials *harder than diamond*〈ダイヤモンドより硬い材質〉、
　something *new*〈何か新しいこと〉、
　something、anything、nobodyなどの場合、形容詞は1語でも後置する。もともとthingやbodyにsome、any、noといった形容詞が付いているものと感じられるからだ。
④ *flying* birds〈飛ぶ鳥〉、*spoken* language〈話し言葉〉
⑤ birds *flying above us*〈我々の頭上を飛ぶ鳥〉、
　languages *spoken in India*〈インドで話されている諸言語〉
⑥ things *to do*〈やるべきこと〉、something *to tell you*〈あなたに言うべきこと〉
⑦ people *who survived the quake*〈地震を生き延びた人々〉、
　people（*that*）*I know*〈私の知る人々〉

もちろん、修飾語句は名詞ばかりを修飾するわけでなく、動詞の部分や文全体への修飾も行う。これもまとめれば以下のとおり。動詞を修飾する場合。

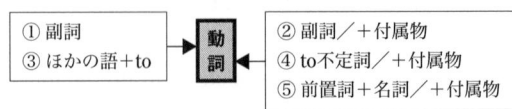

① *rapidly* increase〈急速に増大する〉、*significantly* change〈相当変化する〉
② run *fast*〈速く走る〉、work *hard*〈頑張る〉、
　change *significantly*〈相当変化する〉、
　increase *quite rapidly*〈かなり急速に増大する〉

副詞の位置は比較的自由だが、動詞を修飾する場合、動詞のあとに置かれることが多い。特に、-ly の付かない短い副詞はそうである。

③ *try to* understand〈理解しようとする〉、
　seem to understand〈理解しているように見える〉、
　glad to hear〈聞いて嬉しい〉
④ struggle *to survive*〈生き延びようと苦闘する〉、
　fight *in order to survive*〈生き延びるために戦う〉
⑤ work *for money*〈金のために働く〉、
　live *without electricity*〈電気なしで暮らす〉、
　endure *in the hope of promotion*〈昇進を願って耐え忍ぶ〉

文を修飾する場合は次のようになる。

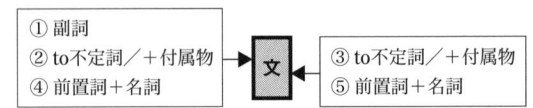

① *Generally* women are more adaptable to new circumstances.
〈一般的に女性の方が新しい環境への適応力は高い。〉
② *To be fair*, the data itself was not inaccurate.
〈公平に言えば、データそのものは不正確とはいえなかった。〉
③ The coverage was less than accurate, *to say the least*.
〈その報道は控えめに言っても、正確とは言い難かった。〉
④ *In 1921*, Albert Einstein was awarded the Nobel Prize in Physics.
〈1921年、アルベルト・アインシュタインはノーベル物理学賞を受賞した。〉

⑤ Major advances in transportation took place *during the nineteenth century.*
〈輸送における大きな進歩が19世紀に起きた。〉

修飾語句が付くことによって、主部やその他、文の構成要素が拡大した例をいくつか見てみよう。

(1) The Association *for* the Advancement *of* Computerization *in* Education, founded *in* 1993, <u>is</u> an international educational organization *with* the aim *of* advancing information technology *in* education.
〈1993年創設の教育コンピューター化促進協会は、教育における情報工学促進を目的とした国際的教育機関である。〉

は、

The Association <u>is</u> an organization.〈協会は機関である。〉
という骨組みの名詞部分に［前置詞＋名詞］がたくさん付き、-ed分詞 founded ... の句が挿入的に付け加わった文。

(2) A sudden increase *on* earth *in* the supply *of* platinum *from* space *without* a similar increase *in* demand could <u>cause</u> the price *of* the metal to <u>drop</u>.
〈宇宙からのプラチナの供給が地球上で突然増加し、それに見合う需要の増加がないとすれば、その金属（プラチナ）の価格が下落する可能性がある。〉

の基本的な骨組みは

An increase <u>causes</u> the price to <u>drop</u>.〈増加が、価格の下落する原因となる。〉
である。

(3) The sport *of* riding on waves *on* long hardwood surfboards <u>has been associated</u> *by* Europeans *with* the Hawaiian Islands ever *since* the late 18th century.
〈長い堅木のサーフボード上で波に乗るスポーツは、18世紀末からずっとヨーロッパ人によってハワイ諸島と結びつけられてきた。〉

の骨組みは

The sport <u>has been associated</u> with ....〈スポーツは～と結びつけられてきた。〉

以上のように、単純な［主部＋述部］に修飾語句が付いて長くなっていくしくみに慣れること。文は動詞を軸にして、その他の要素が大きくなることがある。その「かたまり」を練習により早くつかむことができれば、読むのも早くなる。これをしっかりつかまないと、

いつまでも曖昧な読み方が続くことになる。

　一見して分かりにくい文に出合ったら、diagram〈構造分析図〉を自分なりに描いてみるのも役に立つ。図の描き方には決まりがないから、自分の気に入ったやり方でいい。主語を四角でくるむ、修飾語句には矢印を付ける、大きな名詞のかたまりをくるむ、動詞に二重下線を付けるなど、やっていくうちに好きな方法が決まっていく。

QUESTION 1

修飾という要素をよく考えながら、次の文の構造を分析しなさい。

1　Computer researchers hoping to write programs containing the rules that experts use to make decisions have found that experts often don't know what rules they use to make decisions.

2　At present, attempts are being made by the US Federal Government to develop a perfect lie detector, as a means to improve the nation's security level in its "war on terrorism."

ANSWER KEY

1
```
Computer researchers ← hoping to write
    programs containing ← the rules
                            └ that experts use
                                 to make decisions
```

have found that [　　　].

```
experts  often don't know what rules they use
                                 to make decisions.
```

〈専門家が判断を下すさいに使う規則を含んだプログラムを書きたいと望むコンピューターの研究者たちが発見したのは、専門家たちも多くの場合、自分が判断を下すのにどのような規則を利用しているのか分かっていない、ということである。〉

2
At present,
attempts are being **made** *by* the US Federal Government
└──── *to* **develop** a perfect lie detector,
as a means *to* **improve** the nation's security level
in its "war *on* terrorism."

〈現在アメリカの連邦政府によって、「テロとの戦い」における国の公安レベルを高める1つの手段として、完璧な嘘発見器を開発する試みが進行中である。〉

　意味上は attempts to develop ... と続くのだが、develop 以下の意味のかたまりが大きくなっているため、述部の are being made ... が to より先に来ている。

2 接続詞と関係詞

　文が長くなる大きな要因として、接続詞によって節（主部＋述部）を連結していく、ということがある。接続詞を認識し、その意味が分かるというのは読解の基本だ。

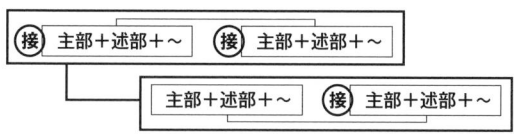

一般の接続詞
and, or, nor (=not + or), but, for, as, because, although (=though),
while, whereas, if, unless, after, before, when, until, since

　上のような接続詞の意味を知っていることは、文を読むうえで must（絶対必要な条件）となる。そもそも1文が長くなる最大の理由が接続詞による節の連結なのだから。
（1）"Fallacy" means a false idea widely believed to be true, *and* you commit the gambler's fallacy *if* you expect *that when* a tossed coin

has fallen on the same side, say, three times in a row, this increases the chance of it falling on the other side the next time, *as if* the coin had a memory and a desire to be fair.

などという文も and、if、that、when、as if という接続詞が以下のように働いて長い文を作っている。

[1] "Fallacy" means a false idea widely believed to be true,

　　　　—and—

[2] [you commit the gambler's fallacy]

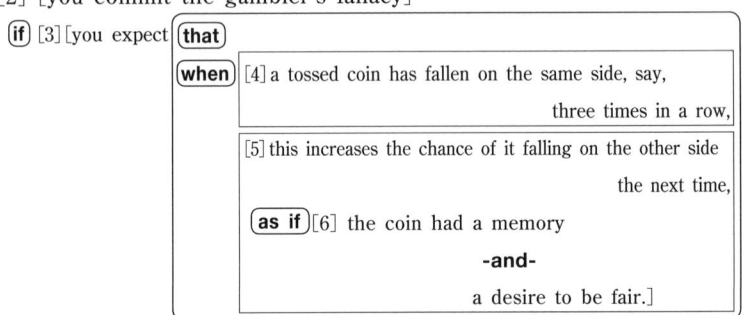

[1]と[2]は独立した2つの内容を and でつなぐ。

[1]〈誤謬とは広く真実と思われている間違った考えをいう。〉

[2]〈あなたはギャンブラーの誤謬を犯している〉＋[3] that 以下を予想するさい

[3]の節中の目的語にあたる that 節に when でつないだ2つの節 [4]〈投げたコインが同じ側に、例えば連続して3回、落ちる〉とき [5]〈これで次は反対面で落ちる確率が大きくなった〉←内容的には[5]は[3]の expect の直接的な目的語（節）となっている。[6]は[5]の付属物である〈まるでコインに記憶があって、公平でいたいという意欲があるかのように〉。

〈「誤謬」とは広く真実であると思われている誤った考えであって、投げたコインが例えば3度続けて同じ側が出たとした場合、まるでそのコインに記憶があって、なるべく偏らないようにしたいという願望でもあるかのように、次は反対側が出る確率が高まった、と考えるのなら、それをギャンブラーの誤謬という。〉

注意が必要な接続詞

接続詞には注意が必要なものも多い。例えば for。for は普通前置詞として使われ、接続詞として登場することが少ないため、勘違いも多い。

(**1-a**) What was the duration of the earthquake—*for* how long did it last?

〈地震の継続時間は？　どれだけの間続いたんです？〉

この for が for a long time〈長い間〉の for と同じく前置詞であるのに対し、

(**1-b**) There couldn't have been any kind of argument between us, *for* who cares what she would say?

〈僕たちの間にどんな議論もあったはずがないじゃない。だって、彼女がどう言おうと、どうだっていいんだから。〉

は接続詞。どちらも for のあとに疑問詞が来ていて、形が似ているから混同しやすい。

そのほか、as、while、since、if など文脈によって意味合いの違うものも要注意だ。

(**2-a**) Do *as* you please.〈好きなようにやりなさい。〉

(**2-b**) The phone rang just *as* I was leaving.

〈ちょうど出かけようとするときに電話が鳴った。〉

(**2-c**) I paused *as* I didn't know what to do next.

〈次にどうしたらいいか分からなかったので、いったんストップした。〉

as は also〈同様に〉から派生した語で原義は「同様に」。ここから、2つのことが「同様」で「似ている」意味や、「同時に」起きる意味のほか、2つのことが「似つかわしく」思えるところから「理由」を示す意味に発展する。大変微妙な区別だが、because と違って「因果関係」をはっきり示すわけではない。だから (**2-c**) などは I paused *because* I didn't know what to do next. より as の方が似つかわしい感じがする。

なお、慣用的な表現として、*as* is often the case with ...〈～にはよくあることだが〉、*as* might be expected〈おそらく予想されるように〉のように接続詞と主語を兼ねたような用法がある。「接続詞と名詞を兼ねたもの」という定義に従って「関係代名詞」に分類される。ただし、通常の［先行詞＋関係代名詞］のパターンとは違うから「疑似関係代名詞」、つまり関係詞もどき。

while は「～の間に」と「～に対して／いっぽうで」の2つの意味があるが、この2つに連続性があることは、

(**3-a**) You can't stay in bed *while* everyone else is working.

〈ほかのみんなが働いている間に、寝ているなんて駄目だよ。／ほかのみんなが働いているのに～〉

を見れば分かる。同じ意味で

(**3-b**) You can't stay in bed *when* everyone else is working.

〈ほかのみんなが働いているときに、寝ているなんて駄目だよ。／ほかのみんなが働いているのに～〉

と言ってもいい。

since は日本語の「から」に似ていて、「～以来」の意味と「～だから」の意味の両方に用いる。

(**4-a**) There has been a lot of trouble *since* she joined us.
〈彼女が加わってからトラブルが多い。〉

(**4-b**) There is a lot of trouble *since* she always does things her own way.
〈彼女は何でも自分のやり方を通すからトラブルが多い。〉

if は「もし～なら」だけでなく「たとえ～でも」と、even if の意味で使われることがある。

(**5-a**) I couldn't leave you if I tried. 〈君とは別れようとしたって別れられない。〉

まったく違う用法として whether の意味でも使われる。

(**5-b**) Let's see *if* I've got this right. 〈これでいいのかどうか確認しましょう。〉

that 節

[主語+述語]をくるみ込んで名詞節を作る that の役割はきわめて大きい。あまりにも自明なものと感じられるために省略されることも多い。

(**1**) Most of us know (*that*) money is not everything.
〈金がすべてではないと、ほとんどの人が分かっている。〉

のように動詞の目的語になる節ばかりでなく、be 動詞のあとに来る場合も。

(**2**) The fact is (*that*), not everybody acts accordingly.
〈事実は、みんながそのように行動しているのではないということだ。／実はみんながそのように行動しているわけではない。〉

また so ... that や so that の that も省略されることがある。

(**3**) Our teacher is *so* forgetful (*that*) she gave us the same test three times in a row.
〈私たちの先生はすごく忘れっぽくて、同じテストを3回連続で出した。〉

(**4**) Joseph quit his job *so* (*that*) he could tend to his ill wife.
〈ジョゼフは病気の妻の看護をするために仕事を辞めた。〉

the fact〈事実〉、the belief〈確信／思い込み〉、the concept〈概念〉、the myth〈神話／世間に広まった思い込み〉、the feeling〈感じ〉のような「内容を含む語」の直後に置いてその内容を説明する that 節の役割を「同格」と呼ぶが、この that は省略されることがない。

(**5**) the myth *that* monogamy is the norm of society
〈一夫一婦制が社会の規範であるという神話〉

疑問詞節および whether [if] 節

疑問詞節は that 節と同様、名詞のかたまりを作る。

(**1**) I didn't know *that* he hated his father.
〈彼が父親を憎んでいるとは知らなかった。〉

(**2**) I didn't know *why* he hated his father.
〈彼がなぜ父親を憎んでいるのか分からなかった。〉

(**3**) I didn't know *how* much he hated his father.
〈彼がどれほど父親を憎んでいるか知らなかった。〉

(**4**) I didn't know *whether* (*if*) he hated his father (or not).
〈彼が父親を憎んでいるのかどうか分からなかった。〉

how は単独では「どのようにして」の意味だが、後ろの語句と結びつくケースが多いことに注意。

(**5**) <u>*how* hard</u> you try〈君がどれほど一生懸命やるか〉

(**6**) <u>*how* much time and energy</u> you spend on your work
〈あなたが勉強にどれだけの時間とエネルギーを費やすか〉

what も後ろの語句と結びつくことがある。

(**7**) <u>*what* language</u> you speak〈あなたが何語を話すか〉

疑問詞節は that 節と同様、文頭に来て主部にもなる。

(**8**) *How* you do it doesn't matter.〈君がそれをどのようにやるかは問題ではない。〉

(**9-a**) *Whether* you like it or not doesn't matter.
〈君がそれを好きかどうかは問題ではない。〉

この文のように主部となる節では whether の代わりに if が使われることはない。if を使うなら、

(**9-b**) It doesn't matter *if* you like it or not.

とする。

[no matter ＋ 疑問詞] で「～は問題にならないで／～かどうかに関係なく」という

副詞節を作るさい、

(10) Money talks *no matter what* language you speak.
〈何語をしゃべろうと、やはりものをいうのは金だ。〉

となり、whether だけは no matter を付けない。

(11) A sin is a sin *whether* you mean to commit it or not.
〈意図したものであろうとなかろうと、罪は罪だ。〉

また、こうした用法で whether の代わりに if が使われることはない。

もう少し長い文で that 節、疑問詞節を見てみよう。

(12) Researchers are eagerly looking for information about *what* causes these giant volcanoes to erupt, *when* they could become destructive again, and *how* much damage might result.

Researchers are eagerly looking for
　　information about [1] [**what** causes these giant volcanoes to erupt],
　　　　　　　　　　[2] [**when** they could become destructive again],
　　　　　　　　　　and
　　　　　　　　　　[3] [**how** much damage might result].

疑問詞節が3つ、箇条書きのように並んでいる。[1] は what が節の主語になっており、[2] の when は副詞的な役割、主語は they (=these giant volcanoes)、[3] は how much damage 全体が主語である。

〈研究者たちは、何がこうした巨大火山が噴火する原因になるのか、それが再び破壊力を発揮するのはいつか、結果としてどれほどの損害がもたらされると考えられるか、に関する情報を躍起になって求めている。〉

(13) *What* makes children able to start telling lies is *that* they have begun developing a theory of mind, the idea *that what* goes on in their heads is different from *what* goes on in other people's heads.

[**What** makes children able to start telling lies]
　　　　is
that | they have begun developing
　　　　• a theory of mind,
　　　　• the idea **that** {[**what** goes on in their heads] is different from
　　　　　　[**what** goes on in other people's heads]}.

主部の What makes children able to start ... は「何が、子供が〜を始められるようにするかということ」でもいいし、関係詞の what として「子供が〜を始められるようにするもの」でもいい。疑問詞としての what と関係詞としての what は截然と区別できるものではない。

My mother asked me what I would like to be when I grew up.〈大きくなったら何になりたいの、と母は私に聞いた。〉の what は、文中に ask もあるし、内容的に「何？」と聞いているのは間違いないからこれは疑問詞。逆に Do what you think is right.（← Do the thing. + You think it is right.）〈正しいと思うことをやりなさい。〉などは「何？」の意味はまったくない、これは関係詞。しかし Let me know what you have in you mind. などは「何を考えているのか教えて。」でも、「考えていることを教えて。」でもいい。疑問詞としての what と関係詞としての what は別個のものでなく、重なり合う部分も多いのだ。

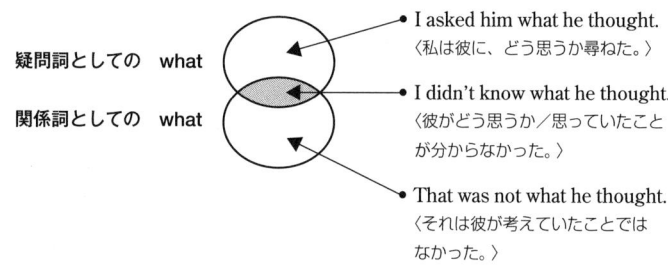

〈子供が嘘をつけるようになり始めるのは、精神のありようについて理屈が分かり始めたということだ。つまり、自分の頭の中で起きていることと他者の頭の中で起きていることは違うということを知り始めるのである。〉

QUESTION 2

次の各文の空所を埋めるのにふさわしい接続詞／疑問詞を下の選択肢から選びなさい。

1　The rush towards industrialisation has led to an unthinking approach to our natural resources. But, (　　) we want to go back to a pre-industrial world, we will not be able to protect environment without the use of science.

　　　a. as　　　b. if　　　c. unless　　　d. while

2　(1) I had never been on a plane myself, it seemed the most natural thing in the world to me (2) the prospect[1] of her first

---

1. 見通し／見込み

flight should fill her with excitement.

(1) a. Before　　b. If　　　c. Since　　d. Whereas

(2) a. because　b. though　c. that　　d. when

3　Many intelligent people have thought themselves slow and dull (1) they could not produce witty remarks in rapid succession[2] (2) their companions seemed able to do.

(1) a. as　　　　b. because　c. if　　　d. though

(2) a. as　　　　b. because　c. if　　　d. while

4　The more reality the TV screen shows us, the more movie-like our everyday world becomes, (1) we think that we are alone in the world, and (2) everything else is the film that God or some evil spirit is projecting before our eyes.

(1) a. although　b. because　c. unless　d. until

(2) a. as　　　　b. if　　　　c. that　　d. though

5　(1) the resources sought in space are materials or energy, technology for obtaining them still needs to be developed. (2) the technology needed to travel to near-earth asteroids[3] is now available, the technology necessary to mine[4] them has not been developed. It is also not clear how difficult and costly this would be, (3) is it known (4) the task could be done by robots or would require human supervision. (5) some space agencies have explored asteroids with robots and the possibility of human missions has been discussed as well, no specific plans for mining asteroids have yet been made.

(1) a. As　　　　b. Because　c. Whether　d. While

(2) a. As　　　　b. Because　c. Whether　d. While

(3) a. and　　　 b. but　　　c. nor　　　d. or

(4) a. how　　　b. if　　　　c. that　　　d. why

(5) a. Although　b. As　　　c. If　　　　d. Unless

---

2. すばやく連続して　3. 小惑星　4. 採掘する

ANSWER KEY

1 c. unless
〈工業化へ突き進んだ結果、我々は何も考えずに天然資源を利用した。しかし、前近代の世界へと戻りたいのでもない限り、科学の利用なしに環境を保護することはできないだろう。〉
　「もし〜ないなら／〜ない限り」という否定の意味が入っているところが重要。
　「前近代に戻りたくなければ、科学は必要」と言っている。

2 (1) c. Since　(2) c. that
〈私自身まだ一度も飛行機に乗ったことがなかったから、初めての飛行機旅行のことを考えると彼女がすっかり興奮してしまうのも、私にはごく当然のことと思われた。〉
　(1) の since は because、as とも置き換えられる。(2) は if としてもいいだろう。「〜興奮したとしても、ごく当然と思われた」。

3 (1) b. because　(2) a. as
〈周りの人たちがウィットに富んだ言葉を次々に発しているように見えるのに自分にはそれができないという理由で、多くの頭のいい人たちが、自分のことをのろまで鈍いと思い込んできた。〉
　大変微妙な話だが (1) は a の as ではあまり良くない。「〜という理由で」のニュアンスが十分出ないから。

ex. Don't buy something just *because* you believe it's cheap.
　　〈ただ安いと思うという理由で物を買ってはいけません。〉
　　The shop was closed *as* it was already five.
　　〈もう5時になって、店は閉まっていた。〉
の as は明確な因果関係を示したものではないし、それに「5時だった」は事実である。ここでは「頭がいいのに自分を鈍いと思い込む」「周りの人たちが気の利いた言葉を連発しているように見える」と、事実ではないのに、という含みがある。このように、as と because は必ずしも interchangeable〈互換性がある〉なわけではない。
　(2) の as は「〜のように／〜と同様に」の意味。

4 (1) d. until　(2) c. that
〈テレビ画面がより現実を見せるほど、私たちの日常の世界はより映画のようになっていき、しまいには、世界には自分だけがいて、ほかのすべては神様なり悪霊なりが目の前に映し出している映画なのだ、と考えるようになる。〉
　(1) は The more ..., the more ... とエスカレートしていき、「ついには」

...というのだから d の until。until (till) X は

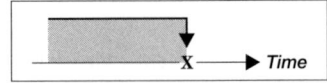

のように「継続して、そこまで至る」の意味。

ex. Be here *until* five.〈5時までここにいなさい。〉

のように何でも「まで」と訳せばいいわけではなくて、

Slowly and almost imperceptibly, his views changed *until* he found himself on the side of the rebels.

〈ゆっくりと、自分でもほとんど気づかぬうちに彼の見解は変化していき、そして気づいてみると彼は反政府側に身を置いていたのである。〉

のように、「到達点」を示すのにも使う。c の unless は「もし〜でなければ／〜でない限り」だから、この文では無意味だ。だが時には until と一緒にして、

ex. The defendants are presumed to be innocent *unless and until* they are proven guilty.

〈被告は有罪であると証明されない限り、証明されるまでは、無罪と推定される。〉

のように言ったりもする。

(2) は we think that ... and that ... と、that 節を2つ並べたもの。

5(1) c. Whether (2) d. While (3) c. nor
  (4) b. if (5) a. Although

〈宇宙に求める資源が物質であれエネルギーであれ、それを入手する技術の開発が必要であることに変わりはない。地球に近い小惑星まで到達する技術はすでにあるいっぽう、小惑星を採掘する技術はまだ開発されていない。また、それがどれほど困難でどれだけの費用を要するのかも明らかでないし、その作業がロボットでできるのか、人間が管理しなければならないのかも分からない。すでにいくつかの宇宙開発機関はロボットを使った小惑星探索を行っているし、有人飛行の可能性も論じられてはいるけれど、小惑星採掘の具体的な計画はまだ立てられていないのである。〉

(1) の節の中に or がある。「物質であれ、エネルギーであれ、どちらでもいいのだが」と言っている。

(2)「到達する技術はある」、「採掘の技術は開発されていない」だから、逆接・対比の接続詞が必要。

(3) It is also not clear ...〈〜も明らかでない〉に続けて、内容的には「分かっていない」とするのだから、否定の意味を持った c の nor [=not + or] がいい。なお、(3) のあと *nor is it* known と倒置が行われている（倒置に

ついては▶85ページ)。*or it is not* known と同じことである。

(**4**)「ロボットでできる」or「人間の監視が必要」だから、疑問詞は whether の意味の if。

(**5**)「ロボット探査はすでに行われている」and「有人飛行も検討中」と「採掘のプランはない」だから、逆接の although。

関係詞節

関係詞の入った文を読むには「2文を1つにつないだもの」という基本を理解することが何よりも重要だ。

(**1-a**) These are pictures of the island where I was born.
〈これは、私が生まれた島の写真です。〉

は、

[1] These are pictures of *the island*. + [2] I was born *there*.

である。there は関係詞 where になる。

(**1-b**) ✘ These are pictures of the island, *where* is located just three miles off the mainland.
〈これが本土からわずか3マイル沖にある、その島の写真です。〉

は間違い。

[1] These are pictures of *the island*. + [2] *It* is located just three miles off the mainland.

で、it は関係詞 which になるはずだ。

(**1-c**) ✘ These are pictures of the island, *where* I had the chance to visit last year.
〈これが、去年訪れるチャンスがあった、その島の写真です。〉

も間違い。

[1] These are pictures of *the island*. + [2] I had the chance to visit *it* last year.

で、これも which になる。visit の目的語は visit *him*、visit *the temple* など、名詞であるはずだからだ。

(**2**) Do what you think is right. 〈正しいと思うことをしなさい。〉

は、「Do what is right. に you think が挿入されたもの」などと説明する人(先生)がいるが、

[1] Do *the thing*. + [2] You think (that) *it* is right.= Do *the thing*

which you think is right. = Do *what* you think is right.

と、関係詞で2文が結びついただけ。You think (that) ... の部分は「挿入」というようなものではないだろう。

前置詞＋疑問詞

　関係詞の前に前置詞や［名詞＋前置詞］が付属しているものも、元の2文に分けて確認しておくこと。

(**1-a**) They started to farm a land, *the ownership of which* would someday be legally granted to them.
　　　　〈彼らは土地を耕作し始めた。その所有権はいつか正式に認められるだろう。〉

は、

　［1］They started to farm *a land.* ＋［2］*The ownership of it* would someday be legally granted to them.

である。なお、この文は

(**1-b**) They started to farm *a land, whose ownership* would someday be legally granted to them.

と表すこともできる。

　［1］They started to farm *a land.* ＋［2］*Its ownership* would someday be legally granted to them.

である。なお人間の所有格 (his/her/their) と同様、ものの所有格 (its/their) も関係詞になれば whose。which ではない。

　［名詞＋前置詞］の処理についてひと言。例えば、

　［1］That is *a subject.* ＋［2］I could talk *about it* all night.

は、

(**2**) That is a subject *about which* I could talk all night.
　　　　〈それは僕が一晩中だって話していられるテーマだ。〉

となる。

　［1］That's *something.* ＋［2］I've been looking *for it.*

は上と同じようにすれば、

(**3-a**) That's *something for which* I've been looking.

となるはずだが、現在の英語では

(**3-b**) That's *something that* I've been looking *for.*

さらに that を（前置詞の目的語にあたるから）省略して

(**3-c**) That's *something* I've been looking *for*.〈それが私の探していたものだ。〉
となるのが普通。(**3-a**) は普通考えられず、(**3-b**) もあまり多くなく、(**3-c**) が最も一般的だ。同様に、

　［1］That is *a subject*. ＋［2］I'm familiar *with it*.

は、

(**4-a**) That is *a subject with which* I'm familiar.

でなく、

(**4-b**) That is a subject I'm familiar *with*.〈それは私の知っているテーマです。〉

が普通。

　前ページに「現在の英語では」と書いたのには意味があって、数十年前までは、文の終わりに前置詞を持ってこないというのが「規範」だったのである。これに関してはウィンストン・チャーチルの言葉が有名で、本の校閲者が自分の文を直そうとするのに苛立った名文家チャーチルは校閲者宛てのメモに

(**5-a**) This is the sort of English *up with which* I will not *put*.

と書いたという。さすがに石頭の校閲者もこの文の異様さには気づいたはず。ここは誰でも

(**5-b**) This is the sort of English (which) I will not *put up with*.

　　　　〈これは、私には我慢できない種の英語です。〉

と書くところ。実際にチャーチルが書いたのは "English" でなく "bloody nonsense〈たわごと〉" だったという説もあるが、それはともかく、彼が言いたかったのは、規範文法に引きずられて put up with〈我慢する〉という意味のかたまりを分割するのはばかだ、ということ。

　以上のすべての例で、そうした判断が働いている。(**2**) talk *about* a subject では talk *about* より *about* a subject の結びつきが強い。(**3**) の look *for* something は *for* something より look *for* の結びつきが、(**4**) も familiar *with* の結びつきが強い。(**5**) は put up with で1つの意味をなすのであって、*up with* this sort of English だけでは意味がない、というわけだ。このへんはかなり感覚的な、native intuition〈ネイティブの直観〉に属することかもしれない。あるフレーズを fixed phrase〈固定表現／熟語〉と呼んでいいか、という判断材料として、前置詞を関係詞の前に持ってくるのが自然かどうか、という要素をあげる人々もいる。その結果、talk about は 熟語とはあまり言わないが、look for や be familiar with は熟語と言っても差し支えなく、put up with は熟語と言い切っていいだろう、という程度のもので、大して論理的な判断とは言い難い。チャーチルの時代と違って今

は、文末に前置詞が来ることを誰も気にしなくなっている。だから (**2**) も本当は That is a subject (that) I could *talk about* all night. が一番普通なのだ。となると、talk about も熟語と言ってもいいのかな?

ともかく、関係詞の文がよく分からないという場合は、知ってるふりをしないで基本に戻り、元の2文に分けて考えるのがいい。

関係詞の省略

もう1つ、省略に関して確認しておく。元の文の [2] にあたる文で目的語の位置にあった名詞が関係詞になったものは、やたらに省略される。名詞の後に [主語+動詞] の節が直接くっついているから「接触節」と呼ばれることもある。

(**1**) [1] *Everything* was right. + [2] You said *it*.
　→ Everything *that* you said was right.
　→ Everything you said was right.〈あなたが言ったすべてのことは正しかった。〉

(**2**) [1] All is *love*. + [2] You need *it*. → All *that* you need is love.
　→ All you need is love.〈あなたが必要な全てのものは愛。〉

all は「これですべて、ほかにはない」の意味だから「愛があれば何もいらない」ということ。

(**3**) [1] Stacy never talks about *the guys*. + [2] She has broken up *with them*.
　→ Stacy never talks about *the guys with whom* she has broken up.
　／ Stacy never talks about *the guys that* she has broken up *with*.
　→ Stacy never talks about *the guys* she's broken up *with*.
　〈ステーシーは別れた男の話は絶対しない。〉

この、最後の文などは、前置詞で終わらざるをえない。

目的語の位置ばかりではなく、be 動詞のあと、つまり補語の位置にあったものも省略されることがたまにある。

(**4**) [1] This is *everything* to know. + [2] There is *the thing*.
　→ This is everything *that* there is to know.
　→ This is everything there is to know.
　〈これが存在している、知るべきすべてのことだ。／知っておくべきことはほかにはない。〉

関係副詞の where や when, why, how に関してはそれ自体が省略されたり、また、先行詞の方が、自明であると感じられて省略されることが多い。

(**5-a**) This is *the cave where* they lived.〈これが、彼らの暮らしていた洞窟だ。〉
の the cave は情報として重要だが、
(**5-b**) This is *the place where* they lived.〈これが彼らの暮らしていたところだ。〉
の the place は where と内容的に完全にかぶるから、省略して
(**5-c**) This is *where* they lived.

同様に、
(**6-a**) That was *the time when* I decided to leave home.
〈それが、僕が家を出ようとしたときだった。／そのとき僕は家を出ようと決意したのだった。〉
を、
(**6-b**) That was *the time* I decided to leave home.
(**6-c**) That was *when* I decided to leave home.
とする。
(**7-a**) That is *the reason why* I left home.
〈それが私が家を出た理由です。／そういうわけで私は家を出たのです。〉
の the reason と why の意味が完全に重複しているから、
(**7-b**) That is *the reason* I left home.
または、
(**7-c**) That is *why* I left home.
とすることが多い。
(**8-a**) This is *the way how* we wash our clothes.
〈これが、私たちが衣服を洗濯するやり方です。〉
も the way と how の意味が重複しているから、
(**8-b**) This is *the way* we wash our clothes.
または、
(**8-c**) This is *how* we wash our clothes.
とする。

　先行詞のない where、when、why、how などはもう、関係詞なんだか疑問詞から始まる節なんだか分からなくなっている。what が時として関係詞でも疑問詞でもいいように、どっちでもいいのだ。

　関係詞としての what についてはあとで詳しく述べる（▶117ページ）。

QUESTION 3

次の各文の下線部の、関係詞（省略されている場合もある）の部分に注目して、元の2文または2つのフレーズ [1]、[2] に分けなさい。

1　"Hello," the guard greets in English, "How are you?" Then he switches to Persian, only some of which I understand.

2　The time may come when the world will be dominated by just two languages; on present performance, these will almost certainly be English and Chinese.

3　(1) The professional prefers scenery the amateur painter would reject as plain[5] or uninteresting. (2) The professional prefers this type of scenery because of the challenge it offers to his skills as a painter; (3) to see beauty where it is not easy to see, (4) to create order where the natural elements are confused, in short, to make art from nature.

4　(1) Many of us know elderly men and women who no longer act as we have come to expect them to act. I am not talking here about victims[6] of Alzheimer's disease.[7] (2) In the example I am thinking of the person continues to behave in a normal manner, but one so remote from his old self[8] that he appears to those who know him, to be someone else entirely.

5　One thing that science fiction has focused attention on is travel faster than light.

6　In the library, (1) you may start reading the books you ought not to be reading, and become so absorbed in them that at the end of the day (2) you still have most of the reading to do that you had before you that morning.

ANSWER KEY

1 [1] **Then he switches to *Persian*.** 〈それから彼はペルシャ語に切り替える。〉
　[2] **I understand only some of *it* [=Persian].**
　〈私はその一部しか理解できない。〉

---

5. 地味な　6. 犠牲者／患者　7. アルツハイマー病　8. 過去のその人とはかけ離れた

〈「やあ」と守備兵は英語であいさつする。「こんにちは。」それから彼はペルシャ語に切り替え、私は一部しか理解できない。〉

2 [1] *The time* **may come.** 〈時が来るかもしれない。〉

[2] **The world will be dominated by just two languages** *then* [=at that time].

〈そのとき、世界はわずか2つの言語に支配されているだろう。〉

〈世界が2つの言語に支配される時が来るかもしれない。現在の状況から見ると、それはまず間違いなく英語と中国語だろう。〉

3 (1) [=The professional prefers scenery *that* the amateur painter would reject ...]

[1] **The professional prefers** *scenery*.〈プロは風景をより好む。〉

[2] **The amateur painter would reject** *it* [=the scenery] **as plain or uninteresting.**

〈アマチュア画家なら、地味だとか面白みがないとしてその風景を拒む。〉

(2) [= ... because of the challenge *that* it offers to his skills as a painter]

[1] **The professional prefers this type of scenery because of the** *challenge*.

〈プロがこうしたタイプの風景を選ぶのは、挑戦のためである。〉

[2] **It** [=this type of scenery] **offers** *it* [=the challenge] **to his skills as a painter.**

〈それは彼の、画家としての技量に挑戦を突き付ける。〉

(3)

[1] **to see beauty** *there* [in the place]〈そのところに美を見る〉

[2] **It** [=beauty] **is not easy to see** *there*.

〈そこに美を見いだすのは容易でない。〉

(4)

[1] **to create order** *there* [=in the place]

〈そのところに秩序をつくり出す〉

[2] **The natural elements are confused** *there*.

〈そこでは自然の要素は混乱している。〉

〈プロの画家は、アマチュアなら地味だとか面白みがないと言って描こうとしない風景をより好む。プロがこうしたタイプの風景を選ぶのは、それが彼の画家としての技量に突き

付けてくる挑戦のためである。美を見いだし難いところに美を見、自然の要素の混乱したところに秩序をつくり出す、要するに自然を元に芸術をつくるのである。〉

4 (**1**)

[1] **Many of us know *elderly men and women*.**
〈私たちの多くはお年寄りの男女を知っている。〉

[2] ***They* no longer act as we have come to expect them to act.**
〈その人たちはもう、私たちが予想するようになったやり方では行動しない。〉

(**2**) [= In the example *that* I am thinking of ...]

[1] **In *the example* the person continues to behave in a normal manner.**
〈その例では、その人は普通のやり方で行動している。〉

[2] **I am thinking of *it* [=the example].** 〈私は今、その例を考えている。〉

〈私たちの多くは、これまでにこちらが予想するようになったのとは違う行動をするお年寄りを知っている。今言っているのはアルツハイマー病患者のことではない。私が今考えている例では、その人は普通の行動をするのだが、しかしその行動が昔のその人とはひどくかけ離れているので、知っている人から見るとまるで別人に見えるのである。〉

5 [1] **One thing is *travel faster than light*.**
〈1つは光速を超える移動である。〉

[2] **Science fiction has focused attention on *it* [=travel faster than light].**
〈SFは光速を超える移動に注目してきた。〉
〈SFがこれまで注目してきたことの1つが、光速を超える移動である。〉

6 (**1**)

[1] **You may start reading *the books*.**
〈あなたは本を読み始めるかもしれない。〉

[2] **You ought not to be (=should not be) reading *them* [=the books].**
〈今その本を読んでいるべきではない。〉

(**2**)

[1] **You still have most of *the reading to do*.**
〈あなたは読むべきものの大半をまだ持っている。〉

[2] **You had *it* [=the reading to do] before you that morning.**
〈その日の朝、あなたは目の前に読むべきものがあった。〉

〈図書館で、今読んでいる場合でない本を読み始めて熱中してしまい、その日の終わりになって、朝読もうと目の前に広げておいた読むべきものの大半がまだ残っている、というようなこともあるのではないか。〉

that

　that の用法が多様であるのはよく知られているとおりで、だから
　They say that that 'that' that that person said sounded dubious.
なんていう、言葉遊びのような例文があったりする。最初の that は say の目的語にあたる名詞節を導く接続詞、第2の that は形容詞「あの」、第3の 'that' は「that という語」、次の that は関係詞、最後の that は形容詞で「あの (人)」だから「あの人が使ったあの 'that' はなんだか怪しげに聞こえた、と彼らは言う。」なのだが、訳してみてもしかたない。説明してみてもなぜかそれほど楽しくないのは「考え落ち」だからか。もっとおばかな

　[次の文を訳せ：You might think but today's hot fish.　答え：言ふまいと思へど今日の暑さ哉。]

なんて方が面白い。では応用問題。

　[次の文を英訳せよ：言ふまいと思へど金の欲しさ哉。　答え：You might think but money's dry fish.]

この手のジョークは、昔から学生の間に伝えられてきた文化の伝承みたいなものだし、罪がない。が、

　A whale is *no more* a fish *than* a horse is.
　〈クジラが魚でないのは馬が魚でないのと同じこと。〉

などという、現代では妙な参考書以外では絶対見ることのない構文が、今でも伝承されているのは由々しきことだ。明治時代の参考書の例文がまだ生きているのだ。いや、確かに以前はこういう文もあったのだ。またチャーチルだが、

　India is a geographical term. It is *no more* a united nation *than* the Equator.
　〈インドは地理上の用語である。統一国家ではない、ということでは赤道と何ら変わりはない。〉

なんて言っている。しかし、クジラが云々というのはそろそろ勘弁してほしい。試しに Google でこの例文を検索してみると、ヒットする件数のほぼ90パーセント以上が日本 (残りの少数が韓国と中国) からの発信だと分かる。しかし、東アジアだけに流通している英文って . . . 。

　that の話だった。

that の用法

① 形容詞

(**1**) Don't eat *that* yellow snow.[9] 〈その黄色い雪、食うな。〉

---

9. Frank Zappa, *Don't Eat That Yellow Snow, 1974*

037

さっき犬がそこで . . . ああ、まだおばか例文を引きずってる。ともかく、あの・その、と指さすのである。それから、単純に「あの」と指さすのでなく、筆者と読者が共通の認識を持っている外部コンテクストを示して that が使われることがまれにある、と書くと分かりにくいから例で言うと「ようやく少し風が出始めて風鈴の音がする縁側に蚊取り線香を置き、風呂で汗を流した素肌に浴衣を着て、井戸でよく冷やした西瓜を食べていると、海岸の方から花火の音がどーん . . . あの、日本の、夏 . . . 」などというときの「あの」だ。

(**2**) It was *that* pleasant summer evening when the day's work was done and you sit in the front porch or lie on the soft grass, and watch the sunset.
〈1日の仕事を終え、玄関ポーチに腰を下ろしたり、柔らかい草の上に寝そべって、日の沈むのを見ている、あの気持ちの良い夏の夕暮れでした。〉

② 指示代名詞

(**3**) Well, *that*'s a good question. 〈いやあ、それはいい質問ですね。〉
　①と同じだが、ただ名詞である点が違う。

③ 反復を避ける代名詞

(**4**) The population of Canada is half *that* [=the population] of France.
〈カナダの人口はフランスの半分です。〉
　前出の名詞が複数の場合、those とする。

(**5**) The French bullet trains are faster than *those* of Japan.
〈フランスの弾丸列車は日本のより速い。〉

　that は内容的には [the ＋前出の名詞] である。内容的に [a/an ＋前出の名詞] の場合は that でなく one、あるいは必要なら定冠詞を付けて the one とし、冠詞の付かない、限定のされていない複数の名詞の場合には ones とする (そもそも the は that から派生したもの、a/an は one から派生したものである)。

(**6-a**) This guy is a lot younger than *the one* [=the guy] I saw last night.
〈この人は僕が昨日の晩に見た人よりずっと若いです。〉

(**6-b**) The difference is *one* [=a difference] of degree, not of kind.
〈その違いは、程度の違いであって種類の違いではない。〉

④ 副詞 (「それほど」の意味)

(**7**) My teacher advised me to consult an encyclopedia, but I didn't want to know *that* much.

〈先生は百科事典を調べてみればいいと言ってくれましたが、そこまで知りたいわけでもありませんでした。〉

⑤ 名詞節を導く／It ... that 構文を作る

(**8**) *That* the Mayor is a Mafia member is an open secret. / *It* is an open secret *that* the Mayor is a Mafia member.
〈市長がマフィアの一員だというのは公然の秘密である。〉

⑥ 同格

(**9**) Everybody knows *the fact that* the government officials are corrupt.
〈政府の役人が腐敗しているという事実は誰でも知っている。〉

⑦ 形容詞の説明となる節を導く

(**10**) I'm *sorry that* you didn't make it. 〈うまくいかなくて残念だったね。〉

⑧ 強調構文

(**11-a**) *It was* you *that* made the mistake. 〈間違えたのはあなたの方ですよ。〉

この文は *It was* you *who* made the mistake. とも表される。強調する部分が「もの」の場合には which も現れる。

(**11-b**) *It was* the peculiar spelling of her last name *which* attracted my attention.
〈私の注意をひいたのは、彼女の名字の、変わったスペリングだった。〉

⑨ so (such) ... that 構文

(**12**) He has *such* a big mouth *that* he has more enemies than friends.
〈彼は大変な大口たたきで、味方よりも敵が多い。〉

⑩ 関係詞

(**13**) This is the house *that* Jack built.
This is the malt *that* lay in the house *that* Jack built.
This is the rat *that* ate the malt *that* lay in the house *that* Jack built.
This is the cat *that* killed the rat *that* ate the malt *that* lay in the house *that* Jack built.[10]
〈これはジャックの建てた家。
これはジャックの建てた家にねかした麹。
これはジャックの建てた家にねかした麹を食べたねずみ。
これはジャックの建てた家にねかした麹を食べたねずみを殺した猫。〉

10.Mother Goose（英米の伝承童謡集）の1篇

QUESTION 4

次の各文の下線部の語が次のどれに当たるのか、答えなさい。

①形容詞　　　②指示代名詞　　　　　　③反復を避ける代名詞
④副詞　　　　⑤名詞節を導く／It ... that 構文を作る
⑥同格　　　　⑦形容詞の説明となる節を導く
⑧強調構文　　⑨so（such）... that 構文　　⑩関係詞

1　It was well known that the bank was terribly managed.

2　We all agree (1) that the aim of education is to fit the child for life: however, there are a variety of opinions as to how (2) that fitting is to be done.

3　I imagine (1)that he even felt a certain sense of relief (2)that the trial, which had hung as a heavy weight around his neck,[11] was at last to take place, and his innocence publicly declared.

4　Science fiction not only is good fun but also serves a serious purpose, that of expanding the human imagination.

5　It was here, where lack of understanding created racial hatred, and racial hatred regularly exploded on the streets, that Ludovic Zamenhof[12] was born in 1859.

6　Madagascar's ecosystem was able to establish itself partly because it was only about 2,000 years ago that a human population began to disturb the natural environment.

7　In the early years of the 21st century the trend toward the unisex look had reached so advanced a state that it was almost impossible to distinguish males and females unless they were completely unclothed.

8　I was at that time of life when suddenly boys turn awkward,[13] lose what can never be regained—a certain early freshness—and enter a new stage in which a hundred things combine to spoil the grace of their performance.

9　To a younger generation (1) that questions the merits of working 9-9 and then drinking with colleagues until the last train home,

---

11. 首の回りに重い重量としてぶら下がっていた／重荷として肩にかかっていた　12. 世界言語 Esperanto の考案者
13. 態度がぎくしゃくと不自然になる

the trend for shorter hours and longer vacations may be welcome. However, to many over 50 it is evidence (2)that the tough stuff[14] (3)that made Japan a great competitor is lost.

10 I remember spending some time on the lakes of Minnesota when I was younger. It was perfectly obvious there (1)that some people engaged in fishing acted as if their whole life depended on catching fish. They would motor up and down[15] the lake trolling for long hours, really working at it. They worked at their leisure. Then there were other people who did not really much care whether they caught fish. It was not (2)that they went fishing without any care for catching fish, but they would just catch them and put them back.

ANSWER KEY

1 ⑤ **It ... that 構文を作る**
〈その銀行の経営がひどい状態であることはよく知られていた。〉

2 (1) ⑤**名詞節を導く**。agree の内容を表す節。
(2) ①**形容詞**。前出の fit the child for life を指している。
〈教育の目的が子供を実生活に適応させることだという点では我々誰もが意見は一致するのだが、その適応がどのようになされるべきかということになると意見は種々様々なのである。〉

3 (1) ⑤**名詞節を導く**。imagine の目的語となる節。
(2) ⑥**同格**。sense of relief の内容を説明している。
〈私が想像するに、彼は、それまでずっと肩にのしかかっていた裁判がようやく行われて、晴れて無実が言い渡されるという安堵感すら感じていたのではないか。〉

4 ③**反復を避ける代名詞**。前出の purpose を繰り返すならば the purpose である。
〈SFはただ楽しいばかりでなく、重要な目的を持っている。人間の想像力を広げるという役割である。〉

なお、the purpose *of* expanding the human imagination の of の用法を「同格」という言葉で表すことがある。「目的」という名詞の内容を「人

---

14. thing(s) と同じく広く「もの／こと」を表す語
15. モーター動力で行ったり来たりする

間の想像力を広げること」という名詞句で説明し、＝（イコール）という働きをしているから。内容の説明が that 節の場合には「同格の that」と呼ぶ。

5 ⑧**強調構文**。もともと Ludovic Zamenhof was born *here* in 1859. という文だが、**It was**［強調したい要素］**that**［残りの要素］．という枠組みを使って here を強調して **It was**［*here*］**that**［Ludovic Zamenhof was born in 1859］．とし、さらに here を関係詞節 where ... で説明している。
〈ルドヴィコ・ザメンホフが１８５９年に生まれたのはここ、理解の欠如が人種間の憎悪を生み、それが街中で常に爆発するところであった。〉

6 ⑧**強調構文**。A human population began to disturb the natural environment *only about 2,000 years ago.* → **It was**［*only about 2,000 years ago*］**that**［a human population began to disturb the natural environment］．
〈マダガスカルの生態系が確立できた理由の１つは、人間の集団が自然環境を乱し始めたのがわずかおよそ２,０００年前だったということである。〉

7 ⑨ **so（such）... that 構文**。so advanced a state that ... の語順に注意。もともと an advanced state〈進んだ状態〉というかたまりであるが、**so**〈そんなに〉という副詞を付ける場合、形容詞 advanced と結び付けて a state の前に持っていく。同じことは *such* an advanced state にも言え、実はこちらの方が普通だ。so advanced a state と同じような語順は、ほかに *too grave a* problem to ignore〈無視できないほど重大な問題〉や、*as fantastic an* idea as alien abduction〈宇宙人による誘拐と同様に突飛な考え〉などに現れる。
〈２１世紀初頭、ユニセックスファッションの流れは、まったく衣服を身に着けていないのでもなければ男女を区別することがほとんど不可能、という状態にまで達していた。〉

8 ①**形容詞**。「共通認識」を指す「あの」である。と同時に、あとに続く説明を指してもいる。
〈それは、男の子たちが突然ぎこちなくなり、もう二度と取り戻せないもの―ある種の幼い新鮮さ―を失い、何百ものことが組み合わさって、自然な美しさが損なわれていく、あの時期だったのである。〉

9 (1) ⑩ **関係詞**。a younger generation ＋ It (=the generation) questions the merits of ... が関係詞でつながっている。question は動詞「疑問に思う」。つまり「～の利点に疑問を呈する、より若い世代」。

(2) ⑥**同格**。that 以下の節が evidence〈証拠／はっきり示すもの〉の内容を説明している。it is *evident* that ...〈～ということは明らかである〉という

it ... that 構文ではない。it は前の the trend for ... を指している。

(3) ⑩**関係詞**。the tough stuff + It (=the tough stuff) made Japan a great competitor.〈日本を強い競争力のあるものにした、不屈のもの。〉
〈朝9時から夜9時まで働いてから同僚と酒を飲み、終電で帰る、といったことに疑問を抱く若い世代にとっては、労働時間を減らし休暇を増やそうという趨勢は歓迎すべきものかもしれない。しかし50歳以上の多くの人にとっては、これは日本を強い競争力のある国にした根性が失われたことをはっきり示すものなのだ。〉

10 (1) ⑤ **It ... that 構文を作る**。It was perfectly obvious〈それは完全に明白だった〉の it の内容を that 以下の名詞節で説明。

(2) ⑤**名詞節を導く**。文頭の It は 前の文を指している。It was not that ... の be動詞は＝（イコール）の意味だから、「前の文と that 以下の文はイコールではない」つまり「だからといって〜というわけではない」の意味。同じことは関係詞を使って ..., *which* does not (necessarily) *mean* ...〈〜、それは（必ずしも）〜を意味しない／〜だからといって〜ということには（必ずしも）ならない〉などと表されることもある。
〈もっと若かった頃、ミネソタ湖のほとりにしばらくいたことを思い出す。釣り人の中に、まるで全生活が魚を捕ることにかかっているのだとでもいう人たちがいるのははっきりと分かった。何時間もモーターボートで行ったり来たり、むきになってトローリングをしている。レジャーに来て働いているのである。そしていっぽう、魚が釣れようが釣れまいがさして気にかけない人々がいる。釣りに出かけて魚を釣ろうとしない、というわけではないのだが、釣れたらすぐ放してしまうのである。〉

3 並列構造

2つ、あるいはそれ以上の要素を並列させて述べるのは英語の大きな特徴だ。日本語だって並べるくらいのことはするし、対句などという文芸の技法もあるけれど、英語の方がはるかにそれを好む。parallel structure 〈並列構造〉という。まずは and / or をよく見てみると、どれほど英文の中に parallel structure が多いか分かる。さらに見ていけば but や not ... but、not only ... but also など、様々な接続詞によってその構造が作られているのも分かるし、比較もその一種であることも分かる。

文構造ばかりでなく、後述する論述の構造にも盛んに現れる。

何と何を並べる？

　基本的な練習として、並べられている要素が何であるか、すぐに特定できるようにすること。並ぶ2つのものは文法的に等質のものでなければならない。つまり[名詞]と[名詞]、[形容詞]と[形容詞]、[to 不定詞]と[to 不定詞]、[節]と[節]というふうに。並べるもの［1］と［2］が例えば and で結ばれているとき、and の直後を見れば［2］があるから、それと等価な［1］を探せばよい。例えば

(**1**) They believe in immortality of the soul *and* resurrection *of* the body.

では、and の後ろの［2］に当たる部分が resurrection *of* the body と、名詞2つを前置詞でつないだ句になっている。

　　They believe in immortality *of* the soul *and* [2] resurrection *of* the body.

　似たような形の部分［1］は immortality *of* the soul だから、

　　They believe in ┌─ [1] immortality *of* the soul
　　　　　　　　　　│　　　　　 **-and-**
　　　　　　　　　　└─ [2] resurrection *of* the body.

と並んでいることが分かる。

　　〈彼らは、霊魂の不滅と肉体の復活を信じている。〉

　並列する項目が3つ以上箇条書きされる場合も、まったく同様。基本的に and / or は最後に1カ所だけ、あとはカンマで切る。つまり「AとBとC」は A, B, and C である。

(**2**) Zamenhof had been brought up by his parents to speak Polish, German, Russian, Yiddish, *and* Hebrew.

は

Zamenhof had been brought up by his parents to speak ┌─ [1] Polish,
　　　　　　　　　　　　　　　　　　　　　　　　　　　├─ [2] German,
　　　　　　　　　　　　　　　　　　　　　　　　　　　├─ [3] Russian,
　　　　　　　　　　　　　　　　　　　　　　　　　　　├─ [4] Yiddish,
　　　　　　　　　　　　　　　　　　　　　　　　　　　│　 **-and-**
　　　　　　　　　　　　　　　　　　　　　　　　　　　└─ [5] Hebrew.

という箇条書き。

〈ザメンホフは両親に、ポーランド語とドイツ語、ロシア語、イディッシュ語、ヘブライ語を話せるように育てられた。〉

並べ方が複雑になったものもある。精密さをもって読むにも練習が必要。

(**3**) Epicurus'[16] answer to the question, "What does it take to make a man happy?" includes: friendship; freedom; and a willingness to analyze and reduce anxieties about such things as death, illness, and money.

は

Epicurus' answer to the question, "What does it take to make a man happy?"

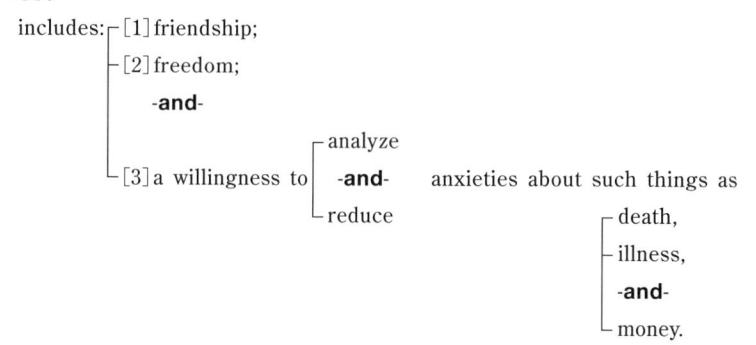

```
includes:┌[1] friendship;
         ├[2] freedom;
         │  -and-
         │              ┌analyze
         └[3] a willingness to  -and-  anxieties about such things as
                        └reduce
                                                ┌death,
                                                ├illness,
                                                │ -and-
                                                └money.
```

と、いわば階層構造になっている。

〈「人が幸福になるために必要なものは？」という問いに対するエピクロスの答えがあげていたものは以下のとおり。友情と自由、及、死や病や金銭といったことに関する不安を分析して軽減しようという意志。〉

この文では［, カンマ］と［; セミコロン］、［: コロン］を使い分けて階層構造を見やすくしている。こうした句読点について詳しくは「PUNCTUATION」で扱うが（▶52ページ）、とりあえずは「区切る強さの違い」だけ頭に入れておくこと。不等号を使って区切る強さを示せば以下のようになる。

> .(period) ＞ :(colon) ＞ ;(semicolon) ＞ ,(comma)

並列と省略

並列構造を作ったうえで、並んでいる同じ要素を省略することもよく行われる。

(**1-a**) I was willing to devote my life to the cause, and my comrades were willing to devote their lives to the cause, too.

〈私は大義に殉ずる覚悟だったし、同志たちも大義に殉ずる覚悟だった。〉

---

16. エピクロス：古代ギリシャの哲学者

は並列して書いてみると、

I *was willing to devote* my life *to the cause*,
 and
my comrades *were willing to devote* their lives *to the cause*, too.

と、重複する部分がたくさんある。これを省略して、their lives を theirs として

(**1-b**) I was willing to devote my life to the cause, and my comrades theirs, too.

とするとすっきりする。

(**2**) To err is human; to forgive divine. 〈過つのが人間、赦すのが神。〉

は Alexander Pope の詩の一節で、ことわざにもなっている有名な言葉だが、これも並べてみると

 To err is human;
 to forgive *is* divine.

と、is が省略されていることが分かる。このように対句がはっきり見える場合には平気で省略をするし、さらに and さえも使わないことがある。ちなみに err は error の動詞だが少し古くさい。普通は make a mistake。divine は「神の」という形容詞。

その他の並列構造

 and や or がないから一見すると気づかないが実は並列構造になっている、という場合がある。例えば、

(**1**) We are brought up to accept the conventions current in the society into which we are born. This sort of expression, we learn in childhood, is meant to excite laughter, that to provoke our tears.

の第1文、「我々は成長しながら、自分の生まれた社会で通用している決めごとを受け入れていく。」に続く第2文がそう。and はないが、childhood のあとで大きく切れそうだからそこで切って並べて、さらに、挿入部分の we learn in childhood をどけてみると、

 ┌ This sort of expression is meant to excite laughter,
 └ that to provoke our tears.

となるが、まだ、that to provoke あたりが、何のことやらよく分からない。しかしさらに、似たような要素を並列させてみると、

 ┌ This ┐ sort of expression is meant ┌ to excite ┐ ┌ laughter, ┐
 └ that ┘   └ to provoke ┘ └ our tears. ┘

つまり

```
         ┌ ,we learn in childhood, ┐
┌ This sort of expression ∨ is meant to excite    laughter,
└ that sort of expression     is meant to provoke our tears.
```

であることが分かる。

〈この種の表現は笑いを刺激することを意図され、あの種の表現は我々の涙を引き起こすことを意図されたもの、と我々は子供時代に学習する。〉

ということ。ちなみに、この文の that は this と 対比して、「あれ」と違うものを指す、代名詞である。挿入に関してはすぐあとで扱うが、ここで挿入部はすぐ前の expression を直接修飾しているのではないから「我々が子供時代に学ぶ表現」ではない。We learn in childhood that ... にあたるものだ。

日本語に訳す場合、重複する部分をどこまで省略するかという感覚は英語と多少違う。英語のまま「この種の表現は笑いを誘うことを意図され、あの、は涙を刺激することを。」としたのではあまりにも分かりにくいから、「この種の表現は笑いを誘うはずのもの、あの種は涙をそそるべきもの、と我々は子供の頃に学習するのである。」などと加減する。

(**2**) The change occurring in telephonic communication[17] may seem very profound, but it is only a technological change. A phone without wires, so small that it fits in a pocket, containing such miracles of technology that one can call home from the back seat of a London taxi without thinking twice,[18] is still just a phone.

2番目の文が、実は並列構造的なものになっている。第1の文は「電話通信の分野で起きている変化はきわめて大きなものに見えるかもしれないが、それはテクノロジーの変化にすぎない。」と「根本的な変化ではない」ということを言っている。次の文は A phone を後ろから次々と修飾しているものだが、これを並べて書いてみると

A phone ←[1] without wires,
　　　　←[2] **so** small **that** it fits in a pocket,
　　　　←[3] containing **such** miracles of technology
　　　　　　　　that one can call home from the back seat of
　　　　　　　　a London taxi without thinking twice,

　　is

still just a phone.

のように、A phone is just a phone.〈電話はただの電話にすぎない。〉という骨組

17. 電話によるコミュニケーション／通話　18. 迷うことなく

みの、主語の部分に［1］「電話線がない」［2］「ポケットに収まるほど小さい」［3］「2度考えることなしにロンドンのタクシーの後部座席から家に電話がかけられるようなテクノロジーの奇跡を内蔵している」という修飾部を付けたうえで、「［1］、［2］、［3］と言ってみてもなお、電話に変わりはない。」と言っている。

〈電話線がない、ポケットに収まるくらい小さい、ロンドンのタクシーの後部座席からでも、思い立ったらすぐ家に電話できるような奇跡のテクノロジーを内蔵している、と言ってみてもしょせん電話に変わりはないのである。〉

QUESTION 5

次の各文の下線を施した語(句)によって並列される部分を明らかにしなさい。

1 Stars sell newspapers and magazines, and are used to sell food, fashion, cars and almost anything else.

2 Collecting has long been a popular hobby, be it for the usual stamps, coins, and buttons, or more recently for Pokémon trading cards.

3 For collectors, an item's value is increased not only by how rare it is but also by how many colorful stories are told about it, and the long history of the fountain pen contains many.

4 There is a clear history of change in social ways of thinking about and living with snow in America.

5 Few of us spend much time wondering why nature is the way it is; where the cosmos came from, or whether it was always here; if time will one day flow backward and effects precede[19] causes; or whether there are ultimate limits to what humans can know.[20]

---

19. 先行する 20. Carl Sagan, Preface to Stephen Hawking's *A Brief History of Time*

ANSWER KEY

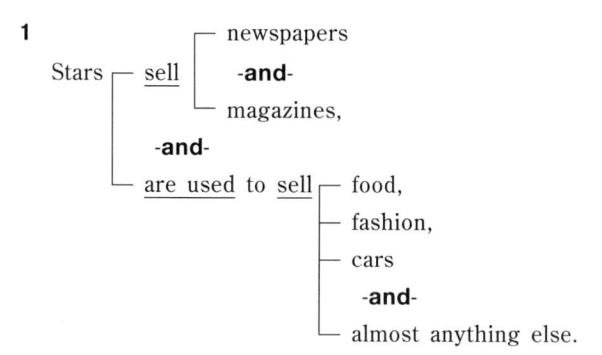

1
```
Stars ┬ sell ┬ newspapers
      │      ├ -and-
      │      └ magazines,
      │
      -and-
      │
      └ are used to sell ┬ food,
                         ├ fashion,
                         ├ cars
                         │   -and-
                         └ almost anything else.
```

〈スターは新聞も雑誌も売るし、また、食品やファッション、車その他ほぼあらゆるものを売るのに使われる。〉

2 Collecting has long been a popular hobby,
```
be it ┬ for the usual ┬ stamps,
      │               ├ coins,
      │               │  -and-
      │               └ buttons,
      │  -or-
      └ for Pokémon trading cards.
           ↑
         more recently
```

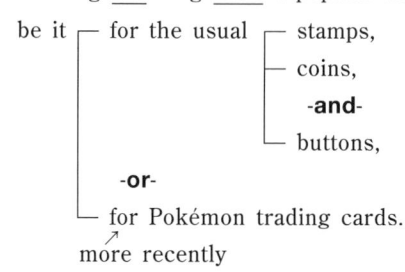

〈それが定番の切手やコイン、バッジであれ、あるいはもっと最近ではポケモン・トレーディングカードであれ、収集はずっと以前から人気のある趣味であった。〉

be it ... は「～でも、あるいは～でもどちらでもいいが」という意味のちょっと古風な（しかし珍しくはない）表現（▶85ページ）。より普通には whether it may be ...。本文は「それが切手やコイン、バッジを求めてのものでもいいし、ポケモンカードを求めてでも、どちらでもいいが」と言っている。

3
```
┬ For collectors, an item's value is increased
│   -not only- ┬ by how rare it is
│   -but also- └ by how many colorful stories are told about it,
│                              -and-
└ the long history of the fountain pen contains many [stories].
```

〈コレクターにとって収集品の価値を高めるのは、それがどれほど希少性が高いかのみならず、それにまつわる興味深い話がどれだけあるかによって決まるのであり、そして、万年筆の長い歴史には面白い逸話が多いのである。〉

not only ... but also も2つの要素を並列する。ここではどちらも by how rare ..., by how many colorful stories と、形もきれいに整っている。the long history of the fountain pen から始まる節は形式上、and で前の節全体と並列されているが、意味の上では前の節の最後の部分 how many colorful stories ... の付属物といえる。

4 There <u>is</u> a clear history of change

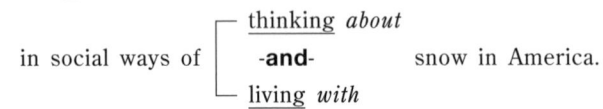

   in social ways of ┌─ thinking *about* ─┐
          │ -and-   │ snow in America.
          └─ living *with* ────┘

〈社会がアメリカの雪をどう考え、そしてどう雪と共生してきたかに関しては明らかな変化の歴史がある。〉

 thinking *about* snow, living *with* snow と、どちらも目的語 snow ときれいにつながるよう、前置詞を使い分けている。

5 Few of us <u>spend</u> much time

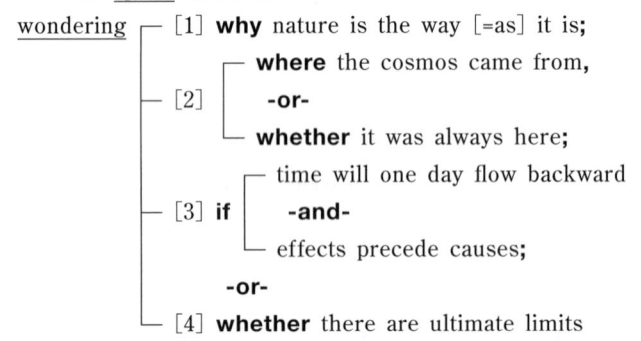

  wondering ┬ [1] **why** nature is the way [=as] it is;
      │   ┌─ **where** the cosmos came from,
      ├ [2] ┤ -or-
      │   └─ **whether** it was always here;
      │   ┌─ time will one day flow backward
      ├ [3] **if** ┤ -and-
      │   └─ effects precede causes;
      │ -or-
      └ [4] **whether** there are ultimate limits
             to what humans can know.

〈我々の中で、なぜ自然はこうなっているのか、とか、あるいは、宇宙はどこから来たのか、それとも、ずっとここにあったのか、時間が逆に流れて結果が原因より先に来ることがあるのか、人間が知りうることに究極の限界はあるのだろうか、などと考えて多くの時間を費やす人はまれである。〉

 wonder の目的節にあたるものが4つ。[2] は where と whether で始まる2つの節で1つのセット、[3] は if [=whether] のあとが and で接続された2つの節となっている。また、大きな区切れ目には ; (semicolon)、小さな切れ目には , (comma) を使い分けている点にも注目。

4 挿入

並列構造とともに英語の大きな特徴といえるのが「挿入」だ。文の途中に語句や節を割り込ませるのは、例えば「この疑問は、しかし、答えるのが難しい。」や「この種の表現は、我々は子供の頃に学習するのだが、涙をそそる意図を持ったものである。」という文は日本語では好まれない。が、英語では大好きである。

This question, *however*, is hard to answer.

This sort of expression, *we learn in childhood*, is meant to provoke our tears.

前後のカンマは（　）のようなもの

1つの文に挿入語句がいくつも入ってくると読みにくいものだが、「挿入部分の前と後には区切れ目としてカンマを打つ」という決まりを頭に置いて、読みにくければはじめ挿入部を無視して「幹」の部分だけ読むのもいいだろう。

(1) Time warp, *it seems*, might be within our capabilities in the future. There has not been much serious scientific research along the line, *however*, partly, *I think*, because it sounds too much like science fiction.

〈タイムワープは、もしかしたら将来我々の能力の手の届くところにあるかもしれないようだ。ところが、この方面での本格的な科学研究がまだなされていないのは、あまりにもSFのように聞こえるからというのも1つの理由だ、と私は思っている。〉

本来 It seems that ... と文頭に来るべきものが文中に割り込んでくる、割合多いタイプ。似たようなものとして I think、I believe、it was believed、it was thought、people rumored などなど。文修飾の副詞（句）generally〈一般的に〉、apparently〈見たところ〉、ultimately〈突き詰めて言えば〉、in the end〈終わりには〉、after all〈結局のところ〉といったものも同様に文頭から文中に移動してくる。文全体をカバーし修飾するようなものにはこういう傾向があるようだ。また、前の文とをつなぐ link word / link phrase（詳しくは▶255ページ）も、本来は文頭にあるべきものだが、主語の後ろに割り込んでくることが多い。(1)で出てきた however のほか、nevertheless〈にもかかわらず〉、therefore〈だから〉、on the other hand〈いっぽうで〉など。

(**2**) What she didn't understand, *she often said*, was the kind of laziness which, *in the name of convenience*, in the end made more work and deprived one of the small but real joys.

〈自分が理解できないのは、便利という名のもとに結局は仕事を増やしてしまい、そして小さいけれど本物の喜びの1つを奪ってしまう、そんな種類の怠惰なのだ、と彼女はよく言っていた。〉

　ここでは文修飾ではない副詞句が割り込んでいる。しかし、考えてみると「便利だと言いながら」という語句の挿入の位置は「怠惰」と「結局仕事を増やしてしまう」の間が確かに一番いい。

(**3**) She liked, *she said*, chopping vegetables, and when she paid for something, she wanted to feel, *on the tips of her fingers, on the palms of her hands*, the cost.

〈自分は野菜を切るのが好きで、そして何かにお金を使うのだったら使った分を、指の先に、手のひらに、感じたい、と彼女は言った。〉

　カンマ2つで区切られた部分を機械的に外していけば文の骨組みが残る、と思いたいところだが、必ずしもそう単純ではない。上の文では she wanted to feel the cost. という節の中に on the tips of her fingers と on the palms of her hands の2つのフレーズが挿入されている。こんなものは on the tips of her fingers and palms of her hands とまとめてしまえばいいのに、と思う人もいるだろうが、筆者はこう、静かに心を込めて「指の先に」...「手のひらに」と言い換えて繰り返したいのである。and は並列だが、and なしで同じ形のものを繰り返したのは、言い換え（同格）である。

　実はカンマが使われるのは挿入のためばかりではないから、ほかの用法のカンマと混じって混乱させられることがある。punctuation〈句読点〉について確認しておこう。

PUNCTUATION
COMMA [,]
① 接続詞が文頭に来たさい、節と節の区切れ目を示す。
(**1-a**) *If* I knew**,** I would tell you.〈知ってりゃ教えますよ。〉
接続詞が節と節の間に来た場合、カンマは入れない。
(**1-b**) I would tell you *if* I knew.
しかし、and, but, for, yet の前には入れることが多い。
(**2**) I knew her**,** *and* I knew she was an evil woman.

〈私は彼女を知っていた。そして、邪悪な女だということも知っていた。〉

② 挿入語句を囲む。

(**3-a**) Suppose, *for example*, I were your boyfriend.
〈例えば僕が君のボーイフレンドだとしよう。〉

その語句が文頭や文末に来た場合には、当然ながらカンマは1つだけ。

(**3-b**) *For example*, suppose I were your boyfriend.
／ Suppose I were your boyfriend, *for example*.

［前置詞＋名詞］のフレーズが文頭に付いた場合には、主語との間をカンマで切る。

(**4**) *On that day*, I was going to pick up my daughter at the kindergarten.
〈その日、私は娘を幼稚園に迎えに行くことになっていた。〉

が本来の姿だが、カンマのないことも多い。しかし［前置詞＋名詞］のフレーズが長くなった場合はほぼいつもカンマが使われる。

(**5**) *On my daughter's fifth birthday*, I was supposed to buy a birthday cake on my way home.
〈娘の5歳の誕生日、私はバースデーケーキを買って帰ることになっていた。〉

③ 箇条書きを作るさいの切れ目。

(**6**) Economics is a study of how individuals work for living, spend money, make choices *and* share limited resources.
〈経済学は個人がどのように働いて生計を立て、金を使い、選択をし、限られた資源を共有するかに関する学問である。〉

④ 形容詞を並べるさいの切れ目。

(**7**) George Orwell's *1984*[21] is a *long, dark* story about a totalitarian states.
〈ジョージ・オーウェルの『1984年』は、全体主義国家に関する、長く、暗い物語である。〉

DASH（LONG DASH）［—］

語句を挿入したり、後ろから説明を加えたりするさい、カンマでは目立たない、という場合に使う。

(**1**) After two months in Iran, I've learned that—*contrary to what I had expected*—foreigners are seldom bothered here.
〈イランで2ヵ月過ごしてみて、予想していたのとは逆に、ここでは外国人が嫌な目に合わされることは少ないと分かった。〉

---

21. 1949年刊行の近未来小説。監視社会の恐怖を描く

これまた当然ながら、文末に挿入語句が来た場合はダッシュは1つだけ。

(**2**) I was not bothered in any way—*contrary to my expectations.*
〈私は何ら嫌な目を見ることはなかった。これは予想に反したことだったが。〉

HYPHEN [-]

ダッシュが「切る」ものであるのに対し、短いハイフン [-] は「つなぐ」もの。複数の語をつないで1語扱いとしたり、接頭辞 (ex-、pre-、post-、extra-、etc.) を名詞の頭に付け加えるのに使う。

(**1**) a six-year-old boy 〈6歳の男の子〉

(**2**) his ex-wife 〈彼の元の妻〉

はじめはハイフンでつないでいたものが、使われ続けていくうちにハイフンなしになっていく（例えば girl-friend → girlfriend）傾向があるため、途中の段階ではハイフンのあるもの、ないものが混在することも多い。

post-colonialism / postcolonialism〈ポストコロニアリズム（植民地主義以降）〉

PARENTHESIS [(   )]

語句の挿入。カンマよりもっと「ちなみに」感が強い、あるいは「傍白（わきぜりふ）」感を出したいとき、まれに使う。

(**1**) Esperanto is probably the only language in the world to have no irregular verbs (*French has more than 2,000, Spanish and German about 700 each*) and, with just six verb endings to master, it is estimated that most beginners can begin speaking it after an hour.
〈エスペラントはおそらく世界で唯一不規則動詞のない言語で（フランス語は2,000以上、スペイン語、ドイツ語はそれぞれ約700ある）、わずか6つの動詞の活用形をマスターするだけだから、ほとんどの初心者が、始めて1時間後にはしゃべり始めることができる。〉

SEMICOLON [;]

① 箇条書きを整理するさい、カンマより大きな切れ目に使う。

② カンマよりも強い切れ目が欲しい、しかし文を2つに分けて意味のつながりを断ち切りたくはない、というときに使う。セミコロンで区切られた前後は「対比」になっていたり、後ろの部分が前の説明になっていたりすることが多い。

(**1**) I am not arguing for the mindless pursuit of scientific change; I am arguing against a mindless opposition to it.

〈私は科学的な変化をやみくもに追求しろと言っているのではない。それにやみくもに反対するのは良くないと言っているのである。〉

(2) We usually think of the meaning of a poem—or any other literary work—as having been created and fixed by the writer; all we readers have to do is find out what the author intended to say.
〈我々は普通詩の——あるいはその他どのような文芸作品でもいいのだが——意味は作者によって創造され、確定されたものと考える。我々読者の役割は筆者が何を言おうとしているかを見いだすことだけ、と考えるのである。〉

COLON [:]

① 箇条書きに使う。
② ピリオド [.] に次ぐ大きな切れ目で、ちょっと間を置く感じが強いため、「これから答えを言うぞ」と言うときによく使う。

(1) There is only one possible explanation: Our universe may be but one of many universes.
〈考えられる説明は1つだけ。我々の宇宙は数多くの宇宙の中の1つにすぎないかもしれない。〉

この例文のように、コロンの次に大文字で文が始まることもある。セミコロンの場合にはまずないことだ。

しかし現実には、コロンとセミコロンの使い方の区別はやや fuzzy〈曖昧〉である。

QUESTION 6

次の各文の空所を埋めるのにふさわしい語句あるいは句読点を、下の候補から選んで入れなさい。同じものを何度選んでもよい。何も必要のない場合は × を記しなさい。

1 The introduction of a new generation of advanced information (**1**) communication technologies, (**2**) together with new forms of business organization (**3**) management, is forcing millions of workers into temporary jobs (**4**) unemployment lines.
{ and / but / or }

2 What happens if one day we find ourselves with instruments (**1**) can detect untruth (**2**) in the struggle against terrorism but also in situations that have little to do with national security: job interviews, tax inspections, classrooms, (**3**) bedrooms?
{ and / not only / that }

3 A perfect lie-detection device would turn our lives upside down. Before long, we would stop speaking to each other, (**1**) television would be abolished, politicians would be arrested (**2**) civilization would come to a halt.[22] It would be a mistake to bring such a device too rapidly to market, before considering what might happen (**3**) if it didn't work—which is the kind of risk we're accustomed to thinking about— (**4**) what might happen if it did.

{ and / but also / not only / that }

4 At the time under Russian rule (**1**) the city was home to four main communities (**2**) the Poles (**3**) the Russians (**4**) the Germans (**5**) and the Jews.

{ : [colon] / ; [semicolon] / , [comma] / — [dash] }

5 The construction of solar (**1**) power plants in space could in principle be made much cheaper (**2**) if the high-mass (**3**) low (**4**) tech components of the plants are made in space using materials made from asteroids (**5**) or even the moon.

{ : [colon] / ; [semicolon] / , [comma] / - [hyphen] }

---

22. stop

ANSWER KEY

1 (1) **and**　(2) ×　(3) **and**　(4) **and**

The introduction of a new generation

of advanced ⎡ information ⎤
　　　　　　⎢　　**-and-**　　⎥ technologies,
　　　　　　⎣ communication ⎦

together with new forms of business ⎡ organization ⎤
　　　　　　　　　　　　　　　　　　⎢　**-and-**　⎥
　　　　　　　　　　　　　　　　　　⎣ management ⎦,

is forcing millions of workers

into ⎡ temporary jobs ⎤
　　 ⎢　　**-and-**　　⎥
　　 ⎣ unemployment lines. ⎦

〈先端的情報やコミュニケーションのテクノロジー導入と、新しいビジネス組織と経営の形態とが相まって、何百万という労働者が派遣や失業へと追いやられている。〉

(1) の and では information technologies / communication technologies のように、technologies が共通部分。together with ... は with の前に同様の意味を表す together を付けて意味を強調している。along with ... も同じ。文末 unemployment lines の line は「行列」。失業者が列をなしているイメージだ。アメリカ人は1929年に始まった大恐慌のトラウマがあるようで、街角に失業者の長い bread line、soup line〈炊き出しを待つ列〉ができている当時の写真を思い出すのだ。

2 (1) **that**　(2) **not only**　(3) **and**

What happens

　if one day we find ourselves with instruments
　　　　　　　　　　　　　　　　　　 ↑
　　　　　　　　　　　　　　　　　 └**that** can detect untruth

　not only ⎡ in the struggle against terrorism
　but also ⎣ in situations
　　　　　　　　　　 ↑
　　　　　　　　　└**that** have little to do with national security:

　　　　　　　⎡ job interviews,
　　　　　　　⎢ tax inspections,
　　　　　　　⎢ classrooms,
　　　　　　　⎢　　**-and-**
　　　　　　　⎣ bedrooms?

〈もしもある日、テロとの戦いだけでなく、国家公安とは何の関わりもない、例えば就職の面接や税務調査、教室や寝室といったところでも嘘を発見できるような器具が身の回りにあるようになったら、どういうことになるか?〉

　「テロとの戦い」という名目で、アメリカにかぎらず世界中が監視社会化している。行き着く先は Big Brother Is Watching You.〈お兄ちゃんが見張っているぞ。〉(Big Brother とは全体主義国家の独裁者の名)という、Orwellian nightmare〈オーウェルの描く悪夢〉の世界だ。

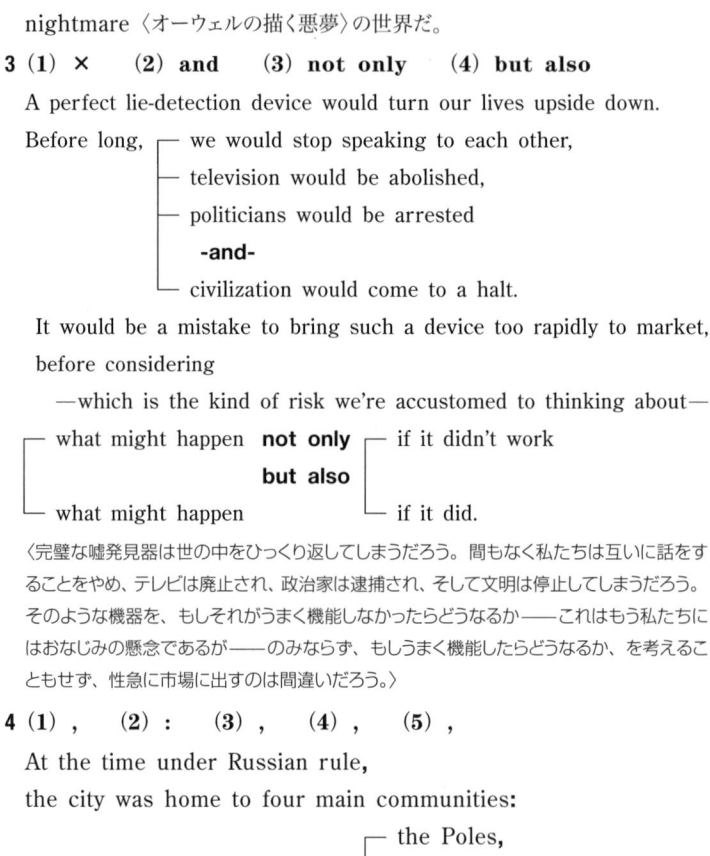

3 (1) ×　　(2) and　　(3) not only　　(4) but also

A perfect lie-detection device would turn our lives upside down.
Before long, ┬ we would stop speaking to each other,
　　　　　　├ television would be abolished,
　　　　　　├ politicians would be arrested
　　　　　　│　　-and-
　　　　　　└ civilization would come to a halt.

It would be a mistake to bring such a device too rapidly to market, before considering
　—which is the kind of risk we're accustomed to thinking about—
┬ what might happen **not only** ┬ if it didn't work
│　　　　　　　　　　　**but also**│
└ what might happen　　　　　　 └ if it did.

〈完璧な嘘発見器は世の中をひっくり返してしまうだろう。間もなく私たちは互いに話をすることをやめ、テレビは廃止され、政治家は逮捕され、そして文明は停止してしまうだろう。そのような機器を、もしそれがうまく機能しなかったらどうなるか——これはもう私たちにはおなじみの懸念であるが——のみならず、もしうまく機能したらどうなるか、を考えることもせず、性急に市場に出すのは間違いだろう。〉

4 (1) ,　　(2) :　　(3) ,　　(4) ,　　(5) ,

At the time under Russian rule,
the city was home to four main communities:
　　　　　　　　　　　　　　┬ the Poles,
　　　　　　　　　　　　　　├ the Russians,
　　　　　　　　　　　　　　├ the Germans,
　　　　　　　　　　　　　　│　-and-
　　　　　　　　　　　　　　└ the Jews.

〈ロシアによる支配のころ、その市には主として4つのコミュニティがあった。ポーランド人、ロシア人、ドイツ人、ユダヤ人である。〉

「4つのコミュニティ」とまず言っておき、その内容を言う。答えを明かす前にコロンを使って間をとっている。

5 (1) - (2) ✘ (3) , (4) - (5) ✘

The construction of solar-power plants in space
　　　　　　could in principle be <u>made</u> much cheaper
if the high-mass, low-tech components of the plants
　　　　are <u>made</u> in space using materials made
　　　　　　　　　　┌ asteroids
　　　　　　from　│ **-or-**
　　　　　　　　　　└ the moon.
　　　　　　　　　　　　↗
　　　　　　　　　　even

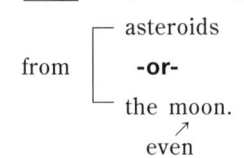

〈もしも小惑星からの、あるいは月からのでもいいのだが、材料を利用して宇宙空間で高質量かつローテクの工場用資材を作ることができるなら、宇宙での太陽エネルギー工場の建設は、原理的にはずっと安くできるわけである。〉

　solar-power、high-mass、low-tech、いずれも2語をハイフンで結んで1語とし、さらに後ろの名詞に形容詞的につないでいる。a six-year-old boy と同じ。

　ついでだが、名詞を形容詞的に使い、後ろの名詞の修飾とする場合、複数形は使わず単数形にする。

ex. shoe [✘ shoes] shop〈靴屋〉、tooth [✘ teeth] pick〈つま楊枝〉、seven-foot-tall [✘ feet] wrestler〈身長7フィートのレスラー〉

5 比較

　比較の文は2種類しかない。2つのものを比べたら、[1] どちらかが勝つ か [2] 引き分け かの2つだけ（最上級は曖昧さがなく、混乱もない）。ところがともすれば、比較のパターンを十何種類覚えよう、なんてことになってしまうのは、原理と、単語の意味を考えないで、訳を覚えて済まそうとするからだ。not so much A as B は「AというよりむしろB」とかいって訳を覚えるよりも、as … as を否定したらどうなるか、考えれば分かる。

　I'm *not as*（*so*）tall *as* he. は、「僕は彼と同じように背が高くない。」んだから、「彼の方が背が高い」、B の方が勝つのは一瞬で分かるはずだ。

　Nothing is more ... than ... は「〜よりも〜なものはない」だが、Nothing is so ... as ... は「〜ほど〜なものはない」と記す、なんて区別、どうでもいい。「超えるものはない」「並ぶものはない」と、言い方は違っていても内容は同じだ。

　more than ever は「かつてないほど」と覚えましょう、でなく、ever の意味を覚えることだ。ever は any、時間に関して使われた場合には at any time。つまり Times *are changing* more rapidly than *ever*. 「時代はより早く変わっている[現在進行形]＋どの時よりも」の「どの時」は、文脈から未来の時でなく過去の時だと分かるから、今が一番早いのだと分かる。「今ほど急速に変化している時代はかつてなかった」と言おうと「いまだかつてないほど」だろうと「今が一番」だろうといいではないか。

何と何のどこを比べる？

　肝心なのは、書いてあるまま読んで理解できることであって、訳を覚えることではない。書いてあることをちゃんと読むのに一番大事なのは、並列構造を読むのと同じように、何 -[1] と 何 -[2] の「どこ」を比べて、「どちらが勝つ」のか、あるいは「引き分け」なのかを考えること。基本が大切だ。

　than の後、あるいは、as（so）... as の形では2番目の as の後を見れば、比較している2つのもののうち2番目が分かる。これを手がかりに1番目を探せばいい。

(1) Mrs. Robinson was much *more conservative **than*** her husband.
の場合、[2] が her husband と名詞だから [1] も名詞 Mrs. Robinson。

　〈ロビンソン夫人は夫よりはるかに保守的だった。〉

(**2**) Fr.[23] Brown was *rather* dogmatic ***than*** ethical.

は、[2] ethical という形容詞にそろえて [1] も形容詞 dogmatic。
〈ブラウン神父は倫理的というよりむしろ教条主義的だった。〉

to 不定詞なら to 不定詞。

(**3-a**) We went into the shopping mall *more* to kill time ***than*** to buy anything.

は [2] to buy anything と [1] to kill time。どちらも to 不定詞。
〈私たちは買い物をするというより時間つぶしのためにショッピングモールに入った。〉

(**3-b**) We went into the shopping mall *not so much* to buy anything as to kill time.

は [2] to kill time と [1] to buy anything。not as (so) much ... as ... で、勝つのは後ろだから、結局 (**3-a**) と同じ意味。

(**4**) Maybe, he's *smarter **than*** he looks.

これは [2] he looks も [1] he is もどちらも [主語＋動詞]。比べているのは [1] he is [彼の実際のありよう] と [2] he looks [彼の見た目]。he は共通だから、現実の比較は is と looks。

〈たぶん、彼の見た目より、彼の実際のありようの方が頭がいい。
→たぶん彼は、見た目より頭がいいのかもしれない。／見た目ほどばかじゃないのかも。〉

比較で使われる単語の意味を理解する

前ページにも書いたが ever の意味は any。時間に関して使われた場合は at any time。

(**1**) She's *more* hardworking *than ever*.

といったら、than のあとの ever と比べるのは (時間に関係した) is だから、「どの時間でもよい」時と比べて「今」の方が頑張っている。内容的には最上級。

〈彼女はこれまでになかったほど頑張っている。〉

(**2-a**) She's *as* hardworking *as any*.

は形の上では she と any (body) が同じくらい頑張り屋だと言っているが、これは彼女は誰と比べても同じ、でなく（これでは彼女を含めた全員が同じようになってしまう）、誰と比べても「負けない」ということ。これも意味上は最上級。

〈彼女は誰にも負けない頑張り屋だ。〉

(**2-b**) She's *more* hardworking *than anybody else*.

では彼女は「ほかの誰と比べても勤勉さで勝っている」である。この場合は anybody

---
23. Father、神父

の中に彼女自身が含まれるのを防ごうという意識だろう、else（ほかの）を付けている。これも最上級。

(**3**) Finish it *as* soon *as possible*. / Finish it *as* soon *as you can*.
　〈できるだけ早く終わらせなさい。〉

では（it is）possible〈可能である〉や you can〈あなたができる〉のと同じ早さで、つまり「目いっぱい」と同じ早さで、と言っている。

　これは、

(**4-a**) That was *as* far *as* we *could* go.〈それが我々の行ける限界だった。〉

や、

(**5-a**) Climbing is *as* close *as* we *can* come to flying.
　〈登山は空を飛ぶことに一番近づける活動だ。〉

も同様。この文は We can come close to flying.〈私たちは飛ぶのに近いところまで来ることができる／飛ぶことに近づける。〉と Climbing is close to flying.〈登山は飛行に近い。〉の2つの要素を併せ持っている。なお上の2つの文は、

(**4-b**) That was *the farthest* we *could* go.

(**5-b**) Climbing is *the closest* we *can* come to flying.

と言い換えることもできる。

Than ／ 2つ目の as の省略

　言うまでもないと思ったら省略する。than や（2つ目の）as がないのは「言うまでもない」からで、それは①前に出ているから繰り返す必要がない か、②文脈から当然分かる と判断した結果だ。

① 前に出ているから繰り返す必要がない

(**1**) Many citizens vote or engage in *more* active forms of political participation.

　vote or engage in ...〈投票するかあるいは〜に参加するか〉と動詞が並ぶ。そのあとは engage in ... に続く部分である。*more* active forms of political participation の more に呼応するのは [*than* voting]。
　〈多くの国民は投票をしたり、あるいはより能動的な形で政治に関わっている。〉

(**2**) Widely replaced by *more* affordable and convenient ballpoint and rollerball pens, today fountain pens as everyday writing tools are rarely seen.

一般的に、than 以下を省略するのは前に出ているものを繰り返す煩雑さを避けるためだが、この例では比較の相手が後ろの fountain pens となっている。more affordable and convenient [than fountain pens]。分詞構文で、widely replaced から始まる節は後半に来る主節の「付属物」と考えられるから、こんなことも起きる。

〈より安価で便利なボールペンやローラーボールペンにほとんど取って代わられて、今日、日用筆記用具としての万年筆を見ることはまれになった。〉

② 文脈から当然分かる

(3) I want more people to participate in this project.
more people [*than* now] である。
〈もっと大勢の人にこのプロジェクトに参加してもらいたい。〉

(4) As people started to have *more* leisure time, they learned how to experience snow as entertainment.
more leisure time [*than* before] である。
〈より余暇が手に入るようになるにつれて、人々は雪を娯楽としてとらえることを知った。〉

QUESTION 7

次の各文(の下線部)が[何]と[何]の[どこ]を比較して[どちらが勝っている／引き分けである]のか、明らかにしなさい。

1　Jennings probably saw deeper into one side of Porter's life than anyone else had ever seen.

2　We know more about objects, events and people than we are able to express in words.

3　Time probably moves faster to a child of four than it does to a child of three, and faster to a child of seven than it does to a child of six.

4　We all agree that the aim of education is to fit the child for life: however, there are as many opinions as to how that fitting is to be done as there are men to hold them.

5　The amount of rocket power and fuel needed to visit some near-earth asteroids is less than it takes to go to the moon.

ANSWER KEY

1 [1] Jennings probably saw と [2] anyone else had ever seen の deep (into one side of Porter's life) を比べると [1] の勝ち。「ジェニングズはおそらく見た」方が「誰でもよいがほかの人がそれまでに見た」よりももっと「ポーターのある面を深く（見た）」。 ever は at any time（▶60ページ）だから、日本語らしく言えば

〈ジェニングズはおそらく、それまでのどの時点においても、ほかの誰も見たことのないほど、ポーターの一面を深く見たのだろう。〉

　日本語ではこういうとき「それまで誰も見たことがないほど」と否定を使うのが好きだ。

2 [1] we know about objects, events and people と [2] we are able to express in words を比べている。もっと絞り込んで [1] we know と [2] we are able to express in words としてもよい。そして much 〈量／程度〉で [1] が勝っている。つまり「知っている方が言葉で表せるよりも多い」、あるいは同じことをひっくり返して言えば「知っていることを全部言葉で表すことはできない」のである。

〈我々がものや出来事、人について知っていることをすべて言葉で表現しようとしても無理だ。〉

3 [1-a] Time probably moves ── *faster* to a child of four
　　　　　　than
　　[2-a] it does　　　　　　　to a child of three,
　　　　　　and
　　[1-b]　　　　　　　　── *faster* to a child of seven
　　　　　　than
　　[2-b] it does　　　　　　　to a child of six.

　[1] Time moves と [2-a]、[2-b] の it does とは同じ内容。実質的な比較は [1-a] to a child of four の方が [2-a] to a child of three より速く、[1-b] to a child of seven の方が [2-b] to a child of six より速いということ。

〈時間はおそらく3歳の子供より4歳の子供の方が、6歳の子供より7歳の子供の方が速く過ぎるのだろう。〉

4 「教育の目的は子供を実生活に適応させることだ、という点で我々は皆合意するのだが、」のあとの there are as many opinions as to how that fitting is to be done as there are men to hold them は、基本どおり2番目の as の後を見ると there are men to hold them とある。これが比較の2つの要素のうちの ［2］にあたる。同じような形をした ［1］ を探すと there are as many opinions ... と、there is ... 構文がある。並べてやると、

［1］ there are many opinions as to how that fitting is to be done
［2］ there are men to hold them ［=opinions］

の many〈多さ〉を比べたら引き分けだ、と言っている。as ... as の型だが、一瞬 as to ［=about］ how ... の as が混乱の元になるかもしれない。

「その適応がどのようになされるべきかということに関しては多くの意見がある」＋「その意見を持っている人がいる」＋「意見の数は同じ」。つまり、例えば人が7人いれば意見は7つ、人が50人なら意見は50となる。それが分かったうえで内容を日本語で説明すれば、

〈その適応がどのようになされるべきかということになると、人の数だけ意見があるという状態だ／〜意見は各人各様である。〉

などということになるだろう。

5 ［1］ The amount of rocket power and fuel needed to visit some near-earth asteroids と ［2］ it takes to go to the moon. の「量」を比べると ［1］ が少なく、［2］ の勝ち。実はこの文、比べている ［1］ と ［2］ の文法的構造が違って見える。［1］ が

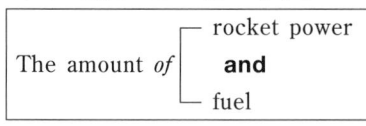

The amount *of* { rocket power **and** fuel } ← needed to visit some near-earth asteroids

と、名詞のかたまりとなっているのに対し、［2］ は it takes ... つまり、［主語＋述語］となっているからだ。しかし実は ［2］ の部分では than が関係詞として働いている。it takes ［the amount］ to go to the moon. の、takes の目的語の部分が than となっている。接続詞であると同時に修飾の節の一部となっている関係詞に分類される。しかし先行詞のない臨時的・変則的な、いわゆる quasi-relative pronoun〈疑似関係代名詞〉（▶21ページ）である。than のこうした使い方でほかに一般的なのは、

ex. The project has cost far more money *than* was expected.
〈その計画には予想されたよりはるかに多くの費用がかかっている。〉

というわけで ［2］ も名詞のかたまりとして認識されているのである。

〈どこか、地球に近い小惑星へ行くのに必要なロケット出力と燃料の量は、月に行くのに必要なものより少ない。〉

目立たないけれど実は、先ほどの Jennings probably saw deeper into one side of Porter's life than anyone else had ever seen. (▶63ページ) の ... than anyone else had ever seen も、than が seen の目的語となっている。

6 分詞構文

分詞構文は修飾句が独立性を帯びたものだ。
(**1-a**) The party trapped in heavy snow had to stay put in the cave.
という文は The party を -ed 分詞から始まるフレーズが後置修飾して、
The party ← *trapped in heavy snow* had to stay put in the cave.
　　　〈大雪に閉じ込められた一行は洞穴でじっとしているしかなかった。〉
と読むことができる。ついでだが、They stayed put there. は They were put there.〈彼らはそこに置かれていた。〉の be を stay に変えて「彼らはそこに置かれた状態のままでいた。→ 〜そこにじっとしていた」としたもの。受動態の put が主語を説明する補語、つまり主格補語となっている。

この修飾部の前後にカンマを打って独立した感じを持たせると、
(**1-b**) The party, *trapped in heavy snow*, had to stay put in the cave.
挿入句ということになる。と同時に「その一行は、大雪に閉じ込められて、洞穴でじっとしているしかなかった。」と挿入部分が「理由」を示しているようなニュアンスが生じる。

次に、この修飾部を文頭に持っていって目立たせると、
(**1-c**) *Trapped in heavy snow,* the party had to stay put in the cave.
さらに理由という感じは強くなる。「大雪に閉じ込められたので、一行は〜」だが、日本語で「大雪に閉じ込められて一行は〜」としても「大雪に閉じ込められた一行は〜」としても大した変わりはない。

一般に、この (**1-b**) を分詞構文として学習するわけで、だから、分詞構文とは -ing 分詞／-ed 分詞が文頭に出て始まる文、という印象が強いのだが、(**1-b**) も (**1-c**) も、

さらに

(**1-d**) The party had to stay put in the cave, *trapped in heavy snow*.
　〈一行は洞穴でじっとしているしかなかった。大雪に閉じ込められて。〉

だって基本は同じである。要するに、分詞構文は、主部の修飾要素が移動しているだけだ。

　もう1つ、「分詞構文には、時、理由、条件、結果、譲歩、継続の意味がある」などと覚えるのも妙な話で、こうした文にはもともと接続詞がないのだから、意味は文脈で自然に決まってくるというか、自然に感じられるものなのだ。例えば（**1-b**）の修飾部を変えて

(**1-e**) The party, *having enough ration for the day*, had to stay put in the cave.

とすれば、

　　〈一行は、その日の食糧は十分にあったのだが、洞穴でじっとしているしかなかった。〉

と自然に読める。これは「譲歩」にあたるのか、それとも「逆接」とすべきか、なんてことはどうでもいい！　もう読めているのだから。

　ほかの例をいくつか見てみよう。

(2) *Feeling a little uncomfortable in the presence of others*, you find your mind won't work right.

　「他人のいるところでちょっと落ち着かない気分になる」＋「あなたは自分の頭がちゃんと働かないことに気づく。」をつなぐなら「〜ちょっと落ち着かない気分になって、あなたは〜」でいいだろう。

(3) *Widely replaced by more affordable and convenient ballpoint and rollerball pens*, today fountain pens as everyday writing tools are rarely seen.

　「より手頃な値段で、しかも便利なボールペンやローラーボールペンに大幅に取って代わられた」＋「今日万年筆は、日常の筆記具としてはまれにしか見かけなくなった。」も「〜ボールペンやローラーボールペンに大幅に取って代わられて、今日、万年筆は〜」でいいだろう。

　そんないいかげんな解釈でいいのか、と言われるかもしれないが、いいのだ。もともと分詞構文は接続詞なしでつなぐ、緩いものなのだから。

　ただし、これだけはきちんと意識しておいてほしいのが、［主語＋述語〜］のあとに-ing動詞を付けて、動詞を追加していく用法だ。これは盛んに出てくる。

(**4**) Gandhi had a prolonged formal education, *finally qualifying as a lawyer.*

は、[Gandhi had [1] ...] , finally qualifying [2] as a lawyer. と、単純に動詞[1]、動詞[2]である。

〈ガンディーは長期にわたる正規の教育を受け、最終的に弁護士の資格をとっている。〉

(**5**) I corrected my father's mistake, *accusing him of the fallacy.*
も同様。

〈私は父の間違いを訂正し、間違った考え方をとがめた。〉

(**6**) I was in the back seat of the car, *sleeping almost all the way home.*
〈私は車の後ろの座席に乗って、家までほとんどずっと眠っていた。〉

も同じ形だが、(4) の have an education と qualify as a lawyer, 及び (5) の correct と accuse では、2つの動詞が時間の順となっているのに対し (6) の be in the back seat と sleep all the way とが同時であるという違いはある。そのへんが読み取れれば十分で、(6) の sleeping は主格補語ではないか、というような議論は重要ではない。どっちでもいい。

　先ほども少し触れたが、[主語+述語〜]の主節に付属する部分はもともと修飾部である。修飾語句が名詞を修飾する場合、その名詞と修飾語句とは意味上の主語・述語関係だから（要するに、the *pretty* woman は The woman is *pretty*. になりうる、ということ）、例えば、

(**7**) *Trapped in heavy snow*, the party had to stay put.

の trapped ... の部分は The party was trapped in heavy snow. となる。ところが、主節の主語とは別の主語を付けてしまう独立分詞構文というのがまれに現れる。例を1つ見ておこう。

(**8**) Although the people of the two halves of Bengal spoke the same language, they were divided by religion, the majority of the population in the east *being Muslim*, and the majority in the west *Hindu*.

前半は 〈ベンガルの2つの部分の住民は同じ言語を話していたが〉 だが、後半は次のような構造になっている。

　　　[they were divided by religion],
　　　┌─ the majority of the population in the east being Muslim,
　　　│　　　-and-
　　　└─ the majority [of the population] in the west [being] Hindu.

068

「彼らは宗教によって分断されていた」＋「東側の人口の多数はイスラーム教徒、そして、西側の多数はヒンドゥー教徒」と、前の部分の補足説明となっている。日本語では「～分断されていた。東側の人口の多数はイスラーム教徒、西側の多数はヒンドゥー教徒である。」と、ただつなげればいい。

もうひとつ、Judging from ...〈～から判断すると〉、Considering ...〈～を考慮すれば〉、Generally speaking〈一般的に言って〉、Objectively speaking〈客観的に言えば〉のような、筆者のコメントにあたるタイプのものは後ろの主語との一致を考えないで使っている。

(**9**) *Judging from his remarks*, he must have seen it coming.
〈彼の言葉から判断すると、そのことを予想していたにちがいない。〉

judge しているのは主節の主語の he でなく、話し手である。

QUESTION 8

次の文の下線部を和訳しなさい。

1 <u>Copying[24] my fellow passengers</u>, I gathered my belongings[25] together and stood up.

2 I climb out of the bus, nearly falling over my long black raincoat —<u>it or something similar being required for all women in public in Iran</u>.

3 <u>Porter passed through New Orleans on his way to Honduras and took the first available boat for the Honduran coast, arriving at Puerto Cortez.</u>

4 <u>The belief that the universe is a machine and that it might contain other worlds like the earth threatened traditional assumptions about the uniqueness of man, leading to a denial of the doctrine[26] that the universe had been created for the benefit of man.</u>

5 Those who live in cities regularly find their way through a sea of strangers, <u>deciding to avoid certain individuals they feel are not safe</u>.

6 Science and technology have improved our lives over the past 150 years. And there is every possibility, <u>given the correct regulatory framework</u>, that they will do the same over the next 150.

7 I tried to visit my neighborhood zoo one afternoon but found it

---
24. imitating 25. 自分の持ち物 26. 教義

closed for renovations. As I turned and headed back toward home, I was thinking only of the old black rhino,[27] wondering whether he'd be back when the zoo was re-opened. Judging from my numerous visits, he was never a very big draw, being, I suppose, entirely too inactive to look at for long. And yet I found him the most attractive, the most challenging to draw near to for that.

ANSWER KEY

1 ほかの乗客を真似て、私は荷物をまとめて立ち上がった。

　ただつないでいるだけ。接続詞を使って書き直すとすれば、*Because* I copied ... ではないし、*When* I copied ... でも、*As* I copied ... でもないし . . . これはやはり Copying ... としか言いようがない。日本語では「〜しながら」が近いかもしれない。

2 バスを降りながら私はあやうく長い黒レインコートの裾を踏みそうになった。イランでは女性はこういう黒コートか、何か似たようなものを着なくてはならないのだ。

　I climb out of the bus と nearly *falling* over my long black raincoat とは時間的に同時であるから「ながら」「そのとき」の感じ。ダッシュによる挿入部分は前の文をさらに説明する部分。being required という現在分詞の前に it [=my long black raincoat] or something similar [to my long black raincoat] と主語が付いている「独立分詞構文」。「それ、あるいはそれと似たようなものを着ることが求められている」の部分は、前の文の、理由というよりは付加的な説明といえるから、「イランではこういうものを着ることが全女性に求められている」「ので」とはっきり理由のような訳より、「〜というわけで」とか「〜なのだ」くらいがいいだろう。

3 ポーターはホンジュラスへ行く途中ニューオーリンズを通り、そこでホンジュラスの海岸行きの、最初に手配できた船に乗り込んで、そしてプエルト・コルテスに着いた。

　これは接続詞で書けば、単純に *and* he arrived ... 。

4 宇宙が機械仕掛けで、宇宙には地球のような世界がほかにもあるのかもしれないという考えは、人間だけが特別だという伝統的な前提を揺るがせ、宇宙は人間の役に立つために創られたという教義の否定へとつながった。

---

27. rhinoceros サイ

これも接続詞なら *and* it led to ... 。

5 都市で暮らす人はいつも見知らぬ他人の海をかいくぐりながら、<u>安全でないと感じられる、ある種の人間を避ける判断をしている</u>。

　　接続詞なら *and* they decide ... または *while* they decide ... あたりだが、deciding が一番いい。find their way と decide とが時間的にまったく一致しているから。そういう意味では和訳も deciding の部分を先に言って「～避ける判断をしながら他人の海をかいくぐっている。」としてもいい。「テレビを見ながら食事する」も「食事しながらテレビを見る」も同じだということ。

6 科学技術は過去150年にわたって我々の生活を改善してきた。そして、<u>もし正しい規制の枠組みがあるなら、次の150年間も同じことをしてくれるという可能性はいくらもあるのだ</u>。

　　接続詞なら *if* we are given the correct regulatory framework。generally speaking などと同様、固定表現的に使われるものの1つで「以下の条件が与えられるならば／以下の条件が与えられて考えれば」、つまり if のような意味。後ろに節を持ってきたければ given that ... とする。

ex. *Given* that the two triangles are similar, find the length of the side AB.
　　〈2つの三角形が相似である場合、辺 AB の長さを求めよ。〉

given の意味上の主語が、主節の主語と一致しなくても構わない。given はまた、単独で「所与の条件／既定の事実」という名詞として用いることがある。

ex. There's always a risk. That's *a given*.
　　〈常にリスクはつきものだ。それは想定内だ。〉

give の類義語 provide も provided (that) ... として同じような使い方をする。

ex. The police will arrest them *provided* there's enough evidence.
　　〈十分な証拠があれば警察は彼らを逮捕するだろう。〉

7 ある午後近くの動物園へ行ってみたが改装のために閉まっていた。きびすを返して家に戻りながら、<u>私は老いたクロサイのことばかり思い、動物園が営業再開したとき、まだいるだろうかと考えていた。何度も訪ねた経験から判断すると、彼はとても人気があったとはとてもいえず、それはまったく動きがないから長く見ていてもつまらないからなのだろうと思う</u>。それでもなお私は彼が最も魅力的だと感じ、まさにその理由でわくわくしながら近づいていくのである。

　　Judging from ... は固定表現。主節の部分は、挿入句 I suppose をいったんどけてしまえば he was never a very big draw, being entirely too inactive to look at for long. となる。draw の本義 は「引く／引き寄せる」で、ここでは名詞で使われているから「人を引き寄せるもの／観客を引き寄せる人気者」のことだろう。後半は too ... to ... の形で「あまりにも不活発で見ていられない」for long は for a long time の意味。全体として「彼が大変な人気者であったことは全然ない」＋「あまりにも不活発で長い間見ていられない」これはどう考えても because の意味で接続されている。

　挿入部の I suppose についても考えよう。これは *I suppose* [he was never a big draw].「彼は人気者ではなかったと思う。」なのか、それとも、*I suppose* [he was too inactive].「彼はあまりにも不活発だったと私は思う。」なのか？　どちらでもない。どちらも筆者がよく知っている事実だから suppose「たぶん〜と考える」はおかしい。では何を suppose しているかというと、「動きがない」から「人気がなかった」の、「から」の部分、つまり「理由」を推測しているのである。

　最後の文、challenging は「やりがいがある」。draw near to ... は「〜の近くへ (引き寄せられるように) 近づいていく」。for that は「そのために」つまり「その理由で」。文脈から、「見ていてつまらない／人気がない」という理由だろう。

7 to不定詞

　「不定」詞という意味不明な名を付けられているが、その由来はともかく、その働きをごく大ざっぱに言えば、動詞の頭に to を付けて動詞用の「接着剤」とするもの。前置詞が名詞の「前」に「置かれ」て、ほかの語との接着役を果たすのと同じだ。

接着のパターン
① 名詞に付く

things *to do* 〈やること〉 something *to live for* 〈そのために生きる何か／生きがい〉
　この用法に関して1つ注意点。to のあとの動詞、あるいは［動詞＋前置詞］が、修飾すべき名詞ときれいにつながるようにする。つまり the things *to say* 〈言うこと〉

は内容的に *say* the things とつながるからいいが、✗the things *to talk* は駄目で、the things *to talk* about〈語るべきこと〉はいい。*talk* about the things となるから。the things *to remember*〈思い出すこと〉は *remember* the things となるからいい。the things *to remember* her by は「それによって彼女を思い出すこと／彼女を思い出させてくれること」。*remember* her by the things である。I have only three days *to go* before the summer vacation.〈夏休みまであと3日。〉は *go* three days〈3日間行く＝過ごす〉。

② 動詞の目的語に付いて、意味上の[主語＋述語]関係を示す

(**1**) I want you *to come* home early.
　〈私が望むのはあなたが早く帰ってくること。／早く帰ってきてほしい。〉

(**2**) The flood caused many people *to lose* their houses.
　〈その洪水は、多くの人が家を失う原因となった。／洪水のために多くの人が家を失った。〉

③ 動詞に付く

continue *to read*〈読み続ける〉、seem *to be* sleepy〈眠そうに見える〉

④ 形容詞に付く

glad *to see* you〈会えて嬉しい〉、hard *to understand*〈理解し難い〉

⑤ It ... to 構文／名詞句を作る

(**3**) It's fun *to talk* to her. / *To talk* to her is fun.
　〈彼女としゃべるのは楽しい。〉

⑥ enough や too の説明をする

enough money *to pay* the bill〈支払いができるだけの金〉
too complicated *to explain*〈複雑すぎて説明できない〉

⑦ 目的や（まれに）結果を示す

(**4**) I've got to go home *to prepare* dinner for the family.
　〈家族の夕食の支度があるから、帰らなくちゃ。〉

(**5**) I got home *to find* myself locked out.
　〈家に帰ったら鍵がかかっていて入れなかった。〉

⑧ 決まり文句的なもので、文をコメントする

(**6**) *To tell* the truth, I don't care.〈本当のことを言うと、どうでもいいんだ。〉(▶112ページ)

to の意味

前置詞 to は「到達点を示す矢印→」を意味するが、to 不定詞にも「これから～を

する」ニュアンスがあることは重要だ。だから how to ... 、what to ... 、when to ... などはすべて「これから〜する」意味。「どうやったらいいか分からない」「何をしたらいいか分からない」のような「これから」のことを表すときは I don't know *how to do* it. I don't know *what to do.* という。逆にもう済んでしまったこと、例えば「どうやってがれきの下から抜け出したか覚えていない。」は、✘I don't remember *how to escape* from the rubble. でなく I don't remember *how I escaped* from the rubble. という。

　先ほどの①〜⑧の用例にもこれはすべてあてはまる。
① things *to do* は「これからやること」であって、things *I did*〈私がやったこと〉とは違う。だから「やらなくちゃいけないことのリスト」を to-do list という。
② のようなパターンを作る動詞は

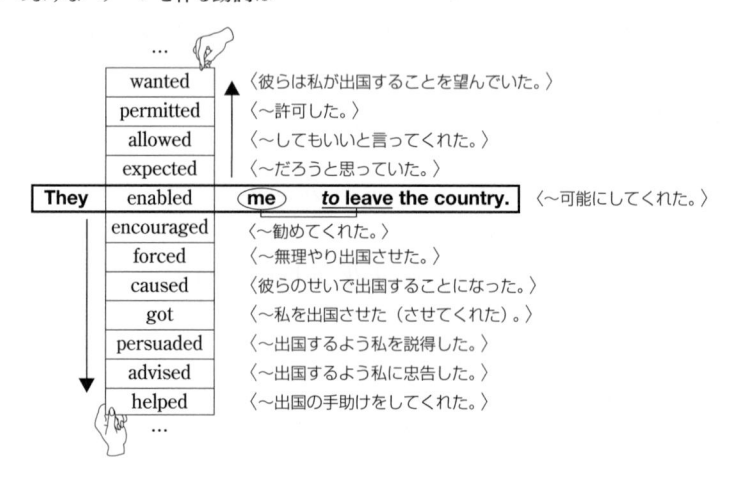

They	wanted	〈彼らは私が出国することを望んでいた。〉
	permitted	〈〜許可した。〉
	allowed	〈〜してもいいと言ってくれた。〉
	expected	〈〜だろうと思っていた。〉
	enabled	me *to leave the country.* 〈〜可能にしてくれた。〉
	encouraged	〈〜勧めてくれた。〉
	forced	〈〜無理やり出国させた。〉
	caused	〈彼らのせいで出国することになった。〉
	got	〈〜私を出国させた（させてくれた）。〉
	persuaded	〈〜出国するよう私を説得した。〉
	advised	〈〜出国するよう私に忠告した。〉
	helped	〈〜出国の手助けをしてくれた。〉

などきわめて多いが、そのほぼすべてが「これからやる」意味を持っている。だから、逆に「私が出国することを止めた」は ✘They stopped me *to leave* the country. でなく、They stopped me *from leaving* the country. という。from は leaving から「引き離す」動きを示す。

　ちなみに、意味の上では force に近い make、allow とほぼ同じ let、get とほぼ同じ have はなぜか to なしで使う、例外的用法だ（形は例外的だが使用頻度はものすごく高い）。help も to なしで使うことが多い。
③ 同様に、

　　I wanted [planned / expected / decided / was anxious / was will-

ing / was eager] to see my father.
〈私は父に会いたかった［会う計画をしていた／当然会えると思っていた／会うことにした／どうしても会いたかった／喜んで会おうと思った／とても会いたかった］。〉

など、「これから会うんだ」という気分では to が使われ、

I *avoided* seeing my father. 〈私は父に会うのを避けた。〉

I don't *mind* seeing my father.
〈私は父に会うのが嫌ではない。／父に会っても構わない。〉

I kept *postponing* seeing my father. 〈父に会うのを延期し続けた。〉

などでは to が現れない。また、be anxious to see ... でなく、I was anxious *about* seeing my father. とすると「父に会うのが不安だった。」となる。

④ も「これから〜する」気分が強くて、例えば、

I'm sorry *to* say this, but ... 〈こういうことは言いにくいんですけど、〜〉

などがそうだ。もっとも、済んでしまった場合の

I'm sorry *to* have said that. 〈ああいうこと言ってごめん。〉

にも to は現れるから、100パーセントこうだと言い切れないところはあるけれど。

⑤ to 不定詞で動詞を名詞化するのと動名詞とは文法的に同じ働きといえるが、To be a politician is tough. 〈政治家になるのは大変だ。〉と Being a politician is tough. 〈政治家でいるのは大変だ。〉のようにはっきりと意味の差が出ることもある。だからハムレットの悩みも *Being*, or *non-being* 〈存在か、無か〉でなく、To *be*, or *not to be*: that is the question. 〈生か死か、それが問題だ。〉

⑥ の enough ... to ... や too ... to ... も、これから〜するのに「十分か、〜過ぎて駄目か」という判断である。

⑦ 目的と結果とはずいぶん違うように見えるが、これはただ内容によって左右されるだけ。そもそも I went *to* the bedroom *to* sleep. などは went → the bedroom → sleep と［→］が続いているという程度のもので、「寝室へ行って、寝た」と言っているだけ。はっきりと「目的」という意味を表したければ in order to / so as to とする。

⑧ も、例えば To be frank with you, ... 〈率直に言うけど、〜〉のように「これから」言うのである。

もう1つ、be to を動詞の前に付ける表現があるが、これは be 〈いる／ある〉＋ to 〈そちらへ向かう〉である。だから If you *are to* leave tomorrow, ... は「もしあなたが明日出発という方へ向かっているなら」の意味だが、文脈次第で「明日出発するつもりなら」や「明日出発する予定なら」、「明日出発することになっているなら」、「明

日出発しなければならないなら」といったニュアンスを表すことになる。すべて文脈で決まるのだ。この be to は裏返せば「まだその動作をしていない」わけだから、yet〈まだ〉と組み合わせて、The best *is yet to* come.〈お楽しみはこれからだ。〉とか、about〈そのあたりに：around とほぼ同義〉と一緒に When I *was about to* leave, ...〈ちょうど出かけようとしていたときに、〜〉のように使う。

QUESTION 9

次の文の下線部を和訳しなさい。

1　The decision by the Supreme Court[28] caused a number of factories to move to the neighboring state.

2　William Porter left Houston, never to return.

3　English has spread around the globe to become the common language for trade, government and science, as well as the national language of countries on every continent.

4　It is dreadful poverty indeed to be too tired or busy to stop and admire the beauty of flowers.

5　We are inclined to attach too much weight to the school and university background and to the academic record.

6　Galileo had to single-handedly discover the laws of falling bodies in a physical world all too reluctant to give up its secrets.

7　Toni pressed her feet further into the wet sand. She didn't want to go home yet—she had too much to think about.

8　The light source must be a lot brighter if it is to be used as a headlight to light up the path, than if it is to be used as a signal to others.

ANSWER KEY

1 最高裁判所の判決は、多くの工場が近隣の州へ移転する原因となった。／最高裁判所の判決により多くの工場は近隣の州へ移転することとなった。

　　a number of factories と to move が[主語+動詞]となり、cause-and-effect relationship〈因果関係〉の、effect となっている。

---

28. 最高裁判所

2 ウィリアム・ポーターはヒューストンを発って二度と再び戻らなかった。

　　この文脈だけでははっきり判断できないが、おそらく、結果としてそうなった、ということを言っている。まれにだが、文脈次第では「二度と戻らない決意で」という意味にもなりうる。

3 英語は世界中に広がって、交易や統治や科学の共通言語となると同時に、すべての大陸の国々で国語となっている。

　　［1］spread around the globe ... と［2］become ... を時間に沿って並べているだけ。and become ... とするのと同じ。なお、A as well as B と2つのものを並べる as well as は as ... as だから本来「五分五分」(well は善とか良でなく単なる強調の副詞 **ex.** Stir it *well*.〈よくかき混ぜなさい〉)のはず。しかし現実には、内容的に A の方に重点が置かれていることも多い。

　　ex. These dishes are good to see *as well as* to eat.
　　　〈こうした料理は食べておいしいのと同様、見てもきれいです。〉

　　この例では、料理だから good to eat なのはあたりまえで、good to see の方に重点があるのが分かる。こういう場合は not only B, but also A という感じ「食べておいしいばかりでなく〜」だ。この問題文では特にどちらかに重点がある感じはしない。

4 疲れすぎていて、忙しすぎて、立ち止まって花の美しさを愛でることもできないというのはひどい心の貧困です。

　　これは too ... to 構文。

5 私たちはともすれば、学歴と成績に重きを置きすぎる傾向にある。

　　この文では too があって、[to＋動詞]がない。too の持つ「やりすぎ→駄目」という意味だけで十分なのである。

6 ガリレオは、まったく秘密を明かそうとしない物理の世界において、誰の手も借りずに物体落下の法則を発見しなければならなかった。

　　これは too 本来の「やりすぎ→駄目」の意味でなく、単なる強めの副詞として使われた例。too reluctant は「あまりにも〜する気がなくて〜できない」でなく、「まったく〜する気がない」である。こういう用法では、*all* too ... とか *only* too ... のような付属物が付くことが多い。

　　ex. They knew *only* too well the fate that awaited them.
　　　〈彼らは自分たちを待ち受ける運命を十分に承知していた。〉

　　ただ、only too ... なんかはこの例の「嫌というほど承知している」ような、ちょっと否定的な感じを持っていることが多いかもしれない。

7 トニはぬれた砂の中にさらに足を押し込んだ。まだ帰りたくなかった。考えることがあまりにもあった。

　she had too much to think about 自体は too ... to ... 構文ではない。much to think about [=many things to think about]〈考えるべき多くのこと〉である。意味の上では too much ... to go home〈あまりにも～で家に帰れない〉とつながっている。

8 光源は、道を照らすヘッドライトとして使おうという場合の方が、他人へ向けて信号として使う場合よりも、はるかに明るくなければならない。

　比較する二者は [1] if it is to be used as a headlight ... と [2] if it is to be used as a signal ... で、[1] の方が bright でなくちゃいけない。「物を照らす場合は反射して目に入ってくる分の光量が必要だ」ということ。if it is used に be to を加えて if it *is* to be used としている。「使うつもりの場合／使おうという場合」というニュアンス。

8 補語および意味上の主語+述語

　補語というのは割合分かりにくい概念だ。「後ろから、前の名詞が何であるか、どういう状態であるかを説明する語」だが、何しろ日本語に「後ろからの説明」という形がないから最初戸惑うのである。さらに「前の名詞」が主語の場合より目的語の場合、理解しにくくて、日本人の特に苦手なパターンの1つとなっている。

主格補語／目的格補語

(**1-a**) Jason was *alive*.〈ジェイスンは生きていた。〉
で alive は主語 Jason の状態を説明している。この be〈いる〉を stay〈状態が継続している〉に変えれば

(**1-b**) Jason stayed *alive*.〈ジェイスンはまだ生きていた。〉
となる。動詞は変わっても alive が主語 he の状態の説明であることに変わりはない。さらに動詞を変えて

(**1-c**) Jason could come out of the accident *alive*.

〈ジェイスンは事故から生きて出てきた。／ ジェイスンは事故を生き延びた。〉

でも he と alive の関係は変わらない。この文はいわば、
Jason could come out of the accident. ＋［he ＝ alive］
と、［主語＋述語］の関係が2つ合わさったものとなっている。

(**2-a**) Sean was *a patriot*.〈ショーンは愛国者だった。〉

では a patriot が、主語 Sean が何であるかを説明している。be〈ここでは＝（イコール）〉を stay に変えれば、

(**2-b**) Sean stayed *a patriot* till he died.
〈ショーンは死ぬまで愛国者であり続けた。〉

となる。

(**2-c**) Sean died *a patriot*.〈ショーンは愛国者として死んだ。〉

は Sean died. ＋［he ＝ a patriot］という2つの情報の合成だ。

　このような alive や a patriot、つまり後ろから前の名詞を説明して、それが「どういう状態」なのか、「何」なのかを説明していく語を［補語］という。前の3例では主語を説明しているから［主格補語］と呼ぶこともある。

(**3-a**) I found the kitten.〈その子猫を見つけた。〉

で the kitten は find の目的語。

(**3-b**) I found the kitten behind the refrigerator.
〈その子猫が冷蔵庫の後ろにいるのを見つけた。〉

では the kitten が behind the refrigerator にいた、という情報が加わる。
I found the kitten. ＋［the kitten ＝ behind the refrigerator］である。

(**3-c**) I found the kitten *hiding* behind the refrigerator.
〈その子猫が冷蔵庫の裏に隠れているのを見つけた。〉

I found the kitten. ＋［the kitten ＝ hiding behind the refrigerator］ということ。

(**3-d**) I found the kitten *trapped* behind the refrigerator.
〈その子猫が冷蔵庫の裏から逃げ出せなくなっているのを見つけた。〉

I found the kitten. ＋［the kitten ＝ trapped behind the refrigerator］

(**3-e**) I found the kitten *hungry* and *thirsty*.
〈その子猫は空腹でのどが渇いているのが分かった。〉

I found the kitten. ＋［the kitten ＝ hungry and thirsty］

　上の hiding、trapped、hungry／thirsty も前の the kitten の状態を説明する補語だ。目的語を説明するから［目的格補語］といって［主格補語］と区別する。

いずれも the kitten = hiding、trapped、hungry、thirsty のように意味上の［主語＋述語］関係となっているところが大事だ。(**3-b**) も the kitten = behind the refrigerator と［主語＋述語］となっているが、これは

(**3-f**) I found the kitten in a pet shop.
　　〈その子猫はペットショップで見つけたのです。〉

と同じく副詞句に分類するから、普通補語といわない。ただ、微妙な話だが、(**3-b**) の behind the refrigerator が found より the kitten とのつながりを強く感じるのに対し、(**3-f**) では in a pet shop は find とのつながりを強く感じるから (**3-b**) の方がより補語っぽい感じはある。一般に補語として考えられるのが「形容詞、-ed 分詞、-ing 分詞、名詞、動詞、to 不定詞」だからこういうものを補語といわない、というだけの形式論議である。

　ついでだが、一見形が似ているように見える

(**3-g**) I found the kitten a new home.〈その子猫に新しい家を見つけてやった。〉
は、find → ［1］the kitten ／ find → ［2］a new home と動詞の目的語が2つ示される「二重目的語」。

　目的格補語の現れることは日常表現にもかなり多く、

(**4**) I find it pretty *hard* to explain what the problem is.
　　〈［何が問題なのかを説明することはかなり難しい］と私は気づいている。→何が問題なのか説明するのは結構難しいんですよね。〉

(**5**) Bad economy makes it more *difficult* to solve these problems.
　　〈景気の悪さが［こうした問題を解決することがより難しい］（状態）をつくっている。→不景気のせいでこうした問題の解決はなおさら難しくなっている。〉

(**6**) Some samurai liked to have their pictures *taken*.
　　〈何人かの侍は［自分の写真が撮られる］ことを好んだ。→写真を撮られるのを好む侍もいた。〉

(**7**) I'm sorry to have kept you *waiting* so long.
　　〈そんなに長く［あなたが待っている］（状態）をキープしてごめんなさい。→長い間お待たせしてすみません。〉

などが代表的な例だ。慣れないうちは意味上の［主語＋述語］の関係をよく確認しておくこと。いつまでも ✘ have a picture *taking* だとか、✘ keep you *waited* なんていっていてはしょうがない。しかし、このあたりは日本人が英語を使うときに苦手とするものの1つで、

(**8-a**) I can't start the engine.〈エンジンがかけられないんだ。〉
は問題なく分かるのに、

(**8-b**) I can't get the engine *started*.
〈[エンジンがかけられた]（状態）を手に入れることができない。→エンジンがかかってくれないんだ。〉

になると「？」となってしまう人が多い。

補語と副詞

補語と副詞の違いがはっきり現れるのは、例えば

(**1**) The new smartphone looks *good* and works *well*.
〈新しいスマートフォンは見た目もいいし、機能もいい。〉

などの例。looks good の good は the new smartphone を説明する形容詞、works well の well は work を修飾する副詞。

(**2-a**) He looks *efficient*. 〈彼は有能に見える。〉

と、

(**2-b**) He works *efficiently*. 〈彼は有能に仕事をする。〉

の違いと同じだ。実はネイティブ・スピーカーでもこの区別ができない人は結構いて、✗ He works *efficient*. なんて言って無教養だと思われたりするらしい。でもこんなのをばかにしている割にはみんな平気で She treats me *good*. 〈彼女はぼくを良く扱う。→彼女はぼくに優しくしてくれる。〉なんて言ってる。文法的には She treats me *well*. でなくちゃいけないはずなのだが。

QUESTION 10

例にならって、各文の下線部の、意味上の［主語＋述語］関係を明らかにし、その意味を考えなさい。

ex. My mother was wearing a thin flowery summer dress, and I noticed suddenly how thin she was. My mother, I thought. Everything seemed to pile on top of me and I found myself unexpectedly crying.
→ I found [myself unexpectedly *crying*]. (I found. ＋ I was unexpectedly *crying*.)
〈私は気づいた。＋[自分が思いがけず泣いていることに]。〉

1 Thinking about her daughter, Jackie felt a surge of love that was almost shocking in its intensity.[29] "I'd do anything for her," she found herself saying aloud, "anything."

2 He was in Trujillo and was standing at the dock when he saw a

---

29. ← intense：強い／激しい

man in a worn[30] suit step from a newly arrived boat.

3　(1) Some devices[31] are designed to make events occur independently of their history. (2) We call them gambling machines.

4　His letters to his wife from Honduras show that he had determined to make Central America their home, and that a school had already been selected for the education of their daughter.

5　You have to learn to figure things out[32] for yourself, often through trial and error, instead of having everything done for you.

6　I could come out of the accident alive and in one piece, because God is watching over me up there.

7　That night, for the first time in months, (1) my grandmother seemed really excited. When I went up to see her, before going to bed, (2) I found her pacing[33] around the room, her face flushed,[34] her eyes shining.

ANSWER KEY

ex. 〈母は薄い花柄のサマードレスを着ていて、不意に私は母の体がどれほど薄くやせているかに気が付いた。私のママだ、と私は思った。あらゆることが私に積み重なってくるように感じ、気づかぬうちに思わず私は泣き出していた。〉

1 she found [herself *saying* aloud] (She found. + She *was saying* aloud.)

〈娘のことを考えているとジャッキーは突然愛がうねりのように高まってくるのを感じ、その強さはほとんど衝撃といえるものだった。「あの子のためには何でもする」と思わず彼女は声に出していた。「どんなことでも。」〉

2 he saw [a man in a worn suit *step* from a newly arrived boat] (He saw a man in a worn suit. + A man in a worn suit *stepped* from ...)

いわゆる「知覚動詞」see、hear、feel の1つで、目的語の後に原形の動詞をつなげるときでも to を使わない。この文は he saw a man in a worn suit *stepping* ... と -ing 分詞にすることもできる。その場合は he saw a man. + he *was stepping* ... つまり、船から降り立つ様子を進行形で・

---

30. ← wear 着古した（worn out ともいう）　31. 道具／機器
32. figure out 考える／答えを出す　33. 行ったり来たりする　34. 上気した

継続的に見ているニュアンス。
〈トルヒーヨで彼が埠頭に立っていると、よれよれのスーツを着た男が今着いた船から下りるのが見えた。〉

3 (1) Some devices are designed to <u>make</u> [events *occur* independently of their history].
(... make ＋ Events occur independently of their history.)
〈ある器具は［出来事がその歴史から独立して起きる］（状態）をつくるように設計されている。〉

(2) We <u>call</u> [them ＝ gambling machines]. (We call them. ＋ They are *gambling machines*.)
〈我々はそれをギャンブルの道具と呼ぶ。〉

いわゆる使役動詞 make、have、let の1つ。目的語のあとに動詞をつなげるさい to が現れない。もう1つ help も to を使わないことが多いのでこの仲間に加えることもある。(▶74ページ)

ex. She <u>helped</u> *me do* the dishes.
〈彼女は僕が皿洗いするのを手伝ってくれた。〉

問題文の内容は「過去との連続性がないよう、その都度まったくランダムな結果が出るような道具が、さいころ、ルーレットのようなギャンブルの道具だ」ということ。
〈過去の履歴と関係なく事が起きるように設計された道具もある。我々はそれをギャンブルの道具と呼ぶのである。〉

4 he had determined to <u>make</u> [Central America ＝*their home*] (He had determined to make ＋ Central America was their home.)
〈［中米が家である］（状態）をつくることを決めていた。〉

これも使役動詞 make。補語が名詞 their home になっている。
〈ホンジュラスから彼の妻に届いた彼の手紙には、中米を一家の住処とする決心を固めたこと、娘を通わせる学校もすでに選んだことが書かれていた。〉

5 <u>having</u> [everything *done* for you] (<u>have</u> ＋ everything *is* <u>done</u> for you.)
〈［あらゆることが自分のためになされている］（状態）を手に入れる。〉

使役動詞 have〈手に入れる〉は、「ある状態をつくり上げる」make と比べて「無理やり」や「強制的」ニュアンスがなく「やってもらう／やられてしまう」感じ。let は意味上 allow と同じで「許す／許可する／好きにさせる」こと。

〈すべてのことをやってもらうのでなく、試行錯誤も多いだろうが物事を自分で考えてやっていくことを覚えなければいけない。〉

6
I could come out of the accident ⎡ *alive*
　　　　　　　　　　　　　　　　and
　　　　　　　　　　　　　　　⎣ *in one piece,*
　　　　　　　　because God is watching over me up there.

alive と in one piece〈1つのかたまりで／ばらばらにならずに〉がともに I を説明する主格補語になっている。

〈私がその事故から生きて、五体満足で帰ってこられたのは、神様が上から見守っていてくれるからです。〉

7 (1) my grandmother was really *excited* → seemed really *excited*
〈祖母は興奮していた→興奮して見えた〉

excited は my grandmother を説明する主格補語。

(2) I found [her *pacing* around the room] (I found her + she was pacing around the room)
〈彼女が部屋の中を歩き回っているのが分かった〉

pacing は目的語 her の状態を説明する目的格補語。

なお、この後の her face flushed、her eyes shining は主語の付いた分詞構文 her face being flushed、her eyes being shining の being が取れたもの。分詞構文で be 動詞が使われるさいには being は自明のものとして省略されることがきわめて多い。

〈その夜、何ヵ月かぶりに祖母は本当に興奮しているようだった。寝る前に2階へ上がって見に行くと、顔を上気させ目を輝かせて部屋の中を歩き回っているのだった。〉

9 倒置／語句の移動

倒置

　be動詞や助動詞、さらに動詞を主語の前に出すタイプの倒置は、古い英語では①疑問文 のほか、②仮定 ③譲歩、と広い意味で使われた。現代の英語では①はそのまま、②も Had I known it, [=If I had known it,] のような仮定法の表現に残っている。③は、慣用表現やことわざ、歌に現れる。

(**1**) *Be it* ever so humble, there's no place like home.[35]
　　〈たとえどれほど粗末でも、家のような場所はほかにない。〉

　[現代の英語では Even if it is so humble ／ No matter how humble it may be]

　及び、固定表現 *come what may* 〈何が来ようとも／何が起ころうとも〉

　[現代の英語では no matter what may come]、*be that as it may* 〈それはそうかもしれないが／それはともかく〉

にも現れる。最後の be that as it may では接続詞 as の前に述語が出ているが、as は though の意味。*Brave* as he was, ... 〈彼は勇敢ではあったけれど～〉などというこれも古風な用法があるが、それと同じ。現代の英語では Although it may be so ／ Even if what you say is true に当たる。

　上とは別に最もよく見かける倒置は、強意のために文頭に否定語や only が出された場合、主語の前にbe動詞や助動詞が飛び出してくるもの。

(**2-a**) I have never lied to you. 〈君に嘘をついたことは一度もない。〉

の never を強めるために文頭に持っていくと

(**2-b**) *Never* I h<u>ave</u> lied to you.

となるが、実際には主語の前に助動詞 have が出て、

(**2-c**) *Never* h<u>ave</u> I lied to you.

となる。これで意味の変化があるわけでもなし、単にリズムの問題らしい。*Never I* have の「強・強・弱」より、*Never* have *I* の「強・弱・強」のリズムがいいのである。

　Nor（=not + or）は厳密に文頭でなく節の先頭に出ることがあるが、これも同じパターンとなる。

(**3**) I could not think, *nor* w<u>as</u> I able to do anything.

---

35. アイルランド民謡『埴生の宿』

〈考えることができず、何かすることもできなかった。〉

only がなぜそうなるのかよく分からないが、例えば

(**4**) *Only* yesterday was I able to walk a little.
〈昨日になってようやく、少し歩けるようになりました。〉

の「つい昨日／昨日になってようやく」には「昨日まで駄目だった」という否定のニュアンスがあるから否定語と同じように扱うのだろう。

(**5**) ***Not only*** does gold facilitate[36] exchange of goods and services, it serves as a store of value.
〈金はモノやサービスの交換を容易にするばかりでなく、価値の蓄蔵にも役立つ。〉

は普通の語順で言えば Gold does *not only* facilitate … だ。

語句の移動

規則的にいつでも起こる倒置とは別に、話の流れで、あるいは読みやすさのために、語句が移動して通常の語順と違っていることがある。

(**1-a**) The new railroad *made* transportation *possible*.
〈新しい鉄道が輸送を可能にした。〉

は（なんだかあたりまえすぎて間抜けな文だけれど）make ＋ 目的語：transportation ＋ 補語：possible と普通の語順。次に transportation に修飾語を付けて、

(**1-b**) The new railroad *made* [transportation of newly arriving immigrant workers and materials shipped[37] from the ports to the construction sites at the border regions] *possible*.
〈新しい鉄道が、国境地帯の建築現場へ新しく到着する移民労働者と港から運び込まれた資材の輸送を可能にした。〉

とすると、目的語の部分が非常に長く、逆に、最後の possible が短くバランスが悪いし、possible が regions とつながっているように一瞬見えたりして読みにくい。そこで possible を前に持っていって、

(**1-c**) The new railroad *made possible* [transportation of newly arriving immigrant workers and materials shipped from the ports to the construction sites at the border regions].

とする。こういう移動はそれほど珍しいことではないのだが、慣れていないと possible transportation〈可能な輸送〉のように読み間違える危険がある。

同様に、

(**2-a**) Employers *impose* [tasks] on their workers.

---

36. 容易にする ➡ facility：施設　37. ship：（船を使わずとも）運ぶ／出荷する

〈雇用主は社員に仕事を押し付ける。〉

は［動詞＋目的語＋前置詞句］となった普通の語順。

(**2-b**) Many employers are trying to *impose* [tasks that are so demanding that their workers have little opportunity left to enjoy the fruits of their labor] on them.

〈多くの雇用主は、あまりにも要求が多すぎるため社員が自分の労働の成果を楽しむ機会もないほどの仕事を社員に押し付けようとしている。〉

では目的語の部分がきわめて長く読みにくいので、

(**2-c**) Many employers are trying to *impose* on their workers [tasks that are so demanding that they have little opportunity left to enjoy the fruits of their labor].

〈多くの雇用主があまりにも過酷な仕事を押し付けるため、社員たちは自らの労働の成果を楽しむ機会すらほとんどなくなっている。〉

とする。

あるいは、話の流れから先に言った方が自然だから先に言うケース。

(**3**) CDs and DVDs will be around for a while, but how long no one knows.

〈CDとDVDはまだしばらくは残るだろうが、どれだけの間かということは誰にも分からない。〉

思考の流れから言えば、「しばらくは be around〈そのへんにある〉だろう」では「どのくらいの間？」となるから、本来は

... but no one knows *how long*.

である目的語の部分を先に出している。

QUESTION 11

次の各文の［　　］内の語を正しい順に並べ替えよ。文頭に来る語も小文字になっている。

1 Spiders weave complex webs, bees transmit complex information about sources and quality of nectar,[38] ants interact in complex colonies, beavers build complex dams, chimpanzees have complex problem-solving strategies, just as humans use complex language. [are / nor / our / problem-solving / skills / so] remarkable: there are human beings who have perfectly normal human mental abilities, but who nevertheless are unable to solve certain problems

---

38. 蜜

that a chimpanzee can solve.

2   If you could suddenly freeze time everywhere in the universe, and survey all of creation, you would find galaxies[39] extending out far beyond what we can see today. But [far / how / no / one / , (comma)] knows.

3   One serious question about faces is whether we can find [attractive / even / pleasant-looking / or / someone] of whom we cannot approve. We generally give more weight to moral judgments than to judgments about how people look, or at least most of us do most of the time.

> **ANSWER KEY**
>
> **1** [**Nor are our problem-solving skills so**] remarkable:
>   問題部分までは「クモが複雑な巣を張り、ミツバチが花蜜の在りかと質に関する複雑な情報を交換し、アリが複雑なコロニーの中で相互に交流し、ビーバーが複雑なダムを造り上げ、チンパンジーが複雑な問題解決戦略を持っているのは、人間が複雑な言語を使うのと何ら変わりがない。」と、人間の言語の複雑さに匹敵するものをほかの動物も有していることを語っている。そして話は problem-solving skills〈問題解決の技能〉に移るのだが、接続詞 nor が文頭に出た形になるから、主語 our problem-solving skills の前に be 動詞が来て、nor are our problem-solving skills ... となる。
>   それ以下の部分。
>   〈また、我々の問題解決技能もそれほど際立ったものでもない。人間の中には人間としてまったく通常の知能を有しながら、それでもなおチンパンジーには解けるある種の問題を解決できない者がいる。〉
>
> **2** But [**how far, no one**] knows.
>   問題部分までは、「もしも宇宙の至るところで時間を凍結して創造されたものすべてを調べることができるとすれば、銀河系は今日我々が見ることができるよりはるかに大きく広がっていることが分かるだろう。」と、「現在より広がりは大きい」ことを述べて、当然生まれる疑問 how far?〈ではどのくらい大きい?〉を先に出す。

---
39. 星雲

〈しかし、どのくらい大きいのかというと、それは誰にも分からない。〉

3 ... whether we can find [**attractive or even pleasant-looking someone**] of whom we cannot approve.

　　find の用例、I found |her| = (attractive.)〈彼女は魅力的だと私は思った。〉
に倣って通常の語順にすれば

One serious question *about* faces
　　　　　　　　　　is
whether we can find
　　someone　　　　　　　　　　　　　　　attractive
　　└─ of **whom** we cannot approve　=　　**or**
　　　　　　　　　　　　　　　　　　　　　　pleasant-looking.
　　　　　　　　　　　　　　　　　　even ↗

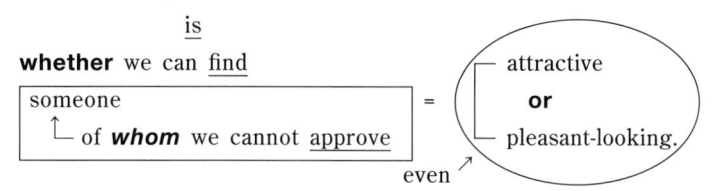

となるが、目的語の部分が少し長くなっているので後ろに持っていった。
〈人の顔に関する1つの重大な問題は、果たして我々は、自分が是認できない人を魅力的であると思えるか、あるいは少なくとも感じのいい顔だと思えるかどうか、ということである。我々は概して、他人の見た目の判断よりも人格的判断に重きを置く。というか、少なくともほとんどの人はほとんどの場合そうしている。〉

2 ニュアンスを添える

　基本情報は同じでもその表現の仕方は複数あり、筆者がどれを選択するかによって文のニュアンスが変わってくる。

(**1-a**) What counts is how much better someone does his job.
　　　〈重要なのは、人がどれだけ仕事を良くできるようになるかである。〉

という文は、

(**1-b**) The real test lies in how much a person's performance at his job improves.
　　　〈本当にそれを試すものは、人の仕事の実績がどれだけ向上するかにある。〉

とも、

(**1-c**) The real test lies in the degree to which a certain individual's performance at his job improves.
　　　〈本当の試金石は、ある人物の仕事の実績が向上する、その程度にあるのだ。〉

とも言える。

　(**1-a**) は分かりやすい spoken English、(**1-b**) はちょっと形式ばった written English、(**1-c**) はよくライティングの本などで批判される wordy〈無駄な言葉の多い〉な文で、特に in the degree to which あたりがいけない。やさしく・短く言えるところを、わざと多くの言葉を使ってもったいぶった表現にしているから。例えば now と言えばいいところをわざわざ at this point of time と言い、... is near the station を ... is located in the proximity of the station と、during this year を over the duration of this year と言うのは、中身がないのを形式でカバーしようとする、役人的な、偉そうな言い方として批判される。

　書く・話すさいにはできるだけやさしくシンプルな英語を使うのが鉄則である。とはいえ、大人として文を読み書きするさい、ニュアンスなどは無視して基本情報だけ放り出せばよい、面倒くさい文など読まなければいい、ということにはならない。

(**2-a**) Young children *are* innocent.〈幼い子供は罪がない。〉

や、

(**2-b**) Young children *are* evil.〈幼い子供は邪悪だ。〉

などという断定は、まともな大人ならせずに、

(**2-c**) Young children *are supposed to be mostly* innocent.
　　　　〈幼い子供はおおむね罪がないことになっている。〉

とか、

(**2-d**) Young children *could be* evil.〈幼い子供だって邪悪になりうる。〉

などと限定的なもの言いをするはずだ。

基本文＋ニュアンスの付加

　基本的情報を持った文を元に、ニュアンスが付け加えられていくプロセスを見てみよう。

(**1-a**) Creative thinking is to realize that it's not good to do things as they have been done.
　　　　〈創造的思考とは、物事をこれまでなされてきたようにやるのはよくないと分かることである。〉

という文を徐々に変形させてみる。

① まず、as は the way と置き換えてもまったく意味上の変化はない。the way には how に当たる名詞としての用法

I like *the way* you speak.〈君のしゃべり方が好き。〉

と、as に当たる接続詞としての用法 (= the way that ...)

Do it *the way* everybody else does it.〈ほかのみんながやるようにやりなさい。〉

がある。

(**1-b**) Creative thinking is to realize that it's not good to do things ***the way*** they have been done.

② be動詞（イコール）の左右が thinking = to realize と、形が違っていて美しくないから、そろえる。*To think* creatively is *to realize* that ... とするのも1つの手だが、to 不定詞を使うと「これから〜をする」ニュアンスになる。むしろ *Thinking* creatively is *realizing* that ... と動名詞にするか、あるいは *Creative thinking* is *realizing* that ... がいい。よく世間で言われる positive thinking〈プラス思考〉と同じように、熟語っぽく creative thinking とする方がよりいいだろう。となると、is（イコール）のあとも、動名詞より名詞の realization を選んで、

(**1-c**) Creative thinking is the ***realization*** that ...

とする。that はいわゆる「同格」。

③ 動詞の is を means に変える。これによって「言葉の定義」という感じがより良く出る。

(**1-d**) Creative thinking ***means*** the realization that ...

④ 「世間では creative thinking を大層なものだと思っているが、実はせいぜいこの程度のものである」というニュアンスを出すために just、only、merely、simply を加える。あるいは nothing but〈～以外のものではない〉や nothing more than〈～を超える何ものでもない〉、no more than〈～をまったく超えない〉などもいいだろう。ここでは simply を選んで、

(**1-e**) Creative thinking means ***simply*** the realization that ...

⑤ 動詞の means が少し断定しすぎの感じがする。ちょっと弱めるために「ありうる／考えられる」の意味を表す may ／ can、あるいはもっと弱めて過去形にして might ／ could とする。ここでは may を選んで、

(**1-f**) Creative thinking ***may*** mean simply the realization that ...

⑥ may では少し遠慮しすぎ、というときに意味を強める well（well には文字どおり「良く／うまく」の意味：play *well*、go *well* と、単に意味を強める用法：*well* in advance、as *well* as の2つがある）を添えて may well とする。

(**1-g**) Creative thinking ***may well*** mean simply the realization that ...

　日本語で言えば、Creative thinking means ...〈創造的思考は～を意味する〉に may を添えて弱めると Creative thinking may mean ...〈創造的思考は～を意味するかもしれない〉。さらに well を加えて少し強めて Creative thinking may well mean ...〈創造的思考は～を意味するのではないか〉といったところか。この may well はほかに、

Being short of breath *may well* be the first sign of asthma.
〈息が切れるのは喘息の最初の兆候かもしれません。〉

のように、probably、likely に近い意味で用いられることも多い。また "What are we doing here?" "You *may well* ask."〈「もちろん聞いてもいいかもしれない」→「そう聞くのももっともだな。」〉のように「当然」というニュアンスのこともある。一部の参考書が教えるように「may well = もっともだ」と1つの訳を覚えることで済まそうとしても無理だ。

⑦ さらに that 節の中

... that it's not good to do things the way they have been done.

の it's not good〈良くない〉は乱暴すぎるから it's not *necessarily* good〈必ずしも良くない〉とした方がいいし、

There's no particular reason in doing things the way they have always been done.
〈これまでずっとやられてきたように物事をやることに特別の理由もない。〉
とする方が大人らしく、ついでに reason を virtue〈徳〉とすれば「これといってモラルに沿った立派なことではない」という少し嫌味なニュアンスも添えられていい。
こうして出来上がるのが、

(**1-h**) Creative thinking may well mean simply the realization that there's no particular virtue in doing things the way they have always been done.
〈創造的思考などと言ってみてもせいぜい、物事をこれまでずっとなされてきたとおりにやることが特に立派なわけでもないと分かる、という程度のことではなかろうか。〉

という文だ。こういう一連の判断をプロのライターはほぼ無意識にやる。アマチュアのライターは苦労して考えながらやる。

これは東大の和訳問題であるが、仮にこの文の「ニュアンス」部分をすべて無視して「創造的思考とは、物事をこれまでどおりにやるのがいいのではないと気づくこと」と訳したとしても半分の得点は得られるだろう。残りはニュアンス部分だ。

さらにニュアンスを添えるとすれば、上の文に前置きを付けて

(**2-a**) *I believe that* creative thinking ...〈私が思うに、創造的思考とは〜〉
などとしたり、

(**2-b**) *I would argue that* creative thinking ...
〈創造的思考とは〜と私は主張したい〉

(**2-c**) *It could be argued* that creative thinking ...
〈創造的思考とは〜といっても差し支えなかろう〉

(**2-d**) *No doubt,* creative thinking ...〈疑いもなく、創造的思考とは〜〉

(**2-e**) *Everybody knows that* creative thinking ...
〈誰でも知っていることだが、創造的思考とは〜〉

(**2-f**) *Needless to say,* creative thinking ...〈言うまでもなく、創造的思考とは〜〉

(**2-g**) *It goes without saying that,* creative thinking ...
〈今さら言うまでもないことであるが、創造的思考とは〜〉

(**2-h**) *It would not be too much to say that* creative thinking ...
〈創造的思考とは〜であると言っても言いすぎではなかろう〉

(**2-i**) *It would be no exaggeration to say that* creative thinking ...
〈創造的思考とは〜であると言っても何ら誇張ではないのである〉

(**2-j**) *After all*, creative thinking ... 〈しょせん創造的思考などというものは〜〉

あるいはイディオムを使って、

(**2-k**) Creative thinking, *in a nutshell*, means ...
　　〈創造的思考とはひと言で言えば〜〉

(**2-l**) Creative thinking *boils down to* the realization that ...
　　〈創造的思考とは煎じ詰めれば〜〉

などとすることもできる。

　いずれにせよ、英文を読むさいにはメインの情報がまず重要であって、ニュアンスは二の次となる。とはいえ、大人の文を読むのにニュアンス無視というわけにもいかないから、徐々に覚えていくこと。次に、ニュアンスを添える主な要素をあげる。

ニュアンスを添える要素

1 助動詞

can: ability〈能力〉: I *can* swim. と、possibility〈可能性〉: It *cannot* be true. を示す。過去形の could は「弱形」、つまり「やれと言われればできないこともない／可能性があるかもしれない」。可能性を示す場合は may〈かもしれない〉と同義。口語では may と同様、許可を表す場合も多い。

(**1**) *Can* I have a banana?〈バナナもらっていい?〉

過去のことを言う場合は could have ... 。

(**2**) She *could have been* right.〈彼女が言うとおりだったのかもしれない。〉

do: 疑問文や否定文を作る代動詞となるほかに、次の動詞の意味を強めて「本当に〜する」。

(**1**) Yes, I *do* want to see her again.〈はい、本当にもう一度彼女に会いたいです。〉

及び譲歩節で「確かに〜はする(けれど)」の意味で使うことがある。

(**2**) While it *does* have its drawbacks, I think the method is pretty effective.
〈確かにそれなりの欠点はあるけれど、その方法は結構効果的だと思う。〉

may:「許容」を示す。行動を許容する場合は「〜してもよい」。

(**1**) You *may* go now.〈もう行ってもいいよ。〉

可能性を許容する場合は「〜かもしれない」。

(**2-a**) You *may* be right.〈君の言うとおりかもしれない。〉

might は「弱形」つまり「ひょっとしたら〜かもしれない」。

(**2-b**) You *might* be right.〈ことによると君が正しいのかもしれない。〉

「確かに〜かもしれないけれど」のように「譲歩」の文脈で使われることも多い。過去のことを言う場合は might have ... となる。

(**3**) She *might have been* here.〈彼女はここへ来た[いた]のかもしれない。〉

「確かに〜かもしれないが、しかし」という「譲歩」のパターンなどでは頻繁に登場する(▶207ページ)。

(**4**) It *may seem* unreasonable at first sight, but ...
〈はじめは不合理に見えるかもしれないけれど〜〉

must:「ほかに選択肢はない」つまり「〜しかない」。
(**1**) We *must* accept defeat.〈我々は敗北を認めざるをえない。〉
「〜しか考えられない」
(**2**) You *must* be tired.〈疲れたでしょう。〉
　must に過去形はない。過去のことを語るさいには have to に置き換えて、
(**3**) I *had to* do it.〈しなければならなかった。〉
や must have ... の形で
(**4**) She *must have been* mistaken.〈彼女、勘違いしていたにちがいない。〉
とする。

shall / should:　shall の使用頻度はきわめて低い。単純な未来形は主語が I でも will。Shall I ...?〈〜してあげましょうか?〉も Should I の方が普通である。ましてや自分の意思で他者に何かをさせる「意志未来」
(**1**) Nobody *shall* sleep.[40]〈誰も眠ってはならぬ。〉
や、ダグラス・マッカーサーが日本軍によってフィリピンから追い出されたときの台詞
(**2**) I *shall* return.〈私はきっと戻ってくる。〉
などはほとんど文語で、日常使われることはまれ。しかしそこから派生してくる should の使用頻度は高く、話者の、①何らかの判断基準に従って「当然〜すべき」「当然〜であるべき」というニュアンスを表す。過去のことは should have ... で表す。
(**3-a**) You *should* be careful.〈注意しなくちゃ駄目だよ。〉
(**3-b**) You *should* have been careful.〈注意しなくちゃ駄目だったじゃないか。〉
　②感情(natural=当然だ、surprising=驚きだ、a pity=残念なことだ etc.)の内容を示す節や、③目的を示す that 節(so that、in order that、for the purpose that、etc.)、及び④仮定法の文で「もし万一〜なら」といった意味で現れることがある。
(**4**) It's natural that you *should* wish to avoid embarrassment.
〈困った羽目になりたくないと思うのは当然のことです。〉
(**5**) I numbered the scenes so that it *should* be easier to see the connection.
〈つながりを分かりやすくするため、場面に番号を振っておきました。〉

---
40. Giacomo Puccini, *Turandot*

(6) What are the first steps to take if you *should* become a victim of identity theft? = What are the first steps to take *should* you become a victim of identity theft?
〈万一なりすまし犯罪の被害者になったなら、最初にすべきことは何か?〉

ずいぶん色々な用法があるけれど、ごく基本的には、ある動詞に「意思を持ってその言葉を使うが」という気分を付け加えるもの。行き着くところは神が人間に与えた十戒の Thou[41] shalt[42] not kill.〈汝殺す勿れ。〉Thou shalt not commit adultery.〈汝姦淫する勿れ。〉Thou shalt not steal.〈汝盗む勿れ。〉のような「相手に対する自分の意思（いわゆる意志未来）」なのだろう。これが should に引き継がれて、しかも用法が広がった。

will / would: 普通はただ未来の話題に使うが、will の原義は「意志」である。
(1) We will be grateful if you *will* help us.
〈もしも手伝ってくださる気があるなら感謝しますよ。〉
would も「意志」の意味を強く持っている場合がある。
(2) If you could be any animal, what *would* you be?
〈もし動物になれるとしたら、何になりたい?〉
(3) Here's an interview with a *would-be* suicidal bomber.
〈では自爆テロ志願者のインタビューをご覧ください。〉
また、would は仮定法のニュアンスを持って「もし〜ならば」が暗示されていることがある。例えば、
(4-a) I *don't* do such a thing.〈僕はそんなことはしない。〉
に対して
(4-b) I *wouldn't* do such a thing.〈僕ならそんなことはしない。〉
には、誰かがそれをしているのを見て「もし僕があの立場にいたならば」という含みがある。
would は「よくそういうことがあった」という気分で often や sometimes とともに使われることもある。
(5) Katie *would* often come to talk to me.〈ケイティはよくおしゃべりに来た。〉
ちなみに、継続的に「昔は〜だった」と言うときには used to を使う。
(6) I *used to* live here.〈以前ここに住んでいた。〉
(7) I *used to* be a good-looking man.〈俺も昔はイケメンだった。〉
過去形で書かれている文で未来を示す節が出てきた場合、will は機械的に過去形

---

41. 英語の古語で thou-thy-thee は現代の英語の you-your-you に対応する　42. 現代の英語では shall

の would となる。間接話法の文ではよくあること (▶376ページ)。

(8-a) Sue thought to herself, "*Will* I be pretty? *Will* I be rich? Who *will* I marry?"
〈「私はきれいになるかしら。お金持ちになるのかしら。誰と結婚するんだろう」とスーは心の中で思った。〉

(8-b) Sue wondered if she *would* be pretty, if she *would* be rich, and who (whom) she *would* marry.
〈スーは、自分はきれいになるのだろうか、金持ちになるのだろうか、そして誰と結婚するのかと考えた。〉

QUESTION 12

[1] **a** 文に助動詞を加えた **b** 文のニュアンスが、**a** 文とどう違うかを考えなさい。
[2] **b** 文を和訳する場合、そのニュアンスをどう訳に反映させるかを考えなさい。

1-a We all know that nerves and tension *cause* bad movements and errors, but these *are minimized* by developing a lifestyle around this high-level awareness.
〈あがって、緊張することで動作がうまくいかず、間違いを起こすことは誰でも知っているが、こうしたことはこの、高度な意識を中心としたライフスタイルを発達させることで最小限になる。〉

1-b We all know that nerves and tension *can cause* bad movements and errors, but these *can be minimized* by developing a lifestyle around this high-level awareness.

2-a If I could come out of the accident alive and in one piece, it *is* because God is watching over me up there.
〈私が事故に遭っても生きて、五体満足でいられたとすればそれは神様が上から見守ってくれているからです。〉

2-b If I could come out of the accident alive and in one piece, it ***must be*** because God is watching over me up there.

3-a It seemed the most natural thing to me that the prospect of her first flight *filled* her with excitement.
〈初めて飛行機に乗ることを思うと彼女が興奮でいっぱいになるのは、ごく当然のことと私には思われた。〉

3-b It seemed the most natural thing to me that the prospect of her first flight ***should*** *fill* her with excitement.

4-a The man continues to behave in what most people *agree* is a normal manner.
〈その男は、ほとんどの人が普通のやり方だと口をそろえるようなもの［＝やり方］で行動し続ける。〉

4-b The man continues to behave in what most people ***would*** *agree* is a normal manner.

5-a "I'm going out." My mother's reply *was* calm and she *looked* determined.
〈「出かけます。」と母は静かに答え、決然たる顔をしていた。〉

5-b "I'm going out." My mother's reply ***would*** *be* calm and she ***would*** *look* determined.

ANSWER KEY

1-b あがって、緊張することで動作がうまくいかず、間違いを起こすことがあるのは誰でも知っているが、こうしたことはこの、高度な意識を中心としたライフスタイルを発達させることで最小限にできる。

2-b 私が事故に遭っても生きて、五体満足でいられたとすればそれは神様が上から見守ってくれているからにちがいないのです。

3-b 初めて飛行機に乗ることを思って彼女が興奮でいっぱいになったとしても、ごく当然のことと私には思われた。

4-b その男は、ほとんどの人なら、ごく普通だと口をそろえるであろうようなやり方で行動し続ける。

5-b 「出かけます。」と母は静かに答え、決然たる顔をしていたものだ。

2　副詞

　副詞は多くの場合、動詞を修飾したり、run *fast*〈速く走る〉、*hardly* understand〈ほとんど理解しない〉、listen *carefully*〈よく聞く〉、形容詞(句)を修飾したり、*very* ugly〈非常に醜い〉、*dangerously* beautiful〈危険なほど美しい〉、*deeply* in debt〈借金まみれ〉、ほかの副詞を修飾したり、speak *very* rapidly〈とても早口でしゃべる〉、*far* more conservative〈はるかに保守的〉などがあるが、場合によっては文全体を修飾して、話し手のコメントとなることがある。例えば

(**1**) She could make out Toni's figure quite *clearly* now.
　　　〈彼女は今、トニの姿がはっきりと分かった。〉

の clearly は make out の修飾だが、

(**2-a**) *Clearly*, the achievement would not have been possible without your help.
　　　〈このことが皆さんの助力なしには達成できなかったことは明らかであります。〉

の clearly は文全体の修飾で、

(**2-b**) *It is clear that* the achievement would not have been possible without your help.

と同じである。

　同様に、

(**3-a**) She *understandably* declined the offer.

は

(**3-b**) *It is understandable that* she declined the offer.
　　　〈彼女がその申し入れを断ったのは理解できる／無理もない。〉

であって「分かりやすく断った」のではない。

　また、apparently なども it appears (=seems) の意味で使われることがほとんどで、多くの人が勘違いしているように「明らかに」の意味はきわめて少ない。

(**4**) *Apparently*, Ted is in financial trouble.
　　　〈どうもテッドは金銭問題を抱えているようだ。〉

　口語でよく使う hopefully なども「希望を持って〜をする」のではなく、単に I hope ... である。

(**5**) *Hopefully*, I will be granted the scholarship I've applied for.

〈申し込んだ奨学金がもらえるといいんだけれど。〉

このように「コメントを加える」副詞としてほかによく使われるのが、

probably〈おそらく〉　　　possibly〈ひょっとしたら〉
definitely〈絶対〉　　　　 naturally〈当然ながら〉
obviously〈当たり前だが〉 certainly〈もちろん〉
surely〈確かに〉　　　　　admittedly〈確かに／正直なところ〉
really / actually〈実は〉
generally/ generally speaking〈一般的に／一般的に言って〉
objectively / objectively speaking〈客観的には／客観的に言って〉
honestly〈正直に言えば〉
conservatively〈保守的に見れば／控えめに言って〉

など。

not を伴ったものとしては、

not always / not necessarily〈必ずしも〜ではない〉
not exactly / not precisely〈正確には〜とはいえない〉
not really〈本当に〜というわけではない／別に〜というわけではない〉
not particularly / not especially〈特に〜というわけではない〉

など。

もちろん、副詞が動詞の修飾なのか、文へのコメントなのか判然としない、というか、どちらでも構わない文もある。

(6) There are drivers who *foolishly* and *selfishly* believe that roads are for cars and trucks only.
〈道路は乗用車やトラックだけのもの、と愚かにも自分本位に思い込んでいるドライバーがいる。〉

ついでだが、形容としては本来副詞の使われる場面で、形容詞が代用されることがまれにある。

(7-a) He drank a *polite* glass of wine and left.

の polite は glass を修飾するものではなく「礼儀正しいグラス」なんてあるはずがない。これは (7-b) と同じ意味。

(7-b) He *politely* drank a glass of wine and left.
〈彼は礼儀に従ってワインを1杯飲んで／せっかくの勧めならとワインを1杯飲んで、帰った。〉

3 to不定詞

副詞 honestly を使った

(**1-a**) *Honestly*, I was not very much impressed.
〈正直言ってあまり感心しなかった。〉

と、to 不定詞のフレーズ to be honest を使った

(**1-b**) *To be honest*, I was not very much impressed.

とは同じ意味であるが、このように to 不定詞のフレーズでコメントを加えることが時々ある。主なものは以下のとおり。

to be sure 〈確かに〉

to be frank (with you) 〈率直に言って〉

to be precise 〈正確に言えば〉

to be more precise 〈もっと正確に言うと〉

to begin with 〈まず最初に〉

to make matters worse 〈さらに悪いことに〉

QUESTION 13

次の各文(の下線部)を指定に従って書き直しなさい。

1 <u>Einstein famously said</u>, "I shall never believe that God plays dice with the world."

　→ It is well-known that ... で始めよ。

2 <u>E-mail is, apparently, merely letter writing by a different means</u>. Looking at it more closely, however, we find that this new medium of communication is bringing about significant changes in the nature of human contact.

　→ It may appear that ... で始めよ。

3 I had a quick lunch with my colleagues.

　→ I had lunch ... で始めよ。

4 Many nouns have sexes or gender.

　→ 'to be more precise' を加えよ。

ANSWER KEY

1 It is well-known that Einstein said, "I shall never believe that God plays dice with the world."
形の上ではこの文は It is famous と言っても良さそうだが、famous は「名高い／評判が高い」というニュアンスなので that 節の内容が「評判が高い」と言ったのでは変だから、well-known とした。
〈アインシュタインが「神が宇宙に関してさいころを振っているとは私は決して信じないだろう」と言ったことはよく知られている。〉

2 It may appear that e-mail is merely letter writing by a different means.
〈e メールは手段こそ異なるが手紙を書くことにすぎない、と思えるかもしれない。〉
「しかしもっとよく見てみると、この新しいコミュニケーションの手段が人間同士のやりとりの性質に重大な変化をもたらしていることが分かる。」と続く。

3 I had lunch quickly with my colleagues.
〈私は同僚と手早く昼食をとった。〉

4 Many nouns have sexes or, to be more precise, gender.
〈多くの名詞には性別、というか、もっと正確に言えばジェンダーがある。〉
sex は生物学上の性、gender は社会的な性差。

4 修飾語句

例えば
(**1-a**) This is revolutionary.〈これは革命的だ。〉
と言っただけでは物足りない、もっと強めたい、というときに
(**1-b**) This is *just* revolutionary.〈これはまさに革命的だ。〉
と1語を加える。あるいは、
(**1-c**) This is *nothing but* revolutionary.〈これは革命以外の何ものでもない。〉
(**1-d**) This is *nothing less than* revolutionary.〈これは革命以下の何ものでもない。〉

などと句を加える。

逆に「革命的でない」と言うのに

(**2-a**) This is *not* revolutionary.〈これは革命的でない。〉

ではつまらないと思ったら、

(**2-b**) This is *far from* revolutionary.〈これは革命的とはほど遠い。〉

や、

(**2-c**) This is *nothing more than conventional.*
〈これは従来のやり方をまったく超えていない。〉

とする。

revolutionary という言葉では強すぎるかな、と迷いがある場合など

(**3-a**) This is *more or less* revolutionary.
〈革命的という言葉より上か、下か→これは革命的とでも言っていいようなものだ。〉

とか、

(**3-b**) This is *kind of* revolutionary.〈これは一種革命的だ。〉

と言ったりする。

以下に、こうした語句の例をあげる。

all but: but は except〈〜を除いて〉の意味。exception は「例外」。

all but one of those examples〈それらの例のうち、1つを除いてすべて〉は文字どおりの使い方だが、修飾語句とともに用いられて almost の意味になることがある。少し分かりにくいが、例えば He was *all but* dead. と言ったら「dead という語を除いてすべて（の語が当てはまる）」つまり「厳密に dead ではないが、それに近い語のすべてが使える」ということ。だから〈死んだも同然〉。

almost のように日常的に広く使われるわけではなく、*all but* dead、*all but* gone〈ほとんどなくなって〉、*all but* over〈ほとんど終わって〉、*all but* extinct〈絶滅寸前〉、*all but* finished〈ほとんど終えて〉など、結構限定的。almost everybody〈ほとんどみんな〉を ✘ *all but* everybody とか、almost noon〈もうすぐ正午〉を ✘ *all but* noon などとは言わない。

(**1**) By the start of the 20th century, surfing was *all but* gone from the Hawaiian islands.
〈20世紀初頭には、サーフィンはハワイの島々からほとんど姿を消していた。〉

almost: nearly と同義。

She's *almost* (=nearly) thirty.〈彼女は30歳近い。〉、I got *almost* (=nearly) killed.〈あやうく死ぬところだった。〉のように使い、また修飾語句に付けて、*almost divine*〈神々しいと言ってもいいくらい〉のように「少し大げさに言うと」というニュアンスを出す。

(**1**) Someone her Mum's age behaving like that! Toni thought it was a bit too much, really—it was *almost* a bit pitiful.
〈ママみたいな歳の人があんなふうに振る舞って！　少しやりすぎだ、とトニは思った。ちょっと痛ましいと言ってもいいくらい。〉

anything but:「～以外には何でも」ということ。

普通は、

She decided she would do *anything but* lie to herself.
〈自分に嘘をつく以外には何でもしようと決めた→自分に嘘をつくことだけはすまいと思った。〉

Our dog *doesn't* do *anything but* lie around.
〈うちの犬は寝転がっているほかは何もしない→うちの犬はごろごろしてばかり。〉

のように使うが、ちょっと分かりにくいのが修飾語とともに使われるケース。

(**1**) She's *anything but* ordinary.
〈彼女は平凡以外の、何でもいい、あらゆるものだ→彼女はとても平凡だなどとはいえない人だ。〉

(**2**) Culturally and politically, China is *anything but* a monolith.
〈文化的、政治的には、中国は一枚岩とはほど遠い。〉

as if / as though:　副詞やフレーズの修飾にも使うが、主に［主語＋述語（節）］を導いて、「まるで」の意味を表す。

後ろの節は現実ではないから、例えば

He speaks *as if* he *knew* everything.
〈彼はまるで何でも知っているかのように話す。〉

のように仮定法の時制が使われるのが本来の用法。現実には as if he *knows* ... としてしまうことも多いが、もともとは、if〈もし～であったなら〉＋as〈～であるように〉の、また、as〈まるで～であるように〉＋though ...［not］〈～ではないのだが〉の合成・省略から生じた表現。

(**1**) *As if* accidentally, he dropped his key on the pavement.

〈うっかりしたかのように彼は鍵を歩道に落とした。〉

(2) She made a movement *as if* to stand up.
〈彼女はまるで立ち上がるかのような動作をした。〉

(3) They continue their conversation happily, and they don't care if I hear them: it's *as if* I didn't exist.
〈彼らは私に聞こえているのも構わず楽しげに会話を続ける。まるで私など存在していないかのようだ。〉

(4) Mother said. 'Don't talk to me *as though* I were a secretary in your office.'
〈「私に対して、まるであんたの会社の秘書みたいなしゃべり方をするのはよしなさい」と母は言った。〉

as it were:「これは言葉のあやであるが」ということを明示して「いわば」「言うなれば」の意味を添える。

　as if / as though と違って、[主語＋述語]でなく語句の修飾に使う。もともとは as if it were so〈あたかもそれがそうであるかのように〉だったものが短縮された。現在でも as if it were という表現はある。

(1) In many ways children live in a different world from adults *as it were*.
〈子供はいわば、大人とは別世界に住んでいるわけである（言うなれば別世界）。〉

at all: to any extent〈程度を問わず〉。

　否定語とともに用いれば「どんな程度も〜ない→まったく〜ない」、そのほかの場合は「少しでも／ともかく」の意味。

(1) She performs so little that, to our eyes, she might as well *not* be there *at all*.
〈彼女の出番はほとんどないから、我々の目からすると、まったくそこにいないのとほとんど変わらない。〉

(2) In the time when dinosaurs dominated the world, our ancestors probably only managed to survive *at all*.
〈恐竜が世界を支配していた時代、我々の先祖はおそらく、ともかく生き延びることで精いっぱいだったのだろう。〉

at best / at (the) most / at (the) worst:
twenty kilometers per hour *at best*〈良くてせいぜい時速20キロ〉
one hundred bucks *at most*〈最高で100ドル〉
10 percent interest *at worst*〈悪くても10パーセントの利子〉
のように文字どおりの意味で使われるほか、「せいぜい良くてこの修飾語句」「悪ければこの修飾語句」というふうに使うことがある。
(1) An excessive intake of supplements is a waste of money *at best* and a health danger *at worst*.
〈サプリメントの過剰摂取は良くて金の無駄、悪くすると健康を損なうことになる。〉

at least: *at least* once a week〈少なくとも週に1度〉のように「～より少なくない」という文字どおりの意味のほか、「ともかく～だけは間違いなく」というニュアンスを添えて用いる。
(1) We generally give more weight to moral judgments than to judgments about how people look, or *at least* most of us do most of the time.
〈我々は概して、人の容貌に対する判断より道徳的判断に重きを置く。というか、少なくともほとんどの人はほとんどの場合、そうする。〉

at that:「その点では」という意味で、
You may be right *at that*.〈その点では正しいかもしれない。〉
が普通の使い方。まれにだが「その点に関して言えば／付け加えれば」というニュアンスで使われることがある。
(1) He's a liar, and a good one *at that*.
〈彼は嘘つきで、しかもその嘘がうまいんだ。〉

far from:「～とはほど遠い／全然～ではない」
(1) Selling the ponies,[43] especially to families with children, is *far from* difficult.
〈小型馬を売るのは、特に子連れの家族相手の場合、まったく難しいことではない。〉

for that matter:「その問題に関して言えば／ということで言えば／というより」言い直して、より一般化する。

---
43. ポニー、小型馬

(1) We all have to make more effort to protect our native birds—and animals and plants, *for that matter*.
〈私たちは皆、固有の鳥類を保護する努力をもっとしなければいけない、ということで言うなら動植物全体なのだが。〉

(2) The human body, or *for that matter*, a body of any living organism is made out of tissues and cells.
〈人間の身体は、というより、あらゆる有機体の身体は組織と細胞からできている。〉

if any / if anything: どちらも文字どおりには「もし何かがあるとすれば」の意味だが、if anything は if at all と同様「何か(形容する言葉が)あるとすれば→どちらかというと」という特殊な意味合いで使われることがたまにある。

(1) What, *if any*, medication works to improve the symptoms?
〈その症状を改善する薬品があるのなら、それは何でしょうか?〉

(2) I wonder what, *if anything*, the guard is looking for.
〈警備兵の探しているものがあるのなら、それは何なのか?／警備兵は何を探しているのか? そもそも探しているものがあるのだろうか?〉

(3) The drugs problems are, *if anything*, merely reflective of society.
〈ドラッグの問題はどちらかといえば単に社会の反映である。〉

if ever: ever は at any time〈どの時点でもいいが〉の意味。

　if にはもともと「もしも〜なら」だけでなく「たとえ〜でも」の意味もある(まぎらわしい場合には even if とする)。こういうフレーズで使われる場合、多くが「たとえ〜でも」の意味で、if ever は「たとえそういうことがあったとしても」。

(1) Middle class Victorians at home seldom, *if ever*, encountered 'colored' people.
〈ヴィクトリア朝時代の中産階級が英国で「有色」人種に出会うというのは、たとえあったとしてもまれだった。〉

if not ... : 「たとえ〜でないとしても」。

(1) The directions in which two countries are planning to move are almost, *if not* completely, the opposite of each other.
〈両国が進もうと計画している方向は、互いに完全にとは言えないまでも、ほぼ逆方向といっていいものである。〉

(2) People started thinking of snow as something that could be understood, *if not* controlled.
〈人々は雪を、制御できるものとまでは言わないまでも、理解できるものと考え始めた。〉

in a way: 「ある方向からは→ある面では／ある意味では(〜ともいえる)」。

way は「やり方」ばかりでなく「ものの見方」を指す語。ちなみに日本語ではそれを in many ways〈多くの方向から見て→多くの面で〉、in various ways〈様々な方向から言って→様々な点で〉のように「面」「点」という言葉で表すことが多い。

(1) When I disproved their theory, they looked offended as if I attacked their religion. *In a way* I guess I did.
〈私が彼らの理論の誤りを証明すると、まるで彼らは自分の宗教をけなされたかのようにむっとした顔をした。ある意味で、私は彼らの宗教をけなしたのかもしれない。〉

in fact: 前の文を順接的に受け、強めて「実に」、及び、逆接的に受けて「しかし実は」。

(1) Some citizens vote or engage in more active forms of participation. Others do not. *In fact*, a majority of Americans undertake no other political activity aside from voting.
〈投票に行く、あるいはそれ以上に積極的な形で関わる市民もいるし、そうでない人もいる。実際、アメリカ人のほとんどは投票以外の政治活動は行わないのである。〉

(2) The apparent simplicity of the use of e-mail may lead us to think that we know everything that we need to know about it, but *in fact* it has overtaken us without our really understanding what it is.
〈eメールを使うのは一見容易だから、我々はそれについて必要なことは何でも分かっている気になるけれど、実はeメールは、それが何であるか、本当には分からないうちに我々を呑み込んでしまったのである。〉

(3) It may seem that stealing electricity is a victimless crime, but *in fact*, all customers share in the cost.
〈電気を盗むというのは被害者なき犯罪に見えるかもしれないが、実際には利用者全体がそのコストを負担しているのである。〉

in the least: 否定語とともに用いて「最小／最低の〜もない」。

(1) Here the word 'ordinary' is *not* meant to be pejorative *in the least*.

〈ここで「普通の」という言葉には軽侮の意図などまったくないのである。〉

indeed: in fact と同様、順接的に強めて「実に」、あるいは譲歩のニュアンスで「確かに (〜ではあるけれど)」および逆接的に「それどころか」。

(**1**) To many Americans, the situation might seem quite strange *indeed*.
〈多くのアメリカ人にとって、その状況は実に奇妙に思われるかもしれない。〉

(**2**) Although it is *indeed* the poet who gives verbal form to his or her idea or vision, it is the reader who translates this verbal shape into meaning and personal response.
〈確かに自分の考えや視点に言葉という形を与えるのは詩人ではあるけれど、言葉の形をとったものを意味や個人的反応へと変換するのは読者である。〉

(**3**) Although many people consider the film a failure, I thought it was pretty good *indeed*.
〈その映画を失敗作と見る人は多いけれど、私はかなりいいと思った。〉

kind of / sort of: a *kind of* lizard 〈一種のトカゲ〉(日本語では「トカゲの一種」の方が普通か) という本来の使い方のほかに a *kind of* genius 〈一種の天才／天才的な人物〉と「〜のようなもの」の意味がある。sort of は kind of と基本的には同じだが、

(**1**) "So, you were upset?" "*Sort of*." 〈「で、アタマにきたわけ？」「まあね。」〉のように、more or less のニュアンスで使われることもある。なお、この kind of などは口語ではよく使われ (kinda と書かれ「カイナ」と発音する)、ただ曖昧にするだけの役割を果たす。日本語の「ちょっと」や「なんか」に当たるもの。

(**2-a**) She's *kinda* cute. 〈なんかかわいいよね。〉

(**2-b**) I'm *kinda* confused. 〈なんか、よく分かんなーい。〉

(**2-c**) I'm *kinda* hungry. 〈ちょっと腹へったかな。〉

クセになりがちだが、乱用していると、愚物だと思われる。本当に「少し／ちょっと」と言いたければ、a little、a bit、a little bit を使う。

(**3**) Esperanto speakers easily make new words by putting two or more existing words together. This *kind of* word invention is regarded by Esperantists as a creative process which adds to the appeal of the language.
〈エスペラント話者は、既存の語を2つ以上組み合わせて簡単に新語を造ることができる。こ

（**4**） Egyptians used hollow reed pens to write on papyrus some 4,000 years ago. Historians suggest that even these very early writing instruments can be seen as having a *sort of* internal tank which could supply ink steadily to the writing tip.
〈約4,000年前、エジプト人は中空の葦のペンを使ってパピルスに文字を書いていた。歴史家は、こうしたきわめて初期の筆記具も、先端の筆記部に絶えずインクを送り込む一種の内部タンクを有していたと考えていいのではないか、としている。〉

let alone: 本来の意味は「放っておけ」である。否定的な記述に続けて「以下のことは放っておいてもよい」つまり「言うまでもない」ということ。much less、still less と同じ。

（**1**） I had no idea how to read, *let alone* study, the Bible.
〈聖書をどう読むかも分からなかったのだから、まして研究するなど考えられなかった。〉

（**2**） We have few tools to evaluate—*let alone* control—the influences of those chemicals upon us.
〈我々には、そうした化学物質が我々に与える影響を制御することはおろか、それを評価する手段すらほとんどないのである。〉

more or less: Does ice weigh *more or less than* water? 〈氷は水よりも重いか、軽いか?〉
のように現実的な比較に使われる以外に、「この表現より上か下→だいたい〜」の意味で使われることが多い。日本語の「多かれ少なかれ」と似ているが、必ずしも一致しない。

（**1**） The process takes one minute, *more or less*.
〈このプロセスには1分以上以下、かかる→このプロセスにはだいたい1分ほどかかる。〉

（**2**） This room is *more or less* an extra—we don't really need it.
〈この部屋は予備といったようなもので、本当に必要というわけではない。〉

more than / less than: 一般の比較以外に「〜以上の状態」「〜というほどではない状態」を示す。*more than* pleased 〈喜んだ以上の状態だ→喜んだなんてものじゃない、有頂天・欣喜雀躍・狂喜乱舞だ〉、*less than* perfect 〈完璧より下→完璧とまではいえない〉。

(1) He was still trying to use humor to make light of a *less than* amicable atmosphere.
〈それでもなお彼は、あまり友好的とはいえないその場を和らげようとして、ユーモアを心がけていた。〉

much less: 否定の表現に続けて、次に来る否定の度合いがもっと大きいことを示す。

(1) No one would harm you *much less* kill you.
〈誰もあなたを傷つけようなどとは思わない。ましてや殺すなんて。〉

(2) The review was not even critical, *much less* negative about the film.
〈批評は、その映画に対して批判的だったり、ましてや否定的なところなどはなかった。〉

needless to say / not to mention / to say nothing of: needless to say は本来 it is needless to say (that) の省略形で、普通は文修飾に使う。文字どおり「〜は言う必要がない」...と言いながら、言うのであるが...。not to mention は「〜については述べないが」...と言いつつ述べるのだが...。to say nothing of は「〜については何も言わないが→〜は言うに及ばず」...と言いながら...もういいな、これは。なお、このフレーズは「付け加えるならば」といったニュアンスで使うこともある。こうした to 不定詞の用法は、*to add* an example〈例を付け加えるならば〉、*to say* the least〈ごく控えめに言っても〉、*to be* honest〈正直に言えば〉、*to be* fair〈公平に言って〉などと同様、話し手のコメントを付け加えるもの。

(1) *Needless to say*, we all rejoiced when the lights came back on.
〈また電気がついて、私たちは言うまでもなく大喜びでした。〉

(2-a) I packed enough drug supplies, *not to mention* (*to say nothing of*) food and water, to last for days.
〈私は数日分の食糧と水はもちろん、薬品も入れた。〉

(2-b) I packed enough food and water, *not to mention* (*to say nothing of*) drug supplies, to last for days.
〈私は数日分の食糧と水を入れた。もちろん薬品も。〉

(3) Smoking is one of the worst examples you can set for a child, *not to mention* (*to say nothing of*) the health risks to the child.
〈喫煙は、子供に対して示しうる最も悪い手本の1つである。もちろん子供の健康に対して危険であることは言うまでもないが。〉

(4) This super-simple recipe can be a real treat for both you and your kids (*not to mention* your wallet!).
〈この超簡単レシピであなたもお子さんもハッピー（ついでにおサイフもハッピー!）に。〉

next to:　「〜の隣」「〜にきわめて近い」「〜も同然」。*next to* nothing〈ないに等しい〉、*next to* impossible〈不可能に近い〉のように、ほとんどの場合否定的文脈で用いる。より普通の副詞なら almost、nearly、virtually に当たる。

(1) Gravity means *next to* nothing to very small animals with high surface-to-volume ratios.
〈体積に対し表面積の比が高い小動物にとっては、重力はほとんど何の意味もない。〉

nothing but:　「〜を除いて何もない」「〜以外の何ものでもない／まさに〜である」。

(1) The poor man had *nothing but* a little lamb.
〈貧しい男は子羊1頭以外何も持っていなかった。／貧しい男の財産といえば1頭の子羊だけだった。〉

(2) I had *nothing* to lose *but* my pride.
〈私にはプライド以外、失うものは何もなかった。／私に残されたものはプライドだけだった。〉

no less than / nothing less than:　「〜をまったく下回らない→〜ほどもある」「〜を下回る何ものでもない→まさに〜である」

　本来の比較の意味では、

It cost me *no less than* 1,000 dollars.
〈かかった額は1,000ドルをまったく下回らなかった→1,000ドルもかかった。〉

I would accept *nothing less than* 1,000 dollars.
〈1,000ドルを下回るものは何も受け取らない→少なくとも1,000ドルを要求する。〉

のように使う。形容語句に使った場合は「〜という言葉以下のものではまったくない→（プラスの意味で）まさに〜である」という意味。

(1) Everything was *no less than* perfect!〈すべてがまさに完璧だった！〉

(2) The implications of e-mail are *nothing less than* revolutionary.
〈eメールの持つ意味合いはまさに革命的といえるものである。〉

no more than / nothing more than / no better than:　「〜を上回るものではまったくない」つまり、否定的に「せいぜい〜」ということ。only / just〈た

った〜だけ〉、merely / simply〈単に〜にすぎない〉と置き換え可能なことも多い。
(1) It took me less than 10 minutes to fix my shoes and it cost me *no more than* 3 dollars.
〈靴の修理は10分以内で済み、費用も3ドルしかかからなかった。〉
(2) The Romans thought those barbarians were *no better than* beasts.
〈ローマ人は、そうした野蛮人たちを、獣に等しい存在だと考えていた。〉

not least:「〜が一番少ない／低いわけではなく」「〜も忘れてはいけないが」が本来の意味であるが、現実には particularly (in particular) / notably〈特に〉の意味で使う。because とともに使われることも多い。
(1) It pays to know the enemy—*not least* because at some time you may have the opportunity to turn him into a friend.
〈敵は知っておいた方が得だ。特に、いつかそれを味方に変える機会があるかもしれないという理由で。〉

nothing other than / none other than:「〜とは別の何ものでもない→〜以外の何ものでもない」。nothing but …とほぼ同じ考え方。「まさに〜そのもの」というニュアンスだから、exactly / precisely〈正確に〉と置き換えられることもある。
(1) The cartoon was considered to be *nothing other than* blasphemy by many Muslims.
〈その風刺漫画は、多くのイスラーム教徒からはまさに瀆神そのものと見なされた。〉

so to say / so to speak: as it were と同じく「そのように言ってみるなら→いわば」。
(1) Indeed, in the year 1,000 there was no concept of an antiseptic at all. If a piece of food fell off your plate, the advice of one contemporary document was to pick it up, make the sign of the cross over it, salt it well—and then eat it. The sign of the cross was, *so to speak*, the antiseptic of the year 1,000.
〈実際、紀元1,000年には消毒などという概念は存在しなかった。皿から食物が落ちた場合の当時の文献による勧告は、それを拾い、十字を切って、よく塩を振り、それから食べよ、というものだった。十字の印が紀元1,000年の、いわば消毒だったわけである。〉

still less: 否定の表現に続けて、次に来る否定の度合いがさらに大きいことを示す。

still が He's still sleeping.〈まだ寝ている。〉、and still〈それでもなお〉のように「あいかわらず、同じ状態で」ということから、「否定が続き、その度合いを強めて」という意味。much less と同じ。

(1) You can write what you like, but you *can't* force people to read it, *still less* understand it.
〈自分の書きたいことを書くことはできても、それを読むよう人に強要することはできないし、ましてや、理解させようなんて無理なことだ。〉

QUESTION 14

それぞれの文の空所にふさわしい語句を下の選択肢から選びなさい。

1 The art of surfing upright on long boards was certainly perfected, [　　] invented, in Hawaii.
　　a. if not　　b. in fact　　c. in the least　　d. much less

2 He seemed heavier than the year before, not because he had gained weight but because he looked [　　] he had been put down on the bench and would not easily get off it without help.
　　a. as though　　b. at least　　c. if anything　　d. if ever

3 But if you cultivate[44] a healthy poverty and simplicity of mind, you will find the world is [　　] full of small pleasures.
　　a. as it were　　　　b. in fact
　　c. needless to say　　d. no less than

4 Worse than living in a world filled with uncertainty, in which we can never know for sure who is lying to whom, might be to live in a world filled with certainty about where the lies are, thus forcing us to tell one another [　　] the truth.
　　a. all but　　　　b. anything but
　　c. nothing but　　d. sort of

5 Had those household goods[45] been presented as works of art, I would have seen something [　　] an object, something deeper in the way forms can take on a life of their own.
　　a. far from　　b. less than　　c. like　　d. more than

6 In a world with any regularity[46] [　　], decisions informed by the

44. 涵養する／育む　45. 日用品　46. 規則性

past are better than decisions made at random.

  a. at all b. at best c. at that d. at the least

7 I wanted to know how he had heard so much about me, but couldn't think of a way of asking, [ ] not with my mother there.

  a. as though b. at least c. if d. much less

8 When the chess masters were shown a board[47] consisting of randomly arranged pieces[48] that did not represent a real game situation, they could remember [ ] than the beginners.

  a. more or less b. no more c. still less d. other

ANSWER KEY

1 a. if not

 invented〈発明された〉でないにせよ perfected〈完成された〉と言ってもよい。

〈長いボードの上に立って波に乗る技術がハワイで発明されたとは言わないまでも、完成させられたというのは確かである。〉

2 a. as though

 いわば／まるで「ベンチに押し付けられたかのよう」。

〈彼は前年よりも重そうに見えた。体重が増したというのではなく、まるでベンチに押さえ付けられて、助けを借りずには容易に立ち上がれないように見えたからである。〉

3 b. in fact

 実は「小さな喜びでいっぱいである」。"full of small pleasures" が比喩的な表現ではないから、a. の as it were はふさわしくない。

〈しかし、もし健康な心の貧しさと質朴さとを育むことができるなら、世界は実は小さな喜びに満ちあふれていることが分かるでしょう。〉

4 c. nothing but

 内容をしっかり読み込むと「すべての嘘が確実に分かる世界」では「真実以外のものは何も話せない」世界だと分かる。

〈誰が誰に嘘を言っているのかよく分からないような不確実さに満ちた世界に生きるよりさらに悪いのは、どこに嘘があるのかが確実に分かり、ということは互いに真実だけしか語らざるをえないような世界に生きることなのではないだろうか。〉

47.（チェスの）盤 48.（チェスの）駒

5 d. more than

「何か、1つの物体以上のもの」。後ろの something deeper〈何かより深いもの〉がさらに詳しく説明している部分。
〈もしもこうした日用品が美術作品として提示されていたなら、私はそこに単なる物体以上のもの、形がそれ自体の生命を身に付けうることに、何かさらに深いものを見ただろう。〉

6 a. at all

at all が否定語とともにではなく使われて少しでも／多少なりともの意味を表す。
〈多少なりとも規則性のある世界では、過去の情報による判断はランダムな判断よりも上である。〉

7 b. at least

直前の「尋ねる方法は思いつかなかった」を絞り込んで、少なくとも「母がいるところでは、駄目」と言っている。
〈なぜ彼が私のことをそんなに聞いているのか、知りたかった。でもどうやって聞いたらいいのか考えつかなかったし、少なくとも母がいるところでは聞けなかった。〉

8 b. no more

「ランダムな盤面を見せると、その記憶については名人も素人と変わりない」ということを、名人が素人を少しも超えないと表現する。
〈チェスの名人に、実際の試合の場面を表したものでない、でたらめに並べた盤面を見せると、初心者と同じくらいしか記憶することができなかった。〉

5 関係詞 what

関係詞 what は先行詞 the thing と 関係詞 which（that）の複合したものであるが、This is what he gave to me.（=This is the thing that he gave to me.）〈これが、彼がくれたものです。〉は、This is the ring that he gave to me.〈これが、彼がくれた指輪です。〉と違って、先行詞が明示されていない「含み」のあるところが特徴で、だから「大人の」文には多用される。

(**1-a**) That was a revelation.〈それは天啓だった。〉

と単純に言い切らずに、

(**1-b**) That was *what you may call* a revelation.
〈それは天啓とでもいうようなものだった。〉

(**1-c**) That was *what I thought to be* a revelation.
〈それは私には天啓と思われるものだった。〉

などとする。和訳する場合、必ずしも「いわゆる」とすればいいというものでもない。

　また、何でも「〜なもの／こと」とするのも分かりにくいから、内容を考えて日本語にする必要があるだろう。

(**2**) Tina donates a portion of *what she earns* to charity. [←Tina donates a portion of the thing to charity. + She earns it.]
〈ティナは稼いだものの一部をチャリティーに寄付する→ティナは収入の一部をチャリティーに寄付する。〉

(**3**) Roger has always acted in *what he believed to be* his boss's best interest. [← Roger has always acted in something. + He believed it to be his boss's best interest.]
〈ロジャーはこれまでずっと、社長の最も利益にかなうと信じるものにおいて行動してきた→ロジャーはこれまでずっと、社長の利益を第一に考えて行動してきた。〉

　一見して分かりにくく、日本語に訳すのが難しいものもある。例えば、

(**4-a**) That is love. 〈それが恋だ。〉

とストレートに言い切るのに対して

(**4-b**) That is *what* love *is about*.

は分かりにくい。2文に分けると、That is the thing. + Love is about it. 〈それがそのものだ。+ 恋とはそれにまつわるものだ。〉だから、日本語で言ったら「恋とはそういうものなんだよ。」という感じか。about は around とほぼ同義だから、Love is about giving. と言えば「愛は与えることを中心としたもの／愛は与えることにまつわること」という感じで「要点は」とか「目的は」ということ。Life is about creating yourself. 〈生きるとは自分をつくり上げることを要点とする。〉だが、日本語では普通この about のニュアンスなしで「愛とは与えること」とか「人生とは自分をつくり出すこと」のように単純にイコールでつないでしまう。

(**5**) Working, making money, and saving for a rainy day: that is *what* life *is all about*.
〈働いて、金を稼ぎ、いざというときに備えて貯金する。人生はそういうもんだ。〉

のように all 〈それがすべて〉を付けることもある。

以下、(**a**) what を使わないストレートな文 と、(**b**) what を使って含みを持たせた文 の、ニュアンスの違いをもう少し考えてみよう。

(**6-a**) *A largely communicative activity* aimed at looking after the sick has become a technical enterprise.
〈病人の世話が目的の、コミュニケーションを主体とする営みが、技術的な仕事となってしまった。〉

(**6-b**) *What was once* a *largely communicative activity* aimed at looking after the sick has become a technical enterprise.
〈かつては病人の世話が目的の、コミュニケーションを主体とする営みであったものが、技術的な仕事となってしまった。〉

(**7-a**) Located in the north-east of *Poland*, the city of Bialystok was home to four main communities.
〈ポーランドの北東部に位置するビヤウィストクには、主として4つのコミュニティがあった。〉

(**7-b**) Located in the north-east of *what is now Poland*, and at the time under Russian rule, the city of Bialystok was home to four main communities.
〈現在のポーランドの北東部に位置し、当時はロシアの支配下にあったビヤウィストクには、主として4つのコミュニティがあった。〉

(**8-a**) A man came to open the door who seemed the image of *a lighthouse-keeper*. He smoked a pipe and had a gray-white beard.
〈ドアを開けに来た男は灯台守(もり)のイメージそのままで、パイプをくゆらせ、半分白くなったひげを生やしていた。〉

(**8-b**) A man came to open the door who seemed the image of *what a lighthouse-keeper ought to be*. He smoked a pipe and had a gray-white beard.
〈ドアを開けに来た男は、灯台守(もり)はこうあるべきだというイメージそのままで、パイプをくゆらせ、半分白くなったひげを生やしていた。〉

(**9-a**) The ability to combat quite major illnesses can be affected by "*a positive state of mind.*"
〈大病と闘う力は「前向き思考」に影響されることがある。〉

(**9-b**) The ability to combat quite major illnesses can be affected by *what we call* "*a positive state of mind.*"
〈大病と闘う力は「前向き思考」と我々が呼ぶものに影響されることがある。／大病と闘う力はいわゆる「前向き思考」に影響されることがある。〉

QUESTION 15

それぞれの文（の下線部）を和訳しなさい。

1 It is sometimes difficult to draw the line[49] between what we can all agree is a reasonable interpretation of a literary work and one that appears wild and unjustifiable.

2 All great athletes have developed what might be called high-level awareness.

3 With the help of some dramatic photographs and famous supporters, surfing began its spread around the world. What had once been a lively and unique part of local Hawaiian culture started to grow into its current status as a highly popular part of world culture.

ANSWER KEY

1 文学作品のまともな解釈であると我々みんなが同意できるものと、正当化できないような無茶なものとの間には、時として線が引きにくいことがある。

2 偉大なスポーツ選手は皆、高度なレベルの意識とでもいうものを発達させている。

3 ［いくつかのドラマチックな写真と有名なファンの助けとを得て、サーフィンは世界中に広まり始めた。］**かつてはハワイ文化特有の華やかな一側面であったものが、世界的にきわめてポピュラーな文化の一部としての現在の地位へと発展し始めたのである。**

---

49. 線を引く➡区別する

6 節を加える

例えば、

People are increasingly conscious of sustainable development.
〈人々は次第に、持続可能性のある開発ということを意識するようになっている。〉

の前に

It is no doubt that あるいは簡素化して ***No doubt*** のみを付けて、
It is no doubt that / No doubt people are ... 〈疑いもなく〜〉とするような例は数多い。

It is not unreasonable to say (that) ...〈〜と言っても不合理なことではない〉

(It is) no wonder / little wonder (that) ...
〈〜は驚くことではない／〜はほとんど驚くにあたらない／道理で〜のはずだ〉

It goes without saying that ...
〈〜は言わなくても通用する／言うまでもなく〜である〉

I've often heard it said that, ...
〈〜が言われるのをよく聞く／よく言われることであるが、〜〉

The truth is (that) ...〈真実は〜ということだ／実は〜なのである〉

The plain fact is (that) ...
〈明らかな事実は〜である／〜は動かしようもない事実なのだ〉

Chances are (that) ...〈確率は〜である→おそらく〜だろう〉

Odds are (that) ...〈見込みは〜である→おそらく〜だろう〉

7 特徴的な（凝った）言い回しをする

印象を強め、ニュアンスを加える表現方法を、以下にいくつか紹介する。

強調／倒置

文の中の一部を強調することも多く、そのテクニックとして、単純に強める部分をイタ

リック体にする（しゃべる場合には強く発音する）。

I'm not sure, but she *looked* OK.
〈よく分からないけど、彼女、見た目は大丈夫そうだったよ。〉

強める部分を文頭に持ってくる（リズムの問題で、be 動詞や助動詞が主語の前に出てくる倒置が行われることも多い）。

***Never** have I* lied to you.〈一度もないよ、君に嘘をついたことは。〉

さらには、強調構文を使う。

***It was** only yesterday that* I took over the task.［← I took over the task *only yesterday*.］

〈私がその業務を引き継いだのは、ついまだ昨日のことなんです。〉

などがある。

(**1-a**) The researchers were not able to complete the analysis of their samples until months later.
〈研究者たちは数ヵ月後まで、サンプルの分析ができなかった。〉

(**1-b**) ***Not*** until months later *were* the researchers able to complete the analysis of their samples.
〈数ヵ月後までは駄目だった＋研究者たちはサンプルの分析ができた。〉［「数ヵ月後までは駄目だった」と文頭に持ってきて強調している］

→［分かりやすい日本語にすると］
〈数ヵ月後かになってようやく、研究者たちはサンプルの分析ができた。〉

(**1-c**) ***It was*** not until months later ***that*** the researchers were able to complete the analysis of their samples.

強調構文を組み合わせて、「数ヵ月後までは駄目だった」ことをさらに強調している
〈数ヵ月後になってようやく、研究者たちはサンプルの分析ができた。〉

などというのも、現在は定型化しているけれどももともとは強調のためのテクニックである。

修辞疑問（的なもの）

(**1-a**) *We cannot deny* the fact that ...〈～という事実を我々は否定できない〉

(**1-b**) *No one could deny* the fact that ...
〈～という事実は誰にも（否定しようとしても）否定できない〉

(**1-c**) *There is no denying* the fact that ...
〈～という事実を否定することはできない〉

と言うところをわざと疑問文にして、

(**1-d**) ***Could anyone deny*** the fact that ...?
〈〜という事実を誰が否定できるだろうか?〉

また、

(**2-a**) ***This is the best example*** to demonstrate the need of good education.
〈これが、良い教育の必要性を示す最高の例である。〉

を

(**2-b**) ***What better example could there be*** to demonstrate the need of good education?
〈良い教育の必要性を示す例として、これ以上の例がありうるだろうか?〉

とするような[修辞疑問]も、印象を強めるためのテクニックだ。

二重否定

(**1-a**) This kind of usage is ***not un***usual.
〈この種の用法は普通でなくはない。／この種の用法は珍しくない。〉

(**2-a**) This is ***not un***like a tadpole. 〈オタマジャクシに似ていなくもない。〉

などを、否定×否定＝肯定 だから

(**1-b**) This kind of usage is usual. 〈この種の用法は普通だ。〉

(**2-b**) This is like a tadpole. 〈オタマジャクシに似ている〉。

と同じだろうと考えるのはあまりにも無神経で、二重否定にはそれなりのニュアンスがある。

(**3-a**) I will help them only if they ask me to. / I will only help them if they ask me to.
〈手伝ってくれと頼まれた場合だけ手伝うつもりだ。／頼まれなければ手伝うつもりはない。〉

(**3-b**) I wo***n't*** help them ***unless*** they ask me to.
〈頼まれなければ、手伝うつもりはない。〉

(**3-c**) I wo***n't*** help them ***unless and until*** they ask me to.
〈向こうから頼んでこない限り、手伝うつもりはない。〉

比較＋否定

His ex-wife knows ***best*** about Tim. 〈別れた妻が一番ティムのことを知っている。〉

よりも

No one knows about Tim *better than* his ex-wife.
〈別れた妻以上にティムのことを知っている人はいない。〉

の方が、「それ以上の人はいない」というニュアンスが加わる分だけ強い。

(**1-a**) The managers know *best* about the prospects of their company.
〈会社の見通しについて一番よく知っているのは経営者たちだ。〉

(**1-b**) *Nobody* knows *better* about the prospects of the company *than* its managers.
〈会社の見通しについて、経営者たちよりよく知っている人はいない。／会社の見通しについてということならやはり経営者たちだ。〉

(**2-a**) Analyses of social problems are the *most* vulnerable to fads.
〈社会問題の分析は流行の影響を最も受けやすい。〉

(**2-b**) *Nothing* is *more* vulnerable to fads *than* analyses of social problems.
〈社会問題の分析よりも流行の影響を受けやすいものはない。／社会問題の分析ほど流行の影響を受けやすいものはない。〉

(**3-a**) Information is *now most* accessible and *most* plentiful.
〈今、情報は最も入手しやすく最も豊富である。〉

(**3-b**) Information is *more* accessible and *more* plentiful *than ever*.
〈情報はどの時点と比べても、より入手しやすく、より豊富である→情報はかつてないほど入手しやすく、豊富である。〉

(**3-c**) Information has *never* been *so* accessible and *so* plentiful.
so ... as now の意味だが、as now は言う必要もないと考えられて省略される。
〈情報がこれほど入手しやすく、豊富であったことはない。〉

(**3-d**) *Never before* has information been *so* accessible and *so* plentiful.
〈かつてないほど情報は入手しやすく、豊富になっている。〉

QUESTION 16

[1] **a** 文と **b** 文のニュアンスがどう違うかを考えなさい。

[2] そのニュアンスをどう訳に反映させるかを考えながら **b** 文を和訳しなさい。

1-a It seems that there is *always* a story on television or in the newspaper about some new threat to our health and safety.

1-b *Hardly a day passes*, it seems, *when* there is *not* a story on television or in the newspaper about some new threat to our health and safety.

2-a I did *not realise* my grandmother was concerned about her nationality *till many years later*.

2-b *It was not till many years later that* I *realised* my grandmother was concerned about her nationality.

3-a *This is* the basic principle of the modern fountain pen, the ideal pen whose "fountain" would not run dry.

3-b *What is this if not* the basic principle of the modern fountain pen, the ideal pen ...?

4-a The woman may believe that she is alive because God wanted her to survive, and I am not inclined to talk her out of it,[50] but she or I *would be able to say nothing* to the family of those who died.

4-b ... I am not inclined to talk her out of it, but *what would* she or I *say* to the family of those who died?

5-a *One would choose* to have been born in a previous age *only if* he could be certain that he would have been born into a prosperous family, that he would have enjoyed extremely good health, and that he would have accepted stoically[51] the death of the majority of his children.

5-b *No one in his senses would choose* to have been born in a previous age *unless* he could be certain that ....

ANSWER KEY

1-a テレビや新聞では**常に**、我々の健康と安全に対する新しい脅威が語られているようだ。

1-b テレビや新聞で、我々の健康と安全に対する新しい脅威が**語られぬ日はほとんど1日もない**ように思われる。

2-a **何年もあとになるまで**、祖母が自分の国籍を気にしているということに思い

---

50. 言葉で彼女をそこから外へ引っ張り出す→そうでないと説得する
= dissuade her out of it   51. 禁欲的に

至らなかった。

2-b 祖母が自分の国籍を気にしているということに思い至ったのは何年もあとになってからのことだった。

3-a これは現代の万年筆の、「泉」が涸(か)れることのない理想のペンの、基本原理**である**。

3-b これが現代の万年筆の、「泉」が涸(か)れることのない理想のペンの、基本原理でないとしたら、いったい何であろう？／これこそまさに現代の万年筆の、「泉」が涸れることのない理想のペンの、基本原理ではないか。

4-a その女性は自分が生きているのは神が生きよと思し召しになったからだと信じているのかもしれない。私はそうではないと彼女を説得するつもりはないけれど、しかし、彼女にせよ私にせよ、死んだ人々の家族には**何とも言いようがない**。

4-b ～私はそうではないと彼女を説得するつもりはないけれど、しかし彼女にせよ私にせよ、死んだ人々の家族に対していったい何と言ったらいいのか？

5-a 自分が豊かな家に生まれ、また、きわめて健康に恵まれ、自分の子供の多くが死んでいくのをストイックに受け入れられるという**場合のみ**、**人は**前の時代に生きることを**選ぶだろう**。

5-b ～でない限り、**まともな人間なら**前の時代に生きることを選ぼうなどとは**思わないはずだ**。

Write Plain English

1つ付け加えておく。こうしたニュアンスを添えるテクニックは、主として written English に関わることで、spoken English はもっと単純なものである。皆さんが英文を書く場合には、できるだけ plain（ストレートでシンプル）な英語を書くことを勧める。（▶507ページ）

(**1-a**) *No sooner* had I left home *than* it started to rain.
〈家を出るやいなや雨が降り始めた。〉

(**2-a**) *Not until yesterday* did I hear the news.
〈そのニュースを聞いたのはようやく昨日になってからのことだった。〉

というタイプの文も読めた方がいい。ただ、これは文章英語だ。そのようにしゃべる人はまずいないし、そのように書く必要もない。

(**1-b**) *Just as* I was leaving home, it started to rain.
〈家を出ようとしたら雨が降ってきた。〉

(**2-b**) I heard the news *just yesterday*. 〈そのニュースは昨日聞いたばかりだ。〉
の方が、一般的には、いい英語なのだから。

8 語の選択

英語は世界の言語の中でも特に単語数の多い言語だ。元のゲルマン語にブリテン島先住民族のケルト語が混ざり、北欧系のノルド語が入り、1066年のノルマン・コンクェストを契機にラテン語系のフランス語と混ざり合い、また、ほかのヨーロッパ諸語と同様、ギリシャ語と、教会や学問の *lingua franca*〈共通言語〉であったラテン語から大量の語彙を加え、さらに、次第に世界言語になる過程でも世界各地からの借用語を加えて出来上がった一大混成言語だからである。

語彙が豊富というのは必ずしも概念の幅が広いということにはつながらず、1つの概念を示す類義語の選択肢が多く、様々なニュアンスの変化が可能だということになる。例えば「大」を示す形容詞は、big、great、large ばかりでなく huge、enormous、vast、gigantic、magnificent、grand、titanic、gross、spacious など、動詞なら grow、increase、develop、expand、amplify、enlarge、augment、increment などがあり、ネイティブ・スピーカーは、これを英語の豊かさと誇るわけだ。

日本語も固有の大和言葉に加え、漢語を利用し造語しているせいで「大」は、大きい、でかい、偉大、巨大、膨大、莫大、甚大、壮大、絶大、広大、広い、広々、でかでか、など類義語はきわめて豊富。これに借用語であるビッグやグレート、グランド、グラン（グランプリ、グラン・バザール）などが加わる。

日本語では「見る／見える」も「観る」「視る」「診る」「看る」などと漢字を使い分け、「凝視する」「一瞥する」「一覧する」「望見する」「視認する」など熟語を使い、「じっと」「ぼんやりと」「はるかに」などの副詞句を付け加え、さらに「じろじろ」「まじまじ」「きょろきょろ」「ちらちら」などの畳語を使い、あるいは「睨む」「仰ぐ」「望む」といった類義語、また「見上げる」「見回す」「見過ごす」のような複合動詞を使ってニュアンスを変化させる。

類義語

英語の場合、日本語の複合動詞にあたる look up、look around、look over のような「句動詞」を除けば、あとはすべて数多くの類義語（look、see、watch、view、stare、gaze、glare、glance、glimpse、witness、peep、peek、peer、squint、spy、behold、scan、inspect、observe、scrutinize、 survey、etc.）の中から、最もふさわしいニュアンスのものを選ぶ。話す・書くという立場から言えばもちろん、基本的な、ということは最も頻度の高い look、see、watch の使い分けをマスターし、次に look up などの句動詞の基本的なものを使えるようになり、それから glance、stare、gaze、次に peek、spy、behold へ、というように次第に使い方の限られた（ということは頻度も低い）ものへと移っていくのが常識だ。が、読むという立場になると、ある程度特殊なものに出合うことも覚悟していなければならない。ただし、東大の問題で、頻度の低い語についての知識を直接に求められることはない。コンテクストから、これは「見る」の一種だろうと見当を付ける能力が、現実的には重要になる。

主情報は同じ、違いはニュアンス

例えば、同じ「2本の脚で移動する」ことを示すにも、どの語を選ぶかによって文のニュアンスは大きく変わる。

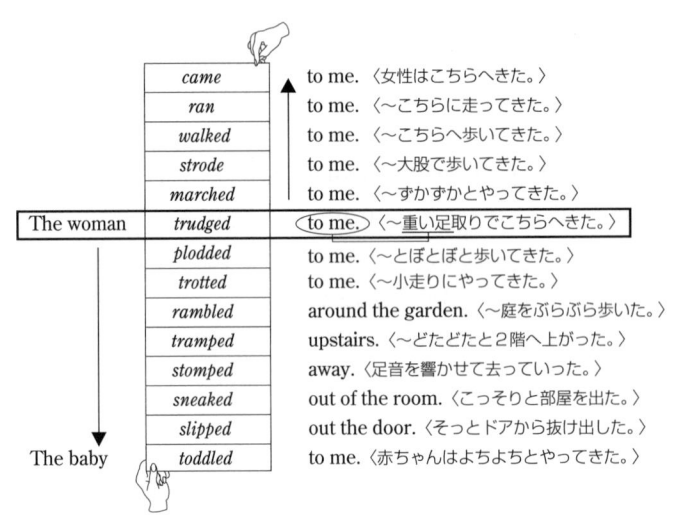

	came	to me.〈女性はこちらへきた。〉
	ran	to me.〈～こちらに走ってきた。〉
	walked	to me.〈～こちらへ歩いてきた。〉
	strode	to me.〈～大股で歩いてきた。〉
	marched	to me.〈～ずかずかとやってきた。〉
The woman	trudged	to me.〈～重い足取りでこちらへきた。〉
	plodded	to me.〈～とぼとぼと歩いてきた。〉
	trotted	to me.〈～小走りにやってきた。〉
	rambled	around the garden.〈～庭をぶらぶら歩いた。〉
	tramped	upstairs.〈～どたどたと2階へ上がった。〉
	stomped	away.〈足音を響かせて去っていった。〉
	sneaked	out of the room.〈こっそり部屋を出た。〉
	slipped	out the door.〈そっとドアから抜け出した。〉
The baby	toddled	to me.〈赤ちゃんはよちよちとやってきた。〉

繰り返すが、こうした類義語をすべて覚えなさいというのではない。むしろ逆に、違う語が使われているために一見まったく違った表現に見えるが、実は同じ内容をやや違うニュアンスで言っているにすぎないという場合が多く、それに気づくことが大事なのだ。

例えば、

(**1-a**) Their conviction *is* on circumstantial evidence.
〈彼らの確信は状況証拠上にある。〉

　　　　（ここでの be は exist〈ある／いる／存在する〉の意味）

よりも

(**1-b**) Their conviction *lies* on circumstantial evidence.
　　　　〈彼らの確信は状況証拠上に横たわっている。〉

とした方が「安定感・どっしり感」がある。もちろんこのまま日本語に訳したら妙だから「〜にある／〜に基づく」でいいのだが、これはあくまで訳の問題。

(**1-c**) Their conviction *rests* on circumstantial evidence.
　　　　〈彼らの確信は状況証拠上に休んでいる。〉

とするのも安定感がある。何なら立たせてもいい。

(**1-d**) Their conviction *stands* on circumstantial evidence.
　　　　〈彼らの確信は状況証拠上に立っている。〉

　上の例など案外日本語と似ている。さらに base / basis〈土台／根拠〉という語を使えば、より日本語の発想に近くなる。

(**1-e**) Their conviction *is based* on circumstantial evidence.
　　　　〈彼らの確信は状況証拠に基づいている。〉

　さらに、

(**1-f**) Their conviction *has its basis* on circumstantial evidence.
　　　　〈彼らの確信は状況証拠にその根拠を有している。〉

とするとより硬い印象の文になる。

　こういう用例は数多く、

(**2-a**) Beauty *is* in the eye of the beholder.〈美は見る者の目の中にある。〉

と

(**2-b**) Beauty *lies* in the eye of the beholder.
　　　　〈美は見る者の目の中に横たわっている。〉

とは同内容。

(**3-a**) The truth *is* in the fact.〈真実は事実の中にある。〉

(**3-b**) The truth *resides* in the fact.〈真実は事実の中に住んでいる。〉

も同じ。ただ、こういう文で reside〈住む〉という語を使うのが日本語の発想とずいぶん違うから違和感があるのは事実だが。

　もう1つの問題点として、英単語をとりあえず1つの訳語と結びつけて覚えるために、①単語同士の意味・ニュアンスの違いが分からなくなる　②本当は類義語にすぎないのにまったく別のものに感じられる　ということがある。

　①の例としては、doubt〈疑う〉、suspect〈疑う〉など。2つの語はニュアンスどこ

ろかまったく別の語で、

(**4-a**) We *doubt* that the President was well aware of the situation.
〈大統領が状況をよく分かっていたというのは疑わしい。〉

と、doubt が「それは本当ではないだろう」の意味であるのに対し、

(**4-b**) We *suspect* that the President was well aware of the situation.
〈大統領は状況をよく分かっていたのではないかと思う。〉

のように、suspect は think、suppose、guess の類義語だ。

②の例は例えば、guess〈推量する〉、suppose〈推測する〉、assume〈前提とする〉などとするから別々の語に見える、というようなこと。実はすべて think の類義語にすぎない。会話で、

(**5**) "Happy?" "Yeah, I *suppose* so." "You don't sound happy." "Well, I *guess*."
〈「楽しい?」「うん、たぶんね」「楽しくなさそうね」「まあ、そうかな」〉

のように、ただ think の弱いものとして使われている。ちなみに最後の I guess. などは I 'spect. ('spect は suspect のくずれた形) などと言う人もいて、意味はまったく同じ。

(**6**) "Does your mother love you?" "Well, I *assume* so."
〈「お母さん、あなたのこと、愛してる?」「いや、当然そうだと思ってるけど」〉

assumeは確かに「前提として思い込んでいる」というニュアンスがあるのは事実だが、think の一種であることに変わりはない。同じ質問に対し I *think* so.〈そう思うよ。〉と答えるか、I *believe* so.〈絶対そうだと思ってるけど。〉、I *suppose* so.〈だと思うけど。〉、I *guess*.〈そうなんじゃないの。〉と答えるかによって、その人の確信の度合いが分かるのである。

thesaurus〈類義語辞典〉というものが以前から英語圏では発達している。現在では英文のワープロソフトに辞書機能とともに thesaurus 機能が付いているものもあるし、ネット上でも色々なものが利用できるから、興味があったら時々引いてみるのも役に立つかもしれない。まずは英語が類義語の海であることを記憶にとどめておくこと。あとは気長に、語彙力をつけていくことだ。

QUESTION 17

次の各文中の下線を付した語(句)をより適切な(よりニュアンスに富んだ)語(句)に置き換えるとしたらどれがよいか、それぞれ下の選択肢のうちから選べ。[52]

---

52. これはあくまで練習用である。東大(にかぎらずどこの大学)もここまでは要求しないから、実際の入試問題でこのレベルのものはない。

1   Far away from the beautiful lawns of New Delhi is West Delhi's Swaran Park Industrial Area.
       a. lies   b. resides   c. rests   d. stands

2   Chance had been our ally too often. We had grown over-confident of its loyalty.[53] And so the moment when it first chose to betray us was also the moment when we were least likely to think that it might.
       a. assume   b. doubt   c. guess   d. suspect

3   The young guard at the checkpoint[54] flips through the pages of my passport, (1)looking at the immigration stamps[55] and the rules and regulations listed in the back. He (2)looks at my picture long and hard.
       (1) a. examining   b. gazing   c. observing   d. watching
       (2) a. detects   b. gazes   c. studies   d. watches

4   Some people insist that the value of an untouched rain-forest or of an unpolluted river simply cannot be calculated in terms of[56] money. Such things, they therefore say, must be protected from any industrial or economic use.
       a. argue   b. declare   c. imply   d. suggest

5   Even our automatic response of "Fine" to a neighbor's equally mechanical "How are you?" is often, when you get right down to it, a lie. More serious lies can have a range[57] of motives and intentions; for example, lying about a rival's behavior in order to get him fired.[58]
       a. arguments   b. implications
       c. points   d. suggestions

6   When trying to solve a jigsaw puzzle, we do not, in general, picture the detailed shape of a piece well enough to know for certain if it is going to fit in advance. Our actual practice (1)uses a mixed method in which we make a rough (2)idea and then physically try out the piece to see if it will fit.
       (1) a. describes   b. employs   c. exercises   d. undergoes

53. 忠誠　54. 検問所　55. 入国管理の印
56. 〜を単位として／〜の観点から　57. 幅　58. クビになる

(2) a. consideration　　　　　b. concept
　　c. guess　　　　　　　　　d. thought

7　In the seventeenth century, people (1) thought that the hostile[59] and mysterious environment of the natural world would (2) share its secrets to human investigation.[60]
　(1) a. believed　b. doubted　c. pictured　d. wondered
　(2) a. give　　b. reveal　　c. teach　　d. yield

8　These important (1) changes in perspective[61] dramatically (2) changed the conception of the universe and of man's place in nature.
　(1) a. alterations　　　　　b. modifications
　　c. shifts　　　　　　　　d. transformations
　(2) a. altered　　　　　　 b. modified
　　c. shifted　　　　　　　d. transformed

9　Afterwards, (1) thinking about this incident, I (2) thought how totally natural it was that I mistook a celebrity for someone I'm familiar with.
　(1) a. considering　　　　　b. meditating
　　c. speculating on　　　　d. reflecting on
　(2) a. imagined　b. knew　c. realized　d. understood

10　It is interesting that the scenery which the amateur painter finds most attractive as a subject for painting is the scenery most often avoided by the serious professional artist.
　　　a. important　b. meaningful　c. significant　d. suggestive

ANSWER KEY

1　a. lies

〈ニューデリーの見事な芝生から遠く離れたところに西デリーのスワランパーク工業地帯が [a. lies＝横たわっている　b. resides＝住んでいる　c. rests＝休んでいる　d. stands＝立っている]。〉

　主語は動詞の後ろの West Delhi's Swaran Park Industrial Area である。b の resides は本来「住んでいる」だから、主語の「工業地帯」とは似合わ

---
59. 敵対する／敵意ある　60. 探査／捜査　61. ものの見方

ない。そして、c の rests〈休んでいる／安定した状態にいる〉や d の stands よりも a の lies〈横たわっている〉がやはり「工業地帯」にはふさわしい。結局は、似合う・似合わないという語感の問題なのである。

2 d. suspect
〈あまりにも多くの場合、運は我々の味方だった。我々はその忠誠を過信するようになっていた。だから、運が初めて我々を裏切ることを選んだときは、我々の方からすればよもや裏切られるとは [a. assume＝前提として考え　b. doubt＝嘘だろうと疑い　c. guess＝たぶんこうだろうと考え　d. suspect＝もしかしたらと疑い] もしないときであった。〉

b の doubt と d の suspect は〈疑念〉は共通でも、それぞれ「嘘だろう」「たぶんこうだろう」とまったく逆方向の語。

3 (1) a. examining (2) c. studies
〈検問所の若い警備兵は私のパスポートをぱらぱらとめくり、出入国のスタンプや、後ろに記載された規則やらを [(1) a. examining＝調べている　b. gazing＝眺めている　c. observing＝観察している　d. watching＝見張っている]。彼は私の写真を長い間じっと [(2) a. detects＝感知している　b. gazes＝眺めている　c. studies＝真剣に見つめている　d. watches＝見張っている]。〉

gaze は gaze at stars のように「眺める」感じ。watch は普通、動くものをじっと見ること。study は「勉強／研究」ばかりでなく、「じっと見て検討する」場合にも使う。例えば、study the menu〈メニューをよく検討する〉。

4 a. argue
〈手つかずの熱帯雨林や汚染されていない河川の価値を金銭的に測るのはとても無理だと主張する人もいる。だからそうしたものはいかなる工業的・経済的利用からも守られなければならない、と彼らは [a. argue＝主張する　b. declare＝宣言する　c. imply＝暗示する　d. suggest＝提示する] のである。〉

a の argue や claim は強い主張。この文の前半に出ている insist も、「言い張る」感じで、強い。b の declare も強いが「宣言」という formal なニュアンス。declaration of independence〈独立宣言〉、declaration of war〈宣戦布告〉。c の imply は「はっきりとその言葉は使わないがそういう意味を含む」、つまり「暗示する」。I don't think it's a good idea.〈それは良い考えだと思わない。〉と言わずに There might be other options.〈ほかの選択肢もあるかもしれませんね。〉などと言うのが imply。ちなみに、「ほのめかす」感じでは hint を使うこともある。

ex. She hinted that she might quit school and go home.
〈彼女は学校を辞めて実家に帰ることをほのめかした。〉

d の suggest も「提示」だから「〜なのではないか?」。どちらも Such

things *must* be protected ... という強い調子に似合わない。

5 b. implications

〈隣人が機械的に「お元気ですか?」と聞くのに対し、同様に機械的に「元気です」と答える。これですら、突き詰めて考えれば、しばしば嘘である。もっと本格的な嘘には様々な動機と[a. arguments=主張　b. implications=含意　c. points=要点　d. suggestions=提示]がある。例えばライバルをクビにさせようとしてその行動について嘘をつくというような場合である。〉

本文中の intention もまったく悪くない。が、implication の方が「はっきりは言わないものの」というニュアンスがよりよく出る。suggestion は「〜したらどうか／〜なのではないか」という「提示」のニュアンスがあって、ここでは似合わない。

6 (1) b. employs　(2) c. guess

〈ジグソーパズルを解こうとするとき、普通我々は、あらかじめ1つのピースがうまくはまるかどうか確信が持てるまで、その細かい形を思い描くということはしない。我々が実際に [(1) a. describes=説明する／描写する　b. employs=使う　c. exercises=実行する／練習する　d. undergoes=経験する／被る] 行動は、だいたいの [(2) a. consideration=考慮　b. concept=概念　c. guess=推測　d. thought=考え] をして、それから、そのピースがうまくはまるか実際に試してみるという、複合的なやり方である。〉

(1) use と employ は交換可能なことが多く、どちらも人間・方法・道具に用いる。(2) は「よく分からないながら見当を付ける」のだから guess。

7 (1) a. believed　(2) d. yield

〈17世紀、人々は、自然世界の敵意と謎に満ちた環境も人間の研究に対して謎を [(2) a. give=明け渡す　b. reveal=明らかにする　c. teach=教える　d. yield=譲り渡す] だろうと [(1) a. believed=信じた　b. doubted=嘘だろうと疑った　c. pictured=思い描いた　d. wondered=疑問に思った]。〉

17世紀といえば啓蒙の時代の始まりである。科学による自然解明の意欲に燃えている頃だから (1) は believe が最も似合うだろう。picture は文字どおり「イメージを思い描く」感じが強い。

ex. *Picture* yourself in a boat on a river.[62]

〈川に浮かべた舟に乗っている自分を思い描いてごらん。〉

wonder は疑問詞とともに使う。

ex. I *wonder how* you manage to make ends meet.[63]

〈君はどうやって生計を立てているのかな。〉

(2) の「秘密を明かす」は、本文中の share を含めてどれも secret につながる動詞だ。*share* the secret は「〈秘密を共有する→秘密を話して、分かち合う〉」、give the secret は「秘密を明かす」、*teach* the secret は「秘訣を伝授する」

---

62. The Beatles, *Lucy in the Sky with Diamonds*
63. The Beatles, *Lady Madonna*

感じ。yield は give の類義語だが「譲る」ニュアンスがあるから、この文では「それまで意地悪だった自然が、人間の研究に対して、しょうがねえなあ、それでは、と明かしてくれる」感じが出るため、一番似合うのである。ただ、ここまで微妙なニュアンスを問う問題は、実はありえないけれど。

8 (1) c. shifts (2) d. transformed

〈ものの見方におけるこうした大きな [(1) a. alterations＝変更 b. modifications＝修正 c. shifts＝移行 d. transformations＝変容] が宇宙とそして自然の中の人間の位置に関する概念を劇的に [(2) a. altered＝変更した b. modified＝修正した c. shifted＝移行させた d. transformed＝変容させた]。〉

これは、名詞と動詞が似合うかどうかという collocation 〈連語〉の問題と絡む。alter は大ざっぱに言えば change と同義だから (1) にも (2) にも使えるのだが、意図的に「変更」するニュアンスが強いから、上の文脈にはあまり似合わない。modify は「修正／細かい変更」である。shift は「移る」ことだから、perspective 〈展望／ものの見方〉に似合う。例えば「宗教的なものの見方から科学的ものの見方へ」は「立ち位置を移す」感じが似合う。transform は「form を変える」だから「そのもの自体を変容・様変わり」させている。figure 〈形〉を変える意味の transfigure は同義語。concept 〈概念〉には shift でなく transform が似合う。

それぞれの特徴的な collocation を紹介しておく。*alter* the course of history 〈歴史の流れを変える〉、*transformation* of mass society 〈大衆社会の変容〉、descent with *modification* 〈形態変化を伴う引き継ぎ：チャールズ・ダーウィン自身は「進化」を示すのに evolution でなく、この語を使っていた〉、paradigm *shift* 〈パラダイムシフト：考え方の枠組みの変化・移行〉。

9 (1) d. reflecting on (2) c. realized

〈あとになってこの出来事を [(1) a. considering＝考慮して b. meditating＝瞑想して c. speculating on＝推測して d. reflecting on＝熟考して]、自分が有名人を誰かよく知っている人と勘違いしたのがどれほどあたりまえであるか、[(2) a. imagined＝想像した b. knew＝知っていた c. realized＝よく分かった d. understood＝理解した] のである。〉

(1) consider でも問題ないが、reflect 〈(頭の中で反射させるように) 熟考する／つらつら思う〉 はもっとこの場にふさわしい。meditate 〈瞑想する〉 は霊的・精神世界的な感じ、speculate 〈推測する／憶測する〉は「あとになって」と似合わない。(2) imagine に「分かる／思う」という意味合いはない。knew では「もともと知っていた」ことになってしまう。understand は「言葉や内容を把

握する」ことで、微妙に違う。realize は「頭の中でぼんやりしていたことを real にすること」、つまり「ああ、なるほど」とはっきりすること。

10 c. significant

〈アマチュア画家が画題として最も魅力的だと感じる風景が、本格的なプロの画家がまず避ける風景であるというのは [a. important= 重要な　b. meaningful= 意味深い　c. significant= 意味のある　d. suggestive= 示唆に富む] ことである。〉

どの単語もまったく悪くないのだ。しかし何といっても significant がいい。動詞は signify。「sign= 記号となる」が原義で「何かの印となっている」である。だから significant には、ただ「意味深い」という meaningful と違い「裏に重要な意味がある」と別のものを指し示す感じがある。この signify の用法として最も有名な（そして最も cool な）用法が、シェークスピア『マクベス』中のせりふである。

"Out, out, brief candle! Life's but a walking shadow, a poor player. That struts and frets his hour upon the stage. And then is heard no more: it is a tale. Told by an idiot, full of sound and fury, *Signifying* nothing."

〈消えろ、消えろ、つかの間の燈し火！　人の生涯は動きまわる影にすぎぬ。あわれな役者だ、ほんの自分の出場のときだけ、舞台の上で、みえを切ったり、喚いたり、そしてとどのつまりは消えてなくなる。白痴のおしゃべり同然、がやがやわやわや、すさまじいばかり、何の取りとめもありはせぬ。〉（福田恆存　訳）

第2章 精読問題と和訳

1. 間違い指摘問題／語整序問題
2. 和訳問題

1 間違い指摘問題／語整序問題

精読力を試す

第1章で述べたように、1つの文を正確に読むということは
それほど簡単なことではない。
我々が行き着くべきところは
本の単位で英語を読めるようになることだから、
まず文単位からパラグラフ単位へと読み方を
ステップアップすることが必要（▶第3章）だが、
1つひとつの文の理解が曖昧では
全体像がいつも fuzzy になってしまう。
東大の入試問題でも、
文レベルでどれだけ正確に読むことができるかを試すものが入っている。
精読力を試す問題だ。出題の仕方は2種類。
1. 間違い指摘問題／語整序問題、2. 和訳問題、である。

1 間違い指摘問題

　これは主として文構造の把握力そのものを試す問題が多い。学生の多くに共通した弱さというものがあって、英語の教師は自分の教える学生と自分自身の過去の苦労を通じて多かれ少なかれそれに気づいている。例えば、
　　This is all statisticians can do.〈 ✗ これはすべての統計学者ができることだ。〉
といったような間違い（▶32ページ）。
　もちろん正しくは「統計学者ができるのはせいぜいここまで」だが、こういうタイプの間違いをそのままにしておくと、この先同じパターンの文で何度も間違い続けることになる。東大の出題者も、こうしたよくある間違い方については実に感心するほど精通していて、出題も多くの学生が共通に間違える点をついてくる。
　その共通に間違える点と、それをつくために作られる問題は次の①〜⑦のとおり。

文中の不要な1語を指摘せよ。

① 関係詞周辺

(1) Librarians have meaningful disagreements with one another about the problem of how to classify books, but the criteria by themselves which arguments are won or lost will not include the "truth" or "correctness" of one classification system relative to another.

Ans. *themselves*

文中の

the criteria　　　will not include ...
　　└ by which　arguments are won or lost

[← Arguments are won or lost by the criteria.]

〈議論はその基準によって勝った、あるいは負けたとされる。〉

の部分に *themselves* を加えて by themselves としたものだ。by themselves は〈それだけで／それ自体で〉のように、意味のあるフレーズだが、ここでは何の意味もなさないから、最初に読むとここのところで多くの人は混乱する。間違いはこのへんにあるのだろうまでは分かるのだが、あいにく by themselves が頭の中で固定してしまって by which のつながりが見えず、正しい答えが出せないなどということになる。

〈図書館司書の間で、書籍の分類をどうするかという問題に関して、有意味な意見の不一致があるが、その議論の勝ち負けを決する基準には、その分類法が別の分類法と比べてより「真である」とかより「正しい」といったことは含まれないのである。〉

② and / or などによる並列構造

(1) Some of the greatest advances in science have come about because some clever person saw a connection between a subject that was already understood, and another noticed still mysterious subject.

Ans. *noticed*

and による並列の部分

a connection *between*
　　┌ a subject
　　│　└ *that* was already understood,
　　├ **and**
　　└ another → still mysterious → subject.

「それとは別の、まだ謎であるテーマ」と形容詞として使われている another のあとに動詞 noticed を加えることで、another を主語のように見せる。

　すると一見、some clever person と another (clever person) が並列されているように見える。しかし構造を考えてみれば、

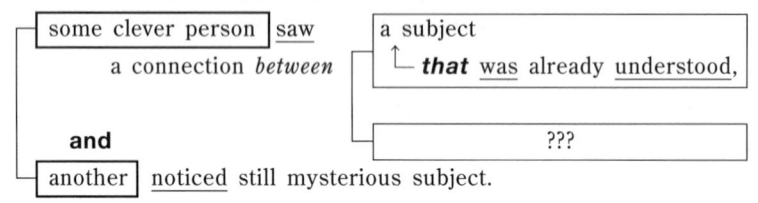

```
┌─ some clever person  saw ─┐  ┌─ a subject         ─┐
│                           │  │  ↑                  │
│        a connection between │  └─ that was already understood, 
│                           │  │                     │
│   and                     │  │                     │
└─ another  noticed still mysterious subject.  ???  ─┘
```

のように、a connection にも between にも意味がなくなってしまう。

〈科学における最も大きな進展の中には、誰か賢い人間がすでに分かっているテーマと、別の、まだ謎であるテーマとの間の関連に気づいたからという理由で生じてくるものもある。〉

③ 動詞：自動詞／他動詞、-ed 分詞／-ing 分詞

(1) The death of plants beside the roads led environmentalists to investigate further and to discover just how widespread the problem caused by the use of salt to prevent from ice on roads really is.

Ans. *from*

　文中では、

the problem ← caused *by* the use of salt *to* **prevent** ice *on* roads

の prevent に from を加えた。prevent 〈防ぐ〉は本来 *prevent* diseases 〈病気を予防する〉のように使うものだが、「病気が広まるのを防ぐ」という場合には *prevent* diseases *from* spreading と言う。*keep* the secret *from* others 〈秘密が人に知られないようにする〉の *from* と同じで「遠ざける」動きだ。だから keep *from* ice なら〈氷に近づかない〉という意味があるけれど ✘ prevent *from* ice には意味がない。しかし学校や塾の教室で「prevent と来たら from ですよ、覚えておこう！」なんて習っている人が多いから、すぐ引っかかる。変な丸暗記してくるやつは嫌いだぞ、という、これは東大からのメッセージだ。

　本来の意味をいつも考えること。例えば「prepare と来たら for ですよ」のような決まり事を覚えるのではなく、prepare は〈準備する〉、for は（いろいろあるけど）〈～に向けて〉とちゃんと分かっていれば、prepare dinner は〈食事の準備をする〉つまり「作ること」であるのに対し、prepare *for* dinner は、客を迎えるのなら食堂の掃除をすることから始めるのかもしれないし、客に呼ばれているのなら出かける前にドレスを

着たりすることかもしれない、と分かるはず。

〈道路脇の植物が枯れるため環境保護運動家たちがさらに調査すると、道路の凍結を防ぐための塩の使用に起因する問題が実際どれほど広がっているかがよく分かった。〉

④ 比較

(1) Once before, in a restaurant, I had caught sight of the movie star, Charlton Heston, and had felt an impulse to say hello. These faces live in our memory; watching the screen, we spend so many hours with them that they are as familiar to us as our relatives', even more than so.

Ans. *than*

文の最後、比較のところは

they are *as* familiar to us *as* our relatives',

even *more* so [=familiar] (*than* our relatives')

となっているのだが、more があるからといって than を付けてやると（定番！）、more than familiar〈なじみ深い以上の／なじみ深いどころではない〉となり、「親族の顔よりも」という比較の相手が分からなくなってしまう。even も無意味になる。

〈あるときレストランで映画スターのチャールトン・ヘストンの姿を見かけ、ついあいさつをしそうになった。スターたちの顔は私たちの記憶にとどまっている。画面を見ながら私たちはその顔とともに非常に長い時間を過ごすから、それは自分の親族の顔と、いや、それ以上になじみ深いものとなってしまうのだ。〉

⑤ 修飾語句／to 不定詞の前置詞

(1) E-mail is bringing about significant changes in the nature of human contact as well as in our ability to process information with.

Ans. *with*

この文では、our ability to process information の部分をいじっている。the problems to deal *with*〈処理すべき問題〉や friends to play *with*〈遊び友だち〉と同じように、最後に with を付けて our ability to process information *with* としている。しかしこの2種の文は組み立ての原理が違う。

deal *with* the problems → the problems to deal *with*

play *with* friends → friends to play *with*

では、元は目的語だった名詞が前に出ているのに対し、

we are *able to* process information → our *ability to* process information

では ability は process の目的語ではない (process information *with* the ability ではない)。

〈電子メールは我々の情報処理能力ばかりでなく、人間同士の関係性にも大きな変化をもたらしつつある。〉

⑥ (ニセの)「決まり文句」

(1) In one of the earliest attempts at solar heating, energy from the sun was absorbed by and large metal sheets covered by double plates of glass.

Ans. *and*

by と large の間に and を入れることで by and large という慣用句を作り、文全体を意味不明にしてしまうという野蛮なやり方。

実は割合によくやる手で、例えば関係詞のところが in which となっていたら *in itself* which だとか *in turn* which などと、よく見る慣用句にしてしまうのである。

ちなみに by and large は generally〈概して〉の意味。by という前置詞と large という形容詞を and でつなぐというのもわけが分からないが、調べてみると帆船時代の船乗りの表現で、by は「風の方向に」、large は「風を帆に受けて」を表し、正確にではないがだいたいその方向に、という意味だと分かる。今となっては由来を知る人も少ない、なんてものが慣用句には時々ある。

〈ソーラーシステムのごく初期の試みの一つに、大きな金属板を2枚の板ガラスで覆ったもので太陽エネルギーを吸収するというのがあった。〉

⑦ 文脈に合わない文を作る

(1) Those who live in cities regularly find their way through a sea of strangers, deciding to avoid certain familiar individuals they feel are not safe.

Ans. *familiar*

問題文の、例えば safe を unsafe と反対語にすると not に意味がなくなる。それではあまり露骨だと思えば individuals の前に familiar〈よく知っている〉とすれば、前の a sea of strangers と意味がちぐはぐになる。

東大のこの種の問題は、文法問題やイディオム問題でなくあくまで読解問題の一種

と考えられているから、このように文脈を問うものが入ってくるのだ。

〈大都市に暮らす人はいつも見知らぬ他人の海の中をかいくぐりながら、安全でないように感じられるある種の人間を避けようとしている。〉

QUESTION 18

次の英文の下線部(**1**)〜(**5**)には、文法上あるいは文脈上、取り除かなければならない語が1語ずつある。その語を指摘せよ。

 I have had a hard time explaining what it means for me to "speak" three languages. I don't think of it as "speaking" them—it feels more like I live in them, breathe them. (**1**) There was a time in my life when I was trying to explain that I was not really multilingual, but rather than monolingual in three languages. That's how it felt for those years when my life was really split between three worlds. (**2**) Today I hardly seem to have settled into a more integrated lifestyle, one in which I weave in and out of my three languages and the various worlds they are attached to. I keep track of my relation to them, a complex relation, never stable, always powerful, sometimes frightening or embarrassing, sometimes exciting, but never neutral.

 (**3**) I can see my life as a set of relations to languages, those that surrounded me, those I refused to learn, those I badly wanted to learn, those I studied professionally, those—the intimate ones—I think in, write in, am funny in, work in them. (**4**) Sometimes I catch myself envying intensely at those monolinguals who were born, grew up, have lived all their adult life in one language. (**5**) I miss the feeling of comfort, of certainty, of control I imagine they have, unaware as they usually are that it could not be otherwise.

ANSWER KEY

(**1**) *than*

 There was a time in my life when ... 〈人生の中で〜ときもあった〉

は問題なし。I was trying to explain の後の that 節、not ..., but による「並列」をはっきりさせると、

I was **not** really 　　　　multilingual,
　　　　but 　rather than 　monolingual in three languages.

「マルチリンガル（多言語を話す人）でなく3カ国語を話すモノリンガル（1つの言語しか話さない人）だ」と言っているらしい。but の後の rather〈むしろ〉が「multilingual というよりむしろ～」の意味だということはすぐに分かるから、この rather に対応する than ... は繰り返されていない。つまりその後の than が無意味である。

　rather than という連続をよく見かけるからといって意味を考えないで読んでいると、こういうことに気づかない。②の並列、④の比較、⑥の決まり文句 に関する問題。

〈今までの人生のある時期、私はマルチリンガルではなく三言語のモノリンガルなのだというふうに説明しようとしていたことがあった。〉

(2) *hardly*

　前の文〈自分の人生が3つに引き裂かれていたようだ〉に続くのが Today I hardly seem to have settled into a more integrated lifestyle, ...〈今日ではより統合されたライフスタイルに落ち着いたようにはほとんど思えない〉なのだが、本当にそれでいいのだろうか？ hardly を取り除けば「～に落ち着いたように思われる」となるのだが。

　全文の構造を見ると、

Today I hardly seem to have settled into
　a more integrated lifestyle,
　　one [=a lifestyle]
　　　　　　　　┌─ in 　　　　┌─ my three languages
　└─ in **which** I weave 　and 　　and
　　　　　　　　└─ out of 　└─ the various worlds
　　　　　　　　　　　　　　　　　└─ they are attached to.

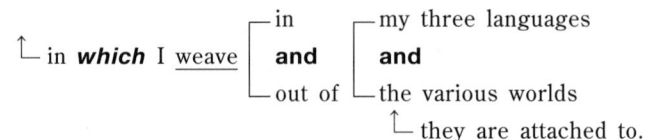

となる。念のために関係詞による接続を明らかにすると、in which の部分は [1] ... a lifestyle + [2] I weave in and out of ... in the lifestyle.〈そのライフスタイルにおいて . . . 私は縫うように出たり入ったりする。〉で問題ないし、the various worlds they are attached to の部分も [1] ... the various worlds + [2] They [=my three languages] are attached to the various worlds.〈私の3つの言語はその多様な世界と結びついている。〉と、これも問題ないことが分かる。なお weave は〈縫う〉、ここでは、針と糸が布に入ったり出たりするように、出入りすること。

　どうやらこれは、構造上の間違いの問題でなく、⑦の文脈上の間違いの問題だ。続く文を見ると〈私は自分とそういうものとの関係に沿って動いている〜〉とあるから、やはり文脈上「現在ではだいぶ落ち着いたようだ」という内容であるべきなのだろう。このように否定語を放り込んでしまうケースは多い。
〈今はより統合された生き方に落ち着いたように思われる。三言語と、それが属する様々な世界を出たり入ったりするという生き方である。〉

(3) *them*

　I can see my life as a set of relations to languages,
　　those [=the languages]
　　　└ **that** surrounded me,
　　those
　　　└ (**that**) I refused to learn,
　　those
　　　└ (**that**) I badly wanted to learn,
　　those
　　　└ (**that**) I studied professionally,
　　those—the intimate ones—
　　　└ (**that**) I think in,
　　　　　　　　write in,
　　　　　　　　am funny in,
　　　　　　　　work in them.

と diagram を描いてみると、and はないものの箇条書きの文であることが分かる。そして、最後の部分だけに余分な them が付いていることも分かる。
　関係詞節をすべて、普通の文に書き直してみると、

The languages surrounded me.〈その言語が私を取り囲んでいた。〉
I refused to learn *the languages*.〈私はその言語を覚えることを拒んだ。〉
I badly wanted to learn *the languages*.
〈私はその言語をどうしても覚えたかった。〉
I studied *the languages* professionally.
〈私はその言語を仕事として研究した。〉

I think in *the languages*.〈私はその言語で考える。〉

I write in *the languages*.〈私はその言語でものを書く。〉

I am funny in *the languages*.

〈私はその言語を使っていると面白い人間である。〉

I work in *the languages*.〈私はその言語で仕事をする。〉

となる。①の関係詞と②の並列にまつわる問題である。

〈私は自分の人生を言語との一連の関係として見ることができる。私を取り巻いていた言語、私が学びたくなかった言語、どうしても学びたかった言語、仕事として研究した言語、それからこれは一番身近な、私が考えたり、書いたり、おかしいことを言ったり、仕事をしたりするのに使う言語である。〉

(4) *at*

Sometimes I catch myself envying intensely の部分は catch が少し変わっている（というか、教科書で習わない）タイプの用法だが、catch her shoplifting〈彼女が万引きしているのを捕まえる〉とか catch her sight〈彼女の姿を見かける〉あたりが分かれば〈自分が強くうらやんでいるのを捕まえる→気が付くと自分はうらやんでいる〉と見当が付くだろう。ところで envy は I envy you.〈君がうらやましいよ。〉のように目的語をじかに付けて前置詞なしで使うのではなかったか。しかし動詞の用法は案外難しい。これは間違いと言い切れないことが多いのだ。だから残りの部分をチェックすると、

those monolinguals
└ ***who*** ─ were born,
　　　├ grew up,
　　　└ have lived all their adult life
　　　　　　　　　　　　　　　in one language.

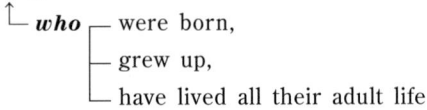

となる。[those 名詞＋関係詞節]のように名詞の前に those を付けて「そんな〜」といわば注意を引くというか、あとから来る関係詞節の説明を誘導するようなことは珍しくない。そのあとの箇条書き「1つの言語の中で生まれ、育ち、大人になってからもずっとそこで生きてきた、そんな人々」もきちんとできている。だから間違いはやはり envy at の部分。③の動詞にまつわる問題である。

　1つ確認しておく。動詞の用法は割合柔軟で、必ず目的語がじかに来る（他動詞）とか前置詞でつなぐ（自動詞）などとは言い切れないものが多い。例え

ば catch などは catch fish〈魚を捕る〉のようにじかに目的語を付けることがほとんどだが、catch up with them〈捕まえる動き＋近づく＋一緒になる→彼らに追いつく〉のように自動詞として使うこともあるし、逆に、普通は前置詞とともに使う look—**ex.** look *at* me〈私を見る〉、look *for* the key〈鍵を探す〉、look down *on* everyone else〈ほかの人みんなを見下す〉—なども、look her in the eye〈彼女を見る＋目を見入る→彼女の目を見る〉のように他動詞として使うこともある。自動詞・他動詞は mutually exclusive〈相互排除的〉な別集合でなく、

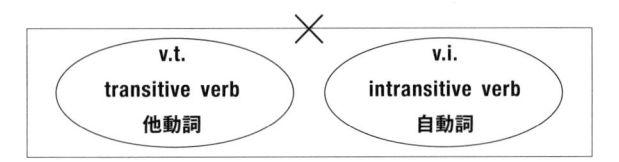

```
     v.t.              v.i.
transitive verb   intransitive verb
   他動詞             自動詞
```

ほとんどが重なり合っている。つまり、1つの動詞は他動詞にも自動詞にも使われる場合がほとんどなのだ。

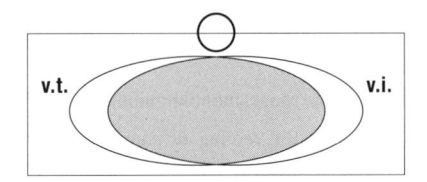

```
v.t.              v.i.
```

普通はこちら、という偏りはあるかもしれないが、自動詞にしか使わない、他動詞でしか使わないというのは例外的である。

我々が（日本語に引きずられて）間違いやすい用法があるのは事実で、多いのは、動詞のあとに目的語をじかに付けるべきところを前置詞を入れてしまう間違い。例えば、

「僕と結婚してくれませんか。」✘ Would you **marry** *with* me?
「この問題について話そう。」✘ Let's **discuss** *about* this matter.
「彼女は母親に似ている。」✘ She **resembles** *with*/*to* her mother.
「みんなが私に反対した。」✘ Everyone **opposed** *to*/*against* me.

こうしたものへの注意はある程度必要だろう。

〈ときに気が付くと一言語で生まれ育って、成人してからもずっとその言語で生きているモノリンガルの人々をうらやんでいる自分がいる。〉

(5) *not*

I miss　the feeling　of comfort,
　　　　　　　　　 of certainty,
　　　　　　　　　 of control

　　　　　　　　　└ (***that***) I imagine they have,
　　　　　　　　　 unaware **as** they usually are
　　　　　　　　　　　　that it could not be otherwise.

　I miss the feeling of ... の miss は広い意味で喪失感、「なくて寂しい」気分を表す。だから〈～の感じがあればいいのに〉といったところ。この「気分」が3つの of に続く名詞で説明されている。最後の control I imagine ... は［名詞＋主語＋動詞］となっているから関係詞が省略されているにちがいないが、それにしても分かりにくい。省略されている関係詞 that の先行詞は control でなく、the feeling of control だろうか？ いや、of ... が3つ箇条書きにされているのだから of control だけに絞るのは変で、むしろ the feeling of ..., of ..., of ... のすべてだろう、と見当を付けて、関係詞節を主語から始まる文に再現するとこうなる。

I imagine
 (**that**) { they [=those monolinguals] have
　　　　the feeling of comfort, of certainty, of control,
　　（分詞構文）(being) unaware, **that** [it could not be otherwise]}.
　　　　　　　　　（挿入節）**as** they usually are

　構造は明らかになった。それぞれのかたまりの意味は「私が想像する内容は that 以下」「1つの言語しかしゃべらない人たちは快適感、確実感、制御感を持っているだろうと」＋「that 以下を意識しないで」＋「彼らが普通そうであるように」＋「それはその逆でないかもしれない」となる。

　内容を考えてみると「母語だけしかしゃべらない人は安心・快適だ」も「普通彼らはそれを意識しない」も、そのとおりだろう。しかし、何を意識しないのかがよく分からない。it could not be otherwise の it が指しているのは control か、あるいは the feeling of ... 以下のすべてか？ おそらくすべてだろう。3つ並んだものを単数形 it で受けていいのか？ いいのだ。and で3つを並べているのでなく、同じ feeling を言い換えているからだ（このへんが and を使って並べるのとカンマで切るだけで並べる同格との違いである）。otherwise は other ＋ wise（▶185ページ）だが、ここで

148

は単純に「そうでない」だろう。ということは「1つの言語だけ使って安心・快適」でない状態など「考えもしないで」ということ。つまり not があってはいけないのだ。⑦文脈の問題であるが、その文脈を把握するために ①関係詞 ②並列 などの要素もきちんと見えないといけない。相当緻密に読む力が要求される。

〈こういう人たちは快適で安心で、自信に満ちていて、そうでない場合など普段考えもしないでいるのだろうと私は思うのだが、そうした気分がうらやましい。〉

〈自分にとって3言語を「話す」とはどういうことか。説明するのには苦労した。私はそれを「話す」とは考えておらず、むしろ三言語の中で生きている、それを呼吸しているという感じなのだ。ある時期、実は私はマルチリンガルなのではなく3言語のモノリンガルなのだと説明しようとしていたことがある。自分が本当に3つの世界に引き裂かれていたそのころの何年間か、私はそのように感じていたのだ。今日ではもう少し統合された生き方に落ち着いたようだ。3つの言語とそれが属する様々な世界とを縫うように出入りする生き方である。私はそれらとの関わりを掌握できているが、それは複雑な関わり方で、決して一定せず常に強大で、ときには恐ろしく、気まずく、また刺激的であり、中立的ということは決してない。

　私は自分の人生を言語との一連の関係として見ることができる。私を取り囲む言語、覚えたくなかった言語、必死で覚えたかった言語、仕事として覚えた言語、そして、最も親しめる、自分が考え、書くのに使い、面白いことも言えて、仕事でも使っている言語。ときに気が付くと一言語で生まれ育って、成人してからもずっとその言語で生きているモノリンガルの人々をうらやんでいる自分がいる。ほとんどの人がマルチリンガルのことなど普段考えることもないまま安心し、快適に、思いのままに言葉を操っているのだろうと想像するとうらやましい。〉

QUESTION 19

次の英文 (1) 〜 (5) には、文法上、取り除かなければならない語が一語ずつある。それを指摘せよ。

(1) Discovery is not the sort of process about finding which the question "Who discovered it?" is appropriately asked.

(2) Discovering a new phenomenon is necessarily a complex event, one of which involves recognizing both that something is and what it is.

(3) Science does and must continually try to bring theory and in fact into closer agreement, and that activity can be seen as testing or as a search for confirmation or disconfirmation.

(4) Discovery makes it possible for scientists to account for a wider

range of natural phenomena or to account with greater precision for some of those were previously unknown.
(5) Newton's second law of motion, though it took centuries of difficult factual and theoretical research to achieve, behaves for those committed to Newton's theory seem very much like a purely logical statement that no amount of observation could prove wrong.

ANSWER KEY

(1) ***finding***

　Discovery is not the sort of process ... 〈発見は〜という種のプロセスではない〉までは問題なし。その後の process about finding which the question ... がおかしい。about を取って process finding と、［名詞＋動名詞］をじかにくっつけることはありえないから、考えられる可能性は3つ。

　①もしも which を削除して、process about finding the question とするとまず、一般に「〜のプロセス」は process of finding となるはずだというのも引っかかるが、それ以上に finding (that) the question ... is appropriately asked〈〜という質問が適切になされていることを発見する〉が妙だ。finding if ... なら意味がありそうだが。

　②もし「どちらの疑問」というのなら which the question のように the が入ることはない。the を取り去って which question〈どちらの質問〉としてもこの文には2つの question が出ているわけでないから、これは考えられない。

　③ finding を 取り去って about which ... とするとどうか。

　the process *about which* the question "Who discovered it?" is appropriately asked を関係詞の部分で分けて書き直せば The question "Who discovered it?" is appropriately asked *about it*. [= the process]〈「誰がそれを発見したのか？」という質問がそのプロセスについて適切に問われる。〉となり意味がある。これは文脈がないので実に分かりにくいが、appropriately は ask という動詞を修飾して「尋ね方が適切」と言っているのではなく、前の not と関連して「尋ねることが適切であ

150

るようなプロセスではない」つまり「そんなことを尋ねてみても仕方ない」と言っているのだ。

〈発見とは「誰がそれを発見したのか」という質問に妥当性があるようなプロセスとは違うものである。〉

(2) *of*

関係詞のところがあやしい。ここで二つに切るならば、

[1] ... is necessarily a complex event, ＋ [2] One of it involves ... となるはずだ。one of which の which は単数形の a complex event を指しているからである。しかし [one of ＋単数形名詞] ということは考えられない。

①そこで one を取ってみると ... of which involves [=Of it involves] となって、動詞 involves はあるが主語のない文になってしまって、駄目。

② of を取れば、a complex event, one [=an event] which [=it] involves recognizing ... となる。one は代名詞で前の an event を指している。全文の diagram を描けばこうなる。

Discovering a new phenomenon is necessarily
　　a complex event,
　　‖（言い換え）
　　one [=an event]
　　　└ *which* involves recognizing both ┬ **that** something is
　　　　　　　　　　　　　　　　　　　　├ **and**
　　　　　　　　　　　　　　　　　　　　└ **what** it is.

that something is の that は recognize の目的語となる名詞節を導き、is は exist〈いる／ある／存在する〉の意味。

〈新しい現象を発見するというのは常に複雑な事象であり、何かが存在することと、それが何であるのかということの両方を認識することを必要とする事象である。〉

(3) *in*

and ／ or の多い文。並列を明らかにしていくと、

Science ┬ does ┐　continually
　　　　├ **and** │ try to bring theory
　　　　└ must ┘
　　　　　　　　and [in fact] into closer agreement,

となる。前半の〈科学は理論を常にもたらし続けようとするものであり、そして、

そうでなければならない〉まではいいのだが、2番目の and のあとがあやしい。in fact〈実際〉が割り込んでいるように見えるが、そのあとの into が何と並ぶのか分からない。もしも bring into とつなげるのなら and はいらないはず。

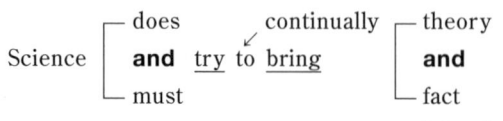

　in を取れば

Science ┬ does ──────────── continually ┬ theory
　　　　├ and　try to bring　　　　　　 ├ and
　　　　└ must　　　　　　　　　　　　　└ fact
　　　　　　　　　　　　　　　　　　　　　into closer agreement,

〈科学は理論と事実をより密接に一致するように持ち込もうと常に試みるものであり、また、そうでなければならない〉

で解決。残りの部分も明らかにしておけば、こうなる。

　　　　　　　　and（前の節と後の節を並べている）

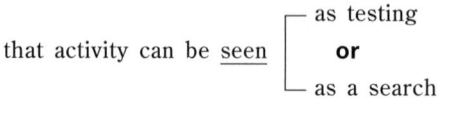

that activity can be seen ┬ as testing
　　　　　　　　　　　　　│　 **or**
　　　　　　　　　　　　　└ as a search

　　　　　　　　　　　　　　　　　　　┬ confirmation
　　　　　　　　　　　　　　　　for　 │　　**or**
　　　　　　　　　　　　　　　　　　　└ disconfirmation.

〈そしてその行為は検査ないし確証あるいは反証を求めての探索と見ることができる。〉

(4) *were*

　Discovery makes it possible
　┌── for scientists（to 不定詞の主語）
　│ ┌ to account ┬ for a wider range of natural phenomena
　└→│　　 **or**
　　└ to account └ for some of those were previously unknown.
　　　　↖ [with greater precision]

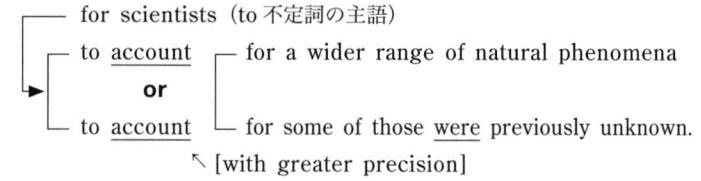

と並べてみると分かるが、最後の for のあとが節になっていておかしい。or の前と同じく account for ...〈～を説明する〉となっていなければいけないはず(最後の部分は動詞 account に副詞句 with greater precision〈より大きな正確さをもって〉がじかに付いていて分かりにくいのだが)。were を取ると those [=natural phenomena] ← previously unknown〈以前には分かっていなかった自然現象〉となり、きれいに並ぶ。

〈発見は、科学者たちがより広範な自然現象を説明することや、以前には分かっていな

かった自然現象の一部をより正確に説明することを可能にするのである。〉

(5) seem

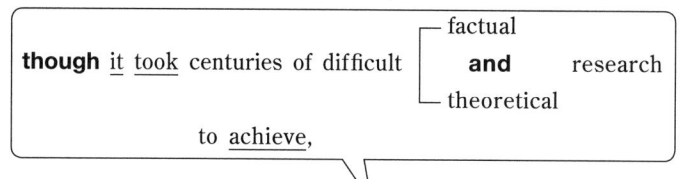

though it took centuries of difficult ┌ factual ┐
                                            and   research
                                            └ theoretical ┘
                     to achieve,

Newton's second law of motion,   for those ← committed
                                        to Newton's theory

       behaves / seem
         ↑
     very much like a purely logical statement
                      └ **that** no amount of observation
                             could prove wrong.

　上の diagram のように挿入節 though 以下を取り除き、for those committed to Newton's theory〈ニュートンの理論を固く信じる人々〉をどかせてみるとはっきりするように、主部 Newton's second law of motion に対応すべき動詞が behaves, seem と2つあることが分かる。どちらかが間違いなのだろう。一見すると seem はあとの like とつながるけれど、三人称単数現在の s が付いていないため、主語 law とつながらない。よって behaves が正しい動詞。behave は普通動物や人間に使って「行動する」だが、ここでは「作用する」といった意味。しかしまあ、巧妙に作られた問題ではある。

〈ニュートンの運動の第2法則は、そこにたどり着くのに何世紀にもわたる事実と理論の困難な研究を必要としたものではあるけれど、ニュートンの理論を固く信じる人々にとっては、どれほど観察をしてみても間違いを証明できない、まるで純粋に論理的な言明であるように作用するものなのである。〉

2 語整序問題

　これまでの間違い指摘問題と形式上はずいぶん違って見えるが、文構造を明らかにして内容を精読していく、という作業は同じである。いわゆる「整序英作文」に見えるけれど私大を中心によく出される、英作文のお決まりパターン(「大変...なので~できなかった」ときたら too ... to ... だ、みたいな)の問題とは全然違う。あくまで精読問題だから内容をよく理解しないと解けないようにできている。

QUESTION 20

次の (1)~(5) が最も自然な表現になるように [　] 内の語を並べ替えよ。

　Bats have a problem: how to find their way around in the dark. They hunt at night, and therefore (1)[cannot / find / help / light / them / to / use] food and avoid obstacles. You might say that if it is a problem it is one of their own making, which they could avoid simply by changing their habits and hunting by day. However, other creatures such as birds already take advantage of the daytime economy. Given that there is a living to be made at night, and given that alternative daytime trades are thoroughly occupied, natural selection has favoured bats that succeed at the night-hunting trade.

　It is probable, by the way, that night-hunting (2)[back / goes / history / in / of / the / way] all us mammals. In the time when the dinosaurs dominated the daytime economy, our ancestors probably only managed to survive at all because they found ways of making a living at night. Only after the mysterious disappearance of the dinosaurs about 65 million years ago (3)[able / ancestors / come / our / out / to / were] into the daylight in any significant numbers.

　In addition to bats, plenty of modern animals make their living in conditions where seeing is difficult or impossible. Given (4)[around / how / move / of / question / the / to] in the dark, what solutions might an engineer consider? The first one that might occur to him is to use something like a searchlight. Some fish have the power to produce their own light, but the process seems to use a large amount of energy since the eyes have to detect the tiny bit of the light that returns from each part of the scene. The light source must therefore be a lot brighter if it is to be used as a headlight to light up the path, than if it is to be used as a signal to others. Anyway, (5)[is / not / or / reason / the / whether] the energy expense, it seems to be the case that, except perhaps for some deep-sea fish, no animal apart from man uses artificial light to find its way about.

ANSWER KEY

(1) cannot use light to help them find

and の並列を明らかにすればよい。

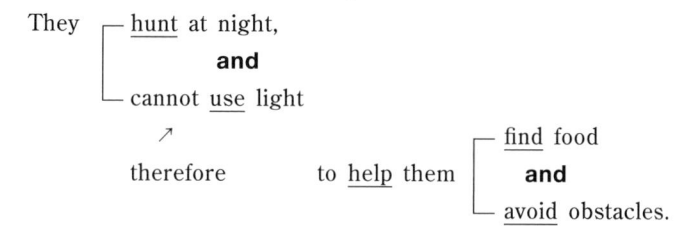

```
They ┬─ hunt at night,
     │       and
     └─ cannot use light

                         ┬─ find food
therefore   to help them │   and
                         └─ avoid obstacles.
```

〈コウモリは夜に狩りをするから、光を利用して彼らが食物を見つけ、障害物を避ける助けとすることができない。〉

(2) goes way back in the history of

It is probable that ... と、it ... that 構文だから that 節の中を完成させる。まず主語は night-hunting、動詞は goes。

night-hunting goes back in the history
〈夜の狩りは歴史をさかのぼる〉

あるいは、

the history of all us mammals〈我々哺乳類すべての歴史〉
あたりは比較的組み立てやすい。が、問題は way の位置だ。way は副詞として使われることがあって、「はるかに」の意味で far と同じように使う。

ex. way older than you think〈あなたが思っているよりずっと古い〉
　　　way off the point〈要点からうんとずれている〉

〈夜の狩りは我々哺乳類すべての歴史をずっとさかのぼるものだ。〉

(3) *were our ancestors able to come out*

　　Only after ...〈〜のあとになってようやく〉と only で始まっているから、主節は、主語の前に助動詞／be動詞が出る倒置(▶86ページ)のパターンだ。だから our ancestors were able to come でなく、were our ancestors able to come。come into the daylight〈昼の光の中に入ってくる〉だけでも意味は通じるが、out を加えることで「闇から出て」を示唆している。in any *significant* numbers〈何らかの、意味のある数で〉というのは、例えば「1万人のうち2、3人が昼間出歩いてもそれは何ら有意の数字ではないが、これが1,000人単位なら意味がある」ということ。

〈約6,500万年前の、恐竜たちの謎の消滅のあとになってようやく、我々の先祖たちはかなりの数まとまって昼の光の中に出ていけるようになった。〉

(4) *the question of how to move around*

　　文頭の Given は〈以下の条件を与えられれば／〜を与えられて考えるなら〉。すぐ次に来るのは given the condition〈その条件を与えられるなら〉のように名詞か、あるいは that 節だから、ここでは the question。question の内容を、of でつないで the question of how to move around (in the dark) とすればよい。

〈闇の中でどう動き回るかという問題に、技術者はどのような解決策を考えるだろうか？〉

(5) *whether or not the reason is*

　　前の文〈光源は合図に使う場合より、対象からの反射によってものを見る場合の方がはるかに強くなければならない。〉に続く文。Anyway,〈ともかく〉で始まり it seems to be the case that ...〈〜が当てはまる場合と思われる→おそらく〜ということなのだろう〉につながっていくのだから、whether ... は「〜か否かということ」という名詞節でなく、「〜であるか否かは関係なく」だろう。次は whether の中に［主語＋述語］を作る。
whether the reason is (the energy expense) では or not の持って行き場がないから、whether or not the reason is (the energy expense) とすればよい。

〈ともかく、理由がエネルギー消費であるか否かにかかわらず、おそらくいくつかの深海魚を除けば、人間以外に人工光を使って周りの道を照らす動物はいないということが言えそうである。〉

　　apart from man は「人間を離れて言えば」、つまり「人間以外には」ということで、except man〈人間を除いて〉と同じ。

〈コウモリは問題を抱えている。暗闇の中で方向を見失わないためにはどうするかという問題だ。コウモリは夜、狩りを行うから光の助けを使って食物を探し、障害物を避けることができない。そんな問題は自ら招いたもので、習慣を変えて日中狩りを行うようにすれば済むことではないかと思われるかもしれない。が、すでに鳥などのほかの動物が昼間の営みを牛耳っているのだ。夜の間に食い扶持を稼がなければならず、昼の商売にくら替えしようとしてもすべてもう抑えられているということから、自然淘汰は夜の狩りを得意技とするコウモリに有利に働いたのである。

ちなみに、夜の狩りは我々哺乳類すべての歴史をきわめて古くまでさかのぼると考えられる。恐竜が日中の経済を支配していた頃、我々の先祖はおそらく、夜の商売でかろうじて命をつないでいたのだろう。約6,500万年前、恐竜たちが謎の絶滅をとげてからようやく、先祖たちは日の光のもとに続々と姿を現すことができたのである。

コウモリばかりでなく、見ることが困難な、あるいは不可能な条件で暮らしている動物は数多い。暗闇の中でどうやって動き回ったらいいかという問題に、技術者ならどのような解決策を考えるだろうか？ 最初に考えるのは懐中電灯のようなものを使うことかもしれない。魚の中には自ら光を出す能力を持ったものがいるが、目は周りの風景の各部に反射して戻ってくるわずかな光を感知しなくてはならないから、発光のプロセスには大量のエネルギーが必要になる。だから光量は、他者に対する合図として使う場合より道を照らすヘッドライトとして使う場合の方がはるかに強くなければならない。ともかく、エネルギー消費が理由であるか否かを別にしても、おそらくある種の深海魚を除けば、人間以外に人工光で道を照らす動物はいないということであるらしい。〉

2 和訳問題

1 和訳の3C's

和訳のプロセスは
① **Construction**（Structure）〈構造〉を明らかにする。
② **Context**〈文脈〉の中で語句の意味を考える。
③ **Collocation**〈連語〉を自然な日本語に移す。
の頭文字を取って3つのCだと言える。

①の Construction（Structure）〈構造〉については学校で習う基本構文に加え、第1章でこれまで述べてきたすべての知識が必要になる。和訳という作業の最も重要な部分で、構造がしっかりと把握できた段階で点数の半分は確保できたようなものだ。逆に構造があやふやなのに訳してみても、おそらくその和訳は0点になるだろう。

②構造が分かったら、次は文中の語句がどのような意味で使われているかが問題になる。例えば、一般的に我々は draw=（絵を）描く／（線を）引く と覚え、crowd=群衆 と覚えるが、The concert drew a large crowd. を〈コンサートは大群衆の絵を描いた。〉はナンセンスだ。draw の core meaning〈本義〉は「引っ張る」で crowd「集まった大勢の人間」だから、ここでは〈コンサートは大勢の聴衆を集めた。〉とする。context〈文脈〉を考えるさいに最も重要なのは単語の core meaning（▶318ページ）を理解しておくことだ。これは日常的な心がけの問題。いつまでも draw=絵を描く、drive=運転する、get=手に入れる なんてやっていてはいけない。そのために辞書があるのだ。

③のCollocation〈連語〉は co-[=together] + location[=place] つまり「複数の語がともに置かれる」こと。例えば give an explanation のように [give] と

[an explanation] とはコロケーションが成り立つが ✗ say an explanation のように [say] と [an explanation] とはともに置かれることがない、つまりコロケーションが駄目だ、と言う。和訳の場合、「説明を」「与える」や「説明を」「言う」は日本語のコロケーションとして不自然だから「説明を」「する」という自然なものにする。[make] [a decision] では「決断を」「作る」は駄目だから「決断を」「する／下す」とする。[take] [a risk] は「リスクを」「取る」は変だから「リスクを」「冒す」あるいは「リスクを」「引き受ける」とする。ところでしばらく前から「リスクを取る」という言い方がビジネスパーソンや政治家の間ではやっているようだが、どういうつもりだろう？　放っておくと「ディシジョンを作る」なんて言い出しかねないな。

　②と③は未知の語を推測する場合にも役に立つ。例えば、This kind of expression is meant to provoke our tears. の provoke を知らないなどという場合も、provoke が動詞であることは分かるから「この種の表現は私たちの涙を[動詞]という意図である。」となる。「涙を」に連なる動詞は「誘う」か「そそる」だろうと考えればいいのである。

CONTEXT/COLLOCATION から訳語を決定
(1) Fully half of our teachers cannot see that imagination is the root of all civilization. <u>Like love, imagination may very fairly be said to 'make the world go round,' but, as it works out of sight, it is given very little credit for what it performs.</u>

の下線部を訳せという問題を考えてみる。まず最初の文は〈我々の教師のたっぷり半分→わが国の教師の優に半分は、想像力があらゆる文明の根源であることを理解できていない。〉とある。下線部の構造をまず明らかにすると、

　　Like love, (very fairly)
　　　　imagination may　be said to 'make the world go round,'
　　　　　　but,
　　as　[it [=imagination] works out of sight],
　　　　[it is given very little credit for what it performs].

となる。主情報だけ見ると〈想像力は「世界を回している」と言われることができるかもしれないが、それは見えないところで働くから、それが果たしていることに対してきわめて少ない credit しか与えられていない。〉とある。この credit は「クレジットカード」の credit とも違うし「信用」とも違うようだ。そこで文脈から「目に見えないところで働くか

ら、せっかくいい仕事をしても認めてもらえない」ということだろうと推測する。もちろん credit に「信用」という本義から派生した「功績や努力を認めること」、さらに「学習の成果を認める、単位」などの意味があることを知っていれば一番いいのだが、試験会場ではいつもそう都合良くはいかない。

あとは付属物の部分。Like love, imagination ... というのは〈愛と同様、想像力も〜〉ということだろう。また 'make the world go round' のように make ... 以下にだけ quotation marks〈引用符〉が付いているということは、もともと 'Love makes the world go round.' という言い回しがあって、その love を imagination に置き換えたのだろう (▶「引用符について」参照)。

may be said ... に付いている very fairly は It is very fair to ...〈〜するのは非常に公平な／偏りのないことだ〉という文修飾 (▶112ページ)。

さらに「世界を回す」を「世界を動かす」とするなど日本語の collocation をできるだけ自然にしてやると、下のような訳が出来上がる。

〈想像力があらゆる文明の根源であることを、この国の教師の優に半分は理解できていない。愛と同様、想像力が「世界を動かす」と言ってもまったく差し支えないくらいなのだが、それは目に見えないところで働くから、その功績はほとんど認められない。〉

引用符について

quotation mark の根本は、"……" の内容について誰かの言葉 (考え) であることを筆者自身が今語っている地の文から分けるためのもの。少し詳しく言えば

① 人のせりふを引用：

Dan said, "My wife is so unusual."
〈「女房はすごく変わってるんだ」とダンは言った。〉

② 人の著作や思想を引用：

The idealism like "from each according to his ability to each according to his need[1]" is no longer considered seriously.
〈「各人は能力に応じて生産し、必要に応じて受け取る」といった理想主義は、もはやまともに受け取られなくなった。〉

③ 自分の考えではない他者・世間の (筆者は必ずしも賛同しない) 考えを述べる：

Law-enforcement authorities are searching for "humane" ways of execution.
〈法務当局は「人道的」処刑の方法を模索している。〉

この例文で筆者は、処刑そのものが非人道的であると暗示している。

---

1. カール・マルクス『ゴータ綱領批判』

以上の3つの用法は日本語のカギカッコ「～」とほぼ一致している。

なお日本語で「」と『』が同居する場合は「...『...』...」の順（「古美術を見せてほしい場合には『眼福の栄にあづからせていただきたい』と言うんだぞ」と師匠が教えてくれました。）だが、英語の場合、アメリカ式では double quotation marks ["..."]、single quotation marks ['...'] の順に使う。

"Your mother said I'm 'sloppy,'[2]" she said angrily.
〈「お義母さんが私のこと『だらしない』って言ったのよ」と彼女は怒って言った。〉

それに対しイギリス式では、

'Your mother said I'm "sloppy,"' she said angrily.

のように、まず single quotation marks、次に double quotation marks。

とはいえ、英米の違いは大ざっぱな区分だ。最近はアメリカ式でも single quotation marks 優先のものが概して増えているように思う。double quotation marks は見た目が untidy 〈ごちゃごちゃ〉して見えるから、という程度の理由らしい。

QUESTION 21

次の各文中の下線部を和訳せよ。

1　To converse well, either with another person or with a crowd, it is vitally necessary to feel relaxed and comfortably at ease. Many intelligent people have thought themselves slow and dull because they could not produce witty remarks in rapid succession as their companions seemed able to do. This is often because of a pang[3] of embarrassment or self-consciousness, which is akin to stage fright. <u>Feeling a little uncomfortable and ill at ease in the presence of others, one finds his mind won't work right. It simply refuses to come up with the bright remark or the lively comeback that would have found so beautiful a place in the conversation.</u>

2　Stars are made for profit. In terms of the market, stars are part of the way films are sold. (**1**)<u>The star's presence in a film is a promise of what you will see if you go to see the film.</u> In the same way, stars sell newspapers and magazines, and are used to sell food, fashions, cars and almost anything else.

　　This market function of stars is only one aspect of their eco-

---

2.comma [,] は常に閉じる方の quotation mark ["/'] の内側に入れる。period [.] も同様。
3.=pain, distress

nomic importance. (2) They are also property on the strength of whose name money can be raised to make a film; they are an asset to the stars themselves, to the studios and agents who control them; they are a major part of the cost of a film. Above all, they are part of the labour that produces films as commercial products that can be sold for profit on the market.

Stars are involved in making themselves into commercial products; they are both labour and the thing that labour produces. They do not produce themselves alone. The person is a body, a psychology, a set of skills that have to be worked up into a star image. (3) This work of making the star out of the raw material of the person depends on how much the essential qualities of that material are respected; make-up, hairstyle, clothing, dieting, and bodybuilding can make use of the original body features to a variety of degrees, skills can be learned, and even personality can be changed. The people who do this labour include the stars themselves as well as make-up artists, hairdressers, dress designers, dieticians, personal trainers, acting, dancing and other teachers, photographers, gossip columnists, and so on.

ANSWER KEY

1 ほかの人たちの前でいささかどぎまぎと落ち着かない気分になると、頭がきちんと働かなくなってしまう。本来なら会話の中で見事にはまるはずの気の利いた言葉や生き生きとした受け答えを、頭はさっぱり思いついてくれないのである。

下線部までの内容は、

〈相手が1人であれ大勢であれ、上手に会話するために決定的に重要なのは気持ちを落ち着け、リラックスすることである。多くの頭のいい人が、会話をしている周りの人たちがウィットに富んだ言葉を連発しているように思われる中、自分にはそれができないと言う理由で、自分はのろい、鈍いと思い込んできた。多くの場合これは、こんなことを言ったら恥ずかしいのではないかという気分に突然襲われるからで、舞台であがってしまうのと似ている。〉

問題文の構造は以下のとおり。

<u>Feeling</u> a little ┌─uncomfortable
                      │ **and**   in the presence of others,
                      └─ill at ease
one <u>finds</u> (**that**) his mind won't work <u>right</u>.
It simply <u>refuses</u> to <u>come</u> up with
                      ┌─the bright remark
                      │ **or**
                      └─the lively comeback
                            ↑── ***that*** would have <u>found</u>
                                        so beautiful a place
                                        in the conversation.

　Feeling ... のあと、uncomfortable と ill at ease が並んでいる。文脈から、uncomfortable は「不快な」よりは「落ち着かない」程度の気分だろう。ill at ease を知らなくても uncomfortable と並んでいるのだから似たような気分を言っているのだろう、と見当を付ける。ease は「易しい」であると同時に「気楽な／のんびりした」気分である。ill at ease の反対の at ease は relaxed と同じ。

　one finds (that) his mind won't work right の work は日本語でも「頭が働く」と言うから、そのままでもいい。right は「ちゃんと」。won't は未来のことを言っているのではなく、

ex. Mistakes *will* happen no matter how careful we are.
　　　〈どれほど注意深くしても間違いは起きるものだ。〉

のように「世の中いつもそんなもの」という気分を表すもの。

　It simply refuses ... の it は his mind。come up with ... は本来「〜を持ってやってくる」のだが、

ex. She always *comes up with* a bright idea.
　　　〈彼女はいつも明るいアイディアを持ってやってくる→いつもさえたアイディアを思いつく。〉

のように使うことが多い。ここでは「頭が、さえた言葉を思いつくことを拒否する」、つまり「ちっとも思いついてくれない」のである。simply は「ただひたすら」という感じ。lively comeback とは何か？　文脈の中で考えてみるとここで come back〈戻ってくる〉のは明らかに、人ではなく、言葉、であるから、「返事」や「受け答え」だろう。

関係詞 that のあと found so beautiful a place in the conversation では、so が beautiful と結びつき a の前に出て *so* beautiful *a* place という語順になっている。これは *such a* beautiful place と同じ意味。beautiful はいわゆる「美しい」ではない。甘い球がど真ん中に入ってきたから鋭く振り抜くと真っ芯に当たってスコーンときれいなアーチ... ビユーリフォー！ と言うときの beautiful だろう。「決まったあ！」だ。would have found となっているのは「もしさえた言葉を言っていたならば、find しただろう」という仮定法。

2 (1) ある映画にスターが出ているということは、その映画を見に行けば少なくともスターを見られるという保証になる。
(2) スターはまた、そのネームバリューで映画の制作資金を集められる、資産でもある。
(3) 人間という素材を元にスターを作るこの仕事は、その素材の基本的な性質をどれだけ尊重するかによって左右される。

冒頭部分からの訳。
〈スターは金儲けのために作られる。マーケットという面から言えば、スターは映画を売る一側面である。〉

(1) The star's presence in a film is a promise of what you will see if you go to see the film.
を直訳するなら「ある映画におけるスターの存在は、もしもあなたがその映画を見に行った場合にあなたが見るであろうものの約束である。」となるが、このままでは分かりにくい。この文脈での promise は「仮にそれがつまらない映画でもお気に入りのスターを見ることができることだけは約束されている」ということだろうが、これをそのまま解答としたのでは「説明」であって「和訳」でない。もう少し短く表現するには「保証」あたりがいいか。

あとに続く部分。
〈同様に、スターは新聞や雑誌を売り、食品、ファッション、車などほぼ何でも売るのに利用される。
スターの、この市場的機能はその経済的重要性の一部にすぎない。〉

(2) They are also property
　　　　　└─ on the strength of ***whose*** name
　　　　　　　　　　money can be raised to make a film;
　　[← Money can be raised ... on the strength of *their* name.]

164

their name の their は、明らかに stars を指していて先行詞である property と必ずしも一致しないが、They are [=] property と be 動詞でつないで同一視しているから混乱はないと考えているのだろう。

これも直訳すれば「彼らはまた、その名前の強みで映画を作る金を集めることのできる財産である。」となるが、できれば短く、分かりやすい方がいいから「その名前の強みで金を集めることのできる」は「ネームバリューで金が集まる」などとしてしまうのもいいだろう。

和訳に外来語（特に英語）を使ってもいいか、いいとしたらどの程度まで？という質問を受けることがある。構わない、新聞で見る程度まで、というのが答えだ。日本語の語彙の20パーセント前後を占めているという外来語を使わない（コンピューターのハードディスクを、電算機の円盤形固定磁気記憶装置、と言ったり）ことはほとんど不可能だ。だからといって一部のビジネスパーソンや政治家のように（このプロジェクトのプライオリティとフィージビリティを考えると...）とやたらカタカナ英語を使えばわけが分からなくなる（そんなに英単語好きなら、全部英語でしゃべれっての！）。で、妥当な線として、新聞で見る程度。そもそも「プライバシー」のように日本語にならないものもあるし、category なんか「範疇」という難しい漢字を使うより「カテゴリー」の方がいいし、さらに言えば「subject＝テーマ」のように別の外来語を使った方が分かりやすいこともあるくらいだ。

続きの部分。

〈スターはスター自身にとっても、制作会社やスターを管理するエージェントにとっても資産である。スターは映画のコストの大きな部分を占める。何よりスターは、市場に出して利益を得る商品としての映画を生産する労働の一部なのである。

スターは自分自身を商品とすることに自らも関わる。スターは労働力でもありまた、その労働から生み出されるものでもある。自分1人で自分を作り出すのではない。その個人は身体であり、心理であり、技能であって、それは磨きをかけてスターのイメージとなるものである。〉

(**3**) This work of [=] making the star out of
　　　　　　　　　　　　　the raw material of [=]the person
　　　　depends on
　how much the essential qualities of that material
　　　　　　　are respected;

　This work と making ... the person をつなぐ of や、the raw material と the person をつなぐ of が「同格の of」（▶174ページ）である。

つまり「この仕事」を説明している部分が「人間という原材料を元に (out of) スターを作ること」であり、「原料」とはすなわち「その人間」なのだ、と説明している。こうした例はそう珍しくない。

ex. the task *of* improving efficiency〈能率を向上させるという任務〉

the experience *of* working under extreme pressure
〈極端なプレッシャーのもとで仕事をした体験〉

ついでながら、of でつないだものの一方が他方の比喩となっていることがまれにある。

an angel *of* a nurse〈天使でありナースである→天使のようなナース〉

a tub *of* a woman〈樽であり女である→樽のような女（太った女性の悪口）〉

悪口はともかく、この文の主部には「人間という原料を元にスターを作り出すというこの仕事」と同格の of が2つ現れている。

「その仕事は how much 以下に depend on している」という depend on ... は「～に依存している／～に左右される／～次第である」という重要な動詞。essential は essence〈本質〉から来る形容詞。quality はここでは「品質」でなく「資質」。respect はこの文脈では「尊敬」より「尊重」ぐらいの程度だろう。

直訳すれば、
〈その人間という原料からスターを作り出すというこの仕事は、その材料の本質的資質がどれだけ尊重されるかに左右されるのである。〉

あとは、「本質的資質」は語義反復っぽいから「本来の資質」としたり、「原料」としても悪くないが、日本語の場合にはよく「素材」というから、それを使ってみたり、といった微調整をして仕上げをする。

残りの部分。
〈メイクアップ、ヘアスタイル、衣裳、食事、体づくりも、程度の差こそあれ、元の身体的特徴を生かすものだし、技術を習得したり、ときには人格さえ変えることもある。こうした労働に携わるのはスター自身ばかりでなく、メイクアップ・アーティストやヘアメイク、衣裳デザイナー、栄養士、個人的トレーナー、演技やダンスなどの教師、写真家、芸能ライターたちである。〉

2 時間の順／論理の順と記述の順を一致させる

英語は左から右に書かれる。この順は思考の順と多くは一致している。新大阪から上りの新幹線（のぞみ号）に乗ると、車内アナウンスで We will be stopping at Kyoto, Nagoya, Shin-Yokohama, and Shinagawa stations before arriving at Tokyo terminal. と言う。しゃべる順と停車駅の順が一致している。これを訳しなさいといわれ、before ...〈～の前に〉という訳語にこだわって、〈この列車は終点東京に着く前に、京都、名古屋～〉とやったのでは聞いている方はちょっと混乱する。A before B は、時間的に A が先、B が後なのだから「A の後 B」としたって一向に構わないではないか。

I was just about to break into a big, broad smile, *when* suddenly I realized he was not somebody I knew; he was a movie star.

だって、when ...〈～とき〉にこだわると〈彼は私の知り合いではない、映画スターだと突然気づいたとき、私はまさににっこりと笑顔を作るところだった。〉はひどすぎる。〈にっこりと笑顔を作ろうとしたその瞬間、相手が知り合いでないことに気が付いた。映画スターだったのである。〉でなければならない。A when B はもちろん A と B が同時である。しかし全体の連続上、先に言いたい方は先に言う、というあたりまえのことを上の英文ではしている。だから日本語でもそうしなければいけない、という、まあ、常識に属する話だ (until ▶27ページ、分詞構文▶66ページ、to 不定詞▶72ページ)。

QUESTION 22
次の各文中の下線部を和訳せよ。

1　Despite their hard lives, however, the ponies are not thin or ugly like so many wild mustangs in the American West; on the contrary, because they eat mostly salty sea grasses, wetland plants, and seaweed, <u>the ponies drink a lot more water than average horses, which gives them a "fat" and healthy appearance.</u>

2　The nature and function of medicine has gradually changed over the past century. (**1**)<u>What was once a largely communicative activity aimed at looking after the sick has become a technical enterprise able to treat them with increasing success.</u> While few would want to give up these technical advances and go back to the past, medicine's traditional caring functions have been left behind as the practices of curing have become more established, and (2)it is criticized now for losing the human touch that made it so helpful to patients even before it knew how to cure them.

ANSWER KEY

1 普通の馬よりはるかにたくさん水を飲むことから「太って」健康に見えるのだ。

冒頭部分。

〈しかし、ポニーは厳しい生活にもかかわらず、アメリカ西部の野生馬の多くと違い、やせて貧相ということがない。逆に、食物の大部分が塩気の強い海辺の草や湿地帯の植物、海藻であるため、〉

ここで関係詞 which は先行詞の修飾というより、接続詞 and と代名詞 it の合成、という働きを強く持っている。it が指しているのは前の部分「水をたくさん飲むこと」である。[1] 塩分の多い草、海藻を食べる→ [2] (のどが渇くから) 水をたくさん飲む→ [3] それがポニーに「太って」(カッコ付きなのは、本当に肥満しているのでなく、水太りだけだと筆者は知っているから) 健康な外見を与える、という展開と文章の流れとが一致している。

2 (1) かつては病人を看病することを目的とした、会話を主体とする営みだったものが、今では技術的な事業となり、治療効果は次第に上がってきている。

冒頭部分は

〈医学のありようと働きは過去100年間で次第に変化している。〉

What was [once] [1]a largely communicative activity
　　　　　　　← aimed at looking after the sick
has become [2]a technical enterprise
　　　　　　← able to treat them with increasing success.

形の上では「かつて [1] 病人の世話をすることを目的とした→大部分はコミュニケーションの活動であったものが、[2] 次第に大きくなる成功を伴って病人を治療することができる→技術的な事業となった。」と単純に「かつて [1] だったものが今は [2] となった」と言っているように見えるが、[2] の部分が妙に分かりにくい。内容に踏み込んでもう少し考えてみると、実は

```
What was [1] a largely communicative activity
          ↑once
              ← aimed at looking after the sick
has become [2] a technical enterprise
              ← [3] able to treat them with increasing success.
```

なのではないか。つまり「かつて [1] だったものが今では [2] になり、それが [3] 次第に成功してきている」のだ。確かに able to treat 以下は形の上では単純な修飾に見えるのだが、内容的には時間の経過に沿って記述しているのだった。

(2) 医学は今、まだ患者の治療法が分からなかったときでもなお医学を患者にとって有用なものとしていた、人同士の触れ合いを失ったとして批判されている。

　下線部の前。
〈こうした技術面での進歩を捨てて過去に戻りたいと思う人はほとんどいないだろうが、治療法がより強固に確立されるにつれて、医学が伝統的に有していた看病という機能は次第に忘れ去られるようになり、〉

```
it is criticized now for losing
                the human touch
                     └ that made it so helpful to patients
                              before it knew how to cure them.
                                ↑
                               even
```

it ... that 構文ではない。主語の it は（およびそのあとの2つの it も）前の文に現れた medicine を指している。for losing the human touch〈人間の接触を失ったために〉(批判されている)の for は理由を指して使うことも多い。

　関係詞の部分を主語から始まる元の文に書き直すなら、

The human touch made it [=medicine] so helpful to patients.

となる。even before it [=medicine] knew how to cure them [= the patients] は「医学がその患者の治療法を知るようになる前ですら」だが、日本語では「まだ分からないうちですら」と否定形で言うことが多い。こういうことは結構いろいろなところに現れる。

ex. Treat the patient before it's too late.
　　〈手遅れになる前に患者を治療しなさい。→手遅れにならないうちに～〉

　　Don't try to read faster than you can understand the ideas.
　　〈内容を理解できるより早く読もうとするのはよしなさい。→内容を理解できないほど～〉

3 名詞を「動かす」

　英語は名詞と名詞を前置詞でつないだり、前後から修飾語句を付けたりしやすいため、大きな名詞のかたまりを作ることが時々ある。

(1) The development *of* Japan *from* an agricultural society *into* an industrial power didn't take a long time.
　〈日本の、農業社会から工業大国への発展には長い時間がかからなかった。〉

がその例だ。しかし日本語ではこうした「名詞構文」をそれほど好まない。上の文の development は develop という動詞が元になっているわけで、the development of Japan は内容的には「日本が発展した」と［主語＋動詞］になっている。ここに目を付けて、名詞のかたまりを動詞中心に「動か」してやると「日本が農業社会から工業大国に発展するのに長い時間はかからなかった」となり、この方が上等な日本語に見える。同様に、

(2) No one can predict how the English language will develop. It seems likely, however, that there will be movement in two directions: on the one hand, towards greater standardization of English used as a shared means of communication in international contexts; and on the other, towards varieties of English which are only used, or understood, within particular countries or communities.[1]

の冒頭、

　〈英語がどのように発展していくかは誰にも予想がつかない。だが、おそらく2つの方向への動きがあるだろうと思われる。〉

に続けて、下線部をこのまま名詞のかたまりで訳せば、

　〈いっぽうで、国際的な文脈で共有されたコミュニケーションの手段として使われる英語のより大きな標準化へと向かう、もう1つは、特定の国や共同体の中でのみ使われる、あるいは理解される英語の種類へと向かう、である。〉

となる。だが、これは分かりにくすぎる。「英語」を主語として「動か」してやる（と同時にコロケーションを日本語らしく直す）と、以下のようになる。

　〈1つは、英語がより標準化して国際的な場面におけるコミュニケーションの共通の手段として使われる方向、もう1つは、特定の国や地域共同体の中でのみ使われ、理解されるような、多様な英語が生じてくるという方向である。〉

　では、もう1つ。

---

1. 大阪大学（2001年度）入試問題より

(3) Many psychologists have studied what happens when people change their minds. Choosing a topic on which people's minds are not completely made up—say, the death penalty—the experimenter carefully measures the subjects' attitudes. Next, the participants see or hear a persuasive message either for or against it. Then the experimenter measures their attitudes again; those attitudes usually are closer to the persuasive message that the subjects were exposed to. Finally, the participants report the opinion they held beforehand. This task turns out to be surprisingly difficult. Asked to reconstruct their former beliefs, people repeat their current ones instead—an instance of substitution—and many cannot believe that they ever felt differently. <u>Your inability to reconstruct past beliefs will inevitably cause you to underestimate the extent to which you were surprised by past events.</u>

冒頭の

〈考えが変わるというのはどういうことなのか、多くの心理学者が研究している。完全には意見を確定できないテーマ——例えば死刑など——を選んで被験者の考え方を丁寧に聞き取る。次に、被験者にそのテーマに関する賛成あるいは反対の、説得力のある意見を見させたり、聞かせたりして、それからもう一度被験者の考えを聞く。このときの意見は、直前に接した意見に近いのが普通である。そして最後に以前の考え方を述べさせる。ところがやってみるとこれは驚くほど困難な作業である。以前の考え方を再現するように求められると、人は以前でなく現在の考えを繰り返すのである。これは置換の例であり、多くの人は以前に自分が違う考えを持っていたことすら信じられないのである。〉

に続いて、下線部

Your inability to reconstruct past beliefs
　will inevitably <u>cause</u>
　　　　you to underestimate <u>the extent</u>
　　　　　└to ***which*** [=the extent] you were surprised by past events.

原因：あなたの、過去の信じ込みを再現する能力のなさ
結果：あなたは<u>程度</u>を過小評価する
　　　　　└あなたが過去の出来事によって[その<u>程度</u>]驚かされる
　以上の内容を日本語で述べれば以下のとおり。
　　〈以前の考え方を再現することができなければどうしても、過去の出来事に感じた意外性の程度を過小評価することになる。〉

QUESTION 23

次の文中の下線部を和訳せよ。

1　　Why is the *Mona Lisa* the best-known painting in the entire world? (**1**) A simple glimpse at even some of her features—her silhouette, her eyes, perhaps just her hands—brings instant recognition even to those who have no taste or passion for painting. Its commercial use in advertising far exceeds that of any other work of art.

There are works of art that appear to be universal, in the sense that they are still loved and enjoyed centuries after their production. They awake instant recognition in millions throughout the world. They speak not only to their own time—the relatively small audience for whom they were originally produced—but to worlds beyond, to future generations, to (**2**) a mass society connected by international communications that their creators could not suspect would ever come into being.

ANSWER KEY

1 (1) その輪郭なり、その目、あるいはその手だけでもいいのだが、彼女の特徴の一部だけでもほんの一瞬見ただけで、絵画に趣味も情熱もない人ですら、すぐにそれと分かる。

〈なぜモナリザは世界全体で一番良く知られた絵画なのか？〉

に続く文の、挿入部分を取り去ったものは、

　　　　　　　　　　　　even ↘
A simple glimpse　*at* some of her features
　brings instant recognition
　　　　　　　　　to those　　┌─ taste
　　　　　　even　└─ **who** have no　***or***　*for* painting.
　　　　　　　　　　　　　　　　└─ passion

つまり〈彼女の特徴への単純な一瞥ですら、絵画への趣味と情熱を持たない人々にも、瞬時の認識をもたらす。〉である。日本語ではこういうタイプの主語を

172

好まない。

ex. *The study* shows that ...〈その研究は〜を示している〉

くらいはいいとしても、

The song takes me back to the time when life was good.
〈この歌は僕を、楽しかった頃へと連れ戻す。→この歌を聴くと〜を思い出す。〉

や、

The twentieth century witnessed many cases of genocide.
〈20世紀は多くの民族虐殺事件を目撃した。→20世紀には多くの民族虐殺事件が起きた。〉

などは抵抗感がある。こうしたものをよく「無生物主語構文」と呼ぶが、「構文」というよりむしろ「好み」の問題だろう。ともかく、日本語で抵抗感があると思ったらどんどん書き直せばいい。

それ以降、下線部(2)まで。

〈その広告での商業的利用はほかのどんな美術作品をも大幅に上回る。制作されてから何世紀も経ってなお愛され、楽しまれるという意味で普遍的な魅力を持つと思われる芸術作品がある。世界中の何百万という人が見た途端にそれと分かるのだ。そうしたものは同時代に——当初その作品が制作される対象として考えられた比較的少数の鑑賞者に——ばかり語りかけるのではない。それを超えた世界、未来の世代、(2) にも語りかけるのである。〉

(2) それをつくり出した人々にはまさかそういうものが出現しようとは思いもよらなかった、国際的な通信手段によって結びついた大衆社会

to 以下の下線部はもちろん、[主部＋述部] の整った完成した節ではない。

a mass society ← connected
　　　　　　　　　　by international communications
　　　　　　　　　　　　└ *that* their creators could not suspect
　　　　　　　　　　　　　　　would ever come into being.

← Their creators could not suspect (that) they (= international communications) would ever come into being. の they が関係詞 that に変わっている。また not と ever で never であるから Their creators could never suspect ... としても同じ。

なおここで *their* creators は形の上では所有格であるが内容的には create them であり「それらをつくり出した人々」（▶174ページ「所有格と of について」参照）のこと。

they が指すものは、

There are works of art that ..., in the sense that they are

> still loved .... They awake instant recognition .... They speak not only to their own time—the relatively small audience for whom they were originally produced—but to ...,
>
> とさかのぼっていけば分かるとおり works of art である。

所有格と of について

　名詞の所有格と[of＋名詞]とが同様の働きをすることがある。そしてその意味内容は「所有」ばかりではない。

①所有

(**1**) the people's rights = the rights of the people 〈国民の権利〉

②主語＋動詞の関係

(**2**) Lincoln's achievements = the achievements of Lincoln〈リンカーンの業績〉

(**3**) his achievemnts 〈彼の業績〉

← Lincoln achieved much in his life.
〈リンカーンは彼の人生において多くのことを成し遂げた。〉

③動詞＋目的語の関係

(**4**) Lincoln's assassination = the assassination of Lincoln
〈リンカーンの暗殺〉

(**5**) his assassin 〈彼の暗殺者〉

← Lincoln was assassinated in 1865. 〈リンカーンは1865年に暗殺された。〉
John W. Booth assassinated Abraham Lincoln.
〈ジョン・W. ブースがエイブラハム・リンカーンを暗殺した。〉

　なお、①の用法で以前には A of B と書くのが普通だったものが B's A と書かれることが最近増えており、特にジャーナリズムの英語ではよく見かける。

(**6**) the population of the world → the world's population 〈世界の人口〉

(**7**) the problems of Japan → Japan's problems 〈日本の抱える問題〉

　もう1つ、of でつないだ2つの名詞のうち後者が前者の説明になっている（同格）ケースも覚えておきたい。

(**8**) the problem of overpopulation 〈人口過剰の問題〉

この場合はもちろん ✘ the overpopulation's problem とは言わない。

(**9**) the overpopulation problem

のように名詞を2つつなげてみることはある。

4 代名詞／代動詞／時制

　代名詞 it、that、etc. 代動詞 do、did、etc. の指すものを明示して訳せという指示があるか否かを問わず、和訳をする場合は代名詞・代動詞が何を指しているか、必ず意識しなければならない。そうしなければきっと間違える。so や such、one、some、other など、前に出た語を指示する意味を含んだ語も同じように、何を指しているか、必ず考えること。

　場合によっては動詞の時制に注意を払う必要も出てくるだろう。例えば、全体が過去形で書かれた文の中に She had been married twice. という過去完了形の文が出てきたら、

　　　　　　　　　　過去完了
　　　　　　　　────────── 過去 ─────▶ time
　　　　　　　　"had been married"
　　　　　　　　　　　　　　　　"was married"ではない

彼女は以前に2度結婚したことがあるが、すでに離婚しているということが分かる。同様に、全体が現在形で語られる文脈で She was married. と言ったら、これも間違いなく、彼女はもう離婚しているのである。

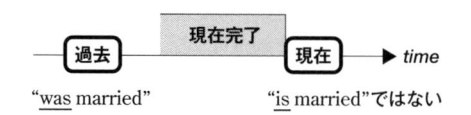

　　　　　　　　　　　　現在完了
　　　　　────── 過去 ────────── 現在 ─────▶ time
　　　　　　"was married"　　　　"is married"ではない

　和訳問題に代名詞・代動詞が現れる場合、それを必ず元の名詞・動詞に再現して訳さなければならないということはない。そうさせたい場合には問題文に「it の内容を明示して訳せ」などと明記する約束事になっているから。しかし明示した方が分かりやすいと自分で判断する場合もあるかもしれない。

QUESTION 24

次の文中の下線部を和訳せよ。

(1) <u>Often we do not realize just how much information our brain has to add to a picture to make it a recognizable scene.</u> The canvas by the American painter Mark Tansey, entitled *The Innocent Eye Test*,

portrays a cow being shown a life-size painting of cows. A group of scientists is standing by, ready to record the cow's reaction. (**2**)<u>There doesn't seem to be any</u>. The cow could be looking at a blank wall.

ANSWER KEY

(1) ある絵を認識可能な光景とするために、我々の脳がそれにどれほどの情報を加えなくてはならないか、我々はよく分かっていないことが多い。

　　Often we do not <u>realize</u>
　　just **how** much information our brain has to <u>add</u> to a picture
　　　　　　　　　　　　　　　　　to <u>make</u> it a recognizable scene.
[← Our brain has to add much information to a picture to make it a recognizable scene.]
〈我々の脳は、絵に多くの情報を付け加えなければならない　＋　それを認識できる光景とするために〉
の「それ」はもちろん「絵」を指す。そしてそれが「どれだけ多くの（付け加えるべき）情報なのか、我々は分からないことが多い」のである。how much の前に付いている just は〈ちょうど／正確に〉で、exactly〈正確に〉の意味。それに続く部分は、
〈アメリカの画家マーク・タンジーによる『無辜の目の実験』と題された絵画には、等身大の牛の絵を生きた牛に見せている場面が描かれている。一団の科学者が牛のそばで、その反応を記録しようと待ちかまえている。〉

(2) 何の反応もないように見える。

　　any に続く名詞は当然、前の文の reaction。
　　最後の文は直訳すれば、〈牛は何も描かれていない壁を見ている可能性もある。〉(could は過去形でなく can の弱形で「ひょっとしたら」というニュアンスなので He *could* be right.〈ひょっとしたら彼が正しいのかも。〉)だが、もっと日本語らしく言えば、〈牛は何も描かれていない壁を見ているのとまったく変わらないようだ。〉

　　この文は美術論であり表現論である。二次元の紙やキャンバスに描かれた絵を三次元の現物と「同一」であると認識するためには、その両者を同一と見なす convention〈慣習〉を我々が習得する必要がある、といった表現の基礎知識が

あれば内容は把握しやすいだろう。

QUESTION 25

次の各文中の下線部を和訳せよ。

　Most boys have a natural inclination to admire their fathers, and a cultural gap between father and son is painful for both. The middle-class father who at nights studies the encyclopedia in order to be able to answer his son's questions makes us smile a little, but we ought to admire him. For such fathers this may be an introduction to lifelong education. <u>In an environment which values knowledge for its own sake he will not put down the encyclopedia with a sigh of relief when the son has grown up, but will want more of it.</u>

ANSWER KEY

　知識のための知識に価値を置く社会環境では、彼は、息子が成長したときにほっとため息をついて百科事典を置くのではなく、より多くの知識を求めるのである。

下線部までの訳。
〈ほとんどの男の子は生まれつき父親を尊敬する傾向があるから、そこに文化的なギャップがあればそれは父子双方にとってつらいものとなる。息子の質問に答えようと、夜中に百科事典を繰っている中産階級の父親の姿はほほえましいものであるけれど、それは敬意を払うべきものである。そのような父親にとってそれは生涯教育の始まりとなるかもしれないからだ。〉

In an environment
　　　　↑ ***which*** values knowledge for its own sake
[← The environment values knowledge for its own sake.]

　value はここでは動詞だから、「環境が知識に価値を置く」ということ。ここで言う「環境」は自然環境でなく社会環境と考えられるから、訳でもそう明示してもいいだろう。少し分かりにくいのは for its own sake の部分。sake は、例えば *for* simplicity's *sake* とか *for* the *sake of* simplicity のように使って「～のために」という意味。

ex. *For* simplicity's *sake*, let's suppose there are only two countries in the world.

〈話を単純にするために、世界に国が2つしかないと仮定してみましょう。〉
knowledge *for the sake of* economic growth〈経済成長のための知識〉に対して knowledge *for the sake of* knowledge [→ knowledge *for its own sake*] は〈知識のための知識／それ自体のための知識〉つまり知識が a means to an end〈目的への手段〉でなく the end itself〈目的そのもの〉となっている。saving *for its own sake*〈貯金のための貯金〉をする人が預金通帳を見ながら寝るのが最大の楽しみであるように、この父親も試験に合格するためでも金を儲けるためでも子供に教えるためでもなく、知る楽しみのために百科事典を読むのだ。

he will **not** put down the encyclopedia with a sigh of relief
　　　　　　　　　　　　　　　　　when the son has grown up,
　　　　but will want more of it.

not ... but ...〈～でなく～である〉で文を並列して、〈安堵のため息をついて百科事典を置くのでなく、それをもっと求める〉と言っているのだが、こう書くとまるで「もっと百科事典を」と言っているようだ。文末の it が指すのはもちろん知識だろうから、そう明示しないといけない。

5 機能語

語彙を substantive words〈実質語〉と function words〈機能語〉とに分ける、という考え方がある。content words〈内容語〉と grammar words〈文法語〉ともいう。実質語は water、desk、tower、pants のような「物（モノ）」や beauty、justice、evil のような「概念」を指す語、機能語は that、it、not、much のような、何かを指すというより「働き」が重要となる語。機能語は訳語を覚えて解決ということがなく、その語の core meaning と function を理解することが重要だ。例えば「that の意味は何ですか？」と問われて「あれ」です、と答えるのは中1生までで、それ以降は「文を見せてください、それは関係詞かもしれないし代名詞かもしれないし、it ... that 構文になっているのかもしれないし、強調構文かもしれないし . . . 」と答えるのが正解だ。

こうした機能語の中で、和訳のさいに特に問題となる語を見ておこう。

ever

　any「限定なし／何でも、誰でも、いつでも、どこでも、どっちでも、どのようでも、構わない」。時間に関わる文脈で使われた場合は at any time〈どの時点でもよい〉の意味。ever-changing〈常に変化し続ける〉や evergreen〈常緑樹〉といった合成語を作る。接尾語として疑問詞に付けた場合は

　　　　　what*ever* = anything,
　　　　　when*ever* = any time,
　　　　　who*ever* = anybody,
　　　　　how*ever* = anyway, etc.

not any は「いかなるものもない」。not + any=no である。

(**1**) I do *not* have *any* questions.
　= I have *no* questions.〈質問はありません。〉

not + ever=never の ever は any time の意味だから、〈いかなるときもない／絶対にない〉。not より否定の度合いの弱い hardly に代えて hardly ever とすると〈ほとんどない〉。

　時間とともに使って

(**2-a**) Have you *ever* seen that film?〈その映画見たことある？〉
の ever は現在完了の時制、つまり現在に至るまでのどの時間でも構わないが、の意味。

(**2-b**) I've *never* seen it.〈見たことない。〉
の never は、現在完了のどの時点でも not。

(**2-c**) ✘ I have *ever* seen it.〈見たことある。〉
の ever は「どの時点でも構わないが、見たことがある」となって、無意味。「ever=これまでに」などという無意味な覚え方をしているとこのへんが分からない。

(**3-a**) I won't *ever* do it again. は〈未来の、どの時点においても2度としません。〉ということ。もちろん I will *never* do it again. と同じ。

　さらに強めて、

(**3-b**) I will *never ever* do it again.〈もう絶対に、2度としません。〉

なんて言うこともある。

no / not

　not + any=no だから「いかなる～もない」となり、no は単純な not より意味が強調される。

(**1-a**) He's *not* a fool.〈彼はばかではない。〉

に対して、

(**1-b**) He's *no* fool.

は any の感じが加わるから〈いかなる意味でもばかではない→ばかどころじゃない。〉実はものすごく頭がいいのだ、というニュアンス。

(**2-a**) I paid *not* less than 200 dollars for the meal.

〈食事に払った額は200ドルより少なくなかった。〉

は、ただ金額が200ドルを下回らなかった、と事実を述べているだけだが、

(**2-b**) I paid *no* less than 200 dollars for the meal.

は「200ドルをいかなる額も下回らなかった、1セントも下回らなかった」と強調して「高かった」と言う、感情の入った表現。

〈その食事に200ドルも払った。〉

同じように強調する表現として、

(**2-c**) I paid *as much as* 200 dollars for the meal.

とも言う。

much / well

　much は量、程度などが多い、大きいこと。数が多いのは many。ともに比較級は more。well は speak *well* of him〈彼のことを良く言う〉や play the violin very *well*〈大変上手にバイオリンを弾く〉のような本来の「良く」の意味でなく、know her very *well*〈彼女をよく知っている〉や stir it *well*〈よくかき混ぜる〉のように、単に強意のために使われることが多い。as *well* as〈同様に〉などもその一例だ。ついでだが well の元となる形容詞 good も「良」の意味でなく、単なる強意のために使われることがある。

(**1**) Ten miles is a *good* distance to cover on foot.

〈10マイルというのは、歩くには結構な距離ですね。〉

　日本語の「結構」が「結構なお点前で御座います。」のような「良い」の意味からずれて「あいつ結構スケベだよな」なんて意味になっちゃうのと似ている。

all / every

　all には「これですべて」「ほかにはない」の意味がある。

(**1**) That's *all*, folks.〈皆さん、これでおしまいです。〉

(**2**) *All* I know is she married a marine and moved to Texas.

〈僕が知っているのは、彼女が海兵隊員と結婚してテキサスに引っ越したってことだけ。〉

every は「1つひとつ当たってみたら、もれがない、例外がない」というニュアンスなので単数扱い。every と any はだいぶ違う。

(**3-a**) Ask *everybody*.〈みんなに聞いてごらん。〉

の everybody が実は「我々の知っているみんな」と案外限定的であるのに対し、

(**3-b**) Ask *anybody*.〈誰にでもいいから聞いてごらん。〉

は、例えば通りすがりの人でもいいわけだ。

　all や every は、否定しても「全部ではない／例外もある」という「部分否定」にしかならない点に注意。

(**4**) *Not everybody* is made to be a leader. = *Everybody* is *not* made to be a leader.
〈誰もがリーダーになるように作られているわけではない。→誰もがリーダーの資質を持っているわけではない。〉

全面的に否定したい場合は反対語を使わなければならない。反対語を確認しておこう。

all of them ⇔ *none* of them
every student ⇔ *no* student
*every*body ⇔ *no*body
always ⇔ *never*
both of them ⇔ *neither* of them

　all の位置によって意味合いが微妙に変化することがある。

(**5-a**) *All* the guests were dressed in black.〈招待客は全員黒い服を着ていた。〉

(**5-b**) The guests were *all* dressed in black.

は (**5-a**) と同じ。

(**5-c**) The guests were dressed *all* in black.
〈招待客は黒ずくめの服装をしていた。〉

　スーツも黒、シャツもネクタイも靴も靴下も黒である。

hardly / scarcely / rarely

　hardly、scarcely は not を、rarely は never を弱めたもの。

(**1-a**) I didn't have *any* chance to talk to him.〈彼と話す機会が全然なかった。〉
　　　= I had *no* chance to talk to him.
　　　= I *never* had a chance to talk to him.

(**1-b**) I *hardly* had *any* chance to talk to him.
〈彼と話す機会がほとんどなかった。〉

(**2-a**) I could *not* believe what he told me.
〈彼が言ったことは信じられなかった。〉

(**2-b**) I could *scarcely* believe what he told me.
〈彼が言ったことはちょっと信じ難かった。〉

　hardly と scarcely は多くの場合 interchangeable〈互いに交換可能〉だが hardly の方が出現回数は多い。

(**3-a**) We *never* see each other.〈私たちは絶対に会わない。〉

(**3-b**) We *rarely* see each other.〈私たちはほとんど会うことがない。〉

　seldom は rarely とほぼ同義で seldom の方がほんの少し頻度が高い感じかなという程度。よって、seldom に置き換えが可能。

(**3-c**) We *seldom* see each other.

　では、程度・量と頻度、および確度を示す語を確認しておく。

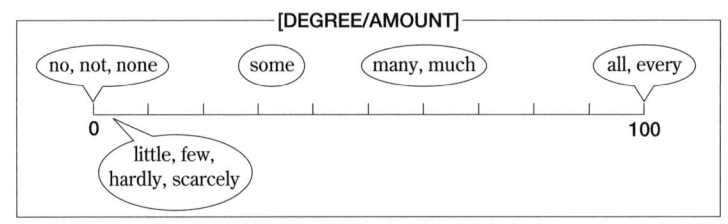

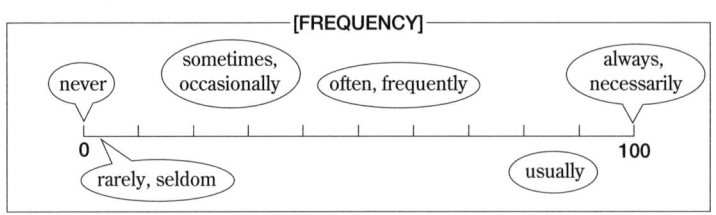

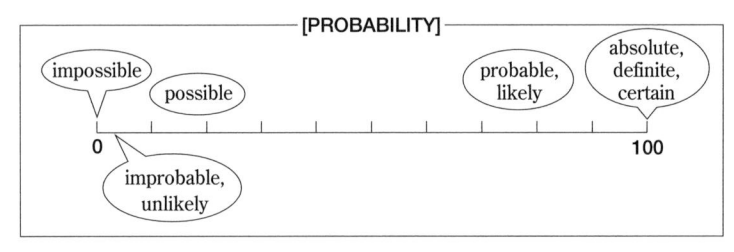

[DEGREE/AMOUNT]

- 0: no, not, none / little, few, hardly, scarcely
- some
- many, much
- 100: all, every

[FREQUENCY]

- 0: never / rarely, seldom
- sometimes, occasionally
- often, frequently
- usually
- 100: always, necessarily

[PROBABILITY]

- 0: impossible / improbable, unlikely
- possible
- probable, likely
- 100: absolute, definite, certain

still / yet

still の本義は「静止した」。

(**1**) Sit *still*.〈じっと座っていなさい。〉

だが、そこから「同じ状態が続く、同じ筋道が続く」意味に転ずる。

(**2**) Are you *still* living in New York?〈あなた、まだニューヨークで暮らしてるの？〉

(**3**) We have *still* another problem.〈さらにもう1つ問題がある。〉

さらに、link word〈接続語〉として「それでもなお」。

(**4**) I basically agree, but *still* I have some doubts.
〈基本的には賛成ですが、それでもやはりいくつか疑念はあるのです。〉

yet は「まだ」である。

(**5**) No specific plans for mining asteroids have *yet* been made.
〈小惑星の資源採掘についてはまだ具体的な計画は立てられていない。〉

(**6**) He hasn't arrived *yet*.〈彼はまだ来ない。〉

(**7**) We have *yet* another problem.〈まだもう1つ問題がある。〉

転じて、「それでもなお」。but が

(**8**) She didn't answer, *but* I left a voicemail.
〈彼女は電話に出なかったが、留守電を残しておいた。〉

のような単純な「しかし」であるのに対し、yet は前の内容を認めたうえで「それでもなお」だ。だから and yet のように and とともに使われることも多い。yet は「粘り腰」である。「まだまだ、のこった、のこった」である。

(**9**) Human beings are limited, imperfect, *and yet* they conceive the perfect being.
〈人間は限界のある不完全なものであるにもかかわらず、完全なる存在を考え出す。〉

one

代名詞としての one は [a/an + その名詞] である。複数形は ones。

(**1-a**) A cell phone with GPS can really come in handy. You should get *one* [=*a* cell phone with GPS].
〈GPS 付きの携帯はすごく便利なことがある。君も1つ買いなよ。〉

it は [the + その名詞]。つまり、まさにそのものを指す。

(**1-b**) I bought a cell phone with GPS and *it* [=*the* cell phone with GPS] really comes in handy.
〈GPS 付き携帯を買ったんですが、すごく便利です。〉

one には the が付くことがある。

(**1-c**) Many people seem to make good use of cell phones with GPS, but *the one* I have doesn't work well in city environments.

〈GPS付き携帯電話を活用している人は多いようですが、私の持っているのは町中でうまく機能しません。〉

という文で the one I have の代わりに they としたら、「多くの人が活用しているその携帯」ということになってしまう。they も it と同様、まさにそのもの、だからだ。日本人が英語をしゃべるときの間違いの1つに、相手が "I got a new iPod."〈「新型の iPod 持ってるんだ。」〉と言うのに対して、「へえ、俺も持ってるけど。」と言おうとして、"Oh? I have *it*, too." と言ってしまうのは、「へえ、それ、俺のだけど」みたいに聞こえるんじゃないかな。もちろん正しくは "I have *one*, too."

(**2-a**) The gap in life expectancy between the more developed *regions* and the less developed *ones* fell from 26 years in 1950-55 to 12 years in 1990-95.

〈より発展した地域と発展の遅れた地域の平均余命の差は、1950年から55年には26歳だったのが、1990年から95年には12歳にまで縮まった。〉

の ones は regions。この使い方は繰り返しを避ける代名詞としての that / those と基本的に同じだが、that / those の前には more developed のような修飾語句を付けることができない。

(**2-b**) The gap in *life expectancy* in more developed regions and *that* in less developed ones fell ...

という文では that も登場し得る。that / those の場合、修飾部は後ろに回っている。

even

本義は「平ら」、even plane〈平面〉である。even number〈偶数〉は2つに割ったとき平らになる数字。odd〈余り〉の出る数字は odd number〈奇数〉。

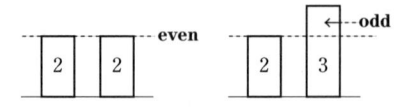

even の応用的な(しかしごく頻繁に現れる)使い方として、「〜に並ぶくらいまで」「何と、そこまで行ってしまう」という意味での強意を表すのがある。

(**1**) My wife *even* threatened to divorce.

〈妻は離婚すると脅すところまで行った。／妻は離婚すら持ち出した。〉

(2) The greenness of the season calls the people of London out, *even* into their suburban parks.
〈季節の緑に誘われてロンドンの人たちは家の外へ出る、あるいは郊外の公園にまでも足を伸ばすのです。〉

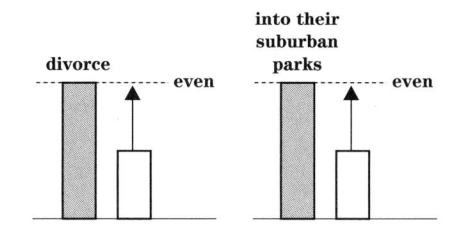

otherwise

「さもなければ」などという訳を覚えても駄目。本義は other ＋ wise。-wise は way の意味を持つ接尾辞で、「賢い」という wise とは語源からして違う。だから otherwise は「別の方向で」ということ。ある方向 (one way) が述べられたうえで、それとは違う、別の方向である。逆方向のこともあるがそうとは限らない。

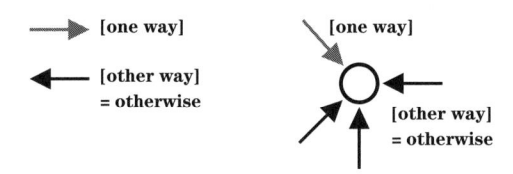

(1) They believe this is the right answer, but I think *otherwise*.
〈彼らはこれが正しい答えだと信じているが、僕は別の方向で考えている。→～が、僕はそうは思わない。〉

(2) The food was not very good, but *otherwise* the party was a lot of fun.
〈料理はあまりおいしくなかったけど、別方向ではとても楽しいパーティーだった。→～ほかの点では～〉

(3) If you meet a very beautiful or *otherwise* attractive person, you can find your heart leaping with joy.
〈とても美しいとか、そのほかの方向で魅力的な人に会ったとき、喜びに心が踊ってしまうということもあるかもしれません。→とても美しいとか、そのほかの面で魅力的な人に～〉

この文はカテゴリーの上位概念、下位概念 (▶200ページ) などとも関係してくる。attraction〈魅力〉には beauty だけでなく、strength〈強さ〉、intellect〈知性〉、

virtue〈徳〉、sensuality〈官能〉など様々なものが含まれる。ただ、それを otherwise という語で示唆しているわけだ。

このような接尾辞の -wise は clockwise〈時計回りに〉や likewise〈同様に〉などに現れるほか、これは臨時的な用法だが、financially〈金銭的に〉などとちょっと大きな単語を持ち出すのが面倒くさい、という場合に moneywise と言ったりすることがある。実はこれ、ものすごく便利で、日本語の「雰囲気<u>的</u>にわぁ、いまいちだけどぉ、味<u>的</u>にわぁ、チョー良くてぇ . . .」のように atmosphere<u>wise</u>, taste<u>wise</u> と言えちゃうんですね、これが。でもなんかぁ、

　　Some are wise; others are otherwise.

なんて言葉を思い出したりして。

　　分かりますね？　最初の wise は「賢い」。次の otherwise はもちろん「逆向き」。

QUESTION 26

次の各文中の下線部を和訳せよ。

1　　No matter which story one believes, the legends of the wild ponies' origins are rich with facts and fiction. <u>No less interesting is their biology.</u> It was difficult environmental conditions and isolation over centuries that created the "Chincoteague pony," which was originally a horse.

2　　Between historical events and the historian there is a constant interplay. <u>The historian tries to impose on these events some kind of rational pattern: how they happened and even why they happened.</u> No historian starts with a blank mind as a jury is supposed to do.

3　　The first "telephone" in Monroe county, Missouri, was installed in 1876 by Dr. Fred M. Moss, a local physician. One end of the wire was in his home, the other end down in the drug store four blocks away. The service was very unsatisfactory. <u>In fact, the telephone was more of a nuisance than otherwise until local people had satisfied their curiosity by making unprofessional calls.</u>

4　　Very few of the great landscape artists of the past or present have ever chosen to paint naturally dramatic or beautiful subjects. <u>A landscape which is naturally beautiful or otherwise attractive to the human eye leaves the artist with little to do except faithfully</u>

copy what he sees before him.

> **ANSWER KEY**

1 それに劣らず興味深いのがこのポニーたちの生物学的側面（生態）である。

　下線部までの内容。

〈どちらの話を信じるにせよ、野生のポニーの起源に関する伝説は事実や物語が豊かなのである。〉

に続いて、No less interesting is their biology.
がくる。普通の語順 Their biology is no less interesting. とせずに No less interesting を前に出したのは、前文の「興味深い話が多い」と直接つなぎたいから。no less interesting [than the legends of ...] の than 以下は言うまでもないので省略。no less interesting than ... は「〜と比べてより興味深くないということは全然ない」ということ。日本語らしく言えば「同様に興味深いのは」。biology は「生物学」だが「ポニーの生物学も同様に興味深い」ではどうもすわりが悪いから、「生物学的側面」と付けてやるのは単純に日本語の都合。

　そして次の段落では生物学の話に移る。

〈もともとは普通の馬だった「シンコティーグ・ポニー」を作り出したのは厳しい環境と何世紀にもわたる孤立だった。〉

2 歴史家はこうした出来事に何らかの合理的な型を押し付けようとする。それがどのようにして起きたかのみならず、なぜそれが起きたかという型である。

　冒頭の文は

〈歴史的出来事と歴史家の間には常に相互作用がある。〉

The historian tries to impose on these [events some kind of rational pattern]: で、impose の目的語は some kind of rational pattern。普通の語順なら impose [some kind of rational pattern] on these events なのだが、rational pattern と、それを説明する部分（コロンのあと）とが離れてしまうことを避けてこういう語順になった（▶55ページ）。

　コロンのあとの、how they happened and even why they happened で why から始まる節の前に even を付けたのは、「どのように」が事実関係の確認だから、まああたりまえのことだが、「なぜ」という因果関係は難しい。

だから「何と、そこまで」という感じが出るのだ。日本語にするのはなかなか難しいが「〜ばかりでなく、〜すら／〜さえも」などもいいだろう。

　最後の文。

〈陪審員がそうすることになっているように、虚心坦懐に作業を始める歴史家などはいないのだ。〉

3 実際、町の人々が診療とは関係もない電話をかけて好奇心を満足させてしまうまで、電話は便利どころかむしろ迷惑なものだったのである。

　下線部まで。

〈ミズーリ州モンロー郡の最初の「電話」は1876年、地元の医師であるフレッド・M. モスが設置したものである。電話線は医師の自宅と、4ブロック離れたドラッグストアとをつなぐものだった。この電話はまったく当てはずれなものだった。〉

the telephone was **more** of a nuisance
　　　　　　　　　　than otherwise

of a nuisance〈迷惑な〉は of importance〈重要な〉、of little value〈ほとんど価値のない〉などと同様 [of + 性質を表す名詞] で形容詞的働きをする型だ。「otherwise よりも、迷惑という性質が強かった」というわけだが、otherwise は「別方向」。とりあえず「逆方向」で考えれば「迷惑」の反対は「ありがたい」「役に立つ」などだと分かる。

until local people had satisfied their curiosity
　　　　　　　　　　by making unprofessional calls.

「地元の人々が好奇心を満足させてしまうまでは」迷惑だった。ということは、初めての電話に興味津々な人々がやたらに電話してきたのだと分かる。となると、unprofessional calls は「プロっぽくない通話」ではなく（電話のプロというのも変な話だし）「(医師の)職業と関係ない電話」という意味だろう。

4 もともと美しいとかその他の意味で人間の目に魅力的に映る風景は画家に自分の目の前のものを忠実に写し取る以外にするべきことをほとんど与えないのである。

　冒頭部分。

〈過去あるいは現在の偉大な風景画家で、そのままで劇的な主題、美しい主題を画題として選んだ人はほとんどいない。〉

A landscape
　└ **which** is naturally beautiful
　　　　　or

<u>attractive</u> *to* the human eye
otherwise
<u>leaves</u> the artist *with* little to <u>do</u>
except faithfully <u>copy</u> **what** he <u>sees</u> *before* him.
〈自然のままで美しい、あるいは別の方向で人間の目に魅力的に映る風景〉は〈〜あるいは別の面で／別の意味で〉などの方が分かりやすいだろう。leave the artist with little to do は

ex. leave his son a great fortune〈息子に莫大な財産を残す〉
と同じような用法だが、with (=having) が添えられている。
ex. She left me *with* a broken heart.
〈彼女は僕のもとを去った ＋ 僕は傷心とともに残された。〉
「画家にほとんどすることを残さない」、つまり「画家には何かする余地がほとんど残されていない」わけである。ただし、「目の前に見えるものを忠実に写す以外には」となる。

東大英語総講義

第3章 論述の構造と長文問題

1. 論述の基本的な型
2. 長文の枠組み
3. 速読について

1 論述の基本的な型

=BASIC PATTERNS OF STATEMENT=

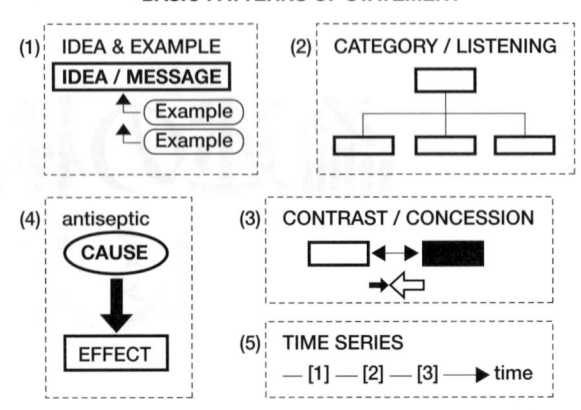

(1) IDEA & EXAMPLE
 IDEA / MESSAGE
 ← Example
 ← Example

(2) CATEGORY / LISTING

(4) antiseptic
 CAUSE
 ↓
 EFFECT

(3) CONTRAST / CONCESSION

(5) TIME SERIES
 — [1] — [2] — [3] → time

sentence がはっきりと特定の「型」に従って組み立てられるのと同様に
statement〈事柄の述べ方／論述〉にも型がある。
sentence を作る型が大きくくくればせいぜい20～30ほどであるように、
statement のパターンも大きくまとめれば5つと言ってよい。
ここでは factual〈事実を述べた〉な文、いわゆる論説文について扱う。
小説文については第5章で。

1　IDEA & EXAMPLE

GENERAL TO SPECIFIC

　まず全体論を general〈抽象的〉に述べてから、specific〈具体的〉に説明する。
抽象的→具体的　である。日本語の文でもよく見られる。

　[GENERAL] いったいに、物に馴れると、物おじしないものだ。**[SPECIFIC]**

都の遊び所、島原の入口、小唄にうたう朱雀の細道という野辺で、秋の田の熟る頃、諸鳥をおどすために、案山子をこしらえ、古い編笠をきせ、竹杖をつかせて置いたところ、鳶烏はふだん郭通いの焼印の大編笠を見つけている故、これも供なしの大尽かと、少しも驚かぬ。笠の上にもとまるようになって、案山子を粋人あつかいにした。

　　　　　　　──井原西鶴『世間胸算用』現代文訳：織田作之助

　もちろん現代文でも日常的に見られるが、この型は日本語より英文で、ことに好まれると思う。大変な頻度で出くわすのである。英語の入試問題（特に国立の、下線部訳を主としたもの）では文頭に下線が施してあることがよくあるが、後ろの specific な部分を読んで納得した上で下線の general な部分をまとめることができるかどうかを問う問題である。

── **DRILL 1** ──

GENERAL ━━━━━━▶ SPECIFIC

[GENERAL] Language, when it is used to convey information about facts, is always an abbreviation for a richer conceptualization.

　[SPECIFIC 1] We know more about objects, events and people than we are ever fully able to express in words.

　　[EXAMPLE]

　　Consider the difficulty of saying all you know about the familiar face of a friend.

　　The fact is that your best effort would probably fail to convey enough information to enable someone else to single out your friend in a large crowd.

　[SPECIFIC 2] This simply illustrates the fact that you know more than you are able to say.

　最初の概論を示した文は非常に抽象的。

Language, when it is used to convey information about facts, is always an abbreviation for a richer conceptualization.
〈言語は、事実に関する情報を伝えるのに使われた場合、常に、より豊かに概念化されたものの省略である。〉

と言われても何のことやら？
第2の文でそれを易しく言い換えている。

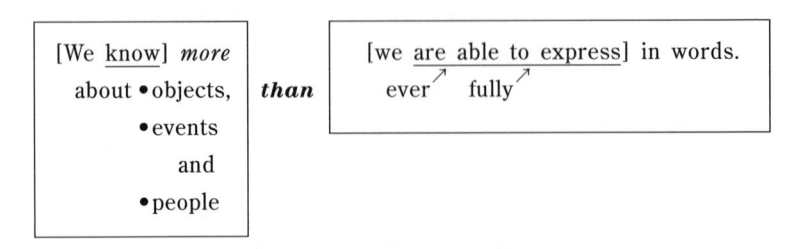

```
[We know] more              [we are able to express] in words.
  about •objects,    than     ever↗  fully↗
        •events
         and
        •people
```

　比較の要点は [We know] の方が [we are able to express] より多い、つまり「知っている」ことの方が「表現できる」ことより多い。know を 100 としたら、例えば express は 40。fully が付いているから「完全に表現できるよりも知っていることの方が多い」。language = express in words, conceptualization = know。

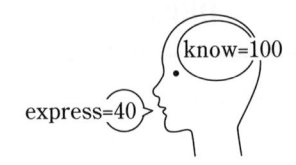

```
            know=100
express=40
```

　日本語では「知っていることのすべては表現できない」と否定形で言う方が自然だろう。実はこういう心持ちは英語にもあって、ここで ever が現れるのは否定のニュアンスとともに、not + ever = never つまり「とても表現できない」ということ。
　このように同じ idea を別の言葉で言い換えることを paraphrase という。続く2文で具体例を示し、最後の文で、前に paraphrase したことを you know more than you are able to say とさらに簡潔に繰り返してまとめとしている。

〈言語は事実の伝達に使われた場合、常により豊かに概念化されたものをかいつまんだものとなる。我々はものや出来事や人々に関して知っていることのすべてを言葉で言い表すことはできないのだ。見慣れた友人の顔についてすべてを言い表すことの困難さを考えてみたらよい。現実には、誰か別の人に、人混みの中から自分の友人を探し出せるだけの情報を伝えることもおそらくできないだろう。これだけで、自分の知っていることをすべて言うことはできないという事実が分かる。〉

　paraphrase 部分なしに「言いたいこと」の概論を述べてからすぐ、具体例に移る場合が多いので、こういうパターンを一般に idea & example という。idea は「筆者の頭にあること／言いたいこと／内容」という意味。同じ意味で message〈伝えたいこと〉という語もよく使う。

idea & example が連続して出てくる例を見てみよう。

DRILL 2

[IDEA]

When people hear that I'm writing an article about the way human beings deceive each other, **they're quick to tell me how to catch a liar.**

　[EXAMPLE]

　　(1) Liars always look to the left,
　　　　　　　several friends say;
　　(2) liars always cover their mouths,
　　　　　　　says a man sitting next to me on a plane.

[IDEA]

Beliefs about what lying looks like are numerous and often contradictory.

　[EXAMPLE]

　　(1) Liars can be detected
　　　　because they ・move a lot,
　　　　　　　　　・keep very still,
　　　　　　　　　・cross their legs,
　　　　　　　　　・cross their arms,
　　　　　　　　　・look up,
　　　　　　　　　・look down,
　　　　　　　　　・make eye contact
　　　　　　　　　　　or
　　　　　　　　　・fail to make eye contact.
　　(2-a) Freud thought anyone could spot people who are lying by paying close enough attention to the way they move their fingers.
　　(2-b) Nietzsche wrote that "the mouth may lie, but the face it makes nonetheless tells the truth."

「嘘つきはすぐ分かる」と概論を述べたあと、はじめに具体例を2つ。次の部分では「嘘

の描写は様々で矛盾もある」の例を箇条書きに8例、およびフロイトとニーチェそれぞれの引用。

〈私が今、人間がお互いにだまし合うやり方についての記事を書いていると言うと、人はたちまち、嘘つきを見破る方法を教えてくれる。嘘つきは左を向くと数人の友人は言う。嘘つきは必ず手で口を覆う、と飛行機で隣り合わせた男性は言う。嘘をつくときの様子に関する思い込みも多種多様で、相反することも多い。嘘つきは必ず分かる。なぜなら彼らはやたらに身体を動かすから、じっとしているから、脚を組む、腕を組む、上を向く、下を向く、目をじっと合わせる、目をそらせるから、という具合だ。フロイトは、相手の指の動きによく注意すれば誰でも相手の嘘に気づくことができると考えた。ニーチェは「口は嘘をつくかもしれないが、しかし嘘をつく顔は真実を明かす」と書いた。〉

次は、逆に2つの具体例から入って概論に至る例。examples to general idea。

DRILL 3

[EXAMPLE]

(**1**) The other day I happened to become aware for the first time that my electric toothbrush was white with two upright blue stripes of rubber to hold the handle. The button to turn the toothbrush on and off was made of the same blue rubber. There was even a matching blue section of the brush itself, and a colored ring of rubber at the base of the brush handle.
This was a far more carefully thought-out design than I had ever imagined.

(**2**) The same was true of my plastic throwaway razor[1] with its graceful bend[2] that made it seem as if the head was eagerly reaching out to do its job[3].

If either my toothbrush or razor had been mounted[4] on a base, it might well have qualified[5] as a sculpture[6]. Had they been presented[7] as works of art, I would have seen something more than an object, something deeper in the way forms can take on a life of their own and create enduring values.

---

1. 使い捨てカミソリ　2. 優美な曲線
3.「その仕事」とはもちろんひげを剃ること。「剃りたい！」と首を伸ばしているのである。
4. 高いところ（ここでは台座）に載せる　5. 資格を得る　6. 彫刻、像　7. = If they had been presented ...

[IDEA]

"Rightly viewed," Thomas Carlyle[8] wrote in his book *Sartor Resartus*[9], "no meanest object is insignificant[10]; all objects are as windows, through which the philosophic eye[11] looks into Infinitude itself."

　最初は電動歯ブラシ、次は使い捨てカミソリという卑近な例から始めて、両方ともよく考えられた美しいデザインとまとめる。概論は「機能的なものは美しい」かと思うとさらに飛躍して「すべての物を」と言う。カーライルを引用し、infinitude などという恐ろしげな語（「無限」を表す一般的な語は infinity ）まで登場している。

〈先日私は、自分の電動歯ブラシが白色で、手で持つ部分にはブルーのラバーでできた縦じまが入っていることにふと気づいた。オン・オフスイッチも同じブルーのラバーでできている。さらにブラシ自体にも同じ青色の部分があり、ハンドル部分の端のところも色の付いたラバーでぐるりと囲んである。これは以前には思ってもいなかったほどよく考えられたデザインだ。同様に、私が使っている使い捨てカミソリもまた、優美な曲線を描いて、まるで早く自分の仕事をしたいと首を伸ばしているかのようだ。この歯ブラシにせよカミソリにせよ、もしも台座に載せて展示したら造形美術として通用するほどのものではないか。もしもこれらが美術作品として提示されたなら、私はそこに1つの物体以上のものを、形がそれ自体の命を得、永続的な価値をつくり出していくその様に、より深い意味を読み取るだろう。トマス・カーライルは『衣服哲学』でこう書いている。「正しい見方をすればどれほど卑近な物にも無意味なものはない。あらゆる物は窓であり、哲学的な目を持った者はそれを通して無限そのものを見るのである」。〉

QUESTION 27

次の英文中で論じられている事例から一般的にどのようなことが言えるか。60～70字の日本語で記せ。句読点も字数に含める。

　Chess masters can exhibit[12] remarkable memory for the location of chess pieces[13] on a board. After just a single five-second exposure[14] to a board from an actual game, international masters in one study remembered the locations of nearly all twenty-five pieces, whereas beginners could remember the locations of only about four pieces. Moreover, it did not matter whether the masters knew that their mem-

---

8.19世紀イギリスの歴史家・批評家。漱石など明治の文人が愛読した
9. 英語で Tailor re-tailored を表すラテン語
19世紀までは書籍にラテン語のタイトルを付けることがよくあった
10.The meanest object is insignificant.〈最も卑小なものは無意味だ。〉
　➡ No meanest object is insignificant.〈どんなに卑小なものでも無意味なものはない。〉
11. 哲学的な目を持つ人　12. = show　13. 駒の位置
14. 光や放射線や公衆や視線などにさらすこと。ここでは「5秒間見ただけで」

ory for the board would be tested later; they performed just as well when they glanced at a board with no intention to remember it. But when the masters were shown a board consisting of randomly arranged pieces that did not represent a meaningful game situation[15], they could remember no more than the beginners[16].

Experienced actors, too, have extraordinary memory within their field of specialized knowledge; they can remember lengthy scripts[17] with relative ease, and the explanation for this is much the same[18] as in the case of the chess masters. Recent studies have shown that rather than attempting word-by-word memorization, actors analyze scripts for clues to the motivations and goals[19] of their characters, unconsciously relating the words in them to the whole of their knowledge[20], built up over many years of experience; memorization is a natural by-product[21] of this process of searching for meaning. As one actor put it, "I don't really memorize. There's no effort involved[22] ... it just happens[23]. One day early on[24], I know the lines[25]." An actor's attempt to make sense of a script often involves extended technical analyses[26] of the exact words used by a character, which in turn[27] encourages precise recall of what was said, not just the general sense of it.

---

15. 実際の試合の、意味のある一場面
16. 初心者をまったく超えていない／初心者となんら変わりはない
17. 長大な脚本　18. ほぼ同じ
19. 動機や目的の手がかりを探しながら脚本を分析する
20. そこにある言葉を自分の知識全体と無意識に関連づける
21. 副産物　22. 関わる／必要とする　23. 起きる／目の前に現れる
24.（覚えようと意識する）1日前から　25. せりふ
26. 広範な技術的分析／俳優の経験を生かした広い範囲にわたる分析
27. 順番（turn）が変わって／今度はそれが

ANSWER KEY

　　物の配置にせよ言葉の連続にせよ、ランダムなものは記憶し難いが、論理的な文脈があれば、訓練により記憶力は飛躍的に大きくなる。（61字）

　東大入試問題の定番、要旨要約問題である。要約問題は一般に、書かれている内容をまとめるのだが、この問題は特殊で、書かれていないことを答えさせる。例から一般論を推論させる、つまり from specific to general をやらせている。
　第1の例は「チェスの名人はたちまち盤面を覚えてしまう。ただし駒をでたらめに配置したものは駄目」。第2は「経験豊富な俳優は暗記しようとしなくてもせりふを覚える。それは登場人物の分析による」。ここから両者の共通点を拾い出せば「①訓練を積んだ人は、②専門の範囲内で筋道だったものの記憶が並外れている」となる。これをこのまま書けば23字。問題では60〜70字とあるから内容をもう少し加えて、「チェスや芝居のせりふ」を少し一般化して「物の配置や言葉の連続」とし、「筋道だったものの記憶が得意」をもう少し丁寧に「ランダムなものは駄目だが論理的な文脈があれば」などとしたのが解答例。なお「文脈」(context) は文字どおり文章の中でなくても広く「場面」という程度の意味で、日本語でも使う。

〈チェスの名人たちは盤面に置かれた駒に関して驚くべき記憶力を示すことがある。ある調査では、実際の試合の盤面をわずか5秒見ただけで世界レベルの名人が25の駒のほぼすべての位置を記憶したのに対し、初心者は4つほどしか覚えていなかったという。しかも、記憶したかどうかをあとで試すということを知らされているか否かは関係ないのだという。名人たちは記憶しようという意図もなしに盤を一瞥しただけで同じように覚えてしまうのである。しかし実際の試合の一場面でなく、ランダムに駒が置かれたものを見せられた場合、記憶は初心者と変わりない。
　ベテランの俳優もその専門知識の分野では並外れた記憶力を発揮し、長い台本を比較的楽に覚えてしまうが、これもチェスの名人の場合と同じように説明がつくだろう。最近の研究が明らかにしたところでは、俳優は一語一語を記憶しようとするのでなく、台本を熟読して登場人物の動機と目的の手がかりを探し、そこにあるせりふを、俳優自身が長年にわたって築き上げてきた自分の知識の総体と結びつけるのだという。記憶はこうした、意味を求める過程から自然に生じてくる副産物なのである。ある俳優の言うように「記憶するというのとは違う。努力なんかいらなくて . . . ただ、出てくるんです。1日前からもうせりふは分かってるんです」ということになる。俳優が台本の意味を探ろうとするとき、登場人物の使うせりふを、経験を元に広範に分析する。それが、単に漠然とこういう意味のこと、でなく正確なせりふを思い出す助けになるのである。〉

2 CATEGORY / LISTING

　category は classification と同じく「分類、区分」である。genre〈ジャンル〉というフランス語も英語に入っていて同じ意味で使うが、genre は（日本語でもそうだが）音楽や文芸などで使うことが多い。

　category は分類した結果の「区分、範疇」、分類する行為は categorization/classification という。category はアリストテレスの『カテゴリー論』の昔から、ものを整理して考える重要な道具と考えられている。生物の分類法なども厳密なカテゴリー分類法の一典型だ。listing は箇条書きのこと。英文は箇条書きが好きで、読んでいるとよく出合うが、これもカテゴリー分けの一種である。

　厳密な分類でなくても、例えば such as ... と例をあげていく場合も人はカテゴリーを考えているのであって、wind instruments such as flutes, clarinets, oboes, trumpets〈フルート、クラリネット、オーボエ、トランペットといった管楽器〉ならいいけれど、woodwind instruments such as flutes, clarinets, oboes, trumpets〈フルート、クラリネット、オーボエ、トランペットといった木管楽器〉というと、すぐさま「違う！」と反応する。「トランペット入れるな！」と。

　下のようなカテゴリー図が無意識に頭にあるからだ。

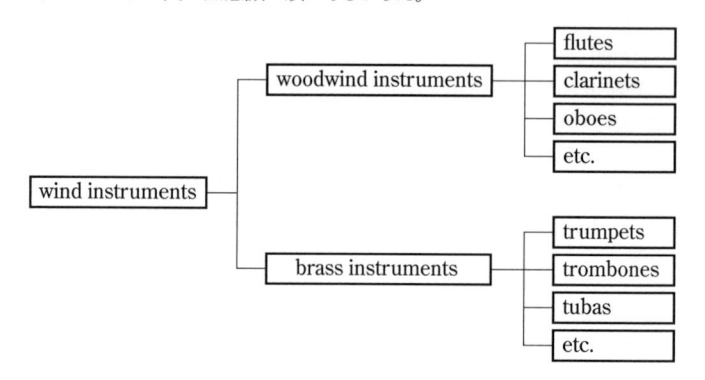

```
                            ┌─ flutes
            ┌─ woodwind instruments ─┼─ clarinets
            │                        ├─ oboes
            │                        └─ etc.
wind instruments ─┤
            │                        ┌─ trumpets
            └─ brass instruments ────┼─ trombones
                                     ├─ tubas
                                     └─ etc.
```

　「好物はやっぱりマグロとサカナとヒラメですね」なんて聞くと思わずむっとするのは、カテゴリー分類における superordinate〈上位〉と subordinate〈下位〉という概念もない粗雑なやつだと感じるからだ。こんなにひどいのはまれにしても、これに類する例は日常にあふれていて、さまざまな説明書、電気製品やコンピューターソフトのマニュ

アルのようなものでもよく見かける。

それはともかく、include という「包含関係」を示す言葉も広義でカテゴリーを示している。Fish includes tuna, sole and ... 〈魚にはマグロや舌ビラメ〜がある〉。一般的に、箇条書きはほぼ常にカテゴリーを示したものと考えてよい。

DRILL 4

It is unfortunate but true that

| the library has been associated in some people's minds with death. |

- (1) The library has been seen
  as ┌─ a place that preserves the works of writers
  │   who died long ago[28],
  └─ a place where motionless volumes[29] rest like gravestones[30]
            on silent shelves.
- (2) In traditional libraries, when people talk at all they speak in hushed voices[31], as if in a cemetery[32] or at a funeral.
- (3) In recent years, people concerned about the environment have even referred to[33] printed books as "dead trees," because of the trees that must be cut down to produce paper for those books. That image would make the library a dead forest.

| 図書館に死の連想 |

- (1) 図書館は ┌─ 昔死んだ筆者たちの本を保存する場所。
              └─ まるで墓石のように本が静かに並んでいる場所。
- (2) 利用者が声をひそめるさまは墓地や葬式のようだ。
- (3) 本を作るのに木が伐採される。図書館は死んだ森。

〈図書館が、ある人々の頭の中で死と結びつけられているのは残念ながら事実である。図書館は遠い昔に死んだ作者の作品を保存するところ、静かな棚の上に本がじっと、まるで墓石のように並んでいる場所と考えられているのだ。従来の図書館では、仮に話をする場合でもささやき声でしゃべるのは、まるで墓地や葬儀のようだ。近年では環境に関心を持つ人たちが紙の本を「死んだ木」と呼ぶことすらある。こうした本に用いる紙の製造のためには木を切らなければならないからだ。そうしたイメージから図書館は死んだ森ということになる。〉

---

28. 人類の知がdead white men〈死んだ、白人の、男性〉を偏重している、と批判する人々もいる　29. 巻、書籍　30. 墓石　31. ささやき声　32. 墓地　33. 〜と呼ぶ

DRILL 5

What symbolic meanings have scholars uncovered in American football? Three main interpretations have emerged.

▶(1)
- (a) One school[34] sees the sport from an economic point of view, though scholars differ on the details. American football was born during the Industrial Age[35], and for some it seems to reflect that era by stressing group cooperation through specialization and the division of labor.
- (b) Others, however, see it as being organized like a modern corporation into departments[36] with different functions.

(a)+(b) Yet despite their differences, these scholars unite[37] in the view that football supports the core values[38] of capitalism, including the belief that cooperation, hard work, and obeying authority lead to success.

▶(2) However, another group of scholars finds something more fundamental[39] beneath the surface of the game.

For them, it recalls traditional rituals[40] related to the basic forces of nature.

- (a) The core ritual, in this view, celebrates the cycle of life. [**ex.**] The football season, for example, begins near harvest time and concludes after the New Year.
- (b) That ancient core, however, is integrated[41] into a largely Christian calendar, with games held each Sunday—the day of worship[42]—and on the religious holidays of Thanksgiving and Christmas.

(a)+(b) The result is a ritual that blends the sacred[43] and the non-sacred, uniting Americans of all religions and no religion, not under a common god, but under a common social identity.

▶(3) Well, the final interpretation of football is as symbolic war.
- (a) The game has always involved military language, and the associations with warfare have grown as football has become more complex and violent.
- (b) Today, like ancient soldiers in suits of armor[44], the big, powerful players rely on the protection of hard helmets and thick, heavy uniforms to play more aggressively.
- (c) The game also expresses the military ideals of discipline, courage, honor, and technical excellence.

So while other sports also seem to be battles or fights, the military nature of American football is particularly strong.

---

34. 学派　35. 産業化時代　36. 部門　37. 一致する／団結する
38. 核となる価値観／中心的価値観　39. 根本的／根源的
40. 儀式　41. 統合する　42. 礼拝　43. 神聖な　44. よろい

これも「アメリカンフットボールのシンボルとしての解釈」を3つのカテゴリーに分けて説明するものだが、それぞれの内容が少し複雑になっている。

解釈（**1**）協力・努力・権威への服従といった資本主義の理念を体現したもの
　　　　（**a**）産業革命以降の専門化・労働分化による、産業集団としての協力
　　　　（**b**）現代企業に見られる異なる職分への分化
　　　　（**a**）＋（**b**）資本主義の基本的価値観

解釈（**2**）アメリカ人のアイデンティティとなるもの
　　　　（**a**）アメリカンフットボールと自然のサイクルの関係
　　　　　　　　　　　　　　［**例**］収穫の時期に始まり新年に終わる。
　　　　（**b**）キリスト教の暦との関係：キリスト教の祝日にゲーム開催
　　　　（**a**）＋（**b**）聖俗相まってアメリカ人のアイデンティティをなす。

解釈（**3**）戦争のシンボル
　　　　（**a**）軍事用語の使用
　　　　（**b**）戦闘具のような装具
　　　　（**c**）規律・勇気・名誉といった軍隊的理想

〈学者たちはアメリカンフットボールにどのような象徴的な意味を見い出してきたか？　主として3通りの解釈がある。

　1つの学派は、学者によって細部に違いがあるものの、このスポーツを経済の観点からとらえるものである。アメリカンフットボールは産業化時代に生まれたものであり、専門分化および分業を通じての集団作業という点で時代を反映している、と考える人たちがいるいっぽう、アメリカンフットボールは現代企業のようにそれぞれ異なる機能を持った部署に分かれたものととらえる人々もいる。このような差異はあるものの、こうした学者たちが一致しているのは、アメリカンフットボールが、例えば協力と努力と権威への服従が成功につながるという考えなど、資本主義の核をなす価値観を支持するものであるという点である。

　しかしまた別の一派の学者たちは、このスポーツの表面下により根本的なものを見る。彼らにとってそれは根底的な自然の力と結びついた伝統的儀式を想起させるものなのである。その見地から言うと、中心的儀式は生の循環を祝うものであって、アメリカンフットボールが収穫期前後に始まり新年を迎えたあとに終わるのもその例だという。だが、古代までさかのぼるならその本質は主としてキリスト教の暦と切り離せないもので、だから試合は礼拝の日である日曜日に、そしてサンクスギビングやクリスマスといった宗教的祝日に行われる。その結果アメリカンフットボールは聖俗混交の儀式、宗教的な意味でも非宗教的な意味でも、アメリカ人を共通の1つの神の下にではなく共通の社会的アイデンティティの下に統合する儀式となったというのである。

　さて、アメリカンフットボールの解釈の最後は、戦争の象徴、というものである。試合では常に軍事用語が使われ、競技がより複雑化し暴力的になるに従って戦争との連想も強くなった。今日、巨体とパワーを誇る選手たちはまるで古代戦士の甲冑のような硬いヘルメットと分厚いユニフォームに身を包み、より攻撃的なプレーを展開する。この競技はまた、訓練、勇気、

栄誉、優れた技量といった軍事的な理想を体現してもいる。というわけで、ほかにも戦闘のように見えるスポーツはあるけれど、アメリカンフットボールの持つ軍事的性質は特に強いのである。〉

QUESTION 28

以下の文は第二段落の **A** 〜 **E** のどの位置に補うのが最も適切か。その記号を答えよ。
• Each category has a specific task.

In India, waste collection, recycling, and disposal are conducted by government agencies, informal groups, and private companies. Until recently, only government agencies were supposed to collect, recycle, and dispose of all solid waste, but they are often inefficient. One result is that in Delhi, for example, almost all recycling has been handled informally by groups without official recognition[45]. But now waste management is being transferred to regular private companies, and the jobs of the informal workers may be in danger.

[**A**] The waste management process involves, first, collection from streets, houses, offices, and factories; second, sorting, during which materials are separated; and finally, recycling itself. [**B**] In Delhi, waste collection has traditionally been carried out by an informal network of *pheriwallahs*[46], *binnewallahs*, *khattewallahs*, and *thiawallahs*. [**C**] *Pheriwallahs* are often seen around the city carrying large plastic sacks. Their job is to search the streets for usable *maal*. *Maal* is anything that is of some value, whether paper, plastic, glass, or metal. *Binnewallahs* pick *maal* only from city bins[47] in specific areas, while *khattewallahs* collect only office waste. *Thiawallahs* buy *maal* from offices or households, and they can usually charge higher prices for their material, as it is of much higher quality. [**D**] After the waste has been collected, it is sorted into more than 40 categories. [**E**] The sorting process in effect makes the waste more valuable and easier to recycle.

45. 公的な認可　46. -wallah はヒンディ語で「係」を示す接尾辞
47. (ゴミ入れなどの) 容器

ANSWER KEY

[C]

第一段落からカテゴリー分類という要素の強い文だ。

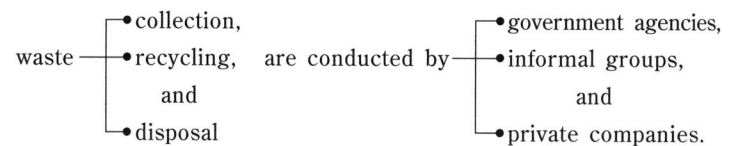

```
         ┌─ collection,                    ┌─ government agencies,
waste ───┼─ recycling,    are conducted by ─┼─ informal groups,
         │  and                             │  and
         └─ disposal                        └─ private companies.
```

第二段落最初の文には箇条書きの要素もあるが、単に時間に沿って述べたもの。

The waste management process involves,

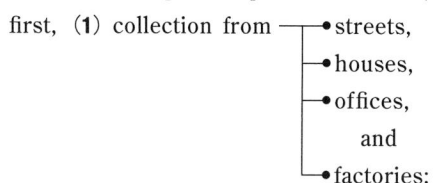

  first, (**1**) collection from ─┬─ streets,
                                     ├─ houses,
                                     ├─ offices,
                                     │ and
                                     └─ factories;

second, (**2**) sorting, (during which materials are separated);
  and

finally, (**3**) recycling itself.

そして次の文以下の構成はこうなっている。

In Delhi, waste collection has traditionally been carried out
  by an informal network of
  (**1**) |pheriwallahs,|
  (**2**) |binnewallahs,|
  (**3**) |khattewallahs,|
       and
  (**4**) |thiawallahs.|
    [C: |Each category| has <u>a specific task</u>.]
      ┌─(**1**) |*Pheriwallahs*| are often seen around the city carrying
      │   large plastic sacks. <u>Their job</u> is to <u>search the streets</u>
      │   <u>for usable *maal*</u>. (*Maal* is anything that is of some
      │   value, whether paper, plastic, glass, or metal.)
      ├─(**2**) |*Binnewallahs*| <u>pick *maal* only from city bins in spe-
      │   cific areas,</u>
      │   while
      ├─(**3**) |*khattewallahs*| <u>collect only office waste.</u>
      └─(**4**) |*Thiawallahs*| <u>buy *maal* from offices or households</u>

⟨インドでは廃棄物の収集、リサイクル、処分は政府の機関と非公認グループと私企業によって行われている。最近まではあらゆる固形廃棄物の収集、リサイクル、処分は政府の機関だけがする建前になっていたけれど役所はとかく非効率である。その結果の1つとして例えばデリーでは、リサイクルのほぼすべてが公式の認可を持たない非公認グループの手で行われるようになった。しかし現在廃棄物管理が次第に正規の私企業に移行されるようになり、非公認労働者の職が脅かされつつある。

廃棄物管理の過程は第一に路上や一般家庭、事業所、工場からの収集、第二に資源別に分ける分別、そして最後がリサイクルそのものとなっている。デリーでは廃棄物収集は伝統的にペリワラ、ピネワラ、カティワラ、ティアワラという非公認のネットワークによってなされてきた。各グループにはそれぞれ分担がある。ペリワラは大きなポリ袋を持って市内を歩く姿がよく見かけられる。彼らの仕事は路上で利用可能なマールを探すことである。マールとは紙であれプラスチック、ガラス、金属であれ、何らかの価値のあるものすべてを指す。ピネワラは市内の特定の地域のゴミ入れからだけマールを集め、カティワラは事業所の廃棄物を専門とする。ティアワラは事業所や一般家庭からマールを買う。マールの質ははるかに高いので、ほかよりも高い値段をつけるのが普通である。収集されたゴミは40以上の種類に分別される。この分別が実質的に廃棄物の価値を高め、リサイクルを容易にするのである。⟩

3 CONTRAST / CONCESSION

2つのものを対比させる。当然違いが明らかにされるから「比較／差異」というものは、この項目に入る。あることを明らかにするための道具として対比の相手を持ってくることもよくある。日本の庭園の話をするのにはベルサイユ宮殿の庭園の話をした方が、仏教の来世観を論じるにはキリスト教の来世観を持ち出した方が分かりやすい。一見対比に見えるが、実は片方に重点が置かれているという点で「譲歩」というテクニックも忘れてはならない。

> It is said that women speak about 20,000 words a day *while* men only speak 7,000.
> ⟨女性は1日2万語しゃべるのに対し、男性は7千語しか発しないと言われる。⟩

などは単純な対比と考えてよいが、

> *While* I do admit men tend to be less talkative, that doesn't mean they think less.
> ⟨たしかに男性の方が話好きでない傾向が強いことは認めるにしても、だからといって男性の方がものを考えていないということにはならない。⟩

などは明らかに後半に重点がある。このように、一度引いておいて押し返すテクニック

を concession〈譲歩〉といい、rhetoric〈修辞：説得の技術〉の重要な一部となっている。concession についてもう少し。

CONCESSION

典型的に使われる語句は while、although/though といった逆接の接続詞だけでなく、Of course, ...〈もちろん、〜〉、Certainly, .../ Surely, .../ (It is) true, ...〈たしかに、〜〉、Admittedly, ... (=It is admitted that ...)〈〜は認める〉などで、次にくる語は but, however, である。実は「いったん引いたふりをする」言い方はかなり多様で、You may be right ...〈あなたが正しいのかもしれない〜〉も多くの場合 but でひっくり返そうとする準備だし、People seem to believe that ...〈人は〜と思い込んでいるようです〉とか It is often said that ...〈〜とよく言われる〉なども次に but がくると予想してまず間違いないのだ。英語・日本語を問わず文を読むのが上手になるというときの大きな要因が anticipation〈予測〉能力の向上である。これは基本的なところでは、It was only after ... と文が始まったら強調構文だと判断して that 節を予想する、There has never been more ... ときたら後ろに than がきてその後ろが「史上最高の〜」となるだろう、というような構文に関することだが、次の段階では上のように Most of you may agree ... と始まったら but を予想するというように、論述のパターンで予測できるようになると良い。

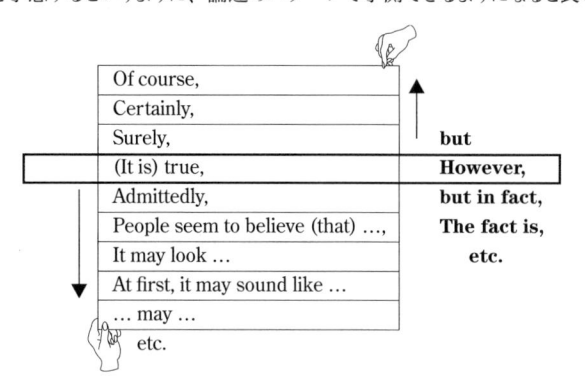

Of course,	
Certainly,	
Surely,	**but**
(It is) true,	**However,**
Admittedly,	**but in fact,**
People seem to believe (that) ...,	**The fact is,**
It may look ...	etc.
At first, it may sound like ...	
... may ...	
etc.	

── **DRILL 6** ──

The mouth *may* lie, *but* the face it makes nonetheless tells the truth.
〈口は嘘をつくかもしれないが、それを語る顔は真実を語る。〉

DRILL 7

Of course, there are serious problems with the romantic[48] picture. Galileo was not as innocent[49] as we might think, and his observations have been shown to be less than strictly scientific. ***But*** Galileo does provide us with a heroic model of science where the heroes, the individual scientists working on their own, make major discoveries.

〈もちろん理想化したイメージには大きな問題もある。ガリレオは我々がともすれば考えてしまうかもしれないほど純朴な人間ではなかったし、その観察が厳密に科学的とは言えなかったことも明らかにされている。だが、ガリレオが科学のヒロイックな典型を提供してくれるのも事実だ。個人として独りで研究に励む科学者が大発見をする、ヒロイックな姿である。〉

CONTRAST

DRILL 8

I remember spending some time on the lakes of Minnesota when I was younger.

It was perfectly obvious there that

(**1**) some people engaged in fishing acted as if their whole life depended on catching fish.

They would motor up and down the lake trolling for long hours, really working at it.

They worked at their leisure.

Then there were

(**2**) other people who did not really much care whether they caught fish.

It was not that[50] they went fishing without any care for catching fish, but they would just as soon catch them and put them back[51].

Notice the difference between these two—there is not any objective

---

48. 夢想的 49. 罪のない／無垢な
50. 〜というわけではない。← It（前の内容を指して）と that 以下はイコール (be＝) ではない。
51. 本来は They would ***as*** soon catch fish ***as*** put them back. ＝ ... catch fish *as soon as* put them back ／ put them back *as soon as* they catch it（魚を釣るのは水に戻すのと早さが同じ＝釣るとすぐに放してしまう）の2つ目の as が and に代わっている。変則的な用法だ。

difference between their ways of fishing. It[52] is a fundamental difference in the way in which people learn to relate to[53] what they are doing. Only the latter (**2**) of these two characterizations I have given you is one[54] that fits the notion of leisure. Such persons may let time pass. Indeed time is not a factor to such people.

(**1**) 釣りに来て、必死で魚を捕まえる人 (**2**) 釣りに来ているが実は魚を捕まえることはどうでもいい人 を対比させて、その違いは釣りのやり方の違いでなく、自分のしていることとどうかかわるかに関する根本的な違いであり、(**2**) の方がレジャーの概念に合致している、という。contrast を述べる文だが、内容的に重点は (**2**) にある。レジャー論なのである。
〈若い頃ミネソタ州の湖にしばらく滞在したときのことだ。そこではっきりと分かったことは、釣り人の中に、まるで命がけで魚釣りをしている人々がいたことだ。そういう人はボートで行ったり来たりしながら長時間勤勉にトローリングをしている。レジャーに来て働いているのである。そしていっぽう、魚が釣れるかどうか、あまり気にもかけない人々がいる。魚を捕ることを考えずに魚釣りに来ている、というわけではなく、魚を釣るとすぐに水の中に戻してしまうのである。この二種の人々の違いを考えてみると、魚の釣り方に客観的な違いはまったくない。それは人が自分の今していることに対する向き合い方の根本的な違いなのだ。私が説明した二種の人々のうち後者のみがレジャーという考え方に合致している。こうした人々は時間が過ぎるままにしているのではないか。実はこういう人々にとって時間は重要要素ではないのである。〉

DRILL 9

[**Middle Ages**] Indeed, in the year 1,000 there was no concept of an antiseptic[55] at all. If a piece of food fell off your plate, the advice of one contemporary[56] document was to pick it up, make the sign of the cross[57] over it, salt it well—and then eat it. The sign of the cross was, so to speak, the antiseptic of the year 1,000. The person who dropped his food on the floor knew that he was taking some sort of risk when he picked it up and put it in his mouth, but he trusted in his faith[58].
[**Today**] Today we have faith in modern medicine, though few of us can claim[59] much personal[60] knowledge of how it actually works. We also know that the ability to combat quite major[61] illnesses can be

---

52. the difference 53. かかわり・つながりを持つ 54. a characterization 55. 消毒薬 56. 同時代の／(文脈次第で)当時の／現代の 57. 十字の印 58. 信仰 59. 所有・正当性を主張する 60. in person (直接本人が)と同様、直接の・身に付いた 61. 非常に大きな

affected by what we call "a positive[62] state of mind"—what the Middle Ages experienced[63] as "faith".

中世：消毒という概念はなかった。信仰と、十字の印がそれに代わるものだった。
今日：(消毒という概念はある。) 現代医学、および「プラス思考」が信仰に当たる。
という対比だが、1,000年前と比べて現代は進歩した、という単純な比較ではない。
昔：十字の印＝今：現代医学？←実は personal knowledge〈身に付いた知識〉を持っている人は少ない。
中世：信仰＝今：ポジティブ・シンキング
つまり、医学は進歩しても現代人はその中身は分からないし「プラス思考」などというのは中世の信仰と同じだ。人間そのものは中世と変わっていないのではないか、というわけだ。

　このように、2つのものを並べてその中の要素を比較し、類似を指摘するような方法を parallel という言葉で表すことがある。
〈実際、紀元1,000年には消毒などという概念そのものが存在しなかった。もしも食物が皿から落ちた場合、拾って、そのうえに十字をきり、よく塩を振り、そして食べるようにと当時の文献は勧めているのである。十字の印というのがいわば紀元1,000年の消毒だったわけだ。食物を床に落とした人はそれを拾って口に入れるさい、ある種の危険を冒しているのだということは分かっていたが、信仰を頼みとしたわけである。今日我々が頼みとする信仰は現代医学である。といっても、それが具体的にどうなっているのか、自分なりに知っていると言える者は少ない。また、我々は、大病と闘う能力がいわゆる「前向きな精神」によって影響されうることも知っている。中世には「信仰」としてとらえていたものである。〉

PARALLEL

　parallel という概念が理解の役に立つ。数学では「平行」、構文では「並列」を表すこの語は、論述においては2つのものを「並べて論ずる」ことをいう。例えば There is a parallel between the two events. と言ったら〈2つの事件には共通点／類似点がある〉ということ。unparalleled in history と言えば〈史上類を見ない〉という意味だ。

　例えば人の一生と一年の季節を並べて、一生における若年期は一年における春、とするのも parallel な思考だが、このように「一生：若年＝一年：春」という形式をとるものを特に analogy と呼ぶことが多い。そして若年期を指して人生の「春」というように analogy は比喩に転じる（▶319ページ）。前ページで見た文でも「中世：信仰＝現代：前向き思考」という analogy にもなっている。だから医学やポジティブ・シン

---

62. プラスの　63. 体験的にとらえる

キングを指して「現代の十字の印」ということも可能ということになる。

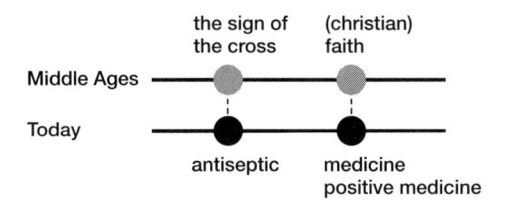

```
                    the sign of      (christian)
                    the cross        faith
Middle Ages ────────●────────────────●────────
Today       ────────●────────────────●────────
                    antiseptic       medicine
                                     positive medicine
```

DRILL 10

[Childhood] When I was six or seven years old, I used to take a small coin of my own, usually a penny[64], and hide it for someone else to find. For some reason I always "hid" the penny along the same stretch of[65] sidewalk. I would place it at the roots of a huge tree, say[66], or in a hole in the sidewalk. Then I would take a piece of chalk, and, starting at either end of the block, draw huge arrows leading up to the penny from both directions. After I learned to write I labeled the arrows: SURPRISE AHEAD or MONEY THIS WAY. I was greatly excited, during all this arrow-drawing, at the thought of the first lucky passer-by who would receive in this way, regardless of merit[67], a free gift from the universe.

[Adulthood] Now, as an adult, I recall these memories because I've been thinking recently about seeing. There are lots of things to see, there are many free surprises: the world is full of pennies thrown here and there by a generous hand[68]. But—and this is the point—what grown-up gets excited over a mere penny? If you follow one arrow, if you crouch motionless at a roadside to watch a moving branch and are rewarded by the sight of a deer shyly looking out, will you count that sight something cheap, and continue on your way? It is dreadful poverty indeed to be too tired or busy to stop and pick up a penny. But if you cultivate[69] a healthy poverty and simplicity of mind, so that finding a penny will have real meaning for you, then, since the world

64. 1セント硬貨　65. 一連の、連続したもの　66. 例えば
67. 功績とは関係なく／いいことをしたかどうかは関係なく
68. 寛大な／気前の良い何者かの手によって　69. 涵養する／育てる

is in fact planted with pennies, you have with your poverty bought a lifetime of discoveries.

　　parallel になっている部分を考えれば、

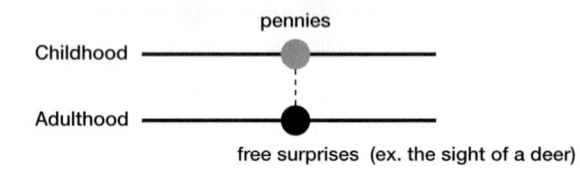

```
                         pennies
        Childhood ──────────●──────────
                            ┊
        Adulthood ──────────●──────────
                      free surprises (ex. the sight of a deer)
```

ということになる。pennies が free surprises の analogy となっている。第二段落に現れる the world is full of *pennies* / what grown-up gets excited over a mere *penny*? / stop and pick up a *penny* / finding a *penny* / the world is in fact planted with *pennies* はすべて比喩としての penny で、その指すところは free surprises だ。もちろん If you follow one arrow も「サインを見逃さなければ」の比喩的な表現で、ここでは具体的に if you crouch motionless at a roadside to watch a moving branch という例で説明される。

　文の後半で盛んに poverty〈貧しさ〉という言葉が使われるが、この背景にはキリストの重要な説法である the Sermon on the Mount〈山上の垂訓〉がある。

　"Blessed are the poor in spirit, for theirs is the kingdom of heaven."
　〈「心の貧しき者は幸いである。天国はその人のものであるから。」〉

〈6歳か7歳の頃私はよく自分の小銭、普通は1セント硬貨だったが、それを持っていって隠して、誰かに探させるということをした。どういうわけだったか私はいつも同じ歩道にそれを「隠し」た。例えば大きな木の根元に、あるいは歩道の穴にそれを隠すと次はチョークを取り出して、歩道の始まる角の両方から大きな矢印で1セントの在りかを知らせる。そして矢印に「この先にいいことが」とか「お金はこちら」とか添え書きをするのである。こうして矢印を書き、最初に通りかかった人がそれに値するかどうか関係なく天からの贈り物を手にするのだと思うと私は大変わくわくする気持ちになった。

　今、大人になってこうしたことを思い出すのは最近、見る、ということについて考えているからだ。見るべきものはたくさんある。無料の驚きはたくさんある。無数の1セント硬貨が寛大な手によってあちこちにばらまかれている。ところが、ここが問題なのだが、大人は1セントぐらいではわくわくしないのである。もしも1つの矢印に沿って進んでいくなら、道端でじっとしゃがんで揺れる梢をじっと見ていると一頭のシカがはにかんだような眼差しで見ている姿に触れることができるとしたら、あなたはその光景を取るに足らないものとしてどんどん先へ進んでいくのだろうか？　疲れているから、忙しいからといって1セント硬貨を拾わないというのはあまりにも心が貧困である。だがもし健康な心の貧しさと心の素直さを身に付けて、1セントを拾うことが本当に意味があるようになるなら、実は世界にはあちこちに1セント硬貨が埋まっているのだから、その心の貧しさで生涯にわたる発見を手に入れたことになるのだ。〉

QUESTION 29

次の英文の内容を、80〜100字の日本語に要約せよ。句読点も字数に含める。

We usually think of the meaning of a poem—or any other literary work—as having been created and fixed by the writer; all we readers have to do is find out what the author intended to say. However, although it is indeed the poet who gives verbal form to his or her idea or vision[70], it is the reader who translates this verbal shape into meaning and personal response. Reading is in reality a creative process affected by the attitudes[71], memories, and past reading experiences of each individual reader. It is this feature of reading which[72] allows for[73] the possibility of any poem having more than one interpretation.

This emphasis on the reader as the source of meaning can, however, be problematic since it is sometimes difficult to draw the line between[74] what we can all agree is a reasonable interpretation[75] and one[76] that appears wild and unjustifiable. Readers often seem eager to produce their own meanings out of their encounters with poems[77], meanings which, however reasonable or satisfying they are to the readers themselves, may not have been intended by the poet and may not be shared by other readers.

So who actually has the authority to determine meaning? Any strict distinction made between the reader and the writer as the source of meaning is not helpful. Of course, it is in some ways useful to think about and to discuss the differences in the contributions[78] of reader and writer, but this does not alter[79] the fundamental fact that reading is a kind of interaction. It would be misleading[80] to think that the meaning or value of a poem was under the exclusive[81] control of one or the other.

70. 自分の考えやイメージに言葉という形を付与する
71. あることに対する心的姿勢／ものの考え方　72. 強調構文
73. 許容する／ゆとりを持たせる
74. 2つのものの間に線を引く = distinguish between ...
75. the thing + we can all agree [it] is a reasonable interpretation = [the thing that = what] we can all agree is a reasonable interpretation
76. = an interpretation
77. 詩との出合いから自分自身の意味を生み出す
78. 寄与／果たす役割　79. change
80. mis + lead = 間違った方向へ導く　81. 排他的／相互排除的

ANSWER KEY

　詩などの文学作品を読者は自分の考えや経験に基づいて解釈するため、作者の意図とかけ離れた自分勝手な解釈も起こり得る。しかし読む行為は相互的なものだから、正しい解釈を一方が決めることはできない。(95字)

　単純な contrast だけの文ではない。contrast を提示して論評を加え、結論まで持っていく。
第一段落
①文学作品の解釈は作者が決める(と、一般に考えられている)。
②しかし解釈は読者に委ねられる。
と対立する立場を述べたあと
第二段落
第一段落の②←好き放題にやっていいわけではない。
第三段落
読む行為は相互作用。①②のどちらか100パーセントというのではない。

Of course, it is in some ways useful to think about and to discuss the differences in the contributions of reader and writer, ***but*** this does not alter the fundamental fact that reading is a kind of interaction.
と、ここでも譲歩のパターンが使われていて、もちろん but のあとが要点となる。
「根本的事実＝読むことは一種の相互作用」

　ごく平凡な「落としどころ」に収まった。「相互作用」というのは、作者→作品→読者／読者→作品→作者　ではなく　作者→作品←読者　ということを言っているのだと思われる。

〈私たちは通常、詩の——あるいはほかのあらゆる文芸作品の——意味は作者によって作られ、決められると考えている。私たち読者のすることは作者が言わんとすることを見つけ出すだけである、と。しかしながら、たしかに考えなりビジョンなりに言葉という形を与えるのは詩人であるけれど、言語という形を意味と個人の反応に翻訳するのは読者である。読むということは現実には、個々の読者の考え方、記憶、過去の読書体験に影響される創造的なプロセスなのだ。読むことにこうした側面があるからこそ、あらゆる詩には2つ以上の解釈が可能になる。

　とはいえ、意味をどこに求めるかというさい、読者の側を強調することにも問題がある。これはまともな解釈だと私たち全員が合意できるようなものと、常軌を逸した突飛なものとの間に線を引くことが、ときとして難しくなるからである。読者はしばしば詩に触れたさいに独自

の意味を引き出すことに熱心になるようだ。読者自身にはどれほど筋の通ったものに見えようと、詩人が意図したものと違う、ほかの読者には共有できないと思われる意味である。

　それでは意味を決定する権限は実際には誰にあるのか？　意味を決定するものとして厳密に読者だ、作者だと決めることはあまり上策ではない。もちろん読者および作者の果たす役割を考え、論じることはある意味では有益だろうけれど、だからといって読むことがある種の相互作用であるという根本的な事実は変わらない。詩の意味、あるいは価値をどちらかが一方的に決めるものであると考えるのは間違いなのだろう。〉

4　CAUSE & EFFECT

　「因果関係」は cause and effect ないし cause and effect relationship という。effect〈結果〉は greenhouse effect〈温室効果〉や Doppler effect〈ドップラー効果〉のように「効果」とも訳されるが、要するにあるアクションを行ったら結果が出た、効果が現れたということ。因果関係における原因は reason〈理由〉で示すことも多く、また結果を示す言葉には result や consequence、outcome などもある。因果関係を示す語句は多く、because や as といった接続詞、because of、due to、owing to、on account of といった名詞（句）を導くフレーズ、また動詞では A causes B. / A results in B. / B results from A. / A leads to B. / B comes out of A.（いずれも A=原因、B=結果）などがある。

　事実を述べてその原因を考えるための調査・実験などが詳しく語られる、というタイプの文章も多い。

--- DRILL 11 ---

[**FACT / EFFECT**]　In all countries, some accents[82] are thought to be pleasant by most users of that language ; others are somehow felt to be unpleasant. Why is this? Are some accents by nature 'beautiful' or 'ugly'? Concerning this question, an interesting experiment was conducted in Great Britain.

82. 訛り

[RESEARCH]

  A tape-recording was made[83] of eight different people with eight different British English accents reading the same short text. Now, this recording was played to[84] different groups of British listeners. The researchers didn't tell them where each speaker came from. They asked the listeners to state how pleasant or unpleasant they found each accent. The listeners were also asked to say where they thought the speakers came from.

  It turned out that nearly all the listeners recognized nearly all the accents. There was also a high level of agreement among these listeners' opinions of the accents. First, the standard BBC[85] accent used for broadcasting was thought to be the most pleasant by nearly all the listeners. Then came what may be called rural[86] accents: that is to say, accents mostly associated with country[87] districts, for example the Welsh accent, the Irish accent and the Yorkshire accent. Urban accents, namely those associated with big British cities, such as Glasgow, Liverpool, and Birmingham, were highly unpopular. The London accent did the worst.

[ANALYSIS ➡ CAUSE] From this, the researchers thought that accents were neither beautiful nor ugly by nature, but were considered so because of their various associations. The BBC was the favorite because it is associated with education, wealth and power. Rural accents did well, the researchers argued, because they reminded the listeners of clean air and holidays. Likewise, urban accents were disliked because it reminded them of factories, pollution and work.

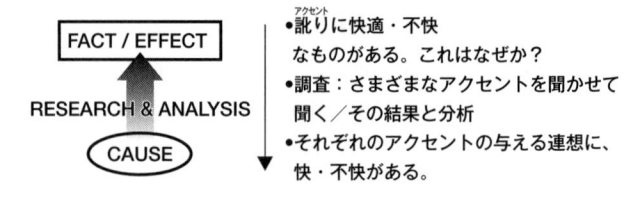

```
         ┌─────────────────┐     •訛り(アクセント)に快適・不快
         │  FACT / EFFECT  │       なものがある。これはなぜか？
         └────────▲────────┘     •調査：さまざまなアクセントを聞かせて
           RESEARCH & ANALYSIS     聞く／その結果と分析
         ┌─────────────────┐     •それぞれのアクセントの与える連想に、
         │     CAUSE       │       快・不快がある。
         └─────────────────┘
```

83.A tape- recording of eight different people ... was made. が本来の文であるが、修飾部が長いので述部の was made を先に持ってきた。
84. 〜に再生して聞かせた 85.British Broadcasting Corporation 英国放送協会 86. 田園の／田舎の 87. 田舎

〈すべての国で、その言語を使う大多数の人から快適だと思われるアクセントと不快だと感じられるアクセントとがある。これはなぜか？ ある種のアクセントは生来的に「美し」かったり「醜」かったりするのだろうか？ この問題に関してイギリスで行われた興味深い実験がある。

イギリスの、それぞれ違う8つのアクセントを持つ8人の人に、同じ短い文を読んでもらってそれを録音する。次にそれをイギリス人のさまざまなグループに聞かせる。実験者は読み手の出身地については何も言わないで、被験者に対してそれぞれのアクセントが快適に聞こえたかあるいは不快に聞こえたかを問い、と同時に読み手の出身地がどこだと思うかも聞いた。

その結果、ほぼすべての被験者が読み手の出身地を正しく答えた。また快・不快の感想もかなり一致していた。まず放送で用いられるBBCアクセントはほぼすべての被験者によって快適とされた。次に来るのがいわゆる田舎訛り、例えばウェールズ、アイルランド、ヨークシャーなど、地方と結びつけられるアクセントである。都会のアクセント、つまりグラスゴーやリバプール、バーミンガムなどの大都市と結びつけられるものは人気がきわめて低く、特にロンドン訛りは最悪だった。

こうしたことから実験者たちが引き出した結論は、アクセントはそれ自体が美しかったり醜かったりするのでなく、さまざまな連想からそのように考えられるのだろうというものだ。BBCが好まれるのはそれが教育、豊かさ、権力と結びつくから。地方のアクセントも悪くないのは聞き手にきれいな空気や休日を連想させるから、と研究者たちは言う。同様に都会のアクセントが嫌われるのは工場や汚染や仕事を連想させるからである。〉

次は、はじめに素人画家とプロの画家の対比が示され、その対比（結果）はどこから来るか（原因）を説明する。

DRILL 12

[**FACT / EFFECT**] It is significant that the scenery which the amateur painter finds most attractive as a subject for painting is the scenery most often avoided by the serious professional artist. Very few of the great landscape artists of the past or present have ever chosen to paint naturally dramatic or beautiful subjects. [**CAUSE / REASON**] A landscape which is naturally beautiful or otherwise attractive to the human eye leaves the artist with little to do except faithfully copy what he sees before him. This is all very well for the amateur because it means he does not need to compose the picture he paints, rearranging the details of the natural scene. The scenery has already composed itself for him. The serious artists, however, does not want this. He prefers scenery the amateur painter would reject as plain or uninteresting. The professional prefers this type of scenery because of the challenge it offers to his skills as a painter; to see beauty where it is not easy to see, to create order where the natural elements are confused, in short, to make art from nature.

[FACT / EFFECT] アマチュアが好む風景＝プロが画題として避ける風景
[CAUSE / REASON] 自然のままで美しい風景はそのまま写せば美しい。
　　　　　　　　→素人にはありがたい。
　　　　　　　　→プロには腕の見せどころがない。

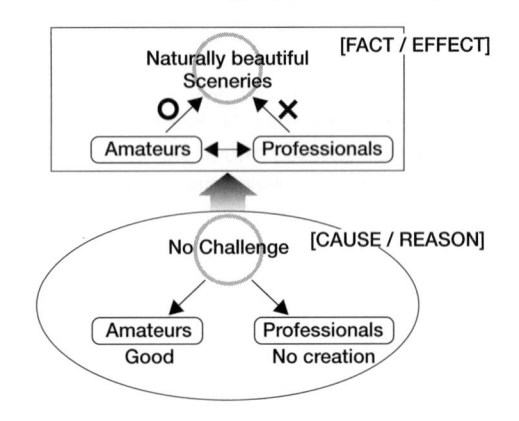

```
              Naturally beautiful      [FACT / EFFECT]
                 Sceneries
                 ○↗   ↖×
            ┌─────────┐   ┌─────────────┐
            │Amateurs │◀─▶│Professionals│
            └─────────┘   └─────────────┘
                      ▲
                      │
                 No Challenge     [CAUSE / REASON]
                  ↙      ↘
            ┌─────────┐   ┌─────────────┐
            │Amateurs │   │Professionals│
            └─────────┘   └─────────────┘
              Good           No creation
```

〈素人画家が画題として大変魅力的に感じる風景がプロの画家が最も避ける風景である、というのは意味のあることである。過去や現在の偉大な風景画家が自然のままでドラマチックな、あるいは美しい風景を画材として選ぶことはきわめて少ない。自然のままで美しいかあるいはほかの意味で人間の目に魅力的に映る風景は画家に、ただ目の前にあるものを忠実にコピーする以外の余地を与えないからである。画家は自然の景色の細部を並べ替えて自分の絵を再構成する必要がないのだからこれは素人にとっては大変結構なことだ。だが本格的な画家はそれを望まない。彼は素人なら地味でつまらないとして遠ざけるような風景を選ぶ。プロがこうしたタイプの風景を選ぶのは画家としての技量を発揮できるから、美を見いだし難いところに美を見、自然の要素が混乱しているところに秩序を創造する、要するに自然から芸術をつくり出すことができるからである。〉

QUESTION 30

次の英文は、日本のニュース番組についての、ある外国人の評論である。これを読んで設問に答えよ。
(1) 下線部(1)の理由を5～15字の日本語で記せ。
(2) 下線部(2)の「重要な役割」とはどのような役割であると述べられているか。日本の文化の特質という観点から40～50字の日本語で記せ。

In Japanese television programs, we see a commentator at one side of the small screen and an assistant at the other. The commentator is usually male and middle-aged. The assistant is usually female, young and often pretty. He comments on various topics, and she assists. However, she assists so little that, to our eyes, she might as well not be there at all. She only nods at the camera when he makes his various statements, and says *So desu ne* when he makes an important point. She never presents an idea of her own. To many Americans watching these two, the situation might seem quite strange indeed. We are certainly used to double commentators, but usually each commentator really comments and both are equals. In this common style of Japanese television, (1)the pretty girl seems absolutely unnecessary. We fail to understand her role. Yet (2)she has a very important one.

A commentator is, by definition, giving his opinion. In the West this is quite enough. In Japan, however, to give an opinion in public is to appear too self-centered, and this is a fault in a society where unity of opinion is an important value. The attractive, nearly silent, young assistant emphasizes this value. Her nods and expressions of agreement indicate that he is not alone in his opinion and that therefore he is not merely self-centered. Rather, he is stating a truth, since at least one person agrees with what he says. At the same time she introduces harmony by indicating that we all agree—after all, it is to us that she is nodding—and the desired unity of opinion has already been reached.

ANSWER KEY

(1) 自分の意見を言わないから。(13字)
(2) 和を尊ぶ日本で、コメンテーターの意見に同調してそれが全体的な意見だという印象を与えるという役割。(48字)

この文章もまず①日本のテレビ番組と②アメリカのテレビ番組の対比から入り、

下線部(**1**)の理由を探る。
[FACT / EFFECT]
①日本：　　男性コメンテーター：コメントする
　　　　　　女性アシスタント：うなずき役
　　　　　　　　　　↕
②アメリカ：　男性コメンテーター：コメントする
　　　　　　女性コメンテーター：コメントする
実は①で女性は不要でなく、重要な役割を担っている。

[CAUSE / REASON]
言挙げをしない／和を重んずる日本の文化
　　　　　　　↓
女性アシスタントのうなずきは和をつくり出す。

〈日本のテレビ番組ではコメンテーターが小さな画面の片側に、アシスタントがその反対側にいる姿を見る。コメンテーターは普通男性で中年、アシスタントは普通女性で若く、美人であることが多い。男性はさまざまな話題についてコメントし、女性はアシストする。しかし女性のアシストする役割は非常に小さいから、我々からすればいないも同然と映る。男性がさまざまな意見を述べている間、彼女はただカメラに向かってうなずき、要点で「そうですね」と言う。自分の考えを述べることは決してない。多くのアメリカ人にはこの2人の場面は実に異様なものなのではないか。たしかに我々だってダブル・コメンテーターには慣れているけれど、それぞれのコメンテーターは実際にコメントするのだし、2人は対等の関係であるのが普通である。この日本で一般的なテレビのスタイルでは、美女はまったく不要と思われる。が、それは彼女の役割を理解していないからで、実は彼女には重要な役割があるのだ。
　コメンテーターはその定義上、コメントを加える人である。西洋ではそれだけで十分だ。だが日本では人前で意見を述べることはあまりにも自己中心的と考えられ、それは意見の一致が重んじられる社会ではマイナスである。ほとんど何も発言しない若くてきれいなアシスタントはこの価値観を強調しているのだ。彼女がうなずいて相手の意見に同調するのは、この男性の意見が1人のものではないこと、だから彼は単に自己中心的ではないのだということを示している。むしろ、少なくとも1人がその意見に同調しているのだから、彼は真実を述べているというわけだ。同時に彼女は私たち全員がその意見に同調していると——考えてみれば彼女のうなずきはこちらに向けられているわけだし——示すことによって、和をもたらし、こうして望むべき意見の一致はすでに達成された、ということになるわけだ。〉

5 TIME SERIES

時間の順、年代順に説明する「時系列」に沿った記述。chronological order という言葉で表すこともある。歴史的記述の多くがそうだし、日常的には料理のレシピや作業の手順を示したマニュアルなどに見られる。

DRILL 13

　The word "dating" first appeared as slang used among the working class during the 1890s. By the middle of the 1920s, though, most young girls and boys in America, whatever social class they came from, were spending a lot of their time, energy and money on dating.

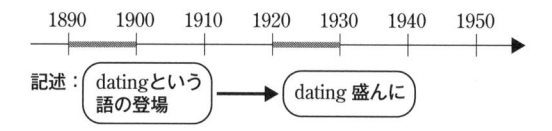

```
     1890  1900  1910  1920  1930  1940  1950
      |─────|─────|─────|─────|─────|─────|────▶

記述： ┌datingという┐ ──▶ ┌dating 盛んに┐
       └語の登場    ┘     └             ┘
```

　This new popularity of dating was made possible by the prosperity that came to America in the 1920s. Not long before, very few young men had been rich enough to pay for meals, drinks, and entertainment. And very few young women could have afforded clothes and make-up. Now there was enough money for all that. Young men and women were now spending money in a way that would have been considered a shameful waste only a few decades before.

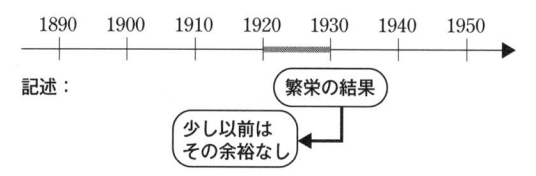

```
     1890  1900  1910  1920  1930  1940  1950
      |─────|─────|─────|════|═════|─────|────▶

記述：              ┌繁栄の結果┐
                    └         ┘
       ┌少し以前は  ┐ ◀─
       └その余裕なし┘
```

　The aim in dating in those days was a bit different from what it is today. Today, most girls and boys tend to date only one person. But in the 1920s, and up to the middle of the 1940s, they would try to go out with as many people as possible. In most cases, love wasn't really the point. The idea was to widen your social experience through dating many different people; only later would you finally choose the person you wished to marry.

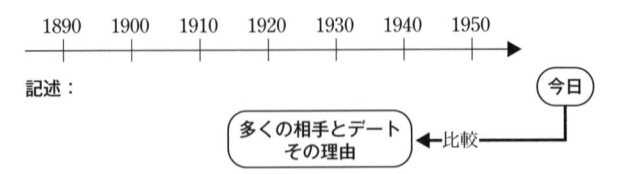

```
          1890   1900   1910   1920   1930   1940   1950
         ──┼──────┼──────┼──────┼──────┼──────┼──────┼──→
  記述：                                              ┌──────┐
                                                     │ 今日 │
                              ┌──────────────┐       └──────┘
                              │多くの相手とデート│←─比較──┘
                              │   その理由   │
                              └──────────────┘
```

Attitudes to dating, especially women's attitudes, changed after the middle of the 1940s. During the Second World War, sixteen million young American soldiers were sent overseas, and not everyone came back. A quarter of a million were killed, and among those who survived, 100,000 married English, French or other foreign women. So, suddenly there were no longer enough men to go around. As a result, the nature of dating changed. Instead of being a way of widening your experience, for most young women its main purpose now was to catch a husband as quickly as possible.

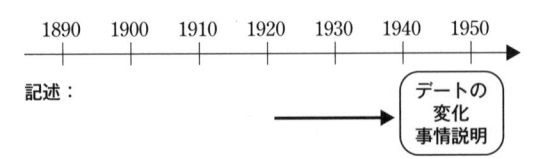

```
          1890   1900   1910   1920   1930   1940   1950
         ──┼──────┼──────┼──────┼──────┼──────┼──────┼──→
  記述：                                         ┌──────┐
                                                │デートの│
                                    ──────────→ │ 変化  │
                                                │事情説明│
                                                └──────┘
```

〈そもそも「デート」という言葉は1890年代の労働者階級のスラングとして生じた。しかし1920年代中ごろにはアメリカの若者のほとんどが社会階層を問わず、多くの時間とエネルギーと金とをデートに費やすようになった。

　こうしてデートが盛んになったのは、1920年代のアメリカの繁栄のためである。少し前まで若者のうち食事や飲み物や娯楽に金を使える者はごく少なかった。衣類や化粧に金を使える娘たちもごく少なかったはずだ。それが今、すべてできるようになった。今や若い男女は、わずか数十年前ならば恥ずべき浪費と思われたやり方で金を使うことになったのである。

　当時のデートの目的は今日とは少々違っている。今日では男の子も女の子も1人の相手とだけデートする傾向が強いが、1920年代および1940年代の半ばまではできるだけ多くの相手と付き合おうとした。ほとんどの場合、愛情は問題ではなかった。大切なのは多くの違った相手と付き合って人間関係の経験を広げることで、結婚の相手を決めるのはあとでいい、ということである。

　デートに対する考え方、特に女性の考え方が変わったのが1940年代半ばよりあとである。第二次世界大戦で1600万人の若いアメリカ人兵士が海外に送られ、中には帰ってこない者もいた。

〈25万人が戦死し、生き残った者のうち10万人がイギリスやフランスなど外国人女性と結婚した。というわけで突然相手の男性の数が不足したのである。その結果、デートの性質が変化した。経験の幅を広げるということでなく、大部分の若い女性にとってデートの主要目的はできるだけ早く夫を捕まえる、ということになったのだ。〉

DRILL 14

Infants start to become aware of themselves as separate entities[88], apart from the world, and also to perceive the separation between different objects. Along with this, they begin to be aware of separation between different events. They develop a sense of sequential[89] time, a sense of the past and future, encouraged by the development of language, with its past, present, and future tenses. According to the psychologist Jean Piaget, this process follows four stages. First, they recognise that people arrive and events begin; second, they recognise that people leave and events end; third, they recognise that people or objects cover distances when they move; fourth, they become able to measure the distance between different moving objects or people and at this point they have developed a sense of sequential time.

時間の流れを整理するとこうなる。
(**1**) Infants start (**a**) to become aware of themselves as separate entities, apart from the world,

and also

　　　　　　(**b**) to perceive the separation between different objects.
＊(**a**) と (**b**) は同時。
Along with this, ＊(**1**) と (**2**) は同時。
(**2**) (**a**) they begin to be aware of separation between different events.
　　(**b**) They develop (**b-1**) a sense of sequential time,
　　　　　　　　　　　(**b-2**) a sense of the past and future,
　　　　　　　　　(encouraged by the development of language,
　　　　　　　　　　with its past, present, and future tenses.)
　　＊(**b**) は (**a**) の付け足し。(**b-2**) は (**b-1**) の言い換え。
According to the psychologist Jean Piaget, this process follows four

---

88. ＝ being/existence〈存在〉　89. ← sequence〈連続した〉

stages.
- First, they recognise that people arrive and events begin;
- second, they recognise that people leave and events end;
- third, they recognise that people or objects cover distances
  when they move;
- fourth, they become able to measure the distance
  between different moving objects or people

   and

- at this point they have developed a sense of sequential time.

*4段階は時系列。最後の at this point はもちろん the fourth stage。

〈幼児は自分が世界とは別の、個別の存在であることを意識し、同時に物同士が別であることを感じ始める。それとともに彼らはそれぞれの出来事の区別を意識し始める。彼らは過去と未来、という時間の連続性も分かり始めるが、これは過去・現在・未来形を持った言語の助けによるのである。心理学者ジャン・ピアジェはこのプロセスには4段階あると言う。第一、人が現れると出来事が始まることを知る。第二、人が去って出来事が終わることを知る。第三、人や物の移動は距離を伴うことを知る。第四、移動する物や人のそれぞれの距離が測れるようになる。そしてこの時点で時間の経過の感覚は完成する。〉

QUESTION 31

次の文の空所(**1**)〜(**3**)に入れるのに適切なものを次の**ア**〜**オ**からそれぞれ1つ選べ。

　There is a clear history of change in social ways of thinking about and living with snow in America. Snow has been a constant in American history, but its cultural meanings have not. According to one historian, we can divide this evolving history of snow in America into six periods. In the first period, Americans simply survived their snow. Then, in the next period, they gradually began to identify with snow, to think of it as a part of their national identity, a symbol of something clean and pure.

　　(**1**)＿＿＿＿＿＿＿＿ Snow became celebrated for its multiple meanings and its many faces. It started to represent the contradictions, differences, and variety in American life. There was a new interest in the endlessly changing appearance of American snow. It became both peaceful and dangerous, creative and destructive, passive and active, cold but full of life, and blank but beautiful.

(2)＿＿＿＿＿＿＿＿ It could be measured and predicted. And this trend towards thinking of snow as something that could be understood, if not exactly controlled, encouraged people to organize the study of snow. In this next period, American snow became something to be investigated, described, and named. In this period, the National Weather Bureau grew in importance, and scientific interest in the North and South Poles increased the public consciousness of snow.

In the fifth period, winter sports started to become a major commercial activity, especially skiing. But then just when snow was for the first time beginning to look like fun, people also started to have to pay attention to it as a serious social problem.

(3)＿＿＿＿＿＿＿＿.

Finally, for many Americans today, snow might be most immediately associated with the safety of a lost past. This past might be the remembered winters of childhood, or it might be an imagined past America, a place and time in which life seemed somehow to have been cleaner and simpler. This way of seeing snow is almost certainly connected to growing social concern about pollution, the environment, and global climate changes, and it may also be interestingly connected to changes in the American sense of national identity and its position as a global power.

ア But of course snow was always more than an idea or a symbol; it was also weather.

イ Specialists studying weather and climate are interested in snowfalls as physical phenomena.

ウ Next, as creative writers and creative scientists started to look at snow in new ways, a more complicated version of snow in America began to appear.

エ With the start of the transportation revolution, snow became a major headache for the people responsible for the cities, the roads, and the railways.

オ In the third period, as people started to have more leisure time, they learned how to experience snow as entertainment: it became enjoyable as well as troublesome.

ANSWER KEY

(1) ウ　(2) ア　(3) エ

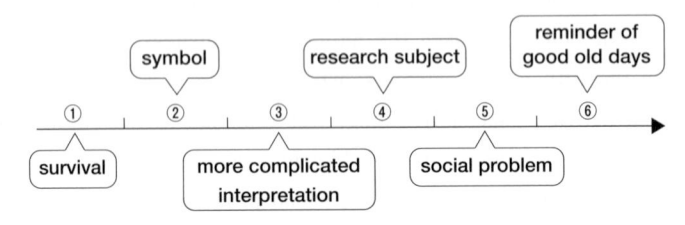

```
                symbol          research subject      reminder of
                                                      good old days
        ①        ②        ③        ④        ⑤        ⑥
     ─────────────────────────────────────────────────────────►
      survival         more complicated   social problem
                       interpretation
```

① Mayflower 号による入植 (1620年) 以後しばらくを指すのだろう。この雪を生き延びられるか、あるいはこの雪に埋もれて死ぬか、という時代。

② 雪は clean かつ pure なもののシンボル。何しろ自分たちは Puritan なのだから。雪は national identity〈国民意識〉の symbol〈象徴／記号〉となる。国民のシンボルととらえた時期。

③ 相反する概念をも併せ持った、より複雑な解釈がなされるようになる。

peaceful ⟷ dangerous, creative ⟷ destructive, passive ⟷ active, cold ⟷ full of life, blank ⟷ beautiful

と反対の (contradictory) 概念が並列されているところにも注目。

　第2段落冒頭の (1) に入りそうなものとして In the third period, ... から始まる選択肢**オ**があるが、内容を読んでみると「この第3期、余暇が生じるに従って国民は雪を娯楽として楽しむことを知り始めた。雪は厄介なものであると同時に楽しむものとなったのだ。」とあり、そのあとの内容とまったくつながらない。第3期は第2期と内容的には似ており、どちらも雪に意味を持たせている。違いは第3期の方が複雑な解釈をしていることだが、なぜそうなったかというのを (1) **ウ**で「創造的作家、創造的科学者によってより複雑な解釈が～」と説明している。国として成熟し、余裕が出てきたわけだ。

④ がらりと様相が変わって、科学研究の話になる。極地探検が盛んになった20世紀初頭のことだろう。

　だから出だしは (2) **ア**「しかしもちろん雪は観念やシンボルというだけのものではなかった」となる。**イ**「気候・天候を研究する専門家は雪を物理的な現象として

関心を抱く」は（**2**）のためのダミーだろうが、内容的にはそのとおりにしてもあまりにもあたりまえのことを述べている文だし、前の第2、第3期を受けた**ア**と比べれば不適切というしかない。

⑤　2つの要素（ウィンタースポーツの流行と社会問題としての雪）が入っている。後半の「社会問題」を具体的に説明したのが**エ**の「交通革命に伴って、都市、道路、鉄道管理者の頭痛の種となった」という記述だ。

　アメリカの19世紀末とは大陸横断鉄道の時代。続くヘンリー・フォードの自動車量産をきっかけに、1910年代には本格的なモータリゼーションが始まる。ここでいう transportation revolution〈輸送／交通革命〉はこの双方を指すのだろう。

⑥　50年代の黄金時代のあと、大変革の60年代、ベトナム戦争を経てアメリカが疲れ始めるのが70年代。疲れると古き良き過去の思い出に浸りたがるのは、個人も国家も同じ。

> I'm dreaming of a white Christmas, just like the ones I used to know.[90]
>
> 〈夢に見るホワイト・クリスマス、子供の頃のような。〉

とか「降る雪や明治は遠くなりにけり[91]」ってなっちゃう。

〈アメリカ人が雪を社会的にどうとらえ、雪とどう暮らしてきたかに関しては、はっきりとした変化の歴史がある。アメリカ史において雪は不変の要素であったが、その文化的意味合いは不変ではない。ある歴史家によればアメリカにおける雪の変化の歴史は6つの時期に分けられるという。第1期はアメリカ人がただひたすら雪を生き延びていた時代。次の第2期では次第に、自分たちを雪と同一視し、雪を国民意識の一部として、きれいで純粋なもののシンボルと考えるようになった時期である。

　次に、創造的な作家や科学者たちが雪を新しい見方で見始めると、より複雑な雪の見方が現れ始める。雪は複合的な意味とさまざまな顔を持ったものとしてたたえられるようになり、アメリカ的生き方の持つ矛盾や差異、多様性を示すものとなり始めた。アメリカの雪の常に変わりゆく様相に新しく関心が芽生えたのである。それは平和であると同時に危険なもの、創造的であると同時に破壊的であり、受動的かつ能動的、冷たいけれど生命に満ちた、空白だが美しいもの、というわけである。

　しかしもちろん雪は常に、単なる観念やシンボル以上のもので、それは天候でもある。それは計測し予測できるものだ。そして雪を制御するとまで言わなくても理解できるものと考えようというこの動きの中、人々は雪を体系的に研究しようとし始める。この、次の段階において、アメリカの雪は調査され、描写され、名付けられるものとなった。この時期国立気象局は重要さを増し、北極・南極に対する科学的関心が高まったことから国民の雪に対する意識も向上した。

---

90. Irving Berlin, "White Christmas"　91. 中村草田男の一句

次の第5期にはウィンタースポーツ、特にスキーが大きな商業活動となり始める。しかしちょうど初めて雪が楽しいものと映り始めると同時に、人々はそれを深刻な社会問題として意識し始める。輸送革命の始まりとともに雪は都市や道路、鉄道の管理者にとって大きな頭痛の種となったのだ。

　最後に、今日のアメリカ人の多くにとって、雪はまず失われた過去の平穏を思わせるものとなっているのではないか。この過去は子供の頃の冬の記憶かもしれないし、心の中の過去のアメリカ、生きることがなぜかよりきれいで純朴であった時と場所の記憶かもしれない。このような雪の見方はまず間違いなく、汚染や環境、世界的な気候変動に対する社会的関心の高まりと結びついているのだろうし、また、アメリカの国民意識や世界的大国としての地位とも興味深く結びついているのではないか。〉

第3章 論述の構造と長文問題

1 論述の基本的な型

2 長文の枠組み

文章には起承転結が大事だ、などと言う。多くの場合、単に文の構成に気を付けて書きなさい、という程度の意味なのだろうが、本来それは漢詩の型であり、文芸のテクニックであり、また4コマ漫画の定番でもある。

1

起：この盃を受けてくれ
承：どうぞなみなみ注がしておくれ
転：花に嵐のたとえもあるぞ
結：さよならだけが人生だ[92]

2

起：京の三条の糸屋の娘
承：姉は十六妹は十四
転：諸国大名は弓矢で殺す
結：糸屋の娘は目で殺す[93]

---

92. 于武陵、井伏鱒二訳
93. 頼山陽が弟子に起承転結を教えるために作った都々逸(どどいつ)

3

(**1**) Well, I'll [little] star when do you commence to twinkle, heh?
　〈ねえ、お星くん、いつきらきらし始めるのかな?〉
(**2**) Well, commence.〈ねえ、始めてよ。〉
(**3**) It don't [doesn't] sim [seem] to wunna [want to], does it?
　〈始めたくないみたいね?〉

文芸でなく、一般の文でこの型が現れることもないではない。

4

起：Most boys have a natural inclination to admire their fathers, and a cultural gap between father and son is painful for both.
承：The middle-class father who at nights studies the encyclopedia in order to be able to answer his son's questions makes us smile a little,
転：but we ought to admire him.

94.George Herriman, *Krazy Kat* (1918-11-2) は
1913〜44年にアメリカのハースト系新聞に連載された漫画。
当時としては非常に前衛的な画風だった。

結：For such fathers this may be an introduction to lifelong education. In an environment which values knowledge for its own sake he will not put down the encyclopedia with a sigh of relief when the son has grown up, but will want more of it.

〈ほとんどの男の子は生まれつき父親を尊敬する傾向があるから、そこに文化的ギャップがあればそれは父子双方にとってつらいものとなる。息子の質問に答えようと、百科事典を繰っている中産階級の父親の姿はほほえましいものであるけれど、それは敬意を払うべきものである。そうした父親にとってこれは生涯学習への入り口かもしれない。知識のための知識に価値を置く社会環境では、彼は、息子が成長したときにほっとため息をついて百科事典を置くのではなく、より多くの知識を求めるのである。〉

けれども、結果としてはそうなっているにせよ、この文が起承転結を意識した上で書かれたものでないことは形式を見ても（承と転が1つの文に入っている）明らかだ。

英語長文の基本構造

英語の文（実は和文も同じだが）の基本構造は Introduction、Development、Turn、Conclusion〈起承転結〉でなく Introduction、Discussion (Body) および Conclusion という単純なものだ。

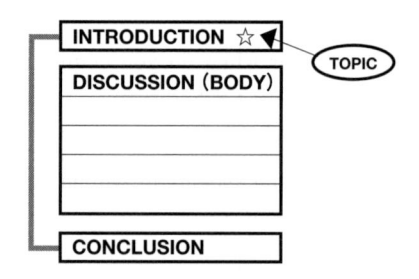

Introduction〈導入〉で topic〈主題〉を明らかにし、**Discussion**（「議論」という意味でなく「論じる部分」）で主題を論じる。文の「本体」という意味で **Body** と呼ぶ人も多い。この部分に先に述べた ●Idea & Example ●Category / Listing ●Contrast / Concession ●Cause & Effect ●Time Series といった型が見える。**Conclusion**〈まとめ〉は intro に対比して outro という人がいる。「出口」である。outro では intro の語句が繰り返されることも多い。intro-outro でサンドイッチして、文が完結した感じを読者に与える。

これは大学初年度の英作文の授業で（アメリカでも日本でも）多くの英語教師が教えるフォーマットで、まず学生にこの型に当てはめて文を書くことを教える。例えばこんな具合になる。

DRILL 15

[INTRODUCTION]
(**1**) Tokyo is not necessarily representative of Japanese culture. (**2**) While Tokyo is Japan's political and economic center, it is not representative of Japanese culture.

[DISCUSSION]
(**3**) Traditionally the capital of Japan was Kyoto, which was the seat of the Emperor until the late 19th century, and culture was centered around it. (**4**) Most of the Japanese classical literature was born out of the aristocratic life in Kyoto. (**5**) In fact, during the medieval ages, there was hardly anything cultural beyond the Kyoto and Osaka areas. (**6**) By the end of 17th century, not only domestic trade but even international trade with Western nations as well flourished in Osaka, making it the commercial center of Japan. (**7**) As economy expanded, artistic and literary activities became vigorous. (**8**) The celebrated tea ceremony was also born of the culture of this period.

[CONCLUSION]
(**9**) So, Tokyo certainly represents the modern Japanese culture, but we find the majority of Japanese cultural heritage in Kyoto and Osaka.

Introduction: (**1**), (**2**) 日本文化を代表するのは東京ではない。
Discussion: (**3**)―(**5**) 文化の中心は京の都だった。
(**6**)―(**8**) 経済の発展に伴い大坂でも芸術が栄えた。
Conclusion: (**9**) 現代文化は東京だが、京阪の文化遺産は大きい。

〈東京が必ずしも日本文化の代表とはいえません。東京は政治・経済の中心ではあっても日本文化を代表するものではないのです。伝統的に日本の首都は京都で、そこには19世紀後半まで天皇の御所があり、文化の中心になっていました。日本の古典文学の大半は京都の貴族の生活から生まれたのです。実際、中世には京阪地域以外に文化といえるようなものはほとんどありませんでした。17世紀の終わりにはすでに大坂では国内ばかりでなく西洋諸国との交易が盛んで、大坂は日本の商業の中心地となっていました。経済成長に伴って美術・文芸活動も盛んになりました。有名な茶道もこの時期の文化から生まれたものです。というわけで、東京はたしかに現代日本文化を代表する都市でありますが、日本の文化遺産の大多数は京都と大阪に見いだすことができるのです。〉

　このように形を整えれば（退屈かもしれないけれど）まとまりの良い文になるわけだ。少なくとも、起承転結のように趣向を考えて苦しむという必要はない。

東大で出題される英文はもっと長く、また多かれ少なかれプロの手によるものであるからこんなに単純なものではなく、読者を惹きつけたり楽しませたりする技巧が見られる。そして、繰り返すが、Discussion (Body) 部分に Idea & Example、Category / Listing、Contrast / Concession、Cause & Effect、Time Series が、多くの場合組み合わされて、登場する。

東大の長文レベル

東大で出題される長文のレベルは易しいものから難しいものまで案外多様だ。いくつか見てみよう。まず練習として、始めに構成の概略を頭に入れてから読んでもらう。

DRILL 16

Introduction: (1), (2) 独りで真理のために闘う科学者像。その典型として、教会の怒りを買ったガリレオ。

Discussion: (3), (4) 現代科学は大きな組織でなされる。→個人の科学者に出番はないと思われている。

(5) それは間違い。個人の研究が国家や体制によるものをただすこともある。

(6), (7) 例1:狂牛病

(8) 例2:HIV

Conclusion: (9), (10) 個人も闘える。相手は教会でなくアカデミズムや国家。

[INTRODUCTION]

(1) A lonely seeker of truth fighting against overwhelming odds[95]. This is the conventional image of "the scientist". Just think of Galileo. He had to single-handedly discover the laws of falling bodies in a physical world all too reluctant to give up its secrets, improve the telescope and face the wrath of the Church, but his devotion to scientific truth changed history.

(2) Of course, there are serious problems with this romantic picture. Galileo was not as innocent as we might think, and his observations have been shown to be less than strictly scientific. But Galileo does provide us with a heroic model of science where the heroes, the in-

---

95.against odds 賭け率に逆らって ➡ 不利な状況で

dividual scientists working on their own, make major discoveries.
[DISCUSSION]
(**3**) Nowadays, however, major discoveries are seldom made by individual scientists. Much of contemporary science is corporate science, involving huge laboratories where large groups of scientists work on individual problems.

(**4**) Not surprisingly, then, most philosophers and sociologists of science have given up the heroic model. The individual seeker of scientific truth, working alone, may occasionally discover a comet or two, but on the whole, the argument goes, he or she has little to contribute to science as such.

(**5**) I think the heroic model is being abandoned a bit too hastily. Just as individuals can change deeply-rooted national policies by taking on[96] government or big business, so individual scientists can confront established scientific prejudices and change the course of science.

(**6**) Mark Purdey provides us with an example of how this can be done. Purdey is an organic farmer who was suspicious of the official version of the origins of BSE (so-called "mad cow disease"). He noticed that his cows never touched the "cattle cake" that contained the ground-up brains of sheep and cows, yet they became sick with BSE. Purdey's detailed records were available for inspection, but who would listen to a mere farmer?

(**7**) Worse: Purdey had his own theory, unacceptable to establishment science, which blamed legally required insecticides[97]. Ten years of lonely research eventually linked BSE with an excess of the metal manganese[98], a connection recently confirmed by a research team in Cambridge.

(**8**) We do not have to look very far to find another example of the heroic model in action. The most recent is Aids researcher Edward Hooper, who denies that HIV[99] was caused by a chimpanzee virus. Instead he shows that most cases of Aids in Africa came

---

96. 引き受ける／相手になる　97. ＝ pesticide〈殺虫剤〉　98. 金属マンガン
99. human immunodeficiency virus ヒト免疫不全ウィルス

from the same places where an experimental oral polio vaccine[100] called Chat was used.

[CONCLUSION]

(**9**) So, the lonely scientist fighting against all odds can triumph. Purdey and Hooper can be seen as contemporary equivalents of Galileo. But who is the Church in this case? Not a religious establishment, but a scientific one. As far as the individual scientist working on his or her own is concerned, the Church has been replaced by rigidly dogmatic[101] institutions[102] of science—large laboratories, academic research institutions and government ministries[103].

(**10**) Perhaps the real moral is that institutions of all kinds tend to suppress uncomfortable truths. And a lonely scientist armed with truth can still be a powerful force.

(**1**) 逆境をものともせず、ただ独り真理を求めて闘う。これが従来の「科学者」のイメージである。ガリレオがまさにそれだ。なかなかその秘密を明かそうとしない物理の世界の、物体落下の法則を誰の助けも借りずに発見し、望遠鏡を改良し、教会の怒りを買い、しかしその献身的な科学的探究心は歴史を変えた。

(**2**) もちろんこの理想像には見逃せないほどの問題もある。ガリレオは我々が考えがちなほど無垢な人間でもなかったし、彼の観察に厳密には科学的と言い難いものもあったことは明らかにされている。しかしガリレオが科学のヒロイックなモデルを提示したことも事実だ。誰の助けも借りずたった独りで大発見をする科学者という。

(**3**) しかし今日、個人の科学者によって大発見がなされることはまれである。現代科学の主流は共同科学で、巨大な研究所で科学者の集団が個別の課題を扱っている。

(**4**) だから大半の科学哲学者や科学社会学者がヒロイックな型を諦めてしまうのも無理はない。独り科学的真理を追究する者はたまに彗星の1つや2つ発見することはあっても、科学そのものに貢献することはほとんどない、というわけである。

(**5**) 私は、ヒロイックなモデルを捨て去るのは早過ぎると思う。個人が政府や大企業を相手にして深く根ざした国家の政策を変えさせうるのと同様、個人の科学者も既存の科学的偏見に対抗して科学の方向を変えることが可能なのだ。

(**6**) そうしたことが可能である例の1つを提供してくれるのがマーク・パーディである。有機農法を行うパーディはBSE（いわゆる狂牛病）の原因に関する公式見解に疑問を

---

100. 経口ポリオワクチン　101. 教義 (dogma) に凝り固まった／独善的な　102. 研究機関　103. 省庁

抱いていた。自分の飼育する牛は羊や牛の脳をすりつぶしたものを含む固形飼料などまったく与えていないのに BSE にかかった。パーディは詳細なレポートを提出するが、一介の農家の言うことなど誰も耳を傾けなかった。

(**7**) さらに悪いことにパーディの理論は、法的に使用が決められている殺虫剤が原因であるというものであり、これが既存の学会には受け入れ難いものだった。10 年間に及ぶ孤独な研究の結果、彼は BSE と金属マンガンとの関連を明らかにし、それは最近ケンブリッジ大学の研究チームによって確認されている。

(**8**) ヒロイックモデルが実際に機能しているという別の例を探すのは難しいことではない。最も最近の例では HIV がチンパンジーのウィルスによって引き起こされることを否定したエドワード・フーパーがいる。アフリカのエイズのほとんどはチャットと呼ばれる実験的な経口ポリオワクチンが使用されたのと同じ地域で発生していることを彼は示した。

(**9**) このように、逆境にめげず独り闘う科学者が勝利することもあるのだ。パーディやフーパーは現代のガリレオに相当する人々だろう。しかしこの場合、教会に当たるのは何か？ 教会権力ではなく、科学権力である。独りで研究する個人の科学者に対しては大研究所や大学の研究所、所轄官庁といった教義に凝り固まった体制が教会の代わりとなっているのだ。

(**10**) おそらく本当の教訓は、あらゆる種類の公的機関は不都合な真実をもみ消そうとしがちなものだ、ということになろう。そして真実を武器とする孤独な科学者は今なお強い力になりうるのである。

DRILL 17

次の例の構成は以下のとおり。

Introduction: (**1**), (**2**) 多民族が混在し、言葉の通じない者同士争いが絶えない町に生まれたザメンホフは、共通語の必要を痛感する。

Discussion: (**3**), (**4**) 既存の言語は共通語として使えない：中立性がなく、文法が難しいことから。古典語も難しくて駄目。

(**5**) ザメンホフは眼科医の仕事をしながらエスペラントをつくり上げる。例外のない単純な文法。

(**6**) 語彙も簡単で新語の生成も可。

(**7**), (**8**) ヨーロッパ系言語と共通点が多いことのメリットとデメリット。デメリットを埋め合わせる易しさ。

Conclusion: エスペラントの世界的人気。

ここでは conclusion に独立した一段落を与えておらず、最終段落の末尾でまとめている。ついでながら話しておくと、One paragraph, one idea.〈一段落一内容〉が段落の原則なのだが、ライターの意識には「見た目を美しく」ということもあって、内容的には独立した部分を前の部分と一緒にして1つの段落を作るなど、各段落の長さをなるべくそろえようとすることも多い。例えば (**1**)「〜という問題は難問であり、たやすく解決できることではない」(**2**)「提示されている解決法は3つある」(**3**)「最初は〜」という文があるとして、(**1**) は10行、(**2**) は1行、(**3**) は10行とした場合、(**2**) を1つの段落とすることはほぼありえない。(**1**) の最後部に付けるか (**3**) の頭に付けてしまう。

そのさい論理的には (**1**) の終わり、(**3**) の初め、のどちらでもいいようだが、圧倒的多数のライターは (**1**) の終わりに付ける。このへんは好みの問題でもあり慣習の問題でもある。

[INTRODUCTION]

(**1**) Bialystok in the 1860s was a city torn apart by intolerance[104] and fear. Located in the north-east of what is now Poland, and at the time under Russian rule, the city was home to four main communities: the Poles, the Russians, the Germans, and the Jews. These communities lived separately, had no shared language, and mistrusted each other deeply. Violence was an everyday event.

(**2**) It was here, where lack of understanding created racial hatred, and racial hatred regularly exploded on the streets, that Ludovic Zamenhof was born in 1859. His mother was a language teacher and his father was also a student[105] of languages. By the time he was fifteen, young Ludovic had seen enough violence in his hometown to convince him of the need for a common language that would enable different communities to understand each other.

[DISCUSSION]

(**3**) Zamenhof had been brought up by his parents to speak Polish, German, Russian, Yiddish, and Hebrew, and he also had a good knowledge of English and French, so he knew that no existing language would work. For one thing, the fact that all of these languages were associated with a particular country, race, or culture meant that they

---

104. 不寛容　105. 研究者

lacked the neutrality any international language would need in order to be accepted.

(**4**) These existing languages also had complicated grammatical rules, each rule with its own exceptions, and this meant that they lacked another essential characteristic of a universal second language: they could not be easily learned by ordinary people. The difficulty factor also meant that neither Latin nor classical Greek had much potential as a universal language. Zamenhof was left with only one option: he would have to devise his own.

(**5**) But inventing languages doesn't pay the bills[106], so Zamenhof needed a career. He studied medicine and became an eye doctor. By day he took care of people's eyes, and in the evenings he worked on his new language: Esperanto. Esperanto is a beautifully simple language with only 16 basic rules and not a single exception. It is probably the only language in the world to have no irregular verbs (French has more than 2,000, Spanish and German about 700 each) and, with just six verb endings to master, it is estimated that most beginners can begin speaking it after an hour.

(**6**) Esperanto vocabulary is also very simple. Instead of creating a huge list of words to learn, Zamenhof invented a system of very basic root words and simple ways to change their meanings. Putting "mal-[107]" at the start of an Esperanto word, for example, changes that word into its opposite. Esperanto speakers easily make new words by putting two or more existing words together. This kind of word invention is regarded by Esperantists as a creative process which adds to the appeal of the language.

----

106. 請求書。この語は英語でよく登場し、日本人が「飯が食えない」というところを「請求書が払えない」という。
107. ラテン語で bad を表す接頭辞。英語では malice〈悪意〉、malignant〈[腫瘍が]悪性の〉、malfunction〈機能不全〉、malnutrition〈栄養不良〉などに現れる。

(**7**) Although Zamenhof's beautiful language is not associated with any one nation or culture, three-quarters of its root words have been taken from Latin, Greek, and modern European languages. The advantage to this is that about half the world's population is already familiar with much of the vocabulary. For an English speaker, Esperanto is reckoned[108] to be 5 times as easy to learn as Spanish or French, 10 times as easy as Russian, and 20 times as easy as Arabic or Chinese.

(**8**) The disadvantage, obviously, is that speakers of non-European languages have to work a little harder to get started with Esperanto. But Esperantists argue that the simplicity of Zamenhof's language scheme[109] quickly makes up for any unfamiliarity with its root words.

[**CONCLUSION**] They proudly point to the popularity of Esperanto in Hungary, Finland, Japan, China, and Vietnam as the proof of Zamenhof's achievement in creating a global language for mutual communication and understanding.

(**1**) 1860年代のビヤウィストクは不寛容と恐怖に引き裂かれた町だった。現在のポーランドの北東部に位置する同市は当時ロシアの支配下に置かれ、ポーランド人、ロシア人、ドイツ人、ユダヤ人という主として4つの民族が同居していた。それぞれのコミュニティは分離していて共通の言語はなく、互いに対する不信感は根深いものだった。暴力は日常茶飯事だった。

(**2**) 理解の欠如が人種間の憎悪を生み憎悪が常に町中で爆発する。1859年にルドヴィコ・ザメンホフが生まれたのはそんな場所だった。母親は言語の教師で父親もまた言語の研究者だった。少年ルドヴィコは生まれた町でさんざん暴力を見たあげく15歳のときにはもう、異なる民族が互いに理解し合えるような共通言語が必要だと確信するに至った。

(**3**) ザメンホフは幼い頃からポーランド語、ドイツ語、ロシア語、イディッシュ語、ヘブライ語を親から習って話せるようになっており、また英語、フランス語にもよく通じていたから、現存の言語では駄目だということを承知していた。1つには、こうした言語はすべて特定の国や人種、文化とつながっているから、いかなる国際語にせよ、それが受け入れられるために必須である中立性に欠けていることがある。

(**4**) 現存の言語にはまた文法の複雑さという問題がある。すべての規則にそれぞれ例外があって、これでは、一般の人間がたやすく身に付けることができるという、普遍的

---

108. 計算する／考える　109. = plan, design〈計画／枠組み〉

第二言語に必須の性質を欠くことになる。難しいということで言うならラテン語も古典ギリシャ語も普遍的言語として有望とはいえない。結局ザメンホフに残された選択肢は1つ。自分の言語を考案する以外にない。

（5）だが言語を発明することで生計を立てることはできないから、ザメンホフは仕事が必要だった。彼は医学を学び、眼科医になった。昼は人の目を診ながら夜は新しい言語に取り組んだ。エスペラントである。エスペラントは見事に単純な言語で基本的な規則がわずか16、例外は1つもない。おそらく不規則動詞のない唯一の言語で（フランス語の不規則動詞は2,000以上、スペイン語・ドイツ語はそれぞれ約700ある）動詞の活用語尾をわずか6種類マスターすれば、おそらく初心者の大多数が1時間でしゃべり始めることができる。

（6）エスペラントは単語も単純である。覚えるべき語の長大なリストを作るのでなく、ザメンホフが考案したのはきわめてベーシックな語根に変化を加えて意味を変えていくというシステムである。例えば単語の前に mal- を付けると反対語になる。すでにある語を2つ3つ組み合わせて新しい語を作ることもできる。こうした語の生成をエスペランティストたちは、この言語に魅力を加える創造的なプロセス、ととらえている。

（7）ザメンホフのこの見事な言語は特定の国や文化と結びついてはいないものの、語根の4分の3はラテン語、ギリシャ語および現代のヨーロッパ諸言語からとられている。その利点は世界人口の約半分がすでにそうした語彙になじみがあるということである。英語話者にとってエスペラントはスペイン語・フランス語の5倍易しく、ロシア語の10倍、アラビア語・中国語の20倍易しいと考えられている。

（8）言うまでもなく欠点は、非ヨーロッパ言語の話者はエスペラントの学習開始に少し苦労しなければならないことである。しかしエスペランティストに言わせれば、ザメンホフの言語体系の簡潔さは語根になじみがないという欠点を補ってあまりあるということになる。エスペラントがハンガリーでもフィンランドでも日本、中国、ベトナムでも人気なのは、ザメンホフが意思疎通と相互理解の世界言語を創造することができた証しなのだと彼らは胸を張る。

ときには学生の書いたような易しい文が出題されることもある。

DRILL 18

Introduction: （1），（2） 私の世代の未来を心配する父の声が聞こえてくる。
Discussion: （3）祖父や曾祖父母の写真を見ていると未来は大丈夫という

気になる。その根拠は...

(**4**) 前の時代に悪いこともいいこともあった。

(**5**) 私の時代も悪いことばかりでないはず。

Conclusion: (**6**) 子供の頃に父から「明日はより良い日」と励まされた。

(**7**) 今度は私が父を励ます番だ。

[INTRODUCTION]

(**1**) I'm sixteen. The other night, while I was busy thinking about important social issues, like what to do over the weekend and who to do it with, I happened to hear my parents talking in the kitchen about the future. My dad was upset—not the usual stuff that he and Mom and, I guess, a lot of parents worry about, like which college I'm going to go to, how far away it is from home, and how much it's going to cost. Instead, he was upset about the world his generation is turning over to mine, a world he fears has a dark and difficult future —if it has a future at all.

(**2**) "There will be a widespread disease that kills millions," he said, "a devastating energy crisis, a horrible worldwide depression, and a nuclear explosion set off in anger."

[DISCUSSION]

(**3**) As I lay on the living room couch, hearing what was being said, starting to worry about the future my father was describing, I found myself looking at some old family photos. There was a picture of my grandfather in his military college uniform. He was a member of the class of 1942[110], the war class. Next to his picture were photos of my great-grandparents, immigrants from Europe. Seeing those pictures made me feel a lot better. I believe tomorrow will be better than today —that the world my generation grows into is going to get better, not worse. Those pictures helped me understand why.

(**4**) I considered some of the awful things my grandparents and great-grandparents had seen in their lifetimes: two world wars, epidemics, racial discrimination, nuclear bombs. But they saw other things,

---

110. 1942年卒業クラス

too, better things: the end of two world wars, new medicines, the passing of the civil rights laws[111]. They ever saw the Boston Red Sox win the World Series baseball championship—twice.

(5) In the same way, I believe that my generation will see better things, too: we will witness the time when AIDS is cured and cancer is defeated, when the Middle East will find peace, and when the Chicago Cubs win the World Series baseball championship—probably only once. I will see things as unbelievable to me today as a moon rocket was to my grandfather when he was sixteen, or the internet to my father when he was sixteen.

[CONCLUSION]

(6) Ever since I was a little kid, whenever I've had a bad day, my dad would put his arm around me and promise me that "tomorrow will be a better day." I challenged my father once: "How do you know that?" He said, "I just do." I believed him. My great-grandparents believed that, and my grandparents, and so do I. And now, I suddenly realized that it was *my* turn to make *him* feel better.

(7) As I listened to my dad that night describing his worries about what the future holds for me and my generation, I wanted to put my arm around him and tell him what he always told me, "Don't worry, Dad. Tomorrow will be a better day."

(1) 私は16歳。先日の夜、週末は誰と何をしようか、といった友だち付き合いの重要な問題をひたすら考えていると、台所から両親が将来の話をしているのがたまたま聞こえてきた。パパはかっかしていた。私をどこの大学に行かせようとか、家からどのくらい離れた大学か、費用はいくらかかる、といった、パパやママや、きっと大勢の親たちが心配するような問題ではなくて、パパが心配しているのは親の世代が私たちの世代に引き継がせようとしている世の中のことだった。きっと暗く困難な時代になる、仮に未来があるとしたらの話だが、という心配だった。

(2) 「何百万人も死ぬような伝染病があるだろうし」とパパは言っていた。「壊滅的なエネルギー危機も、ひどい世界恐慌もあるだろうし、怒りにまかせて核兵器のボタンが押されるかもしれない。」

(3) 居間のソファに寝転がってそれを聞き、父が描くような未来がだんだん心配になっ

111. 公民権法

てきながら私は何となく家族の古い写真を見ていた。軍服を着た祖父の写真がある。祖父は1942年、戦争中の卒業だ。その横にはヨーロッパからの移民である曾祖父母の写真。2つの写真を見ていると私は気持ちがとても落ち着いてきた。今日よりも明日の方が良くなる、私たちの世代が育つ世の中は良くなることはあっても悪くはならないと私は信じている。この写真を見ているとその理由がはっきりしてくるようだった。

(**4**) 祖父母と曾祖父母が生きていた頃に彼らが見たひどい出来事を私は思った。2度の世界大戦、疫病、人種差別、核兵器。しかし彼らはほかに、良いことも見てきた。二度の世界大戦の終結、新薬、公民権法の制定。ボストン・レッドソックスがワールドシリーズで優勝するのだって見た。しかも二度。

(**5**) 同じように私の世代もより良いことを見るにちがいないと思う。AIDSが治療されガンが克服されるときも、中東に平和が訪れるときも来るだろう。シカゴ・カブスのワールドシリーズ優勝も。もっともこれは一度だけだろうが。祖父が16歳のとき、月ロケットが信じられないものであり、父が16歳のとき、インターネットが信じられなかったように、今日考えもつかないものを見ることになるだろう。

(**6**) まだ幼かった頃から、嫌なことがあるといつも、父は私の肩に腕を回して「明日はもっといい日だから」と言ってくれた。一度「なぜ分かるの?」と言い返したことがある。すると父は「だってそうなんだから」と言い、私はそれを信じた。曾祖父母も、祖父母もそう信じ、私も信じている。そして今私は、今度は私がパパの気分を良くしてあげる番だとふと気づいた。

(**7**) その夜私と私の世代に対しどんな未来が待っているかについてパパが心配するのを聞きながら、私はパパの肩に手を回して、パパがいつも言ってくれたことを言いたいと思った。「パパ、大丈夫だよ。明日はもっといい日だから。」

1 段落整序問題

解答 SIMULATION

　実際の東大の問題をやってもらう。見て分かるとおり **QUESTION 32〜34** はすでに読んだ文である。だから構成は頭に入っている。けれどダミーの段落の入った、実際

の問題を見るとなかなか難しく見える。全体の構成を考え（思い出し）ながら問題を解く simulation をしてみよう。なるべく時間をかけずに、段落ごとに大づかみに内容を考えていくよう心がけること。

QUESTION 32 [CD track #06]

次の英文は、ある雑誌記事の一節であるが、第2〜第4、第6〜第8、第10段落が抜けている。それぞれの空所を埋めるのに最もふさわしいものを、**ア〜ク**から1つ選んでその記号を記せ。8つの選択肢のうちから7つ選ぶこと。

　A lonely seeker of truth fighting against overwhelming odds. This is the conventional image of "the scientist". Just think of Galileo. He had to single-handedly discover the laws of falling bodies in a physical world all too reluctant to give up its secrets, improve the telescope and face the wrath of the Church, but his devotion to scientific truth changed history.

(1)
(2)
(3)

　I think the heroic model is being abandoned a bit too hastily. Just as individuals can change deeply-rooted national policies by taking on government or big business, so individual scientists can confront established scientific prejudices and change the course of science.

(4)
(5)
(6)

　So, the lonely scientist fighting against all odds can triumph. Purdey and Hooper can be seen as contemporary equivalents of Galileo. But who is the Church in this case? Not a religious establishment, but a scientific one. As far as the individual scientist working on his or her own is concerned, the Church has been replaced by rigidly dogmatic institutions of science—large laboratories, academic research institutions and government ministries.

> (7)

ア Perhaps the real moral is that institutions of all kinds tend to suppress uncomfortable truths. And a lonely scientist armed with truth can still be a powerful force.

イ Nowadays, however, major discoveries are seldom made by individual scientists. Much of contemporary science is corporate science, involving huge laboratories where large groups of scientists work on individual problems.

ウ Worse: Purdey had his own theory, unacceptable to establishment science, which blamed legally required insecticides. Ten years of lonely research eventually linked BSE with an excess of the metal manganese, a connection recently confirmed by a research team in Cambridge.

エ Not surprisingly, then, most philosophers and sociologists of science have given up the heroic model. The individual seeker of scientific truth, working alone, may occasionally discover a comet or two, but on the whole, the argument goes, he or she has little to contribute to science as such.

オ On the other hand, Isaac Newton's *Principia Mathematica* is commonly thought to be the climax of the seventeenth century's scientific revolution, a great burst of systematic, ordered, and empirical science —though preceding Newton were great successes in physiology and astronomy.

カ Of course, there are serious problems with this romantic picture. Galileo was not as innocent as we might think, and his observations have been shown to be less than strictly scientific. But Galileo does provide us with a heroic model of science where the heroes, the individual scientists working on their own, make major discoveries.

キ We do not have to look very far to find another example of the heroic model in action. The most recent is Aids researcher Edward Hooper, who denies that HIV was caused by a chimpanzee virus. Instead he shows that most cases of Aids in Africa came from the same places where an experimental oral polio vaccine called Chat was used.

ク Mark Purdey provides us with an example of how this can be done. Purdey is an organic farmer who was suspicious of the official version of the origins of BSE (so-called "mad cow disease"). He noticed that his cows never touched the "cattle cake" that contained the ground-up brains of sheep and cows, yet they became sick with BSE. Purdey's detailed records were available for inspection, but who would listen to a mere farmer?

ANSWER KEY

(1) カ　(2) イ　(3) エ　(4) ク　(5) ウ　(6) キ　(7) ア
[不要な段落 オ]

〈それに対し、アイザック・ニュートンの『プリンキピア・マテマティカ（自然哲学の数学的諸原理）』は一般に、17世紀科学革命の最高到達点、体系的に秩序立った経験主義科学の大爆発、と考えられている。ニュートンに先立って生理学、天文学の大きな成功もあったのであるが。〉

　空所を7カ所設けた問題として見ると難しい。イントロの「独り闘う科学者像、その典型としてのガリレオ」から（**1**）**カ**「たしかにガリレオにも問題点があるけれど、やはりヒーロー」へつなげるのは Of course, ... But ... という譲歩の表現に注意すればそう難しくないが、（**2**）**イ**「しかし最近は科学は組織的になった」（**3**）**エ**「だから孤高の科学者などはやらない」をセットにしてここに入れるのは易しくない。

　第5段落。ここで筆者が反撃して本論。「だがちょっとそれは早過ぎる。ヒーローは生きている」の例が2つ。まずパーディ。（**4**）**ク**「マーク・パーディは狂牛病の原因に関して異を唱えるが聞いてもらえない」（**5**）**ウ**「体制にあらがって自分が正しいことを証明した」。（**4**）では Mark Purdey とフルネームで登場し、organic farmer と職業が明らかにされる。このように初めて登場するときにはフルネームプラス肩書・経歴などが紹介される。2つ目の例が（**6**）**キ**「フーパーは AIDS に関し、定説を覆した」。段落の初めに another example というフ

レーズが見える。パーディの2段落に対しフーパーには1段落しか割かれていないが、これはもっぱら長さによるため。ライターは見た目も気にする。段落の長さをそろえたがる人が結構多い。

　次の段落で Purdey and Hooper と並べられて、例は2人でいいのだと確信できる。この段落でまとめに入り、Galileo : the Church :: Purdey & Hooper : institutions of science とアナロジーの形で、個人としての科学者が立ち向かう現代の敵が明らかにされる。ガリレオが再び登場したことで conclusion に向かうことが示唆される。そして最終段落の (**7**) **ア** は Perhaps the real moral is ... といういかにもまとめらしい始まり方。moral あるいは lesson は「教訓」である。イソップ物語などの fable 〈寓話〉は例えば Moral: Revenge will hurt the avenger. 〈教訓：復讐は復讐者を傷つける。／人を呪わば穴二つ。〉やら Moral: There's always someone worse off than yourself. 〈教訓：自分より恵まれない者が必ずいる。／上を見ればきりがない。〉などと言って終わる。

　こうした段落整序問題では、第一段落から始めて空所の順に正しく入れていくということは普通きわめて困難だ。実際には選択肢のうちセットになるものをあらかじめ作っておき、本文の introduction-discussion-conclusion のかたまりをある程度作っておいて、大きなかたまりを入れていくようになる。ジグソーパズルで手許にあるピースをあらかじめ組み合わせてはめていくような感じだ。

QUESTION 33 【CD track #07】

次の英文はエスペラントについて述べたものであるが、1つおきに段落が抜けている。空所 (**1**) 〜 (**4**) を埋めるのに最も適切な段落を、**ア〜カ** よりそれぞれ1つ選んでその記号を記せ。ただし不要な選択肢が2つ含まれている。

Bialystok in the 1860s was a city torn apart by intolerance and fear. Located in the north-east of what is now Poland, and at the time under Russian rule, the city was home to four main communities: the Poles, the Russians, the Germans, and the Jews. These communities lived separately, had no shared language, and mistrusted each other deeply. Violence was an everyday event.

(**1**)

Zamenhof had been brought up by his parents to speak Polish,

German, Russian, Yiddish, and Hebrew, and he also had a good knowledge of English and French, so he knew that no existing language would work. For one thing, the fact that all of these languages were associated with a particular country, race, or culture meant that they lacked the neutrality any international language would need in order to be accepted.

(2)

But inventing languages doesn't pay the bills, so Zamenhof needed a career. He studied medicine and became an eye doctor. By day he took care of people's eyes, and in the evenings he worked on his new language: Esperanto. Esperanto is a beautifully simple language with only 16 basic rules and not a single exception. It is probably the only language in the world to have no irregular verbs (French has more than 2,000, Spanish and German about 700 each) and, with just six verb endings to master, it is estimated that most beginners can begin speaking it after an hour.

(3)

Although Zamenhof's beautiful language is not associated with any one nation or culture, three-quarters of its root words have been taken from Latin, Greek, and modern European languages. The advantage to this is that about half the world's population is already familiar with much of the vocabulary. For an English speaker, Esperanto is reckoned to be 5 times as easy to learn as Spanish or French, 10 times as easy as Russian, and 20 times as easy as Arabic or Chinese.

(4)

ア At the same time, Johann Schleyer, a German minister, was working on his own new language, Volapuk, meaning "World Speech." Schleyer's language first appeared in Germany in 1878, and by 1890 more than 283 Volapuk-speaking associations had been formed. But generally, people found Schleyer's language strange and ugly—and no easier to learn than Latin.

イ These existing languages also had complicated grammatical rules, each rule with its own exceptions, and this meant that they lacked another essential characteristic of a universal second language: they could not be easily learned by ordinary people. The difficulty factor also meant that neither Latin nor classical Greek had much potential as a universal language. Zamenhof was left with only one option: he would have to devise his own.

ウ It was here, where lack of understanding created racial hatred, and racial hatred regularly exploded on the streets, that Ludovic Zamenhof was born in 1859. His mother was a language teacher and his father was also a student of languages. By the time he was fifteen, young Ludovic had seen enough violence in his hometown to convince him of the need for a common language that would enable different communities to understand each other.

エ The disadvantage, obviously, is that speakers of non-European languages have to work a little harder to get started with Esperanto. But Esperantists argue that the simplicity of Zamenhof's language scheme quickly makes up for any unfamiliarity with its root words. They proudly point to the popularity of Esperanto in Hungary, Finland, Japan, China, and Vietnam as the proof of Zamenhof's achievement in creating a global language for mutual communication and understanding.

オ Esperanto vocabulary is also very simple. Instead of creating a huge list of words to learn, Zamenhof invented a system of very basic root words and simple ways to change their meanings. Putting "mal-" at the start of an Esperanto word, for example, changes that word into its opposite. Esperanto speakers easily make new words by putting two or more existing words together. This kind of word invention is regarded by Esperantists as a creative process which adds to the appeal of the language.

カ The fact that Esperanto is so easy to learn has been the key to its success. Of course, English is even more important as a world language today than it was when Ludovic Zamenhof was alive. But while English may have become even more useful, it hasn't become any easier—and that's why Esperanto is still so popular. Whatever your native language, you start from the beginning with Esperanto. Not even speakers of European languages have an advantage. Truly, Esperanto is a language that offers everybody, equally, the chance to speak up and be heard in today's world.

ANSWER KEY

(1) ウ　(2) イ　(3) オ　(4) エ

　不要な段落が2つあるのが問題として難しいところ。不要な**ア**などは世界共通語を考案したもう1人の人物が紹介されていて面白いのだが、本文の段落を意味のかたまりごとにセットにしていくと、入るべきところがどこにもないと分かる。

　もう1つの不要な**カ**は conclusion の段落としてふさわしそうだが、「ヨーロッパ諸語の話者ですら有利な点はない」というところが、直前の段落「英語話者にとってエスペラントは学習がきわめて容易」と完全に矛盾する。

[不要な段落　ア]
〈同時期、ドイツの牧師ヨハン・シュレイヤーは「世界語」を意味する自らの新しい言語ヴォラピュックを考案中だった。シュレイヤーの言語は1878年ドイツで発表され、1890年までには283を超えるヴォラピュック語を話す会が創設されていた。しかし概して人々はシュレイヤーの言語を奇妙な醜いもの、そしてラテン語と同様に難しいものと感じていた。〉

[不要な段落　カ]
〈エスペラントがこれほど覚えやすいという事実が成功のカギである。もちろん現在英語は世界語として、ルドヴィコ・ザメンホフの存命中よりさらに重要なものとなっている。しかし、たしかに英語はさらに有用なものとなったかもしれないが、多少なりとも易しくなったわけではなく、だからエスペラントはいまだに人気があるのだ。自分の母語が何語であるにせよ、まずエスペラントを始めてみたらよい。ヨーロッパ諸語の話者ですら有利な点はない。まさにエスペラントは万人に平等に、今日の世界で発言し人に聞いてもらえる機会を与える言語なのである。〉

図示すると以下のようになる。

```
第1段落＋ウ：  多民族が共存し争いの絶えない町
              ザメンホフは共通語の必要性を感じる

第3段落＋イ：  既存の言語では駄目。文化的要因
              文法の複雑さ
                    ↓
              新言語を考案することに
第5段落＋オ＋第7段落：エスペラント
              文法簡単、語彙も単純
              ヨーロッパ系語話者には楽

第8段落＋エ：  非ヨーロッパ系語話者には不利だが
              エスペラントの易しさは世界で人気
```

ア：同時期に
　　ヴォラピュック語
　　（不成功）

カ：母語を問わず
　　学習の易しさは平等

QUESTION 34 [CD track #08]

次の文章で空白になっている(**1**)～(**5**)には、次の**ア**～**カ**のうち5つの段落が入る。それらを最も適切な順に並べ替えた場合に、不要となる段落、(**2**)にくる段落、(**4**)にくる段落はどれか。それぞれの記号を記せ。

　I'm sixteen. The other night, while I was busy thinking about important social issues, like what to do over the weekend and who to do it with, I happened to hear my parents talking in the kitchen about the future. My dad was upset—not the usual stuff that he and Mom and, I guess, a lot of parents worry about, like which college I'm going to go to, how far away it is from home, and how much it's going to cost. Instead, he was upset about the world his generation is turning over to mine, a world he fears has a dark and difficult future—if it has a future at all.

(**1**)

(**2**)

(**3**)

(4)

(5)

　　As I listened to my dad that night describing his worries about what the future holds for me and my generation, I wanted to put my arm around him and tell him what he always told me, "Don't worry, Dad. Tomorrow will be a better day."

ア "There will be a widespread disease that kills millions," he said, "a devastating energy crisis, a horrible worldwide depression, and a nuclear explosion set off in anger."

イ Ever since I was a little kid, whenever I've had a bad day, my dad would put his arm around me and promise me that "tomorrow will be a better day." I challenged my father once: "How do you know that?" He said, "I just do." I believed him. My great-grandparents believed that, and my grandparents, and so do I. And now, I suddenly realized that it was *my* turn to make *him* feel better.

ウ I considered some of the awful things my grandparents and great-grandparents had seen in their lifetimes: two world wars, epidemics, racial discrimination, nuclear bombs. But they saw other things, too, better things: the end of two world wars, new medicines , the passing of the civil rights laws. They even saw the Boston Red Sox win the World Series baseball championship—twice.

エ In the same way, I believe that my generation will see better things, too: we will witness the time when AIDS is cured and cancer is defeated, when the Middle East will find peace, and when the Chicago Cubs win the World Series baseball championship—probably only once. I will see things as unbelievable to me today as a moon rocket was to my grandfather when he was sixteen, or the Internet to my father when he was sixteen.

オ One of the most awful of those things was the First World War. My great-grandparents originally came from Sweden, which was not involved in that war. Within a few years of his arrival in America, my great-grandfather had been called up for military service and sent to fight in France. Although he later recovered to some extent—partly because of the great pleasure he took in baseball—the experiences he underwent on the battlefields of France permanently threw a dark shadow over his life.

カ As I lay on the living room couch, hearing what was being said, starting to worry about the future my father was describing, I found myself looking at some old family photos. There was a picture of my grandfather in his military college uniform. He was a member of the class of 1942, the war class. Next to his picture were photos of my great-grandparents, immigrants from Europe. Seeing those pictures made me feel a lot better. I believe tomorrow will be better than today—that the world my generation grows into is going to get better, not worse. Those pictures helped me understand why.

ANSWER KEY

不要となる段落 オ （2）カ （4）エ （ア-カ-ウ-エ-イ）

「隣の部屋から父が話す言葉が聞こえてきた」という第一段落とそれを具体的に述べた**ア**の段落がセットになる。

カ「祖父母と曾祖父母の写真を見て考え始める」と**ウ**の「曾祖父母が経験したひどいこと＋逆に良いこと」、さらに**エ**「In the same way, 自分の世代も悪いことばかりでなく良いことも」がセットになる。

イ「子供の頃から、明日はもっと良い日、と父に言われた」と最終段落「今度は自分から父に同じことを言うとき」がセットになる。

[不要な段落 オ]

〈そうした出来事のうち最もひどかったことの1つが第一次世界大戦だ。私の曾祖父母はもともとスウェーデンの出身だが、スウェーデンは参戦していない。アメリカに着いて数年もしないうちに私の曾祖父は召集されてフランス戦線へ送られた。あとになって、野球が大好きだったことなどもあり、ある程度回復したとはいえ、彼がフランスの戦場で体験したことは彼の人生に暗い影を落としていた。〉

全体を図示するなら

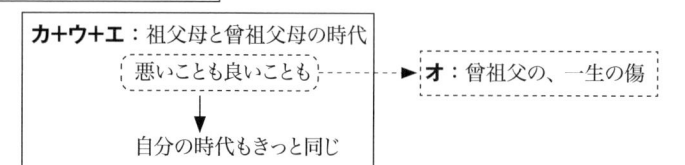

```
第1段落＋ア：父の心配
    カ＋ウ＋エ：祖父母と曾祖父母の時代
      悪いことも良いことも -----> オ：曾祖父の、一生の傷
      自分の時代もきっと同じ
    イ＋最終段落：父に激励のお返しを
```

のようになり、**オ**が「脇」にやられる情報であることが分かる。と同時に、悪いことだけ強調しているのも、**ウ**の But 以下に述べられる「良い点もある」という流れを壊している。

Reference, Linking Words / Phrases

　段落整序のさいに注目すべきもう1つの要素が reference〈指示語句〉と linking words/phrases〈つなぎ文句〉だ。reference は前の語句・内容を指す（refer to ...）that、it、they などもそうだが、here、there、at that time、および定冠詞 the もそれに当たる。段落の頭にそういうものが出てきたら前の段落との関連を考える。

1　Not surprisingly, then, most philosophers and sociologists of science *have given up **the heroic model***. The individual seeker of scientific truth, working alone, may occasionally discover a comet or two, but on the whole, the argument goes, he or she has little to contribute to science as such.

　　　　　　　——paragraph break——
　I think *the heroic model is being abandoned* a bit too hastily. ...

2　***Bialystok*** .... Violence was an everyday event.
　　　　　　　——paragraph break——
　It was *here*, where ... that Ludovic Zamenhof was born in 1859. ...

前に述べられた内容を別の言葉で言い換えて、それを「指す」ことも多い。

3　"There will be a widespread disease that kills millions," he said, "*a* *devastating energy crisis, a horrible worldwide depression, and a nuclear explosion set off in anger."*

———paragraph break———
As I lay on the living room couch, hearing what was being said, ...

4 Zamenhof was left with only one option: he would have to ***devise his own***.

———paragraph break———
But inventing languages doesn't pay the bills, so Zamenhof needed a career.

　However、therefore、so、then、on the other hand、first/second/finally などの linking words/phrases は、段落の関係を考えるさいに欠かせない要素だ。また same、similar、different、opposite、like、unlike、the other、another といった語も2つの要素があって初めて意味のある単語であるから、前にもう1つの要素があるという意味で link と同時に reference の性質も持っている。

5 ... Galileo does provide us with a heroic model of science where the heroes, the individual scientists working on their own, make major discoveries.

———paragraph break———
Nowadays, ***however***, major discoveries are seldom made by individual scientists. ...

———paragraph break———
Not surprisingly, ***then***, most philosophers and sociologists of science have given up the heroic model. ...

6 Mark Purdey provides us with ***an example*** of how this can be done. ...

———paragraph break———
We do not have to look very far to find another example of the heroic model in action. ...

7　... But they saw other things, too, ***better things***: the end of two world wars, new medicines , the passing of the civil rights laws. They even saw the Boston Red Sox win the World Series baseball championship—twice.

――――paragraph break――――

⟨***In the same way***,⟩ I believe that my generation will see ***better things***, too: ...

2　段落完成問題／要旨選択問題

　東大入試の段落整序問題は基本的に長文全体の構成を把握できるかを試す問題であるが、設問の中に①**1つの段落を完成させる問題**　②**全体の要旨ないし部分の要旨を問う問題**　が入り込んでくることがある。
　①は2種類に分かれ、(**a**) 長文中のある段落にある文を挿入し、その正しい位置を答えさせる問題と、(**b**) ある段落の文章中で不必要なものを答えさせる問題である。(**a**)、(**b**) それぞれ2つの例（1つの長文に両方のタイプの問題が出されることが多かった）を見てみよう。

①(a) 1文挿入

QUESTION 35

以下の文は**ア〜オ**のどの位置に補うのが最も適切か。

1

● Historians suggest that even these very early writing instruments can be seen as having a sort of internal tank which could supply ink steadily to the writing tip.

　Collecting has long been a popular hobby, be it[112] for the usual stamps, coins, and buttons, or more recently for Pokémon trading cards. But some kinds of collecting require more than an amateur's knowledge; in this category we find fountain pens. Widely replaced by more affordable and convenient ballpoint and rollerball pens, today fountain pens as everyday writing tools are rarely seen. Precisely for this reason, they have caught the eye of collectors.

[ア] For collectors, an item's value is increased not only by how rare it is but also by how many colorful stories are told about it, and the long history of the fountain pen contains many. [イ] The fascinating origins of the pen, for example, are inseparable from the development of writing itself. [ウ] We all know about China's crucial invention of paper around 104 A.D. for brush-writing with "India ink[113]." [エ] But consider the Egyptians' earlier use of hollow reed pens to write on papyrus some 4,000 years ago. [オ] What is this if not[114] the basic principle of the modern fountain pen, the ideal pen whose "fountain" would not run dry?

2

• In spite of all this, these microbes have an importance very much out of proportion[115] to their size.

In our recent search for the origin of life on Earth, we have made a series of fascinating discoveries of microbes* that thrive[116] thousands of meters beneath the surface, at extremely high temperatures and pressures. [ア] Within the rocks and clays, these microbes have access to water but often little else that we would consider necessities. [イ] For example, many have been cut off from sunlight for hundreds of millions of years. [ウ] They form the base of an underground

---

112. (▶257ページ) 〜であるにせよ (どちらにせよ) こうした倒置によって許容・譲歩を示すのは古い英語の名残で、現代英語では Come what may (= Whatever may come) 〈何が起きようと〉や Be it for better or worse (= For better or worse) 〈良いにせよ悪いにせよ〉といった慣用表現に見られる。Be it ever so humble, there's no place like home. 〈いかにみすぼらしくとも我が家に勝るところなし。〉などもそう。Had I known it, ... が If I had known it, ... と同義であるのと同じく、If it be for the better or worse, = Whether it is better or worse と書き換えられる。(▶85ページ)
113. 墨 114. 〜でないとしたらそれはいったい何なのか? ➡ 〜以外の何ものでもないではないか 115. (適正な)比率から逸脱している/その大きさからは考えられないほど
116. 栄える/元気でやっている

food chain, just as plants do on the surface, and the proven existence of these underground communities has completely changed our thinking about life on our planet and elsewhere. [エ] It contradicts the lesson many of us learned in high school biology—that all life is ultimately dependent on solar energy. [オ] Some scientists now believe that these underground microbes may directly descend from Earth's first life forms.

*microbes: 微生物

ANSWER KEY

1 [オ]

　Historians suggest that <u>even these very early writing instruments can be ...</u> が大きなヒントになる。「これら初期の筆記具」を指している可能性として [エ] の直前、中国の「墨を使った筆による筆記」があるけれど、これは「筆記具」そのものを言っているのではない。そのあとのエジプトで the Egyptians' earlier use of hollow reed <u>pens</u> to write on papyrus の方だろう。hollow reed pens〈中空の葦のペン〉も [オ] のあとの「これが現代の万年筆の基本原理でなければ何だ？」につながる。

　このように文挿入の問題は、内容はもちろんだが、指示語が大きな決め手になることが多い。

〈蒐集(しゅうしゅう)は、よくある切手やコイン、缶バッジ、あるいはもっと最近ではポケモンカードにせよ、昔から人気のある趣味である。しかし蒐集の中には素人の知識以上のものが必要となるものもあり、そうしたカテゴリーの1つが万年筆である。もっと安価で便利なボールペンやローラーボールペン（水性ボールペン）にほとんど取って代わられて日常的筆記具としての万年筆を見かけることはまれになってしまった。まさにその理由で、万年筆はコレクターの注目を浴びているのだ。

　コレクターにとって、ある品目の価値が上がるのはその希少性ばかりによるのではなく、それに関してどれだけ豊かな物語が語られるかによるものであって、万年筆は歴史が長いだけに物語は豊富なのである。例えば興味尽きない万年筆の起源は筆記そのものの発達と不可分だ。紀元104年頃、中国で筆と墨を使った筆記のための紙というきわめて重大な発明が行われたことは我々の誰でも知るところだ。しかしより早く、今から4,000年ほど前にエジプト人が葦の中空の茎をペンにしてパピルスに文字を書いていたことも忘れてはならない。歴史学者たちは、こうしたごく初期の筆記具ですら、内蔵タンクを備えて常に筆記具の先端にインクを供給するものだったのではないか、と考えている。これこそ現代の万年筆、泉(ファウンテン)の涸れることのない理想のペンそのものではないか。〉

259

2 [ウ]

　これもまず In spite of all this〈このすべてにもかかわらず〉が大きなヒントとなる。そして後半では these microbes have an importance very much out of proportion to their size.〈そのサイズから考えられないほどの重要性〉とある。つまりこの文の前に「マイナス要因」、文の後ろには「重要性の説明」があるところを探す。these microbes have access to water but often little else that we would consider necessities. [イ] For example, many have been cut off from sunlight for hundreds of millions of years. というところがマイナス要因であるが、第2の文は第1の文の具体例であるから [イ] に挿入文を持ってくることはできない。だから [ウ]。直後の文を見ると They form the base of an underground food chain, ... とあり、たしかに重要な役割を果たしていることが分かる。

〈地球上の生命の起源を探る最近の研究で、我々は地中何千メートルのきわめて高温・高圧の中で元気に生き続ける微生物に関する、きわめて興味深い一連の発見をした。岩や粘土の中でこうした微生物は水を得ることはできてもほかの、我々が生存に必要と考えるもののほとんどは多くの場合得ることができない。例えば多くの微生物は何億年もの間太陽光線から切り離されているのである。にもかかわらずこうした微生物はその大きさからは考えられないほどの重要性を持っている。それらは地上での植物と同様、地下の食物連鎖の基盤をなしているのであり、こうした地下の生活圏の存在が証明されることで、地球およびほかの天体における生命に関する我々の考え方は大きく変わった。それは我々の多くが高校の生物学で習う、あらゆる生命体は究極的には太陽エネルギーに依存するという考え方と対立するものだ。こうした地中の微生物は地球最初の生命体の直接の子孫ではないかと考える科学者もいる。〉

① (b) 不要文削除

QUESTION 36

次の段落の文 (a) ～ (e) のうち、段落の論旨と最も関係の薄いものはどれか。

1

　But now that this Golden Age is giving way to[117] a new era of writing technologies, from rollerball pens to computers, it rests with[118] the ordinary collector, like me, to keep the fountain pen and its stories alive. (a) Indeed, I confess to having recently purchased my first collectable pen. (b) The De La Rue Company of Great Britain was founded as a paper and printing company in 1821. (c) Even today, it is De La Rue's high-security paper on which Bank of England money is

---

117. ～に道を譲る➡～に取って代わられる
118. ～とともにある➡～次第である

printed[119]. (**d**)But for some time in the early 20th century it also used to manufacture pens, such as the one I now own; in fact, it created quite a name for itself with them[120]. (**e**) Before I can explain why I wanted this particular De La Rue pen, I must first tell you the story of the writer who led me to it.

　A 19th-century novelist, Onoto Watanna, once wrote enormously popular stories in English about the West and Japan. ...

2

　Astronomers and other scientists agree that many of the planets in the universe are likely to have subsurface environments very similar to Earth's. The temperature and pressure conditions within the interiors of some of these planets could even maintain water. (**a**)The deep interiors may also contain valuable natural resources that would be very useful to our society in both the near and distant future. (**b**) Since there are life forms that survive in the extreme conditions of deep Earth, why not the deep subsurface of Mars? (**c**)And if, as some suspect, life originated within Earth's underground, couldn't life also have arisen in one of the many similar environments elsewhere in the solar system, or in the wider universe? (**d**)In our narrow-minded view that only solar-powered life is possible, we have presumed that if any planet could support life it would be in a zone where the surface conditions are similar to ours. (**e**) It now appears, however, that this widely held assumption was wrong and that the zone where life can be sustained, within our own planet and throughout the universe, has been substantially[121] underestimated.

119. 一種の強調構文。Money is printed *on De La Rue's paper*. ➡ It is *on De La Rue's paper* that money is printed. が一般的。この that は which でもよく ➡ It is *on De La Rue's paper* which money is printed. あるいは It is *De La Rue's paper* which money is printed *on*. となるが、which は関係詞という意識が強いため直前に on を付けて➡ It is *De La Rue's paper on* which money is printed. となる。
120. それ(同社)はペンでそれ自体のために名をつくり上げた➡同社はペンで名をなした
121. substance は「実体」。副詞形 substantially は本来「名目だけ (nominally) でなく実体を伴って」の意味だが、「相当に」程度の意味で用いられる。considerably が「考慮すべきほど」から「かなりの」といった意味で用いられるのと同様

第3章 論述の構造と長文問題　2 長文の枠組み

ANSWER KEY

1 (c)

このタイプの問題は段落全体の構成をきちんと分析しないとできない。

　But now that this Golden Age is giving way to a new era of writing technologies, from rollerball pens to computers, it rests with the ordinary collector, like me, to keep the fountain pen and its stories alive.
［万年筆の黄金時代は終わり。存続はコレクターの手にかかっている。］
(**a**) Indeed, I confess to having recently purchased my first collectable pen. ［実は私も最近1本］

ここから De La Rue 社の話。
(**b**) The De La Rue Company of Great Britain was founded as a paper and printing company in 1821. ［製紙・印刷会社として設立］
(**c**) Even today, it is De La Rue's high-security paper on which Bank of England money is printed. ［現在も製紙会社］
(**d**) But for some time in the early 20th century it also used to manufacture pens, such as the one I now own; in fact, it created quite a name for itself with them.
［以前は万年筆会社としても有名＋私も持っている］

ここから筆者が同社のペンを買ったいきさつ。
(**e**) Before I can explain why I wanted this particular De La Rue pen, I must first tell you the story of the writer who led me to it.
［私がそれを欲しくなった理由。まずきっかけとなった作家の話から］

と各文をばらして並べてやると分かるとおり、(**c**) である。「De La Rue」は製紙・印刷会社として創業。(**d**) はしかしある時期、it 〈同社〉はペンも製造した。(**b**) のあとに入る (**c**) 現在の同社の製品の話は筋とは無関係。

〈しかしこうした黄金時代が終わり、ローラーボールペンからコンピューターまで、筆記テクノロジーの新時代を迎えた今、万年筆とそれにまつわる物語の存続如何は私のような普通のコレクターにかかっている。実は白状すると私は最近、収集向きのペンを初めて手に入れたのである。イギリスのデ・ラ・ルー社は紙と印刷の会社として1821年に設立された。［不要な文：今日なおイングランド銀行の紙幣が印刷されるのは安全性の高いデ・ラ・ルーの紙である。］し

262

かし20世紀初頭のある時期、同社はペンを製造しており、私も今1本所有しているのだが、実は同社は当時、ペンでもかなり名をなしたのである。私がなぜ特にこのデ・ラ・ルーのペンを望んだのかを説明する前に、私をこのペンに向かわせることになった作家の話をしなければならない。

19世紀のイギリスの作家で、西洋と日本とについての物語で一世を風靡したオノト・ワタナという人がいる。…〉

2 (a)

これも同様に1文ずつの役割と位置を考えるとこうなる。

Astronomers and other scientists agree that many of the planets in the universe are likely to have subsurface environments very similar to Earth's.［惑星の中には地中の環境が地球とそっくりなものも］

・The temperature and pressure conditions within the interiors of some of these planets could even maintain water.［具体例1：水］

・(a) The deep interiors may also contain valuable natural resources that would be very useful to our society in both the near and distant future.
［具体例2：天然資源→社会的に有用］

(b) Since there are life forms that survive in the extreme conditions of deep Earth, why not the deep subsurface of Mars?
［推論1：地球の地中で生命体が生きられるなら火星の地中でも］

(c) And if, as some suspect, life originated within Earth's underground, couldn't life also have arisen in one of the many similar environments elsewhere in the solar system, or in the wider universe?
［推論2：地球の地中で生命が始まったなら、ほかの天体の同様の環境でも？］

(d) In our narrow-minded view that only solar-powered life is possible, we have presumed that if any planet could support life it would be in a zone where the surface conditions are similar to ours.［これまでは地表しか考えていなかった］

(e) It now appears, however, that this widely held assumption was wrong and that the zone where life can be sustained, within our own planet and throughout the universe, has been substantially underestimated.

［生命維持の範囲をもっと広げて考えなければならない］

　一貫して「生命」の話をしている中で、具体例2つまり(**a**)は「社会に有用な資源」の話になっていて、主旨から外れていることが分かる。

〈天文学者やその他の科学者は、宇宙にある惑星の多くはおそらく地球と非常に似た地中環境を持っているだろうという点で意見が一致する。こうした惑星の一部では地中の温度と圧力の条件が水を保持するに適している可能性もある。［不要な文：地中深くには我々の社会にとって近未来および遠い未来にきわめて有用となる貴重な天然資源もあるかもしれない。］地中深くの極端な条件でも生存できる生命体があるなら、当然そのような生命体が火星の地中にあってもおかしくはない。そしてもし、ある人々が考えるように生命体の起源が地球の表面下にあるのならば、太陽系、あるいはより広く宇宙全体のほかの場所にも数多くあるはずの似たような環境の1つから生命が始まったということもありうるだろう。生命には太陽エネルギーが不可欠という狭い見方から我々は、生命の生存を可能にする惑星があるとすればそれは地表の条件が地球と似ている範囲にかぎられると思い込んできた。しかしどうやらこの広く受け入れられている前提条件は間違いで、足元の地球と宇宙全体の中で生命が維持される範囲はこれまでかなり過小に評価されてきたようなのである。〉

①不要文削除＋1文挿入＋②要旨

QUESTION 37

次の文を読んで以下の問いに答えよ。

　Caffeine is the most widely used drug in the world, and the value of the coffee traded on international commodity markets is exceeded only by oil. Yet for most of human history, coffee was unknown outside a small region of the Ethiopian highlands. After initially being recognised in the late sixteenth century by a few travellers in the Ottoman[122] Empire, coffee established itself in Europe among curious scientists and merchants. The first coffee-house in the Christian world finally opened in the early 1650s in London.

　A coffee-house exists to sell coffee, but the coffee-house cannot simply be reduced to[123] this basic commercial activity. (**a**)In his famous dictionary, Samuel Johnson[124] defined a coffee-house as 'a house of

---
122. オスマン　123. 減らす➡要約し、単純化する
124. 1775年、初めての本格的英語辞書 A Dictionary of the English Language を編纂

entertainment where coffee is sold, and the guests are supplied with newspapers'. (b)More than a place that sells coffee, Johnson suggests, a coffee-house is also an idea, a way of life, a mode of socialising, a philosophy. (c)Yet the coffee-house does have a vital relationship with coffee, which remains its governing symbol. (d) The success of the coffee-house made coffee a popular commercial product. (e)The associations with alertness[125], and thus with seriousness and with lively discussion, grant[126] the coffee-house a unique place in modern urban life and manners, in sharp contrast to its alcoholic competitors[127].

The history of the coffee-house is not business history. The early coffee-house has left very few commercial records. But historians have made much use of the other kinds of evidence that do exist. Government documents are full of reports by state[128] spies about conversations heard in coffee-houses. Further evidence is found in early newspapers, both in their advertisements and in news reports. The well-known diaries of the seventeenth and eighteenth centuries also indicate that the coffee-house was central to the social life of the period.

In describing the life-world of coffee-houses, however, much of the most compelling evidence is literary. [ア] The variety and nature of the coffee-house experience have made it the subject of a huge body of satirical* jokes and humour. [イ] Considered as literature, this body[129] of writing is rich and exciting, made lively by currents[130] of enthusiasm and anger, full of references to particular and local disputes. [ウ] In representing the coffee-house, these literary materials, more than anything else, established and confirmed the place of coffee in modern urban life. [エ] It is in the nature of satire* to exaggerate what it describes, to heighten foolishness and vice, and to portray its material in the most colourful language. [オ] The coffee-house satires can nevertheless be considered not only as works of literature but also as historical evidence: these low and crude satires are not a simple criticism of coffee-house life, but part of their conversation, one voice

125. 機敏な精神状態　126. = give　127. アルコールを提供する競争相手、つまりパブなど　128. 国の　129. 総体　130. 流れ➡風潮

in the ongoing discussion of the social life of the city.

*satirical: 風刺的な　satire: 風刺文学

(1) 第二段落の文 (a) ～ (e) のうち，取り除いてもその段落の展開に最も影響の小さいものを選び，その記号を記せ。

(2) 以下の文は、第四段落の**ア**～**オ**のどの位置に補うのが最も適切か。その記号を記せ。

Using this evidence, however, is not straightforward and has long troubled historians.

(3) 上の文章全体の趣旨として最も適切なものを選び，その記号を記せ。

ア After the mid-seventeenth century, the coffee-house became a social centre of modern city life in Europe.

イ The culture of the coffee-house can be seen in government documents and other publications during the seventeenth and eighteenth centuries.

ウ After coffee reached Europe in the late sixteenth century, the coffee-house became a central topic in literature, particularly satirical literature.

エ Although coffee did not reach Europe till the late sixteenth century, the coffee-house soon established coffee as an internationally traded commodity.

ANSWER KEY

(1) (d)　(2) エ　(3) ア

(1)

[GENERAL]

A coffee-house exists to sell coffee, but the coffee-house cannot simply be reduced to this basic commercial activity.
［コーヒーハウスはコーヒーを売るだけではない］

　　[SPECIFIC]

　　(a) In his famous dictionary, Samuel Johnson defined a coffee-house as 'a house of entertainment where coffee is sold, and the guests are supplied with newspapers'.
　　［辞書によると：娯楽の場所］

　　(b) More than a place that sells coffee, Johnson suggests, a coffee-house is also an idea, a way of life, a mode of socialising, a philosophy.
　　［コーヒーハウスは生活様式、社交の型、哲学］

[GENERAL]

(c) Yet the coffee-house does have a vital relationship with coffee, which remains its governing symbol.
［しかしコーヒーそのものもシンボル］

　　[SPECIFIC]

　　(d) The success of the coffee-house made coffee a popular commercial product.
　　［コーヒーハウスの成功でコーヒーの商品としての人気も上がった］

　　(e) The associations with alertness, and thus with seriousness and with lively discussion, grant the coffee-house a unique place in modern urban life and manners, in sharp contrast to its alcoholic competitors.
　　［覚醒との連想→真剣さ・活発な議論⟷酒場］

「コーヒーハウスはコーヒーを飲ませるだけの場ではない」という general statement を specific に2文で説明。「コーヒーはシンボルだ」という general idea を同じく2文で説明しているように見えるがその実、(d) はシンボ

ルどころか「ブツ」としての話になっている。

(2)

 Using this evidence, however, is not straightforward and has long troubled historians.
ここでも「この記録」と指示語が大きなカギになる。

 In describing the life-world of coffee-houses, however, much of the most compelling evidence is literary. [ア]
では、すぐ前にずばり evidence とあるのはいい。しかしあとの文は、挿入文の後半「この記録を使うのはストレートでなく、昔から歴史家を悩ませてきた」を説明してくれるものとなるはず。[ア]のあとの The variety and nature of the coffee-house experience have made it the subject of a huge body of satirical jokes and humour. 〈コーヒーハウスの様子は風刺の効いたジョークやユーモアのテーマになった。〉は必ずしも説明として十分ではないようだ。

 Considered as literature, this body of writing is rich and exciting, made lively by currents of enthusiasm and anger, full of references to particular and local disputes. この this body of writing は前の a huge body of satirical jokes and humour を指しているのだろう。ということはこの2文の間に挿入文が入り込む余地はない。「こうした風刺ジョークは当時の熱狂や怒りを活写し、具体的な議論に言及している」というのは、優れた文献であるようだ。

 In representing the coffee-house, these literary materials, more than anything else, established and confirmed the place of coffee in modern urban life. この these literary materials はあいかわらず同じもの、satire を指している。そして「こうした文献が現代の都市生活におけるコーヒーハウスの位置を確定した」と general にまとめている。挿入文の this evidence が前の文献をまとめて指しているということはありうる。そしてあとの It is in the nature of satire to exaggerate what it describes, to heighten foolishness and vice, and to portray its material in the most colourful language.［事実を脚色し誇張するのは風刺の本性］という文は「この文献の使用はストレートでなく、歴史家を悩ませた」の説明になっている。

 次の文のThe coffee-house satires can nevertheless be considered ...〈それでもなお、コーヒーハウスの風刺は ...〉というつながりも自然だ。

(3)
　　　段落構成を簡略にまとめると
[INTRODUCTION]
コーヒーの短い歴史→1650年代初頭にはロンドンに最初のコーヒーハウス。
← **TOPIC**
[DISCUSSION]
- コーヒーハウスは生活様式／概念であり、同時に精神状態の象徴でもある。
- 社交生活の中心としてのコーヒーハウスの歴史的文献は政府の調査や新聞、日記など、豊富である。
- しかし最も生き生きとそれを描き出しているのは風刺文学。だが、歴史の資料としては要注意。

[CONCLUSION] 風刺によって当時の社会の声が聞こえる。

　要旨選択問題では、各文の情報を細かく区分けして考えた方がよい。言うまでもなく、一部だけでも間違いが含まれていればその選択肢は×である。

ア　(1)After the mid-seventeenth century, the coffee-house (2)became a social centre of modern city life (3)in Europe.

　(1)は本文の early 1650s に対応する。(2)も問題ない。本文では urban life となっている。(3)はヨーロッパ全体のようにも受け取れて少し引っかかるが London もヨーロッパのうちと考えると間違いではない。

イ　The culture of the coffee-house can be seen (1)in government documents and other publications (2)during the seventeenth and eighteenth centuries.

　(1)は正しい。(2)の記述については本文で The well-known diaries of the seventeenth and eighteenth centuries also indicate that the coffee-house was central to the social life of the period. とあり、日記に関してだけである。だから×。しかし細かいところで間違いを作るものだ。

ウ　After coffee reached Europe (1)in the late sixteenth century, the coffee-house (2)became a central topic in literature, particularly satirical literature.

　(1)が間違いだから×。(2)も「文学の中心的主題」となったわけではなく、これに関しても×。

エ　Although (1)coffee did not reach Europe till the late sixteenth century, the coffee-house (2)soon established coffee as an interna-

tionally traded commodity.
　(**1**) が ×。(**2**) も ×。

　設問を見ると(**1**)と(**2**)は段落構成を分析すればはっきり答えが出る。けれど、限られた時間でこの分析をするにはかなりの練習が必要。(**3**)は「文章全体の趣旨」というには少し「重箱の隅」状態になっているから間違えても苦にしないでいい。

〈カフェインは世界で最も広く用いられている薬物であり、コーヒーの国際商品市場での取引高は石油に次いで第2位である。しかし人類史のほとんどを通じて、コーヒーはエチオピア高地の狭い一地方を除いてまったく知られざるものだった。16世紀末、オスマン帝国を訪れた少数の旅行者によって初めてその存在が認められた後、コーヒーはヨーロッパで、好奇心を持った科学者と商人の間に定着していった。キリスト教世界でようやく最初のコーヒーハウスが開業したのは1650年代初めのロンドンだった。
　コーヒーハウスはコーヒーを売るための存在である。が、コーヒーハウスをこの基本的な商業活動だけで規定するわけにはいかない。サミュエル・ジョンソンはその有名な辞書でコーヒーハウスを「コーヒーを売り客に新聞を提供する娯楽施設」と定義している。単にコーヒーを売る場所であるのみならず、コーヒーハウスはそれ自体が概念であり、生活様式であり、社交の型であり、哲学であるということをジョンソンは示唆しているのである。とはいえもちろんコーヒーハウスとコーヒーは切っても切れない関係にあり、コーヒーはコーヒーハウスの主要なシンボルである。[不要な文：コーヒーハウスの成功によりコーヒーは人気のある商品となった。] 覚醒との連想、ひいては真剣さと、談論風発との結びつきによりコーヒーハウスは現代の都市生活の中で、アルコールを提供する似たような場所と好対照の、特有な地位を占めるようになった。
　コーヒーハウスの歴史は商売の歴史ではない。初期のコーヒーハウスに関する商業的な記録はほとんど残っていない。けれど、歴史家たちはほかに残されている記録を大いに利用してきた。政府の記録にはコーヒーハウスで聞いた会話を国の密偵が記録したものがふんだんにある。さらに初期の新聞の広告および記事にも記録は残されている。17世紀、18世紀のよく知られた日記もまた、コーヒーハウスが当時の社交生活の中心にあったことを示している。
　しかしコーヒーハウスの生活世界を描写する上で最も説得力があるのはやはり文学である。コーヒーハウス体験の多様性と特質のためにそれは大量の風刺的な冗談とユーモアの対象となった。文学として考えればこうした記録の総体は豊かで刺激にあふれ、熱狂や怒りの感情がそのまま活写され、そのときその場で起きた口論を具体的にふんだんに説明したものとなっている。コーヒーハウスを描写するこうした文献が、ほかの何よりも、現代の都市生活におけるコーヒーの地位を確立し確かなものにした。しかしこの記録を利用することは決して単純直截なものではなく、長年歴史家を悩ませるものだった。描写の内容を誇張し、愚行や悪徳を強調し、題材を考え得るかぎり色鮮やかに表現するのが風刺の本質だからである。にもかかわらず、コーヒーハウスの風刺文学が文芸としてばかりでなく歴史的記録と見なされるのは、こうした下世話で野卑な風刺作品がコーヒーハウスの人々の単純な批評ではなく、彼らの会話の一部、すなわちロンドンの町の社交生活で実際に行われていたやりとりの声を再現したものだからである。〉

3 全要素の入った問題

文挿入・削除に段落整序が加わった、フル装備の問題もある。2題やってみよう。まずは大きく Introduction、Discussion (Body)、Conclusion のかたまりを考え、次に相互に関係の深い段落をあらかじめセットにしていく。そのさい reference、linking words/phrases (▶255・256ページ) にも注意を払うこと。

QUESTION 38 [track #09]

On that morning the bus was standing-room-only as we squeezed on at our regular stop. Several blocks later, my son, Nick, found a free seat halfway back on one side of the bus and his little sister, Lizzie, and I took seats on the other.

I was listening to Lizzie chatter on about something when I was surprised to see Nick get up. [ア] I watched as he spoke politely to an older, not quite grandmotherly woman who didn't look familiar to me. [イ] A little thing, but still I was flooded with appreciation. [ウ] For all the times we have talked about what to do and what not to do on the bus—say "Excuse me," cover your mouth when you cough, don't point, don't stare at people who look unusual—this wasn't something I had trained him to do. [エ] It was a small act of kindness, and it was entirely his idea. [オ]

For all we try to show our kids and tell them how we believe people should act, how we hope they will act, it still comes as a shock and a pleasure—a relief, frankly—when they do something that suggests they understand. All the more so because in the world in which Nick is growing up, the rules that govern social interaction are so much vaguer than they were when we were his age. Kids are exposed to a complex confusion of competing signals about what's (2), let alone what's admirable. It's hard to know what good manners are anymore.

(a)

(b)

(c)

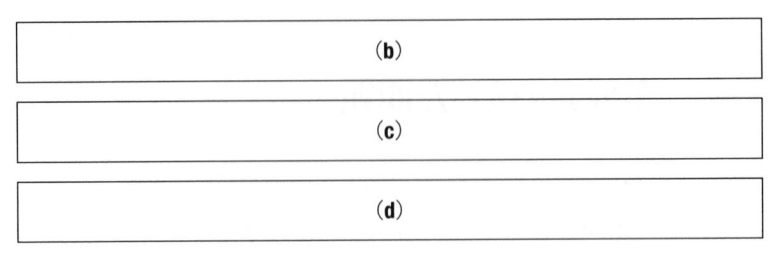

(d)

　　Under the circumstances, good manners require a good deal more imagination than they once did, if only because it's so much harder to know what the person sitting across from you—whether stranger or friend—expects, needs, wants from you. When you don't have an official rulebook, you have to listen harder, be more sensitive, be ready to play it by ear.

(1) 以下の文は、第二段落の**ア**〜**オ**のどの位置に補うのが最も適切か。その記号を記せ。
　　Suddenly I understood: he was offering her his seat.
(2) 第三段落の空所(　**2**　)に入れる語として最も適切なものはどれか。その記号を記せ。
　　ア acceptable　　**イ** achievable　　**ウ** avoidable
　　エ inevitable　　**オ** predictable
(3) 上の文章で空白になっている(**a**)〜(**d**)には、次の**ア**〜**オ**のうち4つの段落が入る。それらを最も適切な順に並べた場合に、不要となる段落、(**a**)にくる段落、(**c**)にくる段落はどれか。それぞれの記号を記せ。
ア　Of course, this sort of confusion is about much more than etiquette on public transportation. It's about what we should do for each other, and expect of each other, now that our roles are no longer closely dictated by whether we are male or female, young or old.
イ　I was reminded of this incident on the train the other day, on another crowded morning, as I watched a young man in an expensive suit slip into an open seat without so much as losing his place in the *New York Times*, smoothly beating out a silver-haired gentleman and a group of young women in trendy clothes.
ウ　Not for a minute do I regret the passing of the social contract that gave men most of the power and opportunity, and women most of the

seats on the bus. But operating without a contract can be uncomfortable, too. It's as if nobody quite knows how to behave anymore; the lack of predictability on all fronts has left our nerve endings exposed. And the confusion extends to everything from deciding who goes through the door first to who pays for dates.

エ I was taking my kids to school when I had another of those experiences particular to parents. Just as when a child first plays outside alone, comes home talking excitedly about what has happened at school, or eats with pleasure a food previously rejected, it is a moment that nobody else sees but that we replay over and over because in it we notice something new about our children. This time, though, the experience was played out in public, making it all the more meaningful to me.

オ My first thought was that his mother would be ashamed of him. And then I thought, with some amusement, that I am hopelessly behind the times. For all I know, the older man would've been insulted to be offered a seat by someone two or three decades his junior. And the women, I suppose, might consider polite behavior toward themselves discrimination. Besides, our young executive or investment banker probably had to compete with women for a job; why would he want to offer a potential competitor a seat?

(4) この文章全体のまとめとして最も適切なものを1つ選び、その記号を記せ。

ア The author thinks that times change but good manners remain the same.

イ The author complains that good manners are dead in the modern world.

ウ The author argues that the next generation will find new rules for social behavior.

エ The author believes that good manners in today's world demand much thought and effort.

オ The author recommends that we continue to behave according to established social rules.

ANSWER KEY

(1)イ　(2)ア　(3)不要となる段落　エ　(a)イ　(c)ア[イ-オ-ア-ウ]　(4)エ

(1)

挿入文は、

Suddenly I understood: he was offering her his seat.
〈ふいに分かった。彼は彼女に席を譲ろうとしていたのだ。〉

　I was listening to Lizzie chatter on about something when I was surprised to see Nick get up. [ア] I watched as he spoke politely to an older, not quite grandmotherly woman who didn't look familiar to me.

「リジーのおしゃべりを聞いているとニックが立ち上がる」と「見ていると知らない老婦人と話している」は完全に連続しているから [ア] には入らない。

　[イ] A little thing, but still I was flooded with appreciation. [ウ]「小さなことだがそれでも私には評価の気持ちが洪水のように押しよせた」a little thing であり appreciation の気持ちを起こさせるものは挿入文である。A little thing, は That was a little thing. の省略であるから「席を譲る」のすぐあとにこなければならない。だから [イ] であり、[ウ] には入らない。

　For all the times we have talked about what to do and what not to do on the bus—say "Excuse me," cover your mouth when you cough, don't point, don't stare at people who look unusual—this wasn't something I had trained him to do. [エ] It was a small act of kindness, and it was entirely his idea. [オ]

「これまでバスでの礼儀については教えてきたが席を譲れとは言わなかった」、「この小さな親切は自分で考えたことだ」の2文は完全に連続しており [エ] には何も入らない。挿入文を [オ] に入れたのでは Suddenly I understood: が意味不明になる。

(2)

　この問題では「1文挿入」でなく「1語挿入」となっているが、これもまた段落の構成・意味と密接に結びついている。

... in the world in which Nick is growing up, the rules that govern

social interaction are so much vaguer than they were when we were his age.
〈私たちがニックの年齢だった頃より今の方が、人付き合いのルールは曖昧になっている。〉
Kids are exposed to a complex confusion of competing signals about what's (2), let alone what's admirable. It's hard to know what good manners are anymore.
〈何が礼儀なのか、今や分かりにくくなっている。〉
の第2文を整理すると、

Kids are exposed to a complex confusion
　　　　　of competing signals about　[1] what's (2),
　　　　　　　　　　　　　　　　let alone
　　　　　　　　　　　　　　　　[2] what's admirable.

となる。「子供たちがさらされているのは複雑な混乱」「それは [1] と [2] に関する、競合する信号の混乱」つまり「子供たちは [1]、[2] に関して互いに矛盾するような信号をめちゃくちゃに受けることによってわけが分からなくなっている」わけである。[2] what's admirable は「何が立派なことか／立派であること」であり [1] は what's（**ア** acceptable ／ **イ** achievable ／ **ウ** avoidable ／ **エ** inevitable ／ **オ** predictable）つまり「何が　受け入れられる ／ 達成可能 ／ 避けられる ／ 避けられない ／ 予想可能な　ことか」という選択肢。この2つをつなぐ let alone ... は「〜は言うに及ばず」であって（▶111ページ）、例えば

We have only to accept what we can<u>not</u> **understand**, let alone **control**.
〈我々は理解できないこと、ましてや制御するなど及びもつかないことをただ受け入れるしかないのである。〉

のように「同じ方向で程度の違う語句を並べるのである。だから [2] の admirable〈admiration＝賞賛〉と同系列の acceptable〈世間から受け入れられる／受容可能な／これならまあまあと思われる〉がここに入る。

なお、let alone は全体として否定の文脈で用いられるが、上の文も内容的には「子供は〜が分からなくなっている」と否定の内容だ。

(3)
段落を整理するとこのようになる。

[INTRODUCTION]

> バスは混んでいて息子は離れたところに、自分と娘は一緒に座った。

> ふいに息子が立ち上がって老婦人に席を譲ろうとしている。私が教えたのではない自発的な親切心を見て私は感心した。

[DISCUSSION]

ここから本論部分。前の2段落は主語 I で書かれていたが、ここからは主語が we に代わっていることからも一般論を始めていることが分かる。

> 子供にしつけを教えてはいるけれど、それが実行に移されるのを見るのは嬉しい喜びである。昔と違って今は礼儀のルールが曖昧になっている。子供から見るとどの場面でどの行動をとるべきかが分かりにくくなっている。

> (a)

> (b)

> (c)

> (d)

[CONCLUSION]

> こうした状況で、マナーには以前より想像力が必要となっている。向かい側に座っている人が何を望んでいるか分からないからである。公式なルールブックがないのだから、感受性を磨いて、人の声をよく聞くしかない。

　順番に見ながら段落同士で結びつきそうなものを考え、と同時に linking words/phrases および reference を考えていく。

ア　Of course, <u>this sort of confusion</u> is about much more than etiquette on public transportation. It's about what we should do for each other, and expect of each other, now that our roles are no longer closely dictated by whether we are male or female, young or old.

　下線部は前段落に「混乱」があることを示している。introduction の2段落に

それは出てこないからこの段落が(**a**)にくることはない。内容的には「それは公共輸送機関でのエチケットだけにとどまらない。老若男女によって役割がはっきり規定される時代ではないから」とある。

イ I was reminded of <u>this incident</u> on the train the other day, on <u>another crowded morning</u>, as I watched a young man in an expensive suit slip into an open seat without so much as losing his place in the *New York Times*, smoothly beating out a silver-haired gentleman and a group of young women in trendy clothes.

　下線部に「この出来事」とあるのは introduction で語られた「バスで息子が席を譲った」ことか、それとも別の this incident on the train〈この、電車での出来事〉か？ 後ろを読んでいくと another crowded morning〈この日も混雑した朝で〉とあることから考えると、

　　　　I was reminded of <u>this incident</u>
　　　　　　└ on the train
　　　　　　└ the other day,
　　　　　　└ on another crowded morning,
　　　　　　└ as I watched a young man ...

のように on the train は this incident でなく was reminded の修飾と考えるべきだろう。

　となると(**a**)につながる可能性はある。内容的には「この出来事を思い出したのは、やはり混んだ電車の中で『ニューヨーク・タイムズ』を読んでいるような（おそらく教養もある）若い男がちゃっかり席に座ったからだ」

ウ Not for a minute do I regret the passing of the social contract that gave men most of the power and opportunity, and women most of the seats on the bus. But operating without a contract can be uncomfortable, too. It's as if nobody quite knows how to behave anymore; the lack of predictability on all fronts has left our nerve endings exposed. And the confusion extends to everything from deciding who goes through the door first to who pays for dates.

　出だしは、普通の語順で言うなら、

<u>I do not regret</u> for a minute...〈私は1分たりとも残念には思わない．．．〉
〈男には権力と機会を、女にはバスの席を、などという社会契約が過ぎ去ったことは残念でない。けれど、社会契約がないのも落ち着かないもので、どのような行動をするべきか誰も確

信が持てなくなっている。どちらを向いても、他人の行動を予測ができなくなって世の中がぎすぎすしている。ドアは男女のどちらが先に出るか、デートの費用はどちらが払うかということも混乱している。〉

エ I was taking my kids to school when I had <u>another of those experiences</u> particular to parents. Just as when a child first plays outside alone, comes home talking excitedly about what has happened at school, or eats with pleasure a food previously rejected, it is a moment that nobody else sees but that we replay over and over because in it we notice something new about our children. This time, though, the experience was played out in public, making it all the more meaningful to me.

また another が登場して「親に特有の体験がもう1つ」とある。もしも前述の内容に関連して言っているのなら「バスでの息子の行為に感心した」ことだろうか？ 次に具体的に語られることを見ると、

〈子供が初めて1人で遊びに行く／学校で起きたことを興奮して語る／前に食べられなかったものをおいしそうに食べるように、子供に新しい発見をするから親は繰り返し思い出すことだ。しかし今回は公共の場で行われたことでそれはより意味深いことだった。〉

明らかにバスの話と結びつく。

オ My first thought was that <u>his mother would be ashamed of him</u>. And then I thought, with some amusement, that I am hopelessly behind the times. For all I know, the older man would've been insulted to be offered a seat by someone two or three decades his junior. And the women, I suppose, might consider polite behavior toward themselves discrimination. Besides, our young executive or investment banker probably had to compete with women for a job; why would he want to offer a potential competitor a seat?

「彼の母親は彼を恥ずかしく思うだろう」の「彼」が指すものは、自分の息子ということは考えられないから、段落**イ**の「人を出し抜いて座った若い男」だろう。当然**イ**との結びつきは強い。そのあと、話は展開して「しかし私はどうしようもなく時代遅れだと考えた」。年配の男性は席を譲られて侮辱されたと思い、女性たちは礼儀正しくされて差別と考えるかもしれない。our young executive or investment banker (our 〜は「我々の主人公たる」といったニュアンスで、古い小説などではよく使われる用法)以降は「若い重役ないし投資銀行家は女性と

仕事で激しく競争しているのかもしれず、敵に席など譲りたくもないだろう」と、明らかに段落**イ**の場面がベースになっている。

さて、セットになる段落をまとめて全体を配置してみると以下のようになる。

[INTRODUCTION]

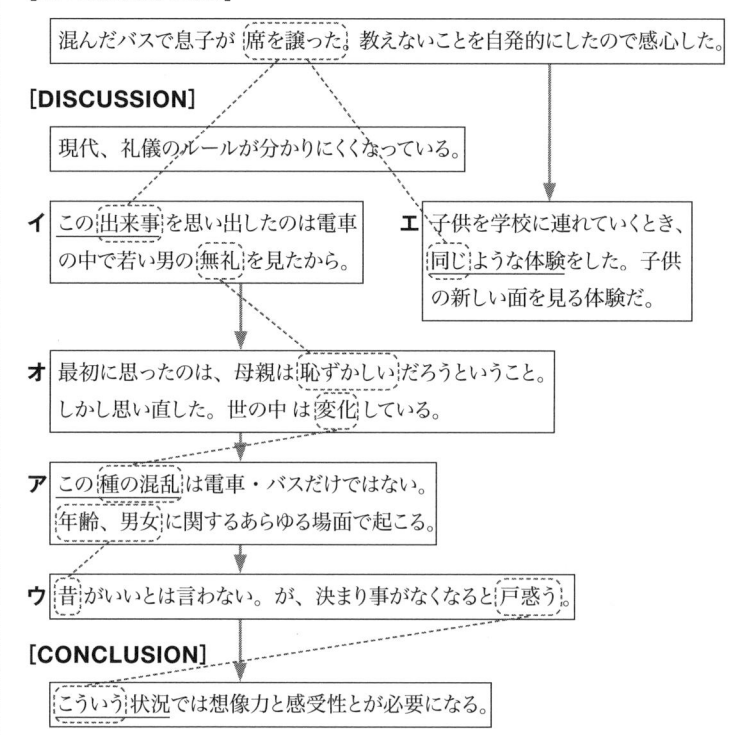

混んだバスで息子が席を譲った。教えないことを自発的にしたので感心した。

[DISCUSSION]

現代、礼儀のルールが分かりにくくなっている。

イ この出来事を思い出したのは電車の中で若い男の無礼を見たから。

エ 子供を学校に連れていくとき、同じような体験をした。子供の新しい面を見る体験だ。

オ 最初に思ったのは、母親は恥ずかしいだろうということ。しかし思い直した。世の中は変化している。

ア この種の混乱は電車・バスだけではない。年齢、男女に関するあらゆる場面で起こる。

ウ 昔がいいとは言わない。が、決まり事がなくなると戸惑う。

[CONCLUSION]

こういう状況では想像力と感受性とが必要になる。

並べてみると、段落**イ**と**エ**が分かれ路になっていて、**エ**が袋小路であることが分かる。

(4)

ア (1)The author thinks that (2)times change but good manners remain the same.

イ (1)The author complains that (2)good manners are dead in the modern world.

ウ (1)The author argues that (2)the next generation will find new rules for social behavior.

エ (1)The author believes that (2)good manners in today's world

demand much thought and effort.
オ (1)The author recommends that (2)we continue to behave according to established social rules.
(1)の部分に関してア thinks ウ argues エ believes はほぼ同じ意味。イ complains オ recommends がほかとは違う。
(2)の部分に関して
ア「時代は変わっても良いマナーは不変」はこの文の趣旨と逆。
イ「現代において良いマナーは死滅した」は、実際には変化しているのであって死んだのではないから✗。
ウ「次世代は社会的行動の新しいルールを見つけ出すだろう」は間違ってはいないが、本文で言及されていない。
エ「今日の社会における良いマナーは多くの思考と努力を要求する」は、[CONCLUSION]の ... you have to listen harder, be more sensitive, be ready to play it by ear. にほぼ対応する。
オ「我々は確立した社会のルールに沿って行動し続ける」はアと同様、文の趣旨と逆。

〈その朝、いつもの停留所から混んだバスに乗り込むと席がいっぱいだった。数ブロック行くうちに息子のニックがバスの半分ほど後ろの窓側に空いた席を見つけて座り、妹のリジーと私も反対側に座った。
　リジーが何かおしゃべりを続けるのを聞いているとニックが立ち上がったので私はびっくりした。見ていると私にはなじみのない、おばあちゃんとまではいえないけれどかなり年配の婦人に対して、礼儀正しく何か言っている。ふいに気が付いた。席を譲ろうとしているのである。それは大したことではないのに、私は胸がいっぱいになるようだった。これまでずっと私たちはバスの中ですべきこと、してはいけないこと──「失礼します」と言うこと、咳をするときには口を覆うこと、人を指さないこと、変わった人だからといってじろじろ見ないこと──について話してきたけれど、これをするようにと彼をしつけたことはない。それは小さな親切の行いで、彼がすべて自分で考えてしたことである。
　私たちは子供に対し、人はどのように行動すべきか、どのような行動を望んでいるかについて示し、語るけれど、それでもなお、それが理解されたと分かるようなことをされると嬉しいショック、というか、正直に言えばほっとした驚きに見舞われる。特にニックが育っている世の中、私たちがその年代だった頃より対人関係のルールがはるかに曖昧になったことを考えるとなおさらなのである。子供たちを取り巻く行動のメッセージには相反するものが入り乱れて、何が容認されるものであるか、ましてや何が立派なものと見なされるのか、分かりにくくなっている。
　また別の日、私がこの出来事を思い出したのは、やはり混んだ電車の中、上等なスーツを着た若い男が、『ニューヨーク・タイムズ』のページからほとんど目も離しもせず実にスムーズに白髪の紳士たちや流行の服を着た若い女性たちの一団をするりとくぐって空いた席に滑り込んだのを見たときである。

まず思ったのは、この男の母親が見たらさぞ恥ずかしかろうということだった。しかしそれから考え直して少しおかしくなったのだが、自分はどうしようもなく時代遅れだなと思った。おそらく、年配の男性は自分より20か30年下の若者から席を譲られても面白くないだろうし、女性たちにしても自分に向けられた礼儀正しい行動を性差別と受け取るかもしれない。それにこの若いエグゼクティブだか投資銀行家だかもきっと女性たちと競争して職を得たのだろう。ならば潜在的競争相手に席など譲りたくもないだろう。

もちろんこうした混乱は公共輸送機関でのエチケットに限ったことではない。男性か女性か、若者か年寄りかによって役割がきっちり決められているという時代ではないから、互いに何をすべきか、互いから何を予想すべきかが分からなくなっているのである。

男性に権力の大半を与え女性にはバスの席の大半を与えるような社会契約がなくなったことを惜しむ気持ちは私にはまったくない。だが契約なしに行動するというのも案外難しいものである。それはまるでもはや誰も行動様式に確信が持てないという具合だから。どちらを見ても予測不能というのでは神経の休まるひまがない。そしてその混乱はドアでは誰が優先か、とかデートの費用はどちらが持つか、など、あらゆることに広がっていく。

こうした状況で、良いマナーには以前よりもはるかに想像力が必要である。それはただ自分の向かい側にいる人が他人にせよ友人にせよ、自分から何を予想し何を必要とし、何を望んでいるかを知ることが以前よりも難しいという理由だけだったにせよそうなのだ。公式のルールブックがない以上、人の言うことをより真剣に聞き、より感受性を強くし、耳に従って動く気構えを持つしかないのである。〉

[不要な選択肢 エ]

〈子供たちを学校に連れていくときにも同じような、親に特有の体験をした。子供が初めて外で1人で遊んだ、とか、家に帰ってから学校での出来事を興奮して話したとか、以前には嫌がっていた食べ物を喜んで食べたというのと同様、それはほかの誰にも分からない、しかし自分の子供に関して初めて気づいたことであるという理由で繰り返し思い出すような瞬間である。ただ今回は公共の場で行われた体験だったので私にはそれだけ意味深いものに思われた。〉

QUESTION 39

次の英文を読み、以下の問いに答えよ。

(**a**) First proposed early in the 20th century, the idea of obtaining resources from asteroids* continues to attract attention. (**b**) The basic notion is to get material from near-earth asteroids, that is, those having orbits* that come close to our planet. (**c**) This group is distinct from the main belt asteroids, which orbit between the planets Mars and Jupiter. (**d**) Materials from the asteroids could be used in space to support space flight, space stations, or even a moon base. (**e**) The resources could also be brought back to earth for use here.

[ア] The first resource of interest is likely to be water from the near-earth asteroids that are either C-type (carbon-rich) asteroids or the cores of dead comets. [イ] Together these probably make up half or more of the near-earth asteroid population. [ウ] That water would be used to make hydrogen and oxygen for rocket fuel. [エ] Of course, that water and oxygen would also then be available to support human life in space. [オ] These substances are very common not only on earth but in asteroids as well, and they could be used as structural materials in space.

Whether the resources sought in space are materials or energy, technology for obtaining them still needs to be developed. While the technology needed to travel to near-earth asteroids is now available—in fact, the amount of rocket power and fuel needed to visit some of these bodies is less than it takes to go to the moon—the technology necessary to mine* them and either process or bring back the asteroids' resources has not been developed. It is also not clear how difficult and costly this would be, nor is it known if the task could be done by robots or would require human supervision. Although some space agencies have explored asteroids with robots and the possibility of human missions has been discussed as well, no specific plans for mining asteroids have yet been made.

　　　*asteroid: 小惑星　cobalt: コバルト　helium-3: ヘリウムの同位体の１つ　to mine, mining: 鉱石などを採掘する（こと）　nuclear fusion: 核融合　orbit: 軌道（を回る）　platinum: プラチナ、白金

(1) 第一段落の文 (a) 〜 (e) のうち、取り除いても大意に影響を与えないものを1つ選び、その記号を記せ。

(2) 以下の文は、第二段落の**ア〜オ**のどの位置に補うのが最も適切か。その記号を記せ。

Another resource that could be used in space is almost certainly metals such as iron and cobalt*.

(3) 上の文章で空白になっている第三段落から第六段落には、次の**ア〜オ**のうちの4つの段落が入る。それらを最も適切な順に並べた場合に、不要となる段落、1番目に来る段落、3番目にくる段落はどれか。それぞれの記号を記せ。

ア Most early asteroid-mining concepts required humans to visit the asteroids and mine them, but some of the newer ideas involve strictly robotic missions. One option would be simply to bring pieces of the asteroid back to the earth and crash them in some remote area where a processing plant would be set up. Another possibility would be processing the materials on the asteroid itself.

イ Yet another potential resource would be precious metals that could be brought back to the earth. The most promising metals to obtain from asteroids would include the platinum*-group metals, which are rare and costly on earth and could be used here for many industrial applications. Planetary astronomers believe the average asteroid should have much higher amounts of these metals than typical rocks on the earth or even on the moon.

ウ But while it might be too expensive to bring back materials from space, economists also point to some very interesting opportunities associated with the generation of electrical power in space for use on earth. For example, solar-power satellites could be placed in high earth orbits to beam solar power down to the ground in the form of microwave energy. Helium-3* taken from the surface of the moon might also be economically attractive for nuclear fusion* on the moon with the power beamed down to the earth.

エ Similarly, solar collectors may be built on the moon out of native materials to send their power back to the earth. The construction of solar-power plants in space could in principle be made much cheaper if the high-mass, low-tech components of the plants are made in space using materials made from asteroids or even the moon. Farther away, the supply of helium-3 in the giant planets (especially Uranus and Neptune) is so vast that schemes for obtaining fuel for nuclear fusion from their atmospheres could power the earth until the sun dies of old age.

オ Some economists, however, question whether asteroid materials could be brought back to the earth profitably. A sudden increase on earth in the supply of platinum-group metals from space, for example, without a similar increase in demand could cause the price of the metals to drop drastically, thereby eliminating profits and discouraging further investment. Another possible import—rare substances used in laboratory analysis—not only has a limited market, but demand for such substances is expected to decrease in the future as analytical techniques improve.

(4) 上の文章全体との関係を考えて、最後の段落の要点として最も適切なものを1つ選び、その記号を記せ。

　　ア　The challenges of space travel
　　イ　A dream still waiting to be realized
　　ウ　The costs and benefits of asteroid-mining
　　エ　The risks to our planet posed by near-earth asteroids
　　オ　Obtaining asteroid resources: By humans or by robots?

ANSWER KEY

(1) (c)　(2) オ　(3) 不要となる段落：ア　1番目：イ　3番目：ウ（イ-オ-ウ-エ）　(4) イ

(1)
(a) First proposed early in the 20th century, the idea of obtaining resources from asteroids continues to attract attention.
［小惑星から資源を得るというアイディア］

(**b**) The basic notion is to get material from near-earth asteroids, that is, those having orbits that come close to our planet.
［基本的考え：地球に近い小惑星から資材を調達］

(**c**) This group is distinct from the main belt asteroids, which orbit between the planets Mars and Jupiter.
［この小惑星は小惑星帯のそれとは別］

(**d**) Materials from the asteroids could be used in space to support space flight, space stations, or even a moon base.
［資材を宇宙で活用］

(**e**) The resources could also be brought back to earth for use here.［資材は地球上でも活用］

と整理すると明確だが（**a**）がtopic。（**b**）と（**c**）はその補足説明。（**d**）と（**e**）は利用法。

　（**a**）はもちろん最重要。（**b**）はそれを少し specific にしたもの。（**c**）が（**a**）でなく（**b**）の解説であることは（**a**）「小惑星から資源」、（**b**）「ここで小惑星とは地球に近い小惑星」（**c**）「これと小惑星帯の小惑星とは別」、つまり

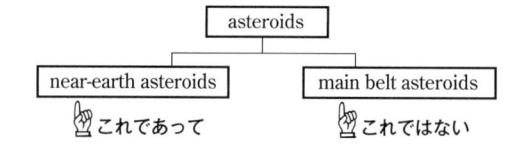

```
              asteroids
             /         \
  near-earth asteroids   main belt asteroids
     ☞これであって         ☞これではない
```

ということ。だから（**c**）が「取り除いても大意に影響を与えない」ものということになる。注意したいのは「不要」とは言っていないことで、これ自体有用な情報なのだが一番情報量が軽いものである。こういうものは文を整理して図示するとだいたい一番端っこにいく。言い方を変えると「注」に回してもいいものということになる。言葉の説明やデータなどである。また別の言い方をすれば「ちなみに」感の強いものということになる。きちんと分析しないと自信を持って答えが出せない難しい問題だ。

(**2**)

Another resource that could be used in space is almost certainly metals such as iron and cobalt.

〈もう1つ宇宙で活用できる資源としてほぼ確実なのが鉄やコバルトといった金属である。〉の another resource が大きなヒントになる。この前に別の resource があるのは確実だ。

　[ア] The first resource of interest is likely to be water from the near-earth asteroids that are either C-type (carbon-rich) asteroids or the cores of dead comets. まず第1の resource は water。挿入文が [ア] にくる可能性はなく、[イ] の可能性はある。次の文のはじめに these とあり、これは「鉄とコバルト」を指しているのかもしれない。

　Together these probably make up half or more of the near-earth asteroid population.
［これらを合わせると地球近傍小惑星の数の半分以上になる］と全文を見ると、その予想は外れた。these が指しているのは前の文の C-type asteroids と cores of dead comets だった。

　[ウ] That water would be used to make hydrogen and oxygen for rocket fuel.
「その水は〜」とあって、まだ水資源の話をしている。

　[エ] Of course, that water and oxygen would also then be available to support human life in space.
「その水と酸素は〜」、まだ水の話だ。

　[オ] These substances are very common not only on earth but in asteroids as well, and they could be used as structural materials in space.
［これらの物質は地球ばかりでなく小惑星にも豊富／宇宙で構造材としても使える］の structural materials と iron/cobalt は明らかに結びつくから挿入文は [オ] に入る。この段落は資源としての水と金属の話だけだと気づけばできる問題。

(3)
　　全体像を見ると
　　[INTRODUCTION]

小惑星から資源を得る（ここで小惑星とは地球近傍小惑星のこと）。資源は宇宙でも地球でも活用の可能性。

[DISCUSSION]

資源1：水→ロケット燃料と生命維持。資源2：鉄とコバルト→構造材

[CONCLUSION]

　Whether the resources sought in space are materials or energy, technology for obtaining them still needs to be developed. While the technology needed to travel to near-earth asteroids is now available—in fact, the amount of rocket power and fuel needed to visit some of these bodies is less than it takes to go to the moon—the technology necessary to mine them and either process or bring back the asteroids' resources has not been developed. It is also not clear how difficult and costly this would be, nor is it known if the task could be done by robots or would require human supervision. Although some space agencies have explored asteroids with robots and the possibility of human missions has been discussed as well, no specific plans for mining asteroids have yet been made.
［資材にせよエネルギーにせよ、それを得るテクノロジーは未開発／小惑星には行けるが、採掘技術はまだ／困難さ、費用、ロボットか人間かも未知／まだ具体的計画はない］

　最終段落のはじめに Whether the resources sought in space are materials or energy, ... とあることから、空所の4段落では資材からエネルギーへ話が移っていくと予想できる。選択肢の段落を検討しよう。

ア Most <u>early asteroid-mining concepts</u> required humans to visit the asteroids and mine them, but some of the <u>newer ideas</u> involve strictly robotic missions. <u>One option</u> would be simply to bring

287

pieces of the asteroid back to the earth and crash them in some remote area where a processing plant would be set up. Another possibility would be processing the materials on the asteroid itself.

　[初期、採掘は人間の手で、次にロボットだけによるものと考えが変化／小惑星の一部を地球に持ち帰って処理するやり方と小惑星上で処理するやり方]と、テーマが2つ入っている。①人間からロボットへ　②処理する場所。ロボットについては最終段落で触れているが、段落アとの関連は不明。

イ Yet another potential resource would be precious metals that could be brought back to the earth. The most promising metals to obtain from asteroids would include the platinum-group metals, which are rare and costly on earth and could be used here for many industrial applications. Planetary astronomers believe the average asteroid should have much higher amounts of these metals than typical rocks on the earth or even on the moon.

　文頭の yet another〈まだもう1つ〉が大きなヒント。今まで the first resource として water が、another resource として iron/cobalt といった metal が、そしてまだある yet another が precious metal〈貴金属〉だというので、とりあえず第二段落とつながりそうだ。

　[有望なものとしてプラチナ群金属／地球では稀少・高価なそれは工業に利用できる／地球や月より小惑星には豊富]

ウ But while it might be too expensive to bring back materials from space, economists also point to some very interesting opportunities associated with the generation of electrical power in space for use on earth. For example, solar-power satellites could be placed in high earth orbits to beam solar power down to the ground in the form of microwave energy. Helium-3 taken from the surface of the moon might also be economically attractive for nuclear fusion on the moon with the power beamed down to the earth.

　「しかし」で文が始まっている。そのあとの it は前の段落の何かを指すのではなく後ろの to bring back materials … だろう。[宇宙から資材を持ち帰るのは費用がかかるが、宇宙で電力を発生させて地球で使う可能性を経済学者は指摘する]で economists が登場するが、also point to … から考えて、初登場ではないらしい。[具体例：太陽エネルギー衛星からマイクロ波の形で電力を

地球へ／月面のヘリウム-3を使って月面で核融合、エネルギーを地球へ照射］

エ <u>Similarly</u>, solar collectors may be built on the moon out of native materials to send their power back to the earth. The construction of solar-power plants in space could in principle be made much cheaper if the high-mass, low-tech components of the plants are made in space using materials made from asteroids or even the moon. Farther away, the supply of helium-3 in the giant planets (especially Uranus and Neptune) is so vast that schemes for obtaining fuel for nuclear fusion from their atmospheres could power the earth until the sun dies of old age.

「同様に、月面に太陽エネルギー収集器を〜」となると前段落**ウ**と連続しそうだ。［月で集めた太陽エネルギーを地球へ／小惑星ないし月の資材で施設を造れば安上がり／さらに天王星・海王星はヘリウム-3が豊富だから、そこで核融合の燃料を得れば太陽があるかぎり地球に供給可能］

オ Some economists, <u>however</u>, question whether asteroid materials could be brought back to the earth profitably. A sudden increase on earth in the supply of <u>platinum-group metals</u> from space, for example, without a similar increase in demand could cause the price of the metals to drop drastically, thereby eliminating profits and discouraging further investment. <u>Another</u> possible import— rare substances used in laboratory analysis—not only has a limited market, but demand for such substances is expected to decrease in the future as analytical techniques improve.

ここで初めて economists が登場。［しかし小惑星から地球へ資源を運ぶことの利益は疑問／具体例：プラチナ群金属を大量に持ち込めば価格が急落して利益はなくなる／同様に実験用の稀少物質も市場は限られており、また、分析技術の向上で需要は減る］この段落は明らかに、プラチナ群金属について述べた段落**イ**につながるものだし、経済学者の考えということでいえば段落**ウ**とも関連がありそうだ。

全段落を配置してみるとこうなる。

[INTRODUCTION]

| 小惑星から資源を得て、宇宙と地球で使う。 |

[DISCUSSION]

| 資源1：水　資源2：鉄とコバルト→構造材 | 【資源について】 |
| イ　資源3：プラチナ群貴金属 | |

オ　経済学者：プラチナ群を持ち込めば価格下落して
　　利益なし。稀少物質も同様。

ウ　経済学者：しかしエネルギーの持ち込みには　　　　【エネルギーについて】
　　経済的価値がある。
　　　　具体例1：太陽エネルギー衛星
　　　　具体例2：ヘリウム-3による月面核融合
エ　　具体例3：月面に太陽電池
　　　　具体例4：天王星・海王星で核融合の燃料を得る

[CONCLUSION]

資源にせよエネルギーにせよ、すべてはまだ
これから：採掘技術がまだない／問題点も
費用も不明／人間かロボット、どちらを使う　　　　**ア**　人間からロボットへ／処理は
かも不明　　　　　　　　　　　　　　　　　　　　　　　地球か小惑星か

　段落**オ**をきっかけに議論が大きく資材からエネルギーに移っていくのが分かる。段落**ア**は最終段落の「分からない」ことの1つとしてあげられたことから作ったダミー。かろうじて最終段落と細いつながりはあるものの、全体の中で占めるべき位置はない。

(4)
　ここで答えるのが全体の要旨でなく最後の段落の要点であることに注意。最後の段落をひと言で言えば「まだこれから」だ。
ア　The challenges of space travel 〈宇宙旅行の課題〉
全体としても、travel の話ではない。
イ　A dream still waiting to be realized 〈まだ実現を待っている夢〉
これが正解。
ウ　The costs and benefits of asteroid-mining

〈小惑星での採掘の費用と効果／損失と利益〉

経済学者がそれを指摘しているが最終段落ではない。

エ The risks to our planet posed by near-earth asteroids

〈私たちの惑星地球に地球近傍小惑星が引き起こすリスク〉

本論と何の関係もない。

オ Obtaining asteroid resources: By humans or by robots?

〈小惑星の資源を得る：人間かロボットか？〉

最終段落の「分からない」ことの1つであり、不要な段落**ア**の1つのテーマである。要点ではない。

〈20世紀初頭に発案された、小惑星から資源を得ようというアイディアは今もなお注目されている。基本的な考え方は地球近傍小惑星、つまり地球に近い軌道を持った小惑星から資材を調達するものである［省略可能な文：この小惑星集団は火星と木星の間にある小惑星帯のそれとは別のものだ］。小惑星から得た資材は宇宙飛行や宇宙ステーション、さらには月面基地の用に供することが可能である。それはまた地球に持ち帰って利用することもできる。

　まず関心の対象となるのが地球近傍小惑星（炭素の豊富なC型惑星ないし、すでに活動を停止した彗星の核）から得られる水である。この二種を合わせると地球近傍小惑星の半数以上を占めている。その水を使ってロケット燃料用の水素と酸素を取り出す。もちろんその水と酸素は宇宙空間での人間の生命維持にも利用できる。もう1つ宇宙で使えそうな資源は、まず間違いなく鉄やコバルトといった金属だろう。こうした物質は地球上ばかりでなく小惑星にもよく見られ、宇宙では構造材として使うことができる。

　もう1つ可能性のあるのが貴金属を地球に持ち帰ることである。小惑星から発見される可能性が最も高いのが地球上では稀少で高価なプラチナ群金属で、これは工業面で応用価値が高い。惑星天文学者は、平均的な小惑星は地球上あるいは月の普通の岩石よりもこうした金属の含有量がはるかに多いと考えている。

　しかし経済学者の中には小惑星から物質を地球に持ってくることの利益を疑問視する人々もいる。例えば宇宙からのプラチナ群金属の供給が急増し、一方で需要が同じように伸びなければ価格が急落し利益はなくなり、それ以上の投資が阻害されるというのである。宇宙からの資源としてもう1つ可能性のある、実験分析用の稀少物質も、市場が限られているばかりでなく、将来分析技術が向上すれば需要が減ると予測されている。

　しかし、宇宙から物質を運び込むのにはおそらく費用がかかり過ぎる反面、経済学者はまた、宇宙で電力を発生させて地球で使うことには大変興味深い可能性があると指摘する。例えば高高度の地球軌道に太陽エネルギー衛星を打ち上げてマイクロ波として地上へ照射するのである。月面で採取されたヘリウム-3を月面での核融合に使い、そのエネルギーを地球へ照射する方法も経済的には魅力的かもしれないともいう。

　同様に、月面の資材を使って太陽熱収集器を造りエネルギーを地球へ送るやり方もある。もしも小惑星から、あるいは月でもよいのだが、そこで得た材質を使って宇宙で高質量でローテクの部品を組み立てることができれば、宇宙での太陽発電プラントの建設は原理的には

〈るかに安上がりなものとなる。さらに遠く、巨大惑星（特に天王星と海王星）のヘリウム-3の供給量は膨大で、そうした惑星の大気中で核融合の燃料を得るという計画が実現すれば、太陽が死滅するまで地球にエネルギーを供給し続けることになる。

　宇宙に求める資源が物質であるかエネルギーであるかはともかく、それを得るテクノロジーはまだこれから開発されなければならない。地球近傍小惑星に到達する技術はすでにあるけれど——実はこうした天体のいくつかに到達するためのロケットのパワーと燃料は月に行くよりも少なくて済むのである——小惑星の資源を採掘して処理する、ないし、地球まで運ぶ技術はまだ開発されていない。その困難さも費用も明らかではなく、また、その作業がロボットでできるのか、人間による監督が必要なのかも分からない。宇宙関連機関の中にはすでに小惑星のロボット探査を行ったものもあり、有人探査の可能性も議論されてはいるけれど、小惑星での採掘に関してはまだ具体的な計画は考えられていないのである。〉

［不要な段落　ア］
〈初期の小惑星採掘の考え方のほとんどは人間が小惑星に行って採掘するというものだったけれど、最近は完全に無人でロボットだけにやらせようというものが出てきている。1つの可能性は、小惑星の一部をただ地球に持ち帰り、それをどこか遠隔地に造った処理プラントで分解するというもの。もう1つが、小惑星上で資材の処理までやってしまうというものである。〉

第3章 論述の構造と長文問題

2 長文の枠組み

3 速読について

速読は目を速く動かすことではない。
目はいくらでも速く動く。
しかし無駄に速く動かすと頭が着いてこないから
スピードのギャップが生じ、読んだつもりが理解できずに
もう一度読むようなことになる。時間とエネルギーの無駄である。
目と頭をsynchronize〈同期〉するには
①目はゆっくり、頭は速く
②絶対に「訳そう」としない
③鉛筆を持つ
④音読をしない
ことである。

①は単純で、目と頭を synchronize するためだ。はじめは目はゆっくりでいい。そのかわり、できるだけ一度で決める努力をする。目の動きは「左から右へ」にこだわらなくていい。これは後述する。

②はつまり「**型で読む→内容を読む**」ということ。速読はパターン認識である。

Rapid industrialization caused the economic structure to change.
を rapid industrialization が caused 原因となって、結果として the economic structure が to change することになった、ということを図示すればこうなる。

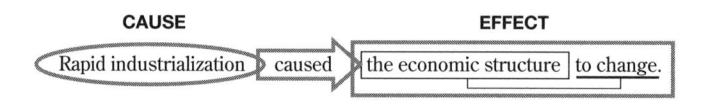

```
        CAUSE                              EFFECT
  ( Rapid industrialization )⇒ caused  [ the economic structure  to change. ]
```

cause ＝引き起こす、というような「訳し方」にこだわっているとどうしても「急速な工業化が．．．経済構造が変化する．．．状態を引き起こした」のように文の中を行ったり来たりするようになる。

返り読みをしないで左から右へ読みなさい、と昔から英語の教師が中級以上の英語学習者に言うのはこういうことである。

さらに上級者に勧めるのが「パラグラフリーディング」（段落単位で読む）だが、段落そのものを読むということはできない。センテンスをろくに読まずにパラグラフを把握することができないのは言うまでもなく、まずセンテンスを速く読むことである。そこで重要になるのが「型の認識」であり、これが anticipation〈予測〉につながる。

予測

　Excellence would enable ... まで読んだら次には目的語ないしそれを中心にした名詞のカタマリがきて、さらに [to ＋動詞] がくるはずだから、
　Excellence would enable [　　] to _____. というパターンを予測する。
　Excellence would enable [young men of any background] **to pass** imperial examinations and **become** mandarins.
〈成績抜群ならいかなる出自の若者でも帝国の試験 [科挙] を受けて高級官吏になれた。〉
あるいは、
　A distinction exists, Joseph Nye has argued, between . . . まで読むと次は
　between [　　] **and** [　　] とくるはずだと予測ができる。読み進むと
　A distinction exists, Joseph Nye has argued, **between** ["hard power," which is the ability to command resting on economic] **and** [military strength]
のように一瞬思われたりするが、
　["*hard power*" . . . economic] **and** [*military* strength]
ではバランスがおかしい。ここは
　economic **and** *military* strength
でなければならないはず。と、修正してさらに読み進むと
　"**hard power,**" **which** is the ability to command resting on economic and military strength, **and** "**soft power,**" **which** is the ability of a state to get "other countries to want what it wants" through the appeal of its culture and ideology.
とあり、つまりは
　A distinction between "*hard power*" **and** "*soft power*"
であることが分かる。それぞれを which 以下の部分で用語の説明をしているのである。
A distinction exists, Joseph Nye has argued,

    between • "hard power,"
        ↰ which is the ability to command
          resting on economic and military strength,
      and
      • "soft power,"
       ↰ which is the ability of a state to get
        "other countries to want what it wants"
         through the appeal of its culture and ideology.[131]

区別が存在する［とジョセフ・ナイは主張する］
 「ハードパワー」←［それはこういうもの (1)］
  と
 「ソフトパワー」←［それはこういうもの (2)］
  との間に。
  (1) それは経済力・軍事力に基づく指揮権である。
  (2) それはある国家が「その国家の文化とイデオロギーの魅力を通じて、その国家が自ら求めることをほかの国々に求めさせる」ような能力である。

という、非常にきれいな構成になっている。こういう文を読むのには単純に「左から右へ読みなさい」というアドバイスでは足りないと思う。慣れた読者は "hard power," which ... を見たらすぐ and "soft power," which という部分を先にちらりと見ておいて上のような構成そのものを予測する。だから上級者の目は左から右へ一直線、でなく、割合きょろきょろしているのである。速読の達人になると英文を横でなく縦に、ページの真ん中あたりを垂直に読むのだ、というようなことを読んだことがあるが、それはよほどの達人で、普通の上級者の場合「きょろきょろしながらどんどん下へ」が当てはまると思う。

 だから③**鉛筆を持つ**ということになる。ただ左から右へ流さないように鉛筆で印をつけながら（大きな主語のかたまりはここまで、とか、比較しているのはこれとこれ、とか、ここは箇条書き、とか）テキストにどんどん書き込んで整理しながら読むのがいい。要するに論述のパターンを明らかにしながら型を読んでいくのである。

 もう1つ、こうした作業が集中力を高めてくれる。日本語だって難しいものを読むときには集中力が必要だ。ましてや外国語にはもっと集中力が必要だ。ただ「集中しよう」と念じてもうまくいかないから、鉛筆を持って自分が本気であることを自覚する。

---

131. Samuel P. Huntington, *The Clash of Civilizations and the Remaking of World Order*

Phrase 単位で読む

「型で読む」ということのもう1つの意味は、語のかたまりをすばやく認識するということだ。

　The 20th century experienced two world wars that inflicted most of their military damage on Germany, Japan, and Russia/USSR, which also had a civil war and other military adventures.

という文を1語ずつばらして

　The　20th　century　experienced　two　world　wars　that　inflicted　most　of　their　military　damage　on　Germany,　Japan,　and　Russia/USSR,　which ...

と　読　ん　だ　の　で　は　読　み　に　く　く　て　し　ょ　う　が　な　い。

普通はフレーズを単位に、少なくとも

　The 20th century / experienced / two world wars / that inflicted / most of their military damage / on Germany, Japan, and Russia/USSR, / which also had / a civil war / and other military adventures.

くらいのかたまりで読むはずだし、もっと慣れた人なら

　The 20th century experienced two world wars / that inflicted most of their military damage / on Germany, Japan, and Russia/USSR, / which also had a civil war and other military adventures.[132]
〈20世紀は2つの世界大戦を経験し、軍事的損害を最も多く被ったのがドイツ、日本、ロシア・ソ連であるが、ロシア・ソ連では内戦やその他の軍事的冒険もあった。〉

と大きなかたまりを作りながら読むはず。このかたまりが大きいほど速く読めるわけだから、本に目をくっつけて読むのでなく、ページからある程度目を離して読むのがいい。その方が目に入る範囲が大きい。電子書籍の場合、フォントサイズを自分で選ぶことができるが、読み慣れている人が、見やすいからといってこんなふうに大きなサイズを選ぶことはまず考えられない。

---

132. Steven Pinker, *The Better Angels of Our Nature: Why Violence Has Declined*

> Memory—whether it's our individual memory or the collective memory that is culture—has a double function. On the one hand to preserve certain data, and on

そういう人たちが下のような小さなサイズを選ぶのは

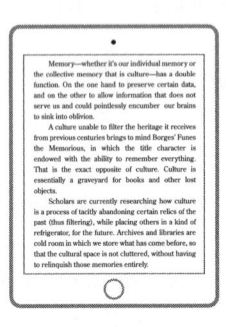

> Memory—whether it's our individual memory or the collective memory that is culture—has a double function. On the one hand to preserve certain data, and on the other to allow information that does not serve us and could pointlessly encumber our brains to sink into oblivion.
> A culture unable to filter the heritage it receives from previous centuries brings to mind Borges' Funes the Memorious, in which the title character is endowed with the ability to remember everything. That is the exact opposite of culture. Culture is essentially a graveyard for books and other lost objects.
> Scholars are currently researching how culture is a process of tacitly abandoning certain relics of the past (thus filtering), while placing others in a kind of refrigerator, for the future. Archives and libraries are cold room in which we store what has come before, so that the cultural space is not cluttered, without having to relinquish those memories entirely.

このように全体が見えるからである。老眼だったりすると小さい字はつらいがそれでもこれを選ぶ。全体を見渡せるメリットの方が大きいからだ。紙の本の場合、見開き2ページが目に入るから全体の見晴らしはもっと良くなる。

はじめ、慣れないうちは

Memory—whether it's our individual memory or the collective memory that is culture—has a double function. On the one hand to preserve certain data, and on the other to allow information that does not serve us and could pointlessly encumber[133] our brains to sink into oblivion.[134] という文のあらゆる語句が同じ重要性を持っているように思うのだが、慣れてくるに従って、whether ... or ... は「〜でも〜でもどちらでもいい」と言っているにすぎない付加的な部分。だから一番重要なのは Memory has a double function. だと分かる。では double とは何かというと、

On the one hand ... のあとに「その1」
... and on the other ... のあとに「その2」である。

---

133. 重荷を負わせる 134.Umberto Eco, Jean Claude Carriere, *This is Not the End of the Book*

その1：to preserve certain data
その2：to allow [information that does not serve us and encumber our brains] to sink into oblivion[135]
これで大事なところは読めているのである。ところで
〈記憶は、それが個人の記憶であれ集合的記憶、つまり文化であれ、二重の機能を持っている。1つは特定のデータを保存すること、もう1つは我々の役に立たない、あるいは必要もないのに我々の脳に負荷をかける情報を忘却の彼方に追いやることである。〉
という全文は115字。最重要な内容だけ取り出して「記憶には2つの働きがある。データの保存と不要な情報の忘却だ。」とすれば30字。

　元の英文は全部で47語。このうちどうしても不可欠な語だけ残すなら

Memory ~~whether it's our individual memory or the collective memory that is culture~~ ~~has a~~ double function. ~~On the one hand to~~ preserve ~~certain~~ data, ~~and on the other to allow~~ information ~~that does~~ not serve ~~us and could pointlessly~~ encumber ~~our~~ brains ~~to~~ sink ~~into~~ oblivion.

となって、12語。あとは本文の型ないし枠組みを作り上げる語句だ。

　80-20の法則というのがある。例えばある組織のメンバーの20パーセントが仕事の80パーセントをこなしている。その20パーセントの人々だけで仕事をさせるとまたその中の20パーセントが80パーセントをやってしまうというのだ。「8-2の法則」だとか「パレート[136]の法則」だとか「ユダヤの法則[137]」（の場合はなぜか78:22という細かい数字になっている）など色々な言い方をして、どのくらい科学的かは別にして経験則としては真実味がある。

　文章にもこれを当てはめる人々がいて、文章の20パーセントで内容の80パーセントが語られる、残りは filler〈埋め草〉であるというのだ。前ページの文では日本語でも英語でも全体の約4分の1で重要な内容の9割以上は語っている。80-20の法則が多かれ少なかれ当てはまる。重要なのは、慣れてくるに従って filler や 論理の道筋を示す語（discourse marker）に気を取られることなく（無意識に使いながら）重要な部分だけを拾って読むことができるようになるということだ。これはリスニングと大いに関係する。リスニングではあらゆる単語を同等に聞くということは考えられず、絞り込みが重要になるからだ。

---

135. 忘却　136. イタリアの経済学者 Vilfredo Pareto (1848-1923)
137. 民間伝承の類いと思われる

External Context

　それでも頭に入らない文はどうするか？　じっくり時間をかけて読むしかない。難しい英語なのだ。難しい、というのは自分の理解能力を超えているわけで、語彙の問題だけでなく、構文が入り組んでいる（のはたかが知れている）というだけでもなく、今までの知識でカバーできない内容なのだ。だからきっと同じことを日本語で読んでも難しい。

　external context〈外部コンテクスト〉という言葉がある。一般に context は「文脈／前後関係」を指す言葉で、英文和訳などの場合、その語句がどういう場面で使われているかが重要になる（▶158ページ）。quotation out of context〈コンテクストを無視した引用〉はジャーナリズムや政治家が攻撃相手に悪意を持って使う手段でもある。

　ジャズの帝王マイルス・ディヴィスの伝記[138]なんかは、ブラックのジャズマンのしゃべり英語（ということは、標準英語とは違う「カッとんだ」英語）で書かれていて、面白いのは例えば一緒に組んだミュージシャンを評して

　That motherf***er was really bad!

という同じ言葉が、文字どおり「あのクソ野郎、ほんと最低だったぜ」の意味で使われる場合と「あのクソ野郎、ほんと最高だったぜ」という親しみを込めた賛辞とに使われる場合とがある、つまりコンテクストを見ないと分からないのだ。

　それに対し、external context とは「今読んでいるものを自分の知識の総体の中のどこに位置づけるか」をいう。

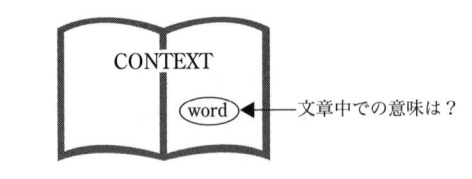

```
        CONTEXT
         word  ← 文章中での意味は？
```

でなく

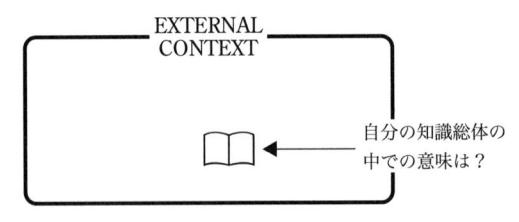

```
      EXTERNAL
      CONTEXT
         📖  ← 自分の知識総体の
              中での意味は？
```

である。知識総体の中の位置づけ、というのは要するに「あ、あの話ね！」と腑に落ちるということ。今読んでいる新情報が、以前に自分が読んだ・習った・聞いた知識とリン

---

138. Miles Davis, Quincy Troupe, *Miles, The Autobiography*

クして、頭の中のどこかに収まる。逆に人はものを読むとき、自分の external context を総動員して読む。そういう意味で、読書とは結構全人格的なものなのだ。

難しいと我々が感じるものは自分の知識を超えているから、自分の external context の中に位置づけることができない。そういうものは自分の知識総体を拡大してくれるものなのだから勉強だと思って謹んで読むしかない。時間もかかるし苦労もする。全部理解できないこともある。しかしそれが次に生きてくる。一度読んだものと似たものは速く読める。だから読むのが速い人はたくさん読めて、それがまた速読のエンジンになってくれるわけだ。読める人はさらに読めるようになる（あるいは、金持ちはさらに豊かになる）というのを Mathew effect[139] という。これは英語にかぎらず日本語もまったく同じこと。日頃から速く読む習慣を日本語でもつけるとよい。

ついでだが、bilingualism に関して、多くの人は表面しか見ていない。

日⇄英

しかし実は水面下ではこうなっている。

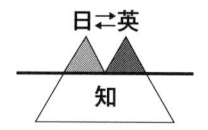

日⇄英
知

二言語の運用能力のベースに共通の知識がある。この知識は言い換えれば external context である。このうちの一部を我々は言葉で表現できる。表現の outlet〈出口〉を2つ持っている人を bilingual という。言うまでもなく大きなバイリンガルと小さなバイリンガルがあって、小さなバイリンガルの人はベースの「知」の部分ないし external context が小さい人で、日常的なことしか知らないし表現できないかもしれない。それでもそれを日本語と英語の上手な発音で言えるだけで、世間から「いいなあバイリンガル」なんて思われたりするんだが。

大きなバイリンガルになろうと思うのならまず「知」の部分を拡大すること。そして日本語で表現できることを英語に移していくこと。この作業はほとんど語句の獲得だけである（とはいえ結構時間はかかる）。

---

139. マタイ効果：新約聖書マタイ伝25章29節「おおよそ、持っている人は与えられて、いよいよ豊かになるが、持っていない人は、持っているものまでも取り上げられるであろう」というイエスの言葉に由来する。

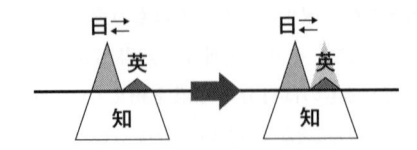

outlet の日本語ないし英語は同時に inlet〈取り込み口〉でもあるから、新しい「知」を獲得するのに日本語経由でも英語経由でもいい、というのも bilingual の特徴だ。[140]

Cultural Literacy

　実はこの「知」は日本語と英語と共通のもの（例えば遺伝のしくみがどうなっているか、1492年にどういう重要なことが起きたか）だけではない。日本語と英語それぞれの文化に関することもある。日本人は（教育を受けた日本人は）「祇園精舎の鐘の声」と見ると「諸行無常の響きあり」と続くのだと分かる。平家物語を全部読んでいなくても分かる。同じように（教育を受けた）英語国民は "Fair is foul" と見ると "and foul is fair" と分かるのである。「きれいは、きたない、きたないは、きれい」はシェークスピア『マクベス』の冒頭の、魔女のせりふだと、マクベスを全部読んでいなくても知っているのだ。こういうことを cultural literacy〈文化を読む力〉という。

　これが特に雑誌などを読んでいると問題になるところで、例えば雑誌の見出しなどで "TV or Not TV" とあったとして、内容は「インターネットなどのせいで情報や娯楽をテレビに頼らなくてもよくなった」ということである、というとき、我々はこの見出しをただ「テレビ、見るか、見ないか？」と受け取るけれど、実はシェークスピアの『ハムレット』の "To be, or not to be, that is the question."〈「生きるか、死ぬか、それが問題だ。」〉をふまえているということを（教育を受けた人の）すべてが知っており、「テレビは存続するか否か」という裏の意味まで読み取っている。

　これはこの先の話で、東大を受けるために最低限どうするかということではない。将来英語を使っていくさいの1つのアドバイスである。TOEICで900点取れるくらいなら、仕事をやっていくうちに実用的なことはこなせるようになるだろう。しかしビジネスは人と

---

140. 新しい知識を英語から入れる、というのはその気になればいくらでもできる。自分の知らない分野の入門書を日本語でなく英語にすればよい。アメリカの大学初年度用に作られた教科書の中には、その分野の第一人者が編纂したものがあり、だいたい分厚い（しかも高い）ものだが、それ1冊読むとその分野の概要を浅く広く知ることができる。例えば社会学なら Anthony Giddens (ed), *Sociology*, 心理学なら Wayne Weiten, *Psychology*, 言語学なら David Crystal, *The Cambridge Encyclopedia of Language* など。
　Oxford University Press から出ている one book one topic の *Very Short Introduction* シリーズもいい。こちらはやや難しいものが多いが、薄くて安い。

人とでやるのだ。相手はできるだけすごいやつと組みたいのである。日本語をしゃべる外国人で「これいけてるよねえ」とか「いまいちですねえ」なんて言う人を我々はとりあえず、あ、こいつ日本語うまいなあと思う。しかしその人が「ソーセキって誰？」と聞いた途端、あ、しょせんその程度の日本語力ね、教養はないな、と判定する、と言えば、問題の本質は分かってもらえると思う。[141]

読む速度

　文を読むスピードは1分あたりの単語数 (Words Per Minute) で測る。平均的な大人のスピードは（散文を読む場合）250-300 wpm といわれている。300語というのは12ポイントの字でだいたいA4用紙1枚弱ぐらいである。東大の要約問題が平均300語ぐらい、長文問題が段落整序問題、小説問題ともに800〜1,000語ぐらいだ。大学教育を受けたネイティブ・スピーカーに読ませれば（問題としてでなく、単純に概要を理解して読むだけなら）要約問題は1分、長文は2分40秒〜3分ちょっと、ということになる（もう一度言うが、読むだけなら、である。段落整序などということになれば2倍、3倍の時間は軽くかかるし、どれだけ正解できるかはまた全然別問題）。もちろんこれは平均の速度にすぎず、現実のスピードは読む内容に大きく左右される。『純粋理性批判』を300 wpm で読む人はいない。

　音読 (vocalization=音声化) となるとスピードはその約半分で、オーディオブック（本を音読したCDやmp3で、アメリカ人の多くが車で通勤するため、読書人に人気がある）が150〜160 wpm だ。しかし読書に慣れた人にとってはこれは遅く感じるため、オーディオブックの再生アプリにはたいてい1.5〜3倍速のオプションがある。2倍でやや速めに読む速度、3倍にするとものすごい速読のスピードになる。しゃべるスピードは人と場面によって違い、スライドやPCなどを使ったプレゼンテーションでは 100 wpm ぐらいに落ちることが多い。ちなみに読み上げのギネス記録（保持者 Steve Woodmore）は 637 wpm。ネットに動画があるが、何を言ってるのかさっぱり分からない。東大入試のリスニング問題はオーディオブックと同じ150 wpm 程度。

　日本人が英語を読む場合、例えば映画の画面に出たキャプションを読み切れないことがあるのではないか。あれはネイティブなら十分読める時間を設定してあるのだが、こういうところで自分の遅さが実感されたりする。例えば東大入試の要旨要約問題が300語としてこれを読むのに10分かかるとしたら、30 wpm。ネイティブの速い人の10分の1。もう少し速くならないか、とやはり思う。

---

[141]. 日本語から得た知識を英語に移し替える、あるいは英語国民の常識を概観する手っ取り早い本は E.D. Hirsch, Jr. (ed.), *The Dictionary of Cultural Literacy*、あるいはそれを子供用に易しく編集し直した *The First Dictionary of Cultural Literacy* がお勧め

まずリスニングのスピード150 wpm に近づけ、次にはこれを超えていきたい。初歩の段階では音読は重要だけれど、あるところで、つまり、もっと速く読もうと決心をした時点で音読からは決別しなければならない。だから④**音読をしない**、ということになる。自分は音読はしていないつもりでも口の中で、あるいは心の中で読んでいる人がいる。こういうのを subvocalization といって、アメリカで多く出されている速読指南書が共通して禁ずる項目だ。

　勘違いしないでいただきたいが、英語から音を取り去れと言っているのではない。それどころか、英語をしゃべるためにはいつも音を出す練習をしていないといけないのだが、それは暗記すべき語句についてであって、文を読むときのことではない。完全に理解した文章を他人に説明するような気分で音読するのなら意味がある。しかしまだ中身は分からないがとりあえず声に出して読み始めるという習慣は良くない。お経を唱えるのと違って、こうしても御利益はない。

目標：150 wpm

　まず現実的に、読むスピードをリスニングのスピードに近づける。このスピードを実感するために、すでにかなり読み込んだ長文4つ（▶ **QUESTION 32～QUESTION 34、QUESTION 38**）を録音に合わせて聴きながら、速読のシミュレーションをする。通して4つ、約150 wpm の速度に合わせて、文を目で追ってみよう。

1 [CD track #06]

　A lonely seeker of truth fighting against overwhelming odds. This is the conventional image of "the scientist". Just think of Galileo. He had to single-handedly discover the laws of falling bodies in a physical world all too reluctant to give up its secrets, improve the telescope and face the wrath of the Church, but his devotion to scientific truth changed history.

　Of course, there are serious problems with this romantic picture. Galileo was not as innocent as we might think, and his observations have been shown to be less than strictly scientific. But Galileo does provide us with a heroic model of science where the heroes, the individual scientists working on their own, make major discoveries.

　Nowadays, however, major discoveries are seldom made by individual scientists. Much of contemporary science is corporate science, involving huge laboratories where large groups of scientists work on individual problems.

Not surprisingly, then, most philosophers and sociologists of science have given up the heroic model. The individual seeker of scientific truth, working alone, may occasionally discover a comet or two, but on the whole, the argument goes, he or she has little to contribute to science as such.

I think the heroic model is being abandoned a bit too hastily. Just as individuals can change deeply-rooted national policies by taking on government or big business, so individual scientists can confront established scientific prejudices and change the course of science.

Mark Purdey provides us with an example of how this can be done. Purdey is an organic farmer who was suspicious of the official version of the origins of BSE (so-called "mad cow disease"). He noticed that his cows never touched the "cattle cake" that contained the ground-up brains of sheep and cows, yet they became sick with BSE. Purdey's detailed records were available for inspection, but who would listen to a mere farmer?

Worse: Purdey had his own theory, unacceptable to establishment science, which blamed legally required insecticides. Ten years of lonely research eventually linked BSE with an excess of the metal manganese, a connection recently confirmed by a research team in Cambridge.

We do not have to look very far to find another example of the heroic model in action. The most recent is Aids researcher Edward Hooper, who denies that HIV was caused by a chimpanzee virus. Instead he shows that most cases of Aids in Africa came from the same places where an experimental oral polio vaccine called Chat was used.

So, the lonely scientist fighting against all odds can triumph. Purdey and Hooper can be seen as contemporary equivalents of Galileo. But who is the Church in this case? Not a religious establishment, but a scientific one. As far as the individual scientist working on his or her own is concerned, the Church has been replaced by rigidly dogmatic institutions of science—large laboratories, academic research institutions and government ministries.

Perhaps the real moral is that institutions of all kinds tend to suppress uncomfortable truths. And a lonely scientist armed with truth can still be a powerful force.

(512 words/3'30"=146 wpm)

2 [CD track #07]

Bialystok in the 1860s was a city torn apart by intolerance and fear. Located in the north-east of what is now Poland, and at the time under Russian rule, the city was home to four main communities: the Poles, the Russians, the Germans, and the Jews. These communities lived separately, had no shared language, and mistrusted each other deeply. Violence was an everyday event.

It was here, where lack of understanding created racial hatred, and racial hatred regularly exploded on the streets, that Ludovic Zamenhof was born in 1859. His mother was a language teacher and his father was also a student of languages. By the time he was fifteen, young Ludovic had seen enough violence in his hometown to convince him of the need for a common language that would enable different communities to understand each other.

Zamenhof had been brought up by his parents to speak Polish, German, Russian, Yiddish, and Hebrew, and he also had a good knowledge of English and French, so he knew that no existing language would work. For one thing, the fact that all of these languages were associated with a particular country, race, or culture meant that they lacked the neutrality any international language would need in order to be accepted.

These existing languages also had complicated grammatical rules, each rule with its own exceptions, and this meant that they lacked another essential characteristic of a universal second language: they could not be easily learned by ordinary people. The difficulty factor also meant that neither Latin nor classical Greek had much potential as a universal language. Zamenhof was left with only one option: he would have to devise his own.

But inventing languages doesn't pay the bills, so Zamenhof needed a career. He studied medicine and became an eye doctor. By day he took care of people's eyes, and in the evenings he worked on his new language: Esperanto. Esperanto is a beautifully simple language with only 16 basic rules and not a single exception. It is probably the only language in the world to have no irregular verbs (French has more than 2,000, Spanish and German about 700 each) and, with just six verb endings to master, it is estimated that most beginners can begin speaking it after an hour.

Esperanto vocabulary is also very simple. Instead of creating a huge list of words to learn, Zamenhof invented a system of very basic root words and simple ways to change their meanings. Putting "mal-" at the start of an Esperanto word, for example, changes that word into its opposite. Esperanto speakers easily make new words by putting two or more existing words together. This kind of word invention is regarded by Esperantists as a creative process which adds to the appeal of the language.

Although Zamenhof's beautiful language is not associated with any one nation or culture, three-quarters of its root words have been taken from Latin, Greek, and modern European languages. The advantage to this is that about half the world's population is already familiar with much of the vocabulary. For an English speaker, Esperanto is reckoned to be 5 times as easy to learn as Spanish or French, 10 times as easy as Russian, and 20 times as easy as Arabic or Chinese.

The disadvantage, obviously, is that speakers of non-European languages have to work a little harder to get started with Esperanto. But Esperantists argue that the simplicity of Zamenhof's language scheme quickly makes up for any unfamiliarity with its root words. They proudly point to the popularity of Esperanto in Hungary, Finland, Japan, China, and Vietnam as the proof of Zamenhof's achievement in creating a global language for mutual communication and understanding.

(618 words/3'30"=177 wpm)

3 [CD track #08]

I'm sixteen. The other night, while I was busy thinking about important social issues, like what to do over the weekend and who to do it with, I happened to hear my parents talking in the kitchen about the future. My dad was upset—not the usual stuff that he and Mom and, I guess, a lot of parents worry about, like which college I'm going to go to, how far away it is from home, and how much it's going to cost. Instead, he was upset about the world his generation is turning over to mine, a world he fears has a dark and difficult future—if it has a future at all.

"There will be a widespread disease that kills millions," he said, "a devastating energy crisis, a horrible worldwide depression, and a nuclear explosion set off in anger."

As I lay on the living room couch, hearing what was being said, starting to worry about the future my father was describing, I found myself looking at some old family photos. There was a picture of my grandfather in his military college uniform. He was a member of the class of 1942, the war class. Next to his picture were photos of my great-grandparents, immigrants from Europe. Seeing those pictures made me feel a lot better. I believe tomorrow will be better than today—that the world my generation grows into is going to get better, not worse. Those pictures helped me understand why.

I considered some of the awful things my grandparents and great-grandparents had seen in their lifetimes: two world wars, epidemics, racial discrimination, nuclear bombs. But they saw other things, too, better things: the end of two world wars, new medicines, the passing of the civil rights laws. They even saw the Boston Red Sox win the World Series baseball championship—twice.

In the same way, I believe that my generation will see better things, too: we will witness the time when AIDS is cured and cancer is defeated, when the Middle East will find peace, and when the Chicago Cubs win the World Series baseball championship—probably only once.

I will see things as unbelievable to me today as a moon rocket was to my grandfather when he was sixteen, or the Internet to my father when he was sixteen.

Ever since I was a little kid, whenever I've had a bad day, my dad would put his arm around me and promise me that "tomorrow will be a better day." I challenged my father once: "How do you know that?" He said, "I just do." I believed him. My great-grandparents believed that, and my grandparents, and so do I. And now, I suddenly realized that it was *my* turn to make *him* feel better.

As I listened to my dad that night describing his worries about what the future holds for me and my generation, I wanted to put my arm around him and tell him what he always told me, "Don't worry, Dad. Tomorrow will be a better day."

(510 words/3'30"=146 wpm)

4 [CD track #09]

On that morning the bus was standing-room-only as we squeezed on at our regular stop. Several blocks later, my son, Nick, found a free seat halfway back on one side of the bus and his little sister, Lizzie, and I took seats on the other.

I was listening to Lizzie chatter on about something when I was surprised to see Nick get up. I watched as he spoke politely to an older, not quite grandmotherly woman who didn't look familiar to me. Suddenly I understood: he was offering her his seat. A little thing, but still I was flooded with appreciation. For all the times we have talked about what to do and what not to do on the bus—say "Excuse me," cover your mouth when you cough, don't point, don't stare at people who look unusual—this wasn't something I had trained him to do. It was a small act of kindness, and it was entirely his idea.

For all we try to show our kids and tell them how we believe people should act, how we hope they will act, it still comes as a shock and a pleasure—a relief, frankly—when they do something that suggests they understand. All the more so because in the world in which Nick is growing up, the rules that govern social interaction are so much vaguer than they were when we were his age. Kids are exposed to a complex confusion of competing signals about what's acceptable, let alone what's admirable. It's hard to know what good manners are anymore.

I was reminded of this incident on the train the other day, on another crowded morning, as I watched a young man in an expensive suit slip into an open seat without so much as losing his place in the *New York Times*, smoothly beating out a silver-haired gentleman and a group of young women in trendy clothes.

My first thought was that his mother would be ashamed of him. And then I thought, with some amusement, that I am hopelessly behind the times. For all I know, the older man would've been insulted to be offered a seat by someone two or three decades his junior. And the women, I suppose, might consider polite behavior toward themselves discrimination. Besides, our young executive or investment banker probably had to compete with women for a job; why would he want to offer a potential competitor a seat?

Of course, this sort of confusion is about much more than etiquette on public transportation. It's about what we should do for each other, and expect of each other, now that our roles are no longer closely dictated by whether we are male or female, young or old.

Not for a minute do I regret the passing of the social contract that gave men most of the power and opportunity, and women most of the seats on the bus. But operating without a contract can be uncomfortable, too. It's as if nobody quite knows how to behave anymore; the lack of predictability on all fronts has left our nerve endings exposed. And the confusion extends to everything from deciding who goes through the door first to who pays for dates.

Under the circumstances, good manners require a good deal more imagination than they once did, if only because it's so much harder to know what the person sitting across from you—whether stranger or friend—expects, needs, wants from you. When you don't have an official rulebook, you have to listen harder, be more sensitive, be ready to play it by ear.

(602 words/3'30"=172 wpm)

ヨク見聞キシ、ソシテ忘レヅ

　もうすでに内容はよく知っている文だから分かりやすいのはあたりまえだが、どのへんに重要な内容があってどのへんが filler であるか、また、段落構成が大きくどのようになっているか、ある程度実感できるのではないか。80-20の法則も結構当たっていると思えるのではないか。この先、このスピードを1つの目標として考えてほしい。

　第7章ではリスニングを扱うが、リスニング上達のコツは読み方にもある。読むときにいつも、のろのろ読まないで、重要なところを探して覚えようと心がけていると、それがリスニングに反映する。長文を読んでいると前の方を忘れてしまうという人がよくいるが、それはのろのろ読んでいるからだ。語句にとらわれているからだ。内容を覚えようとする努力をしないからだ。覚えようとすれば自然に、訳そうなどということを忘れて情報を整理して大事なところを探し出そうとするものだ。もちろん集中力が必要となる。だから寝転がって速読はできない。実はものを読むのも修行で、読むと決めたら一気に集中して、たとえそれが電車の中で周囲が混雑していようが騒がしかろうがページに集中できるよう、自分を鍛え上げるのだ。

　速読に必要なのは突き詰めれば、さくさくとたくさん読むこと、そして覚えようとすること。ヨク見聞キシ、ソシテ忘レヅ、である。まるで宮沢賢治のようではないか。

第4章
基本語の用法

1. 基本語の考え方

基本語の考え方

基本語とは、派生語でも複合語でもなく観念的でも複雑でもない、日常身の周りにいつもある易しい単語。こうしたものは意味・用法の幅が広いから、逆に難しい。まず考え方をきちんと整理する。

1 Literal と Figurative

言葉には literal〈文字どおり〉の用法と figurative〈比喩的〉な用法とがある。

まず下の図を見て (**1**) ～ (**8**) の語を確認した上でその下の例文を通読し、それぞれの **a** と **b** の違いを考えてみよう。

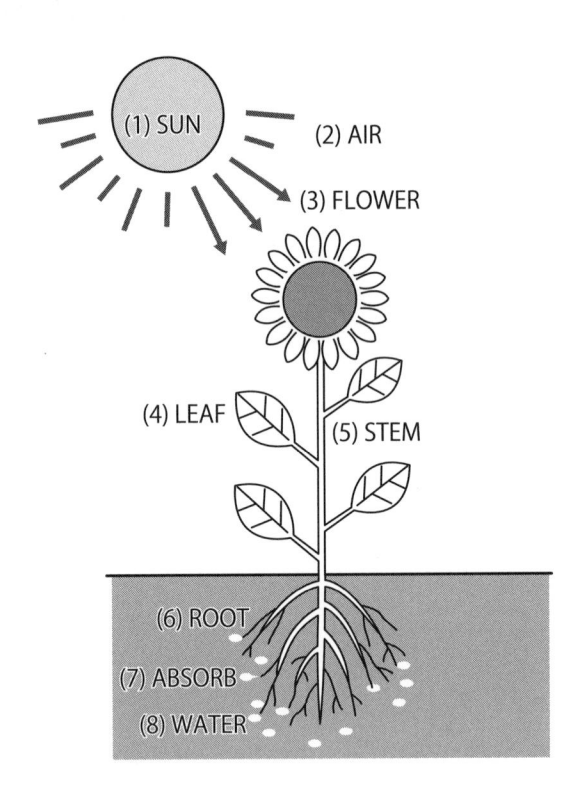

(1) SUN
(2) AIR
(3) FLOWER
(4) LEAF
(5) STEM
(6) ROOT
(7) ABSORB
(8) WATER

(1) **sun**

(**1-a**) Planets revolve around the *sun*. 〈惑星は太陽の周りを公転する。〉

(**1-b**) You are my *sun*. 〈君は僕の太陽だ。〉

(2) **air**

(**2-a**) The *air* that we breathe consists of approximately 78.1% nitrogen and 20.9% oxygen with about 0.036% carbon dioxide.
〈我々が呼吸している空気は約78.1パーセントの窒素と20.9パーセントの酸素、およそ0.036パーセントの二酸化炭素でできている。〉

(**2-b**) She has an *air* of authority and pride about her.
〈彼女は威厳と誇りの空気を備えている。〉

(3) **flower**

(**3-a**) The garden is full of *flowers*. 〈庭園は花でいっぱいだ。〉

(**3-b**) Chinese civilization *flowered* during the Tang dynasty.
〈中国の文明は唐の時代に華開いた。〉

(4) **leaf**

(**4-a**) Four-*leaf* clovers have been believed to bring good luck to their finders.
〈四つ葉のクローバーは見つけた人に幸運をもたらすと信じられてきた。〉

(**4-b**) He decided to *turn over a new leaf* and quit drinking.
〈彼は新しいページをめくる[→生活を一新する]ことを決心して酒をやめた。〉

(5) **stem**

(**5-a**) Leaves come out on the two opposite sides of the *stem*.
〈茎の両側から葉が出てくる。〉

(**5-b**) Many problems *stem from* poverty. 〈多くの問題が貧困から生じてくる。〉

(6) **root**

(**6-a**) Use a large shovel to dig up *deep-rooted* weeds.
〈深く根の張った雑草を掘り起こすには大型のスコップを使いなさい。〉

(**6-b**) *Deep-rooted* problems such as depression and nervous disorders are not easy to deal with.
〈うつや不安神経症といった根深い問題は対処が難しい。〉

(7) **absorb**

(**7-a**) Water is *absorbed* through roots. 〈水が根から吸収される。〉

(**7-b**) Many children spend long hours totally *absorbed* in online

games.
〈多くの子供がオンラインのゲームに没頭して長い時間を費やしている。〉

(8) water

(8-a) ***Water*** is made from hydrogen and oxygen.
〈水は水素と酸素でできている。〉

(8-b) The film *The Name of the Rose* is a ***watered****-down* version of a far richer and far more complicated novel by Umberto Eco.
〈映画の『薔薇の名前』は、ウンベルト・エーコによる、はるかに豊かで複雑な小説を大衆に分かりやすく簡略化したものだ。〉

　各例文の **a** が literal な用法、**b** が figurative な用法だ。figurative な用法について言えば、ここでは比喩のありようが日本語と発想の同じものが多い。(**4-b**) のように紙1枚・1ページを葉になぞらえる用法は日本語と違って見えるが、昔は「1枚」の意味で「一葉の写真」などと言った。もちろん英語の loose leaf はそのまま日本語化している。

　(**7-b**) なども、日本語では「子供はゲームに吸い込まれている」と言わないが「呑み込まれている」「熱中している」のことだと見当がつくし、同様に (**8-b**) も酒などを「水で薄めた」、つまり味が薄く刺激も少なくなったものだと分かる。

　分かりにくいのは (**5-b**) の stem だ。「茎のように種から生じている」ということ。しかし日本語で比喩として「茎」を使うことはないから「多くの問題が貧困から茎する」は意味をなさない。だから英和辞典などでは「名詞：茎および道具などの細長い部分」「動詞：〜から生ずる」というように、名詞と動詞とがまったく違うもののように書かれてしまう。しかし重要なのは、「茎」という語は英語では比喩的動詞としても使うのだと認識することだ。比喩のあり方は日本語と英語とで必ずしも一致しない、というよりまったく異なる場合もあるから、それを認識しないと発想の違いを知ることができず、「stem には［茎］と［生ずる］という2つの意味がある」というように訳語のせいで別個に2つの暗記を強いられることになる。

　同様の例をもう1つ。run の意味は訳で言えば「走る／流れる／経営する」かもしれないけれど core meaning で言えば go quickly/smoothly あるいは他動詞として使った場合、let go quickly/smoothly である。だから、

A river ***runs*** through the plain. 〈平野を川が流れている。〉
も
This organization ***runs*** on the basis of everybody executing their

responsibility.
〈この組織はみんながそれぞれの職責を果たすことに基づいて動いている。〉
も

My father ***runs*** several businesses.〈父はいくつかの商売をしている。〉
も

You are ***running*** the risk of losing all your fortune.
〈君は全財産を失う危険を冒してるんだ。〉
も全部同じものだ。

　というより、同じ1つのものだが用法が違って見えるのだ。その根には、同一の語が literal に使われているか、あるいは figurative に使われているかという違いがある。

自動詞／他動詞について

　もう一度自動詞と他動詞についてひと言。動詞は自動詞と他動詞の2つのグループに分かれる、というように思っている人がたまにいるようだがそれは大間違いで、ほとんどの動詞が自動詞にも、あるいは目的語を伴って他動詞にも使える、というのが正しい。例えば eat は何かを食べるのだから他動詞で、walk は自分が歩くのだから自動詞、というのは正しくない。

A panda ***eats*** shoots and leaves.〈パンダは(笹の)新芽と葉とを食べる。〉
は他動詞だが、

A panda ***eats***, shoots, and leaves.[1]〈パンダは食い、発砲して、去る。〉
は自動詞。

I ***walk*** every morning.〈毎朝散歩する。〉
は自動詞だが、

I ***walk*** my dog every morning.〈毎朝犬に散歩をさせる。〉
は他動詞。

　辞書を見ればほとんどの動詞が vi(自動詞)、vt(他動詞)の両方に使われることが分かる(▶147ページ)。

---

[1] Lynne Truss, *Eats, Shoots & Leaves: The Zero Tolerance Approach to Punctuation* (2003) より。shoot = 新芽／撃つ、leaves = 葉／立ち去る、という double meaning のジョーク

317

2 Core (root) meaning

　単語は本来その語の核 (core＝芯)、あるいは根っこ (root) となる (もちろんこれらも比喩的な用法だが) 本来の意味があるが、それは文字どおりの意味である。それが比喩的に応用される。
This apple is *rotten to the core*. 〈このリンゴは芯まで腐っている。〉
の core が本来の意味で literal な用法であるのに対し、
This organization is *rotten to the core*. 〈この組織は芯まで腐っている。〉
は figurative な用法。何十年・何百年を経て本来の用法が比喩的に拡大されていくのである。言葉を比喩的に使うというのはもちろん何千年も前から行われていることで、古代ギリシャ人は rhetoric 〈修辞〉(▶395ページ) の一部として比喩を分類し、研究した。ホメロスの『イリアス』なども様々なタイプの比喩に満ちている。「薔薇の指(ゆび)した夜明け」などはことに有名で、英語では rosy-fingered dawn というフレーズで知られる。キリストは教育もない一般の人々を相手に来世のことを語るのに「物質に対する欲望が強いと魂の救済を忘れる」などと抽象的なことを言う代わりに、
It is easier for a camel to go through the eye of a needle than for a rich man to enter the kingdom of God.
〈金持ちが天国に入るのはラクダが針の穴を通るより難しい。〉
と言う。

比喩の型

　比喩 (figure of speech あるいは comparison) には like、as などの語によって比喩であることを明示する simile 〈直喩／明喩〉、
Achilles fought *like* a lion. 〈アキレスは獅子のごとく戦った。〉
や、比喩であることを明示しない metaphor 〈隠喩／暗喩〉、
Achilles *was* a lion in the fight. 〈アキレスは戦において獅子であった。〉
さらに、置き換え表現である metonymy 〈換喩〉、
panic on Wall Street 〈ウォール街のパニック→株価の急落：ニューヨーク証券取引所をその所在地に置き換える〉
などいくつもの形態があるが、重要語としては figure of speech 〈比喩／言葉のあや〉と metaphor を覚えておけばよい。metaphor の形容詞形は metaphorical で、

figurative（この語は figure of speech から来ている）と同様、比喩的（隠喩と特定しないで比喩全般）という意味でよく使われる。

　日常の会話に metaphor はあふれていて、
You're a *pig*.〈てめえは豚だ。〉
He's the *brain*. We're the *muscles*.〈彼が頭脳で、俺たちは手足だよ。〉
などと言うとき、ほとんどの人は隠喩ということすら意識しないのではないか。
They have bad *chemistry*.〈彼らは相性が悪い。〉
This is just *a piece of cake*.〈こんなの朝飯前。←パクッと食べておしまい〉
Give me *a rain check*.
〈また誘ってね。← rain check は試合が雨天中止になったときの順延券〉
Give me a *ballpark* estimate.
〈概算の見積もりを下さい。←ボールが「野球場」にある、つまり、大まかにそこにあること〉
などという idiomatic な表現もほとんどは metaphor だ。

　もう１つ覚えておきたいのが analogy〈類比〉。アリストテレスの『詩学』ではこんなふうに説明している。ギリシャ語で analogon は ratio〈比〉を示す語。2：3＝4：6（英語での読み方は Two is to three as four is to six.）の型を使って Evening is to day as old age is to life.〈夕：日＝老：生〉としたものを analogy という。さらにこれを入れ替えて合体させると evening of life〈生の夕べ〉や day's old age〈日の老い〉という表現が出来上がる。これが metaphor である。

　こうしたアナロジーはもちろん英語に限ったものではなく、例えば中国語の青春、朱夏、白秋、玄冬なども一生を四季になぞらえたもの。また分かりにくいことを分かりやすく説明する方策として用いられる「免疫系というのはいわば自衛隊です。外からの敵を撃退します」などは根底に「身体：免疫系＝日本国：自衛隊」というアナロジーがある。無意識に使っている「時が流れる」「時間をさかのぼる」「時代を下る」なども時間と川のアナロジーに基づいている。要するにアナロジーは「移し替え」のテクニックだ。

　人間は比喩でものを考え、表現するのだということを頭に置いたうえで語を考えてほしい。英単語をしっかりと効率よく覚えるために core meaning の理解が必要になるのはそういう理由だ。

3 「熟語」

「熟語」というのは便利な言葉で、as a result は「結果として」という熟語です、take in は「だます／丸め込む」という熟語です、などという。あるいは「決まり文句」だ「イディオム」だという。これではあまりにも曖昧だから、少し整理しておいた方がいい。いわゆる「熟語」を整理するとこうなる。

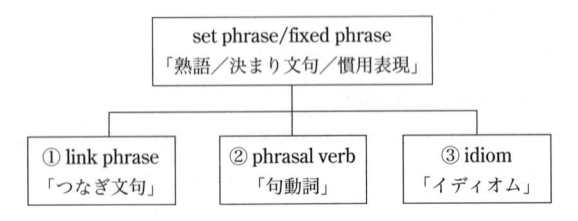

```
           set phrase/fixed phrase
           「熟語／決まり文句／慣用表現」
          ┌──────────┼──────────┐
    ① link phrase   ② phrasal verb   ③ idiom
     「つなぎ文句」      「句動詞」        「イディオム」
```

Link Phrase

①は文同士をつなぐ（あるいは語句を修飾する）役割を果たすフレーズ。as a result〈その結果〉、on the other hand〈いっぽう〉、as a matter of fact〈実のところ〉、more often than not〈多くの場合〉など。これらはだいたい単語の組み合わせから意味がはっきり分かる。as a result はそのまま「ひとつの結果として」だし、on the other hand は本来 on the one hand ... on the other (hand) と対になるもので、物事を2つに分けて、片方の手で1つを指し、もう片方で残りを指すわけだし、as a matter of fact は「事実の問題として」とそのまま。more often than not は「〜である場合の方がそうでない場合より多い」と言っている。要するにすべて literal な用法だ。主なものは103〜115ページで確認しておくこと。

Phrasal Verb

②は基本動詞と前置詞／副詞の組み合わせ。look for〈探す〉、give up〈諦める／やめる〉、take in〈取り込む／丸め込む〉など。同じ ***look*** でも ***at*** と組み合わせて ***look at*** とすれば〈見る〉、***look after*** なら〈世話をする〉、***look forward to*** なら〈〜を待ちわびる〉、

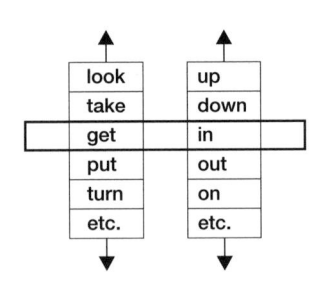

look	up
take	down
get	**in**
put	out
turn	on
etc.	etc.

look into〈のぞき込む／調査する〉、*look up*〈見上げる／敬意を払う〉、*look down*〈見下ろす／見下す〉、*look over*〈見晴らす／見逃す〉などなど。

動詞を *take* に代えれば *take for*〈見なす〉、*take up*〈取り上げる〉、*take after*〈似る〉、*take into*〈取り込む〉、*take down*〈取り壊す〉、*take over*〈取って代わる〉、*take out*〈持ち出す／連れ出す〉などなど。

日本語の「見上げる」「見下す」「見入る」「見込む」「見いだす」「取り上げる」「取り下げる」「取り入る」「取り入れる」「取り込む」「取り込み中」「取り出す」など、日本語のネイティブスピーカーにとっては何でもないことが日本語学習者には難しい。そのちょうど裏返しだ。

時間をかけて使い方を覚えていくしかない。しかしここが大事なのだが、日本語の「訳」を覚えても駄目だ。いつまで経ってもその基本語の意味範囲が分からないからだ。例えば *take* the fact *into* account〈その事実を考慮に入れる〉、*take* the remark *as* insult〈その発言を侮辱と受け取る〉、*take* air *for granted*〈空気を当然のものと思う〉、*mistake*〈間違える〉と訳だけ覚えていると、*take* は「頭に」入れる場合に使うのだという当然のことにいつまでも気づかないことになる。基本語であろうと、すべての語にはそれ固有の意味があるのだ。1つの日本語に1対1で対応しないだけである。特に基本語は意味・用法が広いから日本語の訳では対応できない。

意味・用法は literal な core meaning〈中核的意味〉から figurative という方向へ応用されて広がっていく。

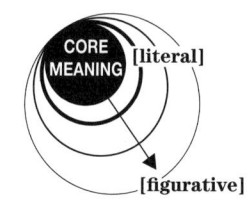

- Open the window to *take in* fresh air.
  〈窓を開けて新鮮な空気を入れなさい。〉
- Japan has been *taking in* western cultures.
  〈日本は西洋の文化を取り入れてきた。〉
- I was easily *taken in* by his smooth talk.
  〈私は彼の巧みな話術にやすやすと丸め込まれた。〉

特に用法の範囲が大きいものを 4 Phrasal Verb（▶326ページ）の Verbs（▶326ページ）、Particles（▶342ページ）で練習する。

Idiom

いわゆる「熟語」のうち、③が本来の意味での idiom。慣用表現のうち特に、フレーズを構成する語の組み合わせによる文字どおりの意味からは推測できないものを言う。ということは、そのほとんどが比喩的な用法である。例えば
This task is easy.〈この仕事は簡単だ。〉

という意味で
This is just *a piece of cake*. 〈こんなのケーキひと切れ。〉
とか
This is *as easy as pie*. 〈パイのように簡単。〉
という。日本語にも「朝飯前」とか「お茶の子[2]さいさい[3]」というイディオムがあるが、考え方は似ている。

　ほかにも *bolt*〈稲妻〉*out of the blue*（sky の省略）、あるいはもっと短縮した *out of the blue* などは「晴天の霹靂(へきれき)」と対応し、*kill two birds with one stone*〈一石二鳥〉や *the tip of the iceberg*〈氷山の一角〉などは完全に一致している。もっとも、後者2つは英語からの輸入表現だからあたりまえなのだが。
I'm just *pulling your leg*. 〈ただ君の足を引っ張ってるだけ。〉
の「足を引っ張る」は日本語のイディオムとしては「邪魔になる」意味だが、英語では「からかう」。表現は同じだが意味が違う。
The task is not complicated. Just *follow your nose*.
〈仕事は複雑ではないから、ただ鼻に従いなさい。〉
は「思ったとおりにやりなさい／直感でやりなさい」の意味。鼻の向いている方向へ行けと言っているのと同時に犬の鼻のイメージもあるから分かりやすいが、日本語にはそれに相当するイディオムがなさそうだ。

　説明されなければ見当すらつかないものもある。
She *broke the ice* by asking me how the trip was.
〈彼女はまず口を開いて、旅行はどうだったかと尋ねた。〉
の break the ice は「沈黙を破る／初対面の緊張を破る」。ノルド語から来た表現で、冬に川に張った氷を砕いて舟の行き来ができるようにしたことから。
It's *raining cats and dogs*. 〈土砂降りだ。〉
も北欧神話から。
Joe *kicked the bucket* last week. 〈ジョーは先週死んだ／くたばった。〉
は本来、踏み台にしたバケツを蹴って首つりをする／させることから来た表現。『最高の人生の見つけ方』という映画は、2人の老人が今までやりたかったことのリストを作って、死ぬ前にすべてやろうとする物語だが、原題は *The Bucket List*。kick the bucket を知らないと「バケツのリスト」って何？　ということになる。

　コンテクストに大きく依存するものもあって、

2.(1) お茶うけ (2) 朝飯として食べる茶がゆ——『新明解国語辞典』
3. なんべんも——同掲書

A: I'm so down. My life is a mess. Nothing works right.
 〈嫌んなった。人生めちゃくちゃ。何もかもうまくいかない。〉
B: Look. You should *count your blessings. Take it from me.*
 〈あのな、いいことの方を考えてみなよ。悪いこと言わないから。〉

の count your blessings〈お恵みを勘定しろ〉はイディオム。
Take it from me.〈それを私から受け取りなさい。〉
もそうだが、it が my word/my advice であるのは暗黙の了解。

A: (to the waiter) I'll have a turkey sandwich.
 〈ウエイターに：ターキー・サンドイッチ下さい。〉
B: *Make it two.* 〈僕も同じの。〉

の it は the order。「注文を2つにしてください」。

A: We're going to buy a new car. 〈新車を買おう。〉
B: No, we should *save for a rainy day.*
 〈駄目、いざというときのために貯金するの。〉
A: Come on! *You can't take it with you.*
 〈何言ってんだよ！ 生きてるうちに使わなきゃ。〉

save for a rainy day は「雨の日のために蓄える」。人生、晴れの日ばっかりじゃないから、は分かりやすい。が、take it with you〈それを持っていく〉の it は「金」、「持っていく」ところは「あの世／墓場」である。これは言われなきゃ分からない。

　実際の会話にこうしたイディオムが出てくることは非常に多い。が、入試問題はやはり factual な少し堅めの文が主体だから、出合うことは比較的少ない。東大入試の問題では第5問の物語文に時々現れる程度であるから、試験のことだけに限って言うなら、急いでイディオムをたくさん覚えなければ、ということにはならないが、将来英語を使っていく人にとっては1つの大きなテーマではある。当面は、文字どおり読んだのでは文脈から浮いたような表現が出てきたとき「イディオムかな？」と感じることができること、コンテクストからある程度見当をつけられることが目標となる。

Cliché

　ついでにもう1つ、cliché（クリシェ）について話しておく。これは決まり文句ながらイディオムとして定着していないもの。比較的新しい、はやりの表現も入る。

　日本語にもクリシェはいくらもあって、新聞やネットのニュースで毎日見る。「美人だ」ではなく「美人すぎる」と言ったり、「困った」と言わずに「悩ましいところだ」と言い、「不安を感じる」のでなく「不安をにじませ」、「がっかり」しないで「肩を落とし」たりする。英語でも例えば

and the last,〈そして最後に、〉

でなく

and last, *but not least,*
〈そして最後に、といっても一番大事でないわけではなく、〉

と言ったり、

The most important thing is profit.〈一番大切なのは儲けだ。〉

でなく

The name of the game is profit.〈ゲームの名前は儲けだ。〉、
We are in the same situation.〈我々は同じ立場だ。〉

を

Welcome to the club.〈クラブへようこそ。〉、
What's the point?〈要点は？〉

を

What's *the bottom line*?

〈要するにどういうこと？　←本来、bottom line は帳簿の最後の行、つまり会計の収支決算〉

と言ったりする。英語の雑誌を読むのが英語で書かれたテキストブックよりも難しい1つの理由は、こうした流行表現が頻出することだ。

　クリシェとイディオムとの違いは？　ということになると実は、

You can't draw the line between the two.

〈両者の間に線は引けない。〉（これもイディオム）

で難しいが、クリシェはいつも overused〈使い古し／陳腐〉という言葉が付きまとうようにネガティブなニュアンス。しょせんはやりも

ので借り物だから、多用すると愚物だと思われる。だからライティングの指南書はクリシェを目の敵にする。次の文などはその例。

Avoid Cliché[4]

Cliché are a dime a dozen.[5] If you've seen one, you've seen them all.[6] They've been used once too often.[7] They've outlived their usefulness.[8] Their familiarity breeds contempt.[9] They make the writer look as dumb as a doornail[10], and they cause the reader to sleep like a log[11]. So be sly as a fox. Avoid cliché like the plague.[12] Write something that is fresh as a daisy[13], cute as a button[14], and sharp as a tack[15]. Better safe than sorry.[16]

〈クリシェを避けよ：クリシェは一山いくらの安物です。似たり寄ったり大同小異。手垢のついたクリシェは賞味期限切れ。クリシェの顔も三度まで。連発すれば読者もいつか船をこぎ始め、白河夜船。ですからここは狐のごとく賢明に。クリシェを蛇蠍(だかつ)のごとく忌み避けることです。朝露のように清新な、乙女のようにみずみずしい、カミソリのような切れ味の文を書いてください。石橋を叩いて書くことです。〉[17]す

4.Gary Provost, *100 Ways To Improve Your Writing*
5.1ダースで10セント(の安物)　6.1つ見たら、全部見たということ(どれも同じ)　7.1回分すぎる(単に多すぎる、ということ)
8. 有用性を超えて存在する(もう役に立たない)
9. 親しみは軽侮を育てる(親しい相手は軽んじがちだ)
10. ドアの釘のように愚鈍　11. 丸太のように眠る
12. 疫病のように避ける　13. ヒナギクのように新鮮
14. ボタンのようにかわいらしい　15. 鋲のように鋭い
16. 後悔より安全　17. そしてそれを実践し、形容詞までそぎ落としたのがアーネスト・ヘミングウェイのハードボイルドスタイル。短編 *The Killers* などがその好例。これはこれで、かっこいい。

325

4 Phrasal Verb

しかし、特に入試で一番問題となるのは「句動詞」の部分だ。以下、基本動詞とparticles（up、for、in といった前置詞・副詞をまとめてこう呼ぶことがある）の練習をする。

Verbs

1. go: 離れていく／運動し続ける／ある状態になってしまう

(1) Hey, what's *going on*? 〈ねえ、何やってるの？／どうなってる？〉
(2) People came and *went*. 〈人の出入りがずいぶんあった。〉
(3) The soba-man stroke his own face, which therewith became like unto an egg, and, simultaneously, the light *went out*.[18]
〈そば屋は自分の顔をつるりとなで、するとそれは卵のようになってしまいました。と同時に、灯りも消し飛んでしまいました。〉
(4) He *went on* complaining about everything.
〈彼はあらゆることに文句をつけ続けた。〉
(5) When I came back, everybody *was gone*.
〈戻ってみると、みんないなくなっていた。〉
(6) The bookstore *went out of business*. 〈その書店はつぶれた。〉
(7) White wine doesn't *go with* steak. 〈白ワインはステーキに合わない。〉
(8) *Go ahead*. 〈どうぞお先に。／続けて。〉

QUESTION 40

次の文の下線部を和訳しなさい。

"Don't cry, love," said my mother. "It's all right. He's our new lodger." She hugged me.

I wiped my eyes, sniffling. "Lodger?"

"With your father gone," my mother explained, "I'm afraid I'm having to let one of the spare rooms."

---

18. Lafcadio Hearn, *"Kwaidan"*

ANSWER KEY

「付帯状況」を述べる with の用法。your father gone の部分は主語+述語にすれば your father is gone (**5**) と同じ (▶326ページ)。
〈「泣かないで、いい子だから」と母が言った。「大丈夫よ。あの人はうちの新しい下宿人なの」と私を抱きしめた。
　私は涙をぬぐい、すすり上げながら「下宿人?」
「パパがいなくなったから」と母は説明する。「空いた部屋を人に貸さなければならないと思うのよ。」〉

2. come: 近づく／ある状態になる
(**1**) ***Come on***!〈来いよ！／言えよ！／何言ってんだよ！／いいじゃないか！〉
(**2**) Something ***came up***, so I have to go home.
　　〈ちょっと用事で、家に帰らなくちゃならない。〉
(**3**) We ***came up against*** a difficulty.〈我々は困難にぶち当たった。〉
(**4**) A bizarre idea ***came to*** me.〈妙な考えが浮かんだ。〉
(**5**) Nothing ***comes between*** us.
　　〈何があっても別れない。[僕たちの間に入って邪魔をするものは何もない。]〉
(**6**) This shirt ***comes in*** three colors.〈このシャツは3色あります。〉
(**7**) She always ***comes up with*** a bright idea.
　　〈彼女はいつもさえたアイディアを考えつく。〉
(**8**) I'm ***coming***!〈今行く！〉

QUESTION 41

次の文の下線部を和訳しなさい。

"There are people in this country, people who have gone through high school and college, who think the earth is flat."

"Come on."

"They do. There's an active Flat Earth Society here in the United States. They can find statements in the Bible to back them up."

> **ANSWER KEY**
>
> 前ページの (**1**) の用法。別の言葉で言えば You're kidding. あるいは You must be joking.
>
> 〈「この国にはね、高校も大学も出て、それでもなお地球が平らだなんて思ってる人たちがいるんだ。」
> 「まさかそんな。」
> 「そうなんだよ。ここアメリカに『平らな地球協会』なんてのがあって活動してる。その根拠は聖書に書いてある、と言うんだ。」〉

3. put: 移動し、定着させる

(**1**) Will you ***put*** your coat *in* the closet? 〈コートはクローゼットにしまってね。〉

(**2**) She tries to ***put*** *aside* some money every month.
〈彼女は毎月いくらかの蓄えをするよう心がけている。〉

(**3**) He is ***putting*** all his energy *into* this project.
〈彼はこのプロジェクトに全力投球している。〉

(**4**) Well, how should I ***put*** it? 〈さあ、どう言ったらいいのかなあ？〉

(**5**) Don't ***put*** all your eggs *in* one basket. [proverb]
〈1つのかごに卵を全部入れないこと。[リスクは分散せよ。]〉

(**6**) She ***put*** *on* her coat and gloves before she went out.
〈彼女はコートを着て手袋をはめると表に出た。〉

(**7**) Many young women ***put*** *on* their make-up on the train.
〈電車の中で化粧をする若い女性が多い。〉

(**8**) Don't ***put*** *off* till tomorrow what you can do today. [proverb]
〈今日できることを明日まで延ばすな。[予定を、離れた (off) ところに移す]〉

QUESTION 42

次の文の下線部を和訳しなさい。

"Come in, come in," he said, and immediately, <u>with that strange power some people have to put you at ease</u>, he made me feel at home.

ANSWER KEY

with that strange power ← (that) some people have
　　　　　　　　　　　　　← to put you at ease

power を関係詞節と to 不定詞で修飾している。
that は「ほら、皆さんもご存知の、あの」というニュアンス。
put ... at ease は「リラックスさせる」。ease は「気楽／くつろいだ状態」。
〈「入んなさい、入んなさい」と彼は言い、ある人たちが持つ、相手をくつろがせてしまうあの妙な力で、たちまち私をリラックスさせた。〉

4. take: 物事や考え、動作を自分のものにする／時間や労力、人を必要とする

(1) We're not in a hurry. ***Take*** your time. 〈急ぎませんから。どうぞごゆっくり。〉

(2) Let me ***take*** a look. 〈ちょっと見せて。〉

(3) It ***takes*** two to tango. [idiom]
〈1人じゃできないでしょ。[けんかや結婚など←タンゴを踊るには2人必要]〉

(4) I was wrong. I ***take*** *it back*. 〈間違えました。取り消します。〉

(5) I'm going to ***take*** *out* some money at the ATM.
〈ATM でお金を下ろしてくる。〉

(6) I ***took*** her words *for granted*.
〈私は彼女の言葉を疑いもせずに信じた。[grant は「(正式に／正当な権利として)与える」]〉

(7) Get some rest, and ***take*** *it easy*. 〈休んで、リラックスしなさい。〉

(8) The Olympic games ***take*** *place* every four years.
〈オリンピックは4年に1度開かれる。〉

QUESTION 43

次の文の下線部を和訳しなさい。

　Even now, when interviewing a candidate for a job, we are inclined to attach too much weight to the school and university background and to the academic record. We would rather accept this evidence than take the more difficult step of trying to find out for ourselves what the applicant is really like.

> **ANSWER KEY**
>
> We would *rather* ***accept*** this evidence ←wouldは「意志＝will」を示す
>   than   take a step〈歩みを
>   ***take*** *the* more difficult *step*   進める／対策を講じる〉
>   of ←「同格」を示す
>   trying to find out what the applicant is really like.
>   for ourselves
>
> なお、evidence は e (=ex 外へ) vid (見える) もので「はっきりと見えているもの／証拠」。
>
> 〈今でもなお、入社希望者の面接をするさい我々は学校の成績や学歴に重きを置きすぎる傾向がある。その応募者が実際にどういう人間であるかを自分で判断しようという、より難しい手順を踏むより、はっきり見えていることを受け入れようとするのである。〉

5. have: 物事や状態がここにある

(1) I ***had*** a haircut yesterday.〈昨日髪を切った。〉

(2) She ***has*** a bad toothache.〈彼女は歯痛に悩んでいる。〉

(3) ***Have*** a good time.〈楽しんでね。〉

(4) I'm ***having a*** hard time fix***ing*** my computer.
 〈コンピューターの修理で苦労してますよ。〉

(5) The employees ***have*** their behavior monitored.
 〈社員たちは行動を監視されている。〉

(6) I can't imagine not ***having*** my mom in my life.
 〈ママがいない人生なんて想像もできない。〉

(7) I ***have*** no idea.〈分かりません。〉

(8) I've ***had*** enough.〈もうたくさんだ。〉

QUESTION 44

次の文の下線部を和訳しなさい。

　"This is my daughter," my mother said. There was a note in her voice that I couldn't identify. She stretched out her hand to me.

　"Ah! You must be Anna," the Russian said.

　I was startled, not expecting him to have my name so readily on his lips. I looked at my mother. She was giving nothing away.

> **ANSWER KEY**
>
> I was startled, <u>not expecting</u> him to have my name so readily on his lips.
>
> 分詞構文。内容から見て not expecting 以後は I was startled (= shocked / alarmed) の理由の説明となっている。
>
> have ... on one's lips〈唇にある〉は「すぐ口から出る状態になっている」。
>
> 〈「これが娘よ」と母は言った。その声には、何か特定できないある響きがあった。彼女は片手を私の方へ伸ばした。
> 　「ああ、君がアンナだね」とロシア人が言った。
> 　<u>まさか私の名が彼の口をついて出てくるとは思わなかったから私はおおいに驚いた。私は母を見た。その表情からは何もうかがい知ることはできなかった。</u>〉

6. give: 手放す／与える

(**1**) I *gave* her my e-mail address.〈彼女に e メールのアドレスを教えた。〉
(**2**) Professor Gould *gave* the last lecture.〈ゴールド教授は最終講義を行った。〉
(**3**) Don't *give up*.〈諦めないで。〉
(**4**) I *gave up* smoking a few years ago.〈数年前にタバコをやめた。〉
(**5**) The sun *gives off* light.〈太陽は光を出す。〉
(**6**) She *gave birth to* a boy.〈彼女は男の子を産んだ。〉
(**7**) *Give* it a thought, will you?〈考えてみてくれる？〉
(**8**) His words *gave* me a great shock.〈彼の言葉におおいにショックを受けた。〉

QUESTION 45

次の文の下線部を和訳しなさい。

　It's perhaps not much known that Ish (Kazuo Ishiguro) has a musical side. I was only vaguely aware of it, if at all, when I interviewed him, though I'd known him by then for several years —— <u>a good example of how he doesn't give much away</u>. Ish plays the piano and the guitar, both well. I'm not sure how many different guitars he now actually possesses, but I wouldn't be surprised if it's in double figures.

ANSWER KEY

　give away は give〈手放す〉away〈離れたところへ〉で、一番具体的で日常的な用法は giveaway samples〈販売促進用の、ただで配るサンプル〉などだろう。しかし比喩的には give (information / secrets) away のように使われる。ここでは「自分のことを明らかにする」意味。

　how から始まる節は一般には「方法／ありさま」を表す節となり、that とは
I didn't know *that* he could escape from the fire.
〈彼がその火事から逃げることができたとは知らなかった。〉
I didn't know *how* he could escape from the fire.
〈彼がどうやってその火事から逃げることができたか、知らなかった。〉
という違いがある。が、
He told me *how* he had changed his mind and accepted the offer.
〈彼は考えを変えて申し出を受け入れることにしたと語った。〉
などは that でもいい。ただ、how とした方が、より詳しく語ったのだろうというニュアンスの差はある。前ページの問題文なども how でなく that でもいいところだ。和訳も無理やり「どのように」として「やり方」の感じを強調しない方がいい。また「どれほど自分のことを明かさないか」とすると、今度は *how little* he gives away というニュアンスになって、あまり良くない。

〈イシ（カズオ・イシグロ）に音楽的な側面があることはあまり知られていないのではないか。彼のインタビューをしたとき、私はそのことをある程度知っていたにせよ、ごく漠然とでしかなかった。すでに数年前から彼を知っていたにもかかわらず。彼が自分についてあまり明かさない、これもいい例である。イシはピアノとギターを弾き、どちらもうまい。彼が実際に何本のギターを持っているか、よく知らないけれど、2桁の数字だったとしても驚かないだろう。〉

7. get: have の状態になる／自分が動いてある状態をつくる
(**1**) I've *got* an idea.〈いい考えがある。〉
(**2**) I'll *get* you some water.〈水を持ってきてあげますよ。〉
(**3**) I usually *get up* at seven.〈いつも7時に起きます。〉
(**4**) Let's *get out of here*.〈逃げようぜ。〉
(**5**) Can you tell me how to *get to* Sesame Street?
〈セサミストリートへはどう行くの？〉
(**6**) You'll *get into* trouble.〈お前、まずいことになるよ。〉
(**7**) It's *getting* cold.〈寒くなってきた。〉

(8) You cannot *get away* with that.〈そんなことやって、そのままじゃ済まないよ。〉

QUESTION 46

次の文の下線部を和訳しなさい。

　He seemed heavier than the year before, not because he had gained weight but because he looked as though he had been put down on the bench and would not easily get off it without help.

ANSWER KEY

　looked as though ... の部分は仮定法。as though he *were* put down でなく had been put down と過去完了形で書かれているのは、「今押さえ付けられている」よりも「以前から押さえ付けられている状態」という感じを出すためだろう。would not get off が would not have got off でないのは「今、手助けがなければ」の意味だから。get off の get は get out〈外へ出る〉、get into the room〈部屋に入る〉、get away〈離れる〉と同様「自分が動く」get。off は「離れて」。この場合はもちろん「ベンチから離れて」だ。
〈彼は前の年より重そうに見えた。体重が増えたからではなく、まるでベンチに押さえ付けられたようで、手助けがなければ簡単には立ち上がれないように見えたのである。〉

---

8. make: 物事・状態をつくる／引き起こす

(1) My father *makes* a lot of money.〈父はお金をたくさん稼ぎます。〉

(2) Let's *make believe* we're Martians.〈僕たち火星人ってことにしよう。〉

(3) *Make sure* you have locked all the doors.
　　〈ドアの鍵、全部閉めたかどうか確かめて。〉

(4) She *made* a total fool *of* herself.
　　〈彼女はばかなまねをしてとんでもない恥をかいた。〉

(5) I couldn't *make out* what he was saying.
　　〈彼が何を言っているのか分からなかった。〉

(6) What you are saying doesn't *make sense*.
　　〈君が言ってることはめちゃくちゃだよ。〉

(7) Two and three *makes* five.〈2たす3は5。〉

(8) What *makes* you think so?〈なぜそう思うんだ？〉

QUESTION 47

次の文の下線部を和訳しなさい。

An actor's attempt to make sense of a script often involves extended technical analyses of the exact words used by a character, which in turn encourages precise recall of what was said, not just the general sense of it.

ANSWER KEY

前ページ（**6**）の用法。

[An actor's attempt to make sense of a script]
　often involves
　　[extended technical analyses of the exact words used by a character],
　　　　in turn 〈順番が変わって→今度はそれが〉
　　　　　　↓
　　which (=it: 前の部分をすべて指して) encourages precise recall
　　　　　　　　　　　　　　　　　　　of ・what was said,
　　　　　　　　　　　　　　　　　　　　　・the general sense of it.
　　　　　　　　　　　　　　　　　not just ↗

〈俳優が台本を理解しようとする場合しばしば、さらに進んでその役のしゃべるせりふを厳密に分析する必要があるのだが、今度はそれが、せりふのだいたいの意味ではなく、具体的に何と言ったかを思い出させてくれる。〉

---

9. keep: 維持する

(**1**) You can **keep** it. It's yours. 〈いいよ、あげるよ。〉

(**2**) **Keep** your word about everything, even little things.
　　〈約束は守りなさい。小さなことでも。〉

(**3**) **Keep in mind** that you are in charge.
　　〈君が責任者だってこと、忘れてはいけないよ。〉

(**4**) Many people try to **keep up with** the times.
　　〈時代に遅れないようにする人は多い。〉

(**5**) We **kept** *on* walking. 〈僕たちはそのまま歩き続けた。〉

(**6**) **Keep** your eye on our baggage. 〈荷物、見ててよ。〉

(**7**) The lack of strong leadership has **kept** Japan *from* playing a more

assertive role in the international arena.
〈強い指導力の欠如のために、日本は国際舞台でより確固たる役割を果たすことができなかった。〉

(**8**) ***Keep*** the medicine out of the reach of children.
〈薬を子供の手の届かないところに置いておきなさい。〉

QUESTION 48

次の文の下線部を和訳しなさい。

"Why did you leave so hurriedly?" asked Porter. "Perhaps for the same reason as yourself," replied the stranger. "What is your destination?" inquired Porter. "I left America to keep away from my destination" was the reply.

[ここで my destination は prison を示唆している]

ANSWER KEY

keep away from my destination の keep は目的語なしの自動詞だから「自分が離れている」こと。stay away from と同じ。

〈「なぜそんなに急いで出立したんだ?」とポーターは尋ねた。「たぶんそっちと同じ理由じゃないか」と見知らぬ男は答えた。「目的地は?」とポーターがさらに聞くと「目的地から離れようとアメリカを発ったのさ」というのが答えだった。〉

10. look: 目を使う／見る・見える

(**1**) The police are ***looking*** *into* the case. 〈警察がその事件を捜査している。〉
(**2**) I ***looked***, but saw nothing. 〈目を凝らしたけれど何も見えなかった。〉
(**3**) I'm ***looking*** *forward to* seeing you. 〈お会いするのを楽しみにしています。〉
(**4**) You don't ***look*** your age. 〈その歳には見えないですねえ。〉
(**5**) What does it ***look*** *like*? 〈それ、どんなもの？〉
(**6**) It ***looks*** *like* fun. 〈面白そうだな。〉
(**7**) Many people ***look*** *up to* him as a great leader.
〈彼を偉大なる指導者として尊敬する者は多い。〉
(**8**) ***Look*** busy. The boss is watching. 〈忙しそうにしろ。上司が見てるぞ。〉

QUESTION 49

次の文の下線部を和訳しなさい。

The story is told about a man who approached Picasso after seeing *Les Demoiselles d'Avignon* and asked the artist, "Why don't you paint people the way they really look?" "Well," said Picasso, "how do they really look?" The man then took a photograph of his wife from his wallet. "Like this," he said. Picasso looked at the picture; then, handing it back, he said, "She is small, isn't she ? And flat."

ANSWER KEY

Why don't you ... ? は「なぜ～しないんだ?」という本来の疑問の意味と、修辞疑問として「～したらいいではないか」の意味で使われることがあるが（▶122ページ：修辞疑問）、この文脈では本当に尋ねている感じ。the way は how の意味で使われることと as の意味で使われることがあるが、ここでは後者。paint as they look。look はもちろん「見える」である。

〈『アヴィニヨンの女たち』の絵を見たあとピカソに話しかけに行った男の話がある。彼は画家に「なぜあなたは人を見たとおりに描かないのかね?」と尋ねた。「さて」とピカソは答えて「見たとおりというのはどういうのかな?」すると男は財布から自分の妻の写真を取り出して「こういうふうだよ」と言う。ピカソは写真を見て、それを返しながら「奥さんは小さいね。それに、平らだ」と言った。〉

11. catch: 捕らえる

(1) The burglars were *caught* in the act. 〈泥棒たちは現行犯で逮捕された。〉
(2) The early bird *catches* the worm. [proverb]
　〈早起き鳥が虫を捕らえる。[早起きは三文の得。]〉
(3) We tried to *catch* the last train. 〈私たちは最終列車に何とか乗ろうとした。〉
(4) My daughter *catches* a cold easily. 〈娘は風邪を引きやすいんです。〉
(5) A picture on the wall *caught* my eye. 〈壁の絵が私の目に留まった。〉
(6) I'll *catch up with* you. 〈あとで追いつきますよ。〉
(7) What was her name? I didn't *catch* it when she told me.
　〈彼女の名前、何だって? 聞いたときよく分からなかったんだ。〉
(8) Oh, you *caught* me! 〈あ、ばれたか!〉

QUESTION 50

次の文の下線部を和訳しなさい。

Sometimes I catch myself envying intensely those monolinguals who were born, grew up, have lived all their adult life in one language.
［語り手は trilingual（3言語を話す人）である。］

ANSWER KEY

I *caught* him cheating.
〈彼がカンニングしているのを見つけた／彼の浮気現場を押さえた。〉

のように、catch は相手が気づかないところを不意打ちするニュアンスが強い。catch myself envying も「無意識ながらうらやんでいる自分を、自分で発見する」のである。

〈ときに私は、1つの言語のもとに生まれ育って、大人になってからもずっと暮らしてきたそのモノリンガルの人たちを激しくうらやんでいる自分に気づく。〉

---

12. work: 作業する／機能する

(1) The air conditioner doesn't ***work***.〈エアコンが動かない。〉
(2) The medicine has ***worked***.〈薬が効いた。〉
(3) I'm ***working*** on my paper.〈今、レポートやってるの。〉
(4) I used to ***work*** for an oil company.〈以前は石油会社で働いていました。〉
(5) The government ***worked*** *out* a new policy.
　〈政府は新しい政策を打ち出した。〉
(6) I ***work*** part-time as a waiter.〈ウエイターのアルバイトをしています。〉
(7) How does it ***work***?〈(仕組みは)どうなっているの？〉
(8) This method ***works*** like magic.〈この方法は魔法のようにうまくいく。〉

QUESTION 51

次の文の下線部を和訳しなさい。

Indeed, in the year 1000 there was no concept of an antiseptic at all. If a piece of food fell off your plate, the advice of one contemporary document was to pick it up, make the sign of the cross over it, salt it well—and then eat it. The sign of the cross was, so to speak, the antiseptic of the year 1000. The person who dropped his food on the floor knew that he was taking some sort of risk when he picked it up and put it in his mouth, but he trusted in his faith. Today we have faith in modern medicine, though <u>few of us can claim much personal knowledge of how it actually works</u>.

ANSWER KEY

　前ページの (**7**) にあるように、仕掛けやしくみの分からないものについての質問「どうなっているの？」は、英語では How does it *work*?〈どのように機能しているのか？〉である。

　下線の

how it (=medicine) actually works は「医学が実際にどうなっているのか」。claim personal knowledge は日本語にするのが割合難しく、よくある訳語をつなげて「個人的な知識のクレームを述べる」などとしたのではわけが分からない。claim は日本語の「クレーム」のように「苦情を言う」という意味で使われることはまれで「正当性／所有権を主張する」の意味だ。

ex. The islands are *claimed* by three countries.
〈その諸島は三国が領有権を主張している。〉

　また、personal の person は「人物／人格」だけでなく、I met the President *in person*.〈大統領にじかに会った。〉や personal cleanliness〈身体の清潔〉に見られるように、「身体」の意味でも用いられる。だから claim personal knowledge は〈身に付いた知識を所有していると主張する〉こと。

〈実際、紀元 1000 年には消毒などという概念そのものが存在しなかった。もしも食物が皿から落ちた場合、拾って、そのうえで十字をきり、よく塩を振り、そして食べるようにと当時の文献は勧めているのである。十字の印というのがいわば紀元 1000 年の消毒だったわけだ。食物を床に落とした人はそれを拾って口に入れるさい、ある種の危険を冒しているのだということは分かっていたが、信仰を頼みとしたわけである。今日我々が頼みとする信仰は現代医学である。といっても、それが具体的にどうなっているのか、自分なりに知っていると言える者は少ない。〉

13. tell: 知らせる

(1) I have something to ***tell*** you.〈ちょっと話したいことがあるんだけど。〉

(2) I ***told*** you so.〈だから言ったでしょ。〉

(3) ***Tell*** me the truth.〈本当のことを教えて。〉

(4) I can't ***tell*** a good wine *from* a bad one.
〈ワインの良し悪しなんか分かりません。〉

(5) I want you to ***tell*** me everything you remember.
〈覚えていることをすべて話してほしいんです。〉

(6) I can ***tell*** fortunes.〈運命を占うことができます。〉

(7) *There's no **telling*** where the money went.
〈その金がどうなったのか誰にも分からない。〉

(8) I'll ***tell*** you why.〈理由を説明するよ。〉

QUESTION 52

次の文の下線部を和訳しなさい。

In a well-known film Charlie Chaplin plays the roles of both ordinary man and wicked political leader in so similar a way that <u>it is impossible to tell them apart</u>.

ANSWER KEY

tell ... apart は「〜の区別を言う」で、上の tell の例文の(4)に近い。tell the difference between them と distinguish them の意味は同じ。
〈有名な映画で、チャーリー・チャップリンは普通の人間と邪悪な政治指導者の二役を演じているのだが、<u>2人は区別がつかない</u>ほど似ている。〉

14. show: 示す

(1) I'll ***show*** you how.〈やり方、教えるよ。〉

(2) Could you ***show*** me the way to the subway station?
〈地下鉄の駅へはどう行ったらいいのでしょうか?〉

(3) I'll ***show*** you *to* your room.〈お部屋へご案内します。〉

(4) I'll ***show*** you *around* the town.〈町を案内してあげますよ。〉

(5) He ***showed*** no interest.〈彼は関心を少しも示さなかった。〉

(6) He is just ***showing*** *off* his knowledge.
〈彼はただ知識をひけらかしてるだけさ。〉

(7) She hasn't ***shown*** *up* yet.〈彼女、まだ現れない。〉

(8) The study ***shows*** that women have superior language skills.

〈その研究で、女性の方が言語能力がすぐれていることが分かった。〉

QUESTION 53

次の文の下線部を和訳しなさい。

"*Alors, qu'est-ce que tu fais ici?* (So, what are you doing here?)" he asked, switching back to French. Why on earth did he keep changing from one language to the other? Was he showing off? Was he making fun of me? Was he just testing me?

ANSWER KEY

上の (**6**) と同じ。show〈見せる〉と off〈離れて／発散して〉の組み合わせ。The sun *gives off* light and heat.〈太陽は光と熱を出す。〉の off とも似ている。

〈「アロー、ケス・ク・トゥ・フェ・イシ？（で、おまえはここで何をしてるんだ）」と彼はフランス語に戻って尋ねた。いったいなぜ彼は次々と言葉を変えるのか？ 見せびらかしているのか？ からかっているつもりなのか？ ただ私を試しているのか？〉

15. run: スムーズに移動する・移動させる

(**1**) That river ***runs*** through the town.〈その川は町の中を流れている。〉

(**2**) Wash it in ***running*** water.〈流水で洗いなさい。〉

(**3**) Buses will ***run*** every ten minutes.〈バスは10分おきに出ます。〉

(**4**) I ***ran into*** an old friend of mine on the street.
〈道で思いがけず昔の友達に会った。〉

(**5**) We ***ran out of*** gas.〈ガソリンがなくなった。〉

(**6**) Our cat was ***run over*** and killed by a truck.
〈うちの猫はトラックに轢かれて死にました。〉

(**7**) The organization ***runs*** on the basis of 100% volunteer participation.
〈その組織はボランティアの参加によってのみ運営されている。〉

(**8**) It's not easy to ***run*** a huge organization like this.
〈このような巨大組織を動かしていくのは容易ではない。〉

QUESTION 54

次の文の下線部を和訳しなさい。

"Writing runs in the family," my mother said. And it seemed to. Her mother had written poetry in the manner of Tennyson. One of her uncles had written for the *Baltimore American*; with a little more luck Uncle Charlie might have had a career on the *Brooklyn Eagle*; and Cousin Edwin was proof that writing, when done for newspapers, could make a man as rich as Midas.

ANSWER KEY

左の（1）に近い。ただし（1）の「流れる」が literal であるのに対し、問題文の run は figurative である。the family はこの文脈では nuclear family〈家族／核家族〉でなく extended family〈一族〉である。だから「書くことは一族の中を流れている」ということだが、そういう場合日本語では「血筋」という。

〈「ものを書くのはうちの血筋なのよ」と母は言い、確かにそう思われた。母方の祖母はテニスンふうの詩を書いた。母の叔父の1人は『ボルティモア・アメリカン』紙に書いていたし、もう少し運が良ければチャーリー叔父も『ブルックリン・イーグル』紙に職を得たかもしれなかったし、いとこのエドウィンなどは新聞を舞台にものを書けば（ギリシャ神話の、触れるものがすべて金になる）ミダス王のような金持ちになれるという証明だった。〉

16. turn: 向きを変える／転じる

(**1**) The accident ***turned*** my life upside down.
〈その事故で私の人生はひっくり返ってしまった。〉

(**2**) I realized that it was my ***turn*** to support my parents.
〈今度はこちらが親の面倒を見なければならない番だとはっきり分かった。〉

(**3**) The members took ***turns*** doing every job.
〈すべての仕事はメンバーが持ち回りで担当した。〉

(**4**) After I ***turned*** eighteen, I occasionally wore a beautiful sari for weddings.
〈18歳になってからは、ときには結婚式にきれいなサリーを着ていくようになりました。〉

(**5**) That task ***turned out*** to be surprisingly difficult.

〈その作業は驚くほど困難なものだと分かった。〉

(6) She *turned around* and smiled at me.
〈彼女は振り向き、私に向かってにっこり笑った。〉

(7) You cannot *turn away* from reality. 〈現実から顔をそむけるわけにはいかない。〉

(8) In the biblical account, Jesus and his mother are invited to a wedding, and when the wine runs out, Jesus performs a miracle by *turning* water *into* wine.
〈聖書の伝えるところでは、イエスは母親と婚礼に招かれ、ぶどう酒がなくなったさいに水をぶどう酒に変えるという奇跡を行っている。〉

QUESTION 55

次の文の下線部を和訳しなさい。

The silk that spiders use to build their webs, trap their prey, and hang from the ceiling is one of the strongest materials known. But it turns out it's not just the material's exceptional strength that makes spiderwebs so durable.

ANSWER KEY

上の (5) と同じ。turn〈転じて〜の状態になる〉と、find *out*〈はっきりと分かる〉や make *out*〈明らかにする／理解する〉、speak *out*〈はっきりものを言う〉などと同様、「目に見える状態」の意味の out を組み合わせて「判明する」。it turns out (that) ... は it ... that 構文、そのあとの it's ... that は強調構文。
〈クモが巣を張り、獲物を捕らえ、天井からぶら下がるのに使う糸はおよそ知られる材質のうち最も強いものの1つだ。しかしクモの巣がこれほど強靱なのは材質のまれに見る強さのせいだけではないことも明らかになっている。〉

Particles（前置詞／副詞）

例えば He went up the ladder.〈彼ははしごを登った。〉の up は後ろに名詞が付いているから「前置詞」、He went up. の up は後ろに何も付いていないから「副詞」と区別することには特に意味がないので、こうしたものをまとめて particles という

名で呼んでおく。

1. up: 上へ／近づいて／完了して／単なる強意

(1) He went ***up*** the ladder to the top. 〈彼ははしごの一番上まで登った。〉

(2) We grew ***up*** in the same neighborhood. 〈僕たちは同じ町内で育ちました。〉

(3) ***Up from Slavery*** is the autobiography of Booker T. Washington, who rose from the position of a slave child and became a famous reformer and educator.
〈『奴隷より身を起こして』は奴隷の子という境遇から身を起こして著名な改革家・教育者になったブッカー・T・ワシントンの自伝である。〉

(4) I'll catch ***up*** with you later. 〈あとで追いつくから。〉

(5) We'll have an opportunity to get together and catch ***up*** with each other.
〈一度お会いして近況を話しましょう。（互いに追いつく→互いの近況を知る）〉

(6) They motor ***up*** and down the lake trolling for long hours.
〈彼らは何時間も湖を行ったり来たりしてトローリングをする。〉

(7) It's ***up*** to you. 〈君次第だよ。（←それは君に[任せる]）〉

(8) Your time is ***up***. 〈時間です。〉

(9) I'm pretty tied ***up*** this week.
〈今週は結構予定が詰まっている。（縛られている→自由がきかない）〉

(10) He failed to show ***up*** on time. 〈彼は時間どおりに現れなかった。〉

QUESTION 56

次の文の下線部を和訳しなさい。

　I watched my mother enter the kitchen. Konstantin looked up and a smile lighted up his face. 'Maria!' He opened his arms and she went up to him. They kissed on both cheeks.

ANSWER KEY

looked ***up*** の up は文字どおり「上」。lighted ***up*** は「強調」。went ***up*** は「近づいて」。

〈私は母が台所に入るのをじっと見ていた。コンスタンティンは顔を上げると笑顔で顔を輝か

せた。「マリア！」と両腕を広げると彼女は彼に近づいていった。2人は互いの両頰に接吻した。〉

2. down: 下へ／遠ざかって
(1) A lot of trees are being *cut **down***. 〈たくさんの木が伐採されている。〉
(2) The building will be *taken **down*** in a month.
〈その建物は1ヵ月後に取り壊される。〉
(3) God *looked **down*** and saw what he had created.
〈神は上から見下ろして自ら創り出したものを見た。〉
(4) She *looks **down** on* other people. 〈彼女は他人を見下している。〉
(5) I don't like the way my boyfriend *talks **down** to* me.
〈私はボーイフレンドが私に対して偉そうな口調で話すのが嫌だ。[←上から下へしゃべる／ボーイフレンドが偉そうにしゃべるそのしゃべり方が…]〉
(6) Ok, let's *get **down** to* business. 〈よーし、じゃあ仕事にかかろう。〉
(7) As I was *walking **down*** the street, I saw a man I knew very well heading in my direction.
〈道を歩いていると、よく知っている男がこちらの方向に歩いてくるのが見えた。〉
(8) Don't *let* me ***down***. 〈俺をがっかりさせないでくれよ。〉
(9) The digestive juices are the secretions of the digestive tract that *break **down*** food.
〈消化液は消化管から分泌される液で、食物を分解する。〉
(10) ***DOWN WITH*** THE MONARCHY! 〈王制打倒！ [スローガンとして]〉

QUESTION 57

次の文の下線部を和訳しなさい。

When you receive a gift you can't use, or are invited to lunch with a co-worker you dislike, you're likely to say, "Thank you, it's perfect." or "I wish I could, but I have a dentist's appointment." rather than speak the harsher truth. These are the lies we teach our children to tell; we call them manners. Even our automatic response of "Fine" to a neighbor's equally mechanical "How are you?" is often, <u>when you get right down to it</u>, a lie.

ANSWER KEY

> when you get right down to it は fixed phrase として用いられるもので it は the point〈要点〉である。つまり「要点に至るなら→突き詰めれば」。right は *right* after the war〈戦争直後〉とか *right* above us〈私たちの真上に〉、*right* between the eyes〈目と目のど真ん中〉のように「直／真」などを示すもの。down は（比喩的に）上からめがけて下りていくニュアンス。
> 〈使えないような贈り物をもらったり、嫌いな同僚も来る昼食に誘われたりした場合、真実をあけすけに述べて気まずくなるよりは「ありがとう。完璧に気に入ったよ」とか「行きたいんですが歯医者の予約がありまして」などと言うことが多い。これは私たちが子供に教える嘘で、それを私たちはマナーと呼ぶ。隣人から「お元気ですか」と機械的な質問をされた場合こちらも自動的に「元気です」と答えるのも、突き詰めて考えれば嘘である。〉

3. for:（動きや意識が）その方向へ向かって／求めて／時間の長さを示す

(1) I left home *for* Texas.〈私はふるさとを離れてテキサスへ向かった。〉

(2) I'm *looking for* someone to improve my writing.
〈作文を見てくれる人を探しています。〉

(3) I went to see my uncle *for* advice.〈叔父にアドバイスをもらいに行った。〉

(4) Don't *wait for* things to happen. Make them happen.
〈ことが起きるのを待ってちゃ駄目だ。自分から起こすんだ。〉

(5) I am not arguing *for* the mindless pursuit of scientific change; I am arguing *against* a mindless opposition to it.
〈私は科学の変化をやみくもに支持しているのではない。やみくもに反対するのはいけないと言っているのだ。〉

(6) Zamenhof was convinced of the *need for* a common language that would enable different communities to understand each other.
〈ザメンホフは異なる共同体が互いに理解し合えるようにする共通言語が必要だと確信した。〉

(7) He looked straight into my eyes *for* a moment, then away.
〈彼は一瞬私の目をじっと見つめ、それから目をそらした。〉

(8) She had no dress *suitable for* the occasion.
〈彼女はそういう場に合うドレスを持っていなかった。〉

(9) Thank you *for* all the good things you've done *for* me, and I'm sorry *for* all the bad things I've done to you.
〈色々と良くしてくれてありがとう。色々とひどいことをしてごめんね。〉

(10) Many women think it's time to abandon the old fashioned rule of men *paying **for*** the first date.
〈最初のデートは男性が払うなどという古くさいルールはもうそろそろやめにすべきだと考える女性も多い。〉

QUESTION 58

次の文の下線部を和訳しなさい。

My father, grinning hugely, pushed an envelope across the table to my grandmother. "That's for you," he said.

"What is it?" she said suspiciously.

"Go on," he said. "Have a look."

She picked it up, opened it and had a look inside. "I can't tell," she said. "What is it?"

My father burst into laughter. "It's your plane ticket," he said. "<u>For Dhaka—for the third of January.</u>"

ANSWER KEY

for Dhaka〈ダッカへ向かって→ダッカ行き〉と for the third of January〈1月3日のため(の切符)〉は、ほぼ同じ用法と言ってよい。
「行き着く先を示す」to に対し for は「そちらの方向へ」の意味だから、go to Europe〈ヨーロッパへ行く〉、leave for Europe〈ヨーロッパへ発つ〉のような用法の違いが出る。また for は I'll do it for you.〈あなたのためにやってあげます／あなたの代わりにやってあげます。〉と、「代わりに」の意味でも使う。さらに、上の (9) のように「相手のためになることをする」ニュアンスが強い。
〈父はいやににやにやしながらテーブルに封筒を置き、それを祖母の方へ押しやった。「これ、お母さんに。」
　祖母は疑わしげな顔つきで「何、これ?」と尋ねる。
　「いいから、見てごらんよ」と父。
　祖母はそれを取り上げて開けると中をのぞいた。「分からない。何、これ?」
　父はいきなり笑い声を上げて言った。「航空券だよ。<u>ダッカ行きの。1月3日の。</u>」〉

4. over: 越えて／cover するように

(1) Why don't you come ***over here***? 〈こっちへ来ればいいのに。〉

(2) Dog hair is ***all over the place***. 〈そこらじゅう犬の毛だらけだ。〉

(3) People from ***all over the world*** gather in this mosque.
〈世界中からこのモスクに人が集まる。〉

(4) A language changes ***over centuries***. 〈言語は何世紀も経つにつれて変化する。〉

(5) I read her e-mail ***over and over again***.
〈私は彼女からのeメールを何度も読んだ。〉

(6) The party ***is over***. 〈パーティはもうおしまい。〉

(7) I've made a mess of my life. I'll ***turn over a new leaf*** and hope to do better.
〈私は人生をめちゃめちゃにしてきた。心機一転してもっとまともになろうと思う。[←新しいページ (leaf) をめくる]〉

(8) I want you to ***take over*** the job when I retire.
〈私の引退後は君に仕事を引き継いでほしい。〉

(9) Democracy cannot be achieved ***overnight*** just by getting rid of dictators.
〈ただ独裁者を排除したからといって、一夜にして民主主義が達成されるものではない。〉

(10) My parents won't allow me to ***sleep over*** at my friends'.
〈両親は私が友達の家に泊まりに行くことを許してくれません。〉

QUESTION 59

次の文の下線部を和訳しなさい。

The whole area of the gold mine was busy with activity. <u>The researchers had to shout to hear each other over the sounds of drills and other equipment used for digging.</u>

ANSWER KEY

hear each other *over* the sounds of ... は「騒音を越えて会話が聞こえる」こと。

〈金鉱の中あらゆるところで活発に作業が行われていた。研究者たちはドリルやそのほか、掘削に使われる器具が立てる音のせいで、互いに大声でどなり合わなければならなかった。〉

5. on: 接触して／そのまま／対面して

(**1**) The button to turn the electric toothbrush *on* and *off* was made of blue rubber.
〈電動歯ブラシのオン・オフスイッチは青いゴムでできていた。〉

(**2**) These types of bike have the ability to go both *on* and *off* road.
〈この種の自転車はオンロードでもオフロードでも走れる。〉

(**3**) We were asked to write a short paper *on* desertification of farmland.
〈私たちは農地の砂漠化についてレポートを書くように言われた。〉

(**4**) My husband walked out *on* me. 〈夫は私の目の前で家を出ていきました。〉

(**5**) We are going to discuss it *later on*.
〈それについてはのちほど話すことにします。〉

(**6**) Much of contemporary science is corporate science, involving huge laboratories where large groups of scientists *work on* individual problems.
〈現代科学の多くの部分は、巨大な研究所で大勢の科学者がチームを組んで個々の問題を取り扱う、共同科学なのである。〉

(**7**) If you want to fight, *bring it on*! *Come on*!
〈やる気ならかかってこいよ。ほら。〉

(**8**) It's *on* me. You paid last time.
〈僕のおごり。前回君が払ってくれたから。〉

(**9**) Girls are busy caring about their looks; hair style, make up, diet, fashion, nails *and so on* and *on*.
〈女の子たちはヘアスタイル、メイクアップ、ダイエット、ファッション、ネイルなどなど、見かけを整えることに余念がない。〉

QUESTION 60

次の文の下線部を和訳しなさい。

"And this is how I switch it on, at sunset." The lighthouse keeper went to a control box near the wall and put his hand on a lever.

I didn't think he'd switch it on just for me. But he did.

The light came on, slowly and powerfully.

"Beautiful! Lovely!" I cried.

"It stays on for three seconds, then off for two. One, two, three;

one, two," he said, timing it.

> **ANSWER KEY**
>
> 左の(**1**)と同じ。スイッチを turn on / off である。
> 〈「そして、日没にはこうしてスイッチを入れるんだ」と灯台守は壁に近いコントロールボックスの所へ行きレバーに手をかけた。
> まさか僕だけのためにスイッチを入れてくれるとは思わなかったけれど、彼はスイッチを入れた。
> 灯りがともった。ゆっくりと、力強く。
> 「すごい! きれい!」と僕は叫んだ。
> 「3秒点いて、それから2秒消えるんだ。いち、にい、さん、いち、にい」と彼はタイミングをとりながら言った。〉

6. of: off と同根。離れて／〜から生じて／〜に属して

(**1**) A lot of applications are available *free **of** charge*.
〈たくさんのアプリケーション(ソフト)が無料で手に入る。〉

(**2**) I really want to *get rid **of*** my pimples.
〈ほんとにこのニキビ、なくしたい。[← rid は他動詞で make someone or something free of (an unwanted person or thing) の意味。I'm rid of pimples. は「私はニキビから自由になった。」]〉

(**3**) Only after the mysterious disappearance ***of*** the dinosaurs about 65 million years ago were our ancestors able to come out into the daylight.
〈約6,500万年前、恐竜が謎の絶滅をしてようやく、我々の先祖は太陽の下へ出てくることができた。[← dinosaurs が disappear した、と意味上は主語+述語の関係]〉

(**4**) Official recognition ***of*** responsibility for the persecution of the minority groups took place only in 1990.
〈少数集団の迫害の責任を公式に認めたのはようやく1990年になってからのことである。[← recognize the responsibility と、意味上は動詞+目的語の関係]〉

(**5**) Many shops have gone *out **of** business*. 〈多くの店が廃業してしまった。〉

(**6**) Were they to erupt, these supervolcanoes would set off terrible earthquakes and put the western United States under a thick blanket ***of*** ash.
〈こうした巨大火山が万一噴火することになれば、ひどい地震が起きて、アメリカの西部一帯は厚い火山灰の毛布に覆われることになるだろう。〉

(7) Most of the photos were taken within a couple of miles *of* my house.
〈この写真の大半は自宅から2、3マイル以内で撮ったものです。〉

(8) Scientists will be able to account for a wider range *of* natural phenomena.
〈科学者は自然現象をより広範に解明できるようになるだろう。〉

(9) By the end *of* the 18th century, surfing was already deeply rooted in many centuries *of* Hawaiian legend and culture.
〈18世紀の終わりにはもう、サーフィンは何世紀にも及ぶハワイの伝説と文化とに深く根ざすものとなっていた。〉

QUESTION 61

次の文の下線部を和訳しなさい。

Stars are made for profit. In terms of the market, stars are part of the way films are sold. The star's presence in a film is a promise of what you will see if you go to see the film. In the same way, stars sell newspapers and magazines, and are used to sell food, fashion, cars and almost anything else.

ANSWER KEY

the star's presence in a film〈スターの、映画における存在〉は前ページの(3)のように「主語＋述語」としてとらえるなら The star is present in a film.〈スターが映画に出ている。〉となる。また、a promise of what you will see は(4)と同様「動詞＋目的語」で〈あなたが見るものを約束してくれる〉ということ。

〈スターは利益のために作られる。市場という観点から言えばスターは映画を売ることの一部である。スターが映画に出ているということは、その映画を見に行ったときに見られるものの保証となる。同様にスターは新聞や雑誌を売り、食品やファッション、車などほぼすべてのものを売るのに使われる。〉

7. in: ある場所／状態で／ある場面で

(1) I have with me 1,000 dollars *in* cash. 〈1,000 ドル現金で持っている。〉

(2) Matter can exist *in* a solid, liquid or a gas.
〈物質は固体、液体、気体の状態で存在しうる。〉

(3) He didn't say anything, but his breath came out *in* a long sympathetic sigh.
〈彼は何も言わなかったけれど、長い、同情のため息をついた。〉

(4) Apes are different from monkeys *in* many ways.
〈類人猿はサルと多くの点で違う。〉

(5) She seemed not to *take in* their protest at all.
〈彼女は彼らの抗議をまったく理解できないようだった。〉

(6) Openness *in* explaining the meanings and possible consequences of scientific advances is absolutely essential.
〈科学上の発展の意味および想定される結果を説明するさいの開示性が絶対不可欠である。〉

(7) There has been an incredible increase *in* the quality and length of our lives over the past fifty years.
〈過去50年間、我々の生活の質は信じられないほど向上し、寿命も延びた。〉

(8) *In* Japan, to give an opinion *in* public is to appear too self-centered.
〈日本では、人前で意見を述べれば自己中心的すぎると思われる。〉

(9) The use of machinery and factories led to mass production, which *in turn* led to the development of numerous environmental hazards.
〈機械と工場の使用は大量生産につながり、今度はそれが無数の環境問題につながった。〉

(10) Hey, you look stupid *in* that hat.
〈おい、そんな帽子かぶってるとばかに見えるぞ。〉

QUESTION 62

次の文の下線部を和訳しなさい。

Now I know there is a God. <u>If I could come out of that crash alive and in one piece</u>, it must be because He is watching over me up there.

ANSWER KEY

If I <u>could come</u> out of that crash　●alive

　　　　　　　　　　　　　　　　　　　-and

　　　　　　　　　　　　　　　　　　●in one piece

alive と in one piece が並列されて主語 I の修飾、つまり主格補語となっている。in one piece は in many pieces〈ばらばら〉でなく「1つのかたまりで」、つまり「五体満足に」ということ。

なお、微妙な話だが「事故にあっても死ななかったし大けがもしなかった」ことは事実なのだから、ここで if 以下は条件を述べるのでなく前提を述べている。

ex. If we differ in opinion, that doesn't necessarily mean we can't work together.
〈意見が違ったからというだけで、私たちが一緒に作業できないということにはならない。〉
〈神様がいるってよく分かるのよ。あの事故にあっても無事に生き残れたということは、神様が上から見守っててくれるからということに違いないもの。〉

---

8. out: 外へ／超えて・越えて／最後まで

(1) Nine **out** of ten customers say they're pleased with our service.
〈お客様の10人に9人は当社のサービスにご満足いただいたとおっしゃっています。〉

(2) ***Out*** of sight, ***out*** of mind. [proverb]
〈視界から外れると頭からも外れる [→見えなくなれば考えなくなる／去る者は日々に疎し]。〉

(3) My car went ***out*** of control and almost hit a tree.
〈私の車は制御不能になって木にぶつかりそうになった。〉

(4) I'd like to *point **out*** the fact that he was aware of the illegality of his conduct.
〈彼は自分の行為の不法性を分かっていたという事実を指摘したいと思います。〉

(5) OK, let's *find **out*** if this will work.
〈じゃあ、うまくいくかどうかやってみよう。〉

(6) *Look **out***. You are being watched. 〈気を付けろ。お前、見張られているぞ。〉

(7) "I guess you're a little too ... oh, forget it." "Come on! *Speak **out**.*"
〈「ひょっとしてあなたあんまり．．．いや、まあいいわ。」「何よ、ちゃんと言ってよ!」〉

(8) Sure, there are a lot of nasty people ***out*** *there*, but I know good people, too.
〈確かに世の中にはひどいやつも大勢いるけど、私はいい人たちだって知っている。〉

(9) In these countries, domestic work is mostly *carried **out*** by women.
〈これらの国では、家内労働のほとんどは女性が行っています。〉

(10) The application *turned **out*** to be a real disappointment.
〈そのアプリケーション（ソフト）はまったく期待外れだった。〉

QUESTION 63

次の文の下線部を和訳しなさい。

A few months ago, as I was walking down the street in New York, I saw, at a distance, a man I knew very well heading in my direction. The trouble was that I couldn't remember his name or where I had met him. This is one of those feelings you have especially when, in a foreign city, you run into someone you met back home or the other way around. A face out of context creates confusion.

ANSWER KEY

左の (2)、(3) の「〜から外れて」と同様。「文脈から外れた」、つまり「いつもと違う場面で見る顔」である。

〈数ヵ月前ニューヨークの町を歩いていると、知っている男が向こうから歩いてくるのが見えた。困ったことに、私は彼の名前も、どこで会ったかも思い出せなかった。これは特に本国で知っている人と外国の町で偶然会ったとき、あるいはその逆のケースで感じることの1つだ。いつもと違う場所で見る顔は混乱を起こすのである。〉

9. away: 離れて／去って

(**1**) I was far *away* from home and missed my family.
〈私はふるさとから遠く離れていて、家族に会いたかった。〉

(**2**) Rebecca helped Henry wash and *put away* the dishes.
〈レベッカはヘンリーを手伝って皿を片付けた。〉

(**3**) Hey, you can't *get away* doing something like this.
〈おい、こんなことやって、そのままでは済まないよ。〉

(**4**) Mother's Day is just a week *away*. 〈母の日はもう1週間後に迫った。〉

(**5**) *Stay away* from me! 〈近づかないでよ！〉

(**6**) The Cobbs live a few blocks *away*.
〈コブさんちは数ブロック離れた所です。〉

(**7**) My mom is easily *carried away* with things.
〈ママは何かというとすぐに舞い上がっちゃう。〉

(**8**) You can *explain away* failure once or twice, but when you repeatedly fail, it indicates a problem.
〈失敗しても一度や二度は言い訳がきくけれど、それが続くとなると何か問題があるということになる。〉

(**9**) We cannot *turn away from* atrocities in the past and ignore history; we have to do our best to learn from them.
〈過去の残虐行為から目をそむけて歴史を無視することはできない。できる限りそこから学ぶ努力をすべきだ。〉

(**10**) He *looked* straight into my eyes for a moment, then *looked away*.
〈彼は一瞬私の目をじっと見つめて、それから目をそらした。〉

QUESTION 64

次の文の下線部を和訳しなさい。

"Ah! You must be Anna," the Russian said.

I was startled, not expecting him to have my name so readily on his lips. I looked at my mother. <u>She was giving nothing away.</u>

ANSWER KEY

QUESTION 44（▶330ページ）と同じ文より。give nothing away は QUESTION 45（▶331ページ）の give much away と同じ用法。
〈(前略)その表情からは何も読み取れなかった。〉

10. with: having／〜に関して／ある状態を伴って

(1) Some folks say that the first settlers sent here in Australia were criminals, but I do not believe that was the case *with* my family.
〈植民地からここオーストラリアに送り込まれた最初の入植者は犯罪者だったと言う人もいるけれど、僕の一族がそうだったとは思わない。〉

(2) My son has a problem *with* his behavior.〈息子は行動に問題がある。〉

(3) He has been *involved with* street gangs and narcotics.
〈彼は街のちんぴらや麻薬と関わっている。〉

(4) Business runs round the clock, *with* plastic being purchased from small traders and passed on to the many recycling mills.
〈操業は一日中休みなく行われており、小規模商人から買ったプラスチックが数多くのリサイクル工場へ回されている。〉

(5) Remember you're *dealing with* human beings. Treat them with due respect.
〈人間を相手にしてるんだということを忘れないように。相応の敬意を持って接しなさい。〉

(6) Uncertainty comes *along with* innovation.
〈革新には不確実性が伴う。〉

(7) My mom is retired, but she keeps busy *with* many activities.
〈母はもう引退しているが、様々な活動で忙しくしている。〉

(8) Never run an air conditioner *with* its cover on.
〈エアコンのカバーをかけたまま運転することは絶対にやめてください。〉

(9) My boss is never happy *with* my work.〈上司は私の仕事に絶対満足しない。〉

(10) The study is based on a comparison between persons *with* and *without* obesity.
〈その研究は病的肥満のある人とない人の比較に基づいたものである。〉

QUESTION 65

次の文の下線部を和訳しなさい。

"Ah! You must be Anna," the Russian said.

I was startled, not expecting him to have my name so readily on his lips. I looked at my mother. She was giving nothing away. The Russian held out his hands and said, "Konstantin. I am very pleased to meet you. I have heard so much about you."

We shook hands. I wanted to know how he had heard so much about me, but couldn't think of a way of asking, <u>at least not with my mother there</u>.

ANSWER KEY

途中までは QUESTION 64 と同じ。

with my mother there はいわゆる「付帯状況」であるが、having my mother there と考えても同じ。「母がそこにいる」状況を have しているから。なお、not は前の couldn't think の否定を繰り返している。こういう繰り返しは英語では割合多く、

ex. "I won't go." "Why *not*?"〈「俺は行かない。」「何で？」〉

や

Aw, *not* again!〈あーあ、またかよ！〉

などにも現れる。

〈（QUESTION 64と同じ）ロシア人はこちらに両手をさしのべて「コンスタンティンだよ。初めまして。君のことはいろいろ聞いているよ」と言った。

私たちは握手をした。どうして私のことをそれほど聞いているのか知りたかったけれど、どう尋ねたらいいか分からなかった。<u>少なくとも母がそこにいたのでは。</u>〉

---

11. across: cross（交差した）状態に／横に／横断するようにずっと

(1) There used to be a wooden bridge ***across*** the river.
〈昔その川には木の橋がかかっていた。〉

(2) She *walked across* the street.〈彼女は歩いて道を渡った。〉

(3) They went into a café ***across from*** my office.
〈彼らは私の会社の向かいにあるカフェに入った。〉

(4) I *looked **across*** the counter at the clerks.
〈私はカウンターの向こうにいる店員たちを見た。〉

(5) It would be easier to *get myself **across*** in a face-to-face interview rather than over the telephone.
〈直接会う面談の方が、電話よりも話は通じやすいでしょう。〉

(6) When *driving **across*** the desert, we *came **across*** a herd of mustangs.
〈砂漠を突っ切って運転中、小型野生馬の群れに遭遇した。〉

(7) When reading the document, I *came **across*** a very strange expression.
〈文献を読んでいて、実に妙な表現に出くわした。〉

(8) Urban modes of living *swept **across*** the country.
〈都市の生活様式が国中に広がった。〉

(9) In a crossword puzzle, squares in which answers begin are usually numbered. The clues are then referred to by these numbers and a direction, for example, "4-***Across***" or "20-Down".
〈クロスワードパズルでは普通、答えの語が始まるマスに番号が振ってある。そしてカギは例えば「横の4」とか「縦の20」のように、これらの番号と方向で示される。〉

(10) She slapped me *across* the face. 〈彼女は僕の顔に平手打ちをくらわせた。〉

QUESTION 66

次の文の下線部を和訳しなさい。

　Good manners require a good deal more imagination than they once did, if only because it's so much harder to know what the person sitting across from you — whether stranger or friend — expects, needs, wants from you.

ANSWER KEY

　sitting across from you は「あなたから（何かを）挟んで向こう側に座っている」という意味で、通路など何らかの空間を暗示している。
〈自分の向かいに座っている人が——他人であれ友人であれ——こちらに何を期待し、必要とし、望んでいるか、知ることが以前よりもはるかに難しくなった、というだけの理由にしても、

▌　良いマナーのためには以前よりもずっと想像力が必要とされるようになった。〉

　以上、基本動詞と particles の主なものを取り上げたが、すべてカバーできたわけではない。この先気になる語が出てきた場合には、知っているふりをしないで辞書で用例を読む癖をつけておくこと。基本語はマスターするのに割合時間がかかり、試験までにすべてをマスターするというのはまず不可能だが、それでも、その語の本来の意味は何か、と考える習慣のある人と、とりあえず訳を暗記して済ませる人の差は大きく開く。

第5章

小説のしくみ

1. 小説とエッセイの構造
2. 小説の分析
3. 設問の実際

1 小説とエッセイの構造

小説の文は描写と会話が中心となる点で
factual〈事実中心〉な論説文とは異なる。
だから読み方の技術も異なる。
エッセイは小説のパターンに多少論説文的な要素が混じったものである。
いずれにせよ、本来は読者が楽しみのために読むものであるけれど、
問題に答えるということになると多少は分析的にならざるをえない。

Stories don't try to explain; they try to depict.

　これが小説に関して重要なことだ。小説とは読者の頭の中にイメージを作ることを目的とする。だから「小説は説明しようとしない：描こうとする」のである。

(**1-a**) Ezzie was startled.〈エジーは驚愕した。〉

でなく

(**1-b**) Ezzie's mouth formed a perfect O.〈エジーの口は完璧なOの字になった。〉

と書き、

(**2-a**) Benjie felt miserable.〈ベンジーは惨めに感じた。〉

でなく

(**2-b**) Benjie's shoulders dropped.〈ベンジーは肩を落とした。〉

とし、

(**3-a**) I was horrified.〈私はぞっとした。〉

を

(**3-b**) My hair stood on end.〈髪の毛が一本立ちになった。[1]〉

とし、

(**4-a**) She looked at me furiously.〈彼女は憤激して私を見た。〉

を

(**4-b**) She looked right at me, her nostrils flared and her lips getting thin and her eyes opening wide.

〈彼女は私を見据えた。鼻孔が開き、唇を固く閉じて目を大きく見開いていた。〉

---

1. 内田百閒お気に入りのフレーズ

とし、

(5-a) He didn't look like an assistant to an accountant in any way.
〈彼はどこから見ても会計士助手とは思えなかった。〉

という人物を

(5-b) In a purple T-shirt and waist-length fur coat, he looked the very embodiment of sexual decadence; his shoulder-length raven hair, his large nose and chin made him as severely handsome as an Indian on a postage stamp.[2]
〈紫色のTシャツにウエスト丈の毛皮のコートをはおった彼はまさに性的デカダンスを地でいくようだった。肩まで届く漆黒の髪、大きな鼻とあごは切手に描かれたインディアンのような非情な端正さを感じさせた。〉

と丹念に描写する。

　このあと（▶418ページ）扱う物語でも「街は変わった」を具体的に「デパートは靴屋に／ドラッグストアはランドリーに」、「部屋も変わった」ことを「カーペットはグリーンからグレーに」「天井からは継父の模型飛行機がつり下げられ」と書く。

　「中西部の小さな町の暮らしは平凡で退屈だ」といわずに、「日曜日、妻は子供を連れてショッピングモールへ」「継父の職場は化学工場／母の職場はコールセンター」と具体化する。

　「ニューヨークは多様性に満ちた街である」を「スウェーデン・ベーカリー」「サーカスの道具を売る店」「韓国料理レストラン」「あらゆる年齢・国籍・衣服・髪型の人々が出入りするコーヒーショップ」と描写する。さらに「自分もその一部なのだ」を「こうした布地を織りなす、自分は一筋の糸だ」と比喩を使って描く。

　読者が頭の中にイメージを作るためには、こうした細部が必要なのである。我々が英語の物語を読むとき、細部を語る語彙が難しく感じられることも多い。ただ、試験問題を解くのが目的と割り切るならば、その描写の部分が要するに何を説明したいのか、に絞り込んで考えるのがいい。

　以下、「語り」と「場面」について詳しく見ていこう。

2.Peter Cary, *War Crimes*

1 Narration（語り）

(1) 人称

　読者に対して物語を語るのが narrator、語る行為を narration、語られる内容を narrative という。登場人物は character。主人公は main character / hero / protagonist。対立者ないし敵役は antagonist。子供向けテレビ番組などなら protagonist / antagonist は good guy / bad guy と呼ばれる。「イイもん／ワルもん」だ。一つひとつの場面は scene。

　narrator は protagonist を一人称（first person）で語る場合と三人称（third person）で語る場合がある。どちらにしても読者が protagonist に empathy〈感情移入〉をするように物語は作られる。

　一人称の語りは物語の語り手が **I** である。

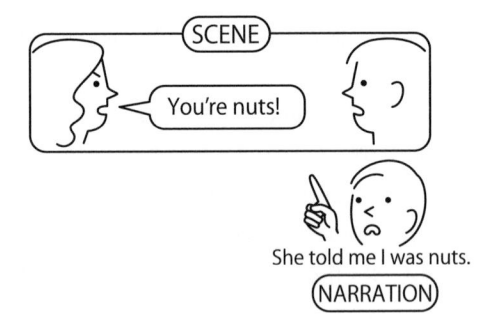

```
           SCENE
   　　　  You're nuts!

        She told me I was nuts.
           NARRATION
```

1

　Because of a hereditary recklessness, ***I*** have been playing always a losing game since my childhood. During my grammar school days, ***I*** was once laid up for about a week by jumping from the second story of the school building.

〈親譲りの無鉄砲で小共の時から損ばかりしている。小学校に居る時分学校の二階から飛び降りて一週間ほど腰を抜かした事がある。[3]〉

　'I' は体験を語り、また目として、カメラとして目の前の人物・状況を写し、記録する。

---
3. 夏目漱石『坊っちゃん』。英訳は Yasotaro Morri

2

　　With a long, sonorous whistle the steamer which *I* was aboard came to a standstill, and a boat was seen making toward us from the shore. The man rowing the boat was stark naked, except for a piece of red cloth girt round his loins. A barbarous place, this! though he may have been excused for it in such hot weather as it was.
〈ぶうと云って汽船がとまると、艀が岸を離れて、漕ぎ寄せて来た。船頭は真っ裸に赤ふんどしをしめている。野蛮な所だ。もっともこの熱さでは着物はきられまい。[4]〉

　　三人称の語りは語り手が主人公と重なる (identify) ことがない。語り手は登場人物を he/she の三人称で呼ぶ。

3

　　Sanshiro passed through the ticket gate carrying only a small canvas bag and his umbrella. ***He*** was wearing the summer cap of his college but had torn the school patch off to indicate that ***he*** had graduated. The color was still new in just that one spot, though it showed only in daylight. With the woman following close behind, ***he*** felt somewhat embarrassed about the cap, but she was with him now and there was nothing ***he*** could do. To her, of course, the cap would be just another battered old hat.
〈三四郎はてごろなズックの鞄と傘だけ持って改札場を出た。頭には高等学校の夏帽をかぶっている。しかし卒業したしるしに徽章だけはもぎ取ってしまった。昼間見るとそこだけ色が新しい。うしろから女がついて来る。三四郎はこの帽子に対して少々きまりが悪かった。けれどもついて来るのだからしかたがない。女のほうでは、この帽子をむろん、ただのきたない帽子と思っている。[5]〉

---

4. 同じく『坊っちゃん』より
5. 夏目漱石『三四郎』。英訳は Jay Rubin, *Sanshiro*

4

　　Just around noon, a strange roaring came just before a great shock struck.

　　"Earthquake!" ***the two*** shouted simultaneously.

　　Although ***Choko*** managed to grab one of the sliding doors, ***she*** got weak kneed and fell to her buttocks giving out a shriek. ***Ryukichi*** stuck to the opposite wall, speechless. At that moment, a glimpse of regret crossed ***each*** mind that ***they*** had had a reckless runaway.

〈午頃、ごおッーと妙な音がして来た途端に、激しく揺れ出した。「地震や」「地震や」同時に声が出て、蝶子は襖に掴まったことは掴まったが、いきなり腰を抜ぬかし、キャッと叫んで坐り込んでしまった。柳吉は反対側の壁にしがみついたまま離れず、口も利けなかった。お互いの心にその時、えらい駈落ちをしてしまったという悔が一瞬あった。[6]〉

がそうである。

　ただ、**3** の『三四郎』の方は視点が主人公の三四郎に固定されていて「女」の心理が三四郎による推定のように語られるのに対し、**4** の『夫婦善哉』では語り手が蝶子と柳吉双方の心理を伝えている。後者を、語り手が登場人物のすべてを知っている、という意味で omniscient narrator〈全知の語り手〉といったり、また、こういう視点を God's eye view〈神の視点〉といったりする。

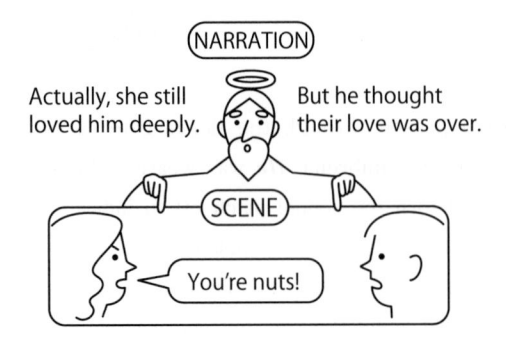

　まれにだが、二人称で語られる物語もある。読者（you）を主人公と重ねてしまうやり方だ。

5

　　He then stands not far from ***you***, waiting. Perhaps for the same bus. The two of ***you*** glance furtively at each other, shifting feet.[7]

---
6. 織田作之助『夫婦善哉』。英訳は宮崎
7. Lorrie Moore, "How to Be an Other Woman" *Self Help* 1985

〈そして彼はあなたから少し離れたところに立って、待つ。たぶん同じバス。2人は足の位置を変えながらこっそりお互いを見る。〉

しかし、視点は三人称と同じことである。

東大入試の長文の出題はほとんどが小説の一部だが、時に紀行文やエッセイが入る。小説は三人称ものが多い。紀行文やエッセイはフィクションではないが語りのスタイルは同じで、そのほとんどが一人称だ。過去10年分の長文問題の書き出しをあげると以下の通り。

1 2005年

The old lighthouse was white and round, with a little door, a circular window at the top, and the huge lamp. The door was usually half open, and one could see a spiral staircase. It was so inviting that one day I couldn't resist going inside, and, once inside, going up.

〈その古い灯台は白く、丸みを帯びて、小さなドアがあって、最上部には丸窓と巨大な灯火があった。ドアはだいたいいつも半開きで、中に螺旋階段が見えた。あまりにも気を引く様子だったので私はある日誘惑に勝てなくなって中に入り、そして、いったん入ってしまうと上がらざるをえなくなった。〉

――小説。一人称。

2 2006年

A few months ago, as I was walking down the street in New York, I saw, at a distance, a man I knew very well heading in my direction.

〈数ヵ月前、ニューヨークの通りを歩いていると、少し向こうからよく知っている男がこちらへ向かってくるのが見えた。〉

――エッセイ。一人称。

3 2007年

Rebecca's mother was standing outside the bus station when the bus arrived. It was seven thirty-five on Sunday morning. She looked tired. "How was the ride?" she asked.

"I didn't fall asleep until we got to Ohio," Rebecca replied.

〈レベッカの母がバスターミナルの外で待っていると、バスが着いた。日曜の朝7時35分。疲れた顔をしていた。「バス、どうだった?」と彼女は聞いた。

「オハイオに着くまで寝付けなかったわ」とレベッカは答えた。〉

――小説。三人称。

4 2008年

Jackie leant idly against the window frame, staring out at the beach in front of the house. In the distance down the beach she could see the familiar figure in the blue dress slowly coming towards the house. She loved these moments when she could watch her daughter in secret.
〈ジャッキーは所在なげに窓枠に身をもたせかけて家の前の砂浜を見ていた。砂浜のずっと向こうにはブルーのドレスを着たあの子が、ゆっくりと家の方へ向かってくるのが見える。彼女は娘の姿をこっそりと見ることのできる、こうした時が大好きだった。〉

――小説。三人称。

5 2009年

When people hear that I'm writing an article about the way human beings deceive each other, they're quick to tell me how to catch a liar.
〈人間がどのように互いをだまし合うかについての記事を書いていると私が言うと、すぐにみんな嘘つきの見分け方について教えてくれる。〉

――エッセイ。一人称。

6 2010年

When William Porter left Houston, never to return, he left because he was ordered to come immediately to Austin and stand trial for stealing funds while working at the First National Bank of Austin.
〈ウィリアム・ポーターはヒューストンを出て、そして二度と戻ることはないのだが、出立したのは、すぐにオースティンに行って、オースティンのファースト・ナショナル銀行に勤務していたときの横領事件の裁判に出頭を命じられたからであった。〉

――伝記小説。三人称。

7 2011年

One morning there was a knock on the front door. The knocking continued, and someone called out: 'Anyone there?' It was Mrs. Brodie, a neighbor who lived a few houses away.
〈ある朝、正面玄関をノックする者がいた。ノックはやまず、「誰かいませんか?」という声が聞こえる。数軒離れた家に住むブローディ夫人だった。〉

――小説。三人称。

8 2012年

A sari for a month. It shouldn't have been a big deal but it was. After all, I had grown up around women wearing saris in India. My mother even slept in one.

〈1ヵ月間サリーを着る。それほど大したことでないはずだったが実は大変だった。そもそも私がインドで育った間、周りの女性たちは皆サリーを着ていた。母などはサリーのまま寝てもいた。〉
——エッセイ。一人称。

9 2013年

　When I was eleven, I took violin lessons once a week from a Miss Katie McIntyre.

〈11歳の時、ミス・ケイティ・マッキンタイヤという人に週に一度バイオリンを習っていた。〉
——小説。一人称。

10 2014年

　I went out this early July morning for a quick run along the Seine.

〈今朝、7月の朝早く、私はセーヌ川に沿ってちょっとランニングをした。〉
——エッセイ。一人称。

というように、全体としては一人称、三人称の narrative がほぼ同数となっている。

(2) 時制

　narration は基本的に過去形。地の文がすべて現在形というのは英語の小説ではまれなケースだ。日本語は現在形と過去形の区分がさほど厳密でないこともあって、小説の語りには「怖かったが思い切って入ってみた。中は暗い。かび臭いようなにおいがする」のように過去形と現在形が入り交じることが珍しくないが、英語ではそういうことはない。一般的に narrative には、一貫して過去形が用いられる。もしも現在形が混じってくるとすれば、それは物語の場面から外れて、narrator〈語り手〉が読者に対して現在（つまり読者がこれを読んでいる現在）語りかけているのである。例えば

1

　Mrs Todgers <u>looked</u> a little puzzled to know what this <u>might mean</u>, as well she <u>might</u>; for it <u>was</u>, as the reader <u>may</u> perchance <u>remember</u>, Mr Pecksniff's usual form of advertisement when he <u>wanted</u> a pupil.[8]

〈トジャーズ夫人はその意味を察しかねて少々困惑していたのだがそれも無理からぬ話で、読者もことによると覚えておられるかもしれないように、それがペックスニフ氏が生徒をとりたいという時の広告方法だったからである。〉

がそうだ。

　過去形の narrative の中で未来のことが語られるときには、未来を示す will もまた過去形 would となる。

---

8. Charles Dickens, *The Life and Adventures of Martin Chuzzlewit*

[SCENE図: 会話する二人と「She will leave me.」と考える人物、→ t]

He thought she would leave him.
[NARRATION]

　She will leave me.〈彼女は僕の元を去るだろう。〉と「彼は思った」のなら

　He thought she would leave him.

となる。

　また、過去形で語られる場面からまた1つ過去に戻って、それまでのいきさつを語ったり回想したりするのであれば、過去よりもう1つ前の時制である過去完了形が登場する。

[SCENE図: 「How happy we were!」と考える人物と会話する二人、→ t]

She was remembering how happy they had been.
[NARRATION]

　How happy we were!〈昔はなんて楽しかったのだろう！〉と「彼女は思い出していた」という文は

　She was remembering how happy they had been.

となる。

　had ... を見たら読者は「物語中における過去」だと理解するわけだ。

　この過去完了という時制は現在や現在完了、過去と比べて使用頻度はずっと低く、

いわゆる論説文などで出合うことはまれだが、物語文に時々登場するのはこうした理由である。

英語ではこうした時制が規則的に用いられているため、よく読むと時間の関係が明確に示されていることが分かる。

2

Since I **[1]**<u>had</u> never <u>been</u> on a plane myself, it **[2]**<u>seemed</u> the most natural thing in the world to me that the prospect of her first flight **[3]**<u>should fill</u> her with excitement.

[2] の過去形が[シーン]における「現在」。**[1]** の過去完了形は[シーン]よりもっと以前である。**[3]** の助動詞 should は形はいちおう shall の過去形だけれど、shall とは別物と考えた方がいい。「当然だ」という文脈でよく現れる。なお、should have filled としたら時間がもう1つ過去に、つまりこの[シーン]より以前にずれ込んでしまう。

〈自分自身がまだ一度も飛行機に乗ったことがなかったから、彼女が初めて飛行機に乗ることを思って興奮でいっぱいだというのもごく当然のことと思われたのだ。〉

3

One morning soon after I **[1]**<u>arrived</u>, I **[2]**<u>went</u> to the lighthouse, only to find that the old man **[3]**<u>had retired</u>.

[1], **[2]** は[シーン]の「現在」**[3]** は[シーン]より前。

〈着いて間もないある日の朝、灯台へ行ってみると老人はすでに引退したとのことだった。〉

4

Early in January my wife and I **[1]**<u>set</u> out for Rome. My affections **[2]**<u>are</u> still so deeply attached to the Italy I **[3]**<u>discovered</u> then ―for the few months I **[4]**<u>had spent</u> in it twenty-three years before **[5]**<u>had told</u> me little or nothing― that if I **[6]**<u>were to write</u> at length about it now, gratitude **[7]**<u>would make</u> me say too much, or dread of appearing extravagant **[8]**<u>tempt</u> me to say too little.

これは複雑で **[1]**set、**[3]**discovered が過去形、**[2]**are が現在形、**[4]**had spent、**[5]**had told が過去完了形、**[6]**were to write、**[7]**would make、**[8]**(would) tempt が仮定法、と入り交じっている。仮定法の部分は形は過去形でも話題にしているのは現在のことだから、**[2]** と **[6]**、**[7]**、**[8]** は語っている時間は同じ。だから「ローマに行った」「発見があった」という[シーン]が過去形、筆者から読者に対して「今も愛が強いから冷静になれなくて書きすぎたり、逆に

見苦しく思われないようにと書かなすぎたりしてしまうかも」と語る［ナレーション］部分が現在形、そして［シーン］よりも23年前の出来事が過去完了形、と3つの時制が現れている。

〈1月の初め、妻と私はローマに向けて旅立った。その時、新たに見いだしたイタリア（というのは、それより23年前に数ヵ月過ごしたときにはほとんど何も学ばなかったから）への思いが今なおあまりにも強いため、もし今イタリアについて長々と書くとしたら、感謝の念から過剰に言葉を書き連ねるか、あるいはあまり大げさに思われたくないという恐れから、ろくに語らないようにしようと思ってしまうだろう。〉

QUESTION 67

次の文の下線部を和訳しなさい。

I was wondering how on earth I was going to get through the evening. Saturday. Saturday night and I was left alone with my grandmother.

The others had gone—my mother and my sister, both dating. Of course, I would have gone, too, if I had been able to get away first. Then I would not have had to think about the old woman, going through the routines that she would fill her evening with. I would have slipped away and left my mother and my sister to argue, not with each other but with my grandmother, each separately conducting a running battle as they prepared for the night out. One of them would lose and the loser would stay at home, angry and frustrated at being in on a Saturday night, the one night of all the week for pleasure. Well, some chance of pleasure. (**1**) <u>There was hardly ever any real fulfillment of hopes but at least the act of going out brought with it a possibility and that was something to fight for.</u>

"Where are you going?" my grandmother would demand of her daughter, forty-six and a widow for fifteen years.

"I'm going out." My mother's reply would be calm and (**2**) <u>she would look determined as I imagine she had done at sixteen, and always would do.</u>

ANSWER KEY

(1) 望みが本当にかなえられるということはまずほとんどなかったけれど、少なくとも外出するという行為で1つの可能性が生じる。それだけでも誘いをするだけの価値はあった。

(2) 母は決然たる表情だった。16歳の時にもこうだったのだろう、これから先もずっとこうなのだろう、と私は思う。

はじめから見ていくと、

 I **[1]**was wondering how on earth I **[2]**was going to get through the evening. Saturday. Saturday night and I **[3]**was left alone with my grandmother.

 この部分はいずれも過去の［シーン］。動詞は過去形と過去進行形。

 次の部分では様々な時制が入り乱れている。いい練習になるからすべての動詞の用法を明らかにしてみよう。

 The others **[1]**had gone—my mother and my sister, both **[2]**dating. Of course, I **[3]**would have gone, too, if I **[4]**had been able **[5]**to get away first. Then I **[6]**would not have had **[7]**to think about the old woman, **[8]**going through the routines that she **[9]**would fill her evening with. I **[10]**would have slipped away and **[11]**left my mother and my sister **[12]**to argue, not with each other but with my grandmother, each separately **[13]**conducting a running battle as they **[14]**prepared for the night out. One of them **[15]**would lose and the loser **[16]**would stay at home, angry and frustrated at **[17]**being in on a Saturday night, the one night of all the week for pleasure. Well, some chance of pleasure.

 [1] had gone は物語の［シーン］より1つ前の時制。つまり「もう出かけていた」。

 [2] dating は go dating〈デートに行く〉。go shopping、go skiing などと同じ用法。

 [3] would have gone ... if I **[4]** had been able **[5]** to get ... は仮定法。物語の［シーン］より以前の時間を仮定しているから if ... 過去完了＋ ... would 完了形動詞となっている。**[5]** は be able ＋ to 不定詞。

 [6] も Then〈そうすれば〉という仮定を受けて **[3]** と同じく would ＋完了形動詞。

[7] は have to ＋動詞。

　[8] の going ... は think about the old woman, (going through ...) のように old woman を後ろから修飾している。woman のあとにカンマが打たれているから、補足説明的な感じになる。

　[9] 関係詞節を主語から始まる文で書き直すと She would fill her evening with the routines. となる。この would は「過去の習慣」を表すもの。もともと will には「〜になるだろう→きっと〜になる→いつもそんなものだ」というニュアンスがあって、例えば

Accidents *will* happen.〈事故というのはどうしたって起こるもの。〉

とか

Boys *will* be boys.[9]
〈男の子はしょせん男の子→男っていつまで経っても子供じみたもの。〉

という成句／ことわざなどで見かける。これがそのまま過去形になって「いつもそんな具合だった」という意味になる。仮定法とは無関係。

　[10]、**[11]** は **[4]** の「もし私が先に抜け出していたなら」を受けて仮定法。「slip away して leave していただろう」。

　[12] は leave ＋［目的語］＋ to 不定詞。

I want you to know this.
〈私が望むのは君がこれを知ることだ→君にこれを知っておいてほしい。〉

I expected her to come.
〈私は彼女が来ることを予想していた→彼女は来るだろうと思っていた。〉

と同じ。

leave my mother and my sister to argue
〈母と姉が口論する状態を放っておく→母と姉に勝手にけんかさせておく〉

　[13] は分詞構文。少し単純化していうと、I left them to argue, each conducting ... となる。分詞構文の基本は例えば

I **[1]**argued with her, **[2]**conducting a running battle.
〈私は彼女と口論し、絶え間なくけんかしていた。〉

のように -ing 形の動詞 **[2]** の主語は述語の動詞 **[1]** の主語と同一なのだが、本文では **[2]** の動詞 conduct の前に別の主語 each がついている。（独立分詞構文）「私は彼らにけんかをさせておいた」＋「それぞれが（おばあちゃんと）けんかを続けた」ということである。単純な文に書き換えれば、

---

9. そうやって男の子の非行・愚行を大目に見るのはある種の男性上位主義だとして outdated〈時代遅れ〉と考える人々もいる。

I left them to argue, and each conducted a running battle.
となる。なお、こうした分詞構文は事実を客観的に明晰に書いた、いわゆる論説文では好まれないし、自分が英文を書くさいにも避けた方がいいものだが、文の流れが阻害されずに連続していくところが好まれて物語文ではよく見かける。
[14] の過去形は [シーン] における現在。
[15] would lose、**[16]** would stay は **[9]** と同じく「いつもそんな具合だった」という would。
[17] は言うまでもないが前置詞 at の目的語となる動名詞で「家にいること」。

下線部（**1**）の構造を明らかにすると、
1. There was hardly ever any real fulfillment of hopes
　　but
2. at least the act of going out brought with it a possibility
　　and
3. that was something to fight for.
と3つの節が but と and で接続されている。
1. は there is ... 構文。この和訳の難しさは、hardly、ever、any といった語のニュアンスを日本語で表さなければならないところ。
　　もしも
There was *no* real fulfillment of hopes.
　　または
There was *not any* real fulfillment of hopes.
とあれば「望みが本当にかなえられることは全然なかった」という否定である。
I have *no* money. = I do*n't* have *any* money.
を見れば分かるように、[no]=[not] + [any] だからだ。
There was *never* any real fulfillment of hopes.
ならばもっと強い否定で「望みが本当にかなえられることは絶対になかった」でいい。ところで never は [not] + [ever] という合成語である。[not] + [or] = [nor]、[not] + [either] = [neither] と同じ仕掛けだ。だからこの文は
There was*n't ever* any real fulfillment ...
としてもいい。ところで ever の意味は any 〈①なんでもいい　② any time いつでもいい〉である（▶60・61ページ）。つまりこの文は any が2つ使われていることになる。第1の any は時間に関して②の意味で、つまり「いつまで経ったっ

てあるはずがない」、第2の any は①の意味で「どんな成就もない」のニュアンス。

　もう1つ、本文では not でなく否定の度合いを弱めた hardly が使われている（▶181ページ）。だからこの文は、ごく丁寧に訳せば「どんな形であれ望みが満たされることはまずほとんど全然なかった」ということになる。

2. は主語の前に at least〈少なくとも〉が付き、主語は the act of going out、動詞は bring、その目的語は a possibility。ややトリッキーなのは with it が先にきていることで動詞と目的語が離れてしまったこと。動詞＋目的語の結び付きを重視すれば、the act of going out ***brought*** *a possibility* with it となるだろう。だが教科書どおりの語順より with it〈外出することに伴って〉を先にもってきた方が読みやすいのだ。こういうことはそう珍しくない。例えば

I ***had*** *enough money to carry me for a month* with me.
〈私はひと月はもつだけの金を所持していた。〉

などという文は、最後の with me が a month の直後にあって読みにくいから、意味の結び付きを重視して I ***had*** with me *enough money* ...とするだろう。

　直訳に近いものを作れば「少なくとも、外出することは、それに伴って、1つの可能性をもたらした」となる。もちろんもっと自然な日本語を作ることもできるはずだが。

3. that was something to fight for の主語は that。前の部分を指している。しかしそれは going out か、a possibility か？　こういうことは内容全体を読まないと分からない。something to fight for のような、修飾語句が前置詞で終わるものに慣れることは必要。

　　something to *do*　[←*do* something]〈何かやること〉
　　something to *talk about*　[←*talk about* something]
　　〈何か話すこと／話題〉
　　something to *write about*　[←*write about* something]〈題材〉
　　something to *write with*　[←*write with* something]〈筆記具〉
　　something to *write on*　[←*write on* something]〈紙か何か〉
　　somebody to *live with*　[←*live with* somebody]〈一緒に暮らす人〉
　　something to *live for*　[←*live for* something]〈生きがい〉
　　somebody to *work out problems with*
　　[←*work out problems with* somebody]
　　〈一緒に問題の解決に当たってくれる人〉
　　something to *remember my mother by*

[←*remember my mother by* something]〈母を思い出すよすがとなるもの〉

本文の something to fight for の元となるのは fight for something である。for は「そのために」でもいいが「求めて」というのが主要な意味の1つである。だから「それを求めてけんかする、そのもの」だ。ここまで読むと、that の指すものは going out でも間違いではないものの、a possibility の方が「けんかして求める」対象としてはより直截だと分かる。

　直訳すれば「それはそれを求めてけんかする何かであった」だが、この日本語はあまりにも分かりにくいから「それはけんかして求めるだけのものだった」とか「それだけでも争って勝ち取るだけの価値があるものだった」など、内容を生かした自由な日本語で表現する。

下線部(**2**)を含む文。

My mother's reply [1]would be calm
　　and
she [2]would look determined

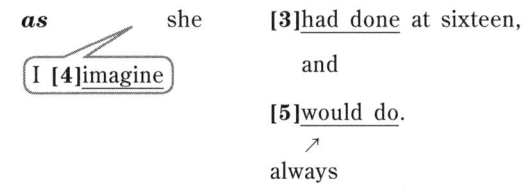

　　　as　　she　　[3]had done at sixteen,
　　　I [4]imagine　　and
　　　　　　　　　　　　[5]would do.
　　　　　　　　　　　　　↗
　　　　　　　　　　　　always

[1]、[2] の would は「過去の習慣」。
[3] は「16歳の時」だから過去完了。had looked (determined)
[5] would do は「過去における未来形」。would look (determined)
[1]、[2] の過去形は物語の中では現在である。だから母は determined〈決意を固めた〉顔をしていた＋ [3] 16歳の時もそうだった ＋ [5] これからもずっとそうだろう。

そして [4] は語り手が「今」想像しているのである。言うまでもなくこの「今」は物語の中の「今」とは違う。だから単純な現在形。

接続詞の as は「同様に」の意味。

〈一体どうやってその晩を過ごしたらいいのか、と私は思っていた。土曜日。土曜の夜に祖母と2人残されて。

　ほかの2人は出かけていた。母も姉も、2人ともデートだ。もちろん私だって、先に逃げ出すことができたならもう出かけていたはずだ。そうすればおばあさんのことなんか忘れていられたはずだ。決まったことを繰り返して夜の時間をつぶすおばあさん。するりと逃げ出して母

と姉にけんかさせておけばよかったはずだ。母と姉とのけんかではない。出かける準備をしながらの母と祖母、姉と祖母との、延々と続くけんか。2人のうちのどちらかが負けて、負けた方は家に残ることになる。怒りと不満を抱えて。土曜日の晩、1週間のうちただ一度の楽しみのための晩なのに。というか、楽しみの可能性のある晩。望みが本当にかなえられるということはまずほとんどなかったけれど、少なくとも外出するという行為で1つの可能性が生じる。それだけでも諍いをするだけの価値はあった。
　　「どこへ行くの?」と祖母は娘にきつい声で尋ねる。46歳。夫を失って15年になる。
　　「出かけてきます」と答える母の声は冷静で、その表情は決然としていた。16の時にもこうだったのだろう、これから先もずっとこうなのだろう、と私は想像する。〉

(3) 話法

　物語のシーンで登場人物がせりふを言うさい、それを読者に伝えるやり方（話法）はまず基本的に2つ。①直接話法 (direct speech) と②間接話法 (indirect speech) である。

①直接話法は

"I love you."

とquotation marks で前後をくるんで提示される。せりふをそのまま提示するのだから、

"I, I, ... you know, um ... I ... I love you."

〈おっ、俺、あの、えー、きっ君が好きだ。〉

なんて焦りまくったせりふもそのまま言える。

②間接話法はせりふをそのまま使わず、客観的な説明で筆者が読者にせりふを伝える。

Ted said to Jenny, "I love you."

なら、

Ted said to Jenny that he loved her. / Ted told Jenny that ....

〈テッドはジェニーに伝えた、彼が彼女を愛しているということを。〉

のように第三者的に描写する。焦ったせりふを間接話法で表すには

Ted, hesitantly stammering, told Jenny that he loved her.

〈テッドはためらって口ごもりながらジェニーに、彼が彼女を愛しているということを伝えた。〉

のように説明する。

　直接話法のせりふを間接話法による説明に置き換えたときには時制のずれが起きる。例えば

"No, I'*m* not married. My wife *died* three years ago. I *suppose* I *won't* marry again." he said.

〈「いや、結婚はしていない。妻は3年前に死んで、もう結婚はしないと思う。」と彼は言った。〉
は

He said he *wasn't* married, that his wife *had died* three years before, and that he *supposed* he *wouldn't* marry again.

となる。細かいところでは ago〈今から〜前〉と before〈その時から〜前〉なども使い分けられている。

　物語にはこの2つの話法が用いられる。①直接話法だけで書かれる物語もあるが、②間接話法がかなりの割合で混ざるものもある。読み慣れた読者は②を見てもせりふとして受け取る傾向があり、例えば

She *greeted* me and *asked* me *how I was*.
〈彼女は私にあいさつをし、私がどういう具合か尋ねた。〉

などを見れば、

"Hi! How are you?"

となり、

She *asked* me *how I could be so sure*.
〈彼女は私に、私がどうすればそれほど確信していることができるのか、尋ねた。〉

なら

"How can you be so sure?"〈なぜそんなに確信を持って言えるの?〉

と、せりふが聞こえてくる。

　それぞれの話法には、①直接話法はせりふそのものだからヴィヴィッドだが、あまり多くなると地の文から浮いて芝居の脚本のようになってしまう、②間接話法は地の文に埋め込まれたせりふだから流れが阻害されることはないが説明的でダイナミックさに欠ける、というように一長一短がある。そこで利用されるのが③中間話法 (represented speech) である。

③中間話法は描出話法とも呼ばれるが、文字どおり①②両者の中間である。

　① She said, "Hi! How are you?"

　② She greeted me and asked me how I was.

でなく

　③ She said, hi, how are you.

と混ぜてしまう。She said, *hi, how are you?* のようにイタリック体を使って地の文との区別をはっきりさせることもある。

　実はこの用法は日本語ではまったく珍しくない。「彼女は僕に『こんにちは』と言った」でなく「彼女は僕に、こんにちはと言った」の方が普通なくらいだし、「彼女は僕に、あ

なたはばかよ、と言った」とは書くが「彼女は僕に、僕がばかであるということを伝えた」なんて誰も書かない。つまり我々は③には、日本語では慣れている。逆に日本語では②間接話法の文をあまり厳密に作らない、ということなのだ。だから練習が必要なのはむしろ②ということになる。

もちろん③中間話法でも慣れないうちは読みにくいこともある。

I asked her to get me some water, and she said sure why not and got up.〈水をくれないか、と頼むと彼女はいいわよ、と立ち上がった。〉

の sure why not の部分は "Sure, why not?"〈もちろんいいわよ。〉なのだが、これはありきたりの日常会話だからネイティブにとってはごくあたりまえ、しかし日常会話をあまり習っていない人からすると分かりにくく感じるかもしれない。

QUESTION 68

次の文の下線部 (1)〜(6) をせりふとして(直接話法で)表現したらどうなるか、次の下線部に英文を埋めよ。

John, now in his second year at college, was home for the spring vacation, and his mother took the opportunity of having a serious talk with him. (1)Did he know where he wanted to live? (2)John was not sure. (3)Did he know what he wanted to do? (4)He was equally uncertain, but (5)when pressed (6)remarked that he would prefer to be quite free of any profession.

(1) Mother: ＿＿＿＿＿＿＿＿＿＿？
(2) John: ＿＿＿＿＿＿＿＿＿＿．
(3) Mother: ＿＿＿＿＿＿＿＿＿＿？
(4) John: ＿＿＿＿＿＿＿＿＿＿．
(5) Mother: ＿＿＿＿＿＿＿＿＿＿．
(6) John: ＿＿＿＿＿＿＿＿＿＿．

ANSWER KEY

(1) これが③中間話法。間接話法なら She asked him if he knew where he wanted to live. となる。

せりふ(直接話法)にすれば：**Do you know where you want to live?**

(2) これは②間接話法であり、説明文でもある。

　せりふにすれば：**I'm not sure.**

(3) これも③中間話法。間接話法なら She asked him if he knew what he wanted to do.

　せりふにすれば：**Do you know what you want to do?**

(4) これも説明文であると同時に②間接話法のニュアンスがある。equally とあるのは (2) の not sure を受けて「同様に」不確実。

　せりふにすれば：**I'm not certain/sure about this, either.**

(5) ジョンが母親に press された、というのは母親が答えるように迫ったのだろう。説明だけだから実際にどういう言葉で迫ったのかは分からない。

　せりふにすれば、例えば：**Come on! Say something. / You've got to give me some answer.**, etc.

(6) これは②間接話法。

　せりふにすれば：**I would prefer to be quite free of any profession.**

なお、この free of any profession は「どんな職業からも自由である／職業に縛られたくない」ということ。barrier-free〈障害物から自由である→障害物のない〉や smoke-free〈煙から自由である→禁煙の〉と同じで、free to choose any profession〈どんな職業も自由に選べる〉という freedom of choice〈選択の自由〉をいっているのではない。

〈大学2年になったジョンは春休みで帰省しており、母親はこの機会に真面目な話をしておこうと思った。どこに住みたいか、考えてあるの？　よく分からない、とジョンは答えた。何をしたいか分かっているの？　これも同様、よく分からないと言ったが、答えを迫られると、できればどんな職業にもつきたくない、と答えた。〉

QUESTION 69

下線部 (1) は He の「心の中のせりふ」である。直接話法で表現するなら "What can I say to her?" となる。これを参考に、下線部 (2) を和訳せよ。

　He had crossed the main road one morning and was descending a short street when Kate Caldwell came out of a narrow side street in front of him and walked toward school, her schoolbag bumping at her hip. He followed excitedly, meaning to overtake but lacking the courage. (1) <u>What could he say to her?</u> He imagined his stammering voice saying dull, awkward things about lessons and the weather and could only imagine her saying conventional things in response. (2)<u>Why didn't she turn and smile and call to him, saying, "Don't you like my company?" If she did, he would smile faintly and approach with eyebrows questioningly raised.</u> But she did nothing. She made not even the merest gesture.

ANSWER KEY

振り向いてにっこりと笑い「一緒に行こうよ」と呼びかけてくれればいいのに。そうすれば自分もかすかに笑って、何？ とでも言うように眉を上げて近づいていくのに。

　下線部(1)までは状況の描写、[1] main road を「渡る」の cross だけが had crossed と過去完了形で、これはもう済んだことと示されており、そのあとはずっと過去形、つまり物語の［現在のシーン］となっている。[1] main road を渡り [2] short street の下り坂を下りていくと、その途中に [3] narrow side street がある。Kate Caldwell が前を歩いていく。「あ、ケイト・コールドウェルだ」とフルネームで言っていることから、よく知っているクラスメートだが親しい友人ではないことが示唆される。後ろから歩く he は excitedly というから、明らかに彼女が好きなのだろう。

　そして下線部(1)は正式に間接話法で書けば
He wondered what he could say to her.
〈彼は彼女に何を言うことができるかと考えた。〉
とでもなるのだろうが、he wondered という描写もなく、疑問文そのままになっている。彼の心の中のせりふだなと読者は分かるのである。せりふをそのまま書けば
"What can I say to her?"〈彼女に何て言ったらいいのかな？〉
である。

　さらに彼は自分が stammer 〈口ごもる〉しながら lesson や weather に関して dull 〈鈍い／さえない〉で awkward 〈ぎこちない〉ことを言って〈「算数、なんか難しいよね。今日、あの、晴れだね」〉ケイトも conventional 〈型どおりの〉ことを返事する（「そうね、分数難しいね。いい天気よね」）ことしか想像できない。ここまではずっと彼の心の中で起きていることの描写である。

　そして下線部(2)も心の中のせりふが続く。

Why *didn't* she turn and smile ...?

は、直接話法のせりふに直せば

Why *doesn't* she turn and smile ...?

である。この Why doesn't she ...? という疑問文は

Why don't you sit down?〈どうぞお座りなさい。〉

や

Why don't we take a break?〈ちょっと中断しようか?〉

Why doesn't your father take you to a ball game?
〈お父さんに野球に連れてってもらったら?〉

のように、疑問でなく提案のニュアンス(▶393ページ)。

　Don't you like my company? の company は広く「仲間」を指す語(com=together + pan=bread 一緒にパンを食べる人々)だから、ここでは「一緒に登校しようよ」。

　If she did, he would smile ...

の文は仮定法。仮定法過去の did や would は「現在の事実に反する」仮定を示すが、物語の［シーン］が過去形の場合にも仮定法は仮定法過去で語られる。If she had, he would have smiled ... とすると時間のギャップが生じて、その［シーン］より以前のことになってしまう点に注意。

　そのほかで細かいところとして、approach with eyebrows raised は「付帯状況」を導く with。「眉を上げて近づいていく。」眉を上げる仕方が questioningly〈質問するように／疑問に思うように〉とあるから、「なんか用?」というような顔をして、ということなのだろう。これを簡潔な日本語で表すのはなかなか難しい。

〈ある朝、大通りを横切って短い道を下っていくと、先の、細い脇道からケイト・コールドウェルが出てきて彼の前を学校の方へ歩いていった。スクールバッグが腰のところで跳ねている。彼はわくわくした気持ちで追いつこうとも思うのだが、その勇気がなかった。何と話しかければいいのか? 彼は自分が口ごもりながら授業について、天気について、つまらないことをぎこちなく言っているのを思い描き、どうせありきたりの返事しか返ってこないだろうと想像した。振り向いてにっこりと笑い「一緒に行こうよ」と呼びかけてくれればいいのに。そうすれば自分もかすかに笑って、もの問いたげに眉を上げて近づいていくのに。しかし彼女は何もせず、いささかの素振りも見せなかった。〉

2　Scenes（場面）

　小説文を読むさいの基本中の基本は、どういう場面でどういう人物が何をし、何を言うか、をはっきり把握すること。ところがこれが案外難しい。西洋人の名前は発音も分からないし男か女かも分からないから嫌だ、と無意識に避けてしまう人もいるが、これはまずい。とりあえず人物には印をつけるなどして、しっかり把握すること。読み進むうちに人物造形がはっきりしてくることも多い。

　もう1つの悩みは、多くの人が日常会話の英語をあまり習っていないから、登場人物のせりふが理解できないことがある。

　以下、「場面」に関する上の2点、続いて「伏線」について、順に注意点を述べていく。

(1) 登場人物

　まずなにより、登場人物の名前を覚える努力をすること。そして reference〈指示〉に注意すること。

REFERENCE

　基本的に人物が初めて登場する場合は固有名詞。場合によってはその描写や肩書きなどが付き、2度目からは he / she となる。これは単純。しかし、少し注意が必要なのは、日本語ではあまり見かけないやり方だが英語では同じ人物を別の表現で指しながら新しい情報を加えていくことがある点である。慣れないと、一瞬別人かと勘違いする。

1

Jake was destitute when **(1)**he came back to Molly. When **(2)**her ex-husband called at her door, she stared at **(3)**the poor fellow and ...

〈ジェイクは尾羽打ち枯らしてモリーのところに戻ってきた。元夫が玄関に現れたとき、彼女は惨めな男をじっと見て…〉

　(1)、**(2)**、**(3)** すべて Jake。ただ代名詞 he を繰り返すのでなく、Jake が Molly の離婚した夫であること、今ひどい状態にあることが追加情報として与えられる。

2

Barack Hussein Obama was sworn in in January 2009. The first African

American President of the United States was expected to make sweeping changes.
〈バラク・フセイン・オバマは2009年1月に宣誓を行って就任した。合衆国初のアフリカ系大統領は広範囲にわたる変化をもたらすと期待された。〉

下線部は Barack Hussein Obama。

3

When we see someone we don't know personally, we don't stare into (1)his or her face at length, we don't point out (2)the person to the friend at our side, we don't speak of (3)this person in a loud voice when (4)he or she can hear us.
〈直接知っているわけではない人を見かけたとき、我々はその人の顔をじーっと見つめたりはしないし、その人を指して隣の友だちに何か言ったりしないし、相手の聞こえる所で大きな声でその人の噂をしたりもしない。〉

(1) は someone。(2)、(3)、(4)も、すべて同一人物。(1) his or her、(4) he or she は30年ぐらい前まではそれぞれ his, he としてほとんど誰も疑問に感じなかった。男性を優先する sexism〈性差別主義〉を避けようとする新しい用法である。

4

'How old are you anyway?'

'Forty-five. Or it might be a year more. I don't remember.'

'Come on, Dad. Everyone remembers their age.'

'Well, I don't. Not since I left Ireland. I used to know it then, but that's long ago.'

'Ask Mum, then. She'll know.'
〈「ところでパパいくつ?」
「45。いや、もう1つ上かな。覚えていない。」
「何言ってんの、パパ。誰だって自分の歳は覚えてるよ。」
「いや、パパは覚えてない。アイルランドを出てからは。前は覚えてたけど、もう昔のことだ。」
「じゃ、ママに聞いてみる。ママなら知ってるでしょ。」〉

下線部の their は主語の everyone を指す。everyone/everybody は単数だから their で受けるのは文法的に間違っているが、いちいち his/her と併記するのが面倒くさいから、gender-free〈性差がない〉their をあえて使う。詳しくは次を参照。

Political Correctness

日本語にすれば「政治的正しさ」。略して P.C. ともいう。歴史的・社会的に正しくない表現を正していこうという言語運動で、特にここ30年くらいで英語の用法に大きな変化をもたらした。political という言葉は非常に広い意味で用いられており、その対象となるのは

(1) ヨーロッパ中心主義 (Eurocentrism) に基づく表現

  Columbus *discovered* America.
     → Columbus *arrived* in America.
  Far East   → East Asia

(2) 人種差別 (racism) に基づく表現

  American Indians → Native Americans
  Negroes   → African Americans
  Eskimos   → Inuits

(3) 性差別 (sexism) に基づく表現

  Miss. /Mrs.   → Ms.
  ［男性が未婚・既婚を問わず Mr. であるのに対し女性だけがレッテルを貼って明らかにされているのは、男性が「選ぶ側」であるから。］
  man ［Homo sapiens の意味で］
      → humans
  business*man* / business*men*
   → business*person* / business*people*
  chair*man*   → chair*person* / chair
  police*man*   → police *officer*
  Everybody does *his* duty.
     → Everybody does *his or her* duty. / ... *his/her* duty / *their* duty[10] / *her* duty[11]

(4) その他、差別的・不快表現 (offensive language)

  old people   → elderly people / senior citizens
  blind   → sight-impaired 〈視覚障害のある〉
  cripple   → physically handicapped

---

10. 実は19世紀から見られる用法だが、1980年代から急増した。
11. 何百年間も his を用いてきたおわびとしてこれからはすべて her にします、という考え方

など、例は数多く、また増えていく傾向がある。はじめはまともな意図だった (確かに「アメリカインド人」はひどい) ものが次第に言葉狩りの様相を呈し始めていることに対する反発もあるし、ジョークの種にもしばしばなる。例えば 'short'〈ちび〉は身長の低い人に対して失礼だから 'vertically challenged'〈垂直方向に挑戦を受けた〉にしようとか、究極の不快用語 'dead' は 'terminally inconvenienced'〈終末的に不都合な状態になった〉と言い直そうということになると、これはもうブラックジョークだ。そんなジョーク本も出ていて、以下はその一例。白雪姫の物語のP.C.版である。

Once there was a young princess who was not at all unpleasant to look at and had a temperament that many found to be more pleasant than most other people's. Her nickname was Snow White, indicative of the discriminatory notions of associating pleasant or attractive qualities with light, and unpleasant or unattractive qualities with darkness.[12]

〈昔、見るにまったく不愉快でなく、多くの人からほかの大多数の人に対してよりも好意を抱かれるような気質を持った、年若いお姫様がいました。そのニックネームは白雪。快く魅力的な資質を色の明るさと、不快で魅力のない資質を色の黒さとに結び付けるという差別的な考え方を示す名前であります。〉

とはいえ、この運動はもう英語の一部を完全に変えてしまったから元に戻ることはない。そして、ご存知のように日本語も同時進行している。ですから皆さん、Be P.C. (politically correct)!

---

12. James Finn Garner, *Politically Correct Bedtime Stories*

QUESTION 70

下線部 (1) ～ (3) は誰を指すと考えられるか、それぞれの記号を記せ。同じ記号を複数回使ってはならない。

ア　Perdita
イ　Mrs. Brodie
ウ　Flora's child
エ　Flora Ramsay
オ　Perdita's mother

　　One morning there was a knock on the front door. The knocking continued, and someone called out: 'Anyone there?' It was Mrs. Brodie, a neighbour who lived a few houses away. She first saw (1)the unfortunate child whose name she could never remember. Then she saw her mother, and put her hand over (2)her mouth: 'Oh, my goodness!' She arranged an ambulance to take (3)her to hospital. Meanwhile, Perdita was taken in by the Ramsays, Flora and Ted, who were both in their sixties and had their own grown-up children somewhere. They were sensitive and considerate people.

ANSWER KEY

(1) ア　(2) イ　(3) オ

　これはかなり分かりにくい。固有名詞が出る前に (1) the unfortunate child というのが先にきている。ブローディ夫人の視点からはまずかわいそうな子供が見え、次に（おそらくひどい病気か、けがを負った）その母親が見えた。しかも子供の名前が即座に思い出せなかったから、こんな書き方をしている。後ろを読んでいくと、母親が病院に送られ、子供の名はパーディタで、老夫婦に引き取られた、と事情が次第に判明していく。

〈ある朝玄関をノックする者がいた。ノックはやまず「誰かいないの？」と呼びかける声がする。数軒離れた家のブローディ夫人だった。彼女が最初に見たのはかわいそうな子供で、その名を彼女は思い出せなかった。次に彼女はその母親を見、手を口に当てて「あら、まあ」と絶句した。彼女は救急車を呼んで母親を病院へ送った。いっぽうパーディタはラムゼイ夫婦に引き取られることになった。フローラ・ラムゼイとテッド・ラムゼイ。2人とも60代で成人した子供たちが別に暮らしている。細やかな心遣いのある人たちである。〉

QUESTION 71

空所 (**1**) 〜 (**3**) が誰を指すのか、明らかにしなさい。[Benjie が学校の乱暴者 Marv Hammerman に付け狙われている事情を友だちの Ezzie に説明している。]

　Benjie said, 'Well, when I was passing this chart on my way out of history—and I don't know why I did this—I really don't. When I was passing this chart, Ez, on my way to math—' He swallowed several times. 'When I was passing this chart, I took my pencil and I wrote Marv Hammerman's name on the bottom of the chart and then I drew an arrow to the picture of Neanderthal man.'

　'What?' Ezzie cried, 'What?' (**1**) He could not seem to take it in. Benjie knew that Ezzie had been prepared to sympathize with an accident. (**2**) He had almost been the victim of one of those himself. One day at school Ezzie had reached for the handle on the water fountain a second ahead of Marv Hammerman. If Ezzie hadn't glanced up just in time, seen Hammerman and said quickly, 'Go ahead, I'm not thirsty,' then this unhappy figure on the steps might be (**3**) him.

ANSWER KEY

(**1**) **Ezzie**　(**2**) **Ezzie**　(**3**) **Ezzie**

　サルからヒトへの進化を示す図のネアンデルタール人の所に、いじめっ子 Marv Hammerman の名を書いたことが当人に知れて Benjie は生きた心地がしない。友人の Ezzie が事情を知りたがっているので説明するが、
(**1**) 彼 (=Ezzie) は飲み込めないようだった。
「Ezzie なら気持ちをよく分かってくれる、と Benjie は分かっていた」というのは
(**2**) 彼 (=Ezzie) もまた Marv の犠牲者になりかかったことがあったから。以下、その説明。
ある日 Ezzie が水飲み場で蛇口のハンドルに手を伸ばすと一瞬遅く Marv が手を伸ばしてきた。すぐに譲らなかったなら
this unhappy figure on the steps〈今階段に座っている不幸な人物=Benjie〉は (**3**) 彼 (=Ezzie) だったかもしれない。

〈ベンジーは言った。「だから、歴史の授業が終わって、この図のところを通ったときに、なんでこんなことしたのか分からないんだけど、ほんとに分からない。でね、エズ、数学の授業に行くんでこの図の前を通った時．．．」と彼は数回つばを飲み込んだ。「この図の前を通りながら鉛筆を出して、図の下にマーヴ・ハマーマンの名前を書いてから、ネアンデルタール人の所へ矢印を引いたんだ。」

「何?」とエジーは叫んだ。「何だって?」彼には事情が飲み込めないようだった。エジーは不慮の事故には同情してくれるつもりだったというのは、ベンジーには分かっていた。彼もまた、すんでのところでこうした事故の犠牲者になりかけたことがあるのだ。ある日学校の水飲み場でエジーが手を伸ばした直後にマーヴ・ハマーマンが手を出してきたことがあった。ぎりぎりのところでエジーがふと目を上げてハマーマンに気づき、急いで「どうぞ、僕、のど渇いてないから」と言わなかったなら、階段下のこの不幸な人物は、彼であったかもしれないのだ。〉

(2) 会話の英語

小説には会話が現れることが多い。会話英語の特徴である①省略　②イディオム　③修辞疑問　④間投詞(無意味語)　について触れておこう。

①省略

日本語と同様に英語も会話では省略が多い。

Hungry? (Are you hungry?)〈腹減ってる?〉
Want some? (Do you want some?)〈何か欲しい?〉
Gotta go. (I've got to go.)〈行かなきゃ。〉
"Aren't you tired?" "I am!" (I am tired!)〈「疲れてないの?」「疲れてるわよ!」〉
"Butch got busted." "Could've been you." (It could have been you.)
〈「ブッチ、パクられたぜ。」「おまえ、他人事じゃないよ」〉
(最後に残ったクッキー) May I? (May I have it?)〈いい?〉
(列で、後ろから押してくる人がいる。振り返って) Would you mind! (Would you mind not pushing me?)〈すみませんがねえ!〉

など、主語も動詞も、あとに続く部分も、context から分かるものはすぐ省略してしまう。

QUESTION 72

them の内容を明らかにしながら、下線部を和訳せよ。

　　His daughter was playing with her showily stylish little dolls. She held them by their shapely legs and their golden hair waved around like flags. He sat on a plastic garden chair and she laid her nymphs side by side. 'Cindy and Barbie are getting stung,' she complained.

　　'Who's stinging them, darling?'

'Those plants, of course. Cut them down, can't you?'

'Oh no,' he said, looking at where they grew so fiercely, crowding out the roses Hilda planted years ago. '<u>Saving them</u>, sweetheart.'

'Why?'

'For soup. Nettle soup—to make you beautiful.'

ANSWER KEY

草はとっておくんだよ。

ちくちくする草を切ってほしいという娘の要望に対して '(We are) saving them.' と答えている。

〈彼の娘は派手でしゃれた小さな人形で遊んでいた。形の良い脚をつかんでいるから金色の髪が旗のようになびいている。彼はプラスチックのガーデンチェアに腰を下ろし、娘は妖精たちを並べて置いた。「シンディとバービーが刺されるの」と彼女は文句を言った。

「誰が刺すんだい?」

「もちろんあの草よ。切ってくれる?」

「駄目だよ」と彼は草が盛んに生い茂り、何年も前にヒルダが植えたバラを覆いつくしているあたりを見た。「あれはとっておくんだ。」

「どうして?」

「スープを作るのさ。イラクサのスープ。おまえを美人にするために。」〉

QUESTION 73

空所を埋めるのに最も適切な表現を下の**1〜4**から選べ。

［少女 Perdita には吃音障害があるため精神科医の診断を受けている。］

Perdita responded to the doctor's simple questions, asked in a voice so low she could hardly hear him.

Yes, the problem started about two years ago, after she had witnessed her father's death. Yes, it was getting worse, she spoke less and less. Yes, there were occasions when she spoke without difficulty; she could recite whole verses of Shakespeare, which she had learned from her mother.

At this Doctor Oblov leaned back in his chair, knitting his fingers.

'Shakespeare?'

Perdita looked up and smiled.

'( )' asked the doctor. 'Just a verse or two?'

It did not need effort; Perdita recited Hamlet's famous speech, which was her easiest piece. She heard the words flowing easily off her tongue with a sense of pride.

    1. Who was it?

    2. Anyone there?

    3. Would you mind?

    4. Who are you talking about?

ANSWER KEY

3.

シェークスピアのせりふを暗唱できる、と Perdita が言うのに対して医師は Would you mind [   ]? Just a verse or two (verses).〈(暗唱してもらって) いいかな？ 1節か2節でいいから〉と頼んでいる。[   ] に入るのは reciting である。

〈パーディタは医師の簡単な質問に答えた。医師の声はほとんど聞き取れないくらい低い。

　うん、問題が始まったのは2年ぐらい前。父親の死を目撃してから。そう、だんだん悪くなって、どんどんしゃべらなくなっていった。うん、問題なくしゃべれることもある。シェークスピアの全節を暗唱できる。母親から習ったから。

　これを聞いてドクター・オブロフは椅子にもたれかかり、両手の指を絡み合わせた。

　「シェークスピア？」

　パーディタは顔を上げてほほえんだ。

　「いいかな？」と医師は尋ねた。「1節でも2節でも」

　造作もないことだった。パーディタはハムレットの有名なせりふを暗唱した。彼女には一番易しいものだった。自分の口から言葉がよどみなく流れ出るのを聞いて、彼女は得意な気分だった。〉

Textese

　ついでながら texting における（特に若い人の間ではやっている）省略用法が最近よく話題になる。texting とは携帯メールの使用で、携帯メールは text message といい、そこで使われる英語を textese といったりする。例えばこんな用法。かっこ内に conventional な英語を示した。

　My smmr (summer) hols (holidays) wr (were) [a] CWOT (complete waste of time). B4 (Before), we used 2go2 (to go to) NY (New York) 2C (to see) my bro (brother), his GF (girlfriend) & (and) thr (their) 3 (three) :-@ (screaming) kids FTF (face to face). ILNY (I love New York). It's a gr8t (great) plc (place). [13]
〈夏休みは完璧に時間の無駄。前はいつもニューヨークに行って兄ちゃんとガールフレンドと3人のめっちゃうるさい子供に会ってたんだけどね。ニューヨークは大好き。いいとこよ。〉

原理はこう：

(1) よく使うフレーズは頭文字だけにする。

　　as soon as possible〈できるだけ早く〉　→ ASAP
　　by the way〈ところで〉　　　　　　　　→ BTW
　　laugh out loud / lots of laugh〈大笑い〉→ LOL
　　Oh, my God!〈ありゃりゃ！〉　　　　　 → OMG!
　　Here we go!〈さあ行くぜ／せーの！〉　→ HWG!
　　What the f***![14]〈何だって、コノヤロー！〉
　　　　　　　　　　　　　　　　　　　　　→ WTF!

(2) 母音を省略する／語の後半を省略する。

　　message　　　　　　　　　→ msg
　　texting　　　　　　　　　　→ txtng
　　absolutely〈絶対そう〉　　　→ absol
　　biography〈伝記／人物紹介〉→ bio
　　approximately〈だいたい〉　→ approx

---

13. David Crystal, *Txtng: The gr8t db8* (Texting: The Great Debate)
14. 非常に下品なので印刷では f だけ書き、あとは伏せ字にすることが多い。f-word ともいう。実は会話では結構使う。

> (3) 発音のまま書く。数字の発音も利用する。
>
> | through | → thru |
> |---|---|
> | because | → cos / cuz |
> | been | → bin / bn |
> | today | → 2day |
> | for you | → 4U |
> | See you later. | → CUL8er. |
> | chat | → ch@ |
>
> (4) emoticon（emotion ＋ icon　顔文字）を使う。
>
> :-) (smile)　;-) (wink)　:-@ (scream)

②イディオム

会話の英語にはイディオム（▶321ページ）がよく登場する。

1

［クマさん一家の物語。子グマたちがモールのゲームセンターで無駄遣いをする。］

"A video game! At the mall!" Papa shouted. "You must think I'm <u>made of money</u>!"

The cubs thought no such thing, and when they pictured it, it seemed very strange.

Mama could see that they were puzzled and she explained: "'<u>Made of money</u>' is just a figure of speech, my dears."[15]

このイディオムは日本語にも通じるから分かりやすい。

〈ビデオゲームだあ？　モールだあ？」とパパはほえました。「おまえたち、パパが金でできてるとでも思ってるんだな!」

　子グマたちはそんなこと思ってもいませんでした。想像してみるととても変な感じでした。

　子グマたちが戸惑っているのを見てママが説明してくれました。「お金でできてる、っていうのは、ただとえなのよ。」〉

2

Now I know there is a God. If I could come out of that accident alive and <u>in one piece</u>, it must be because He is watching over me up

---

15. Stan & Jan Berenstain, *The Berenstain Bears' Trouble with Money*

there.
 in many pieces「バラバラ」でなく「一体で」つまり「五体満足」。
〈神様がいるというのが今よく分かるわ。あの事故でも生きて無事にいられたというのは、神様が上から見守ってくれているからにちがいないもの。〉

③修辞疑問

 rhetoric〈修辞〉とは「説得の技術」である。その一部である rhetorical question〈修辞疑問〉は本来、
This is not just.〈これは正しくない。〉
We cannot tolerate such injustice.〈こういう不正は許してはなりません。〉
と自分の意見を言いつのると聴衆はだんだん引いていく、しまいには「えらそーに」と反発する、ということを防ぐために
Is this just?〈これで正しいのでしょうか？〉
How can we tolerate such injustice?
〈どうすればこういう不正を許しておけるのでしょうか？〉
と疑問を投げかけることによって聞く者の中から No! を引き出す、というテクニック。
 強い否定を示す表現ともなり、
I don't know.〈私は知らない。〉
より
How should I know?〈なんで私が知らなくちゃいけないわけ？〉
の方が、
Nobody cares.〈誰も気にしないよ。〉
より、
Who cares?〈誰が気にするかっての。〉
の方が強い。
 古文や漢文でいう反語である。「命は人を待つものかは」[16]「豈図らんや」など。
 すっかり日常化してすでに疑問の意味を失ったものも、
Why don't you ...?〈〜したら？〉
Who knows?〈分からない。〉
Why not?〈いいよ。〉
などきわめて多い。

---
[16]『徒然草』より「寿命は人を待ってくれるだろうか？」

1

　　After lunch one Sunday, my uncle announced: "I have two tickets for the football match, but I'm not going. (**1**)<u>Why doesn't your father take both of you.</u>"

　　"Yes! Take us to the game, Dad!" said my older brother from the other room.

　　"It will give the boys some fresh air," my mother said.

　　(**2**)"<u>Why don't you take them out</u>," said my father.

　　"I'm going to visit my mother," my mother said.

　　"We don't want to go to Grandma's," said my brother.[17]

(**2**) の Why don't you ...? という表現は知っている人が多いだろうが、主語は様々で、Why don't we ...?〈〜しようか。〉Why doesn't he ...?〈彼、〜したらいいのにな。〉など変化する。(**1**) は「お父さんがおまえたちを連れていってくれるといいんだがな」ということ。

〈日曜日、昼食のあと、おじが発表した。「サッカーの券が2枚あるけど、俺は行かない。おまえたち2人とも、お父さんに連れてってもらえばいい。」

　「うん、サッカー連れてってよ、パパ!」と別の部屋から兄が言った。

　「この子たちに外の空気を吸わせられるし」と母が言った。

　「おまえが連れていけばいいじゃないか」と父は言った。

　「私はお母さんの所へ行くのよ」と母。

　「おばあちゃんの所、行きたくないよ」兄が言った。〉

2

　　'Maybe Hammerman doesn't know you did it though,' Ezzie said. 'Did you ever think of that? I mean, who's going to go up to Hammerman and say his name is on the prehistoric chart?' Ezzie leaned forward. '*Hey, Hammerman*,' he said, imitating the imaginary fool, '*I saw a funny thing about you on the prehistoric chart!* Now, who in their right mind is going to do that?'

387ページの物語の続き、友人の Ezzie が Benjie を、いたずら書きしたことを Marv Hammerman に知られなければ済むことだと慰めようとしている。imitating the imaginary fool の fool は「ばか」というより「道化師」のニュアンス。

〈でも、たぶんハマーマンはそれをやったのが君だって知らないよ」とエジーは言った。「そこんとこ

---

17. Orhan Pamuk, "To Look Out the Window"
Other Colors : Essays and a story (2007)

考えた？　つまりさ、ハマーマンのところへわざわざ行って、あんたの名前が先史時代の図に書いてあるよ、なんて言うやついないだろ？」エジーは上体を前に傾けて「ねえ、ハマーマン」と想像上の道化の声色を使って「『先史時代の図の所に、あんたについて変なこと書いてあるよ！』って、まともな神経の人間だったら誰もそんなことするわけないじゃん。」〉

3

Mother Simpson: [singing] How many roads must a man walk down before you can call him a man?[18]
Homer: Seven.
Lisa: No, dad, it's a rhetorical question.
Homer: OK, eight.
Lisa: Dad, do you even know what "rhetorical" means?
Homer: Do I know what "rhetorical" means?[19]

　アメリカの人気コミック『シンプソンズ』の１場面。パパ Homer の最後のせりふが修辞疑問ならば「知るわけないだろ」というニュアンスになる。と同時に、正しく修辞疑問を使っているという、「この文章は嘘である」的パラドックスのおかしさ。

〈ママ・シンプソン：[歌っている] いくつの道を歩けば人は人と呼ばれるのだろう？
ホーマー：ななつ。
リサ：違うよ、パパ。これは修辞疑問だよ。
ホーマー：分かった。やっつ。
リサ：パパ、そもそも修辞って何だか知ってるの？
ホーマー：修辞が何だか知るかって？〉

Rhetoric

またついでに、rhetoric に関するいくつかの用語に触れておく。こうした rhetorical words は出題された場合、知っている者の勝ちという面がある。最も強力なものの１つが比喩で、318ページ以降で述べた。

Exaggeration (hyperbole)：誇張法

1 Your paper has tons of misspellings.
〈君のレポートには何トンものスペルミスがある（ゴマンとある）。〉

2 "Dad, I want a motorbike." "Over my dead body!"

---

18. Bob Dylan, "Blowin' in the Wind" (1963)
19. Matt Groening, *The Simpsons* (1989)

〈「パパ、オートバイ欲しいよ。」「俺の死体をまたいでいけ（まず俺を殺せ＝目の黒いうちは許さない）」。〉

Irony: 皮肉
①意図と表現が逆。

1

Ironic comment may be humorous or mildly sarcastic, as for example when, at a difficult moment, an act of kindness makes things worse, and someone says, 'Well, that's a lot better, isn't it?'[20]
〈皮肉な表現はユーモラスな、あるいは軽い嫌味ともなる。例えば何か苦労しているときに善意でしたことが事態を悪化させたなどという場合に言う「いやあ、ずいぶん助かりましたよ」。〉

②論理的に推定されることと現実とが逆。

2

Ironically, it was an accident that solved all these problems and led to the technological improvement of the fountain pen.
〈皮肉なことにこうした問題をすべて解決し、万年筆の技術的な向上の糸口となったのはふとした偶然であった。〉［←苦心と工夫の結果、問題解決に至るのでなく］

Paradox: 逆説
①一見矛盾、しかしよく考えると真。

1 Paradoxically, standing is often more tiring than walking.
〈逆説的だが、立っているのはしばしば、歩くより疲れるものである。〉

②詭弁。論理ゲーム。

2

In a race, the quickest runner can never overtake the slowest, since the pursuer must first reach the point

---

20.Tom McArthur (ed), *The Oxford Companion to the English Language*

whence the pursued started, so that the slower must always hold a lead.[21]
〈競走において、最も足の速いものは最も遅いものに追いつくことはできない。追う者は追われる者が出発した地点にまず達しなければならないから、遅い方の者が常に先んじていることになる。〉

Rhyme: 韻

rhythm〈リズム〉の兄弟語「ライム」は「韻」、つまり音の相似を指す語で、英語のリズムを作るもの。日本語のリズムは syllable〈音節〉で、特に五・七あるいは七・五のそれで作られる(春の弥生の曙に、四方の山辺を見渡せば[22]／スピードを出せばおうちが遠くなる[23])が、英語の場合は行の終わりの母音を合わせる rhyme〈脚韻〉および、語の始まりの子音を繰り返す alliteration〈頭韻〉でリズムを作る。特に詩や歌詞には絶対に欠かせない要素だ。

1

Twinkle, twinkle, little star,
How I wonder what you are!
When the blazing sun is gone,
When he nothing shines upon.
Then you show your little light,
Twinkle, twinkle, all the night.[24]
〈きらきらお星さま／あなたってほんとにふしぎだわ／ぎらぎらおひさまの光のあとで／ちっちゃなあかりで夜じゅうてらす〉

2

Peter Piper picked a peck of pickled peppers.
A peck of pickled peppers Peter Piper picked.
If Peter Piper picked a peck of pickled peppers,
Where's the peck of pickled peppers Peter Piper picked?[25]
〈ピーター・パイパー、ペパーのピクルス1ペックとった／ペパーのピクルス1ペック、ピーター・パイパーとった／ピーター・パイパー、ペパーのピクルス1ペックとったなら、ピーター・パイパーがとったペパーのピクルス1ペック、どこ?〉

21. アリストテレス『自然学』中で紹介される。　22. 越天楽　23. 交通標語。パラドックスでもある。　24.Mother Goose Nursery Rhymes
25. 同じく Mother Goose Nursery Rhymes より早口言葉

レトリックは日常生活にも様々な形で登場している。例えば広告におけるレトリックに関する文を1つ、ご参考までに。

The advertising industry is the ultimate persuasion business. Therefore advertisers need rhetoric, both visual and verbal. ... and advertisement form a rich field for rhetorical analysis. Consider the possibilities of—for example—<u>alliteration</u> ('You'll never put a better bit of butter on your knife'), <u>rhetorical questions</u> ('Has it changed your life yet?'), <u>hyperbole</u> ('The Greatest Show on Earth'), <u>innuendo</u> ('Things happen after a Badedas bath'), <u>paradox</u> ('Hand-built by robots'), and even creative <u>redundancy</u> (Kills all known germs—Dead!).[26]

〈広告業は究極の説得ビジネスである。だから広告業者には視覚的・言語的両方の修辞が必要となる。そして広告は修辞の分析に格好の材料を提供してくれる。例えば次のようなものはいかがだろうか。頭韻（バターナイフの先っちょにちょっとベターなバター）、修辞疑問（まだ人生変わってないのですか？［これで人生が変わります］）、誇張法（地上最大のショー）。暗示［特に性的な］（バデダス・バスジェルのあとに何かが起きる）、逆説（ロボットによる手作りです）。さらに、創造的反復（ありとあらゆる細菌を殺菌・絶滅！）。〉

④間投詞（無意味語）

会話には「あらら！」とか「ぎょえっ！」「ちきしょー！」といった驚きや怒りなど、感情の昂ぶりだけを示す無意味語がある。文法的には interjection〈間投詞〉として分類する。英語の場合、

Ugh! 〈げっ！〉

とか

Mmm, yum, yum, yum. 〈んー、おいちい。〉

というような音だけのものもあり、また、意味がありそうで実はない、というものも多い。

Look, make no fuss, OK? 〈あのな、ごちゃごちゃ騒ぐんじゃないよ。〉

Boy! Am I tired! 〈いやあ、疲れた！〉（なぜか Am I ... と倒置形で言うのはおそらくリズムだけの問題だろう）

ここでの look は「見ろ」とつながりがなくはないけれど、boy は「少年」と何の関係も

26.Richard Toye, *Rhetoric: A Very Short Introduction*

ない。

そして「神聖なもの」「排泄物」「セックス」に関わる語が頻出する。「神聖なもの」とはつまり貴いお名前を出すわけだが、祈っているのではない。だから教会で My Lord〈わが主よ〉と言うのと、自分の車がぶっ壊されてるのを発見して Oh, my god!〈げげっ〉と言うのはまるで違う。注意が必要なのは貴いお名前を唱えるのは罰当たりということで、Oh, my god! は従来、下品な表現と見なされているのである。だから下のような euphemism〈婉曲表現〉も発達した。感情が高まった時に聖なる言葉を唱える習慣が日本語にはない（南無三！ くらいのことを昔は言ったかもしれないが）ので [聖なる言葉→下品] というのがやや分かりにくい。

God!	→ Gosh!
Oh, my god!	→ Oh, my goodness!
Jesus!	→ Gee!
for Christ's sake	→ for crying out loud
God damn it!〈（本来の意味は）神よ、それを呪い給え！〉 / Damn it! / Damn!	→ Darn!

1 She put her hand over her mouth and said, 'Oh, my goodness!'
〈彼女は手で口を覆い「ああ、これは！」と言った。〉

2
　　One evening at home somebody asked to hear a little banjo music. Uncle Allen was especially persistent. I argued that it was too soon for a public performance, but my mother refused to listen. There was no getting out of it. I sat on a kitchen chair and began stabbing the banjo pick at the strings. Now and then I hit one.
　　When the performance was over, Aunt Pat, speaking very softly, murmured, "Sweet mother of God!"
　　Sweet mother of God は「お優しい聖母マリア様！」の意味は完全に消失。
〈ある晩家で、ちょっとバンジョーを聴かせてほしいな、と誰かが言い出した。特にしつこかったのはアレンおじさんだった。まだ人前で弾くには早いと僕は言ったのだが、母は聞いてくれなかった。結局弾かざるをえないはめになった。僕は台所の椅子に座りバンジョーのピックで弦を狙って突き刺し始めた。時折それは弦に当たった。
　演奏が終わるとパットおばさんがとても静かな声で「あーら、あら、まあ」と言った。〉

そして、これは入試で出題されることはないが「排泄物」shit/crap〈くそ〉もあり、「セックス」に関わるものは f*** をはじめ、非常に数多い。こうした罵り語を使うことを swear / curse といい、悪い言葉を覚え始めた子供を母親が
　　　Don't swear.〈汚い言葉を使うんじゃありません。〉
とたしなめたりする。ギャング映画など見ていると総発話の3割ぐらいがこうした語で占められていたりする。日本のヤクザ映画を見ると「ばかやろー」「このやろー」の連発だが、英語と比べると上品なものである。日本語には swearing がない、という人もいるくらいだ。なお、swear のもう1つの意味は「神の名において誓う」である。

Onomatopoeia

またまたついでに擬音・擬態語について。こちらは無意味語ではなく音や様子を擬した言葉。日本語では数多く、漫画などで新しいものはどんどん生まれていく。英語にも結構多く、漫画にもよく現れる。

［ドアを閉める］	バタン	→ Slam
［ガラスが割れる／車がぶつかる］	ガシャン	→ Crash
［水がはねる］	バシャン	→ Splash
［血が噴き出す］	ドピュッ	→ Splatter
［重いものを投げ出す］	ドサッ	→ Thud
［足を踏みならす］	ドシン	→ Stomp
［肉が焼ける］	ジュー	→ Sizzle
［ぴったりはまる］	カチッ	→ Click
［固いものが割れる］	パチッ	→ Crack
［弾丸を発射する］	バン	→ Bang
［弾丸がかすめる］	ピュッ	→ Zip
［爆破音］	チュドーン	→ Kaboom

入試問題にこうしたものが現れることは少ないし、ましてや設問でわざわざ取り上げられることはないが、気を付けたいのはこうしたものの一部が一般の動詞や名詞として使われること。
The ponies swim and splash.〈ポニーたちは水音を立てて泳ぐ。〉
の splash は動詞。
She slammed the door behind her.

〈彼女はドアをバタンと閉めて出ていった。〉
He slammed the phone down.〈彼は受話器をガシャンと置いた。〉
She slammed on the brakes.〈彼女は急ブレーキをかけた。〉
の slam は「バタン」「ガシャン」「ドン」など様々な動詞として使われている。

名詞としても、the Big Bang などはまさに宇宙の始まりの爆発音だし、splatter movie といえばチェーンソーで人を追いかけ回すタイプの映画。sizzler〈ジュージュー焼くやつ〉は俗語で「焼けるように暑い日」をいう。crash〈衝突／墜落／（株の）暴落〉などは一般語だか擬音語だか分からないくらいよく使われる。

明らかに擬音語の性格を持った語も結構多く、
　Aunt Pat murmured, "Sweet mother of God!"
〈パットおばさんは口の中でつぶやくように「あーらあら、まあ」と言った。〉

'What'd you say? I can't even hear you, Benjie. You're muttering.' Ezzie bent closer. 'Look at me. Now what did you say?'
〈「何て言ったの？　そもそもよく聞き取れないんだよ、ベンジー。そんなぼそぼそ言ったって」とエジーは上体を寄せてきた。「こっち見て。で、何て言ったの？」〉

"Nobody likes being alone that much. I don't go out of my way to make friends, that's all. It just leads to disappointment."

The tip of one earpiece in her mouth, sunglasses dangling down, she mumbled, "'Nobody likes being alone. I just hate to be disappointed.' You can use that line if you ever write your autobiography."
〈「孤独が好きな人間なんていないさ。無理に友だちを作らないだけだよ。そんなことしたってがっかりするだけだもの」僕は言った。
　彼女はサングラスのつるを口にくわえ、もそもそした声で「『孤独が好きな人間なんていない。失望するのが嫌なだけ』。もしあなたが自叙伝書くことになったらその時はそのせりふ使えるわよ」と言った。[27]〉

の murmur や mutter、mumble などは一般の動詞として認識されているが、口の中でもごもご言う様子を示すある種の onomatopoeia である。そういえば whisper はささやき声に似

27. 村上春樹『ノルウェイの森』講談社 (1987)。英訳は Jay Rubin ; Norwegian Wood (2000)

ているし stutter は確かにどもっているし、yell や holler は怒鳴っており、scream や shriek は金切り声に聞こえる。

　The rain dampened the city from the Feast of the Circumcision to New Year's Eve. It created a cacophony of <u>hacking</u> coughs, bronchial <u>rattles</u>, asthmatic <u>wheezes</u>, consumptive <u>croaks</u>.[28]

〈雨のせいで割礼の祝日から大晦日まで、市は湿気に包まれた。そのためごほごほという咳と気管支から出るぜいぜい、喘息のひゅーひゅー、結核のげほげほという音が町中に響いていた。〉

などもそうした擬音効果を生かした記述。

　しかし擬音語・擬態語の数では日本語の方がはるかに多い。例えば食感を示す 1. カリッ 2. ぱさぱさ 3. まったり 4. ねっとり 5. もちもち を英語で述べたとしたら擬音語に類するものが使えるのは 1. crisp/crunchy ぐらいで、あとは 2. dry and stale 3. rich and smooth 4. rich and sticky 5. soft and chewy などと形容詞を2つ(以上)使って説明するしかない。ただし英語は類義語が豊富だから、その使い分けでニュアンスを表現することも多い (▶128ページ)。

3　Foreshadowing（伏線）

　小説はフィクションである。作り物だ。だから記述されたあらゆることに意味がある。現実の会話は「．．．ですから次の、あれ、えーと、定例会議の時に、もしもーし．．．あ失礼、次の会議で．．．いや、なんか痒いな、うぉ、．．．あ、はい、そうですね」みたいに無駄な要素がたくさん入ってくるけれど、小説の会話はすべて作者の意図によるものだから無意味なものはない。描写もそうだ。アントン・チェーホフは「もし弾丸の入ったライフルが登場するのなら、そのライフルはあとで必ず発砲されなければならない」と言っている。これが伏線である。英語では foreshadowing という。

　Foreshadowing is a storytelling device that capitalizes on making connections. It alludes to later events in a narrative and is a highly

---

28.Frank McCourt, *Angela's Ashes: A Memoir* (1996)

effective means of preparing the reader for what is to come. Foreshadowing can be a simple allusion or hint of future developments: *You won't believe what happened next.* Or it can refer to an arrangement of events or details in a narrative—an arrangement that suggests a certain outcome. The latter sort of foreshadowing promotes unity of structure and theme because the end is built into the beginning.[29]

〈伏線は事項同士のつながりを活用する物語の技法である。物語の中であとに出てくる事柄に暗示的に言及するもので、この先の展開に読者を準備させる、きわめて効果的な手段である。伏線は「次に起きたことはおそらく信じがたいと思われるだろう」のように単純に先のヒントを与えることもある。あるいは物語の出来事や細部についての仕掛け、ある結末を予感させる仕掛けを指すこともある。後者のタイプの伏線［これが日本語で言う伏線であるが］は、結末が冒頭に組み込まれているという点で構成と主題の一貫性を強めるものである。〉

　細部は全体のために計算づくで作られる。だから東京から軽井沢に移動することを述べて「東京から軽井沢までは新幹線で1時間あまり」でなく「東京から新幹線あさま531号に乗って」と書いたら「あさま531」に何らかの意味が込められる。しかし「東京からあさま531号 E2系 N7編成に乗った。車体はアルミニウム合金製である。0番台ではシングルスキン構造を主体に側構体にダブルスキン構造が用いられたが、1000番台車両は全面的にダブルスキン構造を採用し．．．」と書けばそれは電車が主人公の電車小説である。もし軽井沢まで「6気筒2,600cc、アルファロメオの61年型に乗って．．．」と書けば自動車小説。軽井沢のホテルでのディナーを詳細に描写すればグルメ小説、その後の情事を延々と描けばポルノ。いずれも特殊分野だ。

---

[29]. Paula LaRocque, *The Book on Writing: The Ultimate Guide to Writing Well*

2 小説の分析

小説がどのような構造を持っているか、短編2つを題材に分析してみよう。場面の記述の順と時間の順が一致していない——ことによって読者の興味をコントロールしている——ことや、さり気なく「伏線」の要素を散りばめたりしていることを、実感できると思う。丁寧に構造分析することで、次に新しく読む小説・エッセイの構造が早くつかめるようになる。

DRILL 17

次の英文を、構成に注意しながら読みなさい。

　この物語は2つのシーンでできており、その2つのシーンは時間的には同一。時間と場を共有する複数の目がまったく違うものを見ている、というのは芥川龍之介の『藪の中』（黒澤明の映画では『羅生門』）みたいだけれど、これは母の目とティーンエージャーの娘の視点（perspective）が違う、というありふれた話。だが、視点が混乱すると筋も分からなくなる。

　はじめの4段落が母親の、後半6段落が娘の perspective から語られる。夫に去られてから夢中で娘を育ててきたらしい、そして生活も落ち着き、新しい恋人も毎週訪ねてくるようになり、娘が高校を出たら街へ戻って恋人と結婚しようと胸ふくらむ思いの母親と、その母に批判的な気分を募らせ、母の支配から自由になって青春を満喫したい、若いエゴイズムでいっぱいの娘、という対比の構図である。

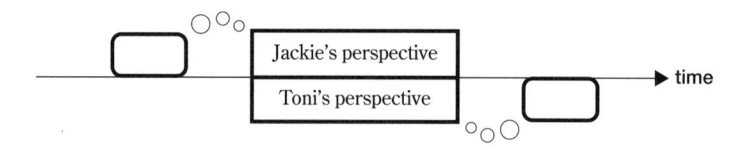

```
         ○○○
        ┌──┐ ┌────────────────┐
        │  │ │ Jackie's perspective │
        └──┘ ├────────────────┤          ┌──┐
             │ Toni's perspective  │          │  │ ──▶ time
             └────────────────┘          └──┘
                                     ○○
                                    ○
```

　2人の間の会話はない。地の文では現在のシーンの描写と2人の心理描写、および、それまでの経緯の説明が行われる。時制に注目して読むこと。母と娘それぞれの心の中の「せりふ」が間接話法で、時には中間話法で語られることにも注意。

[¶1] Jackie leant[30] idly[31] against the window frame, staring out at the beach in front of the house. In the distance[32] down the beach she could see the familiar figure[33] in the blue dress slowly coming towards the house. She loved these moments when she could watch her daughter in secret. Toni was growing up fast. It seemed no time[34] since she and the confused little seven-year-old had arrived here. How Toni had adored[35] her father! When she was still only five or six years old, they would all make the long trip from the city to the beach every weekend, and Toni would go out with him into the wildest waves, bravely holding on to his back, screaming in pleasure as they played in the waves together. She had trusted him entirely. And then he had left them. No message, no anything. Just like that.

[¶2] She could make out[36] Toni's figure quite clearly now. She saw her put her shoes onto the rocks near the water's edge[37] and walk into the wet sand, then just stand there, hand on hip, head on an angle[38], staring down. What was she thinking? Jackie felt a surge[39] of love that was almost shocking in its intensity[40]. "I'd do anything for her," she found herself saying aloud[41], "anything."

[¶3] It was for Toni that she had moved from the city to this house eight years ago, wanting to put the past behind them[42] and start again. Surely, up here[43] it would be simpler, safer, more pleasant to bring up a child. And indeed, it had been[44]. Toni had been able to ride her bicycle to school, run in and out of her friends' homes, take a walk around the beach, in safety. There had never been a lack of places for her to go after school while Jackie was at work. They had a comfortable relationship, and Toni had given her no trouble whatsoever[45]. So, only three years to go[46] and then she, Jackie, planned to return to the city, move in with Tim, marry, maybe.

[¶4] She glanced up at the clock. Four o'clock. He'd be here at seven, just like every Friday. Besides Toni, he was the person she

---

30. ← lean 斜めになる／もたれかかる　31. することもなく／ぼんやりと
32. 離れた所に　33. 像／姿　34. 間もない　35. 大好きだ　36. はっきり分かる
37. 水際／波打ち際　38. 首をかしげて　39. 感情の高まり　40. 強烈さ
41. 声に出して　42. 過去は後ろに置いて→過去を忘れて　43. ここでは　up は単なる強め　44. 実際そのとおり (simpler, safer, more pleasant) だった。
45.whatever (anything) に so を加えて強めた形　46. あと3年

405

loved best in the world. Every weekend he came and they lived together like a family. He never put pressure on her to go and live in the city with him. He understood that she wanted to see Toni through school first. He said he was prepared to wait until she was ready. Jackie loved the arrangement. Not seeing each other through the week had kept their relationship fresh. They had so much to tell each other each Friday. Getting ready—shampooing her hair, blow-drying it, putting on her favourite clothes, looking pretty—was such fun. Jackie thanked God for Toni and Tim.

* * *

[¶5] Toni pressed her feet further into the wet sand. She didn't want to go home yet—she had too much to think about. At home Mum would be rushing about, singing, cleaning, getting ready for Tim, all excited. Someone her Mum's age behaving like that![47] Toni thought it was a bit too much, really—it was almost a bit pitiful[48]. Although Tim was great[49]—she had to admit that. One part of her was really pleased for Mum, that she had a partner; the other part was embarrassed[50]. No, she wouldn't go home just yet.

[¶6] She looked up and down the beach. She was relieved[51] it was empty. She'd hate to be seen in this dress—it was so fancy[52] and girlish. She had just applied for a Saturday job and Mum had made her wear this. "It's lovely, darling, and you look so pretty in it. It's important to make a good impression," she'd said. Well, she'd got the job. Mum would be waiting now, wanting to hear the news, and she'd get all excited as if she'd won a prize or something. She wished sometimes that Mum didn't get so carried away[53] with things. There was one good thing, though. She'd have some money of her own for once, and would be able to buy some of the clothes she wanted for a change.

[¶7] One thing was for sure[54]. She wasn't going to wear this dress tonight! She'd wear it as she left the house to make sure Mum let her go, but then she'd change at Chrissy's place. It had all been a bit

---

47. ママみたいな歳の人があんなふうに振る舞って！ 一般化して「人」というのを英語では someone という。 48. 哀れ 49. すばらしい人だ 50. 恥ずかしい／困る 51. ほっとした 52. ひらひらした／装飾の多い 53. 持っていかれる→舞い上がってしまう 54. 確かな

complicated—she'd never had to do this before. Just getting Mum to give her permission to go to the dance had been hard enough.

[¶8] "Will there be supervision[55] there?" "Will there be alcohol?" "What time does it finish?" On and on—like a police investigation. Other kids' parents didn't go on like Mum. But at least she'd been allowed to go. It was her first time to the beach club!

[¶9] Chrissy had told her not to even ask. "Just get out of the window when your Mum and her boyfriend have gone to bed," had been her advice. "Things don't get started until late[56] anyway." But Toni couldn't do that, not this first time. Anyway, Mum had said okay after Toni had done some pretty fast talking; she'd had to tell a few lies, but in the end Mum had swallowed[57] them. "Chrissy's parents are taking us. Five parents will be supervising. Alcohol's not allowed. I'll be home by eleven-thirty."

[¶10] She was especially embarrassed by the last one. Eleven-thirty —no chance[58]! Still, once she got out of the house, Mum wouldn't know. Toni twisted her feet deeper into the sand. She was just a tiny bit[59] uneasy about all the lies. But, why should she worry[60]? Everyone had to do it. She'd never go anywhere if she didn't. Look at Chrissy[61]. Look at what she had been getting away with[62] for a year now.

段落ごとに要点を見ていこう。

[¶1] Jackie leant idly against the window frame, staring out at the beach in front of the house.
とジャッキーの様子を第三者の視点から描写し始める。
In the distance down the beach she could see the familiar figure in the blue dress slowly coming towards the house.
語りはあいかわらず第三者ながら、視点が Jackie に移り始めるのが the familiar figure〈見慣れた姿〉や coming towards the house〈[彼女がいる]家に向かってくる〉などから分かる。

---

55. 監督／監督者 56. 遅くなるまで物事は始まらない→盛り上がるのは遅くなってから 57. 呑み込む／反論せずに受け入れる 58. 可能性はない
59. a bit + tiny ほんのちょっと。a little bit と同じ 60. 心配する必要なんかない。修辞疑問 61. (例えば)クリシーを見てみたらいい。 62. 〜で逃げおおせる

She <u>loved</u> these moments when she <u>could watch</u> her daughter in secret. Toni <u>was growing</u> up fast. It <u>seemed</u> no time since she and the confused little seven-year-old <u>had arrived</u> here. How Toni <u>had adored</u> her father!
これも第三者的視点と Jackie 自身の気持ちが入り交じった文。彼女自身の心のせりふで言うなら、

<u>I</u> <u>love</u> these moments when <u>I</u> <u>can watch</u> <u>my</u> daughter in secret. であり、Toni <u>is growing</u> up fast. (娘の名が Toni であることが明らかになる) It <u>seems</u> no time since <u>I</u> and the confused little seven-year-old <u>arrived</u> here. How Toni <u>adored</u> her father!
である。

　なお、the confused little seven-year-old〈混乱した7歳児〉はもちろん娘のことであるが、このように同一登場人物を別の描写で言い換えて新しい情報を与えていくのは、英語の文で時々見られる手法である(▶382ページ)。日本語では例えば「娘は当時まだ7歳で、わけが分からなかったのだが」のように説明的に書くのが一般的だろう。

　次に、海に遊びに来たときの、娘が父親の背中につかまって波と戯れる楽しい描写(回想)があり、続けて Jackie の夫がふいに姿を消したことが語られる。

[¶2]　She could make out Toni's figure quite clearly now.
次第に姿がはっきりしてくる。娘は波打ち際に立ち止まって何か思案している様子。
What was she thinking?
これは心の中のせりふ "What is she thinking?" である。
Jackie felt a surge of love that was almost shocking in its intensity.
　そして、娘への愛が、自分でも意外なほどの強さで込み上げてきて
"I'd do anything for her," she found herself saying aloud, "anything."
と言う。これは "..." と quotation marks で囲んであることからも分かるように、実際のせりふ、彼女の口から出たせりふである。
　ここからまた第三者的な説明に移る。

[¶3]　<u>It was</u> for Toni <u>that</u> she had moved from the city to...
8年前、都市から海岸に居を移したのは、娘のため、過去を忘れてやり直すため。強調構文。
Surely, up here ⟨it⟩ would be　• simpler,
　　　　　　　　　　　　　　　• safer,
　　　　　　　　　　　　　　　• more pleasant
　　　　　　　　　　　　　　 to bring up a child.
And indeed,　　it <u>had been</u>.

←Surely, up here it will be simpler ... to bring up a child.

〈きっとここなら子供を育てやすいだろう〉という心中のせりふが地の文に合わせて would be となっている。そして indeed, it had been (simpler, ...) は〈実際そのとおりだった〉。

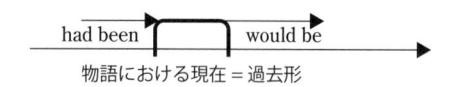

```
        had been        would be
        |────────┤├────────────▶
           物語における現在＝過去形
```

Toni had been able to
- ride her bicycle to school,
- run in and out of her friends' homes,
- take a walk around the beach,

in safety.

There had never been a lack of places for her to go after school while Jackie was at work.

そしてこの場所が安全で育児には適した場所だったことが説明される。Jackie が働いている間も安心して娘を遊ばせておいた。

They had a comfortable relationship,
and
Toni had given her *no* trouble *whatsoever.*

親子関係も良好で Toni が厄介をかけたことは一度もない。whatsoever は whatever に so を加えて強調した語。意味は anything である。否定語とともに用いたら not ＋ anything ＝ nothing。

So, only three years to go and then she, Jackie, planned to return to the city, move in with Tim, marry, maybe.

あと３年。そうしたら街へ戻る。ティムと同居し、たぶん結婚する予定。three years *to go* は「あと３年」という口語表現。

ex. Just a few months *to go* before I become a college student.
〈あとわずか数ヵ月で私も大学生。〉

[¶4] She glanced up at the clock. Four o'clock. He'd be here at seven, just like every Friday.

時計を見上げて「4時だわ」は Jackie の心のせりふ。He'd be here at seven は He would be here at seven. Jackie の心のせりふとしては "He will be here at seven." である。

Besides Toni, he was the person she loved best in the world.
besides は beside〈side に、脇に〉から派生した語。besides Toni, は「トニの隣に」という感じで「トニに加えて」あるいは「トニとは別に」。この文では「トニを別にすれば」というニュアンスだから、aside from Toni,〈トニから脇に離れれば、〉も同じ。except Toni, / except for Toni, も同じ。

彼は毎週来て家族のように暮らす。自分と一緒に来て街で生活しようというプレッシャーはかけない。she wanted to see Toni through school first ということも彼は理解している。see Toni through school は I saw her off〈彼女が off = 離れていく のを見る→彼女を見送る〉と同じく「トニが学校を通過するのを見る→トニが学校を出るまで見届ける」の意味。また see は単純に「見る」でなく「見届ける／配慮する」の意味で使うことも多い。

ex. See the stew.〈シチュー見てて[焦げつかないように]。〉

ex. She took steps to see that was done.
〈それが必ず行われるように彼女は方策を講じた。〉

He said he was prepared to wait until she was ready. Jackie loved the arrangement.
He was prepared to wait... は He was ready to wait... といってもいい。心の準備である。He was willing to wait... ともいえる。...until she was ready の ready は「状況が整って」。

Not seeing each other through the week had kept their relationship fresh.
の主部は動名詞。「1週間、互いに会わないことが...」2人の関係を新鮮なものにしていた。金曜には話すことがたくさんある。

Getting ready—shampooing her hair, blow-drying it, putting on her favourite clothes, looking pretty—was such fun.
も主部はすべて動名詞。

Jackie thanked God for Toni and Tim.
これもジャッキーの心のせりふで言えば "Thank God!"〈ああ、ありがたい!〉である。Thank God, it's Friday night!〈やれやれ、やっと金曜の夜だ!〉なんていったりもする。で、ここから視点はトニに移る。

[¶5] Toni pressed her feet further into the wet sand.
〈トニは足をもっと深く、ぬれた砂の中に突っ込んだ。〉
ここから彼女の心のせりふ。

She didn't want to go home yet—she had too much to think about. At home Mum would be rushing about, singing, cleaning, getting ready for Tim, all excited. Someone her Mum's age behaving like that!
を直接話法で書くなら
"I don't want to go home yet—I have too much to think about. At home Mum will be rushing about, singing, cleaning, getting ready for Tim, all excited. Someone my Mum's age behaving like that!"
〈私はまだ帰りたくない。私は考えることがありすぎる。家でママは走り回り、歌い、掃除をして、ティムが来る準備をしているだろう。すっかり興奮して。私のママみたいな歳の人があんなふうに行動するなんて!〉

　Toni thought it was a bit too much, really—it was almost a bit pitiful. Although Tim was great—she had to admit that.
あたりは少し第三者的な描写になってはいるけれど、
"I think it is a bit too much, really—it's almost a bit pitiful. Although Tim is great—I have to admit that."
〈「少しやりすぎだと思う、ほんと。哀れと言ってもいいくらい。確かにティムはすごくいい人だけど、それは認めざるをえない。」〉
とせりふ的でもある。

　One part of her was really pleased for Mum, that she had a partner; the other part was embarrassed.
あたりは「ある部分、母のために喜ぶ部分と、別の部分では戸惑う部分とがある」と第三者的・分析的だ。

　No, she wouldn't go home just yet.
はずばり
"No, I won't go home just yet."〈「いや、まだ家には帰らない。」〉
と心のせりふ、中間話法。

[¶6] She looked up and down the beach.
　look up and down は「上下を見た」のではなく「近くから遠くまで見た」。up の主な意味は①[上] pick *up*〈拾い上げる〉、look *up*〈見上げる〉②[近づいて] close *up*〈クローズアップ〉、catch *up*〈追いつく〉③[完了] lock *up*〈閉じ込める／戸締まりをする〉、Your time is *up*.〈時間です。〉の3つ。逆に down は①[下] take *down*〈下へ下ろす〉、I'm *down*.〈落ち込んでいる。〉②[遠ざかって] *down* there〈ずっと行ったあそこに〉、go *down* the hall〈廊下をずっと行く〉の2つで

ある（▶343・344ページ）。

　She was relieved it was empty.
浜辺が empty つまり誰もいなくてほっとしたのはなぜかというと、こんな fancy〈ひらひらした〉girlish〈女の子っぽい〉ドレスを着ている姿を友だちにでも見られたらたまらないから。アルバイトの面接のためにママに無理やり着せられたのだ。job はアルバイト (part-time job) を含むあらゆる職。

　Mum had *made* her wear this の make は「人に〜をやらせる」という用法では強制的なニュアンスを持つ (*make* me *happy* などは別)。例えば「女房にゴミ出しをやらされてるんですよ」と言おうとして
"My wife *makes* me take out the garbage."
なんて言うと、なんだか怖そうな奥さんだな、と思われる。*asks* me to ... の方が普通。ここではトニが嫌がるのにママが無理やりこのドレスを着させたのだと分かる。トニはもっと大人っぽい cool なものを着たいのである。

　"It's lovely, darling, and you look so pretty in it. It's important to make a good impression," she'd said.
で直接話法が使われているのは、ジャッキーのせりふそのものだから。good impression はもちろん「面接のさい、良い印象を与える」こと。

　Well, she'd got the job. Mum would be waiting now, wanting to hear the news, and she'd get all excited as if she'd won a prize or something. She wished sometimes that Mum didn't get so carried away with things. There was one good thing, though. She'd have some money of her own for once, and would be able to buy some of the clothes she wanted for a change.
　　ここからまた心のせりふというニュアンスが強くなる。直接話法で言えば
"Well, I've got the job.〈まあ、バイトは決まったわ。〉
Mum will be waiting now, wanting to hear the good news, and she'll get all excited as if I won a prize or something.
〈ママは待ってて、いい知らせを聞いたら、まるで私が賞を取ったかのように大騒ぎをするだろう。〉
I wish sometimes that Mum *doesn't* get so carried away with things.
〈ママがいろんなことにあんまり夢中になりすぎないでほしいと時には思う。〉
の doesn't はごく文法的に言えば wish の内容だから、仮定法が使われて *didn't* となるところ。

　get (be) *carried away* は「持ってかれちゃう」様子、つまり我を忘れて興奮すること。

ex. I was *blown away* to hear that.
〈僕はそれを聞いて吹っ飛ばされた→心底驚いた／目が点になった。〉

などと同じ発想。

There is one good thing, though. 〈でもいいことが１つある。〉
I will have some money of my own for once, and will be able to buy some of the clothes I want for a change.
〈ようやく自分のお金ができて、自分の欲しい服を少しは買うことができる。〉

　for once〈一度だけは→たまには〉、for a change〈変化をつけて→気分転換に／いつもと違って／たまには〉はどちらも「今までとは違い、自分で稼いだ金で自分の好きな服を買える」ということ。

[¶7] One thing was for sure. She wasn't going to wear this dress tonight!

　直接話法なら

One thing is for sure. 〈１つ確実なことがある。〉
I'm not going to wear this dress tonight! 〈今夜はこのドレスは着ない！〉

　この文などは中間話法の典型で、本当に間接話法で書くなら
She wasn't going to wear that dress that night.（間接話法では exclamation point[!] もなし）となる。exclamation のニュアンスをどうしても出したければ、She wasn't definitely going to wear that dress that night. などと別の語を加えて強調することになるだろう。

　ここからやや説明的になって、

She'd wear it as she left the house to make sure Mum let her go, but then she'd change at Chrissy's place. It had all been a bit complicated—she'd never had to do this before. Just getting Mum to give her permission to go to the dance had been hard enough.
〈ママに外出を許してもらうために、家を出るときにはそのドレスを着ていくけど、それからクリシーの家で着替える。面倒なことで、以前にはこんな必要はなかったのだが、ただダンスに行く許可をもらうだけでも大変だった。〉

　get Mum *to give* her permission は *have* Mum *give* her permission と同じ「ママに、許可を出してもらう」。her はもちろん Toni のこと。get と have は、このようないわゆる「使役」の用法では get ＋目的語＋ to 動詞、have ＋目的語＋原形動詞 と、用法は違うけれど意味はほぼ同じ。

[¶8] "Will there be supervision there?" "Will there be alcohol?" "What time does it finish?" On and on—like a police investigation. Other kids' parents didn't go on like Mum.

　直接話法の部分は、ダンスに行く許可が出る前にママがまるで警察の尋問のように尋ねたせりふそのままである。on and on は go *on* / keep *on*〈そのままどんどん続ける〉の on〈off になることなく／そこから離れずに〉と同じ。and so *on*〈などなど〉の on とも同じである。「ほかの子の親はママみたいにはしない」でも go *on* と言っている。

But at least she'd been allowed to go.

　浜辺の描写よりも前の出来事について話しているから過去完了形。直接話法なら
But at least I've been allowed to go.
〈でも、少なくとも行くことを許可してはもらえた。〉
間接話法の she had been allowed は直接話法では I was allowed / I have been allowed と2つの可能性があるだろう。

　It was her first time to the beach club. は
It is my first time to the beach club.〈私がビーチクラブに行くのは初めて。〉
トニにとっては以前から憧れの「大人の場所」なのだと分かる。

[¶9] Chrissy had told her not to even ask. "Just get out of the window when your Mum and her boyfriend have gone to bed," had been her advice. "Things don't get started until late anyway."

　Chrissy had told her not to even ask. も浜辺の場面より前の出来事。クリシーのせりふを再現すれば
"Don't even ask."〈「許可を頼むことすら、よしなさい。」〉
である。そのあとは彼女のせりふのまま。things don't get started の get は be とほぼ同じだが、be が「ある状態にある」ことを示すのに対し get は「ある状態になる」ニュアンス。
She was excited.〈彼女は興奮していた。〉
She got excited.〈彼女は興奮した。〉
もう1つ、[be動詞＋過去分詞] が受け身でなく完了形の意味を表すことが例外的にある。古い英語では一般的だったものが現代英語では日常表現の一部に残った。具体的に言えば be gone = have gone:

ex. When I came back, everybody was gone.
　　〈戻ってくるとみんないなくなっていた。〉
　be finished / done = have finished /done:

ex. Are you finished? 〈[レストランで] お済みですか？〉

be started は「始められた」と受け身でもいいのだが、完了のニュアンスもある。

The game is not started yet. 〈試合はまだ始まっていない。〉

「あんたのママとボーイフレンドが寝ちゃったら、窓から抜け出せばいいじゃない」とクリシーは言うのだが、

But Toni couldn't do that, not this first time.

〈それはできない。第1回目からは無理。〉

Anyway, Mum had said okay after Toni had done some pretty fast talking; she'd had to tell a few lies, but in the end Mum had swallowed them. "Chrissy's parents are taking us. Five parents will be supervising. Alcohol's not allowed. I'll be home by eleven-thirty."

ともかくママはOKしてくれた。トニが fast talking 〈早口のしゃべり〉をしたから。人は嘘をつくときには早口になるものだ。ママはその嘘を swallow した。swallow は咀嚼しないでゴクンと呑み込むこと。

彼女が言ったせりふ "Chrissy's parents are taking us. Five parents will be supervising." "Alcohol's not allowed." "I'll be home by eleven-thirty." はそれぞれママの質問 "Will there be supervision there?" "Will there be alcohol?" "What time does it finish?" に対応している。

[¶10] She was especially embarrassed by the last one. Eleven-thirty—no chance! Still, once she got out of the house, Mum wouldn't know.

特に最後の嘘「11時半に帰る」は無理！「でもいったん出ちゃえば分からない。」

Toni twisted her feet deeper into the sand. She was just a tiny bit uneasy about all the lies.

「足先をひねってさらに砂に入れながら、嘘をついたことに少々気がとがめて」の部分は第三者的描写になっているが、そのあとはまた彼女の心のせりふ。

But, why should she worry? Everyone had to do it. She'd never go anywhere if she didn't. Look at Chrissy. Look at what she had been getting away with for a year now.

直接話法で書くならば、

But, why should I worry? 〈でも、気にする必要なんかない。〉

これは「なぜ心配すべきだろうか？」ではなく「そんな必要ない」という修辞疑問。

ex. How should I know?

〈どうして俺がそんなこと知らなければならない？→俺が知るはずないだろう。〉

と同じ。

Everyone has to do it.〈みんながやらなくちゃいけないことだもん。〉

この everyone は「だってみんな持ってるもん」とか「だってみんながやるって言うから」という、子供の定番せりふの「みんな」。

I'd (would) never go anywhere if I didn't.〈そうしなければどこへも行けない。〉は仮定法。

　Look at Chrissy. Look at what she has been getting away with for a year now.

「クリシーを見てごらん。」は、「クリシーを見てみたら分かるでしょ」という意味合い。

what she has been getting away with の with は、

ex. She got away with that money.〈彼女はその金を持って逃げた。〉

の with と同じ。

ex. Hey, you can't get away with that.

　　〈おい、おまえ、それ持って逃げようったって無理だぞ。〉

の that は金の場合もあるだろうが、例えば、明らかに責任のあるやつが「その件に私は関与しませんのでしかるべき筋にご照会ください」とか言って逃げようとするのをつかまえてこう言ったとすれば「おい、そんなことで済むと思ってんのか？」という感じ。ここでは「クリシーがそれで逃げおおせてきた、そのもの」を言うわけだから、全体で言うと、「クリシーがどうやって切り抜けてきたのか、見てみたらいい」というところか。

〈ジャッキーは窓枠にゆったりと寄りかかって、家の前の浜を見つめていた。浜辺のずっと向こうから、青いドレスを着た、見慣れた姿がこちらに向かって歩いてくるのが見える。こっそりと娘の姿を見る、こうした時をジャッキーは愛していた。トニはどんどん成長している。彼女が、混乱した小さな7歳の娘とここへやってきたのがついこの間のことに思える。トニはどれほど父親が好きだったことか！まだ5歳か6歳の頃、毎週全員ではるばる街からこの海岸まで車でやってきて、トニは父親とともに、大波をものともせずに立ち向かい、その背にしがみついて波と戯れ、嬉しそうな叫び声を上げていた。彼女は父親を完全に信頼していた。それから彼は2人を捨てて出ていった。置き手紙もなく、何もなく、ただそうして。

　もうトニの姿はずいぶんはっきりと見えてきた。波打ち際近くの岩の上に靴をのせて、ぬれた砂のところまで行くと立ち止まり、手を腰に当てて首を横にかしげて下をじっと見ている。何を考えているのだろう？ ジャッキーはふいに愛が込み上げてくるのを感じ、その強さに自分でショックを受けるほどだった。「あの子のためならなんでもする」と思わず口に出して言った。「なんでも。」

　8年前に街からこの家に引っ越したのはトニのためだった。過去を忘れてもう一度やり直したかった。間違いなくここの方がより簡素で安全で快適で、子供を育てるにはより適していると思ったのだ。そして現実にそのとおりだった。トニは自転車で学校へ通えたし、友だちの家に自由に出入りしたり浜辺を歩くのも、すべて安全だった。ジャッキーが仕事をしている間トニは放課後遊びに行く所に不自由しなかった。母娘の関係は良好でトニが母親に厄介をかけることはまったくなかった。そして、

あとわずか3年すると彼女は、ジャッキーは、街へ戻ってティムと同居しようと、おそらく結婚しようと、考えていた。

彼女は時計をちらりと見上げた。4時。彼は7時に来るはずだ。いつもの金曜日のように。トニを別にすれば彼は彼女が世界で最も愛している相手だ。毎週末に彼は来て、3人は家族のように暮らした。彼は彼女に対し、早く街で一緒に暮らそうなどと迫ることはなかった。彼女がまずトニに学校を修了させたいと考えているのを理解していたから。彼女の方が準備できるまで待つつもりだ、と彼は言った。こうした気遣いもジャッキーには嬉しかった。ウィークデイの間顔を合わせないというのも2人の関係を新鮮にしていた。金曜には互いに話すことがたくさんあった。髪をシャンプーで洗ってドライヤーで乾かし、お気に入りの服を着て、きれいにする、こうした準備もとても楽しい。ジャッキーはトニとティムの存在がありがたくてならなかった。

＊　＊　＊

トニは足先をさらに砂に突っ込んだ。まだ家には帰りたくない。考えることが多すぎた。家ではママが小走りに行ったり来たりして歌い、掃除をしてティムを迎える準備をしているだろう。すっかりはしゃいで。ママみたいな歳の人があんなふうにして！　実際、ちょっとやりすぎだ、と彼女は思った。ほとんど哀れみを誘うくらい。確かにティムは素晴らしい人だけど。それは認めざるをえない。彼女の中にはママが相手を見つけたことを喜ぶ部分と、ついていけない部分とが同居していた。いや、まだ家には帰らない。

彼女は海岸の先までずっと目をやり、誰1人いないのでほっとした。こんなドレスを着ているのを見られたくない。ひらひらした女の子っぽいドレス。土曜日のアルバイトの面接に行ってきたところで、ママがこれを無理やり着せたのだ。「かわいいわよ。すごくきれいに見えるわ。いい印象を持ってもらうことが一番」とママは言った。で、アルバイトは決まって、今ママは待っているだろう。知らせを待って、そしてまるで彼女が賞かなんかもらったかのように大騒ぎするだろう。ママがあんまり大げさにしなければいいのに、と思うことが時々あった。でも1ついいことがある。ようやく自分のために使えるお金が手に入る、いつもと違う服を買うことができるのだ。

1つはっきりしているのは、今晩はこのドレスを着ていかないということ。外出させてもらうために、家を出るときにはこれを着ていくけれど、そのあとクリシーの所で着替えるのだ。面倒なことで、今までにこんなことをする必要はなかった。でもママにダンスパーティに行く許可をもらうだけで一苦労だったのだから。

「監督者はいるの？」「お酒は出るの？」「何時に終わるの？」などなどと、まるで警察の取り調べのようだ。ほかの子たちの親はママみたいじゃない。でもともかく出かける許可は出た。ビーチクラブに行くのはこれが初めてだ！

クリシーは、わざわざ断ることなどないと言う。「あんたのママとボーイフレンドが寝たら窓から出ちゃえばいいのよ」というのが彼女のアドバイスだった。「どうせ本格的に始まるのは遅くなってからなんだから。」しかしトニにはそれはできなかった。初回から、というのは。ともかくママはオーケーしてくれたんだし、トニが早口で、少しは嘘も混ぜてしゃべって、ママはしまいにはなんとか納得してくれた。「クリシーのお父さんとお母さんが連れてってくれるの。大人は5人、監督に来る。アルコールは禁止よ。11時半には帰ってくる。」

特に最後のは頭が痛かった。11時半なんて、無理に決まってる！　でも、いったん家を出てしまえばママには分からないだろう。トニは足先をひねってさらに砂に埋めた。嘘ばかりついたことはほんのちょっと気になった。でも気にかけることはない。みんなそうしなければならないのだから。こ

第 **5** 章　小説のしくみ　**2**　小説の分析

417

うでもしなければどこへも出かけられない。クリシーを見てみたらいい。この1年間彼女がどうやってうまくやってきたか見たらいい。〉

DRILL 18

次の英文を、場面と登場人物に注意して読みなさい。

narrator は 3rd person。物語の進行は単純に chronological〈時系列に沿った〉ものだが scenes がやや多く、そこに主人公の心中描写が加わる。基本に忠実に、登場人物と現実の場面・心中の場面とをきちんと把握して読むこと。登場人物および場面は以下のとおりである。

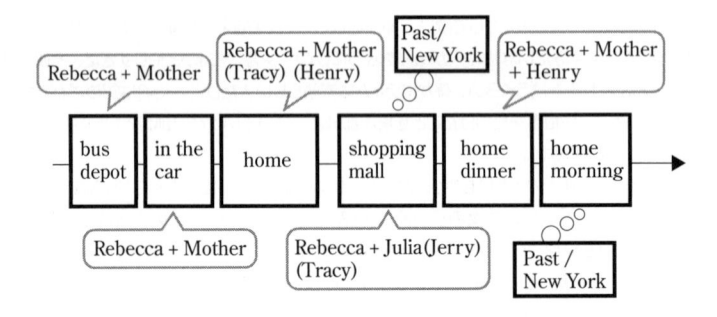

```
Rebecca + Mother    Rebecca + Mother   Past/     Rebecca + Mother
                    (Tracy) (Henry)    New York  + Henry

  bus      in the              shopping   home      home
  depot    car      home       mall       dinner    morning

          Rebecca + Mother    Rebecca + Julia(Jerry)  Past /
                              (Tracy)                 New York
```

BACK HOME

[¶1] Rebecca's mother was standing outside the bus station when the bus arrived. It was seven thirty-five on Sunday morning. She looked tired. "How was the ride?" she asked.

"I didn't fall asleep until we got to Ohio," Rebecca replied. She had come by overnight bus[63] from New York City. The familiar smells of the early Michigan summer filled the air as they walked to her mother's car. "But I'm okay."

[¶2] Rebecca looked out the window as her mother drove the dozen blocks back to the house. The town was nearly deserted. Along Main Street, a discount shoe store stood where the department store used to be, and the drugstore had become a laundry. But on Lincoln Ave., the fast-food places—Bonus Burger, Pizza Delight, Taco Time—were as she remembered, as were the houses on Willow, the street where Rebecca had grown up. Only the house two doors down from her

---
63. 夜行バス

mother's looked different.

"What happened to the Wilsons' house?" Rebecca asked. "Did they paint it or something?"

"They moved to Kentucky," her mother replied.

There was a long pause. Rebecca realized that her mother had still not recovered her former cheerfulness.

"Somebody else moved in." Her mother parked the car in the driveway, and they got out.

[¶3] The house was empty when they entered. Henry, Rebecca's stepfather[64], was working the early shift[65] at the chemical plant[66]; he wouldn't be home until midafternoon. As Rebecca carried her suitcase through the dining room, she tried not to look at the pictures of Tracy —her twin brother—on the wall.

"I have to go to church," her mother said. "I'll be back by noon, if you want to use the car later."

[¶4] The bedroom where she had slept as a child was transformed. The bed was new, the carpet was gray instead of green, and hanging from the ceiling was Henry's collection of model airplanes. Down the hall, the door of Tracy's old room was still shut, as it had been for years.

[¶5] Rebecca left her suitcase next to the bed and went into the kitchen. She made herself a cup of coffee, switched on the television, and sat down to watch a quiz show.

* * *

[¶6] That afternoon, Rebecca drove her mother's car to the shopping mall outside town. The mall had opened before Rebecca was born. When she was in high school, it had been the most exciting place in town, and she and her friends would hang out[67] there in the evenings until it closed. Years of living in Brooklyn and working in Manhattan, though, had given Rebecca a new perspective, and the mall looked plain[68] and uninteresting. Even on a Sunday afternoon, the stores had few customers.

[¶7] She bought some shampoo and conditioner—her mother didn't

64. 継父　65. 早番　66. 化学工場　67. 遊ぶ／ぶらぶらしている　68. 地味

have the kind Rebecca used—and sat at a table in the food court and sipped on a soda. Some children were running around the tables as their mothers chatted nearby. She thought about the coffee shop in New York where she went almost every evening after work. It was on 35th Street, just east of Broadway, between a Swedish bakery and a shop that sold circus equipment. One of the servers, a boy of eighteen or nineteen, always remembered her order and gave her a big smile when she came in. She would sit at a corner table and watch the customers—every age, every nationality, every kind of clothing and hairstyle—come and go. It gave her a thrill to feel she was one thread[69] in such a rich cultural fabric[70].

[¶8] Rebecca was getting up to leave when one of the mothers came over to her.

"Rebecca?" she said.

Rebecca hesitated for a moment. Then she cried, "Julia!" She stood, and they embraced each other. "I didn't recognize you at first!"

"It's been a long time."

Since Tracy's memorial service[71], Rebecca thought.

Julia sat down. "Are you still living in New York?"

"Yeah," Rebecca replied. "I'm just here for a couple of days. But I'm thinking of moving back to Michigan."

"How come? I thought you liked New York."

"Well, my roommate is getting married and moving out, so I have to either find a new roommate or move. Rent is really expensive there."

"That's what I hear."

"My stepfather says he can get me an office job at the chemical plant. I have an interview there tomorrow."

"That's great." Julia paused. "Have you been dating anybody?"

"Not really." Then Rebecca asked, "How's Jerry?"

"He's OK. Still working for his father. He's gone fishing today, so I brought the kids to the mall to let them run around."

[¶9] Rebecca and Julia had been friends in high school. Julia had dated Tracy pretty seriously, but they broke up after high school.

---

69. 糸 70. 生地 71.=funeral 葬式

Julia was already married to Jerry when Tracy was killed in Afghanistan.

* * *

[¶10] At dinner that evening, Henry talked about an accident that had happened at the plant: "... and then the cracker overheated, and we had to deal with that, too, while we were flushing out the reflux lines...." Even more than she had been as a teenager, Rebecca was embarrassed not to understand what Henry said. Neither she nor her mother said much. Later, Rebecca helped Henry wash and put away the dishes. He had married Rebecca's mother and moved in when Rebecca and Tracy were eleven. Their real father had left three years earlier. Rebecca hadn't seen him for twenty years.

[¶11] "I told my boss that you'd come in to the office tomorrow at eleven," Henry said. "I'll take your mother to work, so you can drive her car."

"Thanks."

"He just wants to meet you before he hires you. I didn't ask about the pay, but it should be okay. The girl who had the job before you didn't complain."

[¶12] Fatigue from the bus trip hit Rebecca early in the evening, so she said goodnight to her mother and Henry and went to bed. She fell asleep quickly and slept soundly. Around four in the morning, while it was still dim[72] and silent outside, she woke up. She stayed in bed and gazed at the model airplanes hanging from the ceiling. She thought about Julia spending Sunday afternoon with her kids at the mall and about how she couldn't imagine doing that herself. She thought about the chemical plant where Henry worked, and the call center outside of town where her mother spent her days talking to faraway voices about their credit card problems. She thought about New York City—the noisy streets, the crowded sidewalks, the tiny Korean restaurant near her apartment, the boy in the coffee shop on 35th Street.

[¶13] Then she thought about Tracy, who would never grow older than twenty-three. She remembered how they had quarreled when they

72. 薄暗い

were small, when their mother had been a good-natured referee, and how they had stopped quarreling when their father left. Why had they stopped? And why had her mother become so silent towards her after Tracy's death? Rebecca felt a surge of helplessness wash over[73] her.

[¶14] It was not yet five o'clock, the house still silent, when she got out of bed and quietly packed her bag. What had made her decide? She wasn't sure. But she wrote a note to her mother and Henry: "I've decided to go back home. I'm sorry."

[¶15] She put the note on the kitchen table and slipped out the front door. She walked the twelve blocks downtown to catch the first bus to Detroit, from where she would take another bus back to New York.

[¶1] Rebecca's mother から描写は始まる。日曜の早朝、母親はバス停まで迎えに来ている。She looked tired. の she はもちろん母親。娘の Rebecca がニューヨークから夜行バスで着いたことが明らかになる。

[¶2] バス停から家まで、車の窓から街を見ている。変わったところも変わらないところもある。実家から2軒離れた Wilson 家が引っ越したことに関するやりとりをしながら、Rebecca は母が「以前の陽気さを取り戻していない」ことに気づく。この部分は foreshadowing〈伏線〉のテクニック。

[¶3] 家に入る。継父の Henry が読者に紹介される。化学工場に早出の出勤。この化学工場も foreshadowing。のちに彼女の就職斡旋話につながる。スーツケースを持って食堂を通るが、壁に掛かった双子の兄弟である Tracy の「写真を見ないようにした」も foreshadowing。母親は教会へ。Rebecca は1人残される。

[¶4] 昔のベッドルームは様子が変わり、天井からは Henry の模型飛行機がつり下げられている。Tracy の部屋は「何年間も閉まったまま」。ここで勘のいい人は「死んだのか?」と思い始めるかもしれない。

[¶5] Rebecca はキッチンに行き、コーヒーをいれてテレビでクイズ番組を見始める。車もない、何もすることもない、無聊の描写である。

＊ ＊ ＊

[¶6] 場面が変わって町外れのショッピングモール。高校生の頃は素敵な場所だと思っていたが、ニューヨーク暮らしの Rebecca の目にはつまらなく見える。日曜なのに閑散としている。

---

73. 波のように押し寄せる

[¶7] いるのは子連れのママたちだけ。子供は走り回ってママたちはおしゃべり。買い物をして飲み物を飲みながら、ニューヨークの行きつけのコーヒーショップを思う。多様な人々の暮らす雑踏の中での高揚感を思う。

[¶8] 帰ろうとすると高校時代の友人 Julia に話しかけられる。Rebecca がニューヨークから生まれ故郷に戻ろうとしているいきさつ、Henry の工場に職がありそうだということが明らかになる。Julia は高校の友だち Jerry と結婚し、中西部の田舎町の、安定して退屈な暮らしに甘んじている。

[¶9] Tracy が一時 Julia と付き合っていたこと、アフガニスタンで戦死したことが明らかになる。

＊　＊　＊

[¶10] 夕食時、Henry が工場でのトラブルについて語るが何のことやら分からない。Rebecca と Tracy が8歳の時に本当の父親が出ていき、もう20年も会っていないこと、3年後に母が Henry と結婚したことが語られる。

[¶11] Henry と明日の面接について打ち合わせ。

[¶12] 疲れている Rebecca はぐっすり眠り、そして翌朝早目に目を覚ます。薄暗い部屋の中で考えたことは、ショッピングモールで日曜を過ごす Julia の退屈な日常。Henry の勤める化学工場。母親の働くコールセンター。そしてニューヨークのことを考える。

[¶13] そして23歳で死んだ Tracy のことを、昔兄弟げんかを母親が陽気に仲裁したことを、父が出ていってから兄弟げんかをしなくなったことを、Tracy の戦死後母が無口になったことを思ううち無力感に襲われる。

[¶14] なぜか決心を変えた彼女は荷物をまとめて母と Henry あてのメモを書く。「家に帰ることにしました」。

[¶15] そして彼女は歩いてバス停に向かう。デトロイト経由でニューヨークへ帰るために。

〈バスが着いたときレベッカの母はバスの停車場の外に立っていた。日曜の朝、7時35分。疲れた顔をしている。「バス、どうだった?」と聞いてきた。

「オハイオに着くまで、寝られなかったわ」とレベッカは答えた。ニューヨークからの深夜バスで来たのだ。母の車へ2人で向かうと、ミシガンの初夏の、懐かしいにおいがした。「でも大丈夫。」

家までの十数ブロックを母が運転し、レベッカは窓の外を見ていた。町はばかにさびれていた。メインストリートの、以前デパートがあった所は安売りの靴屋になり、ドラッグストアはランドリーになっている。でもリンカーン・アヴェニューの、ボーナス・バーガーやピッツァ・ディライト、タコ・タイムといったファーストフードの店は昔のとおりだし、レベッカが育ったウィロー・ストリートの家並みも同じだ。母の住む家から2軒隔てた家だけが前と違っていた。

「ウィルソンさんとこどうしたの?」「塗り替えかなんか、したわけ?」
「ケンタッキーに引っ越したわ」と母は答えた。
長い沈黙があった。母はまだ以前の快活さを取り戻していないということがよく分かった。
「ほかの人が引っ越してきたの。」母は家の前に車を停め、2人は車から降りる。
誰もいない家に2人は入った。レベッカの継父ヘンリーは化学工場の早いシフトに出ていて午後にならないと帰らない。食堂を通ってスーツケースを運び込みながらレベッカは、壁に飾ったトレーシーの写真を見ないようにした。レベッカの双子の兄だ。
「教会に行かなくちゃ」と母は言った。「昼までには戻るから。もしもあとで車を使いたいなら。」
子供の頃使っていたベッドルームは改装されていた。ベッドは新しくなり、カーペットはグリーンでなくグレーになり、天井からはヘンリーの模型飛行機のコレクションがつり下げられている。廊下の先、以前トレーシーが使っていた部屋の扉は閉まっていた。もう何年も閉じられたままだ。
レベッカはスーツケースをベッドの脇に置き、キッチンに入った。コーヒーをいれ、テレビをつけ、座って、クイズ番組を見た。

* * *

午後、レベッカは母の車で町外れのショッピングモールへ出かけた。モールが開店したのはレベッカが生まれる前だ。高校時代、それは町で最高の場所で、彼女は友だちと夜閉店するまでそこで遊んだ。何年もブルックリンに住みマンハッタンで仕事をしてさすがに見る目も変わり、今、モールは面白くも何ともなく見えた。日曜の午後だというのに客もまばらだ。
彼女はシャンプーとコンディショナーを買い——母の使っているのがレベッカのと違ったから——それからフードコートのテーブルに腰を下ろしてソーダを飲み始めた。テーブルの周りを何人かの子供たちが駆け回り、近くでその母親たちがおしゃべりをしている。彼女はニューヨークの、仕事のあと毎晩のように行くコーヒーショップのことを考えていた。それは35番街、ブロードウェーを少し東へ行った、スウェーデンベーカリーとサーカスの道具を売っている店との間にある。店員の1人、18か19の男の子は、いつも彼女の注文を覚えていて、彼女が入るとにっこり笑って迎える。彼女はいつも角のテーブルに座って、客たち——あらゆる年代、あらゆる国籍、あらゆる種類の衣服とヘアスタイルの——が入ったり出たりしていくのを見ている。これほど豊かにあやなす文化の、自分がその糸の1つをなしているという気分は、ぞくぞくするほど素敵だった。
レベッカが立ち上がろうとしたとき、母親たちの1人がこちらに近寄ってきた。
「レベッカ?」と尋ねてきた。
レベッカは一瞬戸惑って、それから「ジュリア!」と声を上げた。彼女は立ち上がり2人は抱き合った。
「はじめ、あなただと分からなかった!」
「久しぶりねえ。」
トレーシーの葬儀以来だ、とレベッカは考えた。
ジュリアは腰を下ろして「あなた、まだニューヨークに住んでるの?」
「うん」とレベッカは答える。「ちょっと2、3日戻ってるの。でもミシガンに戻ろうかと思って。」
「なぜ? あなたニューヨーク好きなんじゃないの?」
「うーん、ルームメートが結婚して出ていくのよ。で、新しいルームメートを見つけるか、引っ越すか、しなくちゃならないわけ。あっちは家賃、本当に高いから。」
「そうらしいわね。」
「母の結婚相手が、化学工場に仕事世話してやるって。明日、面接なのよ。」

「それはいいわね。」とジュリアはちょっと黙って、「最近、付き合ってる人、いる?」
「特にいない。」と言ってからレベッカは聞いた。「ジェリーは、どうしてる?」
「元気よ。まだ父親の仕事を手伝ってる。今日は釣りに行ってるの。で、私は子供たちをモールに連れてきて走り回らせてるわけ。」
レベッカとジュリアはハイスクールの友だちだった。ジュリアはトレーシーと結構真剣に付き合っていたが高校卒業後別れてしまった。トレーシーがアフガニスタンで戦死した時、もうジュリアはジェリーと結婚していた。

＊ ＊ ＊

その日の夕食で、ヘンリーは工場で起きた故障について話した。「．．．で、それからクラッカーがオーバーヒートしちまって、それの修理もしなきゃいけないのに、同時にリフラックス・ラインの方だって環流させるわけで．．．」ティーンエージャーだった頃にましてレベッカは今、ヘンリーの言っていることが理解できないのに戸惑いを覚えた。彼女も、母も、あまりしゃべらなかった。その後、レベッカはヘンリーが食器を洗って片付けるのを手伝った。彼は、レベッカとトレーシーが11歳の時に母と結婚して一緒に住むようになった。実の父親はそれより3年前に出ていった。父親には20年間、会っていない。
「明日朝11時にオフィスに行かせると上司には言っておいたから」とヘンリーは言った。「僕がお母さんを仕事に送っていくから、君はお母さんの車、使えばいい。」
「ありがとう。」
「仕事を始める前に一度会っておきたいというだけのことなんだ。給料のことは聞かなかったけど、大丈夫だろう。前に働いてた女の子も文句言ってなかったし。」
バスに乗った疲れが夜早く襲ってきて、彼女は母親とヘンリーにおやすみを言ってベッドに入った。たちまち寝入り、ぐっすり眠った。朝4時頃、まだ外が薄暗く静かなうちに彼女は目を覚ました。ベッドに横たわったまま彼女は天井から下がった模型飛行機を見ていた。そして子供とモールで午後を過ごすジュリアのことを考え、自分にはとてもあれは無理だと考えた。ヘンリーが働く化学工場のことを思い、毎日母親が遠くからの声を相手にクレジットカードの問題処理をしている、町外れのコールセンターのことを思った。そしてニューヨークのことを、騒々しい街路と混み合った歩道、自分のアパートの近くの小さな韓国レストラン、35丁目のコーヒーショップの店員の男の子のことを思った。
それから、23歳からもう決して歳をとらないトレーシーのことを考えた。小さかった頃に兄弟げんかをしていると朗らかに仲裁に入った母のことを思い、そして父が出ていってからは2人が二度と兄弟げんかをしなくなったことを思い出していた。なぜけんかをしなくなったのだろう? なぜ母はトレーシーが死んだあと、自分に対してこう無口になったのか? ふいにレベッカは無力感に全身を覆われるように感じた。
まだ5時前、家が静まりかえっている中、彼女はベッドを出て静かに荷物をまとめた。なぜそう決めたのか、自分でもよく分からなかった。しかし彼女は母とヘンリーにあててメモを書いた。「家に帰ることにしました。ごめんなさい。」
彼女はキッチンのテーブルにメモを置き、玄関からそっと表に出た。町の中心まで12ブロック歩いてデトロイト行きの最初のバスに乗る。そこから乗り換えて、ニューヨークに戻る。〉

3 設問の実際

小説・エッセイの設問が実際どのようなところで作られているかに目を向ける。そこの箇所だけ考えれば分かるような小さな問題や、英語の言い回しなどの単に知識を試すだけの問題と、全体の構造を把握しないと解けない問題とが混じっている。本当の勝負が後者であることは言うまでもない。

問題を5題やってみよう。QUESTION 74、75 は DRILL 17、18 と同じ文だから読むのはたやすい。設問がどういう部分でどのように作られているかに注目しながら解答を作ること。

QUESTION 74

次の英文を読み、以下の問いに答えよ。

　　Jackie leant idly against the window frame, staring out at the beach in front of the house. In the distance down the beach she could see the familiar figure in the blue dress slowly coming towards the house. She loved these moments when she could watch her daughter in secret. Toni was growing up fast. (**1**) It seemed no time since she and the confused little seven-year-old had arrived here. How Toni had adored her father! When she was still only five or six years old, they would all make the long trip from the city to the beach every weekend, and Toni would go out with him into the wildest waves, bravely holding on to his back, screaming in pleasure as they played in the waves together. She had trusted him entirely. And then he had left them. No message, no anything. Just like that.

　　She could make (　**2**　) Toni's figure quite clearly now. She saw her put her shoes onto the rocks near the water's edge and walk into the wet sand, then just stand there, hand on hip, head on an angle, staring down. What was she thinking? Jackie felt a surge of love that was almost shocking in its intensity. "I'd do anything for her," she found herself saying aloud, "anything."

It was for Toni that she had moved from the city to this house eight years ago, wanting to put the (**3**). Surely, up here it would be simpler, safer, more pleasant to bring up a child. And indeed, it had been. Toni had been able to ride her bicycle to school, run in and out of her friends' homes, take a walk around the beach, in safety. There had never been a lack of places for her to go after school while Jackie was at work. They had a comfortable relationship, and Toni had given her (**4**) whatsoever. So, only three years to go and then she, Jackie, planned to return to the city, move in with Tim, marry, maybe.

She glanced up at the clock. Four o'clock. He'd be here at seven, just like every Friday. Besides Toni, he was the person she loved best in the world. Every weekend he came and they lived together like a family. He never put pressure on her to go and live in the city with him. He understood that she wanted to (**5**) see Toni through school first. He said he was prepared to wait until she was ready. Jackie loved the arrangement. Not seeing each other through the week had kept their relationship fresh. They had so much to tell each other each Friday. Getting ready—shampooing her hair, blow-drying it, putting on her favourite clothes, looking pretty—was such fun. Jackie thanked God for Toni and Tim.

* * *

Toni pressed her feet further into the wet sand. She didn't want to go home yet—she had too much to think about. At home Mum would be rushing about, singing, cleaning, getting ready for Tim, all excited. Someone her Mum's age behaving like that! Toni thought it was (**6**) a bit too much, really—it was almost a bit pitiful. Although Tim was great—she had to admit that. One part of her was really pleased for Mum, that she had a partner; the other part was embarrassed. No, she wouldn't go home just yet.

(**7**) She looked up and down the beach. She was relieved it was empty. She'd hate to be seen in this dress—it was so fancy and girlish. She had just applied for a Saturday job and Mum had made her wear this. "It's lovely, darling, and you look so pretty in it. It's important to make a good impression," she'd said. Well, she'd got the job. Mum would be waiting now, wanting to hear the news, and she'd get all excited as if she'd won a prize or something. She wished sometimes that Mum didn't get so carried away with things. There was one good thing, though. She'd have some money of her own for once, and would be able to buy some of the clothes she wanted for a change.

One thing was for sure. She wasn't going to wear this dress tonight! She'd wear it as she left the house to make sure Mum let her go, but then she'd change at Chrissy's place. It had all been a bit complicated —she'd never had to do (**8**)<u>this</u> before. Just getting Mum to give her permission to go to the dance had been hard enough.

"Will there be supervision there?" "Will there be alcohol?" "What time does it finish?" On and on—like a police investigation. Other kids' parents didn't go on like Mum. But at least she'd been allowed to go. It was her first time to the beach club!

Chrissy had told her not to even ask. "Just get out of the window when your Mum and her boyfriend have gone to bed," had been her advice. "Things don't get started until late anyway." But Toni couldn't do that, not this first time. Anyway, Mum had said okay after Toni had done some pretty fast talking; she'd had to tell a few lies, but in the end Mum had swallowed them. "Chrissy's parents are taking us. Five parents will be supervising. Alcohol's not allowed. I'll be home by eleven-thirty."

She was especially embarrassed by the last one. Eleven-thirty—no chance! Still, once she got out of the house, Mum wouldn't know. Toni twisted her feet deeper into the sand. She was just a tiny bit uneasy about all the lies. But, why should she worry? Everyone had to do it. She'd never go anywhere if she didn't. Look at Chrissy. (**9**) <u>Look at what she had been getting away with for a year now.</u>

(1) 下線部(1)の言い換えとして最も適切な表現を次のうちから1つ選び、その記号を記せ。
　ア It appeared to be so long ago that
　イ It seemed like only yesterday that
　ウ It had always been such a rush since
　エ It allowed her little time to think since

(2) 空所(2)を埋めるのに最も適切な1語を記せ。

(3) 次に与えられた語を適切な順に並べ替えて空所(3)を埋め、その2番目と5番目にくる単語を記せ。ただし、以下の語群には、不要な語が1つ含まれている。
again / and / behind / child / past / start / them

(4) 空所(4)を埋めるのに最も適切な表現を次のうちから1つ選び、その記号を記せ。
　ア no joy　　イ little joy　　ウ no trouble　　エ little trouble

(5) 下線部(5)とほぼ同じ意味の表現を次のうちから1つ選び、その記号を記せ。
　ア see Toni off to school
　イ help Toni come first in school
　ウ wait until Toni finished school
　エ enjoy watching Toni go to school

(6) 下線部(6)のa bit too muchというToniの思いは、母親のどのような態度に対するものか。20〜30字の日本語で述べよ。

(7) (7)の段落に描かれているToniの心理について当てはまるものを次のうちから1つ選び、その記号を記せ。
　ア She is looking forward to receiving the prize she has won.
　イ She is looking forward to spending her wages on new clothes.
　ウ She is looking forward to hearing her mother's news about the job.
　エ She is looking forward to making a good impression on her employers.

(8) 下線部(8)のthisが表す内容を次のうちから1つ選び、その記号を記せ。
　ア buy a dress
　イ stay with her friend
　ウ be dishonest with her mother
　エ leave the house through the window

(9) 下線部 (9) を和訳せよ。ただし、she が誰を指すかを明らかにすること。

(10) この文章の前半で描かれている Toni の子供時代について、正しいものを 1 つ次のうちから選び、その記号を記せ。

　ア Toni's father moved to the city to live by himself when Toni was seven.
　イ Toni and her parents lived in a house by the beach until she was seven.
　ウ Toni and her mother moved to a house by the beach when Toni was seven.
　エ Toni's father came to the beach to see her on the weekend until she was seven.

(11) 次は、この文章で表現されている Jackie と Toni の心情について述べたものである。空所 (**a**) 〜 (**d**) を埋めるのに最も適切な動詞を以下の語群から選び、その記号を記せ。語群の動詞は原形で記されている。同じ記号は一度しか使えない。

　Jackie doesn't (**a**) that her daughter is quickly growing up, more quickly, perhaps, than she would like. She (**b**) to see that Toni now has her own thoughts and ideas. Toni still (**c**) her mother but feels a little uncomfortable with the relationship and wants to (**d**) more independent.

　ア become　　イ fail　　　ウ live　　エ love
　オ realize　　カ succeed　　キ wish

ANSWER KEY

(1) イ

(2) **out**

(3) 2番目：**behind**　5番目：**start**　（[... put the] past **behind** them and **start** again）

(4) ウ

(5) ウ

(6) 恋人に会うのが嬉しくて年甲斐もなくはしゃいでいる。(25字)

(7) イ

(8) ウ
(9) クリシーがこれまで1年間うまくやりおおせてきたことを考えたらいい。
(10) ウ
(11) (a) オ　(b) イ　(c) エ　(d) ア

　物語の展開を把握しているか否かを試す重要な問題と、その段落の文脈からカンを試すだけの小さな問題とが入り交じっている。重要な問題は例えば、(6), (7), (8), (11) など。
(1)「〜以来 long time でなく no time に思われる」、つまり時間が経っていないようだ、ということだから、like only yesterday〈つい昨日のことのように。〉
(2)「彼女の姿がはっきり分かる」のは make out。これは知識の問題。
(3) 与えられた語 past, behind, start と文脈から「過去は後ろに置いて新しく出直したい」と分かれば put the past behind them and start again ができる。them は Jackie and her child (Toni) であるから、child が不要となる。文脈の問題。
(4) 空所の前に They had a comfortable relationship〈2人の関係は良好〉とあるから no / little trouble のどちらか。後ろに whatsoever (no matter what〈いかなるものにもかかわらず〉) があるから no。これは語の用法を知らなければできない。
(5)「学校を出るまで見届ける」のだから ウ wait until Toni finished school。ア see Toni off to school〈学校に行くのを見送る〉、イ help Toni come first in school〈学校で一番になる手助けをする〉、エ enjoy watching Toni go to school〈学校に行くのを見ているのが楽しい〉。日常表現の問題。
　ここから視点は Toni に移る。
(6) a bit (=a little) too much〈ちょっとやりすぎ〉の内容が前に書かれている。これに対する感想が Someone her Mum's age behaving like that! であるから「はしゃぎすぎ」「見苦しい」に「ママみたいな歳の人が」「いい歳をして」を加える。
(7) 段落の主題をつかむ問題。「アルバイトの面接に行くのにママはださい服を着ていくように言った。仕事は決まった。ママは大げさに騒ぐだろう。でもこれで好きな服が買える。」ファッションがテーマである。
　イ She is looking forward to spending her wages on new clothes.

〈自分のアルバイト料を新しい服に使えるのが楽しみだ。〉

にはテーマとなる語が入っている。

ア She is looking forward to receiving the prize she has won.
〈自分が勝ち取った賞を受けるのが楽しみ。〉

は「ママはまるで私が受賞でもしたかのように」の読み間違いに基づくもの。

ウ She is looking forward to hearing her mother's news about the job.
〈仕事に関する母親の知らせを聞くことを楽しみにしている。〉

も読み間違い。

エ She is looking forward to making a good impression on her employers.
〈雇い主に良い印象を与えることを楽しみにしている。〉

それを望んだのは彼女ではなく母親である。

(8) テーマは夜踊りに行くことに移る。「クリシーの家で着替えて」云々とあるから、母親の目をくらませて出かけようとしていることが分かる。だから、

ウ be dishonest with her mother 〈母親に嘘をつく〉

が正解。

イ stay with her friend 〈友だちの家に泊まる〉

のではない。

エ leave the house through the window 〈窓から家を抜け出す〉

のは、そのあとにクリシーが提案すること。

(9)「クリシーだってうまくやってるのに」という内容での get away with ... は、その用法を見たことがないと難しい。

(10) (1) It seemed no time since she and the confused little seven-year-old had arrived here. に関する問題だと気づけばそれほど難しくない。

ウ Toni and her mother moved to a house by the beach when Toni was seven.
〈トニと母親は、トニが7歳の時に浜辺の家に引っ越した。〉

である。

ア Toni's father moved to the city to live by himself when Toni was seven.
〈トニの父親は、トニが7歳の時に都市に移って1人暮らしを始めた。〉

イ Toni and her parents lived in a house by the beach until she was seven.
〈トニと両親は、トニが7歳になるまで浜辺の家で暮らした。〉

エ Toni's father came to the beach to see her on the weekend until she was seven.
〈トニの父親は彼女が7歳になるまで、週末には彼女に会いに来ていた。〉

は「トニが7歳になるまで、父親が出ていく前、一家は週末になると浜辺に遊びに来た」と混同した選択肢。

(11) は全体の要旨を尋ねる重要な問題。

Jackie doesn't (**a. realize**) that her daughter is quickly growing up, more quickly, perhaps, than she would like. She (**b. fails**) to see that Toni now has her own thoughts and ideas. Toni still (**c. loves**) her mother but feels a little uncomfortable with the relationship and wants to (**d. become**) more independent.
〈ジャッキーは娘が急速に成長していることに、おそらく彼女が望む以上に早く成長していることに気づいていない。トニにも自分の感じ方・考え方があることが分からない。トニは今も母親を愛しているが、親子の関係を少々面白くなく感じて、もっと独立したいと願っている。〉

いずれも基本語ばかりである。**b.** fail は「できない」。wishes では意味が逆になる。**d.** は意味的には live でもいいだろうが、その場合、live independently と副詞にする必要がある。wish も意味はあるが、wants to wish は重複だし、wish more independence でなければならない。

QUESTION 75

次の英文を読み、以下の問いに答えよ。

BACK HOME

Rebecca's mother was standing outside the bus station when the bus arrived. It was seven thirty-five on Sunday morning. She looked tired. "How was the ride?" she asked.

"I didn't fall asleep until we got to Ohio," Rebecca replied. She had come by overnight bus from New York City. The familiar smells of the early Michigan summer filled the air as they walked to her mother's car. "But I'm okay."

Rebecca looked out the window as her mother drove the dozen

blocks back to the house. The town was nearly deserted. Along Main Street, a discount shoe store stood where the department store used to be, and the drugstore had become a laundry. But on Lincoln Ave., the fast-food places—Bonus Burger, Pizza Delight, Taco Time—were (1), as were the houses on Willow, the street where Rebecca had grown up. Only the house two doors down from her mother's looked different.

"What happened to the Wilsons' house?" Rebecca asked. "Did they paint it or something?"

"They moved to Kentucky," her mother replied.

There was a long pause. Rebecca realized that her mother had still not (2) her former cheerfulness.

"Somebody else moved in." Her mother parked the car in the driveway, and they got out.

The house was empty when they entered. Henry, Rebecca's stepfather, was working the early shift at the chemical plant; he wouldn't be home until midafternoon. As Rebecca carried her suitcase through the dining room, she tried not to look at the pictures of Tracy—her twin brother—on the wall.

"I have to go to church," her mother said. "I'll be back by noon, if you want to use the car later."

The bedroom where she had slept as a child was transformed. The bed was new, the carpet was gray instead of green, and hanging from the ceiling was Henry's collection of model airplanes. (3) <u>Down the hall</u>, the door of Tracy's old room was still shut, as it had been for years.

Rebecca left her suitcase next to the bed and went into the kitchen. She made herself a cup of coffee, switched on the television, and sat down to watch a quiz show.

* * *

That afternoon, Rebecca drove her mother's car to the shopping mall outside town. The mall had opened before Rebecca was born. When she was in high school, it had been the most exciting place in town, and she and her friends would hang out there in the evenings until it closed. Years of living in Brooklyn and working in Manhattan, though, had given Rebecca a new (　4　), and the mall looked plain and uninteresting. Even on a Sunday afternoon, the stores had few customers.

　　She bought some shampoo and conditioner—her mother didn't have the kind Rebecca used—and sat at a table in the food court and sipped on a soda. Some children were running around the tables as their mothers chatted nearby. She thought about the coffee shop in New York where she went almost every evening after work. It was on 35th Street, just east of Broadway, between a Swedish bakery and a shop that sold circus equipment. One of the servers, a boy of eighteen or nineteen, always remembered her order and gave her a big smile when she came in. She would sit at a corner table and watch the customers—every age, every nationality, every kind of clothing and hairstyle—come and go. (5) It gave her a thrill to feel she was one thread in such a rich cultural fabric.

　　Rebecca was getting up to leave when one of the mothers came over to her.

　　"Rebecca?" she said.

　　Rebecca hesitated for a moment. Then she cried, "Julia!" She stood, and they embraced each other. "I didn't (　6　) you at first!"

　　"It's been a long time."

　　Since Tracy's memorial service, Rebecca thought.

　　Julia sat down. "Are you still living in New York?"

　　"Yeah," Rebecca replied. "I'm just here for a couple of days. But I'm thinking of moving back to Michigan."

　　"(　7a　) I thought you liked New York."

　　"Well, my roommate is getting married and moving out, so I have to either find a new roommate or move. Rent is really expensive there."

　　"(　7b　)"

　　"My stepfather says he can get me an office job at the chemical plant. I have an interview there tomorrow."

"(　7c　)" Julia paused. "Have you been dating anybody?"

"Not really." Then Rebecca asked, "How's Jerry?"

"(　7d　) Still working for his father. He's gone fishing today, so I brought the kids to the mall to let them run around."

Rebecca and Julia had been friends in high school. Julia had dated Tracy pretty seriously, but they broke up after high school. Julia was already married to Jerry when Tracy was killed in Afghanistan.

*　*　*

At dinner that evening, Henry talked about an accident that had happened at the plant: "...and then the cracker overheated, and we had to deal with that, too, while we were flushing out the reflux lines...." Even (　8　) a teenager, Rebecca was embarrassed not to understand what Henry said. Neither she nor her mother said much. Later, Rebecca helped Henry wash and put away the dishes. He had married Rebecca's mother and moved in when Rebecca and Tracy were eleven. Their real father had left three years earlier. Rebecca hadn't seen him for twenty years.

"I told my boss that you'd come in to the office tomorrow at eleven," Henry said. "I'll take your mother to work, so you can drive her car."

"Thanks."

"He just wants to meet you before he hires you. I didn't ask about the pay, but it should be okay. The girl who had the job before you didn't (　9　)."

Fatigue from the bus trip hit Rebecca early in the evening, so she said goodnight to her mother and Henry and went to bed. She fell asleep quickly and slept soundly. Around four in the morning, while it was still dim and silent outside, she woke up. She stayed in bed and gazed at the model airplanes hanging from the ceiling. She thought about Julia spending Sunday afternoon with her kids at the mall and about how she couldn't imagine doing that herself. She thought about the chemical plant where Henry worked, and the call center outside of town where her mother spent her days talking to faraway voices about their credit card problems. She thought about New York City—the noisy streets, the crowded sidewalks, the tiny Korean restaurant near her apartment, the boy in the coffee shop on 35th Street.

Then she thought about Tracy, who would never grow older than twenty-three. She remembered how they had quarreled when they were small, when their mother had been a good-natured referee, and how they had stopped quarreling when their father left. Why had they stopped? And why had her mother become so silent towards her after Tracy's death? Rebecca felt a surge of helplessness wash over her.

It was not yet five o'clock, the house still silent, when she got out of bed and quietly packed her bag. What had made her decide? She wasn't sure. But she wrote a note to her mother and Henry: "I've decided to (10) go back home. I'm sorry."

She put the note on the kitchen table and slipped out the front door. She walked the twelve blocks downtown to catch the first bus to Detroit, from where she would take another bus back to New York.

(1) 空所（　1　）を埋めるのに最も適切な表現を次のうちから1つ選び、その記号を記せ。
　ア as she left　　　　　イ as her childhood
　ウ as she was a child　エ as she remembered

(2) 空所（　2　）を埋めるのに最も適切な単語を次のうちから1つ選び、その記号を記せ。
　ア recovered　　　　　イ reformed
　ウ replaced　　　　　　エ revised

(3) 下線部(3)を和訳せよ。

(4) 空所（　4　）を埋めるのに最も適切な単語を次のうちから1つ選び、その記号を記せ。
　ア perspective　　　　イ sight
　ウ transformation　　エ way

(5) 下線部(5)は、主人公のどのような心情を表現しているか。最も適切なものを次のうちから1つ選び、その記号を記せ。
　ア 大都会の多彩な文化に参加している喜び

イ 都市文化の中で地に足がつかない不安感

ウ 最新の都市文化を目の当たりにした興奮

エ 巨大な都市の文化に入り込めない無力感

(6) 空所（ 6 ）を埋めるのに最も適切な単語を次のうちから1つ選び、その記号を記せ。

　　ア appreciate　　イ confirm　　ウ foresee　　エ recognize

(7) 空所（ 7a ）～（ 7d ）を埋めるのに最も適切な文をそれぞれ次のうちから1つ選び、その記号を記せ。同じ記号は一度しか使えない。

　　ア Why not?　　イ He's okay.　　ウ Here he is.
　　エ How come?　　オ That's great.　　カ That's what I hear.

(8) 下に与えられた語を適切な順に並べ替えて空所（ 8 ）を埋め、その2番目と5番目にくる単語を記せ。ただし、下の語群には、不要な語が1つ含まれている。

　　as　　been　　had　　more　　she　　than　　would

(9) 文脈から考えて空所（ 9 ）を埋めるのに最も適切な単語を次のうちから1つ選び、その記号を記せ。

　　ア claim　　イ complain　　ウ demand　　エ insist

(10) 下線部(10)の go back home という表現から、実家滞在中のRebeccaに大きな心境の変化があったことが読み取れる。その心境の変化とはどのようなものなのか。40～50字の日本語で説明せよ。

(11) 物語中の記述から、主人公Rebeccaは現在何歳くらいだと考えられるか。最も適切なものを次のうちから1つ選び、その記号を記せ。

　　ア 22歳　　イ 24歳　　ウ 26歳　　エ 28歳

ANSWER KEY

(1) エ

(2) ア

(3) 廊下の先

(4) ア

(5) ア

(6) エ

(7) a. エ　b. カ　c. オ　d. イ

(8) 2番目：than　5番目：been

Even (more **than** she had **been** as) a teenager, Rebecca was embarrassed not to understand what Henry said.
（9）イ
（10）故郷に戻ろうとしたが、周囲も自分も変わったことに気づき、ニューヨークが自分の属すべき場所と悟った。（49字）
（11）エ

　これもまた、出題箇所近辺だけで考えればよいものと全体に関わる大きな問題が混在している。最も大切な問題は（10）の全文要約であると言ってもいい。foreshadowing のテクニックが数多く使われている点にも注目。
（1）は日本語で言えば「昔と同じ」ということだというのはすぐ分かるのだが、the fast-food places と（　　　）とが as〈同様〉だった、ということを論理的に考えないと間違える。エ as (she remembered) なら「ファーストフードの店」が「記憶」と同様となり問題ないが、ア as (she left) では leave の目的語もなく、何を比べているのか分からないし、イ as (her childhood)、ウ as (she was a child) では「店」と「子供時代」が同じようだとなってしまう。ウを使って正しい文を作るなら as (they were when she was a child) と丁寧に書かなければならない。
（2）母親が「以前の陽気さ」を取り戻していない、というのは後で語られる、元の夫が出ていき、息子を失い、という不幸から立ち直っていないことの伏線であるから、この場では確信を持って解答できない問題。recover〈回復する〉であるとあとで分かる。
（3）は down に「離れてずっと行く」意味があることを知っているか、家の中で hall といったら「廊下」であることを知っているか、という知識だけの問題。
（4）「昔は素敵だと思っていたショッピングモールが、ニューヨーク暮らしをした後つまらなく見える」のは新しい「ものの見方」を身に付けたからである。それがア perspective。イ sight は「視力」。ウ transformation〈変容〉したのではない。つまり、見方が変わったのである。エ way だけでは意味が不明瞭。way of seeing things などとすればよいが。
（5）fabric、thread が分からないと比喩がつかめずややつらいが、thrill がイ 不安感、エ 無力感 でなく ア 喜び か ウ 興奮 のどちらかだと分かるし、ウ 最新の都市文化 でなく ア 多彩な文化 であることも every age、every nationality、every kind of clothing and hairstyle から想像できる。

(6) 高校時代の友だちと久しぶりに会ったから
I didn't recognize you at first!〈はじめはあなただと分からなかった！〉である。recognize は試験にはよく登場する語だ。**ア** appreciate〈評価する〉、**イ** confirm〈裏付ける／（予約などを）確認する〉はまったく無関係。at first は「はじめは～だったが今は違う」から当然、今は recognize できる。**ウ** foresee も「今は予見できる」となって意味不明。

(7) はごく普通の日常会話を完成するもの。

a の「ミシガンに戻ろうと思うの」に対して「なぜ？ ニューヨーク好きだと思っていたのに」は **エ** How come?（=Why?）。**ア** Why not? は前の発言が否定文ではないから不適。

b の「ニューヨークは家賃が高いから」「そうらしいわねえ」は、**カ** That's what I hear.〈それが私の聞いていることだ〉。

c の「仕事があって、明日面接なの」に対しては「いいじゃない。」**オ** That's great.

d の How's Jerry? が相手の夫のことを聞いていると分かれば **イ** He's okay. につながる。「今日は釣りに行っている」というのだから **ウ** Here he is.〈あ、来たわ。〉は駄目。

(8) Even **more than she had been as** a teenager, Rebecca was embarrassed not to understand what Henry said.
を Rebecca から書き始めればこうなる。
Rebecca was embarrassed not to understand what Henry said, even *more than* she had been (embarrassed) [as (=when) (she was)] a teenager.
つまり①「彼女はヘンリーの話が理解できなくて当惑した（過去形）」、②「10代の頃、（～理解できなくて）当惑した（過去完了形）」で ②より①の方がなお もっと (even) 当惑は強かった、と言っているのである。なぜなら「明日はそこの工場の面接だというのに」である。これは難問。

(9) 「給料に関してはたぶん問題ないだろう。前の女の子も文句言ってなかったから」という内容から、**イ** complain。なお **ア** claim は「所有権／正当性を主張する」ことで、日本語のように「クレームを付ける（苦情を言う）」意味で用いられることはほとんどない。日本語に入った英語にはいつも要注意。

(10) そして、翌朝早く目覚めたレベッカは色々と考えをめぐらしたあげく、ミシガンの home へ戻ることはやめて、「home に戻ります」とメモを残して去る。もちろ

ん前者と後者でhomeの意味が違う。これを理由に含めて説明する。

(11) 夕食後、皿を洗う場面のすぐあと

He had married Rebecca's mother and moved in when Rebecca and Tracy were eleven. Their real father had left three years earlier. Rebecca hadn't seen him for twenty years.

の箇所に気づくかどうかというだけの問題。「子供たちが11歳の時に母が再婚。本当の父は彼らが8歳の時に出ていき、それから20年会っていない」のだから、レベッカは28歳。

次は、エッセイを題材とした文章の問題。小説のように描写と会話が主になっているが、これに最終段落の省察が加わる。

QUESTION 76

次の英文を読み、以下の問いに答えよ。

A few months ago, as I was walking down the street in New York, I saw, at a distance, a man I knew very well heading in my direction. The trouble was that I couldn't remember his name or where I had met him. This is one of those feelings you have especially when, in a foreign city, you run into someone you met back home or the other way around. A face out of (**1a**) creates confusion. Still, that face was so familiar that, I felt, I should certainly stop, greet and talk to him; perhaps he would immediately respond, "My dear Umberto, how are you?" or even "Were you able to do that thing you were telling me about?" And I would be at a total loss. It was too late to (**2**) him. He was still looking at the opposite side of the street, but now he was beginning to turn his eyes towards me. I might as well make the first move; I would wave and then, from his voice, his first remarks, I would try to guess his identity.

We were now only a few feet from each other, I was just about to break into a big, broad smile, when suddenly I recognized him. It was Anthony Quinn, the famous film star. Naturally, I had never met him in my life, (**3**). In a thousandth of a second I was able to check myself, and I walked past him, my eyes staring into (**1b**).

Afterwards, reflecting on this incident, I realized how totally (**4**) it was. Once before, in a restaurant, I had caught sight of Charlton Heston and had felt an impulse to say hello. These faces live in our memory; watching the screen, we spend so many hours with them that they are as familiar to us as our relatives', even more (**5**)so. You can be a student of mass communication, discuss the effects of reality, or the confusion between the real and the imagined, and explain the way some people fall permanently into this confusion—but still you cannot escape the same confusion yourself.

My problems with film stars were all in my head, of course. (**6**)But there is worse. I have been told stories by people who, appearing fairly frequently on TV, have been involved with the mass media over a certain period of time. I'm not talking about the most famous media stars, but public figures, and experts who have participated in talk shows often enough to become recognizable. All of them complain of the same unpleasant experience. Now, (**7**), when we see someone we don't know personally, we don't stare into his or her face at length, we don't point out the person to the friend at our side, we don't speak of this person in a loud voice when he or she can hear us. Such behavior would be impolite, even offensive, (**8**). But the same people who would never point to a customer at a counter and remark to a friend that the man is wearing a smart tie behave quite differently with famous faces.

My own relatively famous friends insist that, at a newsstand, in a bookstore, as they are getting on a train or entering a restaurant toilet, they run into others who, among themselves, say aloud,

"Look, there's X."

"Are you sure?"

"Of course I'm sure. It's X, I tell you."

And they continue their conversation happily, (**9**) while X hears them, and they don't care if he hears them: it's (**10a**) as if he didn't exist.

Such people are confused by the (**1c**) that a character in the mass media's imaginary world should unexpectedly enter real life, but at the same time they behave in the presence of the real person as if he still belonged to the world of images, as if he were on a screen, or in a weekly picture magazine. (**10b**) <u>As if they were speaking in his (**10**)</u>.

I might as well have taken hold of Anthony Quinn by the arm, dragged him to a telephone box, and called a friend to say, "Guess what! I'm with Anthony Quinn. And you know something? He seems real!" (**11**) <u>After which I would throw Quinn aside and go on about my business.</u>

The mass media first convinced us that the (**12a**) was (**12b**), and now they are convincing us that the (**12b**) is (**12a**); and the more reality the TV screen shows us, the more movie-like our everyday world becomes—until, as certain philosophers have insisted, we think that we are alone in the world, and that everything else is the film that God or some evil spirit is projecting before our eyes.

(**1**) 空所（ **1a** ）〜（ **1c** ）を埋めるのに最も適切な単語をそれぞれ次のうちから1つ選び、その記号を記せ。
　　ア context　　イ fact　　ウ identity
　　エ sound　　オ space

(**2**) 空所（ **2** ）を埋めるのに最も適切な表現を次のうちから選び、その記号を記せ。
　　ア catch up with　　イ get away from
　　ウ take advantage of　　エ make friends with

(**3**) 空所（ **3** ）を埋めるのに最も適切な表現を次のうちから選び、その記号を記せ。
　　ア nor he me　　イ nor did he　　ウ neither did I
　　エ neither had I

(**4**) 空所（ **4** ）を埋めるのに最も適切な単語を次のうちから選び、その記号を記せ。
　　ア foreign　　イ lucky　　ウ normal
　　エ useless

(**5**) 下線部(**5**)の'so'は何をさしているか。7語の英語で答えよ。

(**6**) 下線部(**6**)で"worse"とされていることは何か。25〜35字の日本語で述べよ。

(7) 空所(7)を埋めるのに最も適切な表現を次のうちから選び、その記号を記せ。
   ア as a rule　　　　　　イ for all that
   ウ as is the case　　　　エ for better or worse
(8) 空所(8)を埋めるのに最も適切な表現を次のうちから選び、その記号を記せ。
   ア if carried too far　　　　イ if noticed too soon
   ウ if taken too seriously　　エ if made too frequently
(9) 下線部(9)の場面で、X氏はどのように感じていたと考えられるか。最も適切なものを次のうちから選び、その記号を記せ。
   ア I wonder if they've taken me for somebody else.
   イ I can't believe they're talking like that in front of me!
   ウ I'm curious to know what they're going to say about me.
   エ I can't remember their names or where I met them. What can I do?
(10) 空所(10)に1語を補うと、下線部(10a)と(10b)はほぼ同じ意味になる。その単語を記せ。
(11) 下線部(11)を和訳せよ。
(12) 空所(12a)、(12b)を埋めるのに、最も適切な単語の組み合わせを次のうちから選び、その記号を記せ。
   ア (a) confusion　　(b) real
   イ (a) real　　　　 (b) confusion
   ウ (a) imaginary　　(b) real
   エ (a) real　　　　 (b) imaginary
   オ (a) confusion　　(b) imaginary
   カ (a) imaginary　　(b) confusion

ANSWER KEY

(1) 1a ア　1b オ　1c イ
(2) イ
(3) ア
(4) ウ
(5) familiar to us than our relatives' faces
(6) 著名人は他人から直接、不快な思いをさせられること。(25字)

(7) ア
(8) ア
(9) イ
(10) absence
(11) それから私はクインをほっぽり出して自分のことを続けるわけである。
(12) ウ

　有名人を見ると知人と勘違いする。これはどういうことなのか、という考察。メディアのせいで我々は現実と架空とを取り違えることになる、というメディア論でもある。この問題には、ちょっと知識を試してみるという設問がなく、いずれもテーマおよび文脈と深く関わっている。

(**1-a**) 向こうから来る人が思い出せない。いつもと違う所で会うと分からなくなる、ということを短くまとめたのが A face out of (**1a**) creates confusion. **ア** context が文章中という意味での「文脈」でなく、より広く「場面」を示す語であることを知らなければならない（▶199・300ページ）。A face out of context は「違う場面で見る顔」ということ。

(**2**) 思い出そうと焦るうち、相手はどんどん近づいてきて、**イ** get away from [him] 〈彼から逃げる〉には遅すぎる、という場面が読めているかどうかを確認する問題。

(**3**) 相手が映画スターだと気づく。Naturally, I had never met him in my life, (**3**).〈当然こちらは今まで彼に会ったことはないし〉「向こうでもこちらに会ったことがない」とつなげればよい。主語は he でなければならないはずだから **ア** nor he me か **イ** nor did he となる。

ア は I had never met *him*, nor *he* had never met *me*.（実際には nor のあとは倒置形になって ..., nor had he never met me.）となるが、並列したさいの共通要素を省略して（▶45ページ）..., nor he me. となるはずだから問題ない。

イ はまず、did と、時制がずれている。そして、こちらの方がより大事なのだが、仮に nor had he となっていたとしても、he had [　] の省略された部分は前と同じもののはずだから I had never met him, nor he had met him. となってしまうのである。これは意味をなさない。

(**1b**) 相手が誰か分かり、一瞬にして態勢を立て直した私は stare into **オ**

space〈空間を／虚空を見つめる〉。場面の描写が読めているか確認する問題。
(4)「あとになってこのことを顧みてみるとどれほど完全に［　］なことであるかと私はよく分かった」の空所に、ア foreign〈異質な〉、イ lucky〈幸運な〉、エ useless〈役に立たない〉でなく、ウ normal〈正常な〉が入るというのは次の文を読まなければ分からない。これも広義の foreshadowing である。このあとを見ると別のスターにあいさつしそうになった例をあげ、さらにこれが「長時間見慣れた顔であるから」という説明がなされる。

(5) These faces live in our memory; watching the screen, we spend *so* many hours with them
　　　　that they are ・as familiar to us as our relatives' (faces),
　　　　　　　　even ・more (5) so.

as familiar to ... を言い直して more so と言っている so は familiar。than 以下を補うなら than our relatives' となるはず。これに familiar to us と faces を付け加えれば7語となる。比較の文が出題されるケースは多い。

(6) 下線部の前に「私の、映画スターに関する問題はすべて頭の中のこと」とある。そして there is worse（ここで worse は「さらに悪いこと」という名詞）というのは「頭の中だけではない」のだろうか。これも foreshadowing。

　次の段落以降にその説明がある。ある程度顔の知られた人たちが他人から目の前で噂をされる話が語られる。やはり「直接嫌なことをされる」ということである。解答には「頭の中だけではなく」という要素が欲しい。例えば「じかに不愉快な目に合わされる」「目の前で無礼な振る舞いをされる」など。

(7) link phrase を問う問題。「知らない人の顔をじろじろ見たりしないものである」の前に付けるのにふさわしいフレーズは、イ for all that〈にもかかわらず〉、ウ as is the case〈(with ... などを伴って)～にはあることだが〉、エ for better or worse〈良くも悪くも〉でなく、ア as a rule〈概して／一般的に〉である。

(8) Such（目の前で人の噂をするような）behavior
　　　　would be ・impolite〈失礼な〉,
　　　　　　　even ・offensive〈不快な／攻撃的な〉,（　8　）.

の空所は イ if (it is) noticed too soon〈あまりにも早く気づけば〉、ウ if (it is) taken too seriously〈あまり深刻に受け取ると〉、エ if (it is) made too frequently〈あまり頻繁になされるなら〉でなく、ア if (it is) carried too far〈あまりいきすぎると〉の「やりすぎると」が最も似合う。

（9）そうした impolite/offensive behavior の具体例が次に語られる。「おい、X、いるぜ」「ほんとか？」「ほんとだよ、確かにXだ」などと、自分の聞こえる所でやられたらどんな気分がするか？

ア I wonder if they've taken me for somebody else.
〈自分のことをほかの誰かと勘違いしてるのかしら。〉

ウ I'm curious to know what they're going to say about me.
〈自分についてどういうことを言うのか、ぜひ知りたいものだ。〉

エ I can't remember their names or where I met them. What can I do?
〈彼らの名前も、どこで会ったかも思い出せない。どうしよう？〉

でなく、

イ I can't believe they're talking like that in front of me!
〈私の目の前であんなふうにしゃべっているなんて信じられない！〉

であることは、これまでの文の内容を追えていれば、そして選択肢を丁寧に読めば難しくないはず。

（10）下線部 (**10a**) には as if he didn't exist〈まるで彼が存在しないかのように〉とある。(**10b**) As if they were speaking in his (　**10**　). を「まるで彼のいない所でしゃべっているかのように」という意味になるようにするには absence〈不在〉。didn't exist から nonexistent という形容詞も作れるがそれなら as if he were nonexistent となる。nonexistence〈存在しないこと〉という名詞もあるがこれは「無」に近い、なんだか哲学的な語で、nonexistence after death〈死後の無〉などとは言うかもしれないが、in his nonexistence なんて言わない。

（11）同じことをアンソニー・クインに対して自分がやったとしたら、という文脈で「彼を電話ボックスに引っ張り込んで友人に電話をし、アンソニー・クインがここにいるんだぜ、と自慢する。」そして、After which I would throw Quinn aside and go on about my business. の which は前の部分全体を it として受けている。関係詞であるがその前で文を切ってしまうこともある。throw aside は〈脇へ放っておいて〉、go on は〈続ける〉、about は〈〜に関して〉。business は「ビジネス」ではなく「用事」。文脈に合うよう「それから、もうクインには用はないとばかりに脇へ放っておいて、自分のことを続ける」などもいい。

（12）そしてここからが考察。

The mass media first convinced us that the (　**12a**　) was

(**12b**), and now they are convincing us that the (**12b**) is (**12a**);

〈マスメディアはまず我々に（ **12a** ）が（ **12b** ）だと思わせておいて、今度は（ **12b** ）が（ **12a** ）だと思わせようとしているのだ〉

入れるべき語は real / imaginary /confusion の3つ。ここからは自分の常識も生かして考えたらいい。テレビ・映画などマスメディアはまず the imaginary〈架空〉を the real〈現実〉と思わせたいのではないか。ドラマも3Dも、みんなそのためのものだ。その結果我々は the real を the imaginary と思い始める。上の文ではその例が語られていた。続いて、

and the more reality the TV screen shows us, the more movie-like our everyday world becomes

〈テレビの画面がより現実を見せれば見せるほど、我々の日常の世界はより映画のようになっていく〉

だから、9.11 や 3.11 を直接体験した人々までが、まるで映画のよう、と言い始めるのである。

until, as certain philosophers have insisted, we think that we are alone in the world, and that everything else is the film that God or some evil spirit is projecting before our eyes.

〈そしてしまいには、ある哲学者たちが言うように、我々は世界で独りぼっち、他のすべては神なり何らかの悪霊なりが目の前に映し出している映画にすぎないのだ、と考え始める。〉

という「哲学者たち」とは、例えばデカルトである。

〈数ヵ月前ニューヨークの通りを歩いていると、遠くから私のよく知っている男がこちらへ歩いてくるのが見えた。困ったことに私はそれが誰だったか、どこで会ったのか思い出せないのだった。これは特に外国の町で母国で会ったことのある人に、あるいはその逆のケースでよくある、あの感じだ。見慣れた枠組みから外れた顔に混乱するのである。それでも、それはよく知っている顔だったから、どうしても立ち止まってあいさつし、話をしなければ、と感じた。もしかすると彼もすぐに「いやあ、ウンベルト君、お元気ですか?」とか「こないだ話していた件はうまくいきましたか?」などとすら言葉を返してくるかもしれない。となったらどうしたらいいか分からない。もう逃げるには遅すぎた。彼はまだ通りの反対側を見ているが、もうこちらに目を転じ始めている。先手を打った方がいいか。手を振って、それから彼の声なり最初の言葉で、彼が誰か推測できるかもしれない。

もう互いの距離がわずか数フィートまで近づき、にっこりと笑顔を作ろうとしたところで私はいきなり、彼が誰だか分かった。有名な映画スター、アンソニー・クインだったのだ。もちろん私は生まれて以来彼に会ったことはないし、向こうもこちらを知らない。1,000分の1秒のところで私は笑顔を作るのをやめ、そしらぬ顔をしたまま彼とすれ違ったのだった。

あとで私はこの出来事を考え、これはごく当然のことだと思い至った。以前レストランでチ

ャールトン・ヘストンを見かけたときも、私は思わずあいさつしそうになったものだ。これらの顔は我々の記憶の中にある。スクリーンを見つめながら何時間も過ごすから、その顔は身内の顔のように、あるいはそれ以上に、我々にはなじみの深いものとなる。例えばマスコミの研究者で、現実の影響力や現実と架空との混乱について語り、こういう混乱に常に陥る人がいることを説明できるなどという人が、自分自身同じ混乱からのがれられなかったりもする。
　もちろん、こうした映画スターに関する私の問題は頭にあった。だが、それよりひどいケースもある。
　これまでにも、かなり頻繁にテレビに出演して一定期間以上にわたってマスメディアに関わっている人たちから話を聞かされた。本当に有名なメディアのスターというわけではなく、トークショーのゲストに何度も呼ばれて顔を知られるようになった専門家というような著名人である。その人たちのすべてが同様の不快な経験をしているという。一般的に言って、個人的に知らない人を見かけたさいにはその人の顔をじっと見つめたり、そばにいる友人にその人のことを指差してみせたりしないし、その人の聞こえるところで大声でその人について語ったりはしないものだ。そうした行動は無礼だし、やりすぎばきわめて不快なものとなる。ところが、売り場のカウンターにいる客を指さして、あの男はしゃれたネクタイをしているじゃないかと言う、などということを決してしない人々が、有名人相手となるとまったく違った行動をするのである。
　私の、その比較的有名な友人たちが言うには、新聞の売店で、書店で、電車に乗り込んだり、レストランのトイレに入ろうとすると出くわすのが、仲間同士で声に出して言っている連中だという。
　「見ろよ。Ｘがいるぜ。」
　「ほんとか？」
　「もちろん、ほんとだよ。ほら、Ｘだよ。」
　そしてＸの聞こえる所で楽しそうに自分たちの会話を続け、Ｘが聞いていることなど気にもかけない、まるでＸなど存在しないかのようなのだという。
　こういう人たちはマスメディアの架空の世界の登場人物が思いがけず現実の生活に入り込んできたことで混乱しているのだ。と同時に、現実の人間を目の前にしながら、それがまだ映像の世界にいるかのように振る舞うのである。あたかもスクリーン上に、写真週刊誌の中にいるかのように。当人がいない所で噂をしているかのように。
　これならいっそのこと、アンソニー・クインの腕をつかんで電話ボックスに引きずり込み、友人に電話をかけてこう言ってもいいようなものだ。
　「おい、すごいだろ。今、アンソニー・クインと一緒なんだ。それでさ、まるで本物みたいなんだ。」で、それからアンソニー・クインなどほっぽり出して、自分のことに戻るというわけだ。
　マスメディアははじめ我々に、架空を現実と思い込ませて、次には、現実を架空と思い込ませようとしている。そして、テレビ画面がより現実を映し出すほど、我々の日常の世界はより映画のようになっていき、我々はしまいには、ある種の哲学者たちが主張しているように、世界にいるのは自分だけで、他のすべては神様なり何らかの悪霊なりが我々の眼前に映し出している映画なのだ、と考えるようになるのである。〉

次は小説。なんだかシュールなことが書いてあって面白いが、状況を想像するカンが必要とされる。

QUESTION 77

次の英文を読み、以下の問いに答えよ。

When I was eleven, I took violin lessons once a week from (1) a Miss Katie McIntyre. She had a big sunny fourth-floor studio in a building in the city, which was occupied below by dentists, paper suppliers, and cheap photographers. It was approached by an old-fashioned lift that swayed dangerously as it rose to the fourth floor, which she shared with the only (　**2a**　) occupant, Miss E. Sampson, a spiritualist who could communicate with the dead.

I knew about Miss Sampson from gossip I had heard among my mother's friends. The daughter of a well-known doctor, she had gone to Clayfield College and been clever and popular. But then her gift appeared—that is how my mother's friends put it, just declared itself out of the blue, without in (　**2b**　) way changing her cleverness or good humour.

She came to speak in the voices of the dead: little girls who had been murdered in suburban parks, soldiers killed in one of the wars, lost sons and brothers. Sometimes, if I was early for my lesson, I would find myself riding up with her. Holding my violin case tightly, I pushed myself hard against the wall of the lift to make room for (3) the presences she might have brought into the lift with her.

It was odd to see her name listed so boldly—"E. Sampson, Spiritualist"—in the entrance hall beside the lift, among the dentists, photographers, and my own Miss McIntyre. It seemed appropriate, in those days, that music should be separated from the everyday business that was being carried on below—the whizzing of dentists' drills and the making of passport photos for people going overseas. But I thought of Miss Sampson, for (　**2c**　) her sensible shoes and businesslike suits, as a kind of fake doctor, and was sorry that (4) Miss McIntyre and classical music should be associated with Miss Sampson and with the troops of sad-eyed women (they were mostly women) who came all the way to her room and shared the last stages of the lift with us: women whose husbands might have been bank managers—wearing smart hats and gloves and tilting their chins a little in defiance of their having at last reached this point; other women who worked in hospital kitchens or offices, all decently gloved and hatted now, but (5)<u>looking scared of the company they were in and the heights to which the lift brought them</u>. They tried to hang apart, using their elbows in a lady-like way, but using them, and saying politely "Pardon," or "I'm so sorry," when the crush brought them too close.

On such occasions the lift, loaded to capacity, made heavy work of it. And it wasn't, I thought, simply the weight of bodies (eight persons only, a notice warned) that made the old mechanism grind in its shaft, but the weight of all that sorrow, all that hopelessness and last hope, all that dignity in the privacy of grief. We went up slowly.

Sometimes, in the way of idle curiosity (if she could have had such a thing), Miss Sampson would let her eyes for a moment rest on me, and I wondered hotly what she might be seeing beyond a small eleven-year-old. Like most boys of that age I had much to conceal. But she appeared to be looking at me, not through me. She would smile, I would respond, and, clearing my throat to find a voice, I would say in a well-brought-up manner that I hoped might fool her and (6)<u>leave me alone with my secrets</u>, "Good afternoon, Miss Sampson." Her own voice was as unremarkable as an aunt's: "Good afternoon, dear."

It was therefore (7)<u>all the more</u> alarming, as I sat waiting on one of the chairs just outside Miss McIntyre's studio, while Ben Steinberg, her star pupil, played the Max Bruch, to hear the same voice, oddly changed, coming through the half-open door of Miss Sampson's office. Though much above the breathing of all those women, it had stepped down a tone—no, several—and sounded as if it were coming from another continent. It was an Indian, speaking through her.

It was a being I could no longer think of as the woman in the lift, and I was reminded of something I had once seen from the window of a railway carriage as my train sat steaming on the line: three old men behind the glass of a waiting room and the enclosed space shining with their breathing like a jar full of fireflies. It was entirely real, but the way I saw them changed that reality, making me so impressionably aware that (8)<u>I could recall details I could not possibly have seen at that distance or with the naked eye</u>: the greenish-grey of one old man's eyes, and a stain near a shirt collar. Looking through into Miss Sampson's room was like that. I saw too much. I felt dizzy and began to sweat.

There is no story, no set of events that leads anywhere or proves anything—no middle, no end. Just a glimpse through a half-open door.

(1) 下線部 (1) にある不定冠詞の a の用法と同じものを次のうちから1つ選び、その記号を記せ。

　ア The car in the driveway looked like <u>a</u> Ford.
　イ All who knew him thought he was <u>an</u> Edison.
　ウ <u>A</u> Johnson came to see you while you were out.
　エ At that museum I saw <u>a</u> Picasso for the first time.
　オ She was <u>an</u> Adams before she married John Smith.

(2) 空所（ **2a** ）、（ **2b** ）、（ **2c** ）を埋めるのに最も適切な単語を次のうちから1つずつ選び、その記号を記せ。

　ア all　　　イ another　　ウ any　　　エ different　　オ every
　カ no　　　キ none　　　ク other　　ケ same　　　　コ some
　サ that　　シ those　　　ス what　　セ which

(3) 下線部 (3) と最も意味が近い、2語からなる別の表現を文中から抜き出して記せ。

(4) 下線部 (4) の意味に最も近いものを次のうちから1つ選び、その記号を記せ。

　ア Miss McIntyre and classical music should be involved in Miss Sampson's business
　イ Miss McIntyre and classical music should be influenced by someone like Miss Sampson
　ウ Miss McIntyre and classical music should be looked down on even more than Miss Sampson was
　エ Miss McIntyre and classical music should be coupled with

someone as unrespectable as Miss Sampson

オ　Miss McIntyre and classical music should be considered to be as unprofessional as Miss Sampson

(5) 下線部(5)の意味に最も近いものを次のうちから1つ選び、その記号を記せ。

ア　seeming frightened of the other women in the lift and of how high the lift was rising

イ　looking fearfully at the other women in the lift, which went up to the fourth floor

ウ　showing their fear of the unfamiliar women in the lift, which brought them to a high floor

エ　looking anxiously at the other passengers in the lift, frightened because the lift seemed to go up forever

オ　apparently feeling frightened of the company which employed them and the heights to which the unsteady lift rose

(6) 下線部(6)の意味として、最も適切なものを次のうちから1つ選び、その記号を記せ。

ア　hide my feelings of guilt

イ　let me enjoy being alone

ウ　assure her of my good manners

エ　keep her from reading my mind

オ　prevent her from telling others my secrets

(7) 下線部(7)の表現がここで用いられている理由として、最も適切なものを次のうちから1つ選び、その記号を記せ。

ア　Because Miss Sampson usually spoke in a mild voice.

イ　Because Ben Steinberg heard the same voice oddly changed.

ウ　Because more and more people were afraid of Miss Sampson's voice.

エ　Because the piano in Miss McIntyre's studio sounded as if it were far away.

オ　Because Miss Sampson could be heard more easily than all the other women.

(8) 下線部(8)を和訳せよ。

ANSWER KEY

(1) ウ
(2) 2a ク　2b ウ　2c ア
(3) the dead
(4) エ
(5) ア
(6) エ
(7) ア
(8) その距離では、あるいは肉眼では、絶対に見ることができなかったはずの細部まで、私は思い出すことができた。

　一人称の物語で、人物や状況、背景の描写と語り手の心理の説明・回想が入れ替わり語られるからよく注意しなければならない。読み手としての勘も要求される問題である。物語としては面白いが問題としてはなかなか難しい。段落ごとに内容を把握しながら設問を考えていこう。

　はじめの段落では大きな状況設定が行われる。自分が子供の頃のバイオリンの先生はケイティ・マッキンタイヤという名。ビルの4階に教室があり、その下の階では色々なビジネスが行われている。lift〈エレベーター〉で上る4階は音楽の先生以外に「死者たちとコミュニケートする spiritualist が使っている」とあり、spiritualist が「交霊師」であると分かる。なお「交霊師/霊媒師」は一般には medium〈媒体〉という語で表す。

(1)は物語の本題・本質とは直接関係ない。固有名詞にあえて冠詞を付けることで意味のニュアンスを添えることがあるが、それを知っているか、というちょっとした知識ないし勘を試す問題。例えば、

ex. "I know a wonderful book for amateur graphic designers. It's called *The Non-Designer's Design Book*, written by Robin Williams."
"Is that the Robin Williams?"
"No, no, it's a she. Not the actor."
〈素人向けグラフィック・デザインの本ですばらしいのを知ってますよ。『ノンデザイナーズ・デザインブック』っていうタイトルで、著者はロビン・ウイリアムズ。」「それって、あの（有名な俳優の）ロビン・ウイリアムズ?」「いやいや、女性です。あの俳優ではなくて。」（Robin は男女共通に用いられる名前）〉

　というさいの the Robin Williams は、the が that から派生したことがき

454

わめてよく現れた例。it's a she も a の原義である one の意味で「1人の女性 (female) です」ということ。ちなみに、語の発生的なプロセスとしては that → the、one → an → a となる。

ア The car in the driveway looked like a Ford.
〈ドライブウェイ（通りからガレージまでの私道）に停まってるのは1つのフォード［1台のフォード車］みたいだった。〉

の a はあるメーカーの1製品。

イ All who knew him thought he was an Edison.
〈彼を知る者は皆、彼のことを1人のエジソンだと思っていた。〉

天才やある分野の代表的な人物に a を付けて「それに匹敵する人物」の意味。我々も「物理の天才」を指して「あの人は日本のアインシュタインだ」と言ったりするし、版画家棟方志功は「わだばゴッホになる」と津軽弁で言った。英語で言えば I'm going to be a Van Gogh.

ウ A Johnson came to see you while you were out.
〈留守中に1人のジョンソンさん［ジョンソンという人］が見えました。〉

この Johnson は Edison や van Gogh のように (Lyndon Johnson 大統領や、辞書編纂家の Samuel Johnson がいるとはいえ) 誰もが知っている、記号としての有名人というほどではない。ただ単に「1人の」という意味。これが(**1**) の a Miss Katie McIntyre と同じ用法。

エ At that museum I saw a Picasso for the first time.
〈その美術館で私は初めてピカソを1つ見たのです。〉

ピカソの作品。**ア**に割合近い。これは日本語でも普通の用法。「漱石大好き」と言っても夏目金之助に恋をしているわけではない。

オ She was an Adams before she married John Smith.
〈彼女はジョン・スミスと結婚する前は1人のアダムズ［アダムズ姓の人間］でした。〉

maiden name〈旧姓〉を言っている。日常的には Her maiden name was Adams. の方が普通だが。

(**2**) は文単位での理解が必要となるが、直接には機能語の知識を試す問題。

(　**2a**　)

an old-fashioned lift that ..., which she shared with the only (　**2a**　) occupant, Miss E. Sampson
〈. . . 古臭いエレベーターを、ミス E. サンプソンという唯一（　）の占有者（使用者）と共有していた。〉

という文から「ほかに使っていたのはこの女性だけ」と分かるから、「差異」や「同じ」を示す エ different や ケ same あるいは ア all や コ some は関係なく（そもそも occupant は単数だ）、イ another か ク other ということになる。しかし another は an + other であるから、an only other occupant と同じことになって、a/an と only とは結び付かないので駄目。the only other occupant でなければならない。a は one だから「1人の」であると同時に「ほかにもいるけど／誰だか知らないけど」のニュアンス。the は that だから限定的。
ex. A woman is waiting for you.〈女性が1人待ってますよ。〉
と
The woman is waiting for you.〈あの女性が待ってますよ。〉
の違いを考えれば分かる。実はこれも冠詞の問題である。

　次の段落は Miss Sampson の経歴。医者の娘で大学まで行った才媛にある日 gift〈天賦の才〉が現れる。

(**2b**)
文構造を明らかにするなら
But then her gift　**[1]**appeared
　　　　　　[2]―that is how my mother's friends put it,
　　　　　　　just **[3]**declared itself
　　　　　　　　　[4]out of the blue,
　　　　　　　　　　[5]without changing her cleverness or
　　　　　　　　　　　　　　　　　　　good humour.
　　　　　　　　　　　　　in (　**2b**　) way

her gift appeared というのが **[2]** 母の友人たちの言い方である。ハイフンが1つしかないのは、文末までがその挿入範囲であることを示す。
her gift **[1]** appeared を言い換えて (her gift) **[3]**declared itself〈それ自体をはっきりと示した〉。
[4]out of the blue はイディオム a bolt out of the blue〈晴天の霹靂〉から「何の前触れもなく」
[5] は **[4]** を言い換えて「彼女の賢さも快活さも変えることなく」
(　**2b**　)はそこに挿入されるフレーズである。way は「物を見る／考える方向」を示す語で日本語の「点／面」に当たる語だから「いかなる面でも変えることなく」ということだろう。**カ** no を入れて in no way としたのでは without の否定とダブってしまうから in any way とする。without の持つ not の意味と合わ

せて not ＋ any=no である。

(3) 次の段落は「彼女は死者の声で語る」の例が3つ。(1) 郊外の公園で殺された少女 (2) 戦死した兵士 (3) 死んだ息子や兄弟。次に、自分がレッスンに行くさいミス・サンプソンとエレベーターに乗り合わせた時のことを語る。「バイオリンのケースをぎゅっと抱きしめて私はエレベーターの壁にしっかり身を寄せる」。それは (3)<u>the presences</u> のために room〈場所〉を空けるため。その presences を「彼女は自分とともにエレベーターに入れたかもしれない」。

　エレベーターに乗っているのは私とミス・サンプソンの2人だけ。しかし私は「降霊術師である彼女が連れ込んだかもしれない」見えない「存在」のために場所を空ける。となるとその存在は「霊」である。が、今まで the spirits や the ghosts という語が使われていないから、それに当たるものは第一段落終わりと第三段落はじめに現れる the dead〈死者たち〉。これも「この she は誰を指すか」などという指示特定問題の変種である。

(2) 次にミス・サンプソンに対する私の感想が語られる。「普通のビジネスと並んで降霊術師とかかげているのは妙な感じだ。音楽教室がほかのビジネスとは別の階にあるのはいいが、降霊術師と一緒というのは残念だ」という部分で連続して2題。

I thought of Miss Sampson　as a kind of fake doctor
, for (　2c　) her sensible shoes and businesslike suits,

「私はミス・サンプソンのことをにせ医者のたぐいと思っていた」の挿入部分は「実用的な靴とビジネス用のスーツにもかかわらず」が欲しい。それを表すのは例えば in spite of / despite だが、それに当たる for all というフレーズを知っているかどうかという、これは知識の問題である。

(4) ... and was sorry that (4)<u>Miss McIntyre and classical music should be associated</u>
　　　　・with Miss Sampson
　　　　　　and
　　　　・with the troops of sad-eyed women ...

「ミス・マッキンタイヤとクラシック音楽とが、怪しげなミス・サンプソンおよびその客と結び付いてしまうのが気の毒」と続く。associate は広く「結び付き」を示す語だがここでは「結び付けて考える」ということだろう。私がなぜ sorry に感じたかがつかめていれば、選択肢を丁寧に読むことで正解が得られる。

ア Miss McIntyre and classical music should be involved in Miss

Sampson's business
　　　〈ミス・マッキンタイヤとクラシック音楽が、ミス・サンプソンの仕事に関わっている〉
involve と associate とは違う。
　イ Miss McIntyre and classical music should be influenced by someone like Miss Sampson
　　　〈ミス・マッキンタイヤとクラシック音楽が、ミス・サンプソンのような人に影響を受けている〉
influence と associate はまったく違う。**ア**、**イ**とも ミス・サンプソンがミス・マッキンタイヤに直接力を及ぼしていることになる。
　ウ Miss McIntyre and classical music should be looked down on even more than Miss Sampson was
　　　〈ミス・マッキンタイヤとクラシック音楽が、ミス・サンプソンよりさらに見下される〉
主人公はミス・サンプソンは怪しげと思い、逆にクラシック音楽とそれを教えるミス・マッキンタイヤは上等なものと考えているのであるから、本文の内容とまったく合わない。
　エ Miss McIntyre and classical music should be coupled with someone as unrespectable as Miss Sampson
　　　〈ミス・マッキンタイヤとクラシック音楽が、ミスサンプソンのような怪しげな人と対にして考えられる〉
これが下線部 (4) の言い換えであるが、unrespectable とコメントを加えることで内容をはっきりと示している。なお、respectable は「敬意を払うことができる」から「立派な」あるいは「まともな」の意味。a respectable job といえば、尊敬を集める仕事ではなく「世間に顔向けできる仕事／まともな仕事」の意味。
　オ Miss McIntyre and classical music should be considered to be as unprofessional as Miss Sampson
　　　〈ミス・マッキンタイヤとクラシック音楽がミス・サンプソンと同様素人じみたものと見なされる〉
unprofessional が間違い。profession は「専門職」、unprofessional は「専門知識もない、素人じみた」および「専門外の」の意味。
　そのあと、彼女のところにやってくる女性たちの描写および主人公の観察が続くのだが、こういった detail が分かりにくいかもしれない。
who came all the way 〈はるばる〉 to her room and shared the last stages of the lift with us.〈エレベーターの最後の段階を私たちと共有する〉から、「3階までに用事のある人は降りてしまって、最後の4階まで私たち（私と先生と音楽の生徒たち）と一緒に行く」のは彼女たち（降霊術依頼者たち）だと分か

るかどうか。主人公は us vs. them という図式でとらえている。

　さらに彼女たちの描写は続く。ブルジョワ夫人のような人々と、労働者階級の女性たち。前者はしゃれたなりをして tilt their chins a little 〈あごを少し傾斜させる〉in defiance of 〈〜に反発して〉their having at last reached this point（完了形の動名詞に意味上の主語 their が付いているから、この部分をもし節に直して書くなら They have at last reached this point. となる）〈ついにこのような地点（時点）まで到達してしまった〉とは「ついに降霊術師のお世話になるところまで来てしまった」のであり、惨めなのだが、気位の高い人たちだから、うなだれたりせず逆に「私は平気よ」とばかりあごをツンと上げているのである。ただ tilt their chins だけでそこまでは分からないかもしれないが、このへんは経験。例えば、しょぼくれていないで堂々としろ、という時、日本語では「胸を張って！」とか「背筋を伸ばして！」と言うが、英語では Carry your head high! とか Hold your head high!〈頭を高く保って。〉というような知識がたまっていくと、すっと分かるようになる。しかしこのへんはあまり出題の対象にはならない。

　(5) 病院の厨房や会社勤めといった労働者の女性たちも身なりは整えているけれど [1]looking scared of •[2]the company they were in
　　　　　　　　　　and
　　　　　　　•[3]the heights to which the lift brought them.
の [1]look は言うまでもなく「（怖がっているように）見える」。[2]the company は「会社」でなく「仲間」。ここでは「エレベーターに乗り合わせた人々」[3]the heights〈高み〉は具体的には4階。労働者階級の彼女たちは乗り合わせたブルジョワ夫人や乗り慣れないエレベーターにビビっているのである。ところで、この物語の時代が現代でなく数十年前であることには気づかれただろうか？降霊術の流行、女性たちの身なり（帽子に手袋）およびこのあとに語られる仕草など、現代のものではない。

ア seeming frightened of the other women in the lift and of how high the lift was rising
　〈エレベーター内のほかの女性およびエレベーターの上がる高さに恐れをなした様子で〉
looking → seeming、scared → frightened、the company → other women、the heights to which the lift brought them → how high the lift was rising と、単に単語を変えて書き直しているだけ。正解の選択肢を作るさいの常道である。

イ looking fearfully at the other women in the lift, which went up

to the fourth floor
〈4階まで上るエレベーター内の、ほかの女性を恐ろしげに見ながら〉
looking〈見える〉を looking at ...〈～を見ながら〉とした間違い選択肢。

ウ showing their fear of the unfamiliar women in the lift, which brought them to a high floor
〈高い階まで上るエレベーターの中の見慣れぬ女性たちに対する恐れを表しながら〉

fear の対象が women だけになってしまっている。構造まできちんと読まないと間違える。なお、unfamiliar は余分な情報。unfamiliar だから怖い、というニュアンスになってしまう。

エ looking anxiously at the other passengers in the lift, frightened because the lift seemed to go up forever
〈エレベーターに乗り合わせたほかの人たちを不安そうに見、エレベーターがどこまでも際限なく上っていくようでそれを恐れながら〉

look at が間違い。go up forever も間違い。

オ apparently feeling frightened of the company which employed them and the heights to which the unsteady lift rose
〈彼女たちを雇った会社と、エレベーターが不安定に上がっていく高さとをどうやら恐れている様子で〉

apparently (=seemingly) feeling frightened の部分は間違いではない。次の the company which employed them は「会社」としてとらえている。後半には unsteady という、下線部にはない要素が入っている。確かに物語の冒頭に「エレベーターが危険な様子でゆらゆらする」という描写があるが、この問題部分と混同しないこと。

　このあとの描写も頭に picture を作るのが難しいかもしれない。しかし細部描写は設問としては避けられていることが多い。

They tried to hang apart, ...〈女性たちは離れた位置をとろうとした〉
hang は「ぶら下がる」ばかりでなく「ゆるくつながった」状態を広く示す。
ex. We're just hanging around.〈ただぶらぶらしてるだけ。〉
ex. We used to hang out in Shibuya.〈よく渋谷で遊んだものです。〉
ex. Hang in there!〈諦めるな！〉

... using their elbows in a ladylike way, but using them, ...
〈肘を、淑女らしいやり方で使って、それでもなお、使って〉
肘を張って相手の身体がこっちへ来ないようにしている。しかしあくまで上品に。

... and saying politely "Pardon," or "I'm so sorry," when the crush brought them too close.

〈混み合って身体がくっ付きそうになると、上品に「失礼」「ごめんあそばせ」などと言いながら〉crush は「押しつぶす」。crash「衝突／墜落する」とは違う語。全体として女性たちが互いに関わり合いになりたくないが、それでも威厳を保とうとしている様子が描写されている。

次の段落に設問はなく「満員になるとエレベーターは重そうだった。体重だけでなく悲しみの重さが加わっているようだった」という主人公の感想が述べられる。

(6) 段落変わって今度は「私」がミス・サンプソンと2人でエレベーターに乗った時の話。「彼女に見られると、裏まで見透かされるのではないかと思う。11歳の男の子には隠しておきたいことだってたくさんある。それを見透かされないようにいい子ぶってあいさつする」という心の動きが読めれば (6) leave me alone with my secrets が「私の秘密に関しては放っておいてほしい」ということであると分かるだろう。

a well-brought-up manner

that I hoped might fool her and leave me alone with my secrets

という、関係詞でつながった文を I hoped から始まる文に書き直すとすれば

I hoped *a well-brought-up manner* might

- fool her

  and

- leave me alone with my secrets

となり、leave me alone ... の主語は a well-brought-up manner であることが分かる。

〈育ちの良い振る舞いが彼女をだまし、それが私の秘密に関して放っておいてくれることになるかもしれないと私は望んだ。〉

ア hide my feelings of guilt〈私の罪悪感を隠してくれる〉
悪くない、が secret と guilt はストレートに結び付かない。

イ let me enjoy being alone〈1人でいることを楽しませてくれる〉
being alone と let me alone〈放っておく〉は違う。enjoy も的外れ。

ウ assure her of my good manners〈私の行儀の良さを彼女に確信させる〉
後半の leave me alone with my secrets にまったく触れていない。

エ keep her from reading my mind〈彼女に、私の心を読ませないようにする〉
心の中には秘密があるわけだから、これが下線部に一番近い。

オ prevent her from telling others my secrets
〈彼女が私の秘密を他人に話すことを阻止する〉
telling others が余分な情報。

　そして行儀良く「こんにちは、ミス・サンプソン」とあいさつすると彼女も、これといって変わったところもないおばさんのような優しい様子で「こんにちは」と返してくれて何事もない。an aunt's (voice) と an であって my でないのは「私の伯母」ではなく「どこにでもいるおばさん」の感じ。

　次が、霊媒師としてミス・サンプソンを描写した段落。場面を注意深く読まないと事情が分からない。

(7) It was all the more alarming 〈なおのことぎょっとする感じだった〉の all the more 〈その分だけ余計に〉(the は副詞で、副詞の that 〈それほど〉に近い)は、

ex. I love her all <u>the</u> more because she has faults.
〈彼女には欠点がある、その分なおさら好きになる。〉(all は「その分すべて」という強め)

や

ex. I love her none <u>the</u> less for her faults.
〈彼女には欠点があるけれど僕の愛に変わりはない。〉(the less for her faults 〈欠点のためにその分愛が減る〉を none で否定している。)

と同様、the が何かを指しているのだが、それは、前の段落のミス・サンプソンの描写「おばさんのような優しい声で」である。「いつもは優しい声の女性であるだけになおさら」何に驚いたのか、というのが以下の文で説明される。構造的には

It was　alarming　to hear [1]the same voice,
　　　　　　　　　　　　　　　　　　[2]oddly changed,
　　　　　　　　　　　　　　　　　　[3]coming through the
　　　　　　　　　　　　　　　　　　half-open door
　　　　　　　　　　　　　　　　of Miss Sampson's office.

（挿入部）,as I sat waiting on one of the chairs just outside Miss McIntyre's studio, while Ben Steinberg, her star pupil, played the Max Bruch,
（therefore → alarming）
（all the more）

挿入句・節が多い。特に as 以下の部分「練習室の外で座って待っている時／ピカ一の生徒ベン・スタインバーグがマックス・ブルックの曲を弾いている間」の部分が長い。挿入部をとってしまうと単純な it ... to 構文で、alarming の内容が to 以下に書かれている。[1]「（エレベーターで出会った時と）同じ（優しい）

声」が **[2]**「妙に変わって」**[3]**「ミス・サンプソンの部屋の、半分開いたドアから聞こえてくる」ということ。彼女の声にちがいないのだが、漏れ聞こえてくる声が妙に違った声で、だからぎょっとするのである。おそらく憑依のせいである。なお **[2]** は挿入句として扱われているが、**[3]** と同じく **[1]** の修飾。後置修飾と言おうと補語と言おうと、そのへんはどうでもいい。同じことなのだから。

さて「その分だけなおさらぎょっとする」の「その分」とは「いつもは優しい声である分」だから

ア Because Miss Sampson usually spoke in a mild voice.
〈ミス・サンプソンはいつもは優しい声で話したから。〉

が正解。

イ Because Ben Steinberg heard the same voice oddly changed.
〈ベン・スタインバーグも同じ声が妙に変わっているのを聞いたから。〉

は場面を全然読めていない。

ウ Because more and more people were afraid of Miss Sampson's voice.
〈ミス・サンプソンの声を恐れる人がどんどん増えたから。〉

エ Because the piano in Miss McIntyre's studio sounded as if it were far away.
〈ミス・マッキンタイヤの練習室のピアノがまるで遠くから聞こえてくるようだったから。〉

オ Because Miss Sampson could be heard more easily than all the other women.
〈ミス・サンプソンの声はほかのすべての女性の声より聞きやすかったから。〉

などもすべて、まったく見当外れ。この部分を読むのが難しいから選択肢の方を易しくしているのだろう。

さらにこのあと、「ほかの女性たちの息遣いよりはるかに大きな、ただしいつもより低い音程でしゃべっている声が、別の大陸からやってきたように聞こえる」とあり「インド人が彼女を通じてしゃべっていた」という驚くべきことが語られる（英語でしゃべっているのだろうから Indian はアメリカインディアンでなくインド人と思われる）。

続く段落。主人公の回想に移るのだが、このあたりを雑に読んでいると筋が分からなくなる。幻想のような場面だから、それも少し分かりにくい。蒸気機関車が駅に停車中、客車の窓から見ているとホームの待合室にいる3人の老人が見える。現実か非現実か分からないような光景で making me so impressionably aware that 〈そのことが自分をばかに敏感にしているため〉の部分は so ...

that 構文。(**8**)下線部の構造は、

  I could recall details possibly
    (that) I could not have seen
          ● at that distance
         or
         ● with the naked eye

つまり「私は絶対見えるはずのない細部を思い出すことができた」(possibly〈可能性として〉を not に付けることで否定を強めている)+「その距離で、あるいは肉眼で」ということだから、特に難しいことはない。「その距離」「肉眼」では絶対見えないはず、のものを具体的に「1人の目の色」「シャツのしみ」と説明している。
　「その体験と、今ミス・サンプソンの声を聞いているのとは似ていた」。
　そして最終段落で「何の脈絡もない、ただ半分開いたドアからの瞥見である」というのも謎で、声だけが聞こえてくるのかと思って読んでいると主人公は中の様子も見えるという。実際に見たのかどうか(試験問題では原文を相当書き換えることが多いのだが)少なくともここには何の説明もない。もちろん、そういう部分に設問を作ることはしない(できない)。
　実は、小説にすべての説明を求めるのは野暮というもので、作り上げたものを放り出してあとは受け手に任せるというのは小説に限らず芸術作品の常識。「分からせようとするのは下司だ」と日本映画の巨匠、小津安二郎も言っている。確かに作家や作曲者や画家が出てきて、ここで感動するのはこうだからです、なんてやられたらたまらない。

〈11歳の時、週一度バイオリンを習いにミス・ケイティ・マッキンタイヤの所へ通っていた。日当たりの良い練習室は市内のビルの4階にあり、階下には歯科医や紙の卸会社、安価な写真館が入っていた。練習室に行くには旧式のエレベーターを使うのだが、それは4階に向かって上がりながら危なかしく揺れた。もう1人だけ4階を使っていたのがミス・E・サンプソン。死者と話ができるという降霊術師である。
　ミス・サンプソンについては母の友人たちが語る噂話で知っていた。有名な医者の娘でクレイフィールドカレッジに行き、頭も良く、人に好かれた。ところがある時その才能が現れて(と母の友人たちは言った)、彼女の賢さや快活さは一切変えないまま、それは何の前触れもなくただ突然やってきたのだという。
　彼女は死者の声で語るようになった。郊外の公園で殺害された少女たちの声、どれかの戦争で戦死した兵士たちの声、死んだ息子や兄弟たちの声。時々、早く練習に着くとエレベーターで彼女と乗り合わすことがあった。私はバイオリンのケースを胸にぎゅっと抱いてエレベーターの壁に身体を押し付けた。彼女がエレベーターに連れ込んだかもしれない存在のため

に場所を空けようとして。

　入り口ホールのエレベーターの脇に、歯医者や写真館、私の先生のミス・マッキンタイヤの表札に並んで太々とした文字で「E. サンプソン、降霊術師」とあるのは妙な感じだった。当時は下の階で行われている下世話な商売——歯医者のドリルのウィーンとなる音や海外に出かける人のパスポート写真撮影——と音楽教室とを分けるのは当然と思われたのだ。だが私はミス・サンプソンを、そのまともな靴やきりっとしたスーツにもかかわらず、ある種のにせ医者のようなものと思っていたから、ミス・マッキンタイヤとそのクラシック音楽がミス・サンプソンやその元へ押し寄せる悲しい眼差しの女性たちと同列に扱われるのが残念だった。彼女の部屋を目指してはるばるやってくる女性たちはエレベーターの最上階までを私たちと乗り合わせるのだ。銀行の重役夫人かと思われるような、しゃれた帽子と手袋を身に付け、ついにこういうところまで来ることになった運命に反発するかのようにあごをツンと上げた女性たちもいた。病院の調理場や会社の事務所で働く女性たちもそれなりに手袋と帽子で身なりを整えていたけれど、皆乗り合わせたほかの女性やエレベーターで高い所まで運ばれることを恐れているように見えた。エレベーターが混み合った時、女性たちは互いに距離を開けようと上品にではあるけれど、それでも肘を張って、「失礼」とか「ごめんあそばせ」などと言うのだった。

　そうした時、満員のエレベーターの動きはいかにも重そうだった。エレベーターがシャフトの中、ギシギシと音を立てているのは乗っている人（定員8名、と注意書きがあった）の体重だけではなく、その人たちの悲しみのすべて、絶望のすべてと、最後の望み、人には言われぬ悲嘆の中にある尊厳のすべてのせいだと私は思った。私たちはゆっくりと上がっていった。

　時には気まぐれな好奇心（もし彼女がそういったものを持ち合わせていたなら、だが）からミス・サンプソンは私に視線をやることがあって、彼女は一体何を小さな11歳の子供の後ろに見ているのだろうと思うと私は身体が熱くなるようだった。この歳の男の子のほとんどがそうであるように、私にも隠しておきたいことがたくさんあった。でも彼女は私の中をでなくただ私を見ているようだった。彼女がにっこりし、私も笑顔を返す。そして咳払いをしてなんとか声を出し、せいぜい育ちの良さそうな言葉づかいでなんとか彼女をだまし、こちらの秘密に触れないでほしいと望みながら「こんにちは、ミス・サンプソン」と私は言う。すると彼女はごく普通の、優しいおばさんのような声で「はい、こんにちは」と答えるのだった。

　だからなおのこと、ミス・マッキンタイヤの練習室のすぐ外に並べられた椅子の1つに座ってピカイチの生徒ベン・スタインバーグがマックス・ブルックを弾くのを聞きながら自分の番を待っている時、その同じ声が、妙に違った響きで、半分開いたミス・サンプソンの部屋からもれてくるのを聞くと異様な感じがした。あの女性たちの息遣いよりははるかにはっきりしているけれどその声はいつもより一段、いや、数段下がって、まるでどこか別の大陸から聞こえてくるようだった。インド人が彼女を通してしゃべっているのだった。

　それはもう、エレベーターの中の女性とは思えない存在で、そのことは以前私の乗った列車が駅に着いて蒸気を出している時、客車の窓から見たものを思い出させた。ホームの待合室のガラスの向こうに3人の老人がいて、扉を閉めたその空間がまるで蛍を詰め込んだビンのように、彼らの息で輝いている。光景は現実的そのものであるのだが、彼らの見え方がその現実を変え、私の感覚を研ぎ澄ませたために、私は、その距離では、そして肉眼では絶対に見ることができなかったはずの細部まで思い出すことができたのである。1人の老人の、緑がかった灰色の目や、シャツの襟近くについたしみ。ミス・サンプソンの部屋を見透すのはその時のようだった。あまりにも多くが見えすぎた。私はめまいがして汗をかき始めた。

ストーリーもなく、一連の出来事が何処かへ収斂するのでも何かを証明するのでもない。真ん中もなく終わりもない。ただ半分開いたドアの中の一光景が見えている。〉

　次はエッセイである。場面や人物の描写があり、事情の説明があり、会話があるのは、物語文と変わりない。違いはエッセイの方がより factual な文に近い（だから幻想場面などない）こと。場面を述べたあと省察が続くことだろう。この文は相当集中して、整理して読まないと頭に入りにくいと思う。

QUESTION 78

次の文章はアフリカ系アメリカ人の著者が妻と息子とともにパリに滞在したときに記したブログの記事である。これを読み、以下の問いに答えよ。

　I went out this early July morning for a quick run along the Seine. That was fun. There were very few people out, which made it easier. Paris is a city for strollers, not runners.

　Women pedal their bikes up the streets, without helmets, in long white dresses; or they dash past in pink cut-off shorts and matching roller skates. Men wear orange pants and white linen shirts. They chat *un petit peu* (a little) and then disappear around corners. When I next see them they are driving Porsches slowly up the Boulevard Saint-Germain, loving their lives. In this small section of the city, (**1**)<u>everyone seems to be offering a variation on the phrase "I wasn't even trying."</u>

　Couples sit next to each other in the cafés, watching the street. There are rows of them assembled as though in fashion photographs from *Vogue* or like a stylish display of mannequins. Everyone smokes. They know what awaits them—horrible deaths, wild parties, (**2**)<u>in no particular order</u>.

　I came home. I showered. I dressed. I walked across the way and bought some bread and milk. My wife brewed coffee. We had breakfast. Then a powerful fatigue came over me and I slept till noon. When I woke, my son was dressed. My wife was wearing a Great Gatsby tee-shirt, sunglasses, earrings and jeans. Her hair was pulled back and blown out into a big beautiful Afro. We walked out and headed for a train to the suburbs. My son was bearing luggage. (**3**)<u>This was the</u>

last we'll see of him for six weeks.

　It was on the train that I realized I'd gone mad. Back in Boston, I had started studying French through a workbook and some old language tapes. I then moved on to classes at a French language school. Next I hired a personal tutor. We would meet at a café in my neighborhood. Sometimes my son would stop by. I noticed he liked to linger around. One day he asked if he could be tutored in French. It struck me as weird, but I went (　**4**　) it. In May, before coming to France, he did a two-week class—eight hours a day. He woke up at six a.m. to get to class on time and didn't get back until twelve hours later. He would eat dinner and then sleep like a construction worker. But he liked it. Now he and my wife and I had just come to Paris for the summer, and I was sending him off to an immersion sleep-away camp —*français tous les jours* (French every day).

　It is insane. I am trying to display the discipline of my childhood home, the sense of constant, unending challenge, without the violence. (5)A lot of us who came up hard respect the lessons we learned, even if they were given by the belt or the boot. How do we pass those lessons on without subjecting our children to those forces? How do we toughen them for a world that will bring war to them, without subjecting them to abuse? My only answer is to put them in strange and different places, where no one cares that someone somewhere once told them they were smart. My only answer is to try to copy the style of learning I have experienced as an adult and adapt it for childhood.

　But I am afraid for my beautiful brown boy.

　Three weeks ago, back in America, I was sitting with my dad telling him how I had to crack down on my own son for some misbehavior. I told my dad that the one thing I (　**6a**　) for about fatherhood was how much it hurt me to be the bad guy, how much I wanted to let him loose, how much I (　**6b**　) whenever I (　**6c**　). I felt it because I remembered when I was my son's age, and how much I had hated being twelve. I was shocked to see my dad nodding in agreement.

My dad was a tough father. I didn't think he was joyous in his toughness, but it never occurred to me that he had to force himself to discipline us. He never let us see that part of him. His rule was "Love your mother. Fear your father." And so he wore a mask. As it happens, I feared them both.

　I told my son this story yesterday. I told him that I would never force him to take up something he wasn't interested in (like piano). But once he declared his interests, there was no other way to be, except to push him to do it to the very end. How very un-Parisian. But I told him that pain in this life is inevitable, and that he could only choose whether it would be the pain of acting or the pain of being acted upon. *C'est tout* (That's all).

　We signed in. He took a test. We saw his room and met his roommate. We told him we loved him. And then we left.

　"When I e-mail you," he said, "be sure to e-mail back so that I know you're OK."

　(7) So that he knows that we are OK.

　When we left my wife began to cry. On the train we talked about the madness of this all, that we—insignificant and crazy—should be here right now. First you leave your block. Then you leave your neighborhood. Then you leave your high school. Then your city, your college and, finally, your country. At every step you are leaving another world, and at every step you feel a warm gravity, a large love, pulling you back home. And you feel crazy for leaving. And you feel that it is ridiculous to do this to yourself. And you wonder who would (8) do this to a child.

注　the Seine　セーヌ川
　　Porsches　ポルシェ（高級スポーツカー）
　　the Boulevard Saint-Germain　サン＝ジェルマン大通り
　　Vogue　『ヴォーグ』（ファッション雑誌）

(1) 下線部 **(1)** から筆者はパリの人々のことをどのように考えていることがうかがえるか。その思いに最も近いものを次のうちから1つ選び、その記号を記せ。

ア　Aimless and self-destructive.
　　イ　Health-conscious and diligent.
　　ウ　Self-disciplined and free from vice.
　　エ　Escaping from reality and longing for the past.
　　オ　Devoted to effortless pleasure and ease of living.
(2)　下線部(2)の order の意味と最も近いものを次のうちから1つ選び、その記号を記せ。
　　ア　Her room is always kept in good order.
　　イ　The police failed to restore public order.
　　ウ　The words are listed in alphabetical order.
　　エ　He gave a strict order for the students to line up.
　　オ　I will place a quick order for fifty copies of this book.
(3)　下線部(3)を和訳せよ。
(4)　空所(4)を埋めるのに最も適切な単語を次のうちから1つ選び、その記号を記せ。
　　ア against　イ around　ウ in　エ through　オ with
(5)　下線部(5)が意味しているのはどのような人々か。最も適切なものを次のうちから1つ選び、その記号を記せ。
　　ア　一所懸命に努力を重ねてきた人々
　　イ　子供のときから病弱だった人々
　　ウ　他人に対して冷たくしてきた人々
　　エ　親から厳しいしつけを受けた人々
　　オ　苦労して現在の地位を築いた人々
(6)　空所(6a)、(6b)、(6c)を埋めるのに最も適切な語句を次のうちから1つずつ選び、その記号を記せ。ただし、同じ記号を複数回用いてはならない。
　　ア　disciplined him
　　イ　felt his pain
　　ウ　hated being a kid
　　エ　was looking
　　オ　wasn't prepared
　　カ　was thrilled
(7)　下線部(7)には息子に対する筆者の様々な思いが表されている。その思いとして

最も可能性の低いものを次のうちから1つ選び、その記号を記せ。
　ア The author is astonished by his son's rudeness.
　イ The author is moved by his son's consideration.
　ウ The author is struck by his son taking a parent's role.
　エ The author is surprised by his son making the first move.
　オ The author is impressed to see how rapidly his son is maturing.
(**8**) 下線部(**8**)の do this が意味することは何か。日本語で説明せよ。
(**9**) 次の**ア**〜**キ**はそれぞれ問題文で語られている出来事について述べたものである。これらを出来事の起きた順に並べたとき、2番目と6番目にくる文の記号を記せ。
　ア The author ran along the Seine.
　イ The author's wife began to cry.
　ウ The author sat and talked with his father.
　エ The author's son took a two-week French course.
　オ The author told his son that pain in this life is inevitable.
　カ The author, his wife and his son took a train to the suburbs.
　キ The author and his wife met his son's roommate in the language-immersion camp.

ANSWER KEY

(**1**) **オ**

(**2**) **ウ**

(**3**) **この先6週間、息子の姿が見られなくなる。**

(**4**) **オ**

(**5**) **エ**

(**6**) **6a　オ　6b　イ　6c　ア**

(**7**) **ア**

(**8**) **慣れ親しんだ世界を離れさせること。**

(**9**) 2番目：**ウ**　6番目：**キ**（エ-ウ-オ-ア-カ-キ-イ）

　時間と場面がかなり大きく移動する文である。だから特徴的な設問として(**9**)これらの出来事を起きた順に並べよ、というのがある。試験の現場では、二度手間を防ぐために、あらかじめ問題を読んで、本文を読みながらこの作業をしなけれ

ばならない。とりあえず時間の軸を作っておこう。

———————————————————————→ Time

　第一段落、場面はパリであることが分かる。街に人は少なく筆者はジョギングをしている。

　それを受けて第二段落では街の人々の描写。白いドレスで自転車に乗る女性、ローラースケートで駆け抜ける女性、ポルシェでゆっくり走るおしゃれな男性。みんな人生を愛している、のあとに **(1)** <u>everyone seems to be offering a variation on the phrase "I wasn't even trying."</u> とある。

(1)「筆者はパリの人々のことをどのように考えていることがうかがえるか」という問題。下線部は実は結構難しいのだが、よく分からなくてもその前の描写から十分に答えは推測できる。

ア Aimless and self-destructive.〈目的もなく自己破壊的。〉
これではやけっぱちだ。

イ Health-conscious and diligent.〈健康志向で勤勉。〉
これは正しいアメリカ人あるいは多くの日本人。

ウ Self-disciplined and free from vice.〈己を律し悪徳を遠ざける。〉
これは修行者。

エ Escaping from reality and longing for the past.
　〈現実逃避と過去への渇望。〉
落ちぶれた映画スター。

オ Devoted to effortless pleasure and ease of living.
　〈努力を要しない楽しみと生活の安逸を心から愛する。〉
これが正解。

　下線部は「そもそも、やろうともしてなかった」という言葉の変種をみんなが提示しているように見える。"I wan't even trying." は、例えば何かを仕損じた時に「別にどうでも良かったんだけど」と負け惜しみのように言う人が普通の使い方。F. Scott Fitzgerald, *The Great Gatsby* 中のせりふとしてもよく知られる。あとに「妻はグレート・ギャッツビーのTシャツを着て」とあるのと呼応する。夫婦でギャッツビーファンなのだろう。もちろんこのへんは cultural literacy（▶302ページ）に関することだから設問にはしない。

　第3段落、パリの人々の描写が続く。カフェに座ったカップルたちが皆ファッション雑誌のようにおしゃれで、みんなタバコを吸っている。They know what awaits them—horrible deaths, wild parties, (2) in no particular order.

(2)「タバコを吸う」に続いて「何が自分を待っているかを知っている」(await は wait とほぼ同じだが「待ち構えて」のニュアンスが強い)という文を見ると、我々は「肺がん」などを思い浮かべる。ところが筆者は「悲惨な死」に続けて「どんちゃん騒ぎ」と言う。「人生どんちゃん騒ぎをして、行き着く先は悲惨な死だ。C'est la vie. (That's life.)」と言いたいんだろうと我々が読んでいると(2)「特定の順番はない」つまり「どっちが先かは決まっていないけれど」と付け加えて(福田恆存じゃないが)「わあわあがあがあ、騒いだあとは遅かれ早かれ死んでいくのだ」と言っているらしいことが分かる。このへんのニュアンスは難しいから、これは難問と言っていいのだろう。

ア Her room is always kept in good order.
〈彼女の部屋はいつもきちんと片付いている。〉

ここでの order は「秩序」。

イ The police failed to restore public order.
〈警察は治安を回復できなかった。〉

これも「秩序」。

ウ The words are listed in alphabetical order.
〈単語はアルファベット順に並べられている。〉

「順序」で、これが正解。

エ He gave a strict order for the students to line up.
〈彼は学生たちに整列するよう厳しく命じた。〉

「命令」。

オ I will place a quick order for fifty copies of this book.
〈この本50部、すぐ発注します。〉

「注文」。

東大入試の問題の定番として、いわゆる「多義語」を問うものがある。上の order のほかに figure、term、class、case、point、state、subject、free、yield などなど。もちろんそれぞれには core meaning があるのだけれど、用法が多岐にわたってすでに1語として、literal / figurative の違い程度では説明できなくなったものを便宜的にそう呼ぶ。例えば order の core meaning は「配置し、整えること」ということなのだが英英辞典[74]を見ると

1. an authoritative direction or instruction; command; mandate.

---

74. Dictionary.com

（略）

4. the disposition of things following one after another, as in space or time; succession or sequence: *The names were listed in alphabetical order.*
5. a condition in which each thing is properly disposed with reference to other things and to its purpose; methodical or harmonious arrangement: *You must try to give order to your life.*
6. formal disposition or array: *the order of the troops.*
7. proper, satisfactory, or working condition.
（略）
9. conformity or obedience to law or established authority; absence of disturbance, riot, revolt, unruliness, etc.: *A police officer was there to maintain order.*
（略）
14. a direction or commission to make, provide, or furnish something: *The salesclerk will take your order.*
（以下略）

をはじめとして36項目に分けている。日本語でいえば 1.＝命令・指令　4.＝順序　5.＝規律　6.＝隊形　7.＝正常な状態(out of order〈故障〉でなく)　9.＝秩序・治安　14.＝注文

と、日本語の分け方とは当然ながら一致しないけれど似てはいる。で、結論だが、この手の問題では、日本語にした場合同じ「訳」になるものを選んで構わない。ただ念のためにいっておくが、そのことと「run の意味には走る／流れる／運営されているなどの意味があるから訳をしっかり覚えましょう」などということは同じではない。

ここまでがパリの街の描写。では (**9**) について始めてみよう。

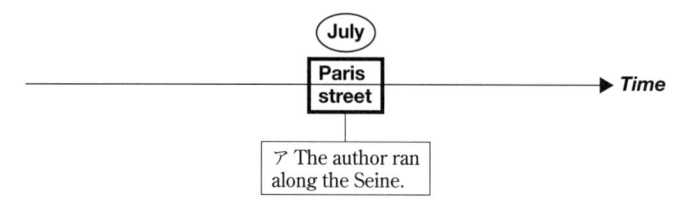

```
                    ┌──────┐
                    │ July │
                    └──────┘
                    ┌──────┐
                    │Paris │
                    │street│
──────────────────  └──────┘  ──────────────▶ *Time*
                        │
                        ▼
                    ┌─────────────────────┐
                    │ア The author ran    │
                    │ along the Seine.    │
                    └─────────────────────┘
```

第一〜三段落は内容的には一連のものである。だから one paragraph, one idea. の原則からいえば一段落にまとめてしまっていいようなものだが、これ

は論理的な文でなくエッセイだから、リズムや読みやすさといったほかの要素も入ってくる。

　次の段落は家に戻ってから。シャワーを浴びて朝食、昼まで眠る。起きると息子も妻も準備ができている。郊外に行く電車に乗るために駅へ。息子は荷物を持っている。

(3) This was the last we'll see of him for six weeks.
context から「息子を駅まで送りに行き、この先6週間は会えない」のだと見当はつくからそのまま「この先6週間は息子に会えない」「これで6週間は息子の姿が見られない」などで構わない。

　We'll see him. でなく We'll see of him. と言っていることに関して少し補足をしておく。「これ、もっと欲しい」と言う時 I want more this. と言えないから（代名詞に many、much、more などをくっ付けることをしないから）I want more of this. と of でつないで「これのもっと多くのものを」と言う。また I often saw him.〈よく彼に会った。〉を I saw much of him. と言うことがある。この of は I got a glimpse of him.〈彼をちらりと見かけた。〉と同様、目的語を導いている。同様に I saw nothing of him. なら「彼には全然会わなかった」。I saw the last of him. なら「それが彼の見納めだった」。これを元にして this was the last (that) we'll see of him が出来上がっている。過去形の文だから、文法的には本来 we would see となるところ。

　段落変わって、列車の中。→ (9) カ。I realized I'd (=I had) gone mad.〈正気を失ったのだと気づいた。〉の mad がどういうことなのか、説明が続くはずだが、筆者がフランス語の勉強を始めた話が始まる。個人教授に習っていると息子が興味を示し、ある時自分も習いたいと言い始めた。私は妙な気がしたけれど but I went (　4　) it. その後ろを見ると明らかに息子がフランス語を始めているのが分かるから、息子の申し出を「許した」という意味になる前置詞を選ぶ。

(4) but I went (　4　) it.
ア against では「反対した」意味になってしまう。イ around では「迂回した」ようだ。ウ in は悪くはない。けれど「自分が入れ込んで」という感じである。エ through は「入り口から出口まで」だから「終わりまでやった」となり、この時点では不自然だ。オ with は「それとともに」だから「その線でいく」感じで、これが正解。

　という判断ができるかどうかという問題であって、go with ... という「熟語」を

知っているかなどという問題ではない。だから一つひとつの単語の意味・動きをいつも考えていることが必要なのである。例えば、get along with ...〈〜とうまくやっていく〉という「熟語」を覚える時に、訳を覚えるよりも get〈ここでは go の意味〉along〈同じ方向で〉with〈ともに〉と本来の意味でとらえる習慣のある人はきっと正解できる問題。

　段落後半では息子のフランス語学習の話が続く。5月、フランスに来る前、2週間の集中授業。そして夏期休暇を利用してフランスを訪れ、これから「フランス語漬け」キャンプに行くところだということは、丁寧に読まないと事情がつかめない。→ (9) エ。

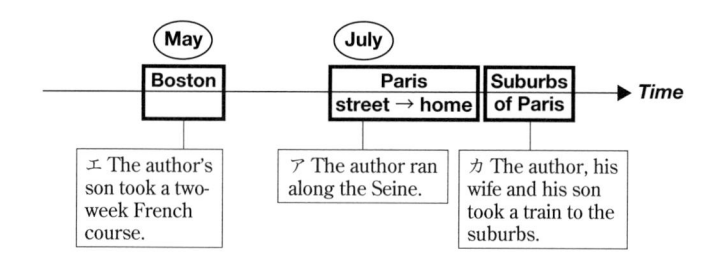

```
        May              July
       Boston          Paris      Suburbs
                    street → home of Paris    ──▶ Time

       エ The author's   ア The author ran   カ The author, his
       son took a two-   along the Seine.   wife and his son
       week French                          took a train to the
       course.                              suburbs.
```

　次の段落の頭でまた It is insane. と繰り返し、ようやくその説明に入るかと思うと、自分の子供の頃のしつけの話に移って、まだ説明はおあずけ。このへんも分かりにくいところである。家のしつけは厳しかった。ただし、violence はなし。(5) A lot of us who came up hard respect the lessons we learned, even if they were given by the belt or the boot. は直訳するなら「苦労して上がってきた我々の多くは、自分が学んだ教訓を尊重している。たとえそれがベルトやブーツによって教えられたものでなくても」。ベルトやブーツは violence の具体的な例だろう。要するに体罰のことだと分かる。(5) さて、下線部 (5) が意味しているのはどのような人々か、だが、ア 一所懸命に努力を重ねてきた人々、は大間違いではないものの、come up のニュアンスもしつけのニュアンスもないから駄目。イ 子供のときから病弱だった人々、ウ 他人に対して冷たくしてきた人々、は何の関係もなく、エ 親から厳しいしつけを受けた人々、は come up hard（この up は grow up の up と同じく成長のニュアンス）を「厳しいしつけを受けた」と表現していて良い。オ 苦労して現在の地位を築いた人々、は確かに、そういう意味で使うことが多いのだが、この文脈は「社会的成功」とは無縁である。こういう問題は下線部だけでなく必ず文脈中での意味を考えること。

自分が受けた厳しいしつけには感謝している。ではそれを子供にどう伝えたらいいのか。子供を強くするためのしつけを、体罰なしでやるには？　知らない人の中に放り込むことだ。

　とはいえかわいい息子が心配だ。

　とここまで読んでも何が mad で insane なのか、まだ分からない。

　段落変わって、3週間前のアメリカでの話。筆者は父としつけの話をしている。「私は父に言った」。

(**6**) the one thing
　　　　　[1](that) I (　**6a**　) for
　　　　　[2]about fatherhood
　was
[3]how much it hurt me to be the bad guy,
[4]how much I wanted to let him loose,
[5]how much I (　**6b**　) [6]whenever I (　**6c**　).

　主部は「[2]父親であることに関して[1]私が（　　）1つのこと」であり、述部は、[3]悪役（good guy＝イイもん／ヒーロー ↔ bad guy＝ワルもん／悪役）であることがいかにつらいか　[4]どれだけ息子の好きなようにやらせたいか　[5]私はどれだけ（　　）か＋[6]私が（　　）するたびに　である。全体として「まだ父親として慣れていない1つのこと」、それが[3], [4], [5] というようなことを言っているのが分かる。（　**6a**　）には wasn't accustomed (to) のようなものが入ると似合うが、その代わり **オ** wasn't prepared があり、これなら for につながる。「心の準備ができていない」ということだろう。[3]憎まれ役は嫌だ [4]好きにやらせたいのが本心だ　に並ぶものとしては（　**6b**　）**イ** felt his pain〈息子のつらさを感じる〉（　**6c**　）**ア** disciplined him〈しつけをする〉が正解。

　部分ごとにではなく、このあたりの内容をトータルに分かっているかを問う問題だから難しい。逆に、トータルに読めればやさしい。

　段落後半。「自分の子供の頃を考えるとそれがよく分かる、自分は12歳でいることが嫌で仕方なかった、などと話していると父が同意してうなずくので驚いた。父はあえてこわもての仮面をかぶっていたのだった。厳父慈母を旨としていたのだ。たまたまうちは厳父厳母だったけれど」。

→(**9**) **ウ**。

```
        May  3 weeks
              ago      July
                               Paris         Suburbs
              Boston           street → home  of Paris       → Time
```

| エ The author's son took a two-week French course. | ア The author ran along the Seine. | カ The author, his wife and his son took a train to the suburbs. |

ウ The author sat and talked with his father.

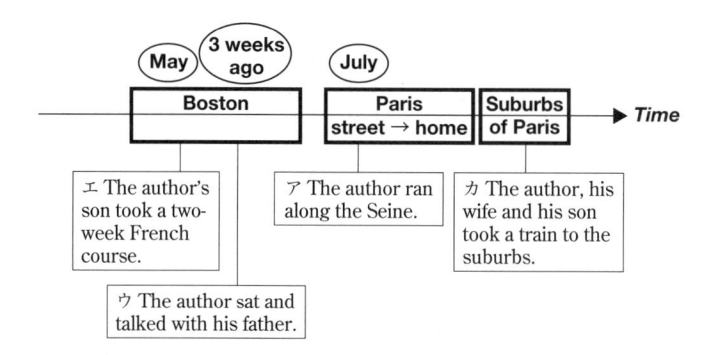

そして段落変わって昨日、私は息子に言った。嫌なことは無理強いしないが自分で決めたら最後までやれ。人生に苦労はつきものだがそれを自分からやるか、やらされるかは自分の判断だ。→ (9) **オ**。

```
        May  3 weeks
              ago      July
                               Paris         Suburbs
              Boston           street → home  of Paris       → Time
```

| エ The author's son took a two-week French course. | ア The author ran along the Seine. | カ The author, his wife and his son took a train to the suburbs. |

ウ The author sat and talked with his father.

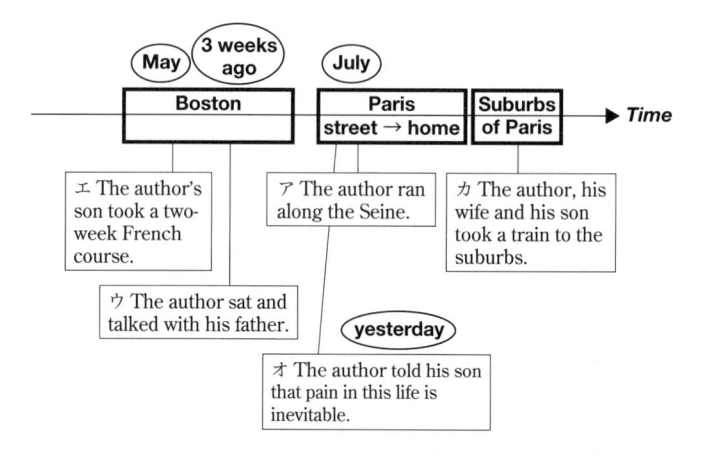

yesterday

オ The author told his son that pain in this life is inevitable.

ここで時間が大きくジャンプする。We signed in. He took a test. ... And then we left. はキャンプでの描写である。駅へ向かい列車に乗るまでのことがさっき書かれていたが、もうすでに到着している。「息子のルームメートにも会った。」→ (9) **キ**。

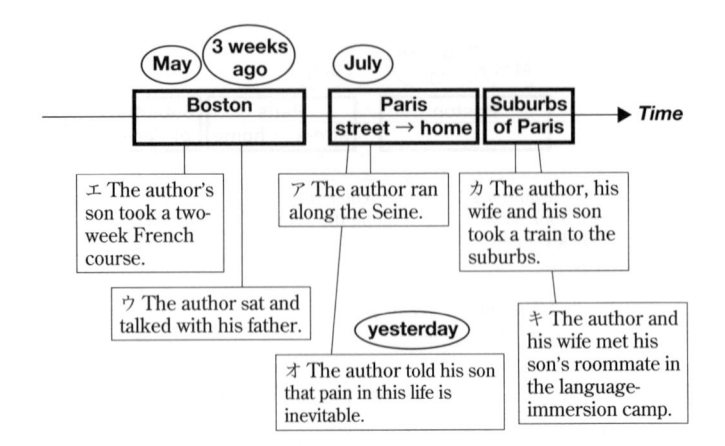

```
            ┌─────────┐   ┌─3 weeks─┐
            │   May   │   │   ago   │   ┌── July ──┐
            └────┬────┘   └────┬────┘   └─────┬────┘
         ┌──────────────┐  ┌──────────────┐  ┌──────────────┐
─────────│    Boston    │──│    Paris     │──│   Suburbs    │──────▶ Time
         │              │  │ street → home│  │  of Paris    │
         └──────┬───────┘  └──────┬───────┘  └──────┬───────┘
```

```
エ The author's       ア The author ran    カ The author, his
son took a two-       along the Seine.     wife and his son
week French                                took a train to the
course.                                    suburbs.

        ウ The author sat and      ┌─yesterday─┐    キ The author and
        talked with his father.    └─────┬─────┘    his wife met his
                                                    son's roommate in
                              オ The author told his son   the language-
                              that pain in this life is    immersion camp.
                              inevitable.
```

別れ際に息子は、eメール出したら必ず返事ちょうだい。so that I know that you're OK.〈パパとママが無事だと僕が分かるように。〉と言う。

(7) <u>So that he knows that we are OK.</u> は筆者が心の中で息子の言葉を反復しているのである。「he knows that we are OK、か、やれやれ、まったく」という感じで。さてその父親の気分は何か？　自由に書け、と言われたら「そりゃこっちのせりふだろ」「大きくなったもんだ」なり「一人前のこと言いやがって」であって「失敬なやつだ」ではないだろう。

ア The author is astonished by his son's rudeness.
　　〈筆者は息子の無礼さに驚いている。〉

イ The author is moved by his son's consideration.
　　〈筆者は息子の気遣いに感動している。〉

ウ The author is struck by his son taking a parent's role.
　　〈筆者は息子が親の役割を引き受けたことにはっとしている。〉

エ The author is surprised by his son making the first move.
　　〈筆者は息子が先手を打ったことに驚いている。〉

オ The author is impressed to see how rapidly his son is maturing.
　　〈筆者は息子がどんどん成長しているのに感銘を受けている。〉

　もしも、どれか「これ！」というのを1つ選べというのなら**オ**あたりが無難な解答だろう。しかし**エ**も悪くない。「こいつはやられたなあ」である。やはり**ア**が一番 unlikely というのは間違いなかろう。これは論理の問題でなく、感情を忖度する問題(案外多い)。

最終段落。「帰る時、妻は泣き出した」→（9）**イ**

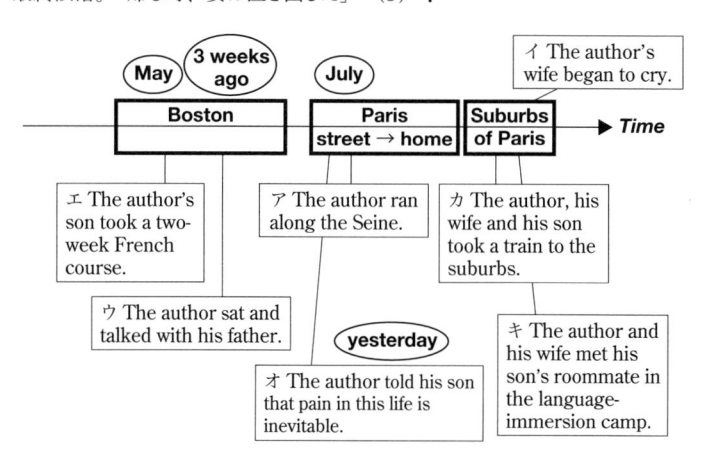

```
     May    3 weeks              ┌─ イ The author's
             ago     July        │  wife began to cry.
      ┌─────┐     ┌──────────┐ ┌─────────┐
──────│Boston│─────│  Paris   │─│Suburbs  │──→ Time
      └─────┘     │street→home│ │of Paris │
                   └──────────┘ └─────────┘
  エ The author's    ア The author ran    カ The author, his
  son took a two-    along the Seine.     wife and his son
  week French                             took a train to the
  course.                                 suburbs.

   ウ The author sat and  ┌─────────┐    キ The author and
   talked with his father. │yesterday│    his wife met his
                           └─────────┘    son's roommate in
                     オ The author told his son  the language-
                     that pain in this life is   immersion camp.
                     inevitable.
```

（9）はこれで完成。左から並べてやればいい。

それに続く On the train we talked about the madness of this all でようやく madness の意味が語られる。その内容は「成長するにしたがって家の近所から出て、故郷を出て、国を出て、それでも後ろ髪を引かれる思いだ。そんなに大切なものを捨てていくというのは正気ではない」というのである。

（8）そして最後は、And you wonder who would (8)do this to a child.〈誰がそれを子供にできるのか、疑問に思う。〉という。who 以下は修辞疑問のニュアンスも強いから、日本語で言えば「こんなことを子供にできるはずもないのに思う」という感じ。do this の this は前文の to do this to yourself の this と同内容。do this to a child は「子供にそれをする」だから、解答としては「大切な場所と人を捨てさせること」あるいは「自分の属する場所を捨てさせること」「愛着のある所から出ていかせること」など。warm gravity / large love の内容を盛り込むこと。

〈今朝、7月の朝早く私はセーヌ川沿いにちょっとランニングをした。楽しかった。まだ外出する人はごく少なかったからランニングはしやすかった。パリはランナーのためでなく散策者のための都市である。

女性たちは白いロングドレスを着てヘルメットもかぶらず自転車で通りを走っていく。あるいはピンクのカットオフのショーツ姿で、これもピンクのローラースケートを履いてすばやく通り過ぎていく。男たちはオレンジ色のズボンに白い麻のシャツ。アン・プティ・ブー（ちょっと）おしゃべりして角の向こうへ消えていく。と思うと今度はポルシェに乗ってサンジェルマン大通りをゆっくりと走り、人生を愛している。パリのこの小さな一角ではみんなが「別にどうでも」

というフレーズを様々な形で実践しているように見える。

　カフェではカップルたちが並んで通りを見ている。それが何列にも並んでまるで『ヴォーグ』の写真か、マネキンをスタイリッシュにディスプレイしたかのようだ。みんなタバコを吸っている。自分を何が待ち受けているか、知っているのだ。悲惨な死、大騒ぎのパーティ。特にどちらが先、ということでもない。

　家に戻り、シャワーを浴びて、服を着る。通りの向こうへ渡ってパンとミルクを買った。妻がコーヒーをいれ、朝食をとった。それから猛烈な疲労に襲われて昼まで眠った。目が覚めるともう息子は服を着ていた。妻はグレート・ギャッツビーのTシャツとジーンズ姿にサングラスをかけイヤリングをつけている。髪をひっつめて広げ、大きな美しいアフロ・ヘアにしている。私たちは郊外行きの列車に乗るべく家を出た。息子は荷物を持っている。6週間後まで息子の姿は見納めとなる。

　正気の沙汰ではない、と思い至ったのは列車の中だった。ボストンの家で私は古い練習帳と昔のテープを頼りにフランス語の勉強を始めた。そのあと、フランス語学校の授業を受けに行った。次には個人授業の先生を頼んだ。授業は近所のカフェで行った。時々息子が見に来たが、なかなか帰ろうとしないことに私は気づいた。ある日息子は私に、フランス語を習っていいかと尋ねた。妙な気がしたが希望どおりにさせた。フランスに来る前の5月、彼は2週間コースに参加した。1日8時間だ。6時に起きて遅れずにクラスに行き、12時間後にようやく帰ってくる。夕食を食べるとまるで建設労働者のように眠るのである。しかし彼はそれが気に入っていた。そして息子と妻と私は夏の休暇でパリまで来て、今、語学集中特訓──フランセ・トゥ・レ・ジュール（毎日フランス語）キャンプ──へと送り込みに行くところなのである。

　これは正気ではない。私が子供の頃の、家のしつけについて、際限もなく、しかし体罰なしに課されたある種の修練についてお話しよう。つらい思いをしてやってきた人間の多くが自分の受けた訓練に対して、それが殴ったり蹴ったりを伴うものであっても、敬意を払っている。そうした修練を、子供に実力行使することなしにどうしたら伝えることができるのか？　荒々しい世の中に対抗していくだけの強さを、体罰を加えることなしに、どうしたら付けさせることができるのか？　私が考えつく唯一のことは、違った・知らない場所に、誰かがどこかで賢いと褒めてくれた、なんてことを誰も気にもかけないような所へと放り込むことだった。私の唯一の答えは、自分が大人になってから経験した学習スタイルをコピーし、それを子供に適用することだ。

　だが私は美しい褐色の息子が心配なのだ。

　3週間前アメリカで、私は父と座って、息子が悪いことをした時に叱らなくてはならなかったことを話していた。父親としてまだ心の準備ができていないことといえばやはり、悪役になるのがつらいこと、実は好きにやらせておきたいこと、しつけをする時息子のつらさが分かって仕方ないことだと、私は父に話した。私がそうしたことを感じるのは自分が息子の歳だった頃12歳でいることが嫌で仕方なかったのを覚えているからだ、と。すると驚いたことに父はうなずいて同意するのである。父は厳しい人だった。厳しくするのを楽しんでいたとは思わない。けれど心を鬼にして私たちをしつけていたのだとは思いもよらなかった。父はそうした部分を私たちには決して見せなかった。彼の掟は「母を愛せ。父を恐れよ」だったから父はそういう仮面をかぶっていたのだ。ただ実際には両親とも恐ろしかったのであるが。

　昨日私は息子にその話をした。興味のないこと(例えばピアノ)を無理強いしたりはしない、だが自分でやりたいとはっきり言ったのならば、つらくても最後までやり遂げる以外の道はな

い、と。何と非パリジャン的であることか。しかし私は息子に、苦労を避けることはできない、できるのは自分からする苦労か仕方なくさせられる苦労かを選ぶことだ、と言った。セ・トゥ（以上だ）、と。

　私たちは申込用紙に記入し、息子はテストを受けた。私たちは彼の部屋を見、ルームメートに会った。私たちは息子に、愛しているよ、と言い、帰ることにした。

　「ｅメール出すから」と彼は言った。「必ず返事ちょうだい。無事かどうか心配だから。」

　心配だから、ときた。

　帰る時、妻は泣き始めた。列車の中で私たちは話し合った。これはまったく正気の沙汰ではない、そもそも私たちは今なぜこんなつまらない・常軌を逸したことをしているのか。人は初め自分の家の周りから外に出る。次に近所の外へ行く。そして高校を出る。次には町を出て大学に行き、しまいには国を出る。それぞれの段階で人は世界を1つ捨て、そしてそれぞれの段階で人は温かい重力によって、大きな愛によって家に引き戻されるのを感じる。そして、出ていくなどは狂気の沙汰、と感じる。自分にこんなことを強いるのは馬鹿げたことと感じる。そしてそんなことをなぜ子供に強いなければならないのかと思うのである。〉

東大英語総講義

第6章 英文ライティング

1. 英文を書くとは
2. 良い英語とは
3. 良い英語を書く8つのルール
4. 論述12パターン
5. 東大ライティング
6つの型［例文集］

1 英文を書くとは

英作文は暗記科目

英文法に従って和文を英訳すれば英語を書ける、と思っている人がいるけれど、そうではない。そのようにして英語を話すことができない、というのとまったく同じで、あらかじめ英語で覚えたフレーズだけが実用になる。この章は暗記の章だから、いつも鉛筆を持って、手を動かし、口を動かし続けてほしい。

1 「訳す」のでなく「移す」

英語を書き・話すことは日本語から英語に語の単位で訳していくことではない、というのは日常会話のレベルでは誰でも知っている。だから

おはよう。→ It's early. ✘ でなく Good morning. 〈良い朝[をあなたに]。〉

さようなら／では／じゃあね／ほな／さいなら。

→ Then. / In that case. ✘

でなく Good bye. / God be with you.

〈神がともにありますように。〉

こちらでお召し上がりですか？ お持ち帰りですか？

→ Would you like to eat here or do you wish to take it out? ✘

でなく

  For here or to go?〈ここですか、[持って]いっちゃうんですか？〉

という。訳しているのではない。生活の中の同じ場面における equivalent〈等価〉なものを探しているのである。

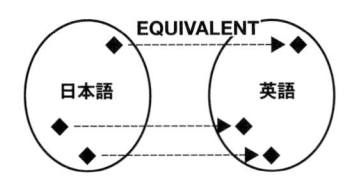

そんなことは承知している、自分は It's early. なんて言わないなんて人が、基礎英会話から離れたとたんに、

兄はもう社会人になっていますから世の厳しさも分かっています。

→ My brother has become a society man, and he knows that the world is strict. ✗

〈兄は社会男になったですから、世の中厳格、知ってます。〉

なんて言い始める。単語のレベルで訳すからこうなる。英語では

My brother is out of college now and is well aware that life is not easy.

という。out of college とか Life is not easy. は、Good morning. や Good-bye. ほどではないにせよ、定型表現なのだ。日本語の「社会人」や「世の中は厳しい」が定型表現であるように。

いわゆる成語ももちろん定型である。「需要と供給」は supply and demand 〈供給と需要〉、「衣食住」は food, shelter, and clothing 〈食住衣〉、「原因と結果」は cause and result でなく cause and effect、「コストパフォーマンス」は cost-effectiveness、「少子化」は declining birth rates。

意見の述べ方にしても、やはり定型に従っている。例えば何かに対して賛成・反対の意見を述べるさい、日本語では「様々な意見もあるでしょうけど、私はその考え方はちょっといかがなものかと思うんですよね。つまり．．．」という、やわらかい言い方が好まれる。しかしこれをこのまま英語にして、

I'm aware that there are many different opinions, but I'm not sure if this idea is right. For ...

とすると、まず受ける印象は謙虚、というより自信のなさ、だろう。むしろすっきりと

I disagree. I don't think it's fair to ... .

〈反対です。〜するのは公正ではないと思います。〉

が普通。もちろん英語にも遠回しなやわらかい言い方はいくらもあって、なんでもぶっきらぼうに言うのが英語流だという勘違いをしてはいけないけれど、英語の方が straightforward 〈ストレートな〉物言いを好むというのも事実。

一番大切なのは

```
日本語 ----訳----> 英語
```

ではなく

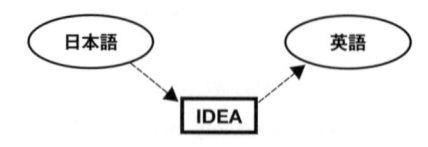

```
日本語         英語
    ↘       ↗
     IDEA
```

と考えることだろう。idea はつまり「言いたい内容」である。

　日本語のものの言い方をそのまま英語に移した結果、意味がずれてしまうことは多い。まずそこに気づくことから始まる。

―――――――――― **DRILL 19** ――――――――――

下の各 **a b** のうち、日本語で言いたい内容をより良く表している英語はどちらか。

(1)（お礼の言葉として）申し訳ありません。

　a. I'm sorry.

　b. I appreciate it.

　　a ×　　**b** ◎

　a は「おわび」あるいは「お気の毒」。

(2) 人が盛んに出入りした。

　a. Many people got in and out.

　b. People just came and went.

　　a △　　**b** ◎

　a は同じ人たちが出たり入ったりしているようだ。

(3) 人生、文句言い始めたらきりがないわけで。

　a. You will complain endlessly about your life once you have started.

　b. Nobody's life is perfect.

　　a △　　**b** ◎

　「きりがない」は日本語のイディオムのように訳してみてもはじまらない（←これもイディオム）。

(4) 世の中金ばっかじゃないよ。

a. Money is not everything.
　　　b. The world is not only money.
　　　　a ◎　　b ×
　　　b は文のもととなる The world is money. がすでにおかしい。
(5) もったいないなあ。
　　　a. What a waste!
　　　b. That's mottainai.
　　　　a ◎　　b ×
　　　b は日本語を知っている人にしか通じないだろう。
(6) あなたのしゃべり方好きよ。
　　　a. I like your speaking method.
　　　b. I like the way you talk.
　　　　a ×　　b ◎
　　　a では何か確定した「発話方式」があるようだ。
(7) その家は部屋数が多い。
　　　a. The house has many rooms.
　　　b. There are many rooms in the house.
　　　　a ◎　　b ×
　　　b は There is a house in the corn field.〈トウモロコシ畑には1軒の家が建っている。〉のように「家があり、そこには部屋がたくさんあって」という描写のようで不自然。ここではあくまで the house が主語であるべき。同様に She has thick eyebrows.〈彼女は眉毛が濃い。〉を There are thick eyebrows on her. ✗ などと言ったらすごく奇妙だ。
(8) このグラフを見ると物価の変動がよく分かる。
　　　a. If you see the graph, you can clearly see how the prices move.
　　　b. The graph clearly shows how the prices have changed.
　　　　a △　　b ◎
　　　これも主語は the graph である。move〈移動する〉も不自然。
(9) この水は飲めますよ。
　　　a. You can drink this water.
　　　b. The water is good to drink.
　　　　a ×　　b ◎
　　　主語は you でなく the water。「水が」飲むに適しているかどうかを問題にして

いる。
(10) Wi-Fi 使えます。
 a. You can use Wi-Fi.
 b. Wi-Fi is available.
 a × **b** ◎

これも同様、you が主語ではない。Wi-Fi が使えるかどうかが問題。

(11) その教会は誰でも入れます。
 a. The church is open to the public.
 b. Anybody can enter the church.
 a ◎ **b** ×

主語は the church。anybody では「2歳の幼児でも、爆弾を持ったやつでも」と言っているようだ。

(12) 世の中の動きを知るようにしなければいけない。
 a. You should be aware of what's going on in the world.
 b. You should know more about the movement of the world.
 a ◎ **b** ×

b では the movement of the planets〈惑星の運動〉のように「世の中が運行」していくようだ。

(13) 努力して、行けるところまで行く。人間、そうでなくちゃ。
 a. Make efforts and go where you can. Human beings should be like that.
 b. Do your best and get the farthest you can. That's what life is all about.
 a × **b** ◎

a の go where you can は「行ける場所に行く」。

(14) 社会人になったら全部1人でやってかなくちゃいけない。
 a. When you are out of college, you are on your own.
 b. Once you belong to society, you'll have to do it all for yourself.
 a ◎ **b** ×

b では、今は belong to society〈社会に属す〉ことをしていないことになる。砂漠で、あるいはジャングルの奥で、1人で暮らしているかのようだ。

(15) みんなが時間を守るからこの組織は動いているんだ。
 a. The organization moves because everybody keeps his time.

  b. The organization runs on the basis of everybody being on time.

   a × **b** ◎

  a は move〈移動する〉が不自然。また keep one's time は「タイミングをキープする／時間を計る」の意味。

(16) 大丈夫、間に合うよ。

  a. We're all right. We'll be on time.

  b. Don't worry. We are going to make it.

   a △ **b** ◎

  a は We're all right.〈僕たちは大丈夫。〉がやや不自然。「心配しないで」の方がよい。また make it は「やってのける／大丈夫／ OK」の意味で広く用いられる便利な表現。

(17) しまいには誰も相手にしてくれなくなるよ。

  a. You'll end up losing all your friends.

  b. Nobody will deal with you in the end.

   a ◎ **b** ×

  日本語の「相手してくれなくなる」は「付き合ってくれなくなる」の意味であって「対応する／対処する」ではないから **b** の deal with は不自然。「しまいには～なる」は end up ... という（▶496ページ）。

(18) お似合いのカップルだわ。

  a. The couple are like each other.

  b. They deserve each other.

   a △ **b** ◎

  a は文字どおり「似ている」。**b** の deserve は「釣り合っている」。「割れ鍋に綴じ蓋」的な嫌味にも使う。

(19) 私たちの結婚生活なんて見せかけよ。

  a. Our marriage is just for show.

  b. Our marriage is pretension.

   a ◎ **b** ×

  b でも通じそうなものだが、そうは言わない。「見せかけ」は for show という決まり文句で表す。

  ex. The investigation is just for show.〈捜査はおざなりなものだった。〉

(20) 気分に合わせて選ぶというのも楽しいものです。

a. You can enjoy the freedom of choice.
b. It is fun to choose according to the mood.
　a ◎　b △

本当に文字どおり「気分」が問題なら **b** も間違いではないが、言いたいのは「選択の自由」があるということ。

2　型を覚え、中身を入れ替える

　多くの人はこれまで読むことに集中してきたから、例えば
I want you to come with me.〈君に一緒に来てほしい。〉
などという文も、読めたらそこでおしまい、ということが多かったと思う。この先、書く・話すということを考えるとそれではもったいないのである。この文は使い回しがききそうだ、と思ったら次のことを実践するとよい。
①その分の構造を分析する。

I want [you to come with me].

「私が望んでいるのは [you が come すること]」と、意味上の主＝述関係が2つ組み合わさっている。
②何度か繰り返して言って覚える。そのさい、できるだけ自然な英語のスピードで覚える。しゃべるときの準備である。
　「アイ・ウォント・ユー・トゥー・カム・ウィズ・ミー」でなく「アウァンチュタカメェスミ」（カタカナに移すのは無理があるけれど）と連続して言えるようにしておく。
③単語を入れ替えて色んなことを言う。
I want you to *join* us.〈君に加わってほしい。〉
I'd *like* you to join us.〈君に加わってもらいたい。〉
I want *him* to *stay* here.〈彼にはここにいてほしい。〉
Do you want *me* to *help* her?〈彼女を手伝ってほしい、ってこと？〉
Nobody wants *you* to *quit* school.
〈誰もあなたに学校を辞めてほしいとは思ってない。〉
I won't *allow* you to *do* that.〈君がそうすることは許さないよ。〉
I *expect her* to *come*.〈彼女は来ると思ってます。〉

いくつかそういう練習をやってみよう。

QUESTION 79

表題の文の単語を入れ替えて、それぞれの日本語に当たる表現を言いなさい。

I had / got my tooth pulled today.
〈今日、歯を抜いたんだ。〉

　　I had/got [私は手に入れた] + [my tooth が pull された] (状態) を。歯を自分で抜く勇気のある人はいない。だから pulled (by the dentist) の状態を手に入れるのである。

I want the job done now.
〈今仕事を仕上げてほしい。〉

　　I want [私は望む] + [the job が do された] (状態) を。自分でやらないで部下にやらせようとしている。

1 車を修理してもらわなければ。(fix)
2 部屋をごちゃごちゃにされた。(mess up)
3 ドアはブルーに塗ってほしい。(paint)
4 背中かいてもらうの、好き。(scratch)
5 政府はやっていることのすべてを国民に知られるのを望まない。(the public)

ANSWER KEY

1 I have to have / get my car fixed.
2 I had / got my room messed up.
3 I want the door painted blue.
4 I love to have my back scratched.
5 The government doesn't want everything it's doing known by the public. / The government doesn't want the public to know everything it's doing.

QUESTION 80

表題の文の単語を入れ替えて、それぞれの日本語に当たる表現を言いなさい。

That's what I need.

〈それが私の必要なものです。〉

  That is (=) what [the thing + which] I need.

1 私はそう聞きましたけど。

2 ああ、やっぱり、そうだと思った。

3 それを言いたかったんだよ。

4 世間ではみんなそう思っている。

5 僕はそういう感じがしてるんですよ。(how)

ANSWER KEY

1 That's what I heard.
2 Yeah, that's what I thought.
3 That's what I wanted to say.
4 That's what people think.
5 That's how I feel.

QUESTION 81

表題の文の単語を入れ替えて、それぞれの日本語に当たる表現を言いなさい。

It's fun to be with you. / It's fun being with you.

〈あなたと一緒にいると楽しい。〉

  It ... to +動詞 と It ... 動名詞 はどちらもよく使われてほぼ同じ意味だが、to の方は「これから〜する」、動名詞の方は「もう済んだこと」「一般論」というニュアンスの差が多少ある。

1 お会いできて嬉しいです。(pleasure)

2 お話できてよかったです。(pleasure)

3 君が来られないのは残念だ。(shame/make it)

4 もうその寺は普通の人は入れないそうで、残念なことです。(pity/open to the public)

5 ひと夏、アジアをあちこち旅行したらさぞ楽しいだろう。
(a lot of fun/spend the summer traveling around)

> **ANSWER KEY**
>
> 1 It's a pleasure to meet you.
> 2 It's been a pleasure talking to you.
> 3 It's a shame that you can't make it.
> 4 It's a pity that the temple is no longer open to the public.
> 5 It would be a lot of fun to spend the summer traveling around Asia.

QUESTION 82

表題の文の単語を入れ替えて、それぞれの日本語に当たる表現を言いなさい。

The University of Tokyo is supposed to be the best university.
〈東大が一番良い大学とされている。〉

be supposed to ... は文字どおりには「～すると思われている」である。自分が思っているのではなく、周りが、世間が、思っている。だから日本語の「～ということになっている」とか「～するものなんだ」というニュアンスが出る。

1 政治家というのは指導者であるはずでしょ。
2 おい、お前、1時間前に来ることになってただろ。(be here)
3 こんなところへ来ちゃいけないよ。(be here)
4 飛行機では携帯電話を使ってはいけないことになっている。
5 行けっていわれてるからバイオリン習いに行ってる。(take violin lessons)

> **ANSWER KEY**
>
> 1 Politicians are supposed to be leaders.
> 2 Hey, you were supposed to be here an hour ago.
> 3 You are not supposed to be here.
> 4 You are not supposed to use your cell phone on airplanes.
> 5 I take violin lessons because I'm supposed to.

QUESTION 83

表題の文の単語を入れ替えて、それぞれの日本語に当たる表現を言いなさい。

You should have gone.

〈行けばよかったのに。〉

　　助動詞＋完了形動詞を使えるように。

1 僕と一緒に来ればよかったのに。
2 そもそもこんな課程、取るべきじゃなかった。(course)
3 もっと頑張ることもできたはずなんだけどね。(can work hard)
4 彼が正しかったのかもしれない。(can / may)
5 他人事じゃないと思ったよ。(それは僕だった可能性もある。can)

ANSWER KEY

1 You should have come with me.
2 I shouldn't have taken this course in the first place.
3 I could have worked harder.
4 He could / might have been right.
5 It could have been me.

QUESTION 84

表題の文の単語を入れ替えて、それぞれの日本語に当たる表現を言いなさい。

Life is about choices.

〈人生とは要するに選択である。〉

That's what life is all about.

〈結局生きるとはそういうことだ。〉

　　Life is about choices.「生きること＝ about 選択」＝「選択に関わること＝選択を中心としている」→ 一番大切なこと／最大の目的
　　That is(=) what [the thing ＋ which] life is about. ← Life is about it.「それが、人生がそれを中心としている、そのことである」つまり「それが人生の中心をなすことだ」→「生きるとは突き詰めればそういうこと」。all〈それがすべてだ〉を付けて言うことも多い。

1 ビジネスとはしょせん儲けることなのだ。(profit)
2 クリスマスの精神は、与えること。
3 共産主義の考え方はなんといっても、階級のない社会である。(classless)
4 教育とはそういうものだ。
5 生きるってどういうことなのかとよく考えます。(wonder)

ANSWER KEY

1 Business is about profit.
2 Christmas is about giving.
3 Communism is about a classless society.
4 That's what education is all about.
5 I often wonder what life is all about.

QUESTION 85

表題の文を使って、それぞれの日本語に当たる表現を言いなさい。

What's going on?

〈どうなってるの?〉

1 「おう、どうだい?」「別に。」
2 世の中がどうなっているか、もっと知らなければならない。
3 脳の働きについて我々はようやく分かり始めたところである。
4 ほとんどの人は自分の身体がどうなっているか、よく分かっていない。
   (have little idea)
5 政権内の動きが見えない。(administration)

ANSWER KEY

1 "Hey, what's going on?" "Nothing much."
2 We should be more aware of what's going on in the world.
3 We are just beginning to know what's going on in our brains.
4 Most people have little idea of what's going on in their

bodies.

5 It's not clear what's going on in the administration.

QUESTION 86

表題の文の単語を入れ替えて、それぞれの日本語に当たる表現を言いなさい。

He'll end up in prison.

〈あいつ、しまいには刑務所行きだ。〉

  end up のあとは［前置詞＋名詞］または動詞の ing 形がくる。

1 君はしまいには大変なことになるぞ。(a serious situation)
2 多くの子供たちは何も教育を受けないまま大人になった。
3 こんなこと続けているとすべてを失うことになるぞ。(end up losing)
4 どうせ最後には泣きついてくるんだろ。(bet / ask for help)
5 そういうわけでこんなことになった。(end up here)

> **ANSWER KEY**
>
> 1 You'll end up in a serious situation.
> 2 Many children ended up with no education at all.
> 3 If you go on like this, you'll end up losing everything.
> 4 I bet you'll end up asking for help.
> 5 This is how I ended up here.

QUESTION 87

表題の語を使って、それぞれの日本語に当たる表現を言いなさい。

Wi-Fi is available.

〈Wi-Fi 使えます。〉

  便利な単語はじゃんじゃん使う。

1 切符、まだ買える？
2 このスーパーで日本食が買えるんです。
3 彼女は今ちょっと席を外しています。
4 空港まで、バスありますか？(bus service)
5 使える手段はすべて使え。(every means)

ANSWER KEY

1 Are tickets still available?
2 Japanese food is available in this supermarket.
3 She's not available right now.
4 Is bus service available to the airport?
5 Use every means available.

QUESTION 88

表題の語を使って、それぞれの日本語に当たる表現を言いなさい。

I like the way you dress.
〈あなたファッションセンス、いいよね。〉

way は ① how の意味で名詞のように使う場合と、② as の意味で接続詞のように使う場合がある。

1 あなたのしゃべり方、好きよ。
2 これがほとんどの人の見方だ。
3 今そういう気分。
4 その本でものの見方が変わった。
5 私たちは物事をこれまで通りにやりたくないのだ。

ANSWER KEY

1 I like the way you talk.
2 This is the way most people see it.
3 That's the way I feel now.
4 The book changed my way of seeing things.
5 We don't want to do things the way (=as) they have been done.

3 何が評価されるのか?

　英語らしい英語が高い評価を受けるに決まっている。東大入試の採点は模擬試験とは違う。模擬試験は何万という人が受けるから、正確なデータを得るために公正な採点が重視される。何十人もの採点者が同じ基準で採点するために、想定される解答例をできるだけ用意して綿密なマニュアルを作り、字数が過不足の場合は0点、単数・複数、時制や動詞の活用形、スペリングの間違いはマイナス1点、文構造がうまくできていないものはマイナス5点などと決めていく。となるとどうしても形式重視の採点になっていく。中身はありきたりのつまらないものでもミスがなければ満点ということにもなる。また、いかにも日本語から英語に直訳したようなものでも、間違いさえなければ高評価ということにもなる。

　東大に限らないが、大学側の入試の採点は原理が違う。大学は良い学生が欲しいのである。だから、もちろん公平を期すためにある程度の基準は設けるだろうが、パンチのある・強い文を書いた答案にスペリングミスがあったからといって、それが凡庸な・正確な文より評価が低くなることは避けるはずだ。東大の英作文の採点者はすべてネイティブ・スピーカーの教師。採点は1点刻みでなく　A（満点）、B（間違いはあるが英作文の内容がしっかりしている）、C（英語にはなっているが中身がつまらない）、D（0点ではないがあまり良くない）、E（0点。白紙だったり英語になっていなかったり）の5段階ということらしい。

　よって、This is no English.〈これ英語じゃない。〉と思われたら論述の形式がどうの、という前に沈没。This is good English.〈英語うまい。〉と思わせたら勝ちなのだ。多少の欠点はあっても少なくともBは約束される。そのためには、和文英訳でなく英語を書くことを覚えなければならない。それから、これは大事なことだが、将来英語をしゃべることをいつも念頭に置いてほしい。英語らしい英語を覚えることは書く・しゃべるの両方に必要だ。

　だから **Write as you speak.**〈話すように書け。〉ということになる。読む力と書く力は天と地ほども違う。我々、漱石を読めといわれたら読めるが、同じように書けといわれたら1行も書けない。新聞を読むのは簡単だが、同じように書けといわれると案外書けない。そんなものだ。英語も同じ。この本で扱っている読解問題のほとんどが大人が普通に読んでいるレベルのものだから、これは書くときのお手本にはならない。自分の力を超えたものを無理して読むことはなんとかできる（し、それは必要な訓練だ）

が、自分の力を超えたものを書くことはできない。まずは、日常的にしゃべるレベルの英語を書くことが目標となる。

といっても

I love going into like clothing stores and stuff. I like buy the neatest mini-skirts and stuff. It's like so bitchen cuz like everybody's like super-super nice....[1]

〈ファッションとかのぉお店行くのぉ、なんか大好き。サイコーかわいいミニとか買って。ほんといけててぇ、だってみんな、なんていうか、みんなチョー・チョーいい人でぇ…〉

という意味での「しゃべる」ではなく、人前で自分の意見を話す、という意味での「しゃべる」だ。それがどういうものかはあとでゆっくりと見てもらう。

1.Frank Zappa, "Valley Girl" (1982)。この例での like はすべて「とか」「なんか」に当たる、間投詞に近いもの。... and stuff も「〜とかなんとか」

2 良い英語とは

　色々な人が良い英語・悪い英語の本を書いている。良い英語として共通してあげるのが「簡潔・明解」、つまり plain English〈平明な英語〉である。だから論理不明瞭な文はもとより、易しい言葉で済むところを、わざわざ難しい、かっこつけた言葉を使うのはもってのほかというわけだが、世間にはこれが満ちあふれている。例えば次の文などは電話の申込者に、ワイヤーが入手できないため設置できないと断る手紙である。

　I regret however（ここから延々と regret の内容）that the Survey Officer who is responsible for the preliminary investigation as to the technical possibility of installing a telephone at the address quoted by any applicant（ここまでが主部）has reported that owing to a shortage of a spare pair of wires to the underground cable (a pair of wires leading from the point near your house right back to the local exchange and thus a pair of wires essential for the provision of telephone service for you) is lacking（ここまでが report の内容）and therefore it is a technical impossibility to install a telephone for you.
〈しかしながら加入申込者住所の当該電話設置の技術的可能性に関する予備調査を担当する調査員によりますと、地下ケーブルへのワイヤー1組（お客様宅から管区の電話局に直結するための1対のワイヤー、すなわち電話サービスをご提供するために不可欠なワイヤー）が入手不能でありますことから、お申し込みの電話設置は技術的に不可能である旨お伝えしなければならないことはまことに遺憾であります。〉

というひどい英語（これでワン・センテンス！）など、plain English で書けば、

　I am sorry to have to tell you that we have found that there is no spare pair of wires on the cable that would have to be used to connect your house with the exchange. I regret therefore that it is impossible to install a telephone for you.
〈申し訳ございませんが、お宅と電話局をつなぐケーブルに付けるワイヤーが入手できないことが判明しました。そのため、残念ながら電話の設置は不可能でございます。〉

で済んでしまう。[2]どちらが良い英語かは議論の余地がない。

　要するに、読む側の立場で書く、ということに尽きる。具体的にいえば、文を長くしないこと。そのためにはやたらに関係詞の多い文を書かないこと。できれば基本語を多用して書くこと。

　また、下のような語句は英文を読んでいるとよく出てきて、うっかりすると使った方がいいと思いがちだが、実はもっと易しい言い方がいいのである。

　　as a consequence of ...〈〜の結果として〉　→　because of ...〈〜のせいで〉
　　approximately〈おおむね〉　→　about〈約〉
　　at this point in time〈現時点において〉　→　now〈今〉
　　at your earliest convenience〈ご都合の許す範囲で最も早い機会に〉
　　　　　　　　　　　　　　　　　→　as soon as possible
　　　　　　　　　　　　　　　　　　〈できるだけ早く〉
　　by means of ...〈〜の手段によって〉　→　by ... / with ... / using...
　　　　　　　　　　　　　　　　　　〈〜で／〜によって／〜を使って〉
　　for the purpose of ...〈〜という目的のために〉
　　　　　　　　　　　　　　　　　→　to ...〈〜するために〉
　　in the absence of ...〈〜が欠落した状態において〉
　　　　　　　　　　　　　　　　　→　without ...〈〜がないから〉
　　in the event that ...〈〜というさいには〉　→　if ...〈〜なら〉
　　in view of ...〈〜に鑑みて〉　→　because of ...〈〜だから〉
　　on the grounds of ...〈〜という根拠において〉
　　　　　　　　　　　　　　　　　→　because of ...〈〜のため〉
　　prior to ...〈〜に先んじて〉　→　before ...〈〜の前に〉
　　proceed〈続ける〉　→　go ahead〈進む〉
　　subsequently〈それ以降〉　→　later / then〈のちに／それから〉
　　utilize〈活用する〉　→　use〈使う〉
　　with the exception of ...〈〜を例外として〉
　　　　　　　　　　　　　　　　　→　except for ...〈〜は別として〉

これらはライティングの本でしばしば指摘される例である。良い英語とはシンプルな英語なのである。

　より細かく書き方の注意点を述べた本は数多いが、定番中の定番は William Strunk, Jr. & E. B. White, *The Elements of Style* (Longman)。初版は1918年と古いが、時代に合わせて改訂を重ね、2014年現在は第4版。ジャーナリズム専攻をはじめ、英語を書くコースの学生にとっては必携の書だ。わずか105ページ

2.Ernest Gowers, *The Complete Plain Words* (1954)

の薄い本だが、文法や句読法、作文の形式、よくある誤用やスペリング間違いなどが丁寧に書いてある。ネイティブの学生向きだからすぐに使えるかどうか分からないが、持っていれば将来きっと役に立つ。さらに先のことだが、職業として英文を書くなら必要となるのが *The Chicago Manual of Style: The Essential Guide for Writers, Editors, and Publishers* (The University of Chicago Press)。英文を書くさいの決まりをすべて網羅した、1,000ページを超える厚い本。

ネイティブが文を書くときのアドバイスとして、例えばどんなことがあげられているか、少し紹介しておく。下にあげた作文の掟は William Safire によるもの。アメリカにおける、言葉の世界の小言幸兵衛、意地悪爺である。

William Safire's Rules for Writers:
1. Avoid run-on sentences they are hard to read.
2. A writer must not shift your point of view.
3. Do not put statements in the negative form.
4. The adverb always follows the verb.
5. Write all adverbial forms correct.
6. Don't use Capital letters without good REASON.
7. Everyone should make sure that their pronouns agree with its antecedent.
8. Writing carefully, dangling participles should be avoided.
9. Never use a long word when a diminutive one will do.
10. Use parallel structure when you write and in speaking.
11. One will not have needed the future perfect tense in one's entire life.
12. Place pronouns as close as possible, especially in long sentences —such as those of ten or more words— to their antecedents.
13. Remember to never split an infinitive.
14. Never, ever use repetitive redundancies.
15. Never use prepositions to end sentences with.
16. Last but not least, avoid clichés like the plague.[3]

へそ曲がりによるルールらしく、そのすべてがルール破りの文になっている。
1. 〈ずるずるつながった文を書いてはいけない読みにくい。〉

---
3. William Safire, *How Not to Write: The Essential Misrules of Grammar*

←接続詞と句読点をきちんと使う。
2. 〈筆者はあなたの視点を変えてはいけない。〉
← a writer (=he / she) が your に変わっている。
3. 〈論を否定形で述べない。〉← 否定形だ。
4. 〈副詞は常に動詞のあと。〉← always や never など例外も多い。
5. 〈副詞はいつも正しく形で。〉← correctly だろ！
6. 〈**理由**もなく**大**文字を使うな。〉←無意味な大文字はうるさいだけ。
7. 〈代名詞を先行詞に一致するよう、みんなで注意。〉
← everyone と their、pronouns と its が一致していない。
8. 〈注意して書き、懸垂分詞構文は避けられるべき。〉
←分詞部分と主部の主語が違う。
9. 〈単簡なる語で済むところに長い語を使うな。〉← short と言え！
10. 〈書く場合としゃべりにおいても並列構造を使え。〉
← when you write and speak または in writing and speaking としろ。
11. 〈未来完了がすでに必要となったであろう場面など一生に一度もない。〉
← will not need でいい。
12. 〈代名詞の場所はできるだけ、特に長いセンテンス——例えば10語を超えるような——では、先行詞の近くに。〉
← Place pronouns as close to their antecedents as possible, ... とする。
13. 〈to 不定詞の to と、語を、動詞との間に割り込ませない。〉
← never to split とする。
14. 〈重複の繰り返しを決して絶対にしてはならない。〉
←「古の昔の武士の侍が、山の中の山中で馬から落ちて落馬して．．．」と古の昔の小学生は言ったが、今でも言うのだろうか。
15. 〈前置詞は置いてはいけない、文末に。〉
← すでに古の昔のルールと見なされている。
16. 〈末筆ながら、すべからくクリシェを蛇蠍のごとく忌み避けよ。〉
← cliché（▶324ページ）。

ネイティブの場合、そういうことが問題になるのか、というのが分かって興味深い。我々の参考になることも多い。

1. の、接続詞やカンマなしでずるずる続ける文を学生の作文で見かけることはたまにあ

る。

2. 視点が変わる、の代表例は the Japanese people で始まった文があとで we に変わってしまうケース。正しくは they である。

4. 副詞の位置は多くの人が悩む。基本の位置は動詞のあと、例えば run *fast*、speak *aloud*、work *hard*、understand *clearly* だが、not、never、often、always などは have *never* seen、can *always* cancel のように、動詞の前(助動詞と動詞の間)に来る。原則は被修飾語になるべく近いところ。とはいえ、文修飾などもあって副詞の位置は割合自由だ。裁量の余地があるから、悩む。

5. 例えば、She's a *fast* runner.〈彼女は速いランナーだ。〉／ She runs *fast*.〈彼女は速く走る。〉や He's an *early* riser.〈彼は早起きだ。〉、He rises *early*.〈彼は早く起きる。〉のように、形容詞と副詞が同形というケースも多いため、ネイティブ・スピーカーの間でも混乱は多い。He's a *slow* mover.〈彼は動きがのろい。〉に対し、He moves *slowly*.〈彼はのろのろ動く。〉が文法的には正しいはずだが、現実には多くの人が He moves *slow*. と言う。もっと正確にいうと、move *slow* のように動詞の後ろに付ける場合には slow とし、*slowly* change のように前に付ける場合は slowly と言っている。しかし do it *well* を do it *good* とするのは間違いと感じる人が多いようだ。

8. 学生の作文でも分詞構文のミスはこれが多い。そもそも分詞構文など (judging from ...〈～から判断して〉や objectively speaking,〈客観的に言って、〉などの決まり文句を別にすれば) 作文には必要ない。as、when、if、and などの接続詞でつなげばいいのだ。

10. 並列構造をきれいに作れるように、というのは日本の学生が書く作文にもいえる。

11. 未来完了ばかりでない。過去完了も、必要な場面はごく限られる。はっきりいってこの両方とも普通の作文には不必要。使ってみてろくなことはない。疫病のごとく避けること。

12. 代名詞は案外難しい。受験生の作文を見ていて、何だか分からない they があるから「この they って誰?」と聞くと「この、his parents」とか言って10行前を指差したりする。自分では分かっていても読者には通じない、そんな典型的な例だ。そういうときには代名詞などやめて his parents を繰り返せばいい。

　上のようなルールは、我々が英語を書くさいにも多かれ少なかれ役に立つ。とはいえ、そのままではどうしても不満が残る理由は、それがネイティブのためであって、日本人が英文を書くとき特有の問題をカバーしていないからだ。日本人が英語を書くさいの基

本ルールといえば次の項で述べていくようなものになるだろう。まずこれを守った上で Strunk なり Safire にいくのが現実的だと思う。

3 良い英語を書く8つのルール

1 英語らしい英語を書け

　前に述べた通り、日本語でこしらえたものを英語に訳してもろくなことはないのである。だから良い英語を、できるだけセットで覚える。単語を覚えるだけでなく、フレーズ単位で、さらに文単位で、時々は(気に入った文があったら)文章全体、つまり段落単位で暗記する。暗記したものはもう自分のものだから、次は必要に応じてそれを取り出し、単語だけ入れ替えて自分のアイディアを述べる。この先英語を話すようになったときにもそれがそのまま使える。

　では覚えるべき良い文はどこにあるか？　東大入試の過去問の読解問題か、というと残念ながらこれは使えない。そのほとんどが、多かれ少なかれプロが書いた、教育を受けた読者にあてたものだから、すぐに真似ようとしても無理。新聞や雑誌も、これは商業的なものだから読者を飽きさせないように強い語を使い、はやり文句を使い、時にはわざと古くさい・難しい語を使い、流行歌を引用し、時には駄洒落を言うなど、実はすごく多くのテクニックが使われている。だからこれも参考にならない。

　一番良いのはやはり、英作文のテキストブックだ。ネイティブの高校生から大学初年生あたりを対象にした本はアメリカでもずいぶん出版されているのだが、日本の学習者向けに作られたものではないから、そのニーズに応えてくれない。それに代わるものとして以下の **4 論述12パターン**(▶540ページ)と、**5 東大ライティング6つの型[例文集]**(▶558ページ)を活用してほしい。

2 短く・強く書け

　ごちゃごちゃ言わない、前置きなんかいらない。言いたいことはストレートにすぱっと言え、とそういうことである。ライティングの教師たちは口をそろえて The shorter, the better. と言う。強いからである。もう1つの理由は、字数が同じなら情報量の多い文の方が上だからである。短く書けば情報量が増えるのは当然の結果だ。

　書く内容が思いつかないから字数だけでも埋めていこうなどということをやっていたらライティングは絶対に上達しない。書く内容が思いつかないなら、構わないから良い文の真似をしなさい。そうしているうちに自分らしいことも言えるようになる。

　例えば「小学校低学年でコンピューター教育をすべきだ」に対する意見を述べるとする。

(1) <u>I know many people may disagree with my idea, but I can't help feeling that</u> computers do harm to children's learning.
　〈私の意見に反対の方が多いことは承知しておりますが、私はどうもコンピューターが子供の学習に害になるような気がしてならないのです。〉

　日本語の「謙虚さ」を英語にすると、ただ自信がないだけという印象。英語では、いきなり意見を言う。

　→ Computers do harm to children's learning.
　〈コンピューターは子供の学習には有害だ。〉

(2) I don't agree with this opinion. That is because I think children should first learn to read and write, and calculate.
　〈私はこの意見には反対である。というのは、子供はまず読み書きと計算を学ぶべきだというのが私の考えであるからだ。〉

　これも無駄が多い。「反対だ」というのは後ろを読めば分かる。that is because は間違いではないが、短い文で使うと持って回った表現に見える。I think すら不要。自分が意見を述べている場だということは自明なのだから。

　→ Reading, writing, and arithmetic should come first.
　〈まずは読み書きと計算だ。〉

(3) Computers are affecting our everyday world in so many ways, which is why children should learn the basics of computers.
　〈コンピューターは多くの面で我々の日常生活に影響を及ぼしている、というのが、子供がコンピューターの基礎を学ぶべきだという理由である。〉

関係詞で前の文全体を受けてつないでいく、ということも一般には避けた方がいい。それに、because でつなげば理由よりも意見が先に出て、その分強くなる。

→ Children should learn the basics of computers because computers are affecting our everyday world in so many ways.
〈子供はコンピューターの基礎を学ぶべきだ。コンピューターは多くの面で我々の日常生活に影響を及ぼしているから。〉

3 丁寧に書け

The shorter, the better. である。が、なんでもただ短ければ良いわけではない。曖昧さをなくすために、また大人らしく書くために、丁寧に記述することが必要なこともある。少し具体的に述べる。

■理由／目的／結果■

(1) He disagrees with the opinion *because it is not fair*. △
〈彼がその意見に反対なのは、それが公正でないからだ。〉
it is not fair がこの文の筆者の意見、ないし既定の事実のようだ。
→ He disagrees with the opinion *because he doesn't think* it's fair. ◎
〈彼がその意見に反対なのは、それが公正でないと考えるからだ。〉
「反対」の理由は「彼が」it isn't fair「と考える」から。

(2-a) Double-click the icon *to* install the program. ◎
〈アイコンをダブルクリックしてプログラムをインストールします。〉

(2-b) We worked hard *to* survive the bad times. △
〈苦難の時代を生き延びようと懸命に働いた。／懸命に働いて苦難の時代を生き延びた。〉
to 不定詞が目的を表そうとしているのか、結果なのか、曖昧。
→ We worked hard *in order to* survive the bad times. ◎
〈苦難のときを生き延びようと懸命に働いた。〉
目的を表す場合は in order to ... とする。
→ We worked *so* hard *that* we were able to survive the bad times. ◎
〈懸命に働いて苦難の時代を生き延びることができた。〉

結果を表す場合は so ... that とし、後半にはっきり were able to survive と書いて、曖昧さをなくす。

(3) I saw him last week, ***but*** he was fine. ×
　　〈先週彼に会ったんですが、元気でしたよ。〉

逆接ではない。日本語の「が」や「けれど」はよく使われるが、その多くは逆接でなく単なる接続。

　→ I saw him last week, ***and*** he was fine. ◎
　　〈先週彼に会ったら、元気でしたよ。〉

(3-b) I saw Tom Cruise, ***but*** I didn't think he was very cool. △
　　〈トム・クルーズを見たけど、あんまりかっこよくなかった。〉

「みんなはかっこいいと言う(けれど)」が抜けている。

　→ I saw Tom Cruise, ***and*** I didn't think he was very cool. ◎
　　〈トム・クルーズを見たら、あんまりかっこよくなかった。〉

(4) ***Because*** it was cold and rainy, I didn't feel like going out. △
　　〈寒くて雨が降っていたという理由で、私は出かける気がしなかった。〉

厳密には「因果関係」ではない。「私は寒くて雨が降っている日の外出が嫌いだ」という要素が抜けている。

　→ ***As*** it was cold and rainy, I didn't feel like going out. ◎
　　〈寒くて雨が降ったので、私は出かける気がしなかった。〉

ゆるい「因果関係」を示す場合は曖昧な as が似合う。

■比較■

(1) Ever since I was a schoolboy, I've always liked science subjects better than ***others***. ×

others が other schoolboys なのか other subjects なのか、曖昧。

　→ Ever since I was a schoolboy, I've always liked science subjects better than ***others did***. ◎
　　〈小学生の頃からずっと、僕はほかの子よりも理科の科目が好きでした。〉

必要なところは繰り返す。

　→ Ever since I was a schoolboy, I've always liked science subjects better than ***other subjects***. ◎
　　〈小学生の頃からずっと、僕はほかの科目よりも理科の科目が好きでした。〉

(2) It's sometimes less expensive to travel ***abroad*** than ***at home***. ◎

〈国内旅行よりも海外旅行の方が安いことがある。〉

→ It's sometimes less expensive *to travel abroad* than *to travel at home*. ◎

このように繰り返してもいっこうに構わない。

(3-a) You have to be *more than 20 years old* to vote in elections. ◎

〈選挙権は21歳以上です。〉

(3-b) You have to be *20 years old or older* to vote in elections. ◎

〈選挙権は20歳以上です。〉

「以上」「以下」はいい加減に書くと間違える。「2人以上」は more than two people でなく（これでは3人以上になる）more than one person。

■**代名詞／代動詞／省略**■

(1) Many of my friends have a tablet. Actually, I have *one* [=*a* tablet] and I love *it* [=*the* tablet]. ◎

〈僕の友だちの多くがタブレットを持っています。実は僕も持っていて、とても気に入っています。〉

it と one を間違えないように。it は [the ＋名詞] だから、まさにそのもの。one は [a ＋名詞] だから同じ種のもの。

(2) Many people seem to have set their goals, but I *don't*. △

I don't seem to ... なのか I don't set my goal なのかが曖昧

→ Many people seem to have set their goals, but I *don't have any*. / ..., but I *haven't set my own*. ◎

〈多くの人はもう自分の目標を決めているようですが、私はまだです。〉

丁寧に繰り返す方がよい。

(3) You can try if you *want*. △

→ You can try if you *want to*. ◎

〈試したければどうぞ。〉

to 不定詞を省略する場合、to は残して、後ろに同じ動詞が来ることを示す。

(4) You can have it if you *want*. △

→ You can have it if you *want it*. ◎

〈欲しければあげるよ。〉

■前置詞■

意味の幅が広い前置詞は特に注意。比較的特殊な用法を拡大解釈して使わないこと。書き手の側で、ある意味に特定したつもりで書いても、読む側には伝わらないことがある。より明確な表現に置き換える。

(**1-a**) She looks young *for* her age. ◎
　　〈彼女は歳のわりには若く見える。〉

(**1-b**) My grades were rather low *for* my efforts. ×
　　→ My grades were rather low *in spite of* my efforts. ◎
　　〈努力のわりには成績が悪かった。〉

(**2-a**) Pam jumped *for* joy when the news came. ◎
　　〈知らせを受けてパムは喜んで跳び上がった。〉

(**2-b**) My flight was delayed *for* the bad weather. ◎
　　〈悪天候のせいで便が遅れた。〉

(**2-c**) The festival has been cancelled *for* the lack of funds. △
　　→ The festival has been cancelled *due to* the lack of funds. ◎
　　〈資金不足のために祭りは中止になった。〉
　とはっきり書いた方が曖昧さがない。

(**3-a**) Are you *for* or *against* the plan? ◎
　　〈あなたはそのプランに賛成ですか、反対ですか?〉

(**3-b**) I'm *for* the idea. ◎
　　〈私はその考えに賛成です。〉

(**3-c**) I think it's a good idea. ◎
　　〈良い考えだと思います。〉

(**3-d**) I am *against* what you say. △
　　→ I *don't agree* with you. / I *disagree* with you. ◎
　　〈私はあなたの意見に反対です。〉

(**4-a**) It's *up to* you to decide. ◎
　　〈決定は君次第だ。〉

(**4-b**) The project is *up to* Joyce Lee. ×
　意味が分かりにくい。
　　→ Joyce Lee is *in charge of* the project. / Joyce Lee is *responsible for* the project. ◎
　　〈ジョイス・リーがそのプロジェクトの責任者です。〉

■同格の that / of■

「同格の that」は、the idea / belief / concept / misunderstanding / statement / opinion など、「考え」や「発言」など、「内容」を導くにふさわしい名詞のあとにしか使われないものである。拡大解釈をしないように。

(1) The experience *that* I lived among foreigners gave me a new perspective. ×
  → The experience *of* living among foreigners gave me a new perspective. ◎
    〈外国人の中で暮らすという体験から新しいものの見方が得られた。〉

(2) There might be a situation *that* you have to choose between two job offers. ×
  → There might be a situation *in which* you have to choose between two job offers. ◎
    〈2つ内定が取れて、どちらか選ばなければ、という場面もありうる。〉

■ to 不定詞■

(1) She didn't say *what to do*. ×
  誰が do するのかが曖昧。
  → She didn't tell me *what to do*. ◎
    〈彼女は私にどうしろとは言わなかった。〉
  → She didn't tell me *what I should do*. ◎
    〈彼女は私にどうしろとは言わなかった。〉
  → She didn't say *what she was going to do*. ◎
    〈彼女は自分がこれからどうするか、言わなかった。〉

■100%、0%という記述を避ける■

「みんなが〜だ」とか「〜は絶対にない」という、100%、0%ということは世の中にほとんどない。こういう物言いは小学生っぽい。

(1) *Young people* know *nothing* about the real world. ×
    〈若者は現実世界のことを何ひとつ分かっていない。〉
  → *Many young people* have *little* experience of the real world. ◎
    〈多くの若者は現実世界をほとんど経験していない。〉

(2) *Japanese people hesitate* to state their opinions in public. ×

〈日本人は自分の意見を公に述べたがらない。〉
→ Japanese people *tend to* hesitate to state their opinions in public. / Japanese people *often hesitate* to state their opinions in public. ◎
〈日本人は自分の意見を公に述べたがらない傾向がある。／日本人は自分の意見を公に述べるのをためらうことが多い。〉

■不用意に言い切りをしない■

上と同じく、手放しに言い切ると不正確だし子供っぽい。

(1) The University of Tokyo is *the best* university in Japan. ×
〈東大は一番いい大学だ。〉
→ The University of Tokyo *is supposed to be the best* university in Japan. ◎
〈東大が一番といわれている。〉
→ The University of Tokyo is *one of the best* universities in Japan. ◎
〈東大は日本の一番いい大学の1つである。〉

4 きれいな形で書け

■並列■

(1) We go to college not only *to prepare* for our career but also *widen* our view and *deepen* our knowledge. △
一見して並列とは分かりづらい。

　　not only ・*to prepare* for our career
　　but also ・*widen* our view
　　　　　　　　and
　　　　　　・*deepen* our knowledge.

→ We go to college not only *in order to prepare* for our career but also *in order to widen* our view and *to deepen* our knowledge. ◎

〈私たちが大学に行く目的は就職のためばかりでなく、視野を広げ、知識を深めるためでもある。〉

not only　・*in order to prepare* for our career
but also　・*in order to widen* our view
　　　　　　　　　　　and
　　　　　　　to deepen our knowledge.

(2) When choosing a college, you should consider *what you want to major in* and *your future goals*. ×

並列されているものの形が違っていて美しくない。

→ When choosing a college, you should consider *what you want to major in* and *what your future goals are*. ◎

〈大学を選ぶさいには、何を専攻したいか、将来の目標は何かを考えるべきだ。〉

you should consider　・*what you want to major in*
　　　　　　　　　　　　　　　and
　　　　　　　　　　　・*what your future goals are*.

(3) It can be difficult *looking* and *finding* a job if you think you have to do it all on your own. ×

looking と finding が並列されているが、looking の方は後ろの目的語とつながらない。

It can be difficult ・looking ┐
　　　　　　　　　　　and 　　├→ a job
　　　　　　　　　　　・finding ┘

→ It can be difficult *looking for* and *finding* a job if you think you have to do it all on your own. ◎

〈仕事を探し、見つけるというのは、全部自分でやろうとするとなかなか難しいものです。〉

■関係詞■

(1) The words *that* the teacher *who* gave me the advice said were these. ×

〈私にアドバイスをくれた先生の言った言葉がそれでした。〉

1文に関係詞が2つ入ると読みにくい。

→ These words were given me by my teacher as advice. / These were the words given by my teacher to me as advice. ◎
〈その言葉は先生がアドバイスとしてくれたものでした。〉
(2) The day ***when you need somebody to help you*** will come. △
〈あなたにも、誰かの手助けが必要になるときが来るでしょう。〉
最後の部分、you will come のように読んでしまって、読み手が混乱する。
→ The day will come ***when you need somebody to help you***. ◎
と、あえて関係詞節を後ろに持っていき、主語・述語をくっ付ける。

■語順■

(1) Our goal is to <u>make</u> *the production of renewable energy* <u>possible</u>. △
〈我々の目標は再生可能エネルギーを生み出すことである。〉
make の目的語が大きく、補語の possible が離れていて読みにくい。
→ Our goal is to <u>make</u> <u>possible</u> *the production of renewable energy*. / Our goal is to <u>make</u> <u>it</u> <u>possible</u> to produce renewable energy. ◎
(2) <u>The fact</u> *that the number of homeless people is rising* <u>remains</u>. △
〈ホームレスの数が増えているという事実は変わらない。〉
同格の that 節を後ろに持っていき、the fact remains と主語・述語をくっ付けた方が読みやすい。
→ <u>The fact</u> <u>remains</u> *that the number of homeless people is rising*. ◎

5 collocation（連語）を覚えろ

collocation は2つ（以上）の語を「ともに」(co-)「置く」(locate) ことができるかどうかを言う言葉。例えば

1.「湯」を「　　」 2.「麺」を「　　」 3.「魚」を「　　」
4.「ご飯」を「　　」 5.「茶」を「　　」 6.「味噌汁」を「　　」

の空所に [沸かす／ゆでる／作る／いれる／炊く／煮る] のうちからふさわしいものを選んで入れろと言われたら即座にできるのだが、英語となると難しい。

1. [　] a walk〈散歩する〉 2. [　] a hard time〈苦労する〉
3. [　] a difference〈違いを生ずる〉 4. [　] exercise〈運動する〉
5. [　] a line〈線を引く〉 6. [　] a meal〈食事を作る〉
7. [　] works of Descartes〈デカルト全集〉 8. [　] answer〈完璧な解答〉
9. [　] universe〈膨張する宇宙〉 10. [　] cord〈延長コード〉

の空所に

1. take　2. have　3. make　4. get / do　5. draw
6. prepare / fix / make / cook　7. complete　8. perfect
9. expanding　10. extension

とすぐに入る人はかなり英語に慣れている人である。

collocation は頭の痛いテーマだが、少しずつ覚えていくうちに色々分かってくる。例えば日本語の「湯を沸かす」「麺をゆでる」「ご飯を炊く」などはみんな **boil** water、**boil** noodles、**boil** rice で済むから楽だとか、困ったらとりあえず do にしておくと結構通じてしまう (「監督する＝ direct」が思い出せないから、Who did that movie?〈その映画誰がやったんだっけ?〉) とか、do なんて言わなくても英語では名詞がそのまま動詞で使われる (salt〈塩を振る〉、pepper〈こしょうをかける〉、water the garden〈庭の水まきをする〉などなど) から割合楽だ、とか play soccer / baseball など game 系は play だが、practice karate / judo など武道系は practice だな、など。ともかく気長に覚えていくことだ。

今は少しだけ、基本動詞の連語を紹介しておく。

do: something、nothing、the work、homework、the job、justice to him、harm to the health

(1) I haven't **done** my homework yet.
　　〈まだ宿題をやっていない。〉

have: a meeting、an appointment、an idea、a hard time、a cold、a feeling

　have はきわめて頻繁に使われる動詞。

(1) I **have** an appointment this evening.
　　〈今夜は約束がある。〉

(2) I *have* a feeling that something has gone wrong.
〈なんかまずい具合になっている気がする。〉

give: a reason、a speech、an explanation、a party、money to charity
(1) Would you *give* a good reason for what you did?
〈自分のしたことの理由をきちんと説明してくれないか?〉

hold: a meeting、a conference、a class reunion、an idea
(1) We are going to *hold* a meeting next Monday.
〈来週月曜に会議を開きます。〉

get: it、out、hungry、shot、things done、there、to the station
　get の使用頻度は恐るべきものだ。have got の形で have とまったく同じように使われることも忘れてはならない。
(1) I *got* it.
〈分かりました。〉
(2) I've *got* an idea.
〈思いついた。〉
(3) Have you *got* some problem?
〈何か困ったことでも?〉
(4) I've *got* to go. → I gotta go.（口語）
〈行かなきゃ。〉

make: a mistake、a decision、a promise、coffee、difference、sense
(1) I *made* a big mistake.
〈大間違いをした。〉

take: an examination、an hour、a walk、a look
(1) I *took* several college entrance examinations.
〈私は数大学を受験した。〉

catch: fish、a criminal、someone's eye、a cold
(1) One of the girls *caught* my eye.
〈女の子の1人が私の目をひいた。〉

leave: home、office、me alone、for Italy
(1) Don't *leave* the tap running.
〈水道を出しっぱなしにしちゃだめよ。〉
(2) *Leave* it to me.
〈僕に任せておいて。〉

6 便利な日本語に注意せよ

　英語と日本語は一対一対応しない。例えば <u>development</u> of（1）civilization（2）the story、（3）children、（4）suburbs の development は日本語では1語で表すことができず、それぞれ（1）文明の<u>発達</u>、(2)物語の<u>展開</u>、(3)子供の<u>発育</u>、(4)郊外の<u>開発／発展</u> だし、(1)<u>controlled</u> economy、(2)computer-<u>controlled</u>、(3)passport <u>control</u>、(4)<u>control</u> freak は（1）<u>統制</u>経済、（2）コンピューター<u>制御</u>の、（3）パスポート<u>審査</u>、（4）<u>支配魔</u>（支配欲の強い人）である。もちろん get、take、make などの基本語も、日本語1語で表すことはとうていできない。

　逆もまた真なのだ。日本語の「言う」は say の1語ではカバーできないし、「する」も do とは限らない。以下に、日本語では様々な場面で便利に使われる語が英語になると使い分けをしなければならない例をいくつかあげる。

■言う■

tell: 伝達内容に重点がある

（1）My mother never ***told*** me to study.
　　〈母は私に勉強しろと言ったことがありません。〉

（2）He ***told*** me that he was living on a pension.
　　〈彼は年金暮らしだと言った。〉

say: 発言を導く

（1）She ***said***, "Stay away from me."
　　〈「私に近寄らないで。」と彼女は言った。〉

（2）***Say*** hello to Roger.
　　〈ロジャーによろしくね。〉

（3）She ***said*** she was from Germany.
　　〈彼女はドイツ出身だと言った。〉

speak: 発話行為に重点

（1）Children learn to ***speak*** at their early ages.
　　〈子供は幼いうちに言葉を覚える。〉

（2）There are many studies on how children acquire ***speech***.
　　〈子供の言語習得に関しては多くの研究がある。〉

(3) I feel nervous when I have to *speak* in front of an audience.
〈人前でしゃべらされると緊張する。〉

talk: おしゃべりをする

(1) I have no one to *talk* to.
〈話し相手もいない。〉

■ひと／人間■

human / human being: Homo sapiens としてのヒト、人類

(1) I'm not a machine; I'm a *human being*.
〈私は機械ではない。人間だ。〉

(2) *Humans* might die out in a couple of centuries.
〈人類は2・3世紀後に死滅するかもしれない。〉

person: 人物

(1) He's an honest *person* who doesn't cheat.
〈彼はずるいことはしない正直な人間だ。〉

people: 最も一般的に、複数形の「人」

(1) Many *people* don't realize the importance of feeling hungry.
〈空腹を感じることの重要性を多くの人は分かっていない。〉

somebody / someone: 単数形で一般的に「人」

(1) I have to see *somebody*.
〈ちょっと人に会うことになっている。〉

(2) Don't tell it to *anybody*. / Tell it to *nobody*.
〈これ、人に言うなよ。〉

■起こる■

happen / occur: どちらもごく一般的に用いられる語。happen の方が by chance〈偶発的に〉のニュアンスが強い。

(1) We cannot tell what is going to *happen* next.
〈次にどうなるか、分からない。〉

(2) An incident *occurred* at her school last week.
〈先週、彼女の学校でちょっとした事件があった。〉

他動詞ではない。 is going to be happened ／ was occurred などと書かないこと。

event / incident: happening / occurrence より注目に値する出来事、事件を指す。incident は event よりマイナーなことが多い

(1) You should consider the relationships between each historical ***event***.
〈おのおのの歴史的出来事どうしの関係を考えることです。〉

(2) Susie has been depressed since the ***incident***.
〈その出来事以来、スージーはふさぎ込んでいる。〉

take place: 計画していたことが行われる

(1) Where will the next Olympics ***take place***?
〈次のオリンピック、どこでやるの?〉

situation: 立場／場面

(1) Dilemma refers to a ***situation*** in which a choice must be made between equally unfavorable options.
〈ジレンマとは、どちらも不都合な選択肢の片方を選ばなければならない場面を指す。〉

circumstances: 状況。situation よりも「周囲の様々な条件 (condition)」のニュアンスが強い。普通は複数形で使う。

(1) Under / In the ***circumstances***, there was no choice but to give up the whole plan.
〈その状況では計画全体を諦めるしかなかった。〉

■知る・分かる■

know: 知っている

(1) We all ***know*** that others have the same rights as we do.
〈他人にも自分と同じ権利があることは誰でも知っている。〉

be aware: 分かっている／意識にある

(1) ***Are*** you ***aware*** of your behavior?
〈自分がどういう行動をしているか、意識しているの?〉

(2) You should ***be*** more ***aware*** of what's going on around you.
〈自分の身の回りがどうなっているか、もう少し分かってほしいな。〉

(3) Young people should ***be*** more ***aware*** of the dangers of smoking.
〈若い人に喫煙の危険をもっと分からせなければ。〉

learn: 学習して身に付ける／知るようになる

(1) Children ***learn*** to read on the laps of their parents.
〈子供は親のひざの上で読み方を覚える。〉

(2) I *learned* that my mother had breast cancer.
〈母が乳がんであることを知った。〉

(3) You should *learn* to accept yourself.
〈自分を自分として受け入れるようにならなくてはいけないよ。〉

get to know: 知るようになる／知り合う

(1) We *got to know* each other in high school.
〈僕たちは高校で知り合った。〉

(2) I'd like to *get to know* as many people as possible.
〈できるだけ多くの友だちを作りたい。〉

　　make friends より一般的。

understand: 内容を理解する／頭では分かっている／自分としては〜と考えている

(1) My son doesn't seem to *understand* what I say to him.
〈息子は私の言うことが分からないようなんです。〉

(2) Of course I *understand* taxes are necessary to run the country.
〈もちろん税金が国の運営のために必要であるということは分かっている。〉

(3) I *understand* Mr. Snell is in charge of this department.
〈スネルさんがこの部門の責任者でしたよね。〉

realize: 頭の中で real →明確にする

(1) You should *realize* how hard it is to communicate with others.
〈他人との意思疎通がいかに難しいか、きちんと分からなければいけない。〉

recognize: 何／何者であるかはっきり分かる。実態を認識する

(1) I didn't *recognize* you at first.
〈はじめはあなただと分からなかった。〉

(2) The government doesn't *recognize* the problem.
〈政府は問題を認識していない。〉

identify: 特定する

(1) The police has *identified* the victim.
〈警察は被害者の身元を特定した。〉

(2) They tried to *identify* the cause of beriberi.
〈彼らは脚気の原因を突き止めようとした。〉

what ... is about: 〜が何に関することなのか → 〜とはどういうことなのか／〜の目的は何か

(1) I don't know *what Facebook is all about*.

〈Facebook って何なんだか、意味分かんない。〉

■言葉■

word: 語／単語

(1) I had never heard such a ***word*** as 'deconstruction" before.
〈「脱構築」なんて言葉はそれまで聞いたことがなかった。〉

(2) To ***abduct*** means to *take away*; to *kidnap*.
〈拉致する、とは連れ去る・さらうこと。〉

(3) I remember the ***words*** she said to me. She said, "I belong to you."
〈彼女が私に言った言葉は覚えている。「私はあなたのもの」と言ったのだ。〉

当然ながら、2語以上なら words とする。

term: 用語

(1) The ***term*** 'phoneme' refers to the smallest unit of spoken sound.
〈「音素」とは言語の音声の最小単位をいう。〉

phrase: 語の、意味を持ったかたまり

(1) The Japanese ***phrase*** "tenka wo toru" literally means "take everything under the heaven", and is used to mean to "rule the world".
〈日本語の「天下を取る」というフレーズは、文字どおりには「天の下のすべてのものを取る」ことで、「世の中を支配する」という意味である。〉

proverb / saying: ことわざ／言い回し

(1) The ***proverb*** "Rome was not built in a day" means that achieving great things requires time and effort.
〈「ローマは1日にして成らず」ということわざは、大きなことを達成するには時間と努力が必要だということをいっている。〉

(2) There is a famous ***saying*** which is used in the stock market: "Don't put all your eggs in one basket".
〈株式市場でよく知られた「すべての卵を1つのかごに入れるな」ということわざがある。〉

expression: 表現

(1) "You said it" is a good ***expression*** to use when you strongly agree with what the other person has just said.
〈「その通り」は、相手の言ったことに完全に同意する、という場面にぴったりした表現です。〉

language: 言語。言葉の総体

(1) You should watch your ***language*** / tongue.

〈言葉に気をつけなさい。〉
(2) Children speak *language* faster than adults.
〈子供は大人より早く言葉を覚える。〉
(3) She speaks four *languages*: Mandarin, Cantonese, English, and Japanese.
〈彼女は4つの言語がしゃべれる。北京官話（標準語）と広東語、英語、日本語だ。〉

speech: 言語能力
(1) There are various studies on how children acquire *speech*.
〈子供がどのように言語を習得するかに関しては様々な研究がある。〉
(2) There are lots of studies on how children learn to *speak*.
〈子供がどうやって言葉を覚えるかについては多くの研究がある。〉

■問題■

matter: 最も広く「事柄」
(1) We should discuss the *matter* further.
〈この問題に関してはもっと議論が必要だ。〉
(2) This is not a *matter* of life and death.
〈生死に関わるような問題ではない。〉
(3) What *matters* most is not the individual's academic background but his / her motivation and potential.
〈一番問題となるのはその人の学歴ではなく、やる気と潜在能力である。〉

problem / trouble: 困ったこと。頭を悩ませること
(1) I have a *problem*.
〈1つ問題がある。〉
(2) There's no *problem* about transportation.
〈移動に関しては問題ない。〉
(3) Try to solve those math *problems*.
〈その数学の問題を解いてごらん。〉
(4) You'll be in *trouble* if you go too far.
〈やりすぎるとまずいことになるよ。〉
(5) She's a *troublemaker*.
〈彼女はいつももんちゃくを引き起こす。〉
(6) Life is full of *trouble* and pain.

〈人生は悩みと苦しみに満ちている。〉

issue: 現在の／当面の問題

(**1**) The government is trying to deal with North Korea *issues*.
〈政府は北朝鮮問題に対処しようとしている。〉

question: 答えるべきこと

(**1**) Answer the *questions* below.
〈以下の問題に答えなさい。〉

different (another) matter / question / story / thing: 別問題

(**1**) Whether the project is feasible or not is a *different matter / question / story / thing*.
〈その企画が実現可能かどうかというのはまた別の問題だ。〉

what's going on: どうなっているか

(**1-a**) You should know the *problems* of the world.
〈世界が抱えている問題を知らなければいけない。〉

(**1-b**) You should know *what's going on* in the world.
〈世の中がどうなっているのか、知らなければいけない。〉

(**2**) We know very little about *what's going on* in our brain.
〈脳の中がどうなっているのか、我々はろくに分かっていない。〉

how ... works: どのように機能しているか

(**1**) You should know *how* the world *works*.
〈世の中のしくみを知らなければいけない。〉

(**2**) We know very little about *how* our brain *works*.
〈脳の働きを我々はろくに分かっていない。〉

■**点／面**■

point: 要点／時点／地点

(**1**) I want to make the *point* clear.
〈要点を明らかにしたいのです。〉

(**2**) What is your *point*?
〈何が言いたいのです？〉

(**3**) That's beside the *point*.
〈それは重要な点ではない。〉

(**4**) We were not aware of the fact at that *point*.

〈その時点では事実を認識していなかった。〉

(5) The plane disappeared at this *point*.
〈その飛行機はこの地点で姿を消した。〉

way: ものを見る／考える方向

(1) Apes are different from monkeys in many *ways*.
〈類人猿は様々な点／面で猿と違っている。〉

in terms of: ［ややフォーマル］〜との関わりで／〜という面から言って

(1) China is one of the most dynamic areas in the world *in terms of* economic growth.
〈経済発展という面から言うと、中国は世界で最も活発な地域のうちの1つである。〉

as far as ... is concerned: 〜に関する限り

(1) China is one of the most dynamic areas in the world *as far as* economic growth *is concerned*.
〈経済発展に関する限り、世界で最も活発な地域のうちの1つが中国である。〉

■時代■

age:（発達における1つの）時代／年齢

(1) stone *age* / bronze *ages* / middle *ages* / middle *age* / innocent *age*
〈石器時代／青銅器時代／中世／中年／純真な年代〉

(2) You don't look the *age*.
〈その歳には見えませんね。〉

period:（区分のはっきりとした）時代／期間

(1) Heian *period* / Edo *period* / a *period* of economic prosperity
〈平安時代／江戸時代／経済繁栄の時代〉

era:（ある特徴を持った）時代

(1) Meiji *era* / the colonial *era* of U.S. history
〈明治時代／アメリカ史の植民地時代〉

times:（ごく一般的に）時代。複数形である。単数 time は「時間」

(1) modern *times* / ancient *times* / keep up with the *times*
〈現代／古代／時代に乗り遅れない〉

(2) *The times*, they are a-changin'[4]

---

4. Bob Dylan の有名な曲のタイトルだが、すでにイディオムのように使われている。a-changing の a は古い英語ないし方言で副詞を作る接頭辞。現代の英語にも aside〈脇へ〉、abroad〈広いところへ→外国へ〉、across〈cross の状態へ＝わたって〉などたくさん残っている。

〈時代は変わりつつある。〉

out of date ／ up to date: 時代遅れの／最新の

(1) Your thinking is *out of date*.
〈あなたの考え方は時代遅れだよ。〉

days: （思い出の中の）時代

(1) good old *days*
〈古き良き時代〉

(2) I remember the *days* when we were young.
〈若かった頃を思い出すよ。〉

7 類似表現を区別せよ

■はじめに／第一に／初めて／はじめは■

first of all: まず最初に

(1) *First of all*, I would point out that the economic aid is not always effective.
〈最初に指摘したいのは、経済援助が必ずしも有効ではないということである。〉

first: 最初に。 first of all とほぼ同じ

(1) There are three reasons. *First*, it can be harmful to your health.
〈理由は3つある。第一に、健康に害があるかもしれないこと。〉

for the first time: 初回

(1) I met him *for the first time* in 2006.
〈初めて彼に会ったのは2006年のことでした。〉

at first: はじめは（今は違う）

(1) *At first* I didn't like Ms. Parker.
〈はじめはパーカー先生が嫌いだった。〉

in (the) first place: そもそも／首位で

(1) You shouldn't have accepted the job *in the first place*.
〈そもそもそんな仕事引き受けなければよかったんだよ。〉

(2) France comes *in first place* in the agricultural production field in the European Union.

〈欧州連合の中で農業生産の分野ではフランスが1位である。〉

■増える・増やす／高まる・高める／強まる・強める■

increase: 大きくなる／大きくする

(**1**) The Ministry of Education is trying to *increase* students studying abroad. ×

〈教育省(文科省)は海外で勉強する学生を大きくしようとしている。〉

はよくある間違い。increase は become / make greater だから、これでは「学生の身体を大きくする」ようだ。collocation として increase とつながるのは number、volume、population、knowledge など。要するに great/large の collocation と重複する。

→ The Ministry of Education is trying to *increase* the number of students studying abroad. ◎

〈教育省は海外で勉強する学生数を増やそうとしている。〉

→ The Ministry of Education is encouraging more students to study abroad. ◎

〈教育省はより多くの学生が海外で勉強するよう促している。〉

rise / raise: 上がる／上げる

(**1**) Inflation rate is *rising* slowly.

〈インフレ率がゆっくりと上昇している。〉

(**2**) *Raise* your hand if you know the answer.

〈答えが分かったら手をあげてください。〉

(**3**) Our goal is to *raise* public awareness of environmental issues.

〈我々の目的は環境問題に関する一般の意識向上である。〉

(**4**) She *raised* three children single-handedly after the death of her husband.

〈彼女は夫の死後、女手一つで3人の子供を育て上げた。〉

grow: 育つ／次第に～なる

(**1**) We *grew* up in the same neighborhood.

〈僕たちは同じ町内で育った。〉

(**2**) When my parents *grow* old, I will have to take care of them.

〈親が歳をとったら面倒を見なければならない。〉

improve: 良くなる／良くする

(1) We can see signs that the economy is *improving*.
〈景気が良くなっている兆候は見える。〉

(2) It's possible to *improve* your English language skills rapidly if you are really committed.
〈本当にやる気なら、英語力を早く伸ばすことは可能だ。〉

■大切な／価値がある／値する■

important: 重要な／重大な

(1) How much money you make is not *important*.
〈どれだけ金を稼ぐかは大きな問題ではない。〉

valuable: （金銭的な）価値が高い。有用性が高い

(1) All *valuables* should be kept in the safe.
〈貴重品は金庫に保管してください。〉

(2) We sometimes obtain *valuable* information from the internet.
〈インターネットから有用な情報を得られることもある。〉

precious: 貴重な／大切な

(1) Those *precious* memories are an important part of my life.
〈そうした大切な思い出は、私の人生の重要な部分となっています。〉

worth: 〜だけの価値がある。形容詞／名詞

(1) I believe it's *worth* trying.
〈それは絶対に、やってみる価値があると思う。〉

deserve: 〜に値する。動詞

(1) Did Obama *deserve* the Nobel Peace Prize?
〈オバマはノーベル平和賞を受ける資格があったか？〉

(2) She *deserves* punishment.
〈彼女は罰せられるだけのことをした。〉

(3) I don't *deserve* to be alive.
〈僕なんか生きている価値のない人間だ。〉

■入れる／含む／ない／除外する■

contain / hold: 容れ物の中に入れる

(1) This bottle *contains* 2 liters.

〈このビンは2リットル入りです。〉

(2) The music hall **holds** more than 1,000 people.
〈その音楽ホールには1,000人以上入る。〉

include:（集合に）包含する⟷ exclude〈除外する〉

(1) The natural sciences **include** physics, chemistry, astronomy, etc.
〈自然科学には物理学、化学、天文学などが含まれる。〉

involve:（包含する／関わりを持つ）

(1) The natural sciences **involve** field work as well as laboratory investigations.
〈自然科学では実験室での研究と同様、実地調査も必要になる。〉

(2) I was once **involved** in illegal activities.
〈私は非合法活動に関わっていたことがある。〉

without: 〜なしで／〜がなければ

(1) We'll have to do **without** help.
〈自分たちだけでやっていかなければならない。〉

(2) Civilization wouldn't have been possible **without** writing.
〈文字がなければ文明は成立しなかったはずだ。〉

except: 〜を例外（exception）として。but で表すこともある

(1) There was no one to help her **except** me.
〈私以外に、彼女を手伝おうとする者はいなかった。〉

(2) There was no one **but** me to help her.
〈私以外に、彼女を手伝おうとする者はいなかった。〉

except for: except と同じ。ただ、「〜の場合を除いて」のニュアンスがある

(1) You are not allowed to bring your own lunch **except for** cases of food allergies.
〈食物アレルギーの場合を除いて、弁当を持ってくることは禁じます。〉

■使役動詞等■

make: 強制的ニュアンス

(1) At the checkpoint, the police **made** us get out of the bus.
〈検問所で、みんな警察によってバスから降ろされた。〉

強い語である。不用意に使わないこと。

have: やってもらう／やられる

(**1**) We wanted to *have* our picture taken in front of the fountain.
〈噴水の前で写真を撮ってもらいたかった。〉

get: やってもらう／やられる

(**1**) I *got* my leg broken. 〈足を折った。〉

　have と get はほぼ同じ。ただし

(**2**) I'll *have* him call you back. / I'll *get* him *to* call you back.
〈お電話するように言っておきます。〉

の、to の有無の違いには注意。have と get とも「自分の意志でしてもらう」
「意志と関係なくされてしまう」のどちらにも用いる。

ask: 尋ねる／頼む

(**1**) I'll *ask* Judie if she can help us.
〈ジュディが手伝ってくれるかどうか聞いてみよう。〉

(**2**) I'll *ask* Judie to help us. 〈ジュディに手伝ってくれるよう、頼もう。〉

(**3**) Don't *ask* me to explain why I got a divorce.
〈なぜ離婚したかの説明は勘弁してくれ。〉

　無難に使える語。

tell: 内容を伝える／指示を伝える

(**1**) Don't *tell* me to do things that I don't want to do.
〈嫌なことをしろと言わないで。〉

let / allow: 許可する／やりたいことをやらせてやる

(**1**) *Let* me explain. 〈ご説明しましょう。〉

(**2**) Please *allow* me *to* introduce myself. 〈自己紹介をさせていただきます。〉

(**3**) My parents wouldn't *let* me stay over. / My parents wouldn't *allow* me *to* stay over.
〈親は私の外泊を許さなかった。〉

■感情■

fun: ［不可算名詞］楽しいこと

(**1**) Reading is *fun*. 〈読書は楽しい。〉

(**2**) Talking to friends is a lot of *fun*. 〈友だちとしゃべっているととても楽しい。〉

happy: 楽しい／幸せだ／満足している

(**1**) I'm *happy* with my parents. 〈親とは仲良くやっています。〉

(**2**) I am not *happy* with my job. 〈仕事が面白くない。〉

pleased: 嬉しい

(**1**) Mother was ***pleased*** to see us all. 〈母は私たちみんなと会えて喜んでいた。〉

angry: 怒っている

(**1**) My mom is ***angry*** at me because I watch TV for more than ten hours a day.
〈僕が1日10時間以上もテレビを見てるからママは怒ってる。〉

offended: むっとした

(**1**) She looked ***offended*** when everybody laughed at her words.
〈彼女の言葉をみんなが笑うと、彼女はむっとした顔をした。〉

annoyed: 迷惑だ

(**1**) I was ***annoyed*** by the noise those kids were making.
〈その子たちが騒ぐので迷惑だった。〉

ashamed: 恥と思っている

(**1**) You should be ***ashamed*** of what you have done.
〈自分のしたことを恥じなさい。〉

embarrassed: 恥ずかしい／照れる。まいった

(**1**) I feel ***embarrassed*** when someone compliments me.
〈誰かにほめられると照れくさい。〉

(**2**) His bad table manners ***embarrassed*** me.
〈彼のテーブルマナーが悪いので、まいった。〉

be at a loss: どうしていいか分からない

(**1**) I was ***at a loss*** as to what to say. 〈何と言ったらいいか分からなかった。〉

be in trouble: トラブルを抱えている

(**1**) Many young workers ***are in*** financial ***trouble***.
〈多くの若年労働者が経済的に困窮している。〉

have trouble / a hard time: うまくいかない／苦労する

(**1**) The government ***has trouble*** dealing with rising unemployment rates.
〈政府は失業率の上昇にうまく対処できない。〉

(**2**) I'm now having ***a hard time*** preparing for entrance examinations.
〈受験勉強で大変です。〉

nervous: あがっている

(**1**) I tend to get ***nervous*** at interviews. 〈面接試験ですぐあがっちゃうんです。〉

■心・精神・気持ち■

mind: 精神。brain〈頭脳〉、reason〈理性〉に重点

(1) Our body, heart and ***mind*** don't often work in unison.
〈私たちの身体と感情、頭脳はとかく一致して働かないものです。〉

(2) She's suffering from ***mental*** illness.〈彼女は精神を病んでいる。〉

heart: 心。emotion / feelings〈感情〉に重点

(1) Have a ***heart***. Let her join us.
〈優しくしてあげなよ。彼女を仲間に入れてやればいい。〉

feeling: 気持ち

(1) How can I express my ***feelings*** for you?
〈君への気持ちをどう言ったらいいのだろう?〉

emotion: 感情。喜怒哀楽

(1) I tried not to show my ***emotions***.〈感情を表に出さないように努めた。〉

(2) He's ***emotionally*** unstable.〈彼は精神的に不安定な状態だ。〉

sentiment: 心情

(1) Anti-American public ***sentiment*** has reached a dangerous boiling point.
〈大衆の反米感情が危険な沸点に達した。〉

spirit: 霊。(物質に対する) 精神

(1) I had a ***spiritual*** experience in India.
〈私はインドで精神的 (霊的) 体験をした。〉

(2) We were all in high ***spirits*** and a good humor.
〈僕たちは元気はつらつ、上機嫌だった。〉

(3) The priest tried to exorcise the evil ***spirit***.〈司祭は悪霊を祓おうとした。〉

soul: 魂。(肉体に対する) 霊魂

(1) They believe in immortality of the ***soul***.〈彼らは霊魂の不滅を信じている。〉

(2) They have African ***soul*** and American heart.
〈彼らはアフリカの魂とアメリカの心を持っている (心の奥深くはアフリカ人、感情はアメリカ人)。〉

moral: 道徳。正しい心

(1) In order for a nation to succeed, it must have ***moral*** leaders.
〈国家が栄えるには精神的な指導者がなければならない。〉

psychological: 心理的な。心のメカニズムに重点

(1) Teachers' words can have some great *psychological* effects on children.
〈教師の言葉が子供に大きな心理的影響を及ぼすことがある。〉

inside: 内面で。心の中で
(1) I was hurt deep *inside*. 〈心の深いところで私は傷ついた。〉

■考え■

idea: 考え。最も一般的な語
(1) I have no *idea* what's going on. 〈どうなってるんだか分からない。〉
(2) I think it's a good *idea* to collect fees from climbers.
〈入山料を取るというのはいいと思いますよ。〉

thought: 考え。考える動作・内容。考える内容という意味では idea と同じ
(1) *Thought* is free. 〈考えるのは自由だ。〉
(2) Let me talk about my *thoughts* about animal rights.
〈動物の権利についての、私の考え方をお話します。〉

belief: 信念。思い込み。thought の程度が強いもの
(1) Charles Darwin's theories threatened the *belief* about the uniqueness of man.
〈チャールズ・ダーウィンの理論は、人間だけが特別な存在であるという思い込みを揺るがせるものだった。〉

concept: （論理的に組み立てた）考え。概念
(1) The *concept* of art differs from age to age.
〈芸術という概念は時代によって違う。〉
(2) God is a *concept* by which we measure our pain.[5]
〈神は私たちの苦痛を測るための概念である。〉

notion: 観念。心に生じた考え。意向
(1) She has a weird *notion* about reincarnation.
〈彼女は輪廻に関する妙な考え方を持っている。〉

■助動詞■ (▶95ページ)

should: 〜すべきだ。〜すればいいのに。当然〜のはずだ
(1-a) You *should come* to the party. 〈パーティー、ぜひおいでよ。〉
(1-b) You *should have come* to the party.

---

5. John Lennon, "GOD" (1970)

〈パーティー、来ればよかったのに。〉

最もよく使われる助動詞の1つ。

have to: 〜しなければ［should と違って、特に判断が入るわけではない。］

(1) I *have to* leave. 〈帰らなくちゃ。〉

(2) You'll *have to* stay home tomorrow. 〈明日は家にいなくちゃ駄目よ。〉

これも頻繁に使われる。

had better: 〜しないとためにならない。〜しなくては駄目だ

(1) You *had better* take care of yourself when you get out of college. △

→ You'll *have to* take care of yourself when you get out of college. ◎

〈社会に出たら自分でやっていかなければならないんだよ。〉

(2) I'*d better* run. 〈急がなきゃ。〉

主語 you とともに使うと、You'*d better* watch your mouth. 〈口のきき方に気をつけろよ。〉のように命令的、場合によっては脅迫的。「〜した方がいいでしょうね」のように相手に勧めたいときには You *might want to* try this. 〈これ試してみるのもいいかも。〉などと言う。

must: 他に選択肢はない。他には考えられない

(1) I *must* see the dentist today. △

→ I *have to* / I'*ve got to* see the dentist today. ◎

〈今日は歯医者に行かなくちゃいけないんだ。〉

(2) You *must be* tired. ◎

〈さぞお疲れでしょう。〉

(3) That *must have been* a hard experience for him. ◎

〈それは彼にはずいぶんつらい体験だったろう。〉

must を「〜しなければ」の意味で用いることは割合少なく、ほとんどが「〜にちがいない」の意味。「〜しなければ」の意味では have to / should が普通。なお、have to は「やらなくてはならない」決定事項、should には「やるべきなんだけど」と実行するかどうかは別、というニュアンスもある。

can / may: どちらも「〜してもよい」「〜かもしれない」の意味で用いられる

(1) *Can* / *May* I have an apple? 〈リンゴもらっていい？〉

(2) *Can* I get you some coffee? 〈コーヒー飲みますか？〉

(3-a) This *could* / *might be* the last chance.

〈ひょっとしたらこれが最後のチャンスかも。〉

(3-b) That *could* / *might have been* the last chance.

〈ひょっとしたらあれが最後のチャンスだったかも。〉

過去形は、直截さを避けるところから「控えめ／丁寧表現」として使われる。
曖昧さを防ぐために、「できる」の意味の過去形などには be able to が使われる。
(4) I *was able to* meet the deadline. 〈締切に間に合わせることができた。〉

8 見直し箇所を決めろ

分かっているはずのことを間違える。間違えるところはだいたい決まっている。だから自分の間違いやすいところを頭に置いておき、見直しのさいにはそこを重点的に見る。全体をただ読み直したのでは、おお、いい感じではないか、となっちゃって駄目なのだ。

■数・冠詞■

数と countable／uncountable〈可算／不可算〉、それに伴う冠詞は、我々には頭の痛い問題だ。a rule of thumb〈大ざっぱなルール〉を言えば、one、two、three と勘定するのが自然かどうかで判断する、ということになる。例えば three dogs〈犬3匹〉や four alternative choices〈4択〉は自然だが three airs ✖〈空気3つ〉や three honesties ✖〈正直さ3個〉は考えにくいというのはすぐに分かる。ただし「物質名詞や抽象的な名詞は数えられない」というのは早計で、a coffee、a beer なんて平気で言うし、three differences〈3つの違い〉や three interpretations〈3つの解釈〉はごく自然だ。

結論は「絶対のルールはない。数えたければ数える」ということになるだろう。時代によって変わりもする。*You've Got Mail* という題の映画があった。1998年制作。この頃ほぼすべての人が mail は不可算の、つまり勘定しない名詞と考えていた。それからわずか10数年後、ほぼすべての人が You've got a mail. と言う。スマートフォンなんかのメール通知もそうなっている。しょせんその程度のものなのだ。現在 information や advice に an を付ける人はまずいない（「1つの」と言いたければ a piece of ... と言う）が、これだってこのあとはどうなるか分かったものではない。

とはいえ、「私は犬が好きです。」と言おうとして、

I like dog. ✖

はまずい。これは誰が見ても間違いだ。

では何が正しいのか?

I like a dog.

か? 違う。これでは「私はある1匹の犬が好きなんですが」という感じで、聞いている人は、その犬に関する物語が始まるのか、と思う。

では

I like the dog.

か? これも違う。これは「私はその犬が好きです」だ。相手は Which dog?〈どの犬よ?〉と思う。犬というもの全般を指すときには the dog という、などと文法書に書いてあるかもしれないが、それは主語として

The dog has always been man's best friend.

〈犬は常に人間の最良の友だった。〉

などと出てくる場合に限られる。

正解は

I like dogs.〈私は犬好きなんです。〉

と複数形で言う。I like cats. I like hamburgers. I like cars. I like girls. だ。もっと難しいことをかっこよく言いたいという気持ちも分かるけれど、このくらいのことで間違えるとすればそれはとてもまずい。英語下手だ、と思われる。

(1) As the boy is reading the book on UFO, an UFO flies outside a window. The sister run into a room and tell him to look out a window. ✗

〈その男の子がその UFO の本を読んでいると UFO がどこかの窓の外を飛んでいる。その姉が1つの部屋に駆け込んで、彼に、どこかの窓の外を見るように言う。〉

という文のおかしな点 (いくつもある) が分かるだろうか?

As (1) the boy is reading (2) the book on (3) UFO, (4) an UFO flies outside (5) a window. (6) The sister (7) run into (8) a room and (9) tell him to look out (10) a window.

(1) の the boy は正しい。例えば絵を示しながら「この男の子が」という感じなら the、絵なしで「ある1人の男の子が」というのなら a boy とする。これも rule of thumb では **a=one**、**the=that** と考える (これは語の発生的にも正しいから問題ない)。one は「任意の」「ほかにもある」というニュアンス。the は「話し手と聞き手が同じものを想定している」「1つしかない」ニュアンス。

しかし (2) 〜 (10) はすべて間違いだ。

(2) the book　　UFO の本は他にいくらもあるから　→ a book

(3) UFO	UFO は数えられるから	→	UFOs
(4) an UFO	UFO の u の発音は母音「ウー」ではない	→	a UFO
(5) a window	「任意の、1つの」窓ではない	→	the window
(6) The sister	「その」でなく「彼の」	→	His sister
(7) run	主語は His sister	→	runs
(8) a room	「どこでもいい1つの部屋」ではない	→	his room
(9) tell	主語は His sister	→	tells
(10) a window	「任意の、1つの」窓ではない	→	the window

→ As the boy is reading a book on UFOs, a UFO flies outside the window. His sister runs into his room and tells him to look out the window. ◎

〈男の子が UFO の本を読んでいると UFO が窓の外を飛んでいる。姉が部屋に駆け込んで、窓の外を見るように言う。〉

■時制■

日本語では時制が比較的ゆるく、現在形・過去形が入り交じることもよくあるが、英語では現在形・過去形が意味もなく混在することは絶対にない。分かっていても次の文のようなものを書いてしまう人が結構多い。

(1) As the boy is reading a book on UFOs, a UFO flies outside the window. His sister ran into his room and told him to look out the window. ✗

→ As the boy is reading a book on UFOs, a UFO flies outside the window. His sister runs into his room and tells him to look out the window. ◎

■スペリング・パンクチュエーション■

漢字を間違えただけで、どれほど完璧な理論を組み立てようと、あ、こいつはアホかなと思われる決果となる。スペリングや punctuation〈句読法〉も同じ。

アメリカの小学生たちは "I before E, except after C" と節をつけて覚えるらしい。believe、relieve、piece と同じように receive、perceive、ceiling を recieve、percieve、cieling と書いてしまう子が多いからである。他にも多い間違いが a lot を alot ✗ とする、awesome〈かっこいい／すげえ〉を alsome ✗ と書く、it's (it is) と its（所有格）を混同して Its mine. ✗ や I have a dog.

It's name is Spot. ✘ とするなど。

スペリングは難しい。millennium〈千年紀〉や Renaissance〈ルネサンス〉、the Philippines〈フィリピン〉など、正しく書ける人はそう多くない。ただ、この単語よく間違える、と意識しているならまだしも、間違ったスペリングを繰り返して書き続けるということのないように。おかしいなと思ったらすぐにその場で確かめる習慣を付けるしかない。ということで言うと、スマートフォンに辞書を入れておくというのはぜひ薦めたい。

辞書について

そもそも辞書は英語をマスターしようとする者の、重要な生活習慣の1つである。ネイティブスピーカーは毎日毎日何年・何十年も単語の反復練習をしている（だからわずかなニュアンスの差にも敏感になる）わけだが、第二言語となるとそうはいかないのでそのギャップを「いつも身体から辞書を離さない」ことで埋める。辞書が家に何冊か（両親や兄弟が使ったものも含め）ある人はそのすべてを食卓、ベッドサイド、トイレなど、あちこちに放り出しておく。食事中に、えーと figurative ってなんだっけ？ と思ったとき、食事を中断して自分の部屋のカバンの中の辞書を引きにいく人はまずいない。動物だから、まず飯を食う。しかし飯の隣に辞書があれば食いながら引く。

辞書は文化遺産というべき素晴らしい *Oxford English Dictionary*（全20巻）や、これは1巻ながら巨大な *Webster's Unabridged English Dictionary*（ともに現在は online 版あり）をはじめ、様々なものがあるが、構わないから自分と相性の良い、好きなものを選べばいい。どんどん変えていくのもいいし、同時に何種類使ったっていこうこう構わない。いつもそこに辞書がある環境が大切だし、辞書が好きになり始めたらこっちのもんだ。

Dictionary.com というサイトがあり、同じ名のスマートフォン用アプリがあるが、これなどは無料なのに定義、例文、語源などしっかりしている。何より、人間の声で発音してくれるのがありがたい。英英辞典だが、大丈夫、すぐ慣れる。

将来英語を使うことを考えて、（また、リスニング問題の対策として）発音と強勢にはよく注意すること。英語をしゃべっていて、これを間違えて通じないことが、ほんとに結構あるのだ。

ごく最近も学生が自己紹介をしていて

"I'm a comic ジーク."

と言う。こちらはこういうことには慣れているからすぐ気づいて「マンガオタク？」と聞くとそうだと答えるから

「geek の発音はギーク。 辞書を引いて、発音、確かめなかったろ?」
と聞くと、そうだ、と言う。

　　Gee!〈ありゃりゃ〉

の発音は「ジー」だから geek は「ジーク」だろうと思い込んで調べない。こんなことがいくらでもある。

　もう1度言うが、英語学習は生活習慣が大きな要素である。学問というより身体トレーニングに近い。

4 論述12パターン

基本的な物事の述べ方を12種類、練習する。
短文のレベルでこのくらいの型が使えれば
相当色々なことが言えるようになる。

1 AはBだ

A is B. / A mean B. / A refer to B.

A proverb is an old, familiar saying that has been handed down over many years.
〈ことわざは長年受け継がれてきた、古い・なじみ深い言い回しである。〉

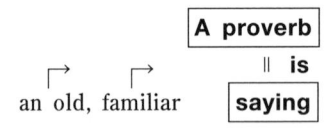

```
                    A proverb
                        ‖ is
 an old, familiar     saying
                              that has been handed down
                                      over many years.
```

「A は B である」とイコールでつなぐなら be 動詞。
言葉の意味を解説するなら mean。
「A は B を指す」なら refer to。

Inflation *refers to* a situation where prices of goods and services continue to rise.
〈インフレは物やサービスの価格が上がり続ける状態を指す。〉

QUESTION 89

以下の語を英語で定義／説明しなさい。

1 救急車
2 バリアフリー
3 七夕(たなばた)

EXAMPLE ANSWERS

> 1 An ambulance is a vehicle specially equipped to carry the sick and the injured to hospitals.

An ambulance is (=) a vehicle を軸に、vehicle のあとから修飾を加える。

> 2 "Barrier-free" means "to be without obstructions." More and more public facilities are made barrier-free, in order for the physically handicapped to get easy access.

言葉の「意味」を問題にしているのだから means が似合う。

> 3 Tanabata is a traditional Japanese festival celebrating the legendary meeting of the two stars that represent two lovers.

「本質規定」から入ること。「七夕＝お祭り」である。いきなり短冊だとか笹の葉さらさらとか、周縁から始めてはいけない。

2 並べる

```
A and / or B
A, B, C and D
```

Parents have the responsibility to provide their children with food, shelter and clothing.

〈親は子供に衣食住を提供する責任がある。〉

Parents have the responsibility to provide their children
with •food,
•shelter
and
•clothing.

並列構造や箇条書きをきれいに書く（▶210ページ）。

QUESTION 90

和文の内容を英文で表しなさい。

1 社会は、正義、平等、公正といった概念に基づいて成り立っている。

2 化学は基本的に、ものは何でできているか、そのものを決定する (identify) のは何か、ものはどのように変化するのか、に関する学問である。

3 地球は地軸 (axis) で自転 (rotate) しているだけでなく、太陽の周りを公転 (revolve) している。

> **EXAMPLE ANSWERS**
>
> **1 Society is based on concepts such as justice, equality and fairness.**
>
> [justice]、[equality] and [fairness] と3つの名詞がきれいに並ぶ。
>
> **2 Chemistry is basically a study of what things are made of, what identifies them, and how they change.**
>
> [what things are made of]、[what identifies them]、[how they change] いずれも疑問詞から始まる節。
>
> **3 The Earth not only rotates on its axis, but also revolves around the Sun.**
>
> not only, but also も並列である。[rotates on its axis]、[revolves around the Sun] と[動詞＋前置詞句]が並んでいる。

3 意見・感想を述べる

```
think / believe / suppose / suspect / doubt / argue / wonder, etc.
```

I believe that it is the scientist's responsibility to make clear what is a fact and what is not.
〈何が事実で何がそうでないかを明らかにするのが科学者の義務であると、私は信じている。〉

I believe **that** | *it* is the scientist's responsibility
　　　　　　　　　to make clear　•what is a fact
　　　　　　　　　　　　　　　　　　and
　　　　　　　　　　　　　　　　　•what is not.

「思う」「考える」のバリエーション。「絶対〜と思う」なら believe、「おそらく〜では?」なら suppose、「嘘ではないか?」なら doubt など、ニュアンスを覚えること。

QUESTION 91

和文の内容を英文で表しなさい。
1 競争がなければ社会は発展しないと主張する人々がいる。
2 従来のやり方が本当にいいものかどうか、疑問に思う。
3 私たちは世の中の動きをもっと知らなければいけないと思う。

EXAMPLE ANSWERS

1 Some people argue that society wouldn't develop without competition.
意見を主張する場合 argue が一番普通。

2 I doubt if the conventional ways of doing things are really good.
「嘘だろう」のニュアンスは doubt。

3 I think we should know more about what's going on in the world.
「思う」の一番基本は think。

4 譲歩する

> Of course / Certainly / It's true / may seem / but / however, etc.

There are, of course, many motivating factors in human behavior, but I would claim that nationalism is particularly powerful.
〈人間の行動の動機付けとなる要因はもちろん多いのだが、特に強力なのがナショナリズムだと私は主張したい。〉

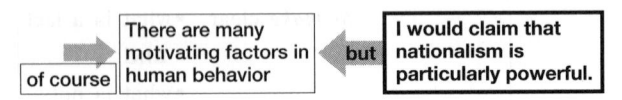

```
of course → There are many          I would claim that
             motivating factors in  ← but   nationalism is
             human behavior                 particularly powerful.
```

いったん引いたふりをして「しかし」と寄り返すテクニック。反対意見にも配慮しているという意味でも使いやすい（▶206ページ）。

QUESTION 92

和文の内容を英文で表しなさい。

1 確かにその仕事は金はいいんだけど、1日12時間も働かなくちゃならないんだ。(pay well)
2 麻薬やアルコールを使えば気持ち良くなるかもしれないが、長い目で見ると肉体と精神が蝕まれるのだ。(using drugs and alcohol / make you feel good / seriously damage / physical and mental health)
3 多くの人は資本主義が一番いい制度だと思い込んでいるようだが、ほかの選択肢もある。(capitalism / other alternatives)

EXAMPLE ANSWERS

1 It's true that the job pays well, but I have to work for twelve hours a day.

The job <u>may</u> pay well, but ... . としてもよい。

2 Using drugs and alcohol may make you feel good, but they will seriously damage your physical and mental health

in the long run.
3 Many people seem to believe that capitalism is the best system, but there are other alternatives.

5 〜を見ると〜が分かる

show / suggest / reveal / indicate / reflect, etc.

A study suggests that men are generally better than women at finding their way in unfamiliar settings, and use different parts of the brain to do it.

〈ある研究によれば、初めての場所でどちらへ行ったらいいか分かるのは一般に男性の方が女性よりも上で、そのさい使う脳の部分も異なっているのではないかという。〉

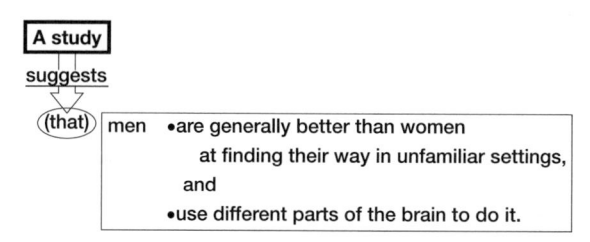

```
A study
  │
suggests
  │
(that) men •are generally better than women
                at finding their way in unfamiliar settings,
                and
            •use different parts of the brain to do it.
```

最も一般的に使われるのは show〈示す〉。はっきりではないが「提示」するのが suggest。隠されていたことを「暴き出す」感じなら reveal。数字でデータなどを示すのが indicate。間接的に、鏡のように「映し出す」のが reflect〈反映する〉。

QUESTION 93

和文の内容を英文で表しなさい。
1 最近の研究によると、7時間睡眠が健康に最も良いということだ。
2 グラフを見ると明らかに二酸化炭素の量が増えていると分かる。 (indicate)
3 広告を見ると時代が表れている。 (reflect)

> **EXAMPLE ANSWERS**
>
> **1 A recent study shows that seven hours of sleep is the best for the health.**
>
> **2 The graphs clearly indicate the amount of carbon dioxide is increasing.**
>
> show / indicate のあとの that は省略可能。
>
> **3 Advertisements reflect the times.**
>
> 「広告が時代を映し出す」。

6 例をあげる

> for example / for instance / such as / including

Matter can exist as a solid, a liquid, or a gas at different temperatures and under different pressures. For example, water can be a liquid, a solid (ice), or a gas (steam or water vapor).

〈物質は温度や気圧によって固体、液体、気体の形で存在しうる。例えば水は液体にも固体(氷)にも気体(蒸気)にもなりうる。〉

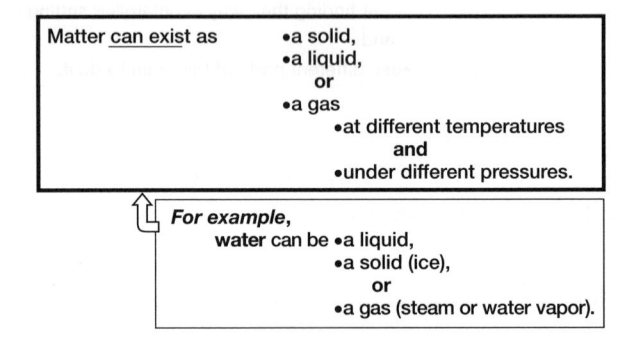

```
Matter can exist as    •a solid,
                       •a liquid,
                           or
                       •a gas
                             •at different temperatures
                                       and
                             •under different pressures.

       For example,
         water can be •a liquid,
                      •a solid (ice),
                          or
                      •a gas (steam or water vapor).
```

「例えば」のあとに文を持ってくるなら for example / for instance。名詞を持ってくるなら such as(あるいは時として for example / for instance)。

QUESTION 94

指示に従って、英文を書きなさい。

1 「...や、...、...などの代替エネルギーの研究が必要だ」の「...」を具体例で埋めて、全文を書きなさい。

2 「マギーは善良な／邪悪な人間だ」ということを、具体的に例をあげて説明しなさい。
(Maggie is a good / an evil person で始めて)

EXAMPLE ANSWERS

1 We should explore alternative energy sources, such as solar energy, geothermal power, and fuel cells.

〈我々は太陽エネルギー、地熱発電、燃料電池といった代替エネルギー源を研究すべきである。〉

2-a Maggie is a good person. She not only loves her family, but people in general as well. She gives money to charity. She is always considerate to those who need help.

〈マギーは善人です。自分の家族ばかりでなく人すべてを愛するのです。彼女はチャリティに寄付をし、困っている人たちにいつも思いやりを持っています。〉

2-b Maggie is an evil woman. She has always been a liar. She tells lies not only to protect herself, but to make people unhappy. She just enjoys making others miserable.

〈マギーは邪悪な女です。昔からずっと嘘つきでした。自分を守るためばかりでなく人を不幸せにするために嘘をつきます。他人を惨めにすることが楽しいんです。〉

どちらも、具体例をあげながら「善良／邪悪」の説明をしている。

7 理由を述べる

because / as / since / for, etc.

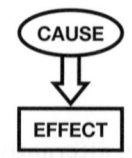

```
  CAUSE
    ↓
  EFFECT
```

reason〈理由〉は因果関係の cause〈原因〉に当たる。
Forcing people to retire at the age of 65 is totally wrong, because it is unfair to people who are able and willing to work.
〈人を65歳で無理やり退職させるのはまったく間違っている。まだ能力もやる気もある人に対して公正ではないからだ。〉

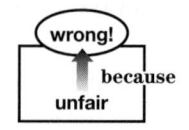

```
  wrong!
    ↑ because
  unfair
```

because の用法で1つ注意。I think it's wrong. Because it's unfair. とピリオドで切って、次の文を大文字で書き出してはいけない。Because [A], [B]. のパターン、つまり「[A] という理由で [B] である」だろう、このあとに [B] が続くのだろうと読者が勘違いするからだ。I think it's wrong, because it's unfair. なら [A], because [B]. のパターン、つまり「[A] であるのは [B] だから」と読んでくれる。

QUESTION 95

指示に従って、英文を書きなさい。
1 [死刑 (death penalty / capital punishment) に反対である]＋[理由] という文を書きなさい。
2 [死刑に賛成である]＋[理由] という文を書きなさい。

EXAMPLE ANSWERS

1 I think the death penalty should be abolished. If murder is the greatest sin, then killing the murderer by the name of law should also be considered the greatest sin. How is it justified for the government to kill an individual while it prohibits murder?

〈死刑は廃止すべきだと思う。もしも人を殺すことが最大の罪なら、法の名のもとに殺人者を殺すことも最大の罪ではないか。政府が殺人を禁じながら個人を殺すということはどうすれば正当化できるのか。〉

第2文以下が理由を述べているのは明白であるから because とか that is because と書かなくてもよい。

2 I approve of capital punishment. If you break someone's nose, you go to jail. If you take somebody's money, you have to give back the money and probably go to jail. If you take someone's life, is it enough just to go to jail? I believe you have to pay the price for what you have done.

〈私は極刑に賛成だ。もし誰かの鼻の骨を折ったら刑務所に行くことになる。誰かの金をとったら返さなくてはならないし、おそらく刑務所にも行くことになるだろう。誰かの命をとった場合、ただ刑務所に行くだけで十分なのか？ 自分のしたことにはそれだけの報いがあってしかるべきだと私は思う。〉

8 因果関係

```
cause / result in ... / result from ... / lead to ... /
as a result / in consequence / due to / owing to , etc.
```

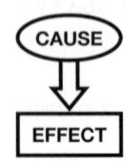

CAUSE
↓
EFFECT

　これも因果関係を明らかにするパターン。表現の種類は豊富だ。次第に色々使えるようになるとよい。

The flood caused many people to lose their homes.
〈洪水のために多くの人が家を失った。〉

```
The flood  →  many people
  caused        └── to lose their homes.
                （主＝述関係）
```

QUESTION 96

指示に従って、英文を書きなさい。
1 停電 (power failure) のせいでコンピューター・システムがシャットダウンした。
2 ［原因：産業構造の変化］［結果：失業者数の増加］を表す文を書きなさい。
3 ［原因：自分で考えなさい］［結果：社会的格差 (gap / disparity) の増大］を表す文を書きなさい。

EXAMPLE ANSWERS

1 The power failure caused the computer system to shut down.

前ページの型に合わせて書いたもの。もちろん他にも

The computer system shut down due to (because of / owing to) the power failure.

などとしてもよい。

2 Changes in the industrial structures have caused many people to lose their jobs.

これも

Many people have lost their jobs due to (because of / owing to) changes in the industrial structures.

とも言える。

3 The government has been stressing free competition for decades. As a result, the social gap between the haves and have-nots has been widening.

〈政府は何十年もの間自由競争を重視してきた。その結果、持てる者と持たざる者との社会的格差は拡大しつつある。〉

第2文は

It has ***resulted in*** (***led to***) the widening social gap between ....

とも言える。

9 違いを説明する

> difference between ... and ... / ... differs from ... in ... /
> differs from ... because / on the other hand, etc.

Animals differ from plants in that they can move by themselves and

do not perform photosynthesis.
〈動物が植物と異なるのは、自分で移動できることと光合成を行わないことである。〉

☐ differ from ◯ in (that) _____.

「どこが」違うかを示すのが in ...。あとに節が続くなら in that ...。

QUESTION 97

和文の内容を英文で表しなさい。
1 第一次世界大戦はそれ以前のあらゆる戦争と、規模がまったく違っていた。
2 彼が君と違うのは、ものの見方が多様である点だ。
3 日本人が欧米人と違う点は［自分で埋めなさい］ところだ。

EXAMPLE ANSWERS

1 WWI was totally different from all previous wars in scale.
第一次世界大戦、第二次世界大戦は World War One / Two でなく省略形で WWI / II と書くのが正式。

2 He is different from you in that he has more than one perspective.
後ろに節が続くから in that とする。

3 The Japanese are different from Westerners in that they tend to be more aware of harmony among group members.
〈日本人が欧米人と違うのは、集団の和を考える傾向がより強い点である。〉

10 比較する

> better than I do / as ... as / more ... than ever /
> more ... than anyone else / far better than ..., etc.

We know media stars better than we know our neighbors.
〈私たちは隣人のことよりもメディアのスターたちのことをよく知っている。〉

better
↓
[We know media stars] **than** [we know our neighbors].

比較は丁寧に。繰り返すべきところは繰り返す（▶60ページ）。また日本語と言い回しが違うことがあるのに注意。

QUESTION 98

和文の内容を英文で表しなさい。

1 食べられないほど取っちゃいけません。
2 内容を吸収できないような速さで読んだってしょうがない。(absorb)
3 日本の民主制は日本人が思っているほどよく機能していないのではないか。(doubt if / function)

> **EXAMPLE ANSWERS**
>
> **1 Don't take more than you can eat.**
> 日本語にひきずられて more than you ca**nnot** eat などとしないこと。
>
> である。
>
> **2 It's no use reading faster than you can absorb the ideas.**
> これも同様に ca**nnot** ではない。

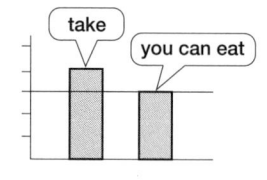

3 I doubt if Japanese democracy is functioning as well as the Japanese themselves may think it does.

may think で終わらせても間違いではないが、it does (=functions) まで丁寧に書く人が多い。

11 「第5文型」を書く

> let / have / get / keep / leave, etc.

You may find it interesting to know something about your ancestors.
〈自分の先祖について何か知るのも面白いかもしれませんよ。〉

You may **find** [*it interesting*]
└─ *to know something about your ancestors.*

QUESTION 99

和文の内容を英文で表しなさい。

1 準備ができたら知らせてください。(let me know)
2 先生たちからすれば、制服を廃止するのには抵抗があるのではないか。(find it hard / do away with)
3 国の制度をすぐに変えてくれといっても、それは無理だ。(have ... changed / overnight)

EXAMPLE ANSWERS

1 Please let me know when you're ready.
let me ... は非常によく使われる。
　ex. Let me take a look. 〈ちょっと見せて。〉
　　　Let me go. 〈離してよ。〉
　　　Let me try it. 〈ちょっとやらせて。〉
2 Teachers might find it hard to do away with school uniforms.

「廃止する」は abolish もいいが、これはかなり正式な単語で abolish slavery〈奴隷制を廃止する〉などに使う。get rid of は「厄介払い」のニュアンス。
ex. We should get rid of these old clothes.〈この古い服捨てちゃおうよ。〉
3 You can't have the country's system changed overnight.
You can't change the system. とすると「自分で変えることはできない」の意味。ここでは「変えてくれといっても」と他力に頼る感じを出すために have を使う。

12 接続詞でつなぐ

although / while / as / unless, etc.

While I admit he's a very good player, I think he's a bit overrated.
〈彼が大変いい選手だというのは認めるけれど、ちょっと過大評価されてると思う。〉

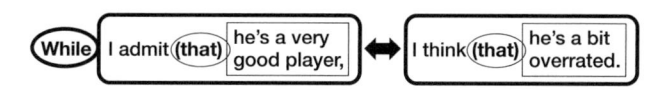

```
(While) I admit (that) he's a very good player,  ⇔  I think (that) he's a bit overrated.
```

こんなに短い文にも［主語＋動詞］が4組。これを（that は省略されているが）3つの接続詞でつないでいる。接続詞を意識的に使いながら、and と but だけ、というのを卒業するのもいいだろう。勘違いしてほしくないが、接続詞をたくさん使ってできるだけ長い文を書けなどと言っているのではない。むしろ逆。だが接続詞は上手に使うと意味が明確になって良い。そういう意味でも分詞構文なんか使うのはやめた方がいい。

QUESTION 100

和文の内容を英文で表しなさい。

1 我々は五感を有しているけれど、日常生活では視覚に頼る部分が大きい。(five senses / visual perception)
2 私たちは誰でも加齢によって肉体が変化していく。(grow older)
3 誰から送られてきたか確実でない限りメールに返信してはいけません。(reply / unless you are sure)

> **EXAMPLE ANSWERS**
>
> **1** Although (While) we have five senses, we greatly rely on visual perception in our daily lives.
> **2** We all change physically as we grow older.
> as はこの文では「〜につれて」の意味。ほかに when / because の意味でも使うが、曖昧になる恐れがあったら when / because とはっきり言うのがいい。
> **3** Don't reply to e-mails unless you are sure who sent them.
> unless は 単に if + not の意味でも使うが、この例のように「〜でない限り」というニュアンスのことが多い。

巷の英語

日本にいて英語を目にすることは多い。鎌倉市の居酒屋〇民の入り口に手書きで

There is English menu.（英語メニューあります）

と書いてある。

外国人観光客を呼び込もうとしているのだろうが、「〜がある」→There is ... という、よくある間違い。正しくは

We have English menus.

あるいは、ただ

English menus.

名古屋市内のホテルのファサードには大きく

Royal P--k Hotel the Nagoya

とあるが、この定冠詞の位置はいかにもユニークだ。正しくは

Nagoya Royal P--k Hotel

The Hilton Hotel のようにホテル名に定冠詞を付けることはあるが、この the はむしろ hotel について The hotel of Hilton の気分。The (river of) Seine や The (newspaper of) Times と同じような用法で、都市名 Nagoya の前には付かない。

大阪御堂筋線に乗っていると目の前に座ったおっちゃんのTシャツに

Go together always anywhere.

とプリントされている。

「いつでもどこでも一緒に行こう」という日本語を英訳したものと思われるが、always

と anywhere の組み合わせが変だ。always everywhere または anytime anywhere であるべき。

　いや、それより前にこの命令文は誰に向けてのメッセージなのか不明だ。どの人々に向けて「一緒に」「行け」と言っているのか？　実は言いたいことは「僕たちいつでもどこでも一緒」ということなのではないか。ならいっそのことカップルでおそろいの

　　We're One 〈僕たちはひとつ〉

とでも書いたのを着たらいい (恥ずかしい)。

　ネットを見ると日本の、素晴らしいデジカメを作るメーカーのホームページに

　　Ri―, Be Your Eyes

「リ○○、あなたの目になる」という日本語をまた、「英訳」したものと思われる。しかし、当たり前のことながら、命令文の主語は you だから、この文のベースは You are your eyes.〈あなたはあなたの目である。〉であって、これは意味不明。むしろ

　　Be my eyes. 〈私の目になれ。〉

のほうが意味がある。

　大阪のおっちゃんのＴシャツより世界的メーカーのホームページのほうが害は大きいと思う。

　そんなことに目くじら立てることはない、日本人が英語をどう使おうと勝手だ、という人が多いのだろうが、そんなこと言ってるから日本では英語がいつまでもおもちゃなのである。

5 東大ライティング6つの型［例文集］

東大入試の過去問を6パターンに分けてそれぞれ解答例を付けた。
この解答例が以前に述べた「真似るべき文」の
例文集になっていると考えていただきたい。
すでに練習したような表現がかなり使われており、
いずれもやさしく・簡潔な英語で書かれている。
ということは、覚えろ、ということになる。
すべてとは言わないが、「この文のパターンはまた使えそうだ」、
「この文は自分の性に合って好きだ」というのがあったら丸ごと暗記してほしい。
覚えるさいには、
①どういう構成になっているか、しっかり分析し、
②口で言いながらノートに写し、
③もとの文を見ないで再現できるまで何度か書く。[6]
分かって書くということが大事なのであって、忘れることは怖がらなくていい。
分析して頭を通過したものは無意識に頭に残っているものだ。
こういう作業が10を超えたあたりから、
とりあえずなんでも書けるな、という気になってくる。

1 DESCRIBE IT

与えられた画や図表などを英語で描写する問題。重要な要素を描写して、最後にまとめを加えると落ち着きがいいし、うまく見える。

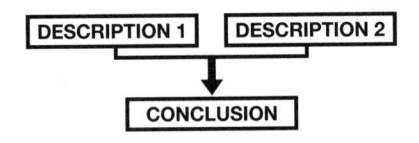

```
DESCRIPTION 1    DESCRIPTION 2
        ↓
    CONCLUSION
```

---

[6]. アメリカの大学のジャーナリズム専攻クラスでも、新聞記事をその場で暗記して再現するという訓練がある。良い文を、まず暗記することから入るというのは常道なのだ。

QUESTION 101

次の2つのグラフから何が言えるか。40語程度の英語で記しなさい。

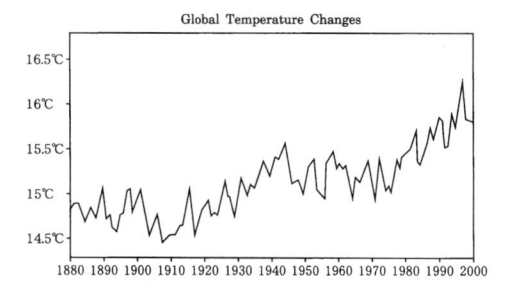

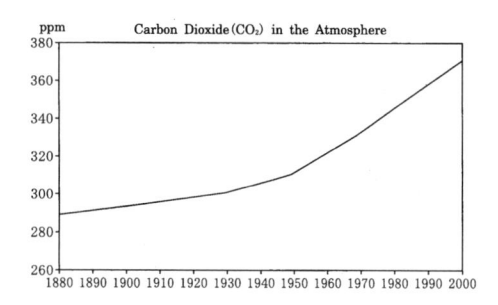

Global Temperature Changes

Carbon Dioxide (CO₂) in the Atmosphere

EXAMPLE ANSWERS

Though there have been small ups and downs, global temperature has been rising for these 120 years. The amount of CO_2 is steadily increasing during the same period. Therefore, it is very likely that CO_2 in the atmosphere influences global temperature.

(41 words)

〈多少の上下はあったにせよ、世界の気温はここ120年間上がり続けている。同じ期間に二酸化炭素の量も着実に増えている。だから大気中の二酸化炭素が世界の気温に影響を与えている可能性は非常に高い。〉

＊　＊　＊

第1文で最初のグラフを、第2文で次のグラフを説明し、最後に結論を付ける。ただ「影響がある」と断定することを避けて very likely〈可能性がきわめて高い〉

とした。「この2つのグラフから因果関係までは導き出せないはずだ」と言われればそうかもしれないが、別にそこまで用心するべき場面でもなかろう。

QUESTION 102

下の絵に描かれた状況を自由に解釈し、30〜40語の英語で説明せよ。

EXAMPLE ANSWERS

　　A woman is looking at a broken vase angrily. A boy is peeking from behind the door. Judging from the worried look of the boy, it is most likely that he was the one who broke the vase.

(38 words)

〈女性が1人、怒った顔をして壊れた花瓶を見ている。男の子が扉の後ろからのぞいている。男の子の心配そうな顔から判断して、彼が花瓶を割ったのはほぼ間違いない。〉

＊＊＊

　第1文で女性を描写し、第2文で男（の子）を描写し、最後に2者の関係を述べる。また likely。便利な語だ。

QUESTION 103

下の絵に描かれた状況を自由に解釈し、40〜50語の英語で説明せよ。

EXAMPLE ANSWERS

　　The boy is reading a book on UFOs, when his sister rushes in to tell him there's a UFO hovering outside the window. However, he is too engrossed in his book to pay attention to her. He is going to miss a rare opportunity to witness the real thing.

(49 words)

〈この男の子が UFO の本を読んでいると姉が駆け込んできて、窓の外に UFO が浮かんでいると言う。しかし彼は本に夢中で彼女の言うことなどしらんぷり。彼は本物を目にするめったにない機会を逸することになる。〉

＊　＊　＊

　　上の作例では彼らの家と想定して姉と弟にしたが、教室で、2人は同級生というのもありだろう。ポイントは男の子の読んでいる本のタイトルだろう。これに触れない手はない。「本ばかり読んでいて現物を見損なう、ああもったいない」という感じが出せるとよい。本に「夢中になる」は be engrossed ないし be absorbed。too ... to 構文が使えるとコンパクトに言えてスマートだ。

QUESTION 104

次に示す写真の左側の人物をX、右側の人物をYとして、2人の間の会話を自由に想像し、英語で書け。分量は全体で60〜70語程度とする。どちらが話しているか分かるように、以下のように記せ。XとYのどちらから始めてもよいし、それぞれ何度発言してもよい。

X: ------------------------   Y: ------------------------   X: ------------------------
Y: ------------------------

EXAMPLE ANSWERS

Y: Look at the bird in the bush, darling.

X: Yeah, I see it. Is it the one that's singing?

Y: Yes, the singing is lovely too, isn't it? See? I told you an early morning walk has its rewards. You shouldn't always stay at home reading the newspaper on Sunday mornings.

X: Okay, you're right, honey. The early bird catches the worm, I guess.

(61 words)

〈Y: 茂みの中の鳥、見て、あなた。
　X: ああ、見えた。鳴いてるのはあれかな?
　Y: ええ、かわいい声ねえ。ね? 朝早く散歩するといいことがあるって言ったでしょ? 日曜の朝いつも家で新聞読んでるのは良くないわよ。
　X: そうだね、その通りだよ。早起きは三文の得ってとこかな。〉

* * *

これも一応オチを付けた。状況を表すことわざやイディオムなど思いついたら、使うと決まる。鳥ネタだけに「早起き鳥がミミズを捕まえる」とした。

PROVERBS

作文の決めどころにことわざを使うというテクニックのために、いくつか仕込んでおくのもいいだろう。無数にあることわざのほんの一部をあげておく。もっと知りたい人のために、ことわざの本はいくらも出ているが、割合本格的なのに安価なものとしては Jennifer Speake, *The Oxford Dictionary of Proverbs* あたり。しかし実はインターネットにも proverbs のサイトはたくさんあるから、手っ取り早くはそちらを。1つ注意しておくが、ことわざを頻繁に使うことは避けるように。お婆さんっぽくなるから。

1. A bird in the hand is worth two in the bush.
   〈手の中の1羽の鳥は藪の中の2羽に匹敵する。／二兎を追う者は一兎をも得ず。〉

2. Money isn't everything.
   〈金がすべてではない。〉

3. Nothing ventured nothing gained.
   〈冒険なくして得るものなし。／虎穴に入らずんば虎児を得ず。〉

4. The best things in life are free.
   〈人生で最良のものに値段はついていない。〉

5. Practice makes perfect.
   〈練習が完璧を作る。／習うより慣れろ。〉

6. All work and no play makes Jack a dull boy.
   〈仕事ばかりで遊びがないとジャックはつまらない子になる。／よく学びよく遊べ。〉

7. Love makes the world go round.
   〈愛が世界を動かす。〉

8. The grass is always greener on the other side of the fence.
   〈隣の芝生はいつも青い。〉

9. There's no smoke without fire.

〈火のないところに煙は立たぬ。〉

10. You can take a horse to water, but you can't make him drink.
    〈馬を水辺まで連れていけても、水を飲ませることはできない。〉

11. You scratch my back and I'll scratch yours.
    〈僕の背中を掻いてくれたら君の背中を掻いてやる。／持ちつ持たれつ。〉

12. You shouldn't judge a book by its cover.
    〈本を表紙で判断することはできない。／見た目で判断するな。〉

13. You live and learn.
    〈生きて、学べ。／亀の甲より年の功。〉

14. Business before pleasure.
    〈遊びの前に仕事。〉

15. Beauty is only skin deep.
    〈美はただ皮一枚の深さ。／美女なども一皮むけば皆髑髏。〉

16. Birds of a feather flock together.
    〈同じ羽根の鳥は群れ集う。／似たものどうしの寄り集まり。〉

17. Don't count your chickens until they've hatched.
    〈孵る前にひなの数を数えるな。／取らぬ狸の皮算用。〉

18. Every dog has its day.
    〈どんな犬にもその日はある。／誰でも羽振りのいいときはある。〉

19. The early bird catches the worm.
    〈早起き鳥がミミズを取る。／早起きは三文の得。〉

20. Time is a great healer.
    〈時は偉大な癒し手。／つらい思いも時間が癒してくれる。〉

2 ARGUMENT + BECAUSE ...

与えられた見解に対して賛成・反対を明らかにし、その理由を述べる。意見を述べる、基本型。

ARGUMENT
⤴, because ①▭
⤴ Furthermore, ②▭

I agree / disagree with the idea
⤴, because ▭

argument〈主張〉あるいは「賛成／反対」を述べたあとは当然、その理由を述べる。理由を並べる場合には [　　], because ... and because ... としてもいいが、文が長くなりすぎるようなら、いったん終わらせて、Furthermore, ／ Moreover, ／ In addition, ／ Also,（いずれも「さらに／また」）と続ける。

QUESTION 105

次の手紙は「クローン技術」を特集した雑誌の読者が編集者にあてた投書である。(1)のア、イのうちいずれかを選んだ上で、一貫した内容になるよう、(2)、(3)の下線部にそれぞれ5〜10語の英文を書け。

To the Editor:

　I read the article "Cloning: It Isn't Just for Sheep Anymore" with great interest. I think the government (1)[ア should　イ should not] support research on cloning people because (2)＿＿＿＿. Furthermore, (3)＿＿＿＿.

　　　　　　　　　　　　　　　　　　　　　　Sincerely,
　　　　　　　　　　　　　　　　　　　　　Taro Yamashita

EXAMPLE ANSWERS

〈読者より：
「クローン：もう羊だけの話ではない」の記事を大変興味を持って読みました。私は政府が人間のクローンの研究を支援[すべき／すべきでない]と思います。なぜなら(2)＿＿＿＿。それに(3)＿＿＿＿。〉

＊　＊　＊

　問題の条件にきちんと応答することが大切。ここでは「人間のクローン」に関する研究ということが一番大事。また、「政府の援助」にも言及することを忘れないで。理由を2つ書けという問題である。

* * *

(1-a)

[I think the government] should [support research on cloning people because] **(2)it will surely contribute to advancement of medicine**. (8 words). [Furthermore,] **(3)dangerous researches should be kept under the government's control**. (9 words)

〈(2)それは間違いなく医学の進歩に寄与する。(3)危険な研究は政府の管理下に置かれるべきだ。〉

(1-b)

[I think the government] should not [support research on cloning people because] **(2)it is not yet ethically justified**. (6 words) [Furthermore,] **(3)once started, a government's policy is not easily changed**. (9 words)

〈(2)それはまだ倫理的に正当化されていない。(3)いったん始められると政府の政策は容易には変えられない。〉

* * *

1996年、羊の Dolly がクローン技術で誕生したあと、アメリカの雑誌などで盛んに目にしたのが the Frankenstein experiment という言葉である。Victor Frankenstein はあの怪物の名前ではなく（あいつは名前はなくて、ただ Frankenstein's monster）それを作った博士の名前。Frankenstein は「人が人を作る」の代名詞なのである。西洋的文脈で言えば人を作るのは神。人が人を作るなどは究極の外道である。だから It's not ethically justified。

QUESTION 106

もし、あなたが自宅から電車で片道2時間の距離にある大学に通うことになったとしたら、あなたは自宅から通学しますか、それともアパートなどを借りて1人暮らしをしますか。いくつかの理由をあげ、50語程度の英語で答えなさい。

EXAMPLE ANSWERS

I would rent an apartment somewhere close to my college. Four hours of commuting every day is just a waste of time. Also, I will have to learn to do the shopping, cook my own meals, and do the laundry, which are all important part of being independent.

(48 words)

〈私は学校の近くにアパートを借りると思う。毎日4時間の通学など時間の無駄にほかならない。また自分で買い物も炊事も洗濯もできるようにならなければいけないが、それはすべて自立の重要な一部である。〉

* * *

「いくつかの理由」とあるが50語ではせいぜい2つぐらいか。通学時間の無駄と自立の2つをあげた。

QUESTION 107

これまで学校や学校以外の場で学んできたことの中で、あなたが最も大切だと思うことは何か、またそれはなぜか。50〜60語の英語で答えよ。ただし、英語に関すること以外について述べること。

EXAMPLE ANSWERS

I went to a public elementary school in my neighborhood. There were all kinds of children—smart ones, slow ones, gossiping girls, and bullies. As there were sometimes confrontations and fights, we had to think of ways to get along with each other. The best thing I learned there was that it takes all sorts to make a world.

(59 words)

〈私は近所の公立小学校へ行きました。賢い子ものろい子も、噂話ばかりする女の子もいじめっ子も、あらゆる種類の子供がいました。時には対立やけんかもありましたが、私たちはなんとか互いにうまくやっていく方法を考えることになりました。そこで学んだ一番良いことは、あらゆる人がいて世の中が成り立っているということです。〉

* * *

ゆるい形ではあるが「最も大切だと思うこと」＝「多様な子供のいる学校へ通ったこと」、「それはなぜか」＝「異質な相手とうまくやっていく技術が身に付いた」という2つの質問に答えている。最後はまたことわざ「世の中を作るにはあらゆる種類（の人間）が必要」で締めくくった。

QUESTION 108

次の英文を読み、その内容について思うところを50〜60語の英語で記せ。ただし、understand と pain は、それぞれ1回しか用いてはならない。

- It is not possible to understand other people's pain.

EXAMPLE ANSWERS

〈他人の痛みを理解することは不可能だ。〉

(1-a)

Certainly, we are capable of sympathizing with others, but we are never really able to feel other people's pain. If we were, we wouldn't be able to keep our sanity. Fortunately, we are not made that way, so we can live happy lives while there are disasters around the world.

(50 words)

〈確かに我々は他者に共感することはできるけれど、本当に他者の痛みを感じることは絶対にできない。もしもできたなら正気を保っていることはできないだろう。さいわい我々はそういうふうにはできていないから、世界中でひどい惨事が起きていても楽しく暮らしていられるのだ。〉

(1-b)

It is entirely possible to understand what other people are going through. That's what imagination is all about. We can't be happy while our spouses or children are seriously ill because we feel their pain. We share their suffering by imagining it. True moral leaders are people who can imagine suffering in the society as a whole.

(57 words)

〈他者がどういう体験をしているかを理解することは完全に可能だ。想像力とはそういうものではないか。自分の妻や夫、子供たちが重病のときに楽しくなれないのは我々がその苦痛を感じるからだ。私たちはそれを想像することによってその苦しみを共有するのである。精神的指導者とは社会全体の苦しみを想像できる人々なのである。〉

＊＊＊

この種の質問には100%どちらだという回答はできないものだ。だから yes/no

どちらにしても「同情はできるが共有はできない」とか「想像力を使えばある程度は理解できる」など限定的な答え方になる。また「譲歩」のパターンなども使うことになる。

3 DIFFERENCE / COMPARISON / CONTRAST

2つのものの相違点・優劣を論じる型。
基本は

☐ is different from ◯ in _____.

「君と僕は年齢が違う」なら
You are different *from* me *in* age.
と、「何が違うか」は in ... で表す。
「僕は君と違ってまともな判断ができる」と、「違い」のあとが[主語＋述語]となる場合、
I am different *from* you *in* **that** I am capable of sound judgement.
のように in のあとは that 節となる。

さらに詳しく説明するには

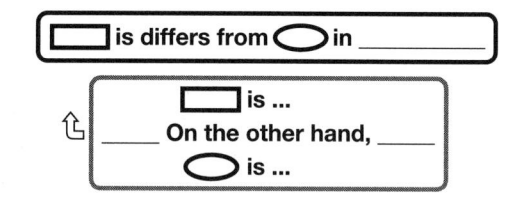

☐ is differs from ◯ in _____.
☐ is ...
____ On the other hand, ____
◯ is ...

のように、例えば on the other hand,（いっぽう／それに対して、）を使い、両者の対比を述べる。

ただ「違う」だけでなく「すぐれている」とするのなら

☐ is better than / superior to ◯ in _____.

とする。
もちろん、older than ... 〈～より年上だ〉、more talented than ... 〈～より才

能がある〉といった一般の比較の文は、-er / more ― の部分で「何が」より〜なのかを表すから、in ... の部分は不要になる。

QUESTION 109

次の文章は、死に対して人間の抱く恐怖が動物の場合とどのように異なると論じているか。50〜60語程度の英語で述べよ。

　死の恐怖を知るのは人間だけであると考えられる。もちろん、動物も死を避けようとする。ライオンに追いかけられるシマウマは、殺されて食べられるのを恐れて必死で逃げる。しかし、これと人間の死の恐怖は異なる。動物は目の前に迫った死の危険を恐れるだけだが、人間は、遠い先のことであろうが、いつの日か自分が必ず死ぬと考えただけで怖い。人間は、自分の持ち時間が永遠でないことを恐れるのである。

EXAMPLE ANSWERS

　　Humans differ from animals in that they fear the thought of death. Animals, too, try to avoid death, but what they really fear is immediate threats. On the other hand, humans are terrified just to think of their own death that will come some day. They are terrified when they realize that they are not immortal.

(56 words)

〈人間が動物と違うのは、死を考えることが怖いという点だ。動物もまた死を避けようとするけれど、動物が本当に恐れているのは切迫した脅威である。それに対し、人間はいつかやってくる自らの死を思っただけで怖い。自分が不死でないことを実感したとき恐怖するのである。〉

* * *

　「人間も動物も死が怖いのは同じ。違いは、人間の場合、死を思うだけ怖いこと」の、差異の部分を中心に述べる。

QUESTION 110

次の文中の空所を埋め、意味の通った英文にせよ。空所 (1) 〜 (3) を合わせて40〜50語とすること。

Communication styles differ from person to person. For example, some people (1)＿＿＿, while others (2)＿＿＿. Therefore, the most important thing in human communication is (3)＿＿＿.

EXAMPLE ANSWERS

〈コミュニケーションのスタイルは人によって異なる。例えば (1)＿＿＿人がいる反面 (2)＿＿＿人もいる。であるから、人間のコミュニケーションにおいて最も重要なのは (3)＿＿＿である。〉

... [For example, some people] (1)**like to say everything that comes to their head**, [while others] (2)**prefer to say as little as possible and rely on non-verbal aspects, both of which can often lead to misunderstandings**. [Therefore, the most important thing in human communication is] (3)**to ask each other the right questions to make sure that two-way communication takes place**.

(45 words)

〈例えば (1) 頭に浮かんだことを何でも言うのを好む人がいる反面 (2) できるだけ言葉は少なくして非言語的側面に頼る方を好む人もいて、そのどちらも誤解に結びつく可能性がある。であるから、人間のコミュニケーションにおいて最も重要なのは (3) 互いにしかるべき質問をして、双方向コミュニケーションがきちんと行われているようにすることである。〉

＊ ＊ ＊

この問題の難しい点は、2つのスタイルを述べるだけでなく therefore 以下でまとめを述べなければいけないこと。どちらにも当てはまることを考えなければならないから「互いにきちんと質問すること」とした。

QUESTION 111

次の会話は、ある小学校の運動会 (sports day) の種目についての先生どうしの議論である。A先生 (Mr. A) とB先生 (Ms. B) の主張とその根拠を明確に伝えるような形で、議論の要点を60〜70語の英語で述べよ。

A先生：今回の運動会では、競争心をあおるような種目をやめてはどうでしょうか。
B先生：そりゃまたどうしてですか？ それじゃやっていて面白くないでしょう。
A先生：いやいや、競技の結果によって子供が一喜一憂したり、いらぬ敗北感を味わったりするのはよくないと思うんですよ。むしろ、みんなで協力することの大切さを教えるべきです。

B先生：もちろん勝ち負けだけにこだわるのはまずいですけど、勉強においてもある程度の競争心が刺激になるということはありませんか？　第一、やめるといっても、例えばどんな種目をやめるんですか？　徒競走とか？
A先生：徒競走なら、同じくらいのタイムの子たちを同時に走らせることにして、それで順位をつけなければ、さほど勝負の要素は強くありませんが、綱引きとか、騎馬戦とか、玉入れとか、どれも勝つか負けるかのどちらかでしょう。
B先生：だけど、そういうものを除いたら、出し物が大幅に減って、運動会にならないでしょう。
A先生：組み体操とか創作ダンスとか、出し物なんていくらでもあるじゃないですか。
B先生：そんな出し物ばかりで子供が喜びますかねえ。いい意味でのライバル意識を育てるために、運動会でも普段の勉強でも、子供にはもっと競争させるべきだと思いますよ。

EXAMPLE ANSWERS

Mr. A thinks that competitive games should be excluded from sports day events because they are not very educational. He believes the stress should be on cooperation rather than competition. On the other hand, Ms. B says that children enjoy competitive games and that letting children compete with each other is a good way to stimulate them to work harder.

(60 words)

〈A先生は、競争的ゲームは教育的でないから運動会の種目から外すべきだと考えている。競争でなく協力を重視すべきだと考えているのだ。それに対しB先生は、子供たちは競争的ゲームを楽しんでおり、子供たちを互いに競わせるのはもっと頑張ろうという刺激を与える良いやり方だと言う。〉

＊　＊　＊

これは単純な対比。
　A先生：競争的種目に反対 ← [理由] 協力の方が教育的
　B先生：競争的種目に賛成 ← [理由] 努力を刺激する
をきれいにまとめればよい。

QUESTION 112

次の会話は、ある高校の授業に「能力別クラス編成」(ranking system) を導入するかどうかについての教師同士の議論である。このA先生 (Ms. A) とB先生 (Mr. B) のやりとりの内容について、日本語の分からない英会話の先生から質問されたと仮定し、2人の主張とその根拠を明確に伝えるような形で議論の要点を40〜50語の英語で述べなさい。

A先生：私は基本的に能力別クラス編成に賛成です。その方が生徒一人ひとりの能力に応じたきめ細かい指導ができると思いますよ。本校には英語圏からの帰国子女もたくさんおりますし、例えば英語の授業でそういう生徒と普通の生徒を一緒にしてしまうと、結局、どちらに合わせればいいか分からなくなって、授業自体が中途半端になってしまいますからね。生徒主体の授業運営をするためにも、能力別にすべきだと思います。

B先生：そうは言ってもですね、能力別という発想自体、そもそも民主主義の原則に反する古い考え方ですよ。だって、英語に限らず、上級のクラスでは高度教材を用いて高度な内容の授業が行われるわけだし、逆にそうでないクラスでは教材も内容も易しくなるわけでしょう？　それはやはり差別なんじゃないですか？　成績自体はふるわなくたって、高度内容を教えてほしいと言い出す生徒がいたらどうします？

EXAMPLE ANSWERS

Ms. A likes the idea of introducing a ranking system. She thinks it will better meet the needs of individual student. But Mr. B is against it. He argues every student has the right to receive an equal education and that a ranking system is a kind of discrimination.

(49 words)

〈A先生は能力別システムの導入に賛成である。そうすれば個々の生徒のニーズにより良く合わせられると考えている。しかしB先生は反対である。すべての生徒は平等な教育を受ける権利があって、能力別システムは一種の差別であるというのが彼の主張だ。〉

＊　＊　＊

これも対比は単純で

A先生：能力別に賛成 ← [理由] 個々の能力に合わせることができる

B先生：能力別に反対 ← [理由] 民主的でない ← 平等の理念に反する
をまとめる。帰国子女 (returnee) などという細部にこだわることはない。

4 FROM BOTH SIDES

どんなことにも良い面・悪い面の2つがある。同じコインの裏表 (different sides of the same coin) を考えて答えるもの。

100%善悪のはっきりしていることは、そもそも論ずる必要がない。論ずるというのは多かれ少なかれ、メリット／デメリットの比較判断になる。だから多くの文で It is true that ..., but ... / Certainly ... , but ...〈確かに～ではあるけれど～〉や On the other hand, ...〈いっぽう／その反面〉といった展開が見られる。

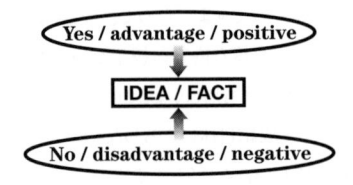

```
        Yes / advantage / positive
                  ↓
             IDEA / FACT
                  ↑
        No / disadvantage / negative
```

問題としてやや難しいのは、自分でその両面を考えなければならない点である。

QUESTION 113

次の会話文を読み、話がつながるように空所 (1) ～ (3) を英語で埋めよ。(2)、(3) については、それぞれ10～20語程度とすること。

A: Say, what do you think was the greatest invention or discovery of the twentieth century?

B: That's a hard question, because there were so many of them. But if I had to name only one, it would be (1)_____.

A: Why?

B: Because (2)_____.

A: It may sound strange, but I take the opposite view. I think that was the worst because (3)_____.

EXAMPLE ANSWERS

⟨A: ねえ、20世紀最大の発明・発見って何だと思う？
 B: すごくたくさんあるからそれは難しい質問だけど、もしも1つあげろというなら(1)＿＿＿＿＿だろうな。
 A: なぜ？
 B: なぜかというと(2)＿＿＿＿＿。
 A: 妙に聞こえるかもしれないけれど、僕の考えは逆だね。それ、最悪だと思う。というのは(3)＿＿＿＿＿。⟩

B: [But if I had to name only one, it would be] (1) **the television**.
A: [Why?]
B: [Because] (2) **it has made us aware of what is going on in the world and helped advance democracy**. (17 words)
A: [It may sound strange, but I take the opposite view. I think that was the worst because] (3) **we have come to think more passively and uniformly than before owing to television**. (14 words)

⟨(1) テレビは (2) 私たちに、世の中がどうなっているかを知らせて、民主主義が発展する助けになった。
 (3) 私たちはテレビのせいで以前よりも受動的に、画一的にものを考えるようになった。⟩

＊ ＊ ＊

これは(1)の主題の設定が難しい。プラス・マイナスがある程度同じ重さを持ったものでなければならないから。
(1) 飛行機　(2) 最高：人間と物の交流を大きく促進した。
　　　　　(3) 最悪：事故が起きる。
などは駄目。(3)事故が起きる は飛行機の本質に関わる「属性」ではないからだ。
(1) インターネット　(2) 最高：一般人の情報量を飛躍的に増大させた。
　　　　　　　　　(3) 最悪：悪用するやつがいる／目が悪くなる／中毒になる。
で、(3)のいずれもが理由にならないのと同様だ。しかし考えてみると「インターネットは最悪だ」の理由をあげるのは難しい。ちょっと思いつかない。

もう1つ、問題の指示には注意深く従うこと。(1) 自動車／ラジオ／抗生物質 などは全部駄目。少なくとも始まりはすべて19世紀だから。また20世紀だからといって「インスタントラーメン」だとか「ドラえもん」だとかは言わない方がいい。幼稚に見える。

QUESTION 114

次の英文において、前後がつながるようにするには下線部(**1**)〜(**3**)にどのような英文を入れればよいか。話の流れを考えて、適切な英文を、それぞれ5〜10語程度で書け。

Maiko and Yuriko have just watched their friend Kazuko lose a tennis match. Maiko is surprised by the match results, whereas Yuriko isn't. On their way home they are discussing their different opinions.

Maiko: "Too bad Kazuko lost. Normally she's an excellent player, but today (**1**)_____."

Yuriko: "Oh, I don't think that's the real reason she lost. Just last month (**2**)_____. So (**3**)_____. And, of course, if a tennis player doesn't do that, she's in trouble."

EXAMPLE ANSWERS

〈マイコとユリコはカズコがテニスの試合で負けるのを見てきたところ。マイコはその結果を意外に思っているがユリコは違う。帰り道、2人は違う意見を述べ合う。

マイコ：カズコ負けちゃって残念ね。いつもは最高なんだけど今日は(**1**)_____。

ユリコ：いや、それは本当の理由じゃないと思う。つい先月(**2**)_____。だから(**3**)_____。で、もちろん、テニス選手がそれをしなければ、まずいわよね。〉

Maiko: ... [Normally she's an excellent player, but today] (**1**) **she didn't seem to be able to concentrate**. (8 words)

Yuriko: [Oh, I don't think that's the real reason she lost. Just last month] (**2**) **she started dating a new guy**. (6 words) [So] (**3**) **she hasn't had enough time to practice**. (7 words) [And, of course, if a tennis player doesn't do that, she's in trouble.]

〈(**1**) 集中できなかったみたいね。(**2**) 彼女、新しいボーイフレンドと付き合い始めたの。(**3**) 練習に十分時間がとれなかったのよ。〉

* * *

(**3**)のあとに「テニス選手がそれをやらなければ、まずいわね」とあるから(**3**)は「練習」が欲しい。(**2**)は練習できなかった理由を書く。(**1**)はそれと別の理由を書く。とさかのぼって考えていくようなことになるだろう。

QUESTION 115

次の Kiyoshi と Helen の会話を読み、空所 (**1**) と (**2**) をそれぞれ15～20語の英語で埋めよ。(**1**) と (**2**) のそれぞれが複数の文になっても構わない。

Kiyoshi: Have you read today's newspaper? Apparently, in England, it's illegal to sell pets — even goldfish! — to children under the age of sixteen because they may not be able to take proper care of them. Offenders can be put in prison for one year.

Helen: Wow! (**1**)＿＿＿＿＿＿＿＿＿＿＿＿＿＿＿＿＿.

Kiyoshi: Yes, that's true. But (**2**)＿＿＿＿＿＿＿＿＿＿＿＿＿＿＿＿＿.

Helen: I guess you're right.

EXAMPLE ANSWERS

〈キヨシ：今日の新聞読んだ？ なんかイギリスではペットを、金魚までだよ！ 16歳未満の子供に売ることが法律で禁止されてるらしい。ちゃんと世話をできないかもしれないから。違反すると1年間の禁固だって。

ヘレン：へえ！(**1**)＿＿＿＿＿＿＿＿。

キヨシ：うん、その通りだね。でも、(**2**)＿＿＿＿＿＿＿＿。

ヘレン：そうかもしれないわね。〉

(**1**) **It's going too far to put people in prison. They are putting animal rights before human rights.**

(17 words)

〈人を刑務所に入れるっていうのはやりすぎよ。人権より動物の権利を優先してる。〉

(**2**) **[But] there are so many cases of animal abuse and neglect that something has to be done about them.**

(18 words)

〈動物の虐待や世話の放棄があまり多いから、なんとかしなくちゃいけないんだろうね。〉

* * *

(**1**) では Wow! とびっくりしたあとだから「それは極端だ」とか「それはひどい」といった内容。(**2**) は「それはそうだけど」のあとだから、こうした法律を作らなければいけない背景を述べる。abuse〈虐待・いじめ〉、neglect〈やるべきことをやらないこと・義務放棄〉などは日常目にする現代語である。こういったものにも日頃注意を払っているといいことがある。

QUESTION 116

次のような質問を受けたと仮定し、空所 (**1**)、(**2**) をそれぞれ20〜30語の英語で埋める形で答えを完成させよ。(**1**)、(**2**) のそれぞれが複数の文になっても構わない。

Question: Do you think reading books will help you acquire the knowledge you need to live in today's world?

Answer: My answer is both yes and no.

Yes, because (**1**)_____.

No, because (**2**)_____.

EXAMPLE ANSWERS

〈Q: 読書は現代世界で生きていく知識を獲得する役に立つと思いますか?
A: 私の答えは yes と no の両方です。yes というのは (**1**)_____だからであり、no というのは (**2**)_____だからです。〉

[Yes, because] (**1**) **today's world is a consequence of what occurred in the past. Books give perspectives to what is expected to happen in today's and tomorrow's world.**
(25 words)

[No, because] (**2**) **from the moment of publication, information in books is getting out of date. Up-to-date information on contemporary issues is more readily available on the web.**
(25 words)

〈(**1**) 今日の世界は過去に起きたことの結果です。本は今日の、および明日の世界で起こると予想されていることへの視点を与えてくれます。
(**2**) 出版された瞬間から、本の情報は古くなり始めます。現代の問題に関する最新情報はインターネットの方が手早く入手できます。〉

* * *

質問に「現代世界で生きていく」という限定があるから、Yes：過去のことを知れば現代が分かる、No：即時情報ではインターネットにかなわない、というような筋になるのだろう。

5 SUPPOSE ...

「もしも〜だとすれば」という条件に合わせて想像して書く。仮定の話だから、仮定法の would、could などが必要となる。

この種の作文ではあまり general〈一般的〉なことを曖昧に書くのではなく specific〈具体的〉に書くこと（▶192ページ）。

「現実は〜だ」←「こうなったらいいな」のように、自分の願望の土台となる現実をきちんと書くことが必要になることも多い。

QUESTION 117

Ａ大学では、カリキュラムの一環として、ボランティア活動への参加をとりいれている。あなたがＡ大学に入学して、何らかのボランティア活動を行うとすれば、どのような活動に参加したいか、それはなぜかを40〜50語程度の英語で述べよ。文の数に制限はない。

EXAMPLE ANSWERS

I would like to work as an assistant to a junior high school teacher. There have been so many bullying and violent incidents and teachers are so busy and tired that many classes are not functioning. What teachers need is physical help, and I believe I can offer some.

(49 words)

〈私は中学校の先生の助手をしたいです。いじめや暴力事件が多く、先生たちは忙しくて疲れていて授業がうまく機能しないことも多いです。先生たちが必要なのは物理的な手助けであり、私はそれを提供できます。〉

* * *

ここでも bullying〈いじめ〉のような語が出てこないと不便である。specific

にということで言えば、字数があれば最後に I know judo.〈私は柔道ができます。〉なんて付けてやると、なるほど、悪い子は背負投げしちゃうんだな、と分かる。

QUESTION 118

今から50年の間に起こる交通手段の変化と、それが人々の生活に与える影響を想像し、50～60語の英語で具体的に記せ。

EXAMPLE ANSWERS

　　Without much fossil fuels available, there will be a great shift from automobiles to public transportation systems run on alternative energy. New devices for moving individuals for a short distance might be invented, but the bicycle will remain an important means of private transportation. In any case, there will certainly be a heavier concentration of population in urban areas.

(59 words)

〈化石燃料があまり利用できなくなるため、自動車から、代替エネルギーを利用した公共輸送への大転換が行われるだろう。短距離移動のための個人的輸送手段が発明されるかもしれないが、個人輸送の手段としてあいかわらず自転車が重要なものであるだろう。どちらにせよ都市部への人口集中がさらに激しくなるのは確実だ。〉

＊＊＊

　50年後は近未来である。新しい原理で時空を移動できる乗り物、とか、タケコプターとか言わない方がいいだろう。今から50年前に我々がどんな乗り物を使っていたか考えればすぐ分かる通りである。むしろ50年後と言われて思うのは fossil fuels〈化石燃料〉の枯渇ではないか（とはいえ、世界の石油はあと40～50年分しかないと言われ続けて久しいけれど）。

　「人々の生活に与える影響」が難しい。ここでは「公共輸送と自転車」→都市部への近距離輸送→人口の都市集中　とした。

QUESTION 119

もし他人の心が読めたらどうなるか、考えられる結果について50～60語の英語で記せ。複数の文を用いて構わない。

EXAMPLE ANSWERS

　　Life is unpredictable, and that is why we enjoy it. Would love be exciting if you could read your girlfriend's mind and could predict what she would say or do next? Would you be happy to win a game of chess just because you can tell what the opponent's next move is? If we knew what others would do, life would be just a routine.

(56 words)

〈人生は予測不可能で、だからこそ楽しいのだ。ガールフレンドの心が読めて、次に彼女が何を言い何をするか分かったとしたら、恋はわくわくするものだろうか？　相手の次の動きが分かるからというだけの理由でチェスの試合に勝って楽しいだろうか？　もしも他人がどうするか分かったら、生きることはただの決まり事になってしまう。〉

＊　＊　＊

　練習の意味も含めて修辞疑問（▶393ページ）を使ってみた。なかなか自然な感じで良い。全体としては [idea ＋ example #1 ＋ example #2 ＋ idea] というサンドイッチ構造。

QUESTION 120

現在、全世界では約3,000から8,000の言語が話されていると言われている。もしそうではなく、全世界の人々がみな同じ1つの言語を使用しているとしたら、我々の社会や生活はどのようになっていたと思うか。空所を50〜60語の英語で埋める形で答えよ。答えが複数の文になっても構わない。

・If there were only one language in the world,＿＿＿＿＿.

EXAMPLE ANSWERS

　　[If there were only one language in the world,] **the world today might be one huge nation under a single government, having a uniform way of thinking and communicating. People of the nation wouldn't have any difficulty, as we do now, in communicating with one another, but there would be no cultural diversity, and variation of thoughts, which we now greatly enjoy.**

(53 words)

〈[もし世界の言語が1つだとしたら]今日の世界は1つの政府の下の巨大国家で、画一的な思考と意思の疎通が行われているかもしれない。そうした国の国民は現在の我々のように互いに意思疎通することの苦労はないかもしれないけれど、我々が今日おおいに享受しているような文化的多様性と思考の幅はないだろう。〉

* * *

　もちろん「世界の言語が日本語だけなら英語で苦労する必要ないのに」といった文も可能ではあるが、「言語の多様性」を問題にすべき文で自分の都合を答えるというようなことをやっていてはいけない。「貨幣は必要か？」に対し「100円玉がなければドリンク買えない」とか「100年後の世界は？」に対し「どうせ私は墓の中」と答えるようなものである。

6 FIRST, SECOND, FINALLY

　述べるべき要素を指定されている問題で、一つひとつの条件を満たしながら文をつないでいく。

　3つ以上の項目を並べて箇条書きとする場合は、分かりやすくするために番号をつける。仮に3つ並べるなら、① First, / First of all, ② Second, / Secondly, ③ Finally〈最後に〉とするが、このパターンは字数の調整も簡単だ。例えば、制限語数が40〜50語なら理由を2つあげるが50〜60語なら1つ増やして3つにする、という具合。

　論述内容を項目としてはっきり示すことも重要となる。例えば、
① NOW：現状　② PROBLEM：問題　③ SOLUTION：解決策　というような組み立て。

```
┌──────────┐                    ┌──────────┐
│ NOW ...  │     Therefore,     │          │
│ ↑However,│ PROBLEMS  ←────    │ SOLUTION │
└──────────┘                    └──────────┘
```

QUESTION 121

次の会話は、英語学習について悩んでいる男子生徒と、その相談を受けた英語教師との会話である。生徒がどのような悩みを持っているか、生徒の英語学習のどこが間違っていたのか、教師はどのようなアドバイスをしたか、の3つの内容を盛り込んだ形で、この会話の要点を50〜60語の英語で述べよ。

生徒：先生、いくら練習しても英語の聴き取りがうまくできるようにならないんですけど、どうすればいいでしょうか？

先生：どうすればいいと言われても、やっぱり地道に勉強するしかないよね。自分ではどんな勉強をしているの？

生徒：ケーブル・テレビやインターネットで英語のニュースを見たり聴いたりしてはいるんですけど……。

先生：え？　いきなりそんな難しい英語を聴いても分からないでしょう。

生徒：分からないです。まったく。

先生：そりゃ駄目だよ。意味の分からないものをいくら聴いたって、雑音を聴いているのと同じだからね。聴いて、ある程度中身が理解できるくらいの教材を選ばないと。

生徒：とにかくたくさん英語を聴けばいいんだと思っていました。そうか、そこが間違っていたんですね。

先生：そう。それに、聴き取りが苦手といったって、英語の音声に慣れていないことだけが問題じゃないんだ。語彙を知らなかったり、知っていても間違った発音で覚えていたり、あるいは構文が取れなかったりしている場合の方が多いわけだよ。内容を理解する力も必要になってくるしね。毎日易しめの英文の聴き取りをやって、それと同時に、内容的に関連する読み物を、辞書を引きながら丁寧に読んでごらん。そういう総合的な勉強をすれば、聴き取りの力も伸びると思うよ。

生徒：はい、分かりました。

EXAMPLE ANSWERS

　　The student, having a hard time improving his listening comprehension skills, asks for his teacher's advice. The teacher suggests that instead of listening to what is too difficult, the student choose easier materials that suit him right. He also points out that training his reading skills and expanding his vocabulary will help improve his listening skills.

(56 words)

〈自分の聴解能力を伸ばすのに苦労している学生が先生のアドバイスを求めている。難しすぎるものを聞くのでなく自分に合ったより易しい題材を選んだ方がよいというのが先生の薦めである。先生はまた読解力を鍛え、語彙を増やすことも聴解能力を伸ばす助けになると指摘する。〉

* * *

① 生徒がどのような悩みを持っているか

The student, <u>having a hard time improving his listening comprehension skills</u>, ...

② 生徒の英語学習のどこが間違っていたのか

The teacher suggests that <u>instead of listening to what is too difficult</u>, ...

③ 教師はどのようなアドバイスをしたか

The teacher <u>suggests</u> that ..., the student <u>choose easier materials that suit him right</u>. He also <u>points out</u> that <u>training his reading skills and expanding his vocabulary will help improve his listening skills</u>.

①〜③の要素がばらばらでなく文章の中に織り込まれているが、しかしすべてに答えている。

QUESTION 122

次の文章は、あるアマチュア・スポーツチームの監督の訓話の一部である。この中の、「雨降って地固まる」という表現について、それが字義通りにはどういう意味か、ことわざとしては一般的にどのような意味で用いられるか、さらにこの特定の文脈の中でどのような状況を言い表しているかの3点を盛り込んだ形で、60語程度の英語で説明しなさい。

　昨年は、マネージャーを採用すべきであるとかないとか、補欠にも出場の機会を与えるべきだとか、いやあくまで実力主義で行くべきであるとか、チームの運営の仕方をめぐってずいぶん色々とやり合いましたけれども、「雨降って地固まる」と申しまし

て、それで逆にチームの結束が固まったと思います。今年もみんなで力を合わせて頑張りましょう。

EXAMPLE ANSWERS

　　The proverb literally means "Rain makes the ground firm," and is generally used to remind one that unpleasant things may lead to good results. The manager, speaking at the beginning of the year, expects the unity of the team to be strengthened after a lot of arguments over how to run the team. (53 words)

〈このことわざの文字どおりの意味は「雨が地面を固くする」で一般的には、不愉快なことが良い結果につながるということを言う。年度初めにしゃべっているこの監督は、チームの運営の仕方について盛んに議論があったあと、チームの団結が強まると期待している。〉

* * *

① それが字義通りにはどういう意味か

　　The proverb literally means "Rain makes the ground firm," and ...

literally〈文字どおり〉という語は知っておきたい（反対は figuratively / metaphorically 〈比喩的に〉）。

② ことわざとしては一般的にどのような意味で用いられるか

　　... and is generally used to remind one that unpleasant things may lead to good results.

remind one that ...〈人に〜を思い出させる〉。rain：unpleasant things、ground / firm：good results と比喩を1つずつ明らかにした。

③ この特定の文脈の中でどのような状況を言い表しているか

　　The manager, speaking at the beginning of the year, expects the unity of the team to be strengthened after a lot of arguments over how to run the team.

unity / strengthened：good results、a lot of arguments：unpleasant things と「この場面における」内容を対応させた。

　「マネージャーを採用」「補欠を出場させるか」といった細かい点はまとめてしまうこと。

QUESTION 123

次の英文は、授業でグループ発表をすることになった生徒同士の電子メールでのやりとりである。空所 (1)、(2) をそれぞれ15〜20語の英語で埋めて、全体として意味の通った文章にせよ。

From: Ken O'Hare
To: Yoshiko Abe, John Carter
Date: Thursday, January 31, 2008, 8:23 PM
Subject: Our group presentation

Dear Yoshiko and John,

　I'm writing this e-mail in order to ask you two if you have any idea about how we should cooperate in our group presentation for Ms. Talbot's class next week. Can I suggest that one of us should do some basic research into a contemporary issue such as global warming, the aging society, environmental pollution, etc., another write a short paper on it, and the third give a presentation based on the paper, representing the team? What do you think about my plan?

　All the best,

Ken

From: Yoshiko Abe
To: Ken O'Hare
Cc: John Carter
Date: Thursday, January 31, 2008, 9:12 PM
Subject: Re: Our group presentation

Dear Ken,

Thank you for your message. Your suggestion sounds very interesting, but (1)_____. So, I would rather suggest that (2)_____.

Best wishes,

Yoshiko

EXAMPLE ANSWERS

〈メールを出したのは、来週のタルボット先生のグループ・プレゼンテーションでの協力をどうするか、2人に聞きたかったからだけど。例えば地球の温暖化とか高齢化、環境汚染というような現代の問題について、1人が基本情報のリサーチをして別の1人が短いレポートを書いて、3人目がチーム代表としてレポートに基づいたプレゼンテーションをするというのはどうかな？僕のプラン、どう思う？

　メールありがとう。提案は大変面白いと思うけど (1)_____。だから私はむしろ (2)_____方がいいと思う。〉

* * *

(1)提示された内容の問題点をあげて(2)対案を提示。「方法論」に関してと「内容」に関しての2つが考えられる。

* * *

(1-a)

[Your suggestion sounds very interesting, but] (1)**I think it's necessary for the presenter to be familiar with details, instead of just reading the prepared paper.** (19 words) [So, I would rather suggest that] (2)**we all share the first two steps: doing the basic research together and making up the paper through discussion.** (19 words)

〈(1) プレゼンテーションをする人は準備されたレポートを読むだけではなくて、細かいところまでよく分かっていることが必要だ。
(2) 最初の2段階を全員で共有して、基本的なリサーチはみんなでやり、話し合いながらレポートを作り上げる。〉

* * *

「方法論」に関して言えば上のようになるだろう。

(**1-b**)

[Your suggestion sounds very interesting, but] (**1**)**I think the topics you mentioned seem a little too big. How can we research on global warming?** (18 words) [So, I would rather suggest that] (**2**)**we choose topics more directly related to us, such as choice of colleges and career planning.** (16 words)

〈(**1**) あなたがあげたテーマは少し大きすぎると思う。地球温暖化のリサーチなんて無理でしょう。
(**2**) 大学の選択だとか職業のプランだとか、もっと自分たちと直接関係したテーマを選ぶ。〉

「内容」に関して述べれば、上のような具合となる。

QUESTION 124

あなたが今までに下した大きな決断について、60〜70語の英文で説明せよ。ただし、
(**1**) その時点でどのような選択肢があったか
(**2**) そこで実際にどのような選択をしたか
(**3**) そこで違う選択をしていたら、その後の人生がどのように変わっていたと思われるか
という3つの内容を盛り込むこと。適宜創作をほどこして構わない。

EXAMPLE ANSWERS

When I was thirteen, my father was transferred to New York. My mother had to stay to take care of my grandparents. My father asked me to decide if I would go with him or stay in Japan. I decided to stay with my mother. If I had gone with my father, I might have gone to college and got a job in the US.

(65 words)

〈13歳の時、父がニューヨークに転勤になりました。母は祖父母の世話をするために日本にいなければなりませんでした。父は私に、一緒にアメリカに行くか日本に残るか決めるように言いました。私は母とともに残ることにしました。もしも父と一緒に行っていたらアメリカで大学に行き、就職していたかもしれません。〉

* * *

まず場面の設定 (When I was thirteen, ...) を行ったうえで

(1) その時点でどのような選択肢があったか

[My father asked me to decide] <u>if I would go with him or stay in Japan.</u>

(2) そこで実際にどのような選択をしたか

<u>I decided to stay with my mother.</u>

(3) そこで違う選択をしていたら、そのあとの人生がどのように変わっていたと思われるか

<u>If I had gone with my father, I might have gone to college and got a job in the U.S.</u>

と一対一対応で書いた。

東大英語総講義

第7章 リスニング

1. リスニングの注意点
2. リスニング問題の実際

1 リスニングの注意点

リスニングは小技(こわざ)ではない。
読むのと同じく、英語力そのものが試される。
目で読んで分からないものは耳で聞いても分からない。
単語力がないと理解できない。
読む力のある人は留学しても大学の講義にはすぐに慣れる。
しかし読む力のない人は日常会話には慣れても、
講義を聞くことができない。
だから読む力を伸ばすことを怠って、
聞く練習ばかりしても限界がある。
という意味でも、この第7章は最後に仕上げとしてやるのがいいだろう。
読解力があればリスニングは最後に集中してやっても間に合う。

1 WHAT YOU SEE ISN'T WHAT YOU HEAR.

　リスニングに特有の問題点は、英語の音そのものに慣れていないと細かいところでつまずいてしまうことと、日本語に訳しながらゆっくり読む習慣がついていると朗読のスピードについていけないことだろう。音については自分の不得意なところを意識することで割合短期間で克服できる。

　まず最初に音の問題について少し触れておく。自分の問題点を意識することがまず大切だ。
　見た目の英語と実際に発音する英語はかなり違っている。英語のつづりと発音の関係は諸言語の中で最悪とも言われ、イギリスの劇作家で皮肉屋でも有名な George Bernard Show も
　これを発音しなさい。
　ghoti
　答えは fish です。そのココロは、gh は enough のように、o は women のよ

うに、ti は nation のように発音すればよろしい、などと言って英語のつづりと発音の恣意性を指摘しており、確かに英語はそのへんで実にいいかげんな言語なのだが、それとはまた別に、我々がローマ字式に読みがちな単語が実際の音とは全然違うことに注目したい。リスニングの妨げになるからだ。

日本の辞書の発音記号は IPA (International Phonetic Alphabet 国際音声記号) が使われているが、実はそれ以外にもさまざまな表記法があり、辞書や本によってもずいぶん違っている。ここでは発音記号を習っていない人のために、便宜的にすべてをアルファベットの文字で表した表記法を用いた。まず英語のあらゆる音を聞いて意識すること。今まで気にかけていなかった音、あるいは音の区別があるかもしれない。

=PRONUNCIATION SYSTEM=

VOWELS+SEMIVOWLES 〈母音＋半母音 (y/w)〉 [CD track #10]

When the sound appears as ↓ / **It should be pronounced as in** ↓

a	p*a*t, *a*pple, h*a*nd, b*a*t	日本語のアとエの中間
ay	p*ay*, s*ay*, m*a*ke, st*ea*k	
air	h*air*, p*air*, f*air*, f*are*	
ah	f*a*ther, b*a*r, f*a*r, h*ea*rt	日本語のアとほぼ同じ
e	*e*nd, b*e*t, b*u*ry, g*ue*ss	短いエ
ee	b*ee*, s*ea*, t*ea*m, f*ee*t	長いイー
eye	b*y*, b*uy*, f*i*ve, s*ei*smólogy	
eer	d*eer*, b*eer*, d*ear*, front*ier*	
i	h*i*t, f*i*t, man*a*ge, cóunterf*ei*t	日本語のイより少しエに近い音
o	h*o*t, j*o*b, h*o*nest, w*a*tch	日本語のオよりアに近い
oh	n*o*, *ow*e, l*ow*, r*oa*d	オウ：二重母音
aw	l*aw*, w*a*lk, t*a*lk, br*oa*d	日本語のオよりアに近い、長い音
or	d*oor*, fl*oor*, s*oar*, sw*or*d	
oo	b*oo*k, l*oo*k, p*u*t, w*oo*l	短いウ
ooh	b*oo*t, t*oo*l, sh*oe*, w*ou*nd	長いウー
oy	t*oy*, b*oy*, ann*oy*, n*oi*se	
ow	h*ow*, *ou*t, h*ou*se, dr*ough*t	

u	c*u*t, b*u*t, c*o*me, fr*o*nt	
ur	*ur*ge, s*ur*f, b*ir*d, w*or*d	
uh	*a*bout, Engl*a*nd, lem*o*n, Ital*y*	ストレスのないところによく現れるごく軽いアで、ほとんど発音されないことも多い
yoo	y*ou*r, p*u*re, *u*ranium, d*u*ring	短いユ
yooh	y*ou*, f*ew*, b*eau*tiful, c*u*be	長いユー
y	*y*es, *y*ellow, *y*ear, on*i*on	
w	*w*ax, *w*ith, *w*on, *o*ne	

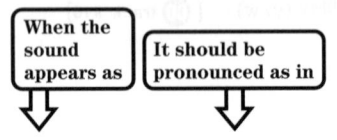

CONSONANTS 〈子音〉 [CD track #11]

```
When the              It should be
sound                 pronounced as in
appears as
    ↓                      ↓
```

b	*b*ut, *b*attle, *b*ox, a*b*sorb	
ch	*ch*urch, *ch*eck, ben*ch*, *ch*unk	
d	*d*ead, *d*read, fill*ed*, sign*ed*	
f	*f*ix, *f*un, *ph*ilosophy, *ph*oenix	
g	*g*et, *g*uess, *gh*ost, di*g*	
h	*h*at, *h*ot, *h*ow, *wh*o	
j	*j*am, *j*udge, mana*g*e, *g*iant	日本語のジャ/ジュより硬いヂャ/ヂュ
k	*k*ick, *c*at, uni*que*, *ch*aracter	
l	*l*and, s*l*ide, *l*oad, ki*ll*	
m	*m*other, s*m*ile, colu*m*n, du*m*b	
n	*n*o, *gn*aw, si*n*, sudde*n*	
ng	si*ng*, lo*ng*, ki*ng*, Ho*ng* Ko*ng*	鼻にかかった、ング
p	*p*op, *p*an, sho*p*, she*ph*erd	
r	*r*oad, *r*ap, *wr*ong, *rh*ythm	
s	*s*ea, *s*it, gue*ss*, *sc*ience	
sh	*sh*e, *sh*ut, addi*ti*on, anx*i*ous	
t	*t*ight, s*t*opped, bough*t*, *Th*omas	

th	*th*ank, too*th*, ba*th*, brea*th*
thh	*th*at, fea*th*er, ba*the*, brea*the*
v	*v*ery, lo*v*e, o*f*, Ste*ph*en
z	*z*ebra, doe*s*, goe*s*, an*x*iety
zh	plea*s*ure, gara*ge*, vi*s*ion, rou*ge* "j" より柔らかいジャ／ジュ

　聞いてみると分かると思うが、ある種の子音は別にして、本当に難しいのは母音なのではないか。日本語の母音は5つだけだが、英語の母音は二重母音（toy, ear, air のように途中で変化する母音）を入れると、数え方にもよるが、15ぐらいある。何よりもまず、苦手なものに気が付くこと（awareness）が大事。

1 「似た」音を区別する

　人によって差はあるものの、英語の2つの音の区別ができないというケースはよくある。例えば v/b あるいは l/r、人によっては s/sh など。文字で読めば問題ないものが耳で聞くと区別できない。自分の苦手なところがあればそれを見つけていつも注意することで改善する。本当は自分でその音を出せるようになるのが一番である。自分で出せるようになると他人の発音も聞き取れる。苦手なものはCDを繰り返し聞いて真似して発音するのが良いだろう。

QUESTION 125 [CD track #12~16]

CDを聞きながら、下の各空所に単語を記入しなさい。

(1) s/sh/th/thh/z

- **a.** _____ the movie.
- **b.** _____ the best.
- **c.** cotton _____
- **d.** food, shelter and _____
- **e.** warm _____
- **f.** _____ the door
- **g.** _____ sells _____ shells on the sea _____.
- **h.** *the Origin of* _____
- **i.** I _____ it.
- **j.** take a deep _____
- **k.** _____ quietly
- **l.** _____ hot coffee
- **m.** _____ cost
- **n.** a _____ runner
- **o.** a good _____.
- **p.** We'll be together _____

(2) l/r

- **a.** eat _____ fish
- **b.** _____ and order
- **c.** the long and winding _____
- **d.** carry a heavy _____

e. a _____ musician
g. pay the _____
i. sit in the first _____
k. the _____ answer
m. an _____ behavior
o. _____ lines
q. _____ old coins
s. a Persian _____

f. a _____ top computer
h. I _____ some money to him.
j. a _____ temperature
l. _____ the candle
n. _____ thinking
p. have a _____
r. the _____ answer
t. a time _____

(3) o/aw

a. I _____ up.
c. _____ about love
e. a sail _____
g. She _____ up.
i. major in _____
k. I _____ you some money.
m. a _____ machine

b. _____ down the street
d. _____ of love
f. I _____ some flour.
h. a fur _____
j. a _____ blood pressure
l. This is _____.
n. She _____ me coming.

(4) a/o/u

a. a tea _____
c. look for a _____
e. the table _____
g. nothing _____ a miracle
i. _____ coffee
k. a coffee _____
m. a _____ yard
o. It's a lot of _____.

b. I'm a _____.
d. a strong _____
f. _____ him on the shoulder
h. a metal _____
j. a hard _____
l. _____ the dog
n. a disk _____
p. a movie _____

(5) b/v

a. an irregular _____
c. _____ impressive
e. _____ your hands.
g. a navy _____
i. _____ nuclear weapons
k. wear the very best _____
m. _____ in water

b. a well-known _____
d. my _____ button
f. _____ your enemies.
h. every _____ means
j. a 4-wheel-drive _____
l. the _____ view
n. _____ water

ANSWER KEY

(1)

a. see the movie
〈映画を見る〉

b. She's the best.
〈彼女が1番。〉

c. cotton **cloth**
〈木綿の布〉

d. food, shelter and **clothing**
〈衣食住〉

e. warm **clothes**
〈暖かい服〉

f. close the door
〈ドアを閉める〉

g. She sells **sea** shells on the sea **shore**.
〈彼女は海岸で貝殻を売る。〉

h. *the Origin of Species*
〈『種の起源』（ダーウィン）〉

i. I **appreciate** it.
〈感謝します。〉

j. take a deep **breath**
〈息を深く吸う〉

k. breathe quietly
〈静かに呼吸する〉

l. sip hot coffee
〈熱いコーヒーをすする〉

m. shipping cost
〈送料〉

n. a **fast** runner
〈速いランナー〉

o. a good **athlete**
〈良い選手〉

p. We'll be together **through thick and thin**.
〈良いときも悪いときも（成句）僕たちは一緒。〉

(2)

a. eat **raw** fish
〈生の魚を食べる〉

b. law and order
〈法と秩序〉

c. the long and winding **road**
〈長く曲がりくねった道〉

d. carry a heavy **load**
〈重い荷物を運ぶ〉

e. a **rap** musician
〈ラップ・ミュージシャン〉

f. a **lap**top computer
〈ラップトップ・コンピューター〉

g. pay the **rent**
〈家賃を払う〉

h. I **lent** some money to him.
〈彼に金を貸した。〉

i sit in the first **row**
〈一番前の席に座る〉

j a **low** temperature
〈低温〉

k. the **right** answer

l. light the candle

〈正解〉 〈ロウソクに火をつける〉

m. an **irresponsible** behavior **n.** **illogical** thinking
〈無責任な行動〉 〈非論理的な考え方〉

o. parallel lines **p.** have a **quarrel**
〈平行線〉 〈口論する〉

q. collect old coins **r.** the **correct** answer
〈古銭を収集する〉 〈正解〉

s. a Persian **rug** **t.** a time **lag**
〈ペルシャじゅうたん〉 〈時間のずれ〉

(3)

a. I **woke** up. **b. walk** down the street
〈私は目覚めた。〉 〈道を歩いていく〉

c. talk about love **d. token** of love
〈恋の話をする〉 〈愛のしるし〉

e. a sail **boat** **f.** I **bought** some flour.
〈汽船〉 〈小麦粉を買った。〉

g. She **caught** up. **h.** a fur **coat**
〈彼女は追いついた。〉 〈毛皮のコート〉

i. major in **law** **j.** a **low** blood pressure
〈法律を専攻する〉 〈低血圧〉

k. I **owe** you some money. **l.** This is **awful**.
〈君に金を借りている。〉 〈これはひどい。〉

m. a **sewing** machine **n.** She **saw** me coming.
〈ミシン〉 〈彼女には僕が来るのが分かってた。〉

(4)

a. a tea **cup** **b.** I'm a **cop**.
〈ティーカップ〉 〈俺は警官だよ。〉

c. look for a **job** **d.** a strong **jab**
〈仕事を探す〉 〈強いジャブ（ボクシング）〉

e. the table **top** **f. tap** him on the shoulder
〈テーブルの天板〉 〈彼の肩をたたく〉

g. nothing **but** a miracle **h.** a metal **bat**
〈奇跡以外の何物でもない〉 〈金属バット〉

i. **hot** coffee
　　〈熱いコーヒー〉

　　k. a coffee **pot**
　　〈コーヒーポット〉

　　m. a **junk**yard
　　〈廃品置き場〉

　　o. It's a lot of **fun**.
　　〈とても楽しい。〉

　　j. a hard **hat**
　　〈作業用ヘルメット〉

　　l. **pat** the dog
　　〈犬の頭をなでる〉

　　n. a disk **jockey**
　　〈ディスク・ジョッキー〉

　　p. a movie **fan**
　　〈映画ファン〉

(5)
　　a. an irregular **verb**
　　〈不規則動詞〉

　　c. **very** impressive
　　〈非常に大したものだ〉

　　e. **Rub** your hands.
　　〈両手をこすりなさい。〉

　　g. a navy **base**
　　〈海軍基地〉

　　i. **ban** nuclear weapons
　　〈核兵器を禁ずる〉

　　k. wear the very best **vest**
　　〈最上のチョッキを着る〉

　　m. **dissolve** in water
　　〈水に溶ける〉

　　b. a well-known **proverb**
　　〈よく知られたことわざ〉

　　d. my **belly** button
　　〈私のおへそ〉

　　f. **Love** your enemies.
　　〈汝の敵を愛せ。〉

　　h. every **available** means
　　〈使えるすべての手段〉

　　j. a 4-wheel-drive **van**
　　〈四輪駆動のバン〉

　　l. the **best** view
　　〈最高の眺望〉

　　n. **absorb** water
　　〈水を吸収する〉

2 LIAISON (WORD CONNECTION)

　日本語でも音便のような連音変化はあるし、例えばNHKを「エヌエイチケー」でなく「エネーチケー」のように発音するといった音のつながりはあるけれど、英語の方が語と語の音を連続して発音する (liaison〈リエゾン〉という。フランス語で connection の意) 傾向ははるかに強い。これに慣れていないための聞き間違いは多い。例えば some other day で some の 'm' 音が次の other にくっついて mother と聞こえるから「母の日か?」と思ったり、という具合。

QUESTION 126 [CD track #17]

「見た目」と「聞いた音」の違いを確かめなさい。

Looks like ...	Sounds Like ...
hold on	[hol **don**]
turn over	[tur **nover**]
not at all	[na da d**ahl**]
an American in Paris	[a **namerica** nin paris]
Let's make it some other day.	[lets may kit su **mother** day]
Wouldn't you?	[wooden **chew**?]
Yes, you are.	[yeshu **are**]
Can you dress yourself?	[c'new dreshier **self**?]
You should have been there.	[you shoulda **bin** nair]

3 REDUCED SOUNDS

特に口語で、本来の音より縮まった形で発音されることがかなりある。個々人が勝手に縮めているのではなく一定の形で起こるのは例えば、日本語で「(傘を) 忘れてきてしまったよ」と口語では言わずに「忘れてきちゃったよ」と言うように、規則的なものだから、ある程度慣れておくとほかにも応用がきくだろう。2 LIAISON と密接な関係がある。

QUESTION 127 [CD track #18]

「見た目」と「聞いた音」の違いを確かめなさい。

Looks like ...	Sounds Like ...
today	[t'**day**]
tomorrow	[t'**mo**roh]
to work	[t'**wrk**]
We have to go now.	[we **haf**tuh **go** now]
I can't wait to find out.	[ai kan⁽ᵗ⁾ **wai**tuh fine **dow**t]
We're trying to do that.	[weer **chi**na do ⁽ᵗᵗ⁾at]
We're at home.	[wirt **home**]
Give it a try.	[**givi**da try]
camera	[**cam**'ra]
chocolate	[**chak**lit]

history	[**hi**stry]
Let's go.	['s**go**]
What's up?	[wuss**u**p?]
It's in the bag.	['tsin the **bag**]
ham and eggs	[ham '**neggs**]
a lot of money	[a lotta **money**]
as a matter of fact	['zuhmadder **fact**]
We are going to talk about it.	[wi gonna **tah** ᵏabou dit]
You really want to know?	[y' **really** wanna **know**?]

4 LOAN WORDS（カタカナ英語）

日本語で先に覚えた英語は本来の音で発音された場合、認識できない恐れがある。カタカナ英語は発音、アクセントの位置を間違えていることが非常に多いので注意が必要だ。ごく一部だけあげておくがカタカナ英語は日常いくらも耳にするから常に注意。

QUESTION 128 [CD track #19]

それぞれの語の発音を聞いて、必要な修正を行いなさい。

*a*thlete	*i*mage	p*a*ttern	m*a*nager
adv*i*ce	su*cc*ess	tw*i*tter	caff*ei*ne
pr*o*tein	*I*taly	*e*go	el*i*te
d*o*nor	motiv*a*tion	mus*e*um	acc*e*ssory
id*e*a	c*o*ntrast	concr*e*te	m*o*bile
t*u*tor	m*o*nitor	t*i*cket	v*i*tamin
v*o*lume	*e*levator	*a*verage	*e*nergy
d*a*ta(2ways)			

2 NUMBERS

数字の聞き取りが苦手な人は多い。特に大きな数字。位取りの原理が日本語と違うから変換しにくいというのが大きな理由だ。ご存知のとおり日本語では4桁を1ユニットとして新しい桁の名前を設定するのに対し

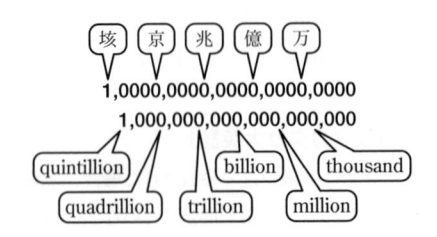

```
          垓   京   兆   億   万
      1,0000,0000,0000,0000,0000
       1,000,000,000,000,000,000
    quintillion        billion    thousand
         quadrillion  trillion  million
```

英語では3桁を1ユニットとしているからだ。

なお英語の命数法は、下のような数を示す接頭辞を知っている人には比較的分かりやすい。trillion の tri は '3' で、quadrillion の quadri- は '4' だと分かるから。無量大数と不可思議とはどちらが大きいのだっけ？　と迷うことが（あまり）ない。しかし現実に使われるのは日本語ではせいぜい兆、英語でも trillion くらいまでで、それ以上はもちろん10の何乗と表現する。

参考までに数を示す接頭辞の主なものを紹介しておく。特に理系の人はこの先この知識が有用になるだろう。

Numeral Prefixes

Number	Latin prefix	Greek prefix	Examples
1/4	quadrant-		quarter
1/2	semi-	hemi-	semiconductor〈半導体〉/ hemisphere〈半球〉
1	uni-	mono-	unity〈統一〉/ monopoly〈独占〉
2	bi-	di- / duo-	bifocal〈二重焦点の〉/ carbon dioxide〈二酸化炭素〉/ duet〈二重奏〉
3	tri- / ter-	tri-	tripod〈三脚〉/ tertiary〈第三次的〉

4	quadri-		quartet〈四重奏〉
5	quinque-	penta-	qintet〈五重奏〉/ pentagon〈五角形〉
6	sexa-	hexa-	sextet〈六重奏〉/ hexagon〈六角形〉
7	septem-	hepta-	September(元は7月)/ Heptarchy〈七王国〉
8	octo-	octa-	octopus〈タコ〉/ octave〈オクターブ〉 Octover(元は8月)
9	novem-	nona-	November(元は9月)
10	dec-	deca-	decade〈10年〉/ *Decameron*〈十日物語〉/ decilitre〈デシリットル〉/ December(元は10月)
100	centi-	hecto-	century〈世紀〉/ centipede〈ムカデ〉/ centimeter〈センチメートル〉/ hectare〈ヘクタール〉
1000	milli-	kilo-	millennium〈千年紀〉/ millimeter〈ミリメートル〉/ million(元は1000)/ kilometer〈キロメートル〉
New Prefixes			
10^{-9}		nano-	nanotechnology
10^{-6}		micro-	microscope〈顕微鏡〉
10^{6}		mega-	megabyte
10^{9}		giga-	gigabyte
10^{12}		tera-	terabyte

1 大きな数

大きな数字の読み方に戻るが、混乱する理由ははっきりしている。英語を日本語に変換しようとするから、数字を聞くのと変換するのとが重なって混乱するのだ。だから、

大きな数字を聞くときには英語のまま聞くこと、もしも必要ならあとで変換してやればいい。thousand、million、billion の位を覚えること。hundred 以下はいわば「補助単位」である。

　one hundred thirty-nine thousand

と聞こえたら、そのまま 139 thousand あるいは 139K（←kilo）とメモしておいて、あとで必要なら

　139,000

と書く。

　fifty-three billion twenty million と聞こえたら

　53b 20m

とメモしておいて、あとで必要なら、

　53,020,000,000

が日本語では530億2,000万であるいうことはじっくり変換すればいい。

　数の具体的イメージを持っておくのも助けになるかもしれない。

- **100 dollars** と言えば少し嬉しい額。

　　You can buy with a hundred dollars a pretty nice cell phone, a cheap digital camera, two video games, or a pair of shoes.
　　　〈100ドルで買えるものは、そこそこの携帯電話や安いデジカメ、ビデオゲーム2つ、靴1足。〉

- **1,000 dollars** は結構大金。俗語で grand〈でかいの〉。

　　It's really hard to make a grand a day, at least legally.
　　　〈1日1,000ドル稼ぐのは本当に難しい。少なくとも合法的にはね。〉

　金に関してついでに言うと、dollar は口語で buck。

　　Gimme ten bucks, man.〈よう、10ドルくれよ。〉

　硬貨の名前は 1 cent=a ***penny***, 5 cents=a ***nickel***, 10 cents=a ***dime***, 25 cents=a ***quarter***。

- **million dollars** は正真正銘の大金。「値千金」という意味で

　　million-dollar night view〈百万ドルの夜景〉

のように使うことも多い。あるいは

　　one in a million と言ったら「極めてまれ」。

　　millionaire は「百万長者」。十億（ドル）単位の資産家は billionaire。

- 世界の人口がおよそ 7 **billion**。国連の推計では2012年に 7 billion を超えて、そのまま増え続けている。推計によると1800年に 1 billion だった世界人口は1950年の約2.5 (two point five) billion まで比較的緩やかに増え、この頃を境に急増、1980年には約4.5 billion、2,000年で 6 billion それからわずか10年あまりで 7 billion と急増している。

国別人口トップ10は

China	1.458 billion (one point four five eight billion) / 1,458 million (one thousand four hundred fifty-eight million);
India	1.398 billion / 1,398 million;
United States	352 million;
Indonesia	273 million;
Pakistan	226 million;
Brazil	223 million;
Nigeria	208 million;
Bangladesh	198 million;
Russia	137 million;
Japan	126 million;[1]

あとは、宇宙や地球の年齢を語るときに billion が登場するだろう。

The Big Bang occurred around 13.8 billion years ago.
〈ビッグバンはおよそ138億年前に起きた。〉

The age of the Earth is about 4.54 billion years.
〈地球の年齢は約45.4億年。〉

- trillion はごく巨大な数字で、使われるのはせいぜい国家予算の話ぐらいか。

Japan's government approved on Tuesday a $1.02 trillion draft budget for the next fiscal year.[2]
〈日本政府は火曜日、新財政年度に向けて1兆200億ドルの予算案を承認した。〉

1つ付け加えておくが、本来の3桁ごとの位を無視して、補助単位である hundred を unit として使うことがある。つまり、

1,200 は本来 one thousand two hundred なのを twelve hundred として

---

1. http://en.wikipedia.org/wiki/World_population
2. http://www.reuters.com/article/2013/01/29/us-japan-economy-budget-idUSBRE90S0AP20130129

しまう、100ドル札12枚とでも言いたそうなやり方である。正式に数字を扱っている場合とは別に、会話なんかでは結構ある。

QUESTION 129 [CD track #20]

聞こえた数字をそのまま書きなさい。とりあえず thousand は t とか k、million は m、billion は b と書いておくのもいいだろう。

(a) _____
(b) _____
(c) _____
(d) _____
(e) _____
(f) _____
(g) _____
(h) _____
(i) _____
(j) _____
(k) _____
(l) _____

ANSWER KEY

(a) **186**
(b) **186 thousand / 186,000**
(c) **186 million / 186,000,000**
(d) **2,450**
(e) **14,975**
(f) **541,600**
(g) **809,761**
(h) **56,480,000**
(i) **456,480,000**
(j) **2,456,480,000**
(k) **3,000,560**
(l) **76,500,204,960**

2 分数 / 小数 / 倍数

分数

分子 (基数＝ふつうの数) 分母 (序数＝～番目) の順に読む。分子が2以上になった場合、分母に複数形の -s を付ける。2/3 は 1/3 (one-third) が2つあるから two-thirds である。

1/3	one-third
1/5	one-fifth
1/10	one-tenth
2/3	two-thirds
3/5	three-fifths
7/10	seven-tenths
1/100	one-one hundredth / one percent
3/100	three-one hundredths / three percent

ただし

1/2	a (one) half
1/4	one-fourth / a (one) quarter
3/4	three-fourths / three quarters
8 1/2	eight and a half
2 3/4	two and three-fourths / two and three quarters

小数

小数点を point と読み、あとは単純に数字を棒読み。

3.141592　three point one four one five nine two

倍数

「回数」と同じく times。2 × 3 = 6 (Two times three is six.) は「3を2回」というのと同じわけだ。ただし上のような数式以外では 2× は twice という。3× を表す thrice という語もあるが、まれにしか使われない。

2x	twice	*twice* <u>as large as</u> my house /
		twice <u>larger than</u> my house /

		twice the size of my house 〈私の家の２倍の大きさ〉
3x	three times	*three times* as tall as an average human being / *three times* taller than an average human being / *three times* the height of an average human being 〈ふつうの人間の３倍の高さ〉
10x	ten times	a *ten-time* magnifier 〈10倍の拡大鏡〉 / make it look *ten times* as large as it really is / make it look *ten times* larger than it really is / make it look *ten times* the actual size 〈実際の10倍に拡大して見せる〉

QUESTION 130 [CD track #21]

聞こえた数字およびフレーズをそのまま書きなさい。

(a) _____ percent of the population
(b) _____ percent of the population
(c) _____ majority
(d) _____ of the Earth's surface
(e) _____ of accidents last year
(f) _____ there were last year
(g) _____ people
(h) _____ years ago
(i) _____ of what I earned
(j) fall _____ .
(k) increase _____ .
(l) _____ my present income

ANSWER KEY

(a) **90 [percent of the population]**
(b) **19 [percent of the population]**
(c) **a two-thirds [majority]**
(d) **3/4 [of the Earth's surface]**

(e) **17 times the number** [of accidents last year]
(f) **70 times as many accidents as** [there were last year]
(g) **30.4 million** [people]
(h) **4.54 billion** [years ago]
(i) **as much as 80 percent** [of what I earned]
(j) [fall] **to almost 1/3**
(k) [increase] **by almost 1/4**
(l) **2 1/2 times** [my present income]

3 年号 / 日付 / 時刻ほか
年号

3桁 (three digits) の年号の場合、100の桁と下2桁で分けてそれぞれ数字として読む。

650　six fifty

一般の数字と区別して年号だということを明らかにしたければ

　　　　the year six fifty

とする。4桁の場合、2桁ずつに分ける。

1066　ten sixty-six
1492　fourteen ninety-two
1776　seventeen seventy-six
1886　eighteen eighty-six
1984　nineteen eighty-four

下から2桁目のゼロはふつうO (oh) と読むが、まれに飛ばして読むこともある。

1903　nineteen oh three / nineteen three

年号か一般の数字かが紛らわしい場合、the year を前に付けたり AD, BC を付ける。

1000　the year 1000 (one thousand) / AD 1000
2000　the year 2000 (two thousand) / AD 2000

2000年以降は 2000 and ... と読むのが一般的。

2001　two thousand and one
2009　two thousand and nine

これは面倒くさく感じるけれど、1909 を nineteen nine と読んでも 199 と間違える人はいないが、2009 を twenty nine と読んだら 29 になってしまうのでこれは困

る。21世紀初頭の特殊事情である。(もちろん紀元1000年代にも同じことはあっただろうが)。しかし 2010 年以降、20世紀までと同じように2つに分ける読み方も次第に増えてきた。

2015   twenty fifteen
2050   twenty fifty

紀元

紀元前・紀元(後)は BC、AD(アメリカ英語では B.C.、A.D. と表記)。それぞれ Before Christ、Anno Domini の略。後者はラテン語で Anno=year, Domini=lord。Before Christ は英語だから 380 BC と年号の後ろに持っていくが anno domini はラテン語だからその文法に従って AD 1205 とする、などという pedantic〈衒学的〉な伝統が生きていたりもする。しかしそんなことより前に、「我らが主、イエス・キリスト」を指す lord などという語を使うのは特定の宗教に偏っていると political correctness(▶384ページ)の立場から批判する人たちもいて、かといっていまさら新しい紀年法を制定することもできないから代わりに CE、BCE を使うことを提案している。そしてこの用法はどんどん広まっている。それぞれ Common Era(共通暦:この訳は定着していないが) Before Common Era(共通暦前)の略。多くの人は、もしかしたら気付かないうちに、すでに出合っているのではないか。

〜世紀

〜世紀は単純に「〜番目」。

1C   the first century
19C   the nineteenth century
20C   the twentieth century
21C   the twenty-first century

ただし、例えば18世紀、19世紀のことをそれぞれ

1700s   seventeen hundreds
1800s   eighteen hundreds

と表現するやり方があって、主としてアメリカ式。19th century というと1900年代のことだと思うアホなアメリカ人が多いから、とあざ笑う向きもあるくらいで、確かにそんな間違いさえしなければ不要な表現ではある。

〜年紀

10年、100年などを unit とする語。

decade   10 years
score   20 years

Fourscore and seven years ago, our fathers brought forth on this continent a new nation, conceived in Liberty and dedicated to the proposition that all men are created equal.[3]
〈今を去ること87年前、我々の父祖たちは、自由の精神に命を宿し、人は皆平等に創られているという信条に捧げられた新しい国家を、この大陸に誕生させたのであります。〉

century 　　　　　100 years
millennium 　　　1,000 years
a generation 　　(approximately) 30 years

～年代

～年代は -s を付ける。10年間あるから複数形である。だからアポストロフィ ['] なんかいらない。

1960s 　　　　　　nineteen sixt*ies*

さらに省略して 19 をとってしまい、省略を示す ['] を付けると

'60s 　sixt*ies*

日付

日付の書き方・読み方は2通り。

Year: 1939 Month:9 Day: 1

September 1(st), 1939　　September first, nineteen thirty-nine
（米式）

1(st) September, 1939　　the first of September, nineteen thirty-
（英式）　　　　　　　　　nine

ただし米・英式は固定したものではなく、相互に入り交じる。また特定の、例えば独立記念日などはアメリカでも the Fourth of July と言う。独立記念日という意味でなく単なる日付としての7月4日は July fourth と言って区別したりする。

自分で書いたり言ったりする場合は例えばアメリカ式に決めてしまうのがいい。自分の誕生日をすぐ言えるようになっておくといい。1997年11月21日なら November 21, 1997 (November twenty-first, nineteen ninety-seven)。ついでに星座も知っておくといいことがあるかもしれない。いきなり What's your sign? (sign は zodiac sign〈星座〉) と聞いてくる人がいる。Sagittarius〈射手座です〉と答えるとそこから話がはずむかも。

困るのは email やコンピューター・ファイルに付ける日付の略表記である。例えば2012年8月4日を米式に

August 4, 2012

---

3. Abraham Lincoln, the Gettysburg Address

と書いてそれを略表記すると

 8/4/12

となるが、英式の

 4 August, 2012

にすると

 4/8/12

となり、これを見たアメリカ人は April 8, 2012 と解釈してしまう。

 England and America are two nations separated by the same language.[4]

  〈英国と米国は同じ言語で隔てられた2つの国家。〉

というのがこんなところにも現れる。

 日本式は年・月・日で

 12/8/4

であるが、誰が考えたってこれが合理的。カテゴリー分類の考え方だってそうで、「大→小」が常識だ。第一、コンピューターでファイルを整理するさいに月や日から並べてどうするんだ？

 ISO (International Organization for Standardization= 国際標準化機構) が推奨しているのも年・月・日で、January 19, 2010 は 2010-01-19 となる。まあ、言語 (使用者) というのは、ときには合理性を拒むほど頑迷なものだ、ということ。

 曜日を加える場合は

 Friday, March 3, 2011 / Friday, 3 March, 2011

時刻

 時刻表記の基本はデジタル時計式。英語を書くときもそのまま書いてよい。

 OK, let's make it at 7:30.

  〈じゃあ、7時半ということで。〉

  2:30 two thirty

  7:55 seven fifty-five

  9:09 nine nine / nine oh nine

日本語では時刻表をはじめとして24時間表記も一般的だが英語では時刻表なども12時間表記がふつう。

  3:00 a.m. three a m / three in the morning / three o'clock in the morning

---

4. これも George Bernard Shaw の言葉

5:00 p.m.	five p m / five in the afternoon / five o'clock in the afternoon
12:00 a.m.	twelve a m / noon
12:00 p.m.	twelve p m / midnight

最後の2つ「午前12時」や「午後12時」は合理的にはそれぞれ「0時」とすべきだと我々は考えるが彼らはそうしない。でも confusing だと考える人も多く、混乱を避けるためには noon / midnight を使う。

そのほか、正時 (7:00, 11:00) には o'clock を付けて seven o'clock / eleven o'clock ということも多い。また日本語の「〜分前」や「〜分すぎ」に当たる to / past を使うこともある。

5:45	a quarter *to* six
7:01	a minute *past* seven
10:30	half *past* ten

電話番号

読み方は、棒読み。

212-4506-8892	two one two, four five oh (zero) six, eight eight nine two
090-9903-5551	zero (oh) nine zero (oh), nine nine zero (oh) three, five five five one

住所

日本式と逆に小から大へ。(なぜだろう?)

Country: United Staes,
State: California,
City: Santa Monica,
Street: Wilshire Boulevard,
House number: 101

の場合

101 Wilshire Boulevard, Santa Monica, CA※
United States 90401

(最後の数字は zip code。日本の郵便番号のようなもの)

※ 州名は California → CA、Kansas → KA、Texas → TX のように略記する。

演算

ついでに演算。

5+4=9	Five plus four equals (is / makes) nine.
12-9=3	Twelve minus nine equals (is / makes) three.
4×7=28	Four times seven equals (is / makes) twenty-eight. / Four multiplied by seven equals (is / makes) twenty-eight.
36÷6=6	Thirty-six divided by six equals (is / makes) six.
10^6=1,000,000	Ten to the sixth power equals (is / makes) a million. Ten raised to the power of six equals (is / makes) a million.

単位

いいかげんメートル法に移行すればいいと思うのだが、頑迷さのせいで、できない。しかし英文を読んでいてどのくらいの長さ・重さなのか見当もつかないのもつまらないから、主要なものだけ、多少のカンを持っているのもいいだろう。例えば自分の身長・体重を言えるようにしておく。170センチ60キロなら five feet eight inches（5'8"と表記する）132 pounds。six feet というのが「背が高い」の1つの目安。アメリカの interstate highway〈州間道路〉の制限速度が、中西部の多くで 75 miles (120 km)。温度で言えば、32°F が 0°C で、逆に 100°F（≒38°C）は「クソ暑い」。one hundred degrees in the shade〈日陰で100度〉と言えば、地域によっては暴動が起きる目安だったりする。

Length

1 inch	≒2.54 cm
1 foot=12 inches	≒30 cm
1 yard	≒90 cm
1 mile	≒1.609 km

Weight

1 pound=16 ounces	≒0.45 kg
1 ounce	≒28 g

Area

1 acre	≒4,000 m^2

Volume

1 gallon	≒3.8 ℓ（米）/ 4.5 ℓ（英）
1 pint	≒0.473 ℓ（米）/ 0.568 ℓ（英）

Temperature

Celsius=(Fahrenheit - 32) × 5/9

QUESTION 131 [CD track #22]

聞こえた数字およびフレーズをそのまま書きなさい。

(a) _____
(b) _____
(c) celebrate _____
(d) _____
(e) 8:15 in the morning of _____
(f) California _____
(g) Chicago blues _____
(h) My phone number is _____
(i) _____
(j) _____
(k) _____
(l) _____ is _____ raised to the power of _____

ANSWER KEY

(a) **February 14, 1945 // 2/14/1945**

(b) **October 10, 1066 // 10/10/1066**

(c) [celebrate] **the Fourth of July**

(d) **9:30 a.m. Saturday**

(e) [8:15 in the morning on] **August 6 1945//8/6/1945**

(f) [California] **after the '60s**

(g) [Chicago blues] **during the '30s**

(h) [My phone number is] **01-4902-7070.**

(i) **as late as the eighteenth century**

(j) **Two times thirteen is thirty-six. / 2×13=36**

(k) **552 divided by 12 equals 46. / 552÷12=46**

(l) **1,024** [is] **two** [raised to the power of] **ten. / $1024 = 2^{10}$**

2 リスニング問題の実際

リスニング問題の実際の出題形式は、ディクテーション、内容一致に分かれる。聞く内容は、講義、放送、プレゼンテーション、討議、会話など。以下、その形式に沿って練習していこう。

1 ANTICIPATION

　読むときと同様（▶295ページ）聞く場合も我々は次の語句を自然に予測している。例えば日本語で

　　「医者の中には現在のガン治療など百害あって（　　　）と言う人もいる。」

や

　　「反実仮想とは事実と（　　　）を思い浮かべることを指す文法用語。」

の空所にふさわしい語を入れろと言われたら一瞬でそれぞれ（一利なし）（反対のこと）と答えることができる。

　「こういうこと言うのもあれなんだけど」と相手がしゃべり始めたら、あ、きっとこれから嫌なことを言うな、と分かる。

　これが anticipation だ。それがあるから、相手が「百害あって」までしゃべったとき、仮にものすごい騒音のせいで聞こえなくてもそのあとを自分で埋めることができる。だいたい会話というのはそうやって成り立っているもので、相手の言葉を100%聞いているわけでなく、かなり自分で埋めているのだ。

　「こういうこと言うのもあれなんだけど、もちろんこれまでのことは [ゴーッ] けど、でもどうしてもあなたとは [バコーンバコーンバコーン]。だから私もう [ズゴゴゴゴゴ]。ね？分かってね。」

と言われて、分かってしまうのである。

　英語も慣れてくると context からの anticipation がだんだんできるようになっていく。

1 Some doctors warn that chemotherapy[5] and radiation[6] may do more harm than (   ).

〈ガンの化学療法・放射線療法の副作用について警告する医師がいる。その内容は．．．〉という内容から空所に入るのは「別の療法」でなく、(   ) よりむしろ harmful つまり「害の方が多い /do good より do harm が多い」のだろうと予測できる。

ANSWER: good

2 Counterfactual thinking is thinking about what (   ) (   ) (   ) instead of what was.

〈反実仮想とはあったことでなく．．．について考えること。〉に入るのは「あったかもしれないこと」

ANSWER: might have been

3 I'm so hungry I could eat a (   ).

ANSWER: horse

「馬一頭食えるくらい」腹が減っている、というイディオム。なお、これは so ... that 構文の that が省略されたもの。

　これを聞く相手は当然 horse を予測しているのだけれど、予測をわざと外して I could eat a *pig*. なんて言いながら酢豚などを注文すると、何となくおかしい。相手の予測を外す意外性から笑いが生まれてくるのだ。ついでにジョーク。

4 [British restaurant joke[7]]

"Waiter, waiter! There's a fly in the butter."

"Yes sir, it's a (   )."[8]

ANSWER: butterfly

〈「おい、ウエーター、バタにハエ（フライ）が入ってるぞ」「はい、バタフライでございます」〉小学生受けのするダジャレだが、もう1つの面白さはウエーターが "I'm awfully sorry, sir." 〈まことに申し訳ございません。〉なんて言わないで、しれっとしてダジャレをかます意外性にある。もう1つおまけ。

5 Sigmund Freud and his brother Alex enjoy a sedate ride in a horse-drawn cab around the Piazza of St. Peter's in Rome. ... After riding

---

5. 化学療法　6. 放射線療法　7. ジョークのジャンルの1つ。イギリスのレストランはまずくて汚いという定評がある。8. Tom Gill, *Great British Jokes*

silently for a little while, Alex poses the question:

"I wonder, Sigmund, how many people work in the Vatican?"

"About (　　) of them, I should imagine," replied Freud, smiling as he realized he had just made a displacement joke.[9]

〈ジークムント・フロイトと弟のアレックスはローマのサン・ピエトロ広場を粛々と馬車で見物していた。しばらくの間沈黙していたアレックスが質問を発する。
「兄さん、バチカンではどれだけの人が働いているのかねえ?」
「だいたい(　　)ぐらいではないかと思うが」とフロイトは答え、これははずしのジョークだなと気付いてにやりとした。〉

空所に500人とか数字を入れたのではジョークにならない。「半分」とすることで、どうせバチカン勤めの聖職者の多くはろくに仕事もしないでいい暮らしをしているのだろう、と嫌味を言っている。ちなみにフロイトは subconsciousness〈潜在意識〉を知る方法として夢、言い間違いのほか、ジョークの研究もしている。

ANSWER: half

いくつか anticipation の DRILL をやってみよう。

——————— **DRILL 20** ———————

文脈から予測して空所にはどういう語が入るか、考えなさい。

Children love to play. Many young animals, birds, even some types of fish enjoy playing. Why do they play? Is there any biological *necessity* for it?

Some young animals, including human children, spend a huge amount of energy on play. A lot of energy is apparently wasted on something that has (　　) (　　) do with immediate survival. Going hunting may help to fill your stomach, but *playing* at hunting will never get you any food.

ANSWER KEY

nothing to

〈子供は遊びが大好きです。多くの幼い動物や鳥、さらにある種の魚ですら遊びを楽しみます。なぜ遊びをするのか?それには生物学的な必要があるのでしょうか?〉

9.Ralph Steadman, *Sigmund Freud*

〈人間の子供を含めて幼い動物の中には遊びに膨大なエネルギーを費やすものがいます。生存と直接関係のないことに大量のエネルギーが浪費されているように思われるのです。狩りをすれば腹は満たされるかもしれない。しかし狩りの遊びでは食べ物を得ることはできません。〉

DRILL 21

In Europe today, an increasingly popular response to the energy problem is to concentrate on energy sources that are *not* limited. More and more European projects are being planned to gather energy from so-called, '(　　) (　　),' that is to say, energy from the sun, from waves, and from wind.

ANSWER KEY

renewable sources
〈今日ヨーロッパでエネルギー問題に対する解答としてますます脚光を浴びているのが、枯渇しないエネルギー源に注目しようというものです。いわゆる再生可能な資源、つまり太陽や波、風からのエネルギーを利用するプロジェクトが現在続々と計画されているのです。〉

DRILL 22

Everyone speaks with a different accent. That is to say, they pronounce their words differently depending on where they come from. In Japan, for example, people from Osaka and from Tokyo have different accents. This is true of all languages. And in all countries, some accents are thought to be pleasant by most users of that language ; others are somehow felt to (　　) (　　). Why is this? Are some accents by nature 'beautiful' or 'ugly'?

ANSWER KEY

be unpleasant
第3章で扱った文より、その一部である。
〈人それぞれに訛りがある。つまり、出身地によって言葉の発音が違う。例えば日本では東京

> 弁と大阪弁は違う。これはすべての言語に言えることである。またすべての国で、その言語使用者の大半が快適であると思う訛りと、何らかの意味で不快だと思われる訛りとがある。これはどういうわけか？ それ自体が「美しい」とか「汚い」訛りというものがあるのだろうか？〉

DRILL 23

For century after century, medicine got along by sheer guesswork. Almost anything that could be thought up for the treatment of disease was tried out at one time or another. Once a treatment was tried, it lasted for decades or even centuries before being given up. It was the most irresponsible kind of human experimentation, based on nothing but trial and error and people's imaginings about the causes of disease. As a consequence, treatment was just as likely to make patients sicker as it was to (　　) (　　).

ANSWER KEY

cure them

〈何世紀にもわたり医術はまったくのカンに頼ってやってきた。病気の治療としておよそ考えられるあらゆることがそのときそのときで試されてきたのだ。いったんある治療が試されるとそれは何十年も、あるいは何百年も続けられた挙げ句に中止される。それはひたすら試行錯誤と病気の原因に対する憶測のみに基づく、実に無責任な人体実験だったのだ。その結果、治療によって患者が治るのか・病気がさらにひどくなるかは五分五分だった。〉

DRILL 24

Urban legends deal with stories people have heard as true accounts of real-life experiences that have happened to real people in everyday life. As the name urban suggests, these are not stories that usually have their origin in the countryside—but stories told by educated people young and old living (　　) (　　). Moreover, they are legends; that is, they are stories that are told and retold orally. They are told by word-of-mouth, not seen on television or read in a book.

ANSWER KEY

in cities

〈都市伝説とは日常生活で現実の人間に起きた現実の体験に関する実話を聞いた物語をいう。「都市」というとおり、それは田舎から発生したものでないのがふつうで、都市部に住む老若を問わず教育を受けた人々によって語られる物語である。また「伝説」でもある。ということはそれは口承により繰り返し語られた物語である。口伝えにされたものであって、テレビで見たり本で読んだというものではない。〉

上の5題は東大リスニング問題の過去問を題材としたもの。実際のディクテーション問題もこれよりは少し長いものが多いとはいえ、やはりある程度文脈から推測できるものが多い。

2 DICTATION

では東大入試のディクテーション問題を2題やってみよう。まず文をよく読み、できるだけ空所を推測すること。

QUESTION 132 [CD track #23 —to be repeated twice]

CDを2度繰り返して聞き、文章が放送と一致するように空所（1）〜（4）を埋めよ。それぞれの空所には複数の語が入る。

The world presently uses about 86 million barrels of oil a day. Some of this oil is burned to provide heat or to power cars and trucks, (1   ) to produce plastics and fertilizers for agriculture. Unfortunately, according to a theory called Peak Oil, the world's oil production has now reached its maximum. The theory admits that there is still a lot of oil in the ground and under the sea, but it argues that almost all the oil which is easy to extract and process (2   ). For example, an important new find in the Gulf of Mexico, announced in 2006, lies more than 8 kilometres below the sea. What's more, it would provide enough for only two years of US consumption, at present levels. No one knows how steep (**3**　　) will be, or exactly when it will begin. But it seems clear that the coming shortage of oil will affect (**4**　　): food, transport and heating are all daily necessities.

ANSWER KEY

(1) **but some is also used**
(2) **has now been found**
(3) **the fall in oil production**
(4) **every aspect of our way of life**

(1) 並列構造の文を完成させるものは多い。この文の並列を明らかにすればこうなる。

- Some of this oil is burned　• to provide heat
　　　　　　　　　　　　　　　　　-or-
　　　　　　　　　　　　　• to power cars and trucks,
　　-but-
- *some is also used*　　• to produce　• plastics
　　　　　　　　　　　　　　　　　　-and-
　　　　　　　　　　　　　　　　　• fertilizers for agriculture.

一番大きな並列部分をなす

- some of this oil is burned to ...
　　but
- *some is also used*

が見えれば大きなヒントになる。

(2) は文の述部の完成。

　　it argues that | almost all the oil ────── *has now been found*.
　　　　　　　　　　 └ which is easy to extract
　　　　　　　　　　　　　　　　　　　-and-
　　　　　　　　　　　　　　　　　　　process

(3) は how から始まる節の完成。主語＋述語と節になっているはずだ。また、例えば how much it costs のように how はあとに続く形容詞・副詞と連続していることが多いということも意識すべし。しかし、steep 〈(勾配が)急な〉を知らないと fall 〈下落〉とのつながりが分かりにくいかもしれない。

No one knows <u>how steep</u> [***the fall in oil production*** will be], (4) [the coming shortage of oil <u>will affect</u>] ***every aspect of our way of life***:

```
         ┌─ •food,
         ├─ •transport
         │    -and-
         └─ •heating
            are all daily necessities.
```

affect の目的語に当たる部分を答える。何に「影響を与える」のか？ コロン (:) のあとに具体的に書かれていることもヒントになるだろう。

〈現在世界では１日約8,600万バーレルの石油が使われている。このうちの一部は熱を供給し、自家用車やトラックの燃料として燃やされるが、一部はまたプラスチックや農業用肥料を作るのに使われる。残念ながらピーク・オイル説と呼ばれる説によると世界の石油生産はもうすでに最大限に達しているという。この説は、まだ地中および海底には大量の石油があることは認めながらも、採取しやすく精製の容易な石油のほぼすべてはすでに発見済みであると主張する。例えば2006年に発表されたメキシコ湾で新しく発見された大きな油田などは海底８キロ以上の深さである。さらに、現在のレベルで言えばその埋蔵量はアメリカの消費の２年分にすぎないだろうと言う。どれだけ石油生産の減少が急激になるか、それが正確にはいつ起こるのかに関しては不明である。が、いずれ来る石油不足が生活のあらゆる側面に影響を及ぼすことは明らかだろう。食糧、輸送、暖房はいずれも日用必需品である。〉

QUESTION 133 [CD track #24 —to be repeated twice]

CDを２度繰り返して聞き、以下の文章が放送と一致するように空所 (**1**) 〜 (**6**) を埋めよ。それぞれの空所には複数の語が入る。

　Sometimes we learn by imitation. We look around for somebody who is doing (**1**　　　) in a way that we admire or at least accept. And then we take that person as an example to follow.

　Now, of course, we call that person a role model, but inventing that term (**2**　　　) on the part of sociologists. They began by talking about reference groups, the "groups whose behavior serves as a model for others." There are also reference individuals, "particular people that we imitate."

In the 1950s, the sociologist Robert K. Merton (**3**   ) people who serve as patterns for living and role models, whom we imitate in specific roles like studying insects, playing basketball, or parenting. We find the latter term in an article about the "student-physician" in 1957: "By the time students enter law or medical school, (**4**   ) were made earliest are most likely to have a role model."

Today, Merton's careful distinction is long forgotten by everyone, except perhaps sociologists. Nowadays role models can model whole lives (**5**   ). We seek good role models to follow and criticize those who are bad role models. And we know that when we grow up, for better or worse, (**6**   ) role models, too.

ANSWER KEY

(1) **what we want to do**
(2) **took years of hard work**
(3) **made a distinction between**
(4) **those whose decisions**
(5) **as well as particular skills**
(6) **we can expect to become**

(1) doing のあとの目的語となる部分に入る関係詞節が作れるか、という割合基本的な問題。

We look around for somebody
               └ who is doing ***what we want to do***
                   in a way
                       └ that we • admire
                                or
                     (at least) • accept.

(2) inventing that term が主部であり、そのあとの動詞＋目的語を完成させる。しかしこれが took many years などとなっていれば単純だが years of hard work と少し見慣れないパターンになっているのと、そのあと on the part of ... とこれもやや見慣れないフレーズが付いているので難しく感じる。

[inventing that term] ***took*** [***years of hard work***] on the part of sociologists.

(3) make a distinction between ... and ... というおなじみのパターンだが、並列されている2つが長いので型に気が付かないと少し苦労する。

[the sociologist Robert K. Merton] ***made a distinction***
　　　　　　　　　　　•people who serve as patterns for living
　　　　　between　　　and
　　　　　　　　　　　•role models,
　　　　　　　　　　　　whom we imitate in specific roles like ...

(4) 主部を作る。those who ... ならすぐ分かるのに those whose decisions で戸惑うかもしれない。

By the time students enter law or medical school,

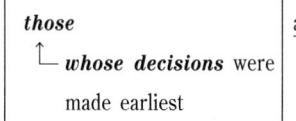

> *those*
> 　↑ ***whose decisions*** were made earliest

are most likely to have a role model.

(5) も並列を作るもの。ただし、単純な and / or でなく、as well as。

Nowadays role models can model　•whole lives
　　　　　　　　　　　　　　　　　　as well as
　　　　　　　　　　　　　　　　　•***particular skills***.

(6) 接続詞 when でつないだ節の2番目、主部＋述部の完成。述部が expect to become と動詞が2つつながっているのが分かるかどうか。

when {we grow up, for better or worse},
　　{***we can expect to become*** role models, too}.

〈私たちは模倣によって学習することがあります。自分がやりたいことがあると、それを賞賛すべきやり方で、あるいは少なくとも、受け入れるやり方でやっている人はいないかと探し、その人を見習うべきお手本と考えます。

　さて、もちろん私たちはそういう人のことをロール・モデル（役割モデル）と呼ぶわけですが、この言葉ができるまで社会学者は何年も苦労したのです。まず使ったのが参考集団という言い方でした。「その行動が他者のモデルとなるような集団」という意味です。「我々が模倣する特定の個人」のことは参考人物とも言いました。

　1950年代、社会学者ロバート・K・マートンは生きる手本となるような人々と、昆虫の研究なりバスケットボールをする、子育てをするなど、特定の役割について我々が模倣をするロール・モデルとを区別しています。後者のロール・モデルという言葉は1957年の『医学生』に関するある論文の中に見ることができ「学生が法科大学院や医学部に入るさい、最も早く進路の決断をした者はロール・モデルを持っていることが極めて多い」とあります。

今日、マートンの入念な区別はおそらく社会学者以外にはとっくに忘れられてしまいました。今ではロール・モデルは特定の技能だけでなく生き方全体のモデルにも使われます。私たちはまねるべき良いロール・モデルを求め、悪いロール・モデルとなる人々を批判します。また私たちは、自分が大人になったとき、良くも悪くも自分もまたロール・モデルとなりうるだろうということを知っています。〉

3 LECTURES

　リスニングとなると細部に夢中になる人がいる。確かにリスニングの設問は全体に関わる大きな問題と細部に関するものが混じっているのも事実。けれど細部にばかり意識がいっていると
　「今日は人間の知覚について話しましょう。同じものを見ても何を図 (figure) と捉え、何を地 (ground) と捉えるかによって、認識の仕方は大きく異なります。例えば下の、ルビンの壺がその例で ...」

という講義を受けたあと、友人から「何の授業に出てたの？」と聞かれて「壺の話」と答えてしまうような人と同じことになる。
　やはり大きな話が大切だという常識を忘れないで、講義を聞いている気で全体を把握すること。初めに big picture 〈全体像〉を把握して次に detail 〈細部〉へ行くこと。細部の問題は外してもいいが全体に関わることは外さないという姿勢でやることだ。
　東大入試のリスニングは当初3度放送を繰り返していたが現在は2度になっている。しかしここではまず丁寧に練習するために3度から始めて、**6 MORE QUESTIONS** で本番と同じ2度の練習をする。
　3 LECTURES、4 CONVERSATIONS、5 KEYNOTE TALKS + DISCUSSIONS ではまず全体像をつかむヒントを与える。リスニング3度のうち特に1度目はこの big picture の把握に努めること。これだけでも答えの出る問題がいくつかあるはずだ。2度目で detail にも意識を向け、3度目でそこを埋める、というプロセスだ。
　実はリスニング問題のうち講義のスタイルをとったものは長文の基本構造（220ペー

ジ)の、Introduction, Discussion, Conclusion の型でできている。それを意識するのも概要を大づかみにする助けになるはずだ。内容的には、読解の長文よりは若干易しいものが多い。

　なお、この先すべての問題には念のため、朗読スクリプトの全訳と設問の全訳を付けるが、訳などは決して頼りにしないでほしい。日本語に訳そうという意識ほどリスニングの邪魔になるものはないのだから。スクリプト中の細かい表現が気になって、日本語にしたらどういうニュアンスなのかを知りたい、といった場合に備えて、あくまで念のために訳を付けた。

DRILL 25

track #25 —to be repeated three times (570 words)

STEP 1

　これから聞く講義は以下のような展開になっている。まず1度聞いて全体の構成を頭に入れること。

INTRODUCTION
　[1] The concept of "home"

DISCUSSION
　[2] Homesickness / My own experience / Awareness of home
　[3] Traveling and home / "Being home' and "feeling at home"
　[4] Temporary loss of home
　[5] Permanent loss of home

CONCLUSION
　[6] Importance of home in contemporary world

STEP 2

　以下が設問である。まずよく読んで全体の講義の中のどの箇所を尋ねられているか確認しなさい。2度目を聞いて、解答できるものはしなさい。

(1) What does the speaker say about the concept of "home"?
　ア It emerged slowly over time.
　イ It is a way our minds organize space.
　ウ It is an instinctive part of human nature.

エ　It is actually the same as the concept of "not-home."
(2) When the speaker returned home from a stay at a friend's house, how had his perception of his home changed?
　　ア　His home now seemed alien.
　　イ　His perception of his home had not changed.
　　ウ　It seemed as if something were missing from his home.
　　エ　He noticed things in his home he had never noticed before.
(3) According to the speaker, which of the following is correct?
　　ア　The longer you stay somewhere, the more likely it will become your home.
　　イ　It is the atmosphere of a place, not the length of time you spend there, that makes you feel at home.
　　ウ　Even if you live in a place for twenty or thirty years, you might still feel that your home is somewhere else.
　　エ　You may feel at home anywhere in the world after staying there for a while, but that's just because you have started to forget your real home.
(4) Which of the following is mentioned as an example of a permanent loss of home?
　　ア　Migration to a new place.
　　イ　The death of a homeowner.
　　ウ　Going to live with another family.
　　エ　Seeing your home as a stranger sees it.
(5) According to the speaker, which of the following describes the concept of home in today's world?
　　ア　It seems to be losing its value.
　　イ　It seems threatened by many forces.
　　ウ　It seems to be changing its meaning.
　　エ　It seems even more important than it used to be.

STEP 3

3度目を聞いて解答を完成しなさい。

ANSWER KEY

(1) イ (2) イ (3) ウ (4) イ (5) エ

もう1度録音を聞きながら、設問と関連したところを確認。必要に応じて録音を止めながら聞くこと。

SCRIPT

[1]　When did the concept of "home" become so important to the human mind? Is our sense of home instinctive?[10] That is, are we programmed by nature to attach special meaning to a particular place, as if it were somehow part of us? Or is "home" a concept that slowly emerged after our ancestors stopped wandering and adopted a settled way of life?[11] We don't know the answers to those questions yet. But whatever home was originally, it's now a way of organizing space in our minds.[12] Home is home, and everything else is not-home.[13] That's the way our world is constructed.

(1) What does the speaker say about the concept of "home"?

[2]　Homesick children know how sharp the boundary between home and not-home can be, because they suffer from the difference. I know because I was one of them. In the small town where I grew up, I usually felt close to everything. Then, at the age of eight, I went to spend the night with a friend who lived a few blocks away. As we lay in our beds and I listened to the cars going by and the wind blowing through the trees, the town around me seemed alien. Something was missing.[14] Something was wrong. And yet, when I returned home the next morning, it was as if nothing had happened. Home was just as it always was. [15]And that's the point: Home is a place

---

10.(1) ウ：まだ仮説にすぎない。
11.(1) ア：これも仮説。次の文で We don't know the answers to those questions yet. と結論している。 12.(1) イが正解と分かる
13.(1) エは not-home について、まったく逆のことを言っている。 14. この感想は友人の家に泊まったときのこと。質問の「家に帰ったとき」とは違う。だからア、ウは ×
15.(2) イが○、エが ×

so familiar that you don't even notice it. It's everywhere else that takes noticing.

(2) When the speaker returned home from a stay at a friend's house, how had his perception of his home changed?

[3]　　The ease of travel has made the concept of home more complicated. If you visit Tahiti or Bangalore or Vancouver, after a few days you may say that you have started to feel at home. But that just means that the not-homeness of the place has decreased since you first arrived. There's a big difference between feeling at home and being home. If you continue to live there for a year or two, at some point the place might really become your home. Or you might live there for decades and still miss your true home far away.[16]

(3) According to the speaker, which of the following is correct?

[4]　　Just as we can sometimes gain a new home, it's also possible to lose our homes. Sometimes that loss is only temporary. Perhaps you remember a moment, coming home from a trip, when the house you call home looked like just another house on a street full of houses. For a fraction of a second, you could see your house as a stranger might see it. But then the illusion faded and your house became home again. Home is a place we can never see with a stranger's eyes for more than a moment.

[5]　　Home can also be lost forever.[17] When my grandfather died, my parents and I went to his house, as we had done so many times before. Everything looked the same as when he had been alive, but everything was different. It was as though something had vanished from every object in the house. They had become mere objects. The person whose heart and mind could bind

---

16.(3) この2文「1年か2年でそこが home になってしまうこともあるし、何十年いても故郷を懐かしむこともある」が分かればア「長くいればいるほど」イ「雰囲気が大事」が × と分かる。エ「自分の故郷を忘れる」話はどこにもない。

17.(4) このセクションが permanent loss に関するものであることが明らかにされる。そのあと語られるのが「祖父の死によって祖父の家は home でなくなった」ことが分かればよい。なおエの「他人の目で見る」はセクション [4] の temporary loss of home の例である。

them into a single thing had gone. That house was no longer a home.

(4) Which of the following is mentioned as an example of a permanent loss of home?

※temporary loss of home について直接問う設問はない。

[6] Today's world is marked by extraordinary mobility and change. Yet, despite these changes, or perhaps because of them, the idea of home seems more important than ever.[18] Whether the concept of home is instinctive or created, nothing is more natural to our minds than to try to make ourselves at home in the world.

(5) According to the speaker, which of the following describes the concept of home in today's world?

〈人の心の中で home（家／故郷）という概念が大きな意味を持ち始めたのはいつなのでしょう？ home という感覚は本能に根ざしたものなのか？ つまり、特定の場所に、まるで何らかの意味でそれが自分の一部であるかのような特別な意味を付与するというプログラムを私たちは生まれつき持っているのか？ それとも home は私たちの祖先が流浪をやめて定住するようになったあとからだんだんと生じてきた概念なのか？ まだその答えは出ていません。が、home が当初どのようなものであったにせよ、今それは空間を自分の頭の中に構成する1つの方法となっています。home は home であって、ほかのすべては home ではない。私たちの世界はそのように構成されているのです。

　ホームシックの子供が home と 非・home の明確な違いを知るのはその差に苦しむからです。自分にもそういう体験があるからよく分かります。私が育った田舎町で、私は通常、あらゆることを身近に感じていました。ところが8歳のとき、数ブロック離れたところに住む友達の家に泊まりに行ったのです。友達と一緒にベッドに横になり、車の通り過ぎる音や風が木を揺らす音などを聞いていると、なんだか知らない町にいるような気になってきました。何かが欠けている、何かしっくりこないのです。しかし翌朝家に帰るとまるで何事もなかったかのようでした。home はいつもとまったく変わらないものだったのです。要点はそこなのです。home とは身近すぎて気付くことすらない場所。気付くという行為が必要なのは、それ以外のあらゆる場所であると。

　移動が容易になるにつれて home という概念はより複雑なものとなっています。タヒチ島なりバンガロールなりバンクーバーへ旅行して数日経つと at home（落ち着いた）な気分になり始めたなどと言ったりしますが、それはただ、着いた当初の 非・home 感が薄れたということにすぎません。at home という気分と home にいることとは大きな違いがあります。そのまま1年2年と住み続けたならある時点でその場所が本当に自分の home になったということもあるかもしれませんし、あるいは何十年も経ってなお、遠くの home（ふるさと）を懐かしむということもあるでしょう。

18.(5) ここでずばりエ「かつてないほど重要」と言っている。

ときには新しい home を手に入れることがあるのと同様に、私たちは home を失ってしまうこともあります。その喪失感はごく一時的なこともあるでしょう。旅行から帰ってみると home であるはずの場所がただ立ち並ぶ家々のうちの1軒にすぎなく思えるなどという体験があるのではないでしょうか。何分の1秒かの間、自分の家を赤の他人が見るような目で見ているわけです。しかしそれからその錯覚は消え、home は再び home となります。赤の他人の目で見ているのはほんの一瞬、それ以上はありえない。home とはそういう場所です。

　home が永遠に失われてしまうということもありえます。祖父がなくなったとき、私は両親とともに祖父の家に行きました。以前にも何度も訪れた家です。あらゆるものが祖父の存命中と同じに見えながら、あらゆるものが違うのです。まるでそれは家の中のあらゆる物体から何かが消え去ったかのようでした。物体はただの物体にすぎなかったのです。心と頭とでそれらの物体を1つにまとめていた、その人物がもういない。その家はもう home ではなくなっていました。

　今日の世界の特徴はいまだかつてないほどの社会的流動性と変化です。しかしそうした変化にもかかわらず、いや、変化があるからこそ、home という概念は今までにまして重要になっていると思われます。それが本能的なものであれ、作り出されたものであれ、この世界の中で自分を at home にしようとすることほど私たちの精神にとって自然なことはないのです。〉

設問

(1) 〈home という概念に関して語り手が言っていることは？〉

　　ア　〈時間とともにゆっくりと生じた。〉

　　イ　〈我々の頭が空間を構成する1つのやり方である。〉

　　ウ　〈人間性の、本能的な一部である。〉

　　エ　〈実は非・home の概念と同じである。〉

(2) 〈語り手が友人の家に泊まったあと家に帰ったとき、家に対する感じ方はどう変わっていたか？〉

　　ア　〈自分の家が今や異質なものという気がした。〉

　　イ　〈家に対する感じ方は変わらなかった。〉

　　ウ　〈家に何か欠けたものがあるかのように思われた。〉

　　エ　〈それまで気付かなかったものが家にあることに気付いた。〉

(3) 〈語り手によると、次のうち正しいものは？〉

　　ア　〈ある場所に長くいればいるだけそこは自分の home となる可能性が高い。〉

　　イ　〈自分を at home な気分にしてくれるのはその場所で過ごした時間ではなく、そこの雰囲気である。〉

　　ウ　〈ある場所に20年、30年いてもなお、自分の home はほかにある、と

感じることもありうる。〉
- エ 〈世界のどこでもそこにしばらくいれば at home に感じるかもしれないが、それは単に自分の本当の home を忘れ始めたからである。〉

(4) 〈home の永久的な喪失の例として述べられているのは以下のどれか?〉
- ア 〈新しい場所への移住。〉
- イ 〈家の持ち主の死。〉
- ウ 〈別の家族と住み始めること。〉
- エ 〈他人の目で自分の home を見ること。〉

(5) 〈語り手によると、今日の世界における home の概念として次のうち正しいものは?〉
- ア 〈それは価値を失いつつあるようだ。〉
- イ 〈それはさまざまな力によって脅かされているようだ。〉
- ウ 〈意味が変わってきているようだ。〉
- エ 〈以前よりさらに重要になっているようだ。〉

DRILL 26

track #26 —to be repeated three times (535 words)

STEP 1

これから聞く講義は以下のような展開になっている。まず1度聞いて全体の構成を頭に入れること。

INTRODUCTION
  [1] The paranormal, unexplained phenomena
DISCUSSION
  [2] Two views toward the paranormal/ The first view
  [3] The second view
  [4] And the third view—scientific
  [5] Unscientific approach. Example #1: Edison's electric lamp
  [6] Example #2: Wright brothers' flights
CONCLUSION
  [7] People's attitudes to the paranormal

STEP 2

設問をよく読んで全体の講義の中のどの箇所を尋ねられているか確認しなさい。2度目を聞いて、解答できるものはしなさい。

(1) According to the speaker, the majority of people
   ア believe to some extent in ghosts.
   イ doubt the existence of ghosts and UFOs.
   ウ think everything can be explained by science.
   エ are attracted by things which cannot be explained by science.

(2) The speaker divides people who have strong opinions about the paranormal into two groups. According to the speaker, the first group consists of people who
   ア are anti-scientific.
   イ are trying to hide the truth.
   ウ want scientific explanations.
   エ doubt reports of unexplained happenings.

(3) In the speaker's opinion, the second group of people who have strong opinions about the paranormal are
   ア inflexible.
   イ knowledgeable.
   ウ reasonable.
   エ superstitious.

(4) The speaker tells us that when Edison invented the electric lamp, there were some researchers who
   ア believed he had made an electric lamp and so went to see it.
   イ did not believe he had made an electric lamp and so did not go to see it.
   ウ did not believe he had made an electric lamp until after they had seen it.
   エ believed he had made an electric lamp but did not bother to go and see it.

(5) According to the speaker, when the Wright brothers made their first flights

ア nobody believed they had done it.
　　イ people didn't believe journalists' reports that they had done it.
　　ウ ordinary local people believed they had done it, but journalists did not.
　　エ local journalists believed they had done it, but national journalists did not.
(6) What interests the speaker most about people who believe in the paranormal is
　　ア how they argue for it.
　　イ why they believe in it.
　　ウ their attitude to scientific evidence.
　　エ their claim that the paranormal exists.

STEP 3

3度目を聞いて解答を完成しなさい。

ANSWER KEY

(1) イ　(2) ア　(3) ア　(4) イ　(5) ウ　(6) イ

もう1度録音を聞きながら、設問と関連したところを確認。必要に応じて録音を止めながら聞くこと。

SCRIPT

[1]　Do ghosts exist? Do the dead come back to visit the people who have survived them? For many centuries it was believed that they did. More modern questions are: do UFOs exist, and do creatures from outer space visit earth and contact human beings? Most people would answer no to all these questions,[19] but the idea that there are mysteries which cannot be explained by science always remains attractive to some people.[20] Such

---

19. (1) の the majority of people に当たる。答えはイ
20. (1) attractive と感じるのは 'some' people であって majority ではないからエは ×

635

unexplained phenomena are usually referred to as "the paranormal", a word which means "beyond or beside the normal".
(1) <u>According to the speaker, the majority of people ...</u>

[2]　People who have strong opinions about the paranormal generally approach it in one of two opposite ways. On the one hand, there are those who automatically believe that all reports of ghosts, UFOs, or other unexplained happenings are true.[21] Such people are not interested in how—or even whether—these things can be explained by science since what they doubt is science itself.[22] Scientists, they think, are trying to hide the truth about the strangeness of the universe.

(2) <u>The speaker divides people who have strong opinions about the paranormal into two groups. According to the speaker, the first group consists of people who ...</u>

[3]　On the other hand, there are those who just as automatically assume that all reports of paranormal phenomena *must* be invalid.[23] Such people see themselves as defenders of reason and objectivity, insisting that society must at all costs be protected from the dangers of superstition and popular ignorance.

[4]　There is, of course, a third possible attitude to the paranormal, the flexible approach[24] of those who are willing, when faced by something puzzling, to look at it from all angles, realising that what is under investigation may not fit in with current ways of thinking. They do not automatically accept or reject claims, but rather try to test them using existing scientific methods.

(3) <u>In the speaker's opinion, the second group of people who have strong opinions about the paranormal are ...</u>

[5]　This third response is clearly the most scientific, but in fact scientists and other supposedly objective investigators have

---

21. (2) これが the first of the two groups
22. (2) これは anti-scientific な態度だ。アが○　23. (3) これが the second group. "automatically assume" というのは立場は逆ながら第1の グループと同じく石頭。よってアが○
24. (3) ここで flexible という語が使われるから前の二者は inflexible であるということ。(3) の解答が確認される。

not always taken approach to things which they do not yet understand. For example, some researchers declared that Edison's electric lamp was an impossibility, and because they thought it was impossible, they refused to go and see it[25] even when Edison used it to light up his laboratory.

(4) The speaker tells us that when Edison invented the electric lamp, there were some researchers who ...

[6]　Similarly, from 1904 the Wright brothers made flights over fields close to a main highway and a railway line in Ohio; but even though hundreds of people saw them in the air,[26] local journalists failed to report it. As the publisher of one local newspaper later admitted, none of them believed it was possible and so they did not go to see it with their own eyes.[27] Two years after the Wright brothers' first flight, the important national journal *Scientific American* still refused to believe it had happened; if there had been any truth in the story, the journal said, wouldn't the local newspapers have reported it?

(5) According to the speaker, when the Wright brothers made their first flights ...

[7]　Although the editors of *Scientific American* began by rejecting the Wright brothers' claims, they were flexible enough to change their minds when finally presented with the evidence. In contrast, a striking fact about those who strongly believe in the reality of the paranormal is the certainty of their belief despite an almost perfect absence of scientific proof. The most interesting question, then, is perhaps not whether the paranormal exists, but what makes some people so eager to believe that it does.[28]

(6) What interests the speaker most about people who believe in the paranormal is ...

〈幽霊はいるのか？　死者が生きている人たちのところへ立ち戻ってくるということはあ

---

25. (4) イが○　26. (5) ということは信じているはずだ。Seeing is believing.
27. (5) ウが○　28. what makes some people so eager to believe that it does (=exists) を簡単に言うとイ why they believe in it

るのか？　何世紀にもわたって、そういうことはあると信じられてきました。より最近の疑問は、UFOが実在し、宇宙の生物が地球に来て人間と接触するということはあるのか、というものです。ほとんどの人はこうした質問にノーと答えるでしょうが、科学では説明できない謎があるという考え方に常に魅力を感じる人々もいます。このような説明不可能な現象はふつう「超常」（パラノーマル）という言葉で語られます。「通常を超えた、あるいは通常から逸脱した」という意味です。

　超常現象に関して強固な意見を持った人々のこの問題に対するアプローチの仕方は一般的に、相反する2つに分かれます。一方が幽霊やUFO、その他の説明できない現象に関する報告は本当だと自動的に信じてしまう人々。こうした人たちはこうしたことが科学でどのように説明されるか、あるいは説明されうるか否かにすら、関心がありません。科学そのものを疑っているからです。科学者は宇宙の不思議さに関する真実を隠そうとしている、と考えているのです。

　もう一方にいるのが超常現象に関するすべての報告は無効であるとやはり自動的に決めてかかっている人々です。こうした人々は自らを理性と客観性の擁護者であるとみなし、社会は何としても迷信と大衆の無知という危険から守られなければならないと主張します。

　もちろん超常現象に関しては第3の立場が考えられます。不思議なことに直面したさい、あらゆる角度からそれを見ようとし、今調べていることがもしかしたら現在の思考法には合わないかもしれないと認識できるような、柔軟な人々です。こういう人々は他者の主張を自動的に受け入れることも拒否することもなく、現存の科学的方法を使ってそれをテストしようとします。

　この第3の反応が最も科学的であることは明らかなのですが、現実には科学者やその他客観的な調査をすると思われている人々でも、自分のまだ理解できないことに関して、必ずしも向かい合おうとはしません。例えばエディソンの電灯はありえないと公言し、エディソンがそれを自分の実験室の照明に使ったときでも、ありえないのだから見に行く必要はない、と言った研究者たちがいるのです。

　同様に、ライト兄弟は1904年からオハイオ州の、幹線道路と鉄道線の近くにある野原で何度も飛行を行っているのですが、彼らが飛ぶのをすでに何百人もの人が見ているのもかかわらず、地元のジャーナリストはそれを報じていません。地元の新聞の発行人がのちに認めているように、ジャーナリストたちは誰一人、飛行が可能だと信じていなかったために、自分の目で確かめに行くことをしなかったのです。ライト兄弟の初めての飛行から2年後なお、有力な全国誌である『サイエンティフィック・アメリカン』は飛行の事実を認めようとしませんでした。もしそれが本当なら地元の新聞に載るはずではないか、と言うのです。

　『サイエンティフィック・アメリカン』の編集者たちは初めライト兄弟の主張を認めようとしませんでしたが、証拠を提示されると最終的には考え方を変えるだけの柔軟性は持ち合わせていました。それに対し、超常現象が現実であると強く思い込む人たちに関して大変目立つのが、科学的証拠がほとんどゼロに等しいのに自分の思い込みに確信を持つという事実です。となると、最も興味深い疑問は、超常現象があるかないか、ではなく、なぜある種の人たちはどうしてもそれがあると信じたがるのか、ということになるのでしょう。〉

設問

(1) 話者によると、大多数の人々は
- ア ある程度幽霊の存在を信じている。
- イ 幽霊やUFOの存在を疑っている。
- ウ すべてのことは科学で説明がつくと考えている。
- エ 科学で説明のつかないことに魅力を感じる。

(2) 話者は、超常現象について強固な意見を持っている人々を2つのグループに分類している。話者によると、最初のグループはどのような人々で成り立っているか？
- ア 非科学的な人々。
- イ 真実を隠そうとする人々。
- ウ 科学的説明を求める人々。
- エ 説明のつかない出来事の報告をうそだろうと考える人々。

(3) 話者の意見では、超常現象について強固な意見を持つ第2のグループはどんな人々か？
- ア 頑固な人々。
- イ 物知りな人々。
- ウ 合理的な人々。
- エ 迷信家。

(4) エディソンが電灯を発明したとき、どのような研究者がいたと話者は言っているか？
- ア 彼が電灯を発明したと信じて見に行った人々。
- イ 彼が電灯を発明したとは信じないから見に行かなかった人々。
- ウ 自分で見るまでは彼が電灯を発明したと信じなかった人々。
- エ 彼が電灯を発明したとは信じたが、わざわざ見に行くことはしなかった人々。

(5) 話者によると、ライト兄弟が初めて何度かの飛行を行ったさい、
- ア 誰もそれを信じなかった。
- イ 飛行に成功したというジャーナリストの記事を人々は信じなかった。
- ウ 地元の一般の人々は信じたがジャーナリストは信じなかった。
- エ 地元のジャーナリストは信じたが全国紙のジャーナリストは信じなかった。

(6) 超常現象を信ずる人に関して話者が最も関心を持っているのは、
- ア どのように彼らがそれを擁護するか。
- イ なぜ彼らはそれを信じるのか。

ウ 科学的な証拠に対する彼らの姿勢。

エ 超常現象は存在するという彼らの主張。

4 CONVERSATIONS

　会話問題ははっきりと Intro, Body, Outro というスタイルをとっていないし複数の人物がしゃべるから講義とはずいぶん違って聞こえるが、それでも内容的にはいくつかのテーマにはっきりと分かれているものがほとんどである。そこに気が付かないと理解が断片的になってしまう。ここでもまず手助けとして概要を与えるから、それを読んでから同じように作業すること。

―――――― **DRILL 27** ――――――

CD track #27 —to be repeated three times (696 words)

STEP 1

　これから聞く会話およびスピーチは以下のような展開になっている。まず1度聞いて全体の構成を頭に入れること。

CONVERSATION (Jim & Alice)
　　[1] Looking back at their college years
　　[2] Jim's prospects
　　[3] Alice's prospects

SPEECH (Shota)
　　[4] Shota's story
　　[5] Jim's story
　　[6] Alice's story

STEP 2

設問をよく読んでから2度目を聞き、解答できるものはしなさい。

　これから放送するのは、2人のアメリカ人 Jim と Alice の会話である。引き続いて、その日本人の友人 Shota がある同窓会で行ったスピーチが放送される。それらを聞き、

(1)～(5) について、放送の内容と一致するものがある場合はそれを**ア**、**イ**、**ウ**から選び、また一致するものがない場合は**エ**を選んで、その記号を記せ。

(1) Jim and Alice felt sad because

　ア they feared what might happen after graduation.

　イ they thought that they hadn't studied as much as they should have.

　ウ they believed that they hadn't done their club activities as well as they could have.

　エ いずれも一致しない。

(2) Before graduation, Jim thought

　ア that he wanted to spend the rest of his life traveling.

　イ that he wanted to travel and then look for a job again.

　ウ that he wanted to spend the rest of his life working in the mountains.

　エ いずれも一致しない。

(3) Shota says

　ア that his club activities influenced his career choice.

　イ that his friends Jim and Alice influenced his career choice.

　ウ that his experience in the United States influenced his career choice.

　エ いずれも一致しない。

(4) Shota has returned to the United States

　ア during his trip around the world.

　イ to visit his former classmates Jim and Alice.

　ウ in order to attend the reunion of his high school class.

　エ いずれも一致しない。

(5) Alice

　ア is in Japan temporarily.

　イ continues to work on Wall Street part-time.

　ウ had to quit her job at a college in order to move to Japan.

　エ いずれも一致しない。

STEP 3

3度目を聞いて解答を完成しなさい。

ANSWER KEY

(1) エ　(2) イ　(3) ア　(4) エ　(5) ア

もう1度録音を聞きながら、設問と関連したところを確認。必要に応じて録音を止めながら聞くこと。

SCRIPT

It's 1973, and Jim and Alice, classmates from their high school days, are nearing the end of their four years at college in Boston.

Jim: That does it! The last exam of my college life! How about you, Alice?

Alice: My last one's tomorrow. I can hardly wait to get it over with. But at the same time, I feel a bit sad.

Jim: I know what you mean. I had a wonderful time in college, and I feel a bit lonely knowing that graduation is just around the corner.

Alice: Exactly! I studied hard and did my best in the judo club, so l don't have any regrets.[29] I guess I just don't want my college life to end so suddenly.

Jim: I wasn't the scholar you were, but I gave my all to the mountains on weekends and during vacations — hiking and rock climbing from April until October, and skiing the rest of the time. College life was great.[30]

　　(1) Jim and Alice felt sad because ...

Alice: Well, Jim, you can still go to the mountains even after starting to work. You got a job at a bank, didn't you?

Jim: Oh, didn't I tell you? I decided not to take the job.

Alice: I didn't know that. Why not?

Jim: I want to travel, see the world, and spend some time think-

---

29.(1) Alice は満足している。 30.(1) Jim も満足している。エが○

ing about my place in it. I plan to enter the job market again next year.[31]

(2) Before graduation, Jim thought ...

Alice: I envy you. Actually, I would have liked to continue practicing judo full time. My coach says I have talent. But I have to work to pay back the money I borrowed to go to college. I guess it will just be part-time judo for me after busy days on Wall Street.[32] By the way, where are you going to go?

Jim: From June until September, I want to hike around the Rocky Mountains. I've never been West before.

Alice: And then?

Jim: And then, the big adventure — traveling around Asia, starting with Japan. You remember Shota from our high school days, don't you?

Alice: Of course. But I haven't heard from him since high school graduation.[33]

Jim: We've been keeping in touch. He's still in a college in Tokyo, and he invited me to visit.

Alice: Sounds great! Give him my regards.

Jim: I will.

※ 以上の部分を直接的に問う設問はない。が、(4), (5) と間接的に関わってくる。

More than 30 years have passed. It's high school class reunion day, and now it's Shota's turn to tell his former high school classmates what he's been doing all these years.

This is the first class reunion I've attended. As I look around, I see less hair and more kilograms than I remember, but the same friendly smiles.

After graduating from high school here in the United States, I went back to Japan for college. I was lucky enough to get into my first choice school. I was so tired of studying that I thought I'd never want to look at another book again. The biggest event

---
31. (2) enter the job market = look for a job イが○
32. 金融の仕事をしながら柔道　33. ショウタは高校で2人と同級

of my college days was joining the cheering club. The good friends I made there inspired me to rethink my life, and I surprised even myself when I started studying again. After graduating, I wanted to put to use the interpersonal skills and good health I got in my club, and so I became a diplomat,[34] and now I'm back in the United States, working at the United Nations in New York.[35] I'm happy for the opportunities I had to work all around the world.

 (3) Shota says ...
 (4) Shota has returned to the United States ...

 Jim and Alice couldn't be here today, but they send their best regards. After graduating from college, Jim started out on a world tour. But he only got as far as Japan. While visiting me, he fell in love with Japan, especially the mountains. He studied Japanese, went to graduate school in Tokyo, and now teaches forest ecology at a Japanese university. He's even the faculty advisor to the skiing club. Alice got a job on Wall Street, but quit her company in order to realize her potential for becoming a judo champion. As you know, she represented the United States in a number of international judo tournaments. She's now in Japan at a two month training camp[36] with her judo students from the college in California where she teaches physical education.

 (5) Alice ...

  Isn't it amazing how life works out?

〈時は1973年。高校時代の同級生であるジムとアリスは4年間にわたるボストンでの大学生活の終わりを迎えようとしている。〉
ジム：ようやく済んだ！　大学最後の試験だ！　アリス、君の方は？
アリス：私は明日が最後の試験。終わるのが待ちきれないわ。と同時に、ちょっと悲しいけど。
ジム：分かるよ。大学生活は素晴らしかったから、もうすぐ卒業となるとちょっとさみしいよ。
アリス:そうなのよ！　勉強も頑張ったし柔道部でもベストを尽くしたから後悔はないけど、なんか、大学生活が急に終わっちゃうのは嫌ね。

34.club activities で得たものを活かして外交官に。(3) アが○
35. ニューヨーク国連勤務。(4) ア、イ、ウはすべて ×
36.temporary stay である。(5) アが○

ジム：僕は君みたいに学問好きじゃなかったけど、週末や休暇中は山がすべてで、4月から10月はハイキングとロッククライミング、あとはスキーだったよ。学生生活、最高だった。
アリス：ねえジム、働き始めたって山へは行けるわよ。あなた銀行に就職よね？
ジム：あれ、言わなかったっけ？ 就職しないことにしたんだ。
アリス：知らなかったわよ。なぜ？
ジム：旅行して、世界を見て、世界の中の自分の居場所についてしばらく考えてみたいんだ。来年もう一度就活するつもりだ。
アリス：うらやましいわ。本当は私もフルタイムで柔道の練習を続けたかったんだけどね。才能があるってコーチが言ってくれるのよ。でも、大学に行くのに借りたお金を働いて返さなくちゃならないし。ウォール街で忙しく働いたあとパートタイムで柔道やるしかないみたい。ところであなた、どこへ行くの？
ジム：6月から9月まではロッキー山脈を歩きまわる。まだ西部には行ったことないから。
アリス：それから？
ジム：それからが大冒険。アジアを回るんだけど、手始めは日本。高校で一緒だったショウタ覚えてるだろ？
アリス：もちろん。だけど高校を卒業してからは音沙汰なしよ。
ジム：僕は連絡取り合ってるんだ。彼はまだ東京の大学へ行ってて、遊びに来いって。
アリス：いいじゃない。よろしく言ってね。
ジム：分かった。

　30年以上が経った高校のクラス会。ショウタに順番が回って昔のクラスメートにこれまでのことを語っている。

　クラス会に出るのは初めてです。見回したところ昔よりみんな髪も薄くなり太ったけど、懐かしい笑顔は変わりませんね。
　ここアメリカで高校を卒業してから日本に帰って大学に入りました。幸い第一志望の大学に入ることができました。勉強にはうんざりしていたからもう二度と本なんか見たくないと思っていました。大学での一番大きな出来事は応援団に入ったことです。そこでいい友人たちに知り合ったことで僕は自分の生活を考え直す気になり、自分でも驚いたんですがまた勉強を始めたんです。卒業後は対人関係のスキルと応援団で鍛えた身体を活かして外交官になり、だから今アメリカに戻ってニューヨークで国連の仕事をしているわけです。世界中で働ける機会を得られて嬉しいと思っています。
　ジムとアリスは今日来られませんが、皆さんによろしくとのことでした。大学卒業後ジムは世界旅行を開始しました。ところが日本までで終わりになったんです。僕のところに遊びに来ているときに日本に、特に日本の山にほれてしまったんですね。で、日本語を勉強して東京で大学院に行き、今では日本の大学で森林生態学を教えています。スキー部の顧問までやっているんです。アリスはウォール街の仕事に就いたんですが柔道で優勝するという可能性を実現するために会社を辞めました。皆さんも知っているとおり彼女はいくつもの国際柔道大会でアメリカの代表になっています。今は、体育教員をしているカリフォルニアの大学の柔道部員を連れて、2カ月の合宿で日本に行っています。
　人生がどうなるか、っていうのは本当に面白いものですね。〉

設問

(1) ジムとアリスが悲しく思ったのは
 ア　卒業後どうなるだろうと恐れていたから。
 イ　やるべき勉強を十分にやらなかったと感じていたから。
 ウ　部活動を精一杯やらなかったと思っているから。

(2) 卒業前のジムの考えは
 ア　この先一生旅行して暮らしたいと思った。
 イ　旅行をしてそれから就職活動をしたいと思った。
 ウ　この先一生山の中で仕事をしていきたいと思った。

(3) ショウタの発言では
 ア　部活動が職業選択に影響を与えた。
 イ　友人のジムとアリスが職業選択に影響を与えた。
 ウ　アメリカでの経験が職業選択に影響を与えた。

(4) ショウタがアメリカに戻っているのは
 ア　世界旅行の途中。
 イ　以前のクラスメートであるジムとアリスに会うため。
 ウ　高校のクラス会に出席するため。

(5) アリスは
 ア　一時的に日本にいる。
 イ　ウォール街でアルバイトを続けている。
 ウ　日本に移り住むため、大学での仕事を辞めなくてはならなかった。

DRILL 28

CD track #28 —to be repeated three times (601 words)

STEP 1

これから聞く番組は以下のような展開になっている。まず1度聞いて全体の構成を頭に入れること。

Andrew (host) opens the program and introduces the new idea
Mary (reporter) gives details, answering Andrew's questions
 [1] General idea: transportation to space at a low cost
 [2] Principle

　　　　[3] How it works
　　　　[4] How to lift load
David's question
Mary [5] Strength and flexibility of the material
Andrew's question
Mary [6] The problem of radiation
Andrew closes the topic and moves on to the next one

STEP 2

設問をよく読んでから2度目を聞き、解答できるものはしなさい。

　これから放送するのは、ラジオ番組の一部である。放送の内容と一致するように (1) ～ (3) の問いに答えよ。次の図は放送に基づいて作られたメモである。

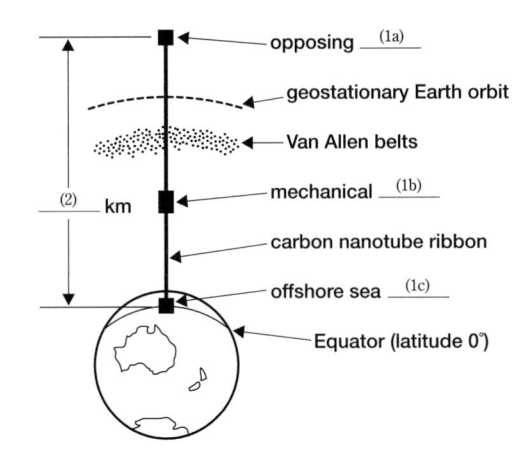

```
                    ■ ←── opposing      (1a)
                    │
                 ⌒  │  ⌒ ←── geostationary Earth orbit
                    │
              :::::::│::::: ←── Van Allen belts
                    │
    (2)             ■ ←── mechanical    (1b)
        km          │
                    │ ←── carbon nanotube ribbon
                    │
                    ■ ←── offshore sea   (1c)
                   🌍 ←── Equator (latitude 0°)
```

(1) 放送で使われている英単語一語を用いて空所 (1a) ～ (1c) を埋めよ。

　　(a) _____．
　　(b) _____．
　　(c) _____．

(2) 空所 (2) に数字を入れよ。

　　(2) _____．

(3) (3a) ～ (3c) の問いに対して、それぞれ正しい答えを1つ選び、その記号を記せ。

　　(3a) Which possible negative aspect of the new transportation system is raised by Mary and not by the other speakers?

ア Slow rates of travel.
イ Exposure to radiation.
ウ Collisions with satellites.
エ Insufficient strength and flexibility of the ribbon.

(3b) How does Andrew feel about traveling on the new transportation system?

ア He thinks a ticket would be too expensive.
イ He doesn't like the idea of the risks involved.
ウ He wants to try it because NASA designed it.
エ He would rather travel on it with someone else.

(3c) What topic is going to be discussed next on the programme?

ア An urban planning project.
イ The psychology of adventure.
ウ A new development in Earth science.
エ The high technology employed at Disneyland.

STEP 3

3度目を聞いて解答を完成しなさい。

ANSWER KEY

(1) (a) **weight** (b) **lifter** (c) **platform**
(2) **100,000**
(3) (a) ア (b) イ (c) ア

もう1度録音を聞きながら、設問と関連したところを確認。必要に応じて録音を止めながら聞くこと。

SCRIPT

Andrew: Hello, and welcome to our weekly science programme. I'm Andrew Price, and with me to discuss some of the week's science stories are Mary Atherton— hello, Mary [**Mary:** Hello.]—and David Slater. Hello, David.

David: Hello, Andrew.

Andrew: Mary, you've got a crazy story which I'm not sure is science.

Mary: Ah, but it *is* science. It was presented at a recent conference hosted by NASA in the United States, so it must be true.

Andrew: So it must be. It's a NASA conference, so it must be true?

Mary: Yeah, it's brilliant. It's great. [**Andrew:** Go on.] A group of scientists have come up with a way of making travel into Geostationary Earth Orbit much more economical, using what they call a 'Space Elevator'. The current price tag for space missions is around twenty-two thousand dollars per kilogram, but with this new transportation system the cost could come down to as little as two hundred and twenty dollars per kilogram. That's around a hundredth of the cost it is now.

Andrew: Wow, that sounds almost too good to believe. It might be worth explaining to listeners exactly what Geostationary Earth Orbit *is*, Mary.

Mary: Right. Well, this is where an object in space, such as a communications satellite, orbits the Earth directly above the equator. It rotates in the same direction as the Earth at a speed that allows it to appear motionless from a fixed point on the ground—a kind of a parallel movement, if you like.

Andrew: Okay, so how would this transportation system work exactly?

Mary: Well, the Space Elevator would be made from a carbon nanotube ribbon—a kind of advanced carbon fibre attached to an (1c)offshore sea platform[37] at the equator. [**Andrew:** Right.] This 'high tech cable', if you like, would then stretch to an (1a)opposing weight[38] around (2)one hundred

37.(1c) 38.(1a)

thousand[39] kilometers into space. The pulling force of this counterweight would ensure that the ribbon remains stretched—a bit like a guitar string.

Andrew: It sounds rather like the physics behind kite flying, is that right?

Mary: Something like that, yes.

Andrew: So how would we actually get passengers or cargo into space?

Mary: Right. Well, a piece of equipment known as a (1b) mechanical lifter[40] would be attached to the ribbon and this would climb up the cable into Geostationary Orbit.

Andrew: David, you're listening to the story with a look of disbelief. It's a story from a NASA conference. Why would it be wrong?

David: No, it's not about whether I believe it. It's about whether it's really possible. I mean, the ribbon would have to be extremely strong and flexible to allow a system like this to work.

Mary: Well. Yes, you're right, David. The success of the Space Elevator relies on the high strength of carbon nanotubes. They're around a hundred times stronger than steel and as flexible as rubber. So if they're woven into a ribbon, their estimated strength appears to be great enough to make the system possible.

Andrew: I guess exposure to radiation would also be a problem, wouldn't it, Mary?

Mary: Yes, that's true. Since transit times into space would be slower on the mechanical lifters than they are in a conventional spaceship,[41] the passage through the Van Allen Belts would be longer and this would increase passengers' exposure to radiation.

39.(2)　40.(1b)　41.(3a) slow rates (=speeds) は radiation exposure という面から negative aspect。radiation の話を持ち出したのは Andrew だが、それに関連して slowness に触れているのは Mary だけ。

(3a) Which possible negative aspect of the new transportation system is raised by Mary and not by the other speakers?

Andrew: Okay. I think I'll let someone else try that first before I buy my ticket into Geostationary Orbit.[42]

(3b) How does Andrew feel about traveling on the new transportation system?

Mary: Ah, where's your sense of adventure, Andrew?

Andrew: Well, my sense of adventure doesn't extend beyond a trip to Disneyland, I'm afraid.[43] Right. David, moving on to something far closer to Earth, so you've been covering the science behind a new eco-friendly city[44] being built near Abu Dhabi... .

(3c) What topic is going to be discussed next on the programme?

〈アンドリュー：こんにちは。今週もまた私たちの科学番組にようこそ。アンドリュー・プライスです。こちらは私と一緒に今週の科学の話題を語ってくれるメアリー・アサートンです。よろしく、メアリー。[メアリー：よろしく] そしてデイヴィッド・スレーターです。よろしく、デイヴィッド。

デイヴィッド：よろしく、アンドリュー。

アンドリュー：メアリー、わけの分からない話があるそうだけど、私には科学だかなんだかよく分からないですね。

メアリー：いや、でもこれ、科学よ。NASAがアメリカで開いた会議に提出されたっていうんですから、本当なんでしょう。

アンドリュー：本当なんでしょうねえ。何しろNASAの会議なんだから本当だと？

メアリー：ええ、素晴らしい話よ。すごいの。[アンドリュー：続けて。] 科学者たちのグループが考案したもので、いわゆる「スペース・エレベーター」を使うことで今までよりずっと経済的に静止地球軌道へ旅行ができるという案です。現在の宇宙旅行の料金は1キログラムあたりだいたい22,000ドルですけど、この新しい輸送システムだとわずか1キロあたり220ドルに抑えられると。現在のコストの約100分の1ですね。

アンドリュー：ほう。なんだか話がうますぎるという気もしますが。メアリー、その静止地球軌道っていうのが何であるか、リスナーの皆さんに説明する価値はありそうですね。

メアリー：分かりました。ええと、これが、通信衛星のような宇宙物体が地球を回る軌道で、赤道のちょうど真上に当たります。地球と同じ方向に、地球から見ると静

---

42. (3b) まず他の人で安全確認をしてから
43. 僕の冒険心はディズニーランドまで。(3b) は risk の話題と分かる。
44. (3c) new city だから urban planning

止した一点にあるような速度で回るわけで、平行運動ですね、いわば。

アンドリュー：なるほど。で、この輸送システムは具体的にはどうなってるんです？

メアリー：はい、スペース・エレベーターはカーボン製の、リボン状のナノチューブでできていて、一種の先端的カーボンファイバーを赤道上にある沖合の海上プラットフォームに固定します。［アンドリュー：なるほど］それからこの、いわば「ハイテク・ケーブル」を、地球からだいたい１０万キロにある宇宙の釣り合い重りまで伸ばします。この釣り合い重りの張力でいつもカーボンのリボンはぴんと張っているわけ。ギターの弦を張るのとちょっと似ているわね。

アンドリュー：何か、凧揚げの物理学と似た感じだな。

メアリー：まあそうですね。

アンドリュー：で、乗客なり荷物なりを宇宙へ運ぶのは具体的にどうするんです？

メアリー：はい。あの、メカニカル・リフターっていう装置をリボンに取り付けて、それをケーブルに沿って静止軌道まで運び上げるわけです。

アンドリュー：デイヴィッド、あなた、信じられないという顔で聞いてますけど。NASAの会議で出された話ですよ。何か問題でも？

デイヴィッド：いや、信じるか信じないかの問題じゃなくて、本当に実現可能なのかなという、つまり、そんなシステムがうまくいくためにはそのリボンが極端に強くて柔軟でなければならないだろうと。

メアリー：そう、そのとおりなんですね、デイヴィッド。スペース・エレベーターの成功はカーボン製ナノチューブの飛び抜けた強度にかかっているんです。ナノチューブの強度はスチールの約１００倍。柔軟性はゴムと同様。だから、それをリボン状に編み合わせた想定強度はこのシステムを可能にするほどとなるはずだというのね。

アンドリュー：メアリー、放射線にさらされるのも問題になるんじゃないかという気がするんだけど。

メアリー：はい、そのとおりね。メカニカル・リフターでの宇宙への移動時間は従来の宇宙船より遅いから、ヴァン・アレン帯の通過にも時間がかかり、乗客の被曝量も多くなりますね。

アンドリュー：分かりました。私の場合、静止軌道への切符は、自分で買う前に誰かに試してもらうということにしようと思います。

メアリー：まあ、アンドリューは、冒険心とか持ち合わせてないの？

アンドリュー：いや、私の冒険心はディズニーランドまでがいいところ。さて、デイヴィッド、次はもっと地球に近い話題に移って、アブダビの近くに新しく建設中のエコ・フレンドリーな都市を支える科学を取材しているそうですが．．．．〉

設問

(3a) 新しい輸送システムについて考えられるマイナス面のうち、メアリーはあげているがほかの話者はあげていないものは？

　　ア　移動速度の遅さ。

　　イ　放射線被曝。

　　ウ　人工衛星との衝突。

　　　　エ　リボンの強度および柔軟性の不足。
(3b)　新しい輸送システムでの旅行についてアンドリューはどう感じているか？
　　　　ア　切符があまりにも高すぎるだろうと思っている。
　　　　イ　リスクを伴うのが嫌だ。
　　　　ウ　NASAが設計したものだから試したい。
　　　　エ　誰かと一緒にこれで旅行する方がいい。
(3c)　この番組で次に扱われるテーマは？
　　　　ア　ある都市計画プロジェクト
　　　　イ　冒険の心理
　　　　ウ　地球科学の新しい進展
　　　　エ　ディズニーランドで利用されるハイテク

5　KEYNOTE TALKS + DISCUSSIONS

　講義／報告と会話／討議の組み合わせ。講義は Introduction, Discussion のみで Conclusion なし、つまり次の会話につなげるために open-ended になっていることが多い。その他は 3 Lectures、4 Conversations と大きく違う点はない。最初の講義／報告が仮によく聞けなかったとしてもそれによって次の会話／討議の解答作成に致命的な影響は与えないように作られている。

―――――― **DRILL 29-a** ――――――

CD track #29　―to be repeated three times (505 words)

STEP 1

　これから聞く講義は以下のような展開になっている。まず1度聞いて全体の構成を頭に入れること（第3章でも扱ったから聞き覚えがあるのでは？）。

INTRODUCTION

[1] Anthropological view of American football: its symbolic meaning

DISCUSSION
　　[2] General view of American football
　　[3] Two interpretations of American football
　　[4] Third interpretation
　　[5] Fourth interpretation

STEP 2

設問をよく読んでから2度目を聞き、解答できるものはしなさい。

　これから放送するのは、文化人類学 (cultural anthropology) の講義である。これを聞き、(1)〜(5) の問いに対して、それぞれ正しい答えを1つ選び、その記号を記せ。

(1) According to the lecture, which goal of cultural anthropology is illustrated by recent studies of sporting events?
　ア To make the strange seem familiar.
　イ To make the familiar seem strange.
　ウ To increase our understanding of human rituals.
　エ To increase our understanding of human communities.

(2) In which way is American football similar to a modern corporation, according to some scholars?
　ア It is based on the core values of capitalism.
　イ It reflects Americans' common social identity.
　ウ It stresses cooperation through specialization.
　エ It is divided into units with different functions.

(3) Which of the following is NOT mentioned as a core value of capitalism?
　ア Efficiency.
　イ Hard work.
　ウ Cooperation.
　エ Obeying authority.

(4) Which of the following is used to support the view that football is a ritual that celebrates the basic forces of nature?
　ア The relationship between the rhythm of the game and the cycle of life.

イ The relationship between the rules of the game and the laws of physics.
ウ The relationship between the schedule of games and the seasons of the year.
エ The relationship between the conflicts in the game and the struggle for survival.

(5) Which of the following is NOT mentioned with regard to football and war?
ア The military origins of football.
イ The increasing violence of football.
ウ The discipline and courage expected of soldiers.
エ The protective equipment worn by football players.

STEP 3

3度目を聞いて解答を完成しなさい。

ANSWER KEY

(1) イ (2) エ (3) ア (4) ウ (5) ア

日常的なものを学問の目から掘り下げて見る、という、これも典型的な内容。

もう1度録音を聞きながら、設問と関連したところを確認。必要に応じて録音を止めながら聞くこと。

SCRIPT

[1] Okay, welcome to class. This week, we're moving on to a new topic: how cultural anthropologists have looked at popular sports.

　　As you may know, anthropologists have said that one goal of their discipline is to make the strange seem familiar and the familiar seem strange. The second half of this saying certainly holds true for recent studies of popular sporting events.[45] Spectator sports are far more than mere entertainment, some

---

45. (1) the second half = to make the familiar seem strange の方だけが true であると言っている。答えはイ

scholars claim. They are public rituals that reflect the inner life of the communities that practice them.[46] In the United States, such analyses have opened a window into the symbolic meanings of American football, that nation's most popular sport.

(1) <u>According to the lecture, which goal of cultural anthropology is illustrated by recent studies of sporting events?</u>

[2] American football evolved in the 1880s from rugby. As with rugby, the goal was to carry a ball into the opponent's end of the playing field, but the new sport divided teams into different units for offense and defense. It also offered more ways to advance the ball, and it allowed teams to pause after each play to plan their next move. The result was a physical game of strategy, a kind of blend of rugby and chess.

[3] So what symbolic meanings have scholars uncovered in this uniquely American sport? Three main interpretations have emerged.

[4] One school sees the sport from an economic point of view, though scholars differ on the details. American football was born during the Industrial Age, and for some it seems to reflect that era by stressing group cooperation through specialization and the division of labor. Others, however, see it as being organized like a modern corporation into departments with different functions.[47] Yet despite their differences, these scholars unite in the view that football supports the core values of capitalism, including the belief that cooperation, hard work, and obeying authority[48] lead to success.

(2) <u>In which way is American football similar to a modern corporation, according to some scholars?</u>

(3) <u>Which of the following is NOT mentioned as a core value of capitalism?</u>

[5] However, another group of scholars finds something more

---

46. (1)「競技は内面世界の反映する儀式」と、ウ「儀式の理解を深める」は違うから、ウは ×
47. organized (like a modern corporation) into departments with different functions
= divided into units with different functions 48. (3) 箇条書きを聞き取る問題

fundamental beneath the surface of the game. For them, it recalls traditional rituals related to the basic forces of nature. The core ritual, in this view, celebrates the cycle of life. The football season, for example, begins near harvest time and concludes after the New Year. That ancient core, however, is integrated into a largely Christian calendar, with games held each Sunday—the day of worship—and on the religious holidays of Thanksgiving and Christmas.[49] The result is a ritual that blends the sacred and the non-sacred, uniting Americans of all religions and no religion, not under a common god, but under a common social identity.

(4) Which of the following is used to support the view that football is a ritual that celebrates the basic forces of nature?

[6] Well, the final interpretation of football is as symbolic war. The game has always involved military language, and the associations with warfare have grown as football has become more complex and violent.[50] Today, like ancient soldiers in suits of armor, the big, powerful players rely on the protection of hard helmets and thick, heavy uniforms[51] to play more aggressively. The game also expresses the military ideals of discipline, courage,[52] honor, and technical excellence. So while other sports also seem to be battles or fights, the military nature of American football is particularly strong.

(5) Which of the following is NOT mentioned with regard to football and war?

〈さて、それでは授業を始めましょう。今週は新しいテーマに移ります。ポピュラーなスポーツを文化人類学的視点から見るとどうか、というものです。

ご存知かもしれませんが、人類学者たちは、この学問の1つの目的は奇妙なものをなじみのものに、なじみのものを奇妙に感じさせることであると言っています。この言葉の後半は、最近のポピュラースポーツの競技に関しては当てはまりますね。観戦スポーツは単なる娯楽にとどまるものではない、というのがある学者たちの考え方です。それは、そういうスポーツを開催する共同体の生の内面を反映した共同の儀礼である、と言

---

49. (4) football season と harvest time / Christmas / Thanksgiving などの関係。ウが○　50. (5)のイ violence　51. (5)のエ protective equipment　52. (5)のウ discipline and courage　(5)も箇条書きを聞き取る問題

うのです。アメリカにおいて、そうした分析は国民スポーツの首位にあるアメリカン・フットボールの象徴的意味を探る上で新しい視点を開くものでした。

　アメリカン・フットボールは１８８０年代にラグビーから進化したものです。ボールを競技場の反対側にある相手のゴールまで運ぶというところはラグビーと変わらないのですが、新しいこのスポーツはチームをオフェンスとディフェンスという2つのユニットに分割しました。また、ボールを前に運ぶ方法を増やし、各プレイの間に次の動きを計画する時間を設けました。その結果、それは肉体による戦略のゲーム、ラグビーとチェスを合わせたようなものとなったのです。

　では、このアメリカ特有のスポーツに関して学者たちが明らかにした象徴的意味とは何か？これまでに3種類の解釈が提示されています。

　ある学派はこのスポーツを、細部においてはさまざまな違いはあるものの、経済学的視点から見ます。アメリカン・フットボールが誕生したのは工業化の時代のことであるから、専門化と分業を通じての集団の協力を強調するこの時代を反映している、と考える人々がいます。あるいは現代企業と同様に異なる機能を持った部門に分化したものと見る人々もいます。しかしこうした違いはあるにせよ、これらの学者たちに共通しているのは、アメリカン・フットボールが例えば協力と勤勉、権威への服従が成功をもたらすという信条のような、資本主義の中核をなす価値観を支持するものであるという考え方です。

　しかし別のグループの学者たちはこのスポーツの表面の下に、より根本的なものを見ています。彼らにとってアメリカン・フットボールは自然の基本的な力と結び付いた伝統的な儀式を思わせるものと考えます。この見方ではその最も重要な儀式は生の循環を寿ぐものであると。例えばフットボールのシーズンは収穫期近くに始まって正月のあとに終わる。しかしその古代的核心は主としてキリスト教の暦と結び付いたものがあるから、試合は礼拝の日である毎日曜日とサンクスギビングやクリスマスといった宗教的祝日に行われる。その結果このスポーツは聖と俗とを併せ持った、宗教・非宗教によらずアメリカ人を共通の神の下ではなく共通の社会的アイデンティティの下に統合するものとなった、というわけです。

　さてアメリカン・フットボールのもう1つ最後の解釈は象徴的戦(いくさ)であるというものです。このスポーツはこれまで常に軍事用語を使用し、競技がより複雑化し暴力的なものになっていくに従って戦闘の連想が生じてきました。今日、ちょうど古代戦士の鎧のように、強大な選手たちは固いヘルメットと分厚く頑丈なユニフォームを頼りにより攻撃的なプレイを展開します。試合もまた規律や勇気、名誉、技量の卓越といった軍事的理想を表現したものです。というわけで、戦闘のように見える競技はほかにもありますが、アメリカン・フットボールにおける軍事的性質はことに強く思われるわけです。〉

設問

(1) 講義によると、最近のスポーツ競技に関する研究が説明されている文化人類学の目標とは次のどれか？

　　ア　奇妙なものをなじみ深く思われるようにすること。

　　イ　なじみ深いものを奇妙に思われるようにすること。

　　ウ　人間の儀式に対する理解を増大すること。

エ　人間の共同体に対する理解を増大すること。
(2) ある学者はアメリカン・フットボールと現代企業がどのように類似していると言っているか？
　　　ア　資本主義の中核的価値観に基づいている。
　　　イ　アメリカ人に共通した社会的アイデンティティを反映している。
　　　ウ　専門化を通じた協力を強調している。
　　　エ　異なる機能を持った単位ごとに分かれている。
(3) 資本主義の中核的価値観として述べられていないものはどれか？
　　　ア　能率。
　　　イ　勤勉。
　　　ウ　協力。
　　　エ　権威への服従。
(4) アメリカン・フットボールが自然の基本的な力を賛美する儀式であるという見解を裏づけるものとして用いられているのは以下のどれか？
　　　ア　ゲームのリズムと生のサイクルとの関係。
　　　イ　ゲームのルールと物理の法則との関係。
　　　ウ　ゲームのスケジュールと四季との関係。
　　　エ　ゲームにおける闘争と生存競争との関係。
(5) アメリカン・フットボールと戦争に関して述べられていないのは次のうちどれか？
　　　ア　フットボールの軍事的起源。
　　　イ　フットボールの暴力性の増加。
　　　ウ　兵士に求められる規律と勇気。
　　　エ　フットボール選手が身に付ける防具。

―――― DRILL 29-b ――――

track #30 —to be repeated three times (614 words)

STEP 1

これから聞くディスカッションは以下のような展開になっている。まず1度聞いて全体の構成を頭に入れること。

Lecturer: Opinions?

Peter: Why so many different interpretations?
Linda: Complicated things have many interpretations. Example.
Peter: There should be one right answer.
Lecturer: Some things can be explained in various ways. Why is soccer popular worldwide?
Peter: Simpleness.
Lecturer: Not correct.
Peter: Popularity.
Lecturer: That's not an answer. Complex things takes deep thinking.

STEP 2

設問をよく読んでから2度目を聞き、解答できるものはしなさい。

　これから放送するのは、**DRILL 29-a** の講義のあとでなされた、先生と学生2人（Peter と Linda）の会話である。これを聞き、(1) 〜 (5) の問いに対して、それぞれ正しい答えを1つ選び、その記号を記せ。

(1) Why is Peter dissatisfied with the scholars' explanations of American football?
　　ア Because he thinks only one explanation can be correct.
　　イ Because he thinks there must be another, better explanation.
　　ウ Because he thinks the explanations reveal the scholars' prejudices.
　　エ Because he thinks it is inappropriate for scholars to study sports like American football.

(2) Which of the following explanations for Japan's low crime rate is NOT mentioned?
　　ア Japan's low birthrate.
　　イ Japan's culture of respect.
　　ウ Japan's community-based policing.
　　エ Japan's relative economic equality.

(3) Which of the following agrees with the lecturer's comments about the simplicity of sports?
　　ア The simpler a sport is, the more popular it will be.
　　イ Being simple is not enough to make a sport popular.

ウ Attempts to simplify sports in order to make them more popular rarely succeed.

エ It can take a long time for even a simple sport to become popular worldwide.

(4) What does the lecturer imply about the scholars' explanations of American football?

ア Some of those explanations can be applied to soccer's popularity as well.

イ Some of those explanations also suggest why American football is not popular worldwide.

ウ The existence of various explanations suggests why American football is popular in the United States.

エ The existence of various explanations suggests that the study of American football is still in its early stages.

(5) How does the lecturer explain the global popularity of soccer?

ア He doesn't.

イ He links it to the fact that people play soccer in their childhood.

ウ He says that soccer has various symbolic meanings that touch people at many deep levels.

エ He says that people all over the world enjoy soccer because the rules are easy to understand.

STEP 3

3度目を聞いて解答を完成しなさい。

ANSWER KEY

(1) ア (2) イ (3) イ (4) ウ (5) ア

発言の細部でなく discussion のテーマに意識を集中させて聞くことが大切。
もう1度録音を聞きながら、設問と関連したところを確認。必要に応じて録音を止めながら聞くこと。

> **SCRIPT**

Lecturer: So you can see, different scholars have reached different conclusions about the meaning of American football, comparing it to capitalism, religion, and war. What does that tell us about the sport? You first, Peter.

Peter: I'm more interested in what it tells us about scholars.

Lecturer: What do you mean?

Peter: I mean, how can different scholars look at the same thing and interpret it so differently? It sounds to me like they don't know what they're talking about.[53]

Linda: But isn't that what we do all the time when we want to understand something complex? We try to find an explanation that makes sense, but that doesn't mean our explanation is complete or unique.

Lecturer: A good point. Can you give an example, Linda?

Linda: Well, the other day, I was reading a debate on the Internet about why the crime rate in Japan is so low compared to most other countries. Some people said it was because of population factors, such as the declining number of young people. Others said that Japan has less crime because the police have closer ties to the community. Others attribute it to the way Japanese parents raise their children, and still others said the reason was economic, meaning the gap between the rich and the poor is narrower than in other countries.[54]

Peter: What does that show?

Linda: It shows that something as complicated as crime can be explained in different ways.

Peter: But, again, doesn't that just mean that most of those explanations must be wrong? I mean, really, when you think about it, how could there be more than one right

---

53.(1) ウ prejudice とは無関係　54.(2) 箇条書きの問題。① declining number of young people ② police being closer to people ③ parenting ④ narrower gap between the rich and the poor　イ「親が子に敬意を教えるのだろう」などと勝手に想像しないこと

answer?[55]

(1) Why is Peter dissatisfied with the scholars' explanations of American football?

(2) Which of the following explanations for Japan's low crime rate is NOT mentioned?

Lecturer: But there could be, Peter. Many or all of those factors might be playing a role. But let's go back to sports for a minute. We already looked at American football, and I mentioned three symbolic interpretations. Are there other sports that could be explained in various ways, too?

Linda: What about soccer?

Lecturer: That's a good example. It's played much more widely than American football. In fact, it's probably the most popular sport in the world. Why is that?

Peter: Well, I think it's just because the rules are so simple. Compared to a sport like American football or baseball, soccer is really easy to understand. That's why people all over the world enjoy it so much.

Linda: But sumo is easy to understand, too, and that's only popular in Japan.

Lecturer: Yes, true. So being simple might be necessary to make a sport popular worldwide, but it's certainly not sufficient.[56] There are a lot of simple sports, and they can't all be popular. What else might play a role?

(3) Which of the following agrees with the lecturer's comments about the simplicity of sports?

Peter: Well, a lot of people play soccer when they're children. Most of them still like it when they grow up, and so that helps to keep the sport popular.

---

55. (1) more than one right answer が不満なのである。ということは
　　ア only one explanation can be correct という考え方
56. (3) Being simple might be necessary to make a sport popular, but it is not sufficient. = Being simple is not enough to make a sport popular.

663

Lecturer: But, Peter, that's almost like saying that soccer is popular because it's popular. That's not a very interesting explanation.

Linda: So what's your point? Is it that there's *no* explanation for why soccer is popular?

Lecturer: No, no, not at all. I'm sure there must be an explanation —or explanations. But the explanations you've come up with just now—about the sport being simple or popular —I don't think they take us very far. So I guess my point is that good explanations of complex things go deeper and require a lot of thought to develop. The various symbolic meanings I gave for American football are like that. In fact, American football probably speaks to its fans precisely because it has so many meanings[57] and touches them at so many levels. There are probably similarly deep explanations for the global popularity of soccer, too, but we just haven't found them yet.[58] Maybe in the future *you* can do that.

(4) What does the lecturer imply about the scholars' explanations of American football?

(5) How does the lecturer explain the global popularity of soccer?

〈講師：というわけで、さまざまな学者がそれぞれに、資本主義になぞらえ、宗教および戦争と対比させて、アメリカン・フットボールの持つ意味について異なった結論を出しているわけです。それでこのスポーツについて何が分かるかな？ では君から、ピーター。

ピーター：むしろ僕は、これで学者について分かることの方に興味がありますね。

講師：どういう意味？

ピーター：つまり、同じものを見ているのに、学者によってなぜこれほど違う解釈が出てくるのかってことです。まるで学者たち、自分で何を言ってるのか分かってないみたいだ。

リンダ：でも、私たち誰でも、何か複雑なことを理解しようとするときには同じことになるんじゃないかしら？ 意味のある説明を探そうとするけれど、だから

---

57. (4) American football probably speaks to its fans precisely because it has so many meanings. = The existence of various explanations suggests why American football is popular in the United States.
58. We haven't found the explanations yet.

といって自分の説明が完璧だったり、唯一のものだったりするとは限らない。
講師：それはいい指摘だ。何か例をあげられる、リンダ？
リンダ：そうですね、この間インターネットで、日本の犯罪率がほかのほとんどの国と比べてなぜこんなに低いのか、という議論を読んだんです。若者の数が減っているといった人口が要素となっている、という人もいましたし、警察と地域の結び付きがより強いから、とか日本の親の子育ての仕方のせいだという人もいる。いや経済的な理由だ、貧富の差が他の国よりも小さいから、という人もいました。
ピーター：それで何が分かるわけ？
リンダ：分かるのは、犯罪のように複雑な問題の説明はさまざまだっていうこと。
ピーター：でもさ、それって、ただ、その説明のほとんどが間違っているっていうだけのことじゃない？　つまり、だって、考えてみれば正しい答えなんて1つに決まっているじゃない。
講師：いや、1つとは限らないよ、ピーター。こうした要素の多くかすべてが絡んでいるかもしれない。しかしちょっと話をスポーツに戻そうか。すでにアメリカン・フットボールに関しては見て、象徴に基づく解釈が3つあることは述べました。ほかにもさまざまに説明が可能なスポーツってあるのかな？
リンダ：サッカーはどうでしょう？
講師：いい例だね。サッカーはアメリカン・フットボールより広く行われている。実際、世界で最もポピュラーなスポーツだ。それはなぜだろう。
ピーター：それは、ただルールがすごく単純だからだと思いますよ。アメリカン・フットボールや野球のようなスポーツと比べてサッカーは本当に分かりやすいですよね。だから世界中の人がこんなに好きなんでしょう。
リンダ：でも、相撲も分かりやすいけれど日本でしか人気がないじゃない。
講師：そう、そのとおりだね。つまり、単純であることはあるスポーツが世界中で人気を得る必要条件ではあるけれど、決して十分条件にはなれないわけだ。単純なスポーツはたくさんあるけれどすべてがポピュラーになれるわけでない。ほかに条件として考えられるのは？
ピーター：あの、子供の頃にサッカーをやる人は多いですよね。大人になってもまだ好きだから、それが人気を保つ一因となる。
講師：しかしピーター、それではまるでサッカーに人気があるのは人気があるから、と言っているようなものだ。あまり面白い説明じゃないなあ。
リンダ：じゃあ先生がおっしゃりたいのはどういうことです？サッカー人気の理由には説明がない、ということなんですか？
講師：いや、いや、全然違うよ。何か1つあるいは複数の説明があるのは確かなんだ。しかし今君たちが考えた説明、それが単純だからとかポピュラーだとか、というものはどうもあまり有力ではなさそうだ。だから、私が言いたいのは、複雑なことをうまく説明しようとするには深く考え、考えを進展させていく必要があるってことになるのかな。アメリカン・フットボールに関して私が言ったさまざまな象徴的な意味というのもそういうものだ。実際、アメリカン・フットボールがファンたちに訴えるのも、それにいくつもの意味があって

様々なレベルでファンの心に触れるからという、まさにそういう理由なんだろう。おそらくサッカーの世界的人気にも同様に深い説明が可能なのだろうけれど、まだそれが何かは分からない。もしかしたら将来、君たちがそれを見つけてくれるかもしれないね。〉

設問

(1) なぜピーターはアメリカン・フットボールに対する学者たちの説明に不満なのか？
　　ア　正しい説明は1つだけだと考えているから。
　　イ　別に、より良い説明があるはずだと考えているから。
　　ウ　その説明は学者たちの先入観の現れだと考えているから。
　　エ　学者たちがアメリカン・フットボールのようなスポーツを研究することは不適切だと考えているから。

(2) 日本の犯罪率の低さの説明として、述べられていないものは？
　　ア　日本の出生率が低いこと。
　　イ　日本の敬意の文化。
　　ウ　日本の地域に根ざした警察活動。
　　エ　日本が比較的経済的に平等である点。

(3) スポーツの単純さについての講師のコメントに一致するものは以下のどれか？
　　ア　スポーツは単純であればあるほど人気がある。
　　イ　あるスポーツがポピュラーになるには単純であるだけでは十分でない。
　　ウ　スポーツをポピュラーにするために単純化しようとする試みは成功することはまれである。
　　エ　単純なスポーツでも、世界中でポピュラーになるには長い時間がかかることもある。

(4) アメリカン・フットボールに関する学者たちの説明に対して講師が間接的に言っていることは？
　　ア　そうした説明の中にはサッカー人気にも当てはまるものがある。
　　イ　そうした説明の中にはなぜアメリカン・フットボールが世界的人気を持たないかという理由を示唆しているものもある。
　　ウ　さまざまな説明が存在することが、合衆国でアメリカン・フットボールに人気があることの理由を示唆している。
　　エ　さまざまな説明が存在することが、アメリカン・フットボール研究がまだ初期の段階にあることを示唆している。

(5) 講師はサッカーの世界的人気をどのように説明しているか？
　　ア　説明していない。
　　イ　そのことと、人々が子供の頃サッカーをするという事実を結び付けている。
　　ウ　サッカーにはさまざまな象徴的意味があり、それが多くの深いレベルで人の心に触れるからだと言っている。
　　エ　世界中の人がサッカーを楽しむのはルールが理解しやすいからだと言っている。

―――――――――― DRILL 30-a ――――――――――

track #31　―to be repeated three times (506 words)

STEP 1

これから聞く講義は以下のような展開になっている。まず1度聞いて全体の構成を頭に入れること。

INTRODUCTION
　Economic development. Natural resources
DISCUSSION
　[1] Economic decline. To find a way of growth
　[2] Underwater resources
　[3] Example #1
　[3] Example #2
CONCLUSION
　Government's investment

STEP 2

設問をよく読んでから2度目を聞き、解答できるものはしなさい。
　これから放送するのは、ある国の議会でなされた発言の模様である。これを聞き、(1)〜(5)の問いに対して、それぞれ正しい答えを1つ選び、その記号を記せ。

(1) According to Dr. Lago, which of the following has been a cause of her country's economic decline?
　　ア　Its tax system.
　　イ　Its trade treaties.

ウ Its business models.
　　　エ Its agricultural practices.
　(2) Based on Dr. Lago's account of her country's past, which of the following periods saw the greatest economic prosperity?
　　　ア 1940s－1950s.
　　　イ 1960s－1970s.
　　　ウ 1980s－1990s.
　　　エ Since 2000.
　(3) In some deep sea fields, how much of the ocean floor do polymetallic nodules cover?
　　　ア Over seventy percent.
　　　イ Over seventeen percent.
　　　ウ As much as seventy percent.
　　　エ As much as seventeen percent.
　(4) In addition to valuable metals, what other ocean resource(s) does Dr. Lago encourage her country to develop?
　　　ア Heat.
　　　イ Bacteria.
　　　ウ Oil and gas.
　　　エ Tidal power.
　(5) Why does Dr. Lago think her country is in a good position to succeed at deep sea mining?
　　　ア Because it is near the ocean.
　　　イ Because it has advanced robot technology.
　　　ウ Because it has a good shipbuilding industry.
　　　エ Because it has a strong onshore mining industry.

STEP 3
3度目を聞いて解答を完成しなさい。

ANSWER KEY

(1) ウ　(2) ウ　(3) ウ　(4) ア　(5) ウ

　　基調報告は Problem-Solution（経済停滞←海底資源）の形式になっている。もう1度録音を聞きながら、設問と関連したところを確認。必要に応じて録音を止めながら聞くこと。

SCRIPT

Committee Chair: Good afternoon, members of parliament and ladies and gentlemen. I would like to begin the March 2012 meeting of the Economic Development Committee. Today, Dr. Chantelle Lago will make a presentation on behalf of the Natural Resources Industry Council. Dr. Lago, would you please begin?

Lago: Thank you, Mr. Chairperson. It's a great honor to speak before the committee today.

　　As you know, our country's economy has been declining over the past ten years. Unemployment has been rising, while exports, business profits, and tax revenues have been falling.[59] This trend is partly due to global circumstances beyond our control, but it is also the result of our aging industries and out-of-date business models.[60] Twenty or thirty years ago, an economic policy based on agriculture and shipbuilding raised our country to its highest level of prosperity and made it one of the richest in the region.[61] But today we face severe competition from countries with cheaper labor. We are not likely to regain our advantage in those areas, so we must find a new engine of economic growth.

　　(1) According to Dr. Lago, which of the following has been

---

59. (1) 税収減少は結果であって原因ではない。アは×　60. (1) これが原因。out-of-date business models。ウが○。これは大きく内容に関する問題　61. (2) 20～30年前というのだから現在を2010年代としてウ「80年代～90年代」が○。これはやや細部に関する問題

a cause of her country's economic decline?

(2) Based on Dr. Lago's account of her country's past, which of the following periods saw the greatest economic prosperity?

Today, I want to call your attention to a source of development that could revive our economy. I'm referring to the vast natural resources that lie beneath the surface of the ocean. Over seventy percent of our planet is covered with water. But, ironically, we know less about those deep sea environments than we do about the surface of the moon. What we do know, however, suggests that great wealth is waiting for those who have the vision and ability to harvest it. Let me give just two examples.

First, the bottom of the sea has huge fields of what are called polymetallic nodules. Polymetallic nodules are rocks, each about the size of a potato, that contain rich concentrations of nickel, aluminum, zinc, gold, silver, and platinum. These fields are usually located at depths of four to six kilometers, where nodules sometimes cover as much as seventy percent of the ocean floor.[62]

(3) In some deep sea fields, how much of the ocean floor do polymetallic nodules cover?

Even more exciting are the areas around what are called hydrothermal vents. These are openings in the ocean floor through which hot water, rich in valuable metals, is shot into the ocean. As the water cools, it covers the seabed with high quality metals, including copper, lead, silver, zinc, and gold. In addition to precious metals, these vents also generate heat[63] that could be captured and used as energy to reduce our consumption of oil, gas, and nuclear power. Undersea exploration is just beginning, but hundreds of

---

62.(3) 細部を尋ねる問題だが、直接数字を言っている。as much as〈こんなに多く〉を over〈以上〉と勘違いしなければ、そして 70 と 17 を聞き間違えなければよい。
63.(4) これもストレートに heat と答えを言っている。

these vents have already been discovered.
(4) In addition to valuable metals, what other ocean resource(s) does Dr. Lago encourage her country to develop?

With our advanced shipbuilding industry, we are in a unique position to capture the mineral and energy resources waiting for us at the bottom of the sea.[64] On behalf of the Natural Resources Industry Council, I urge the government to spend money now so that we can develop the ships, robots, and other technology needed to harvest those resources. If we lead the way in this industry, the riches of the ocean will make our country rich again.
(5) Why does Dr. Lago think her country is in a good position to succeed at deep sea mining?

Thank you for your attention.

〈委員長：議員の皆さんこんにちは。２０１２年３月の経済開発委員会を始めたいと思います。今日は天然資源産業評議会を代表してシャンテル・ラーゴ博士の報告を伺いたいと思います。ラーゴ博士、それではよろしくお願いいたします。
ラーゴ：委員長、ありがとうございます。今日は委員の皆さまにお話できることを光栄に存じます。
　皆さまもご存知のとおり、我が国の経済は過去１０年間下降線をたどっています。失業率が上昇し、一方で輸出額や法人利益、税収は減少し続けています。こうした趨勢は一部、いかんともしがたい世界情勢のせいでもありますが、と同時にそれは我が国の老朽化した産業と時代遅れの産業モデルの結果でもあります。２０年から３０年前、我が国は農業と造船業を基盤とした政策で最大級の繁栄を達成し、地域でも有数の豊かな国となりました。しかし今日私たちは、低賃金諸国との厳しい競争にさらされています。こうした分野で再び優位に立つということは考えにくくなっているため、私たちは新しい経済の動力を見つけなければならないのです。
　今日皆さまにご注目いただきたいのは、我が国の経済再生の可能性を秘めた新資源開発です。お話しようというのは、海面下にある膨大な天然資源なのです。この惑星の７０％あまりが水に覆われていますが、皮肉なことに、深海に関する私たちの知識は月面についての知識よりも少ないのです。しかし分かっているのは、もしもそれを利用するための知識と能力とがあるなら大きな富が隠されているようだということでしょう。とりあえずその例を２つお話いたします。
　まず第一には、海底に広く分布するポリメタリック・ノジュール（多金属団塊）です。ポリメタリック・ノジュールというのは、ジャガイモぐらいの大きさをした

64.(5)ここも正解ウをそのまま述べている。

岩石で、ニッケルやアルミニウム、亜鉛、金、銀、プラチナが高濃度で含まれています。産出地帯はふつう海底4キロから6キロの深度で、大きいところでは海床の70％を占めることもあります。

　さらに大きな興味を引きつけるのがいわゆる熱水噴出孔の近辺の地域です。熱水噴出孔というのは海床にある開口部で、そこから有価金属を含有した熱水が吹き出しています。この熱水が冷えるに従って海床は高品質の、例えば銅や鉛、銀、亜鉛、金といった金属に覆われていきます。こうした噴出孔からは貴金属に加え熱も発生しますから、これを取り出してエネルギーとして利用すれば、石油、石炭、原子力の消費を減らすこともできます。海底開発はまだ始まったばかりですが、すでにこうした噴出孔は何百箇所も発見されています。

　我が国は造船業が発達していますから、海底にある鉱物・エネルギー資源を取り出すという面では特に有利な立場にあります。天然資源産業評議会を代表して私は、こうした資源を利用するための船舶、ロボットその他のテクノロジーを開発するための資金を提供するよう、強く勧告したいと思います。この産業で先頭に出ることができるなら海底の豊かな資源が我が国を再び豊かにしてくれるでしょう。

　ご清聴ありがとうございました。〉

設問

(1) ラーゴ博士は自国の経済衰退の原因は何だと言っているか？

　ア 税制。

　イ 貿易の条約。

　ウ ビジネスモデル。

　エ 農業方式。

(2) 自国の過去に関する言及でラーゴ博士が最高の経済繁栄を見たと言っているのはどの時期か？

　ア 1940年代－1950年代。

　イ 1960年代－1970年代。

　ウ 1980年代－1990年代。

　エ 2000年以降。

(3) 深海海底のある場所では何パーセントがポリメタリック・ノジュールに覆われているか？

　ア 70パーセント以上。

　イ 17パーセント以上。

　ウ 70パーセントにも及ぶ。

　エ 17％にも及ぶ。

(4) ラーゴ博士が国に開発を促そうとしているのは有価金属に加えてどのような海

洋資源か?
　ア　熱。
　イ　バクテリア。
　ウ　石油とガス。
　エ　潮力。
(5) 深海採掘において自国が有利な立場にいる、とラーゴ博士が考えているのはなぜか?
　ア　海に近いから。
　イ　先進的ロボット工学を有するから。
　ウ　優れた造船業を有するから。
　エ　陸上採掘産業が盛んであるから。

DRILL 30-b

🆑 track #32　—to be repeated three times (466 words)

STEP 1

これから聞く議論は以下のような展開になっている。まず1度聞いて全体の構成を頭に入れること。

Passy thinks researches should be done before considering the project.
Schoene brings up the matter of "the right to the resources."
Lago answers.
Acklyte is worried about "the impact on the environment."
Lago comments.

STEP 2

設問をよく読んでから2度目を聞き、解答できるものはしなさい。

　これから放送するのは、**DRILL 30-a** に続く議論である。これを聞き、(1) ～ (5) について、放送の内容と一致するように、それぞれ正しい答えを1つ選び、その記号を記せ。

(1) Representative Passy wants to know more about
　　ア　who owns the resources.

イ where to find the resources.
ウ how to obtain the resources.
エ what the potential value of the resources is.

(2) Representative Schoene wants to know
ア if resources can be easily located.
イ if the technology exists to collect the resources.
ウ if deep sea mining will damage the environment.
エ if his country has the right to mine the resources.

(3) What is the most important concern raised about the International Seabed Authority?
ア It is subject to the United Nations.
イ Its decisions may not be accepted by everyone.
ウ It might be influenced by a few large countries.
エ It has not yet developed guidelines to regulate deep sea mining.

(4) What does Representative Acklyte warn about the long-term effect of destroying the areas around hydrothermal vents?
ア The long-term effect is unknown.
イ The ocean food chain will be upset.
ウ The sea floor will become less fertile.
エ The marine environment will become more polluted.

(5) Based on Dr. Lago's reply to Representative Acklyte, one can conclude that Dr. Lago thinks ___(A)___ is more important than ___(B)___.
ア (A) providing jobs
   (B) protecting the environment
イ (A) developing technology
   (B) studying biological systems
ウ (A) what's happening here on land
   (B) developing deep sea resources
エ (A) developing her country's economy
   (B) respecting international law

STEP 3

3度目を聞いて解答を完成しなさい。

ANSWER KEY

(1) イ (2) エ (3) イ (4) ア (5) ア

討議の主要テーマは「採掘権」と「海底環境」の2つだけである。

もう1度録音を聞きながら、設問と関連したところを確認。必要に応じて録音を止めながら聞くこと。

SCRIPT

Chair: Now I'd like to open the discussion among the members of the committee. Representative Passy, would you like to begin?

Passy: Thank you, Mr. Chairperson. First of all, I'd like to thank Dr. Lago for her interesting presentation. I personally agree that we should study the potential of undersea resources. However, I think it's much too early to consider making a large investment now. We need more information about where the mineral and energy resources are most easily obtained, especially in the waters near our coasts.[65] We should spend at least five more years developing detailed maps of the sea floor. Only then should we start thinking about developing actual equipment for recovering those resources.

(1) Representative Passy wants to know more about...

Chair: Thank you, Mr. Passy. Next, Representative Schoene.

Schoene: I would like to ask Dr. Lago a question. Who owns the rights to valuable resources found beneath international waters? Even if we were to develop the technology to collect those resources, would we have the right to keep them?[66]

---

65. (1) イ where to find the resources。これは発言の概要を把握する大きな問題
66. (2) エ the right to mine the resources。これも同様、発言の概要

(2) <u>Representative Schoene wants to know...</u>

Lago: In 1994, the United Nations created an organization called the International Seabed Authority.[67] That organization is now developing guidelines to regulate deep-sea mining in international waters.

Schoene: Has everyone accepted the jurisdiction of the organization? I mean, do all the nations in the UN recognize its authority?

Lago: Well, I mean, I don't have the latest numbers, but most countries do. Everyone in our region does. But yes, it's true that some countries still don't recognize it.[68]

Schoene: Hmm. It seems to me that, without a strong agreement accepted by everyone, there's a danger of serious conflict. We could be asking for trouble.

(3) <u>What is the most important concern raised about the International Seabed Authority?</u>

Chair: Thank you, Mr. Schoene. Finally, Representative Acklyte.

Acklyte: It concerns me that not one speaker has mentioned the environmental impact of deep sea mining. Those hydrothermal vents produce rare and amazing biological systems. There are hundreds of species of bacteria and other living things that were completely unknown just a few years ago. If we dig up the floor around those vents, we'll destroy those systems before we have a chance to study them, before we even know what we're destroying. We have no idea what the impact might be.[69] And those nodule fields, too—it took millions of years for them to form. Once they're cleared away, they'll be gone forever.

(4) <u>What does Representative Acklyte warn about the long-term effect of destroying the areas around hydrothermal vents?</u>

---

67. ここから問題 (3) に関わる話題　68. (3) 合意が取れていない＝イ may not be accepted by everyone　69. (4) 特にこの発言、impact が分からない＝ア The long-term effect is unknown. 他の選択肢も当然予想されることに入ってくるのだが、直接言及されていないものをこちらの予測で選んではいけない。

Lago: Mr. Chairperson, if I may.

Chair: Go ahead, Dr. Lago.

Lago: Representative Acklyte is correct that deep-sea mining will have some effect on the environment, but I'm confident that we can minimize that impact by using sound techniques and good technology. What's even more important, though, is what's happening right here on land.[70] Our people need jobs, and they can have them if we really commit ourselves to developing these deep sea resources.

(5) Based on Dr. Lago's reply to Representative Acklyte, one can conclude that Dr. Lago thinks ___(A)___ is more important than ___(B)___.

Chair: Thank you, Dr. Lago. I'm afraid we're now out of time. We'll continue our discussion at our next meeting in April.

〈委員長：さてそれでは、委員の皆さんの討議を開始したいと思います。パシー委員から、いかがでしょうか？

パシー：委員長、ありがとうございます。最初にラーゴ博士に、興味深いプレゼンテーションを感謝したいと存じます。私は個人的には海底資源の潜在的可能性を研究すべきであるということには賛成なのですが、ただ、巨額の投資を今するという議論はあまりにも時期尚早だと思います。鉱物やエネルギーはどこが最も取り出しやすいか、特に我が国沿岸の水域のどこにあるか、もっと情報が必要です。海底の詳細なマップを作るのには最低5年はかけるべきです。しかるのちに、そうした資源を採取するために実際の設備開発について考え始めるべきだと思います。

委員長：パシーさんありがとうございました。では次にショーン委員。

ショーン：ラーゴ博士に質問があります。国際水域の有価資源の権利は誰が有しているのです？　たとえそうした資源を採取するテクノロジーを開発したとして、それを我が国のものにできる権利はあるのでしょうか？

ラーゴ：1994年に国連が国際海底機構という組織を作りまして、そこが現在、国際水域における深海採鉱のガイドラインを作成中です。

ショーン：すべての国がすでにその組織の管轄権に合意しているのですか？　つまり、国連加盟国のすべてがその権限を認めているのですか？

ラーゴ：ええと、そこはですね、最新の数字は分からないのですが、ほとんどの国は認めています。近隣諸国はすべてです。しかし、そうですね、まだそれを認めてない国があるというのも事実です。

---

70. (5) 前の発言者が指摘したこと、つまり海底環境の問題より，陸上における問題の方が重要と言い，次の文で職のことを述べている。ア「職の創出の方が環境保護より大事」なのである。

ショーン：ふむ。すべての国がしっかり合意に達していないとなると、深刻な紛争の可能性はあるようですな。争いの種をまくことにもなる、と。
委員長：ショーンさん、ありがとうございました。最後にアクライト委員。
アクライト：気になっているんですけど、どなたもまだ海底採鉱の環境に対する影響について述べられてないですね。熱水噴出孔は素晴らしい希少な生態系を作り出しているんです。そこには何百種ものバクテリアや、他に、わずか数年前まで存在すら知られていなかった生物もいます。こうした噴出孔の周辺を掘削すればその生物系を研究する前に、何を破壊したのかも分からないうちに破壊することになります。その影響は計り知れないものです。そしてノジュールの分布地帯もまた、何百万年もかかって形成されたものです。いったん取り払われたら永遠に消えてしまうのです。
ラーゴ：委員長、ちょっといいですか？
委員長：どうぞ、ラーゴ博士。
ラーゴ：アクライト議員がおっしゃっているとおり、海底採鉱が環境にある程度影響を与えるというのは事実なんですが、しかし私は無理のない技法と高いテクノロジーによってそうした影響を最小限に抑えられると確信しています。しかしより大切なのは今この地上で何が起きているかということです。我が国の国民は職を必要としていて、私たちが本気でこうした海底採鉱の開発に取り組むなら、その職が得られるということです。
委員長：ラーゴ博士。ありがとうございました。残念ながら時間がなくなりました。この議論の続きはまた4月の評議会で行いたいと思います。〉

設問

(1) パシー委員がさらに知りたがっているのは

　ア　誰が資源を所有しているか。

　イ　資源はどこで見つかるか。

　ウ　どのように資源を獲得するか。

　エ　資源の潜在的価値はどれほどか。

(2) ショーン委員が知りたいのは

　ア　資源の場所がたやすく確定できるか否か。

　イ　資源採集のテクノロジーの有無。

　ウ　深海採掘が環境破壊をするか否か。

　エ　自国に資源採掘する権利があるか否か。

(3) 国際海底機構に関する、最大の懸念は

　ア　それは国連の管轄下にある。

　イ　その決定を皆が受け入れないかもしれない。

　ウ　それは少数の大国の影響を受けるかもしれない。

　エ　それはまだ深海採掘に関するガイドラインを策定していない。

(4) 熱水噴出孔の破壊による長期的影響に関してアクライト委員が警告しているのは？
　　ア　長期的影響は未知である。
　　イ　海洋食物連鎖が乱される。
　　ウ　海床の肥沃さが減少する。
　　エ　海洋環境がより汚染される。

(5) アクライト委員の質問に対するラーゴ博士の返答から判断すると、ラーゴ博士は(A)の方が(B)より重要だと考えている。
　　ア　(A) 雇用を生み出すこと
　　　　(B) 環境を守ること
　　イ　(A) テクノロジーを開発すること
　　　　(B) 生態系を研究すること
　　ウ　(A) 地上で起きていること
　　　　(B) 深海資源を開発すること
　　エ　(A) 自国の経済を発展させること
　　　　(B) 国際法を尊重すること

6　MORE QUESTIONS

　ではここからCDを2度聞くだけで解答を作る練習をする。1度目で概略をつかみ、大きなポイントに関する問題は解答する、と同時に細部に関する問題がどのへんに関連しているか、あたりをつけておいて2度目に解答を完成させる。ここまでと同様、Lectures, Conversations, Keynote Talks + Discussions に分けて各2題ずつやってみよう。

　音は消えてしまう。だから集中力と同時に、消えたものは追わないという割り切りも大切だし、ときには度胸が必要なのだ。**Don't look back!**

3. LECTURES

QUESTION 134 [CDtrack #33 —to be repeated twice] (590 words)

これから放送する講義を聞き、(1)〜(5)の各文が放送の内容と一致するように、それぞれ正しいものを1つ選び、その記号を記せ。

(1) According to the dictionary, one meaning of the word 'landscape' is
   ア a visually attractive area of land.
   イ a visual representation of an area of land.
   ウ an area of land shaped by human activities.
   エ a personal interpretation of an area of land.

(2) For Kenneth Clark, a landscape is
   ア any picture of a place.
   イ an area of countryside.
   ウ an artistically skillful painting of a place.
   エ a transformation of countryside into a painted image.

(3) According to the lecturer, landscape is created by a photographer when he or she
   ア imagines a place before going there.
   イ prints his or her picture of the place.
   ウ looks through the viewfinder at the place.
   エ presses the shutter button to take a picture of the place.

(4) According to the lecturer, our ways of seeing landscape have been most strongly shaped by
   ア the visual prejudices of artists.
   イ the landscape images we have seen.
   ウ our private experiences in art galleries.
   エ our conscious knowledge of landscape art.

(5) The lecturer concludes by saying that the term 'landscape' refers to
   ア an area of land enjoyed by a viewer.
   イ a widely known image of an area of land.
   ウ an area of land which has been mentally processed by a

viewer.

エ an area of land which different people interpret in a similar way.

ANSWER KEY

(1) イ　(2) イ　(3) ウ　(4) イ　(5) ウ

この問題は内容がやや抽象的で複雑なところもあり、難しい。

解答と関連する箇所の確認は **SCRIPT** を参照。必要ならCDを聞き直しなさい。

SCRIPT

'Landscape' is a complex term, which makes it rather difficult to define and allows different people to interpret it in different ways. According to the dictionary, the word has two basic meanings.[71] On the one hand, it refers to an area of land, usually but not always in the countryside, together with all its natural features;[72] on the other, it can also refer to a picture of an area of land.[73] The first meaning defines a landscape as being something natural, the second as being a work of art.

(1) According to the dictionary, one meaning of the word 'landscape' is ...

The famous British art historian, Kenneth Clark, was using the term in the first of these meanings when, more than sixty years ago, he titled his pioneering study of landscape painting *Landscape into Art*. That title assumed a fairly simple relationship between its two key words: 'landscape' meant some actual countryside, while 'art' was what happened to landscape when it was translated into a painted image by a person with imagination and technical skill. In Clark's title, landscape was just the raw material waiting to be processed by the artist.[74]

(2) For Kenneth Clark, a landscape is...

71.(1) According to the dictionary ... two meanings.　72.(1) #1 これは土地そのもの。選択肢に当てはまるものはない。73.(1) #2 a picture of an area of land = イ a visual representation of ...　74.(2) イ landscape=countryside; painted image=art

The process of creating a picture of landscape can, however, be seen in a more complex way than either the dictionary or Clark suggests. In fact, a landscape, whether cultivated or wild, has already been shaped before it becomes the subject of a work of art. Even when we simply look at land and enjoy the beauty of what we see, we are already making interpretations, and converting land into landscape in our heads. We select and frame what we see, leaving out some visual information in favour of promoting other features. This is what we do as we look through the camera viewfinder at a countryside scene, and by doing so we are converting that place into an image long before we press the shutter button.[75] Thus, although we may well follow an impulse to draw or photograph a particular piece of land and call the resulting picture 'a landscape', it is not the formal making of an artistic record of the scene that has made the land into landscape. The process is in fact twofold: not simply landscape into art, but first land into landscape, and then landscape into art.

(3) According to the lecturer, landscape is created by a photographer when he or she...

The question then of course arises: on what basis do we select and edit what we see, and why do we mentally frame views of land in the ways that we do? One of the answers is that the process is powerfully—and almost always unconsciously—affected by our previous experiences of landscape pictures.[76] Landscape pictures lead to more landscape pictures, and these are not only paintings of the kind we can see in art galleries but also the numerous representations of land we see in photographs, in films, on television, or in advertising. Our long experience of such images in the public world helps to create

---

75. (3) ウ select and frame what we see=what we do as we look through the viewfinder=convert that place into an image=landscape
76. (4) イ …shaped by the landscape images we have seen=affected by our previous experiences of landscape pictures このあとの文も同じ内容を別の言葉で繰り返している。

the visual prejudices that shape how we privately respond both to our natural environment and to pictures of that environment.

(4) According to the lecturer, our ways of seeing landscape have been most strongly shaped by...

A landscape, then, can be defined as what a viewer has selected from the land, modified according to certain conventional ideas about what makes a 'good view'. It is land organised and reduced to the point where the human eye can comprehend its breadth and depth within one frame or with a single glance. This definition will cover both landscape as a viewer's private interpretation of a piece of land, and landscape as a publicly visible picture of a piece of land which has been created by an artist or a photographer.[77]

(5) The lecturer concludes by saying that the term 'landscape' refers to...

〈「風景」は複雑な語であって、そのため定義は難しく、人によってさまざまな解釈の余地が生まれます。辞書によればこの言葉には基本的に2つの意味に分かれます。1つは、必ずしも田園地帯ではないが多くは田園の一地域で、それにその自然の特徴すべてを加えたもの。そしてもう1つはある地域の画像を指すというものです。第一の意味は風景を自然の1つと規定し、第二は芸術作品として規定しています。

イギリスの有名な美術史家、ケネス・クラークは、60年以上前に出した先駆的な風景画の研究書に『風景を芸術に』というタイトルを付けていますがここでの風景は第一の意味で使われています。このタイトルの前提となっているのは2つのキーワードの間の比較的単純な関係で、「風景」とはどこかの現実の田園、「芸術」はある人物が想像力と技量とによって風景を絵画へと移行した結果、です。クラークのタイトルでは、風景とは画家によって処理されることを待っている素材にすぎないということになります。

しかし風景画を創造するプロセスは、辞書やクラークが言っているより複雑な見方も可能です。実際、耕作された土地であれ野生のままであれ、風景は芸術作品の主題となる以前からすでに形をとってあるのです。私たちがただ土地を見て、目に映る美を愛でるだけであっても、私たちはすでに解釈をし始めており、頭の中で土地を風景へと変換しているのです。私たちは見えるものを選択し、枠に当てはめ、ある特徴を強調するために他の視覚的情報を削除します。まさにこれが、カメラのファインダーを通して田園風景を見るさいに私たちがやっていることで、そうすることにより私たちはシャッターボタンを押すずっと前にその場所を画像へと変換しているのです。ですから、私たちはただある土地の絵を描いたり写真を撮って出来上がった画像を「風景」と呼びたいという気持ちに従っているだけなのでしょうが、しかしそれは場面を芸術という形で記録するこ

77.(5) ウ mentally processed by a viewer=a viewer's private interpretation/created by an artist or a photographer

とで土地を風景に変えるということではありません。このプロセスは実は二重のもので、ただ単純に風景を芸術に、ではなく、土地を風景に、しかるのちに風景を芸術に、というものなのです。

　そこで当然、疑問が生じてきます。何に基づいて私たちは目の前に見えるものを選択して編集するのか、そしてなぜ私たちはこうして目に見える土地を心の中で切り取るのか？　答えの1つは、こうしたプロセスが以前見た風景画からほとんどの場合無意識に、しかし強烈に影響を受けているということです。風景画からはさらに多くの風景画が生み出されます。そしてそれは私たちが画廊で見るタイプのものばかりでなく写真や映画、テレビ、広告などで際限もなく接する、土地の表現も含みます。世の中にあるそうした画像と長年接することによって視覚的な先入観念が生じ、それが私たちが個々に自然環境に反応し、自然環境の画像に反応するやり方を形成していくのです。

　となると、風景とは見る者が土地から選択し、「良い眺め」とは何かに関するある特定の通念に従って修正・変更を与えたもの、と定義することができるでしょう。土地を、人間の目が1つのフレームの中で、あるいはひと目で広さと奥行きを把握できるところまで、整理し省略したもの、というわけです。この定義ならば風景はある土地を見る者の私的な解釈、および画家ないし写真家によって創造され、人々の目の前に提示された土地の画像としての風景、という2つの意味で捉えることができます。〉

設問

(1) 辞書によると「風景」の意味の1つは

　　ア　視覚的に魅力のある一地域。

　　イ　一地域を視覚的に表現したもの。

　　ウ　人間の活動によって形成された一地域。

　　エ　一地域の個人的解釈。

(2) ケネス・クラークにとって風景とは

　　ア　ある場所のあらゆる画像。

　　イ　田園の一地域。

　　ウ　ある場所の、芸術的熟練度の高い絵画。

　　エ　田園を絵画という画像に移したもの。

(3) 講師によると写真家によって風景が創造されるのは、その写真家が

　　ア　現地に行く前にある場所を想像したとき。

　　イ　その場所の写真を印画紙に焼き付けたとき。

　　ウ　ファインダーを通してその場所を見たとき。

　　エ　シャッターボタンを押してその場所の写真を撮ったとき。

(4) 講師によると、我々の風景の見方に最も強い影響を与えるのは

　　ア　画家の視覚的先入観。

　　イ　我々がこれまで見てきた風景画。

684

ウ 我々の画廊での私的体験。
エ 我々の風景画に関する意識的な知識。
(5) 講師は結論として「風景」とは何を指すものと言っているか？
ア 人が見て楽しむ一地域。
イ 一地域の、広く知られた画像。
ウ 見る者の心の中で処理された一地域。
エ 異なる人々が同様の仕方で解釈する一地域。

QUESTION 135 [CDtrack #34 —to be repeated twice] (483 words)

これから放送する講義を聞き、(1)～(5)の問いに対して、それぞれ最も適切な答えを1つ選び、その記号を記せ。

(1) Which of the following is NOT mentioned as a reason why some people associate libraries with death?
   ア People in libraries speak quietly.
   イ Trees are killed in order to make printed books.
   ウ Libraries contain many books about ancient history.
   エ The authors of many library books died a long time ago.

(2) According to the speaker, what, essentially, is a "book"?
   ア Anything that is alive.
   イ Anything that is printed on paper.
   ウ Any idea that can be expressed in words.
   エ Any collection of words that can be remembered.

(3) Which of the following does the speaker NOT mention?
   ア People who told stories by drawing pictures.
   イ People who sang songs about current events.
   ウ People who used body gestures to tell stories.
   エ People who retold stories that they had heard.

(4) Why does the speaker regard the Internet as a library?
   ア Because it is accessible to anyone.
   イ Because it contains a large collection of "books."
   ウ Because it preserves "books" for future generations.
   エ Because it contains information from throughout the world.

(5) According to the speaker, why is the Internet "alive"?
　ア Because it is constantly changing.
　イ Because it conveys up-to-the-minute information.
　ウ Because it contains the words of many living people.
　エ Because its links are like the nerves in a human brain.

ANSWER KEY

(1) ウ　(2) エ　(3) ア　(4) イ　(5) ア

冒頭部分は第3章でも扱った。箇条書きに関する問題が2つ入っている。
解答と関連する箇所の確認は **SCRIPT** を参照。必要ならCDを聞き直しなさい。

SCRIPT

　　It is unfortunate but true that the library has been associated in some people's minds with death.[78] The library has been seen as a place that preserves the works of writers who died long ago, a place where motionless volumes rest like gravestones on silent shelves.[79] In traditional libraries, when people talk at all they speak in hushed voices, as if in a cemetery or at a funeral.[80] In recent years, people concerned about the environment have even referred to printed books as "dead trees," because of the trees that must be cut down to produce paper for those books. That image would make the library a dead forest.[81]

(1) Which of the following is NOT mentioned as a reason why some people associate libraries with death?

　　But although a printed book might seem lifeless and unchanging, books do not have to be dead. After all, in its essence a book is any fixed collection of words, words that have been selected and arranged by the author and put into a form in which they can be remembered.[82]　And that form does not

---

78.(1)ここから箇条書きが始まる。　79.すでに生きていない著者たち。エ　80.声をひそめる。　ア　81.木を殺す。イ　82.(2) in its essence = essentially / ... selected, arranged ... remembered = collection of words that can be remembered エ

686

need to be on paper. Long before the birth of writing, and for a long time thereafter, words were preserved not as static text but in living, dynamic forms.[83] The minstrels of medieval Europe who traveled from town to town telling stories and reporting news in their songs,[84] the storytellers of many cultures who passed on folktales from generation to generation,[85] even the dancers of India and elsewhere who made words out of gestures and told stories through the movements of their bodies[86] — in a sense, their performances were books as well. The words of those books, though, were stored not on the surface of paper but in the brains of the people who remembered them. Their brains were their libraries, libraries made of flesh and blood, libraries whose books changed and developed over time.

(2) According to the speaker, what, essentially, is a "book"?
(3) Which of the following does the speaker NOT mention?

 Of course, the old-style library of printed books has never been as lifeless as some people imagine; after all, great printed books continue to be loved because of the way their words seem to come alive on the page. But it is true that now, in the twenty-first century, the library is acquiring a new kind of life. For today's library exists not only in a building made of brick or concrete but also in the huge, global network called the Internet. That network, which consists of millions of computers located in every corner of the Earth, contains a vast number of words in every form, from personal messages to government reports as well as traditional books.[87] This library's collection is constantly changing, as more words are added and as meaningful links are created among them by both people

---

83.(3)このあと箇条書き　84.telling stories and reporting news = sang songs about current events イ
　　85.passed on folktales from generation to generation = retold stories エ
　　86.movements of their bodies = body gestures ウ
87.(4) contains a vast number of words in every form はいわば "books" だ。
少し自分の解釈も必要になる問題 ア「誰でも使える」から library、ではないし、ウ「この先の世代のために保存」するから library、でもないし、エ「世界中からの情報がある」から library というわけでもない。どれも、library という言葉の定義に当てはまらない。

and machines. Just as the tales of ancient storytellers changed over time, so, too, is the content of today's vast worldwide library gradually evolving.[88] Like the human brain that stored those tales, this new library, this library called the Internet, is alive.

(4) Why does the speaker regard the Internet as a library?
(5) According to the speaker, why is the Internet "alive"?

〈一部の人々が図書館を死との連想で捉えているというのは残念ながら事実です。図書館ははるか昔に死んだ著者たちの作品を保存しておく場所、静かな書架の上に物言わぬ書物がひっそりと、まるで墓石のように並ぶ場所として見られてきました。伝統的に図書館で人は、仮に話をする場合、まるで墓所か葬式におけるように声をひそめてしゃべります。最近では環境を懸念する人々は本のことを「死んだ木」とすら言うようになっています。こうした本を作るために木を切り倒さなければならないからです。そうしたイメージから言えば図書館は死んだ森ということになるのです。

しかし、書物は生命のない、変わることのないものに見えるかもしれないけれど、それは必ずしも死んだものとはいえないのです。突き詰めれば書物の本質とは、言葉を集めて固定したものと言える。その言葉は筆者が選んで配列し、それが記憶されうるような形式にしたものであります。そしてその形式は紙とは限りません。書記法が生まれるずっと前から、そしてそれ以後もずっと、言葉は静止した記述だけでなく、動的な・生きた形式で保存されてきました。中世ヨーロッパで町から町へ、歌を歌いながら物語をし、ニュースを伝えていた吟遊詩人も、その他さまざまな文化に見られる、民話を代々語り伝える語り部も、さらに言えばインドなどに見られる、身振りを言葉とし身体の動きで物語を伝える踊り手などがそうです。ある意味ではこうしたパフォーマンスもまた書物なのです。ただ、こうした書物の言葉は紙の表面にではなくそれを記憶している人々の脳の中にあるのですが。彼らの脳は彼らの図書館、生身の図書館、時間とともに書物が変化し発展していく図書館というわけです。

もちろん、印刷された本を集めた従来の図書館も、ある人々が考えるように生命のない場所だということは決してありませんでした。なんといっても偉大な書物が愛され続けるのは、その言葉がページの上で生命を持つように思われるからです。しかし21世紀を迎えた今、図書館が新しい種類の生命を与えられつつあることも事実です。今日の図書館は、レンガやコンクリートの建物の中だけでなく、インターネットという巨大な世界的ネットワーク中にも存在するからです。世界の隅々にある何百万ものコンピューターからなるこのネットワークには、私的メッセージから政府の報告書および従来の書物まで膨大な数の言葉が含まれています。そして人間および機械によって、さらに多くの言葉が付け加えられ、互いの間に意味のあるリンクが作り出されていくため、この図書館の内容は常に変化し続けています。古代の語り部の物語が時間とともに変化したように、今日の巨大な図書館も次第に進化していくのです。こうした物語を保存する人間の脳と同じく、インターネットと呼ばれるこの図書館もやはり生きているのです。〉

---

88. (5) evolve の本来の意味は change である。アが正解だが、他の選択肢も常識に合致するから、やや難しい問題である。

設問

(1) 一部の人々が図書館と死とを結び付ける理由として述べられていないものはどれか？
   ア 図書館で人は静かに話す。
   イ 紙の本を作るために木が殺される。
   ウ 図書館には古代史の本が数多くある。
   エ 図書館にある多くの本の著者はずっと以前に死んでいる。

(2) 「本」とは本質的に何であると語り手は言っているか？
   ア 生きているあらゆるもの。
   イ 紙に印刷されたあらゆるもの。
   ウ 言葉で表すことのできるあらゆるアイディア。
   エ 記憶することが可能な言葉のあらゆる集合。

(3) 語り手が述べていないのはどれか？
   ア 絵を描きながら物語をする人々。
   イ 現在の出来事についての歌を歌う人々。
   ウ 身振りを使って物語をする人々。
   エ 自分が聞いた物語を再現する人々。

(4) 語り手がインターネットを図書館とみなす理由は何か？
   ア 誰でも利用できるから。
   イ そこには膨大な「本」が集められているから。
   ウ 将来の世代のために「本」を保存しているから。
   エ 世界中からの情報がそこにあるから。

(5) インターネットは「生きている」と話者が言うのはなぜか？
   ア 常に変化しているから。
   イ 最新の情報を伝えるから。
   ウ 多くの生きている人の言葉がそこにあるから。
   エ そのリンクは人間の脳の神経と似ているから。

4. CONVERSATIONS

QUESTION 136 [**CD** track #35 —to be repeated twice] (601 words)

これから放送するのは、あるテレビ番組についてのAshleyとVictorの会話である。これを聞き、(1)〜(5)の問いに対して、それぞれ正しい答えを1つ選び、その記号を

記せ。

(1) Ashley and Victor are having a conversation. What day is it?
　ア Saturday.
　イ Sunday.
　ウ Monday.
　エ Unknown.

(2) Victor identifies some bad results of bosses' unpleasant characteristics. Which of the following does Victor not mention?
　ア Employees might quit.
　イ Employees might work less.
　ウ Employees might not feel respected.
　エ Employees might become dishonest.

(3) According to Ashley, how do some employers get workers to accept sacrifices willingly?
　ア By being charming and clever.
　イ By being friendly and unselfish.
　ウ By being decisive and respectful.
　エ By being demanding and aggressive.

(4) According to Victor, which of the following might solve what is wrong with some businesses today?
　ア Training executives to have better management skills.
　イ Creating systems to limit the actions of top executives.
　ウ Having workers and managers share company ownership.
　エ Bringing more truly nice executives into upper management.

(5) What will be the theme of next week's TV program?
　ア Workers' rights.
　イ Politics and government.
　ウ How kind people can succeed in business.
　エ Methods of decision-making in companies.

ANSWER KEY

(1) ウ (2) エ (3) ア (4) エ (5) エ

複雑な内容ではない。しかし(2)は解答箇所がやや分散しているから注意が必要。(3)は特に、問題文を正確に読まなければならない。また選択肢のアなどは「社員に犠牲を強いる手段は、魅力と利口さ」のような、ちょっと意外なことが書いてあるから、選択肢に予断を持って臨むと「常識に合わないから」×としかねない。

(1)の「会話は何曜日?」や(5)の「来週の番組予告は?」のような、本題に無関係なものも混じっている。

1回目のリスニングで本筋を大きくつかまえることが最も重要である点は変わらない。

SCRIPT

Ashley: Victor, did you see the Weekly Business Report on TV last night?[89] They showed a documentary called "How to Get Ahead in Business."

Victor: No, Ashley, I had to work.

Ashley: Work? On a Sunday night?[90] That's one of the things they talked about—heartless bosses who make their employees work too hard.
(1) Ashley and Victor are having a conversation. What day is it?

Victor: That's not what happened. My boss is a nice guy. He let me work last night so I could take today off!

Ashley: So, maybe your boss is okay. But psychologists studied hundreds of top executives, and guess what? Many had aggressive, self-centered personalities. Basically, they didn't care about other people.

Victor: But don't leaders have to treat people well to build connections and get others to follow them?

Ashley: That's what I thought, too, but not always. I guess those unpleasant characteristics sometimes help people climb the ladder of success. The psychologists showed that a

---

89. (1) The TV show was last night.
90. (1) Victor had to work last (Sunday) night.

lot of executives aren't very honest, rarely admit they're wrong, think they're better than others, never feel guilty. And they've succeeded because of those characteristics, not in spite of them! For example, one thing that really helped their careers is they don't feel sympathy for others.

Victor: Sympathy?

Ashley: Right, sympathy. Like, when I told you my dog died, you were as sad as I was.

Victor: I know. I felt terrible. But that's just natural. You're my best friend, Ashley!

Ashley: Well, it wouldn't be natural for a lot of those bosses, Victor. They'd just tell you to stop feeling sorry for yourself and get back to work!

Victor: That would make me feel even worse. I couldn't work for someone like that; I might even quit.[91]

Ashley: Anyway, the documentary said being self-centered and over-confident helps people make quick, strong decisions and motivate others. It helps them get things done.

Victor: But what if those quick, strong decisions are bad decisions? And don't good bosses have to respect their employees? You work harder if you feel respected and you work less if you don't.[92]

(2) Victor identifies some bad results of bosses' unpleasant characteristics. Which of the following does Victor *not* mention?

Ashley: Well, some of those executives are very charming and clever—they have a way of making people feel respected even when they're being pushed to the limit or asked to make sacrifices for the company.[93] They convince employees that it's in their own best interest.

(3) According to Ashley, how do some employers get

91.(2) ア　92.(2) イ、ウが連続して述べられている。
93.(3) これを短く述べたのが、アである。

692

workers to accept sacrifices willingly?

Victor: I don't care how charming your boss is, you're still not going to be happy if he asks you to work late all the time or reduces your salary!

Ashley: You'd be surprised. Some people are so good at making others think what they want them to think. People like that usually get their own way. That's why they get promoted, and the nice guys get left behind.

Victor: That sounds awful! Maybe that's what's wrong with businesses today—not enough nice people at the top who honestly care about others.[94]

(4) According to Victor, which of the following might solve what is wrong with some businesses today?

Ashley: Well, the documentary did mention one big problem. All those unpleasant characteristics can help someone succeed, but when people like that make it to the very top and then make bad or selfish decisions, there's no way to bring them under control, and the whole company can be destroyed.

Victor: I can imagine. But somehow my nice boss made it to the top and our company is doing just fine.

Ashley: Lucky you! Hey, next week is about companies where the workers and managers make decisions together.[95] They call that "shared governance." Don't work so you can watch it with me!

(5) What will be the theme of next week's TV program?

〈アシュリー：ヴィクター、昨日の夜、テレビで『ウィークリー・ビジネス・レポート』見た？　『ビジネスで、人に勝つには』っていうドキュメンタリーをやってたんだけど。

ヴィクター：いや、アシュリー。仕事だったから。

アシュリー：仕事？　日曜の晩に？　テレビでやってたの、ちょうどそういうようなことだったのよ。冷酷な上司が社員をこき使うって。

ヴィクター：そういうことじゃないんだよ。うちの上司はいい人だよ。今日休みが取れるように、昨日遅くまで仕事させてくれたんだ！

---

94. (4) これを逆にすれば solution になる。　95. (5) テーマは decision-making

アシュリー：それならあなたの上司は大丈夫なのかもしれないけど。でも心理学者が何百人ものトップ経営者の研究をした結果が、すごいのよ？　多くが強引で自己中心的な人格だって。基本的に他人のことなんかどうでもいいっていう。

ヴィクター：でも、リーダーだって人間関係を築いて他人についてこさせようとしたら、人に良くしなくちゃならないだろ？

アシュリー：私もそう思ってたのよ。でも必ずしもそうではないみたい。性格の悪さが成功して上り詰める助けになることもあるみたい。心理学者たちによると、あまり誠実でなくて、自分の間違いをなかなか認めなくて、自分は他人より上等と思い、絶対に罪の意識など持たないという経営者が多いというのよ。で、それにもかかわらず成功している、でなくて、だからこそ成功しているっていうの！　例えば仕事でプラスになることの1つが、他人に同情を感じないことなんだって。

ヴィクター：同情？

アシュリー：そう、同情。例えば、うちの犬が死んだって言ったとき、あなた私と同じくらい悲しんでくれたでしょ。

ヴィクター：そうだね。ひどい気分になったもの。でもそれはごく自然なことだよ。君は親友なんだから、アシュリー！

アシュリー：いや、それがそういう上司たちの多くにとっては自然でないみたいよ、ヴィクター。そういう人たちはただ、いつまでめそめそしてないで、仕事に戻れって言うのよ！

ヴィクター：それはさらに嫌な気分になるね。そんなやつの下で仕事はできないよ。いっそのこと仕事辞めるかも。

アシュリー：ともかく、そのドキュメンタリーによると、自己中心的で自信過剰であることが、速くて強い決断力にプラスになるし、人を引っ張っていく力になるっていうのよ。それがやり手と言われる秘訣だって。

ヴィクター：でも、その速くて強い決断が間違っていたらどうなるの？　それに、良い上司って社員を大切にしなくちゃならないはずだろ？　大切にされていると思えば頑張るし、そうでなければ仕事しないよ。

アシュリー：それが、経営者の中にはすごく魅力的で賢い人がいて、人を限界まで追い詰めたり、会社のために犠牲を強いたりしながら、自分は大切にされていると思わせることができたりするわけ。それが一番自分のためになるんだと思わせてしまうのよ。

ヴィクター：いくら上司が魅力的だったとしても、いつも遅くまで働かされたり給料減らされたりしたんじゃ幸せにはなれないよ。

アシュリー：これ驚くだろうけど。中には相手の気持ちを自分が思うように持っていくことがすごくうまい人もいるのよ。そういう人はだいたい自分の思い通りにことが運ぶわけ。だからそういう人が出世して、良い人が取り残される。

ヴィクター：ひどい話だなあ！　きっとそこが現代のビジネスのまずい点なんじゃないか。本当に思いやりのある善良な人間がトップに少ないってことが。

アシュリー：そうね、確かにドキュメンタリーでは1つ大きな問題をあげていたわ。

こうした嫌な性格のせいで成功する人もいるけれど、そういう人が一番トップまで上って、間違えた、利己的な判断を行うと、その人を制御することができなくなって会社そのものが崩壊してしまうって。
ヴィクター：ありそうな話だな。でもなんとかうちの良い上司みたいな人がトップにいるから、うちの会社も安泰だよ。
アシュリー：いいわね、それは！　ねえ、来週は社員と経営者が一緒に決定をする会社の話だって。『運営共有』っていうの。仕事しないで一緒に見ようよ♪

設問

(1) アシュリーとヴィクターが会話をしている。今日は何曜日？

　ア 土曜日。　イ 日曜日。　ウ 月曜日。　エ 不明。

(2) ヴィクターは上司の性格が不愉快なものである結果を具体的に述べている。そのうちヴィクターが言っていないものは？

　ア 社員が辞めるかもしれない。

　イ 社員がより働かなくなるかもしれない。

　ウ 社員が敬意を払われていないと感じるかもしれない。

　エ 社員が不正直になるかもしれない。

(3) ある雇用主たちはどのように、社員が進んで犠牲を払うように仕向けているとアシュリーは言っているか？

　ア 魅力的で巧妙であることによって。

　イ 友好的で無私であることによって。

　ウ 決断力があり人に敬意を払うことによって。

　エ 要求が多く強引であることによって。

(4) 今日の一部の企業でうまくいっていない点を解決しうるものは以下のうちどれだとヴィクターは言っているか？

　ア 経営者がより良い経営技能を持つよう、訓練すること。

　イ 経営トップの行為を制限するようなシステムを創り出すこと。

　ウ 労働者と経営者が会社の所有権を共有するようにすること。

　エ 経営の中心に本当に良い人間をより多く据えること。

(5) 来週のテレビ番組のテーマは？

　ア 労働者の権利。

　イ 政治と統治。

　ウ 親切な人がいかにビジネスで成功するか？

　エ 会社における意思決定の方法。

QUESTION 137 [CD track #36 —to be repeated twice] (490 words)

これから放送するのは、味覚に関する、スーザン、ジョン、デイヴ、3人の学生の会話である。これを聞き、(1)〜(5)の問いに対して、各文が放送の内容と一致するように、それぞれ正しいものを1つ選び、その記号を記せ。

(1) Susan at first mistakenly believes that

　ア the human tongue can detect only four basic tastes.
　イ we generally like the tastes of things which are good for us.
　ウ human beings are able to distinguish thousands of different tastes.
　エ complex tastes are made up of different proportions of basic tastes.

(2) John claims that we dislike bitter things because they are bad for us. Dave shows his disagreement by

　ア arguing that coffee is poisonous.
　イ giving him some strong dark chocolate.
　ウ explaining that bitter things give us energy.
　エ pointing out that some people love bitter tastes.

(3) According to John,

　ア more than 2,000 researchers have accepted *umami* as a basic taste.
　イ the *umami* taste is identified by the same set of detectors as sweetness.
　ウ *umami* has only recently been accepted by scientists outside Japan as a basic taste.
　エ foods with the *umami* taste were not eaten in Japan until about a hundred years ago.

(4) What Dave finds "very amusing" is

　ア the idea that poisonous mushrooms have a basic taste.
　イ the thought of Susan investigating poisonous mushrooms.
　ウ Susan's suggestion that he eat some poisonous mushrooms.
　エ his own comment about the evolution of poisonous mush-

rooms.

(5) At the end of the conversation, Dave learns that
　　ア some people like to eat curry every day.
　　イ the hotness of curry is not a basic taste.
　　ウ we enjoy the taste of curry because it's good for us.
　　エ some curries are so hot that they are almost painful to eat.

ANSWER KEY

(1) ア　(2) エ　(3) ウ　(4) ウ　(5) イ

解答と関連する箇所の確認は **SCRIPT** を参照。必要ならCDを聞き直しなさい。

SCRIPT

Susan: John, I hear you've been doing some research on taste?
John: That's right. You know, we can distinguish thousands of different tastes, and yet there are only a few *basic* tastes we can detect.
Susan: Four, isn't it? The human tongue can detect sweet, salty, bitter, and sour tastes, right?[96]
John: That's what people used to think, Susan. And different tastes were supposed to be made up of those four basic components in different proportions. Of course, they were partly right:[97] complex flavours *are* made up of simpler tastes.

　　(1) Susan at first mistakenly believes that ...
Susan: That's what I've always thought. And we like certain tastes because they're good for us. For instance, we like the salty taste, because salt is good for us.
Dave: I thought salt was bad—for blood pressure or something.
John: Too much salt, yes. But the body needs salt, Dave—like we need sweet things to give us energy. On the other hand, we dislike bitter tastes because lots of poisons are bitter.

96. (1) the tongue can detect four basic tastes
97. (1) partly right = mistaken　アが○

Dave: Well, anyone for a nice cup of poison—I mean—coffee?[98] Or how about some strong dark chocolate? People can't get enough of those things, John, and they're bitter.

(2) <u>John claims that we dislike bitter things because they are bad for us. Dave shows his disagreement by ...</u>

John: It's true...children don't like bitter tastes at all, but for some reason, grown-ups often do. I'm afraid there are still a few mysteries to clear up...

Susan: John, you said people *used* to think there were four...

John: Right. Since about 2000,[99] most researchers have come to accept a fifth taste. We've discovered that the tongue has another set of detectors, which are associated (like sweetness) with pleasure,[100] for a chemical called glutamate.

Dave: So this—what did you call it?—glutamate must be good for us, is that the idea?

John: That's right, Dave. It's present in things like meat and other proteins, which the body uses to build muscles and so on.

Dave: Ah, that rings a bell. There's a Japanese word for this fifth taste, isn't there? What was it...?

John: It's called *umami*—usually translated as 'savory' in English. *Umami* was actually discovered in Japan about a hundred years ago,[101] but it's only been accepted in other countries recently.[102] It's the taste you find in meat, cheese and green tea... Also mushrooms.

(3) <u>According to John,...</u>

Dave: Mushrooms?

Susan: Don't you like mushrooms, Dave?

---

98. (2) Would you like some coffee? を poison に変えて、冗談の形で「コーヒーは苦いけれど毒ではない」と主張している。次のビターチョコレートも同様の例。例えば ア ×Dave shows his disagreement (to the idea that bitter things are poisonous) arguing that coffee is poisonous.〈苦いものは毒であるという論に反論するために、コーヒーは毒であると主張する。〉といったわけの分からないものを絶対選ばないよう、選択肢を冷静に読むこと 99. (3) 言うまでもなく、年号。アは × 100. (3) 「sweetness 同様 pleasure と結び付いた ...」とあるので、イは ×
101. (3) not eaten in Japan until about a hundred years ago エは ×
102. (3) recently been accepted by scientists outside Japan ウは ×

698

Dave: Well, yes, as a matter of fact, I do. But I find it hard to believe that evolution has given me a special mushroom-detector to encourage me to eat them. Lots of mushrooms are poisonous, aren't they?

Susan: Oh yes. Hey, I have an idea. Perhaps you could go and investigate some of them...[103]

Dave: Very amusing....But aren't there more basic tastes than we've mentioned so far? What about curry, for example? Isn't the hot or spicy taste of curry a basic taste?
(4) <u>What Dave finds "very amusing" is ...</u>

John: I have news for you, Dave. In fact, there is no hot or spicy taste. According to most experts, hotness is not a taste but a sensation.[104] It's a physical feeling, like pain, not a taste.
(5) <u>At the end of the conversation, Dave learns that ...</u>

Dave: Oh well, you learn something new every day.

〈スーザン：ジョン、あなた味覚の研究してるんだって？

ジョン：そうだよ。あのね、人間は何千もの違った味を区別できるけど、しかし人間の感知する基本的味覚はほんの少ししかないんだ。

スーザン：4つでしょ？ 人間が分かる味覚は甘い、塩辛い、苦い、酸っぱいよね？

ジョン：以前にはそう考えられていたんだよ、スーザン。つまり多様な味わいはこの4つの要素のさまざまな配分でできているって。もちろんそれは部分的には正しくて、複雑な味わいは単純な味でできているというのは事実なんだ。

スーザン：私もずっとそう思ってたけど。そして、私たちがある味を好むのは身体にいいからだって。例えば塩味が好きなのは塩が身体にいいからって。

デイブ：塩って悪いんだと思ってたけど。血圧とかなんかに。

ジョン：摂りすぎるとね。でも身体に塩は必要だよ、デイブ。エネルギー源として甘いものが必要なように。逆に、人間が苦い味を嫌うのは毒物の多くが苦いからだね。

デイブ：ところで毒物一杯欲しい人は？ コーヒーだけど。あるいは苦いダークチョコレートは？ そういったものに目がないという人もいるけど、ジョン、どっちも苦いものだよね。

ジョン：そうだね．．．子供は苦い味をまったく好まないけれどなぜか大人になると好む人、多いよね。まだ解決すべき謎はあるみたい。

スーザン：ジョン、あなたさっき、以前は4つだと考えられていた、って言ったわね。

103.(4)「彼」が毒キノコの研究をすることを「スーザン」が提案しているのだからイは×「あなた食べて研究してみたらいい」というジョーク。それに対しDave は "Very amusing." と sarcastic〈嫌味〉に答えている。ウが○
104.(5) 辛さは味でなく感覚・刺激である。イが○

699

ジョン：そう。2000年ぐらいから研究者の大多数が第5の味を認めるようになってきたんだ。舌にはもう1つの味を感知する部分があって、それは（甘みと同じく）快感と結び付いた感知力で、その味がグルタミン酸なんだ。

デイブ：で、その、なんだっけ？　グルタミン酸か。それは身体にいいはずだ、ということ？

ジョン：そうなんだ、デイブ。それは肉やそのほかのタンパク質に含まれていて、身体はそれを筋肉やなんかを作るのに使う。

デイブ：あ、思い出した。この5番目の味を言う日本語があったよな？　何だっけ？

ジョン：うまみだよ。ふつう英語では　savory　と訳される。実はうまみはおよそ百年前に日本で発見されているんだけどほかの国で認められるようになったのはごく最近なんだ。この味は肉やチーズ、緑茶に含まれて ... ほかにはキノコだね。

デイブ：キノコ？

スーザン：デイブ、キノコ好きじゃないの？

デイブ：いや、別に、まあ好きだよ。だけど進化の結果、僕に特別なキノコ探知装置が備わって積極的にキノコを食べるというほどではないんだ。毒キノコも多いよね？

スーザン：そうだ、ねえ、いい考えがあるわ。あなた毒キノコの研究始めるのもいいんじゃない？

デイブ：大変笑えますね。でもさ、まだ話に出てきてない基本的味があるんじゃないか？　例えばカレーはどう？　カレーの辛さも基本的な味じゃないの？

ジョン：デイブ、1つ教えておくよ。実は辛さなんて味覚はないんだ。大部分の専門家によると、辛さは味でなく感覚だというんだ。痛みと同じく物理的な感覚であって味覚ではないと。

デイブ：いやいや、君は日に日に物知りになるね。〉

設問

(1) スーザンが初めに思い込んでいる間違いとは？

　ア　人間の舌が感知できる基本的な味は4種だけということ。

　イ　我々は概して、身体に良いものの味を好む。

　ウ　人間は何千種類もの異なった味を区別できる。

　エ　複雑な味は基本的な味の異なる比率によってできている。

(2) ジョンは、我々が苦い味を嫌うのは身体に悪いからだと言う。デイブはどのようにそれに反論しているか？

　ア　コーヒーには毒があると主張することで。

　イ　苦いダークチョコレートをあげることで。

　ウ　苦いものは我々のエネルギー源になると説明することで。

　エ　苦い味が大好きな人もいると指摘することで。

(3) ジョンによると、
   ア　2,000人以上の研究者がうまみを基本的な味と認めている。
   イ　うまみを特定するのは甘みを感じるのと同じ部分である。
   ウ　日本以外の科学者にうまみが基本的な味と認められたのはつい最近のことである。
   エ　うまみを含む食品が日本で食べられるようになったのはようやく百年ほど前になってからである。
(4) デイブは何を「とても笑える」と言っているのか？
   ア　毒キノコに基本的味が含まれるという考え方。
   イ　毒キノコの研究をしようとスーザンが考えること。
   ウ　デイブに毒キノコを食べてみたらとスーザンが勧めること。
   エ　毒キノコの進化に関する彼自身のコメント。
(5) 会話の終わりにデイブが知ることは？
   ア　毎日カレーを食べたがる人もいること。
   イ　カレーの辛さは基本的味ではないこと。
   ウ　我々がカレーの味を好むのは身体にいいからだということ。
   エ　食べるのが苦痛であるほど辛いカレーもあるということ。

5. KEYNOTE TALKS + DISCUSSIONS

QUESTION 138-a [track #37 —to be repeated twice] (377 words)

これから放送するのは、あるテレビ番組の一部である。これを聞き、(1)〜(5)の問いに答えよ。(1)に関しては英語で、(2)〜(5)に関しては記号で解答を記せ。

(1) Here is the beginning of the programme. Fill in the blanks with the exact words the speaker uses.

　　On this evening's 'Expert Debate', we welcome two people with very different a_____: Mark Kelly, a well known journalist and author, and Joyce Talbot, a Member of the European Parliament. They're going to discuss whether there should be a new single identity card for b_____ the European Union.

(2) In his report, Jeremy Walker mentions different kinds of cards we already use. Which one does he NOT mention?

ア　a cash card
　　　イ　a credit card
　　　ウ　a library card
　　　エ　a driving license
(3) According to the report, why is the ID card now regarded in many European countries as 'an idea whose time has come'?
　　　ア　Global criminal networks are increasingly active in wealthy European Union countries.
　　　イ　More and more people are moving into Europe from beyond its borders to live and work.
　　　ウ　Within the European Union, citizens of any member country can travel, live and work freely.
　　　エ　The European Union is becoming an increasingly popular destination for international tourists.
(4) According to the report, what is the major advantage that face recognition has over fingerprinting?
　　　ア　It is much cheaper to carry out.
　　　イ　It only requires a simple photograph.
　　　ウ　It does not require the person's cooperation.
　　　エ　It can be operated without expert knowledge.
(5) At the end of Jeremy Walker's report, he says, 'to some people, the cure seems worse than the disease'. Why do they think so?
　　　ア　Because they think that ID cards will be easily copied.
　　　イ　Because they think that ID cards might be undemocratic.
　　　ウ　Because they think that ID cards will be useful in health care.
　　　エ　Because they think that ID cards might be better than terrorism.

ANSWER KEY

(1) a: views about security b: all citizens of
(2) ア (3) ウ (4) ウ (5) イ

解答と関連する箇所の確認は (SCRIPT) を参照。必要ならCDを聞き直しなさい。

(SCRIPT)

On this evening's 'Expert Debate', we welcome two people with very different (a) <u>views about security</u>: Mark Kelly, a well-known journalist and author, and Joyce Talbot, a Member of the European Parliament. They're going to discuss whether there should be a new single identity card for (b) <u>all citizens of</u> the European Union.

(1) <u>Here is the beginning of the programme. Fill in the blanks with the exact words the speaker uses.</u>
　(a) は security がカギになる。後ろの内容から確認することも必要になるかもしれない。
　(b) citizens は聞こえるはず。もし all や of が聞きにくくても自分で埋めること。

But first, what is this new identity card, and why has it caused so much controversy? Here's a report from Jeremy Walker...

The basic concept of identity cards is nothing new—we're all familiar with [105]cards which allow us to use a library[106], cards which prove that we can legally drive a car[107], cards which allow us to buy things on credit without using cash.[108] But no one forces you to carry a library card, a driving license, a credit card.[109] It's all down to the free choice of the individual—unlike the proposed new ID card.

(2) <u>In his report, Jeremy Walker mentions different kinds of cards we already use. Which one does he NOT mention?</u>
In the modern world—the world of international crime and

---

105. (2) このあと箇条書き　106. (2) ウ a library card　107. (2) エ a driving license
108. (2) ア a cash card と混同しない。　109. (2) 箇条書きの繰り返し

international terrorism—governments are becoming increasingly nervous. And with European Union citizens now free to move throughout Europe, able to travel, live, and work freely in any member state, the people responsible for keeping us safe are calling for new methods of checking who, exactly, is where. In many countries, the identity card seems an idea whose time has come.[110]

(3) According to the report, why is the ID card now regarded in many European countries as 'an idea whose time has come'?

It may also be an idea whose *technology* has come. Identity cards which use a simple photograph can be easily made by anyone. And cards which include a fingerprint have also been tried without success. But a new technology has recently become available, based on computer analysis of the structure of the face.

Faces, unlike fingerprints, can be checked without the person knowing anything about it,[111] and the results can be matched against a huge database of faces. Current technology means that, in less than a second, any one face can be compared with 100,000 of the faces already stored in the computer. What's more, the analysis is based on the fundamental structure of the face: it won't be deceived by a false beard or make-up.

(4) According to the report, what is the major advantage that face recognition has over fingerprinting?

But do we really want to live in a world in which everything depends on an ID card? No health care without a card? No education for your children unless they all have cards? No travel unless your government knows all about it? And there's

---

110. (3) この前の部分、文頭の And with から travel, live, and work freely in any member state までの「付帯状況」部分が「理由」である。ウ Within the European Union, citizens of any member country can travel, live and work freely. ほかの選択肢もすべて立派な理由となりうるが、あくまで文に沿って答える。
111. (4) without the person knowing anything about it = ウ it does not require the person's cooperation 同じ内容をかなり大きく言い換えている。

a deeper question about democratic rights: is it democratic to refuse a vote to people who refuse a card? Even if ID cards would make us more secure, to some people, the cure seems worse than the disease.[112]

(5) At the end of Jeremy Walker's report, he says, 'to some people, the cure seems worse than the disease'. Why do they think so?

〈今晩の『エキスパート・ディベート』は、保安に関してまったく異なる意見をお持ちのお2人をお招きしています。有名なジャーナリストで作家のマーク・ケリーと、欧州議会の議員ジョイス・タルボットのお二方に、欧州連合の全市民を対象とする統一的身分証明を導入する件についてお話しいただきます。

しかしその前に、この新しい身分証明書がどういうものなのか、そしてそれがなぜこれほど論議の的となっているのか、ジェレミー・ウォーカーのレポートをどうぞ。

身分証明カードの基本的考え方は何ら新しいものではありません。図書館利用のためのカードや法的に運転資格があることを証明するカード、現金を使わずにクレジットで物を買えるカードなどはすべておなじみのものです。しかし図書館カードや運転免許証、クレジットカードを携行しろと強制されることはありません。それはすべて個人の自由な選択に任されているのです。が、今提案されている新しい身分証明書はそこが違うのです。

現代社会において、国際犯罪と国際テロリズムの世界において、各国政府は次第に懸念を強めています。そして、現在市民がヨーロッパ中の加盟国を自由に旅行し居住し就労できる欧州連合において、我々の安全管理を行う人々は誰がどこにいるかを正確に把握する新しい方法を探っているのです。多くの国ではそろそろ身分証明書の出番であると思われているようです。

と同時に、そろそろそのテクノロジーの出番だ、と言えるかもしれません。単純に写真を貼り付けた身分証明書は誰でもたやすく作れます。指紋を使ったカードも試行されましたがうまくいきませんでした。しかし新しく、顔の構造のコンピューター解析に基づいたテクノロジーが利用可能になったのです。

指紋と違って顔は当人にまったく気付かれずにチェックでき、その結果を膨大な顔のデータベースと照らし合わせることができます。現在のテクノロジーではどのような顔でも、すでにコンピューターに保存された１０万以上の顔と１秒以内に照合できるのです。さらに、解析は顔の基本構造に基づいたもので、付けひげや化粧によって欺かれることはありません。

しかし私たちは本当に、あらゆることが身分証明に依存するような社会に暮らすことを望んでいるのでしょうか？　カードがなければ医療も受けられない、子供たちも皆カードがなければ教育も受けられない、政府にすべてを把握されなければ旅行もできないような社会に？　さらに、民主的な権利に関する、もっと根深い疑問もあります。カードを

112.(5) この段落全体の要旨に関する問題。The cure (= security using IDs) seems worse than the disease (= crimes and terrorism). The reason: violation of democratic rights. と読めれば、イ Because they think that ID cards might be undemocratic. と分かる。一番重要な問題

持つことを拒否した人に参政権を与えないというのは民主的でしょうか？ 仮に身分証明カードが我々の安全を高めてくれるとしても、その治療法は病気そのものよりたちが悪いと見る人々もいるのです。〉

設問

(2) このレポートでジェレミー・ウォーカーは、私たちがすでに使っているカード数種をあげている。以下のうち、あげられていないのは？
　ア　キャッシュカード
　イ　クレジットカード
　ウ　図書館カード
　エ　運転免許証

(3) レポートによると、多くのヨーロッパ諸国で身分証明カードが「今こそ導入を考えるべきとき」とされているのはなぜか？
　ア　欧州連合のうち豊かな国々で国際犯罪ネットワークの活動が盛んになっているから。
　イ　欧州以外から入り込んで居住し就労する人が増えているから。
　ウ　欧州連合の中で、加盟国の国民が自由に旅行、居住、就労できるから。
　エ　欧州連合が海外旅行先として人気が高まっているから。

(4) レポートによれば、顔認識が指紋より優れている点は何だと言っているか？
　ア　実行がはるかに安く済む。
　イ　単純な写真しか必要としない。
　ウ　当人の協力を必要としない。
　エ　専門知識なしに運用できる。

(5) ジェレミー・ウォーカーはレポートの終わりで「ある人々にとって治療は病気よりも悪く思えるようです」と言っている。その人々はなぜそう考えるのか？
　ア　身分証明カードは複製が容易だと考えるから。
　イ　身分証明カードは非民主的であるかもしれないと考えるから。
　ウ　身分証明カードは医療において有用であるだろうと考えるから。
　エ　身分証明カードはテロよりはましだと考えるから。

QUESTION 138-b 【CDtrack #38 —to be repeated twice 】(481 words)

これから放送するのは、**QUESTION 138-a** に続くテレビ番組の一部である。これを聞き、(1) ～ (5) の各文が放送の内容と一致するように、それぞれ正しいものを1つ選び、その記号を記せ。

(1) According to Joyce Talbot, Britain, France and Germany

　ア think that ID cards should use a magnetic system.

　イ are generally not in favour of the introduction of ID cards.

　ウ probably send more people abroad to work than they receive.

　エ believe that people from other countries will come to live there.

(2) According to Joyce Talbot, European Union countries

　ア do not regard each other as reliable.

　イ do not yet agree about penalties for refusal.

　ウ already have ID cards at governmental levels.

　エ have decided most of the details needed for ID cards.

(3) Mark Kelly says that

　ア many terrorists have no previous criminal record.

　イ there is often insufficient evidence against terrorists.

　ウ terrorists are recruited from among common criminals.

　エ terrorists would do anything to prevent ID cards being introduced.

(4) Studies carried out by Mark Kelly suggest that

　ア face recognition can be confused by make-up.

　イ face recognition will be fairly easy to deceive.

　ウ face recognition will easily deceive many terrorists.

　エ people with narrow lips can easily deceive face recognition.

(5) Mark Kelly says he welcomes public discussion of ID cards, because

　ア he believes in democracy.

　イ he is sure it will prove his point.

　ウ it is dangerous not to consult the public.

　エ experts and ordinary people think differently.

ANSWER KEY

(1) エ (2) イ (3) ア (4) イ (5) イ

解答と関連する箇所の確認は **SCRIPT** を参照。必要ならCDを聞き直しなさい。

SCRIPT

Thanks Jeremy, for an interesting report. Can I turn to you first, Joyce Talbot, and ask what the latest thinking is in the European Union? Do all the member countries agree that ID cards are a good idea?

JT: Well, countries who fear they may be magnet countries[113] for immigrants—such as Britain, France and Germany[114]—are generally keener on the new identity card than countries—such as Spain and Portugal—which may be overall exporters of labour.

(1) According to Joyce Talbot, Britain, France and Germany ...

But is any consensus beginning to emerge?

JT: I think that the general principle of ID cards has been widely accepted at governmental levels. There are still many details to be decided[115]—regarding penalties for refusal for example[116]—but most governments are beginning to realise that some form of citizen identification is essential in today's world.

(2) According to Joyce Talbot, European Union countries ...

But that's a conclusion. Mark Kelly, that you would strongly challenge, is it not?

MK: Absolutely. We've seen no evidence to show that ID cards would do anything at all to prevent terrorist attacks. Why should they? Many of these terrible attacks are carried out by people with no previous criminal record—terrorists aren't

---

113. (1) 磁石のように引きつけるという比喩であって、ア「磁石を使う」のではない。選択肢の中で外国から人々が入ってくることを言っているのは、エ believe that people from other countries will come to live there だけ。 114. (1) Britain, France and Germany = importers of labour. 115. (2) 詳細を詰めるのはまだこれから。 116. (2) 詳細の例。イ do not yet agree about penalties for refusal. が○

common criminals after all.[117] And I'm not convinced that the new technology described in your report will work as well as governments suppose.

(3) <u>Mark Kelly says that</u> ...

JT: I can assure you that it *will* work.

MK: There's already reason to believe that face recognition will be rather easy to deceive. Studies I have carried out suggest[118] that you only need to shave a little off the eyebrows and narrow your lips slightly to confuse the best programmes now available.[119] I'm afraid governments are enthusiastic about the technology simply because they like the idea of having information about everybody.

(4) <u>Studies carried out by Mark Kelly suggest that</u> ...

JT: Oh really, Mr. Kelly, that's a very foolish thing to say. The fact is that governments have a duty to do everything possible to protect the lives of their citizens. When we remember how destructive a modern terrorist attack could be...

MK: If I may say so, the question is whether ID cards would help prevent these attacks. Since there seems little reason to suppose that they would, and since there's every reason to suppose that they will seriously reduce our freedom, the balance is clearly *against* introducing them.

We're coming to the end of our programme. I wonder if I might ask you, Joyce Talbot, for a closing word...

JT: Yes. I think governments are generally in favour of some sort of identification system. I hope we can now have a calm and intelligent public debate so that a decision can be made before the end of the year.

Thank you. Mark Kelly, what's your reaction?

MK: I would welcome the kind of debate Ms. Talbot describes, because it will show ID cards to be unnecessary, expensive

---

117. (3) ア many terrorists have no previous criminal record. が ○
118. (4) このあと、Mark Kelly が行った研究の内容
119. (4) イ face recognition will be fairly easy to deceive. が ○

and dangerous.[120]

(5) Mark Kelly says he welcomes public discussion of ID cards, because ...

I'd like to thank our guests for taking part in this evening's programme, and you, the viewers at home, for watching another edition of 'Expert Debate'...

〈ジェレミー、興味深いレポートをありがとう。それでは最初にジョイス・タルボットさんに伺いたいのですが、欧州連合はごく最近ではどう考えているのか。すべての加盟国が身分証明カードに賛成なのですか？

JT: そうですね、例えばイギリス、フランス、ドイツのように自国が移民を引き寄せている懸念のある国は概して、スペイン、ポルトガルといった労働力の輸出国に比べて新しい身分証明カードに熱心ですね。

しかし、何か合意が形成されつつあるということは？

JT: 政府のレベルでは、身分証明カードの原則の合意はできていると思います。まだ、例えばそれを拒否した場合の罰則など、細部は色々詰めていく必要があるんですが、今日の世界では何らかの形での市民の身分証明は不可欠だと大多数の政府が認識し始めています。

でも、それはマーク・ケリーさん、あなたが強く反対なさっている結論ですよね？

MK: もちろん。身分証明カードがテロ攻撃を防ぐ何らかの役に立つという証拠なんかないわけです。それはそうでしょ？ こうした非道な攻撃の多くは犯罪歴などない連中によってなされている。だってテロリストは一般の犯罪者とは違うんですから。それに私はこちらのレポートで言われているような新テクノロジーが政府の考えるようにうまく機能するとは必ずしも思わないんですよ。

JT: それは間違いなく機能しますよ。

MK: すでにもう顔認識をだますのはかなり容易だと考える理由があるんです。私が行った研究では、ただ眉毛の端を少し剃り落としたり、唇をわずかに薄くするだけで、現在使える最高のプログラムでも分からなくなってしまうようですよ。政府がこのテクノロジーに熱心なのはただ、あらゆる人間の情報を得られるということが気に入っているからなのではないですか？

JT: いやいやケリーさん、それはまた馬鹿げたことを。正しくは、政府は国民の生命を守るためにできることをすべてやるのが義務だということでしょう。現代のテロ攻撃がどれほど破壊的であるかを思い起こしてもらえれば ....

MK: 言わせてもらえばですね、問題は身分証明カードがこうした攻撃を防止する役に立つか否かということなんです。役に立つと考える根拠が薄弱である以上、そしてそれが我々の自由を大きく制限するだろうと考えるあらゆる根拠がある以上、天秤にかければ当然その導入には反対ということになるわけです。

そろそろ終わりの時間が近づいてきました。それではジョイス・タルボットさん、終わりに一言 ....。

---

120. (5) イ he is sure it will prove his point (= that ID cards are unnecessary, expensive and dangerous) が ○。ア he believes in democracy のような general なものではなく、イのような specific なものを選ぶ。

JT: はい。政府は全体的に、何らかの種類の身分証明システムの導入に傾いていると思います。今年度中に決断ができるよう、冷静かつ知的な公的論議ができることを望んでいます。

ありがとうございました。ケリーさん、それに対して?

MK: 私もタルボットさんのおっしゃっているような論議は歓迎です。それによって身分証明カードが不必要で費用もかかり、危険なものであることが明らかになるでしょうから。

今晩の番組に参加してくださったお2人のゲストに感謝したいと思います。そしてお茶の間の皆さま、今回も『エキスパート・ディベート』をご覧くださいましてありがとうございました。〉

設問

(1) ジョイス・タルボットによれば、イギリス、フランス、ドイツは

　ア　身分証明カードは磁気のシステムを使用すべきだと考えている。

　イ　概して身分証明システムの導入に前向きでない。

　ウ　おそらく海外に送り出す労働力が受け入れるより多い。

　エ　外国からの入国者が居住するだろうと考えている。

(2) ジョイス・タルボットによると、欧州連合諸国は

　ア　互いを信頼できる相手とみなしていない。

　イ　拒否に対する罰則に関して合意に達していない。

　ウ　すでに政府レベルでは身分証明カードを有している。

　エ　身分証明カードに必要な詳細の大半を決定している。

(3) マーク・ケリーが言っているのは

　ア　多くのテロリストは犯罪の前歴がない。

　イ　テロリストに対しては証拠が不十分であることが多い。

　ウ　テロリストは一般犯罪者から採用される。

　エ　テロリストはあらゆる手段を使って身分証明カードの導入を阻止するだろう。

(4) マーク・ケリーが行った研究が示唆しているのは

　ア　顔認識は化粧によって混乱させられうるということ。

　イ　顔認識を欺くことは割合に容易であること。

　ウ　顔認識は多くのテロリストをたやすく欺くだろうということ。

　エ　唇の薄い人は顔認識をたやすく欺けること。

(5) マーク・ケリーが身分証明カードについての公的な議論を歓迎すると言う理由は

ア　彼は民主主義の価値を信じているから。
イ　自分の論点を証明してくれる確信があるから。
ウ　国民に図らないのは危険であるから。
エ　専門家と一般人との考え方は違うから。

QUESTION 139-a 【CDtrack #39 —to be repeated twice 】(571 words)

これから放送するのは、19世紀中頃にアメリカ合衆国で作られた、Brook Farmという共同体 (community) についての講義である。講義が放送されたあと、その内容に関する問い (1)〜(5) が放送される。(1)〜(5) の問いに対して、それぞれ正しい答えを1つ選び、その記号を記せ。

(1) ア The usual retirement age.
　　イ The process of applying for jobs.
　　ウ The maximum length of the work day.
　　エ The amount of work done by each worker.

(2) ア Their homes.
　　イ Their education.
　　ウ Their medical care.
　　エ Their use of the public baths.

(3) ア From contributions.
　　イ From financial investments.
　　ウ By charging a membership fee.
　　エ By selling things to nonmembers.

(4) ア The members had no private property.
　　イ The members lived and worked together.
　　ウ The members took turns doing every job.
　　エ The members bought food and other items together.

(5) ア To develop new farming methods.
　　イ To start a new political movement.
　　ウ To live a better life in the country than in the city.
　　エ To create a model for more efficient business and trade.

ANSWER KEY

(1) ウ (2) ア (3) エ (4) イ (5) ウ

この問題はあらかじめ設問が示されていないで、本文を聞いたあとに質問をされる。リスニング問題としては最も難しいタイプのものである。概要を問う問題のほかに箇条書きを聞いてくるところが2箇所ある。1度目の質問で箇条書きの問題だと初めて分かる。2度目の本文朗読で答えを出さなければならないのがつらい。

解答と関連する箇所の確認は SCRIPT を参照。必要なら CD を聞き直しなさい。

SCRIPT

Lecturer: At the end of last week's class, I mentioned that today we would begin discussing an experimental community that was established in the United States during the mid 19th century and how that experiment was related to larger trends in 19th- and 20th-century history. Let me first describe that community, and then afterwards I would like to hear your thoughts on it.

In 1841, a group of about twenty people moved to a place called Brook Farm not far from Boston, Massachusetts, and they started living together there. They formed what they called a Voluntary Association, and they wrote a constitution setting out the rules for how the Association would operate.[121] The Association was owned and managed by the members themselves.[122] The members worked for the Association, but the constitution gave each member the right to select and perform whatever kind of work he or she felt most suited for.[123] All of the adult members were paid the same amount for their work—it didn't matter how old they were, whether they were men or women, or even what type of work they did.[124] Their work day was limited to at most ten hours, too.[125]

(1) What does the lecturer mention about Brook Farm?

---

121. (1) このあと the constitution の内容を列挙　122. #1 ownership and management
123. #2 work　124. #3 equal pay　125. #4 work hours ウ The maximum length of the work day. が ○

The members paid[126] rent to the Association for their living areas,[127] and they were also billed for their food, fuel, and clothing.[128] But they received free of charge[129] their education[130] and medical care[131] and the use of the public rooms and baths.[132] Children, sick people, and the elderly, meanwhile, didn't have to pay for anything.

(2) What did the members have to pay the Association for?

The farmers produced most of their food themselves and made many of the other things they needed, but they did not cut themselves off from the outside economy. After all, they needed money to pay their members for their work. To raise that money, the Association sold milk and other products to people in the nearby towns.[133]

(3) How did the Association earn money?

Brook Farm was thus an experiment in a certain type of cooperative living.[134] The members took their meals together and spent most of their free time together,[135] but they also continued to own private property[136] and were free to leave the group at any time. People did in fact leave from time to time, though for the first few years there were more who wanted to join, and the membership gradually grew.

(4) In what way was the community at Brook Farm "cooperative"?

You may be wondering what the purpose of this experiment was. The founders of Brook Farm were mostly well-educated city people. Why did they want to live and

---

126. また箇条書き   127. (2) #1 rent ア Their homes. が○   128. (2) #2 food, fuel, and clothing   129. (2) 無料のもの箇条書き   130. (2) #1 education イ   131. (2) #2 medical care ウは×   132. (2) #3 public rooms and baths エは×   133. (3) sold milk and other products to people in the nearby towns = エ selling things to nonmembers   134. (4) このあと "cooperative" の説明   135. (4) The members took their meals together and spent most of their free time together ≒ イ The members lived and worked together. work together に関しては前に記述されている。なお、ウは took turns doing every job が×   136. (4) ア The members had no private property. は×

714

work together on a farm? Well, they were unhappy with the direction that society seemed to be moving at the time. They didn't like the fact that people were not treated equally. They hated slavery, which still existed then in the southern United States, and they opposed the oppression of women and the poor. They also didn't like the competitive aspects of business and trade, and they believed that life would be more rewarding in the country than in a crowded city.[137]

They therefore decided to create their own ideal community,[138] one where everyone would be treated equally, one where no one would be taken advantage of, one where the weak would be protected and the healthy would be able to engage in work they enjoyed. That's the kind of community they tried to create at Brook Farm.

(5) What did the people who started Brook Farm most want?

That's only the beginning of the story, but let me stop there. After we take a break, I want to hear what you think.

Question 1: What does the lecturer mention about Brook Farm?

Question 2: What did the members have to pay the Association for?

Question 3: How did the Association earn money?

Question 4: In what way was the community at Brook Farm "cooperative"?

Question 5: What did the people who started Brook Farm most want?

〈講師：先週の授業の終わりに言ったように、今日は19世紀半ばにアメリカで設立された実験的共同体について、その実験が19〜20世紀の歴史全体のよ

---

137. (5) city でなく the country に 138. (5) 理想の共同体を。ウ To live a better life in the country than in the city. が○。これも一種の政治運動だから、イ To start a new political movement. がまったく間違いとは言えないのだが、あくまで文に沿って答えること

り大きな流れとどう関わっていたかについての討論を始めたいと思います。まずその共同体の説明をし、それから君たちの意見を聞くことにしましょう。

1841年、約20人の集団がマサチューセッツ州ボストン近郊のブルック・ファームと呼ばれるところへ移住し、そこで共同生活を始めます。彼らは有志組合というものを結成し、その運営のルールを定めた規約を作ります。有志組合は会員を主体として会員が運営する。会員は組合のために労働をするが、規約によって各々は自分が最も適すると思う種の労働を選択する自由が保証される。そして年齢性別および職種を問わず、成人会員には同一の賃金が支払われる。労働時間は1日最大10時間。

居住区の家賃は組合に払い、食糧、燃料、衣料品は課金されますが教育、医療、共同の部屋および風呂は無料です。一方、子供、病人、お年寄りはすべて無料です。

農業によって食糧のほぼすべては自給され、そのほかの物の多くも自給できていましたが、彼らは自らを外部の経済から遮断することはしませんでした。やはりメンバーに賃金を払うために貨幣も必要となりますから。その貨幣を獲得するため、組合は近在の町の人々に乳製品などを売っていました。

というふうに、ブルック・ファームはある種の共同生活の実験です。メンバーたちは一緒に食事をし、自由時間の大半を一緒に過ごしていましたが、同時に、私有財産の所有は継続し、いつでも脱会することができました。実際、時折脱会する人もいたのですが、最初の数年間は脱会するよりも入会希望者が多かったため、組合員は次第に増加していきました。

この実験の目的は何なのか、と疑問に思われるかもしれません。ブルック・ファームの創設者たちは大多数が教育程度の高い都市出身者です。なぜ彼らは農場でともに生活し、労働しようと望んだのか？ それは、当時の社会が進んでいくと思われた方向をよしとしなかったからです。彼らは人間が平等に扱われていないという事実に不満でした。彼らはまだ合衆国南部で行われていた奴隷制に強い嫌悪感を抱き、また女性と貧困者の抑圧に反対していました。また企業や交易の競争的側面を認めず、過密な都市よりも田舎の暮らしの方がより実りあるものとなるはずだと信じたのです。

そこで彼らは自ら理想的な共同体を創り上げることにしました。皆が平等に扱われる、誰も搾取されることのない、弱者が守られ、健康な者が好きな仕事に従事できる場所。彼らがブルック・ファームに創り上げようとしたのはこんな共同体だったのです。

まだまだ話は続くのですが、いったんここで打ち切りましょう。休憩のあと皆さんの意見を聞きたいと思います。

質問1：ブルック・ファームに関して講師が述べているのは？
質問2：メンバーが組合に対して対価を払わなければならなかったのは？
質問3：組合はどうやって金を得た？
質問4：ブルック・ファームのコミュニティが「共同体」と呼ばれるのはどうして？
質問5：ブルック・ファームを始めた人たちが最も望んでいたことは？〉

設問

(1) ア 一般的な退職年齢。
　　イ 求職の手順。
　　ウ 1日の最大労働時間。
　　エ 各労働者のする仕事量。
(2) ア 家。
　　イ 教育。
　　ウ 医療。
　　エ 共同風呂の使用。
(3) ア 寄付によって。
　　イ 金融投資によって。
　　ウ 会費徴収によって。
　　エ 非会員に物を売ることによって。
(4) ア 会員は私的財産を持たなかった。
　　イ 会員はともに働き、暮らした。
　　ウ 会員はすべての仕事を持ち回りで行った。
　　エ 会員は食糧や他のものを共同で購入した。
(5) ア 新しい農法を開発すること。
　　イ 新しい政治運動を始めること。
　　ウ 田舎で、都市よりも良い生活をおくること。
　　エ より効率的な事業・交易のモデルを創り出すこと。

QUESTION 139-b [CDtrack #40 —to be repeated twice] (542 words)

これから放送するのは、**QUESTION 139-a** に続く、先生と学生2人（LisaとHector）の討論の模様である。これを聞き、(1)～(5)の各文が放送の内容と一致するように、それぞれ正しいものを1つ選び、その記号を記せ。

(1) Lisa thinks that many societies today are similar to the Brook Farm experiment in that
　　ア old people are supported by society.
　　イ all children are required to go to school.
　　ウ people have the freedom to live their lives as they choose.
　　エ women and men are paid the same amount for the same

work.
(2) Lisa says that company presidents
　ア earn more than store clerks.
　イ produce more than store clerks.
　ウ work longer hours than store clerks.
　エ are more highly educated than store clerks.
(3) Hector would probably agree that a farmer who can grow better vegetables should earn
　ア an amount based on the price of his vegetables.
　イ an amount based on the quantity of vegetables he grows.
　ウ more than other farmers because of his special knowledge.
　エ the same amount as other farmers because all people are equal.
(4) Lisa believes that human beings are naturally competitive,
　ア but she also thinks that they are capable of change.
　イ but she also recognizes the importance of cooperation.
　ウ and she thinks that competition can lead to new ideas.
　エ and she does not think that society can be based on cooperation.
(5) The experiment at Brook Farm ended because
　ア the members started to disagree.
　イ the Association suffered financial losses.
　ウ the number of members gradually declined.
　エ members started moving to other experimental communities.

ANSWER KEY

(1) ア　(2) ア　(3) エ　(4) エ　(5) イ

解答と関連する箇所の確認は **SCRIPT** を参照。必要ならCDを聞き直しなさい。

SCRIPT

Lecturer: Okay, now let's begin our discussion. Lisa, what were your first reactions to the story of Brook Farm?

Lisa: Well, some of the things they were doing don't seem too different from our lives today.[139] In many countries, education is free, at least for children,[140] and old people receive pensions and don't have to work.[141] Women and men are supposed to receive the same pay for the same work, although that doesn't always happen.[142]

(1) <u>Lisa thinks that many societies today are similar to the Brook Farm experiment in that</u> ...

Hector: But, Professor, didn't you say everyone received the same pay for *all* work?

Lecturer: Yes, that's right, Hector. As I understand it, at Brook Farm, if you were a doctor or a teacher, you would get paid exactly the same as somebody who cleaned the floors or milked the cows. In fact, even the leaders of the Association were paid just about the same, too.

Lisa: Things certainly aren't like that now. Think how much more company presidents make today compared to clerks in convenience stores,[143] even if they both work just as hard.

(2) <u>Lisa says that company presidents</u> ...

Lecturer: Well, would you want everyone to be paid the same regardless of what work they did?

Lisa: I'm not sure. Let me think about that.

Lecturer: What about you, Hector?

Hector: Well, I can see the argument in favor. I mean, everyone has equal rights and the same value as a human being,[144]

---

139. (1) some of the things they were doing don't seem too different from our lives = many societies today are similar to the Brook Farm experiment そのあと理由を列挙　140. (1) #1 free education　141. (1) #2 pension ア old people are supported by society. は ○　142. (1) #3 same pay for the same work しかしこの文は are supposed to ...〈建前は〉となっており、さらに、although that doesn't always happen が添えられていることから、エ women and men are paid the same amount for the same work. は × ということなのだろう。トリッキーな出題だ。　143. (2) Think how much more company presidents make ... →考えれば分かる、答えは言わずもがなだが、ちゃんと言うなら ア earn more than store clerks. ということになる。　144. (2) All men are created equal. (the Declaration of Independence〈独立宣言〉の考え方)

no matter what their job or education. So, therefore, doesn't it make sense for everyone to be paid the same amount for their work?[145]

(3) Hector would probably agree that a farmer who can grow better vegetables should earn ...

Lisa: But what about people who are better at what they do than others? If, for example, a farmer is stronger and can work faster, and can grow better vegetables, shouldn't he get more pay for his work or special knowledge?

Lecturer: Oh, you mean, in other words if he is a better competitor, right? Well, see, competition is just what the people who started Brook Farm wanted to eliminate. They thought that the ideal community would be one based on cooperation.

Lisa: But that isn't possible. Human beings are competitive animals. We've...that's how we've managed to survive all these thousands of years.[146]

(4) Lisa believes that human beings are naturally competitive, ...

Hector: Yes, but that doesn't mean we can't change though, does it, Lisa? I mean, look at other ways society is different from how it used to be. Can't we eliminate, or reduce, competition as well?

Lisa: I don't think so. I guess I'm just less of an idealist than you, Hector. Anyhow, what happened to Brook Farm?

Lecturer: Well, it's a long story. For the first few years, things went pretty smoothly. I mean, as I said, some members did leave but other members joined. But then, the focus of

---

145. (3) ... for everyone to be paid the same amount for their work. ということは、エ the same amount as other farmers because all people are equal. ということになる。　146. (4) 人間が生来 competitive であるなら、当然 エ and she does not think that society can be based on cooperation. が答えとなる。彼女は survival of the fittest〈適者生存〉を言っているのだろう。あるいは social Darwinism〈社会ダーウィニズム〉的な考え方かと考えていくと、ウ and she thinks that competition can lead to new ideas. もいいように思われるが、new ideas の部分が意味不明である。そして再び、文の内容に沿って答えるべきである。彼女の発言から発展しすぎだ。

the group started to move in other directions,[147] and then, in 1846, one of the main buildings on the farm burned down. The Association was unable to recover financially,[148] and it broke up soon after that.

(5) The experiment at Brook Farm ended because ...

Hector: Oh, that's a shame. It would have been nice if it had succeeded.

Lisa: Really? I think it was bound to fail. Society just can't function that way.

Lecturer: Well, in any case, regardless of how we feel about that experiment, many of the ideas that inspired the Brook Farmers would continue to be influential in the later half of the 19th century and in the 20th century, too. So, that's what we're gonna talk about next week.

〈講師：はい、それではディスカッションを始めましょう。リサ、ブルック・ファームのことを聞いて、最初の反応は？

リサ：そうですね、彼らがしていたことの中には今の私たちの生活とそれほど変わらないこともあるみたいです。多くの国で、少なくとも子供の教育はただですし、お年寄りは年金があるから働かなくてもいいし。建前上は男女間で同一労働同一賃金ですし、現実は必ずしもそうでなくても。

ヘクター：でも教授はすべての仕事の賃金が皆同じ、っておっしゃいませんでした？

講師：そうですよ、ヘクター。私の理解では、ブルック・ファームでは医者であろうと教師であろうと床の掃除をしたり牛の乳搾りをする人とまったく同じ賃金です。実際、組合の指導層ですらほぼ同じ賃金なんだね。

リサ：そこは今と全然違いますね。現在会社の社長たちがコンビニの店員と比べてどれだけ多くもらっているか考えればね。両方とも同じくらい頑張って働いているにもかかわらず。

講師：じゃあ、仕事の種類にかかわらずみんな同じ給料がいいと思う？

リサ：よく分からない。ちょっと考えさせてください。

講師：ヘクター、君はどうかな？

ヘクター：僕はどちらかというと賛成ですね。つまり、すべての人は仕事や教育にかかわらず、人間として同じ権利と同じ価値があるわけでしょ。だから、同じ量の仕事をしていれば皆同じ給料というのは筋が通るじゃないですか？

リサ：でも、その人がある仕事でほかの人より得意だという場合はどう？ 例え

---

147. (5) in other directions の内容は分からないが、必ずしも disagreement というわけでもなさそうだ。ア the members started to disagree. ではないだろう。

148. (5) 火事をきっかけに、財政的に破綻した。イ the Association suffered financial losses. が○

ばもし農業をしている人が、身体が強くて仕事も速いからより良い野菜を作れるという場合、その人はその仕事や特別な知識のためにもっとたくさんお金をもらって当然じゃない?

講師:ああ、それは言葉を変えれば、その人に競争力があるということだね? でもね、その競争こそがブルック・ファームの創設者たちが退けようとしたことなんだ。理想の共同体は協力精神に基づいたものであるべきだと彼らは考えた。

リサ:でもそれは不可能ですよ。人間は競争的な動物だから。私たちだって...だから私たち、この数千年をずっと生き延びてきたわけでしょ。

ヘクター:そう。でもだからといって僕たちが変われないということにはならないよね、リサ。だって、ほかの面で社会が昔とは違ってることはいくらもあるじゃない。競争だってなしにするか、あるいは減らすことができるんじゃないか?

リサ:そうは思わない。ヘクター、私はあなたほど理想主義的じゃないんだろうけど。それはそうと、ブルック・ファームはそれからどうなったんですか?

講師:いや、話せば長くなるんだけどね。最初の数年間はかなり順調だった。つまり、さっきも言ったように、出ていく会員も確かにいたけれど、入ってくる会員もいた。ところがそのあと、この集団の関心がほかの方向に向かうようになり、そして1846年には農場の中心的な建物の1つが全焼するということがあって、組合は経済的に再建不能となり、まもなく解散してしまうんだ。

ヘクター:いや、それは残念ですね。成功したら良かったのに。

リサ:そう? 私はどうせうまくいかなかったと思う。社会ってそんなふうにいくものじゃないから。

講師:まあいずれにせよ、我々がこの実験についてどう感じるかはともかく、このブルック・ファームのきっかけとなった考え方の多くは、19世紀の後半から20世紀に入ってからも影響力を持ち続けるわけです。ということで、それが来週のテーマとなります。〉

設問

(1) リサは今日の社会の多くはどういう点でブルック・ファームの実験と類似していると考えているか?

　ア 老人が社会の支援を受けている。
　イ すべての子供が学校へ行く義務がある。
　ウ 人々は自分の選択に従って生活を営む自由がある。
　エ 男女は同じ仕事に同一の賃金が支払われる。

(2) リサは会社の社長たちについて何と言っているか?

　ア 店員たちより収入が高い。
　イ 店員たちより生産性が高い。
　ウ 店員たちより労働時間が長い。
　エ 店員たちより教育程度が高い。

(3) より良い野菜を作る農業従事者が受け取る分についてヘクターが賛同すると思われるのは？
　　ア　その野菜の価格に基づいた額。
　　イ　育てた野菜の量に基づいた額。
　　ウ　彼には特別な知識があるのだから、ほかの農業従事者より多く。
　　エ　すべての人間は平等なのだから、ほかの農業従事者と同じ額。
(4) リサは人間は生来競争的であると考え、
　　ア　しかし同時に変わることもできると考えている。
　　イ　しかし同時に協力の重要性も認識している。
　　ウ　そして競争から新しい考えが生じてくると考えている。
　　エ　そして社会が協力に基づくことはありえないと思っている。
(5) ブルック・ファームの実験が終わった理由は？
　　ア　会員間で不和が生じた。
　　イ　組合が金銭的損失を被った。
　　ウ　会員数が次第に減少した。
　　エ　会員がほかの実験的共同体に移り始めた。

東大英語総講義 索引

本書で取り扱ったテーマや事項のタイトルおよび本文掲載語句について、アルファベット順・五十音順に整理し、「見出し語」として主要な掲載ページ数とともに掲載した。用途に応じて日々の学習に役立てて欲しい（「見出し語」は、その意味や意図に応じて該当ページの表現から一部、改変している。また、冒頭のカッコ書きの言葉や「〜」などの記号は読みに含んでいない）。

A〜C

- a 454, 455, 536
- a hard time 531
- a piece of cake 322
- about 494
- absorb 315
- accent 619
- accents 215
- across 356
- actor 198
- age 525
- AIDS 243
- air 315
- all 182
- all but 104
- allow 530
- almost 105
- although 555
- amateur 217
- American football 202
- AMOUNT 182
- analogy 210
- and / or などによる並列構造 139
- angry 531
- annoyed 531
- Anthony Quinn 443
- ANTICIPATION 616
- antiseptic 209
- any 373
- anything but 105
- Area 614
- argue 543
- ARGUMENT＋BECAUSE 564
- as 021, 148, 548, 555
- as ... as 553
- as a result 550
- as easy as pie 322
- as far as ... is concerned 525
- as if 105
- as it were 106
- as though 105
- ashamed 531
- ask 530
- asteroid 281
- at all 106
- at best 107
- at first 526
- at least 107
- at that 107
- at (the) most 107
- at (the) worst 107
- available 496
- away 354
- AはBだ 540
- bat 154
- be at a loss 531
- be aware 520
- be finished 414
- be gone 414
- be in trouble 531
- because 548
- behind 431
- belief 171, 533
- believe 543
- Benjie 387
- better than I do 553
- bilingualism 301
- bolt out of the blue 322
- break 322
- but 544
- caffeine 264
- can 095, 534
- catch 336, 517
- CATEGORY 200
- cause 550
- CAUSE & EFFECT 215
- Certainly 544
- Charles Dickens 367
- chess 197
- Church 236
- circumstances 520
- class reunion 643
- classification 200
- Cliché 324
- coffee-house 264

coin	211
collecting	257
collocation〈連語〉を覚えろ	515
COLON [:]	055
come	327
COMMA [,]	052
commentator	219
comparison	318
COMPARISON	569
concept	533
CONCESSION	206, 207
CONSONANTS	594
contain	528
content words〈内容語〉	178
CONTEXT / COLLOCATION から訳語を決定	159
CONTRAST	206, 208, 569
conversation	161
CONVERSATIONS	640, 689
Core (root) meaning	318
core meaning	158
count your blessings	323
cow	176
Cultural Literacy	302

D〜F

dad	242
DASH (LONG DASH) [—]	053
dating	221
days	526
DEGREE	182
DESCRIBE IT	558
deserve	528
DICTATION	621
DIFFERENCE	569
difference between ... and ...	551
differs from ... because	551
... differs from ... in ...	551
different (another) matter	524
do	095, 516
doubt	543
down	344
draw the line between	324
due to	550
E.Sampson	450
-ed 分詞	140
Edison's	637
embarrassed	531
emotion	532
end up	496
EQUIVALENT	485
era	525
Esperanto	239
even	184
event	520
ever	179, 373
every	182
Exaggeration	395
except	529
except for	529
exclamation point	413
expression	522
External Context	300
far better than ... ,	553
far from	107
feeling	532
figure of speech	318
first	526
first of all	526
FIRST, SECOND, FINALLY	582
flower	315
follow your nose	322
for	345, 548
for example	546
for instance	546
for that matter	107
for the first time	526
Foreshadowing〈伏線〉	402
fountain pen	258
French	467
FREQUENCY	182
FROM BOTH SIDES	574
fun	530
function words〈機能語〉	178

G〜I

Galileo	236
GENERAL TO SPECIFIC	192
genre	200
George Bernard Show	592
get	332, 517, 530, 554
get away with	416
get to know	521
ghosts	635
give	331, 517
go	326

gold mine	347
grammar words〈文法語〉	178
(the) *Great Gatsby*	471
Greek	249
grow	527
had better	534
happen	519
happy	530
hardly	181, 373
harmony	219
have	330, 516, 554
have to	534
have trouble	531
heart	532
historian	186
HIV	247
hold	517, 528
"home"	629
home	629
however	544
how ... works	524
human	519
human being	519
HYPHEN [-]	054
idea	533
IDEA & EXAMPLE	192
identify	521
Idiom	321
if	022
if any	108
if anything	108
if ever	108
if not	108
imitation	623
important	528
improve	528
in	351
in a way	109
in consequence	550
in fact	109
in one piece	392
in terms of	525
in the first place	526
in the least	109
incident	520
include	529
including	546
increase	527

indeed	110
India	204
indicate	545
infants	223
-ing 分詞	140
inside	533
involve	529
Irony	396
issue	524
Italy	369
It's true	544

J〜L

Jackie	366
Japanese television programs	219
Jean Piaget	223
keep	334, 554
Keynote Talks＋Discussions	701
KEYNOTE TALKS＋DISCUSSIONS	653
kick	322
kill two birds with one stone	322
kind of	110
know	520
Krazy Kat	231
landscape	186, 217
language	522
last, but not least,	324
Latin	249
lead to ...	550
leaf	315
learn	520
leave	517, 554
LECTURES	626
Lectures	680
Length	614
less than	111
let	530, 554
let alone	111
LIAISON(WORD CONNECTION)	599
library	201
lie	344
lifelong education	177
lighthouse	348
Link Phrase	320
LISTING	200
Literal と Figurative	314
LOAN WORDS（カタカナ英語）	601
look	335

M〜O

made of money	392
make	333, 517, 529
make it two	323
manners	272
Mark Tansey	175
Marv Hammerman	387
matter	523
may	095, 534
may seem	544
meaning	213
medicine	167
memory	298
metaphor	318
metonymy	318
microbe	258
Middle Ages	210
mind	532
Miss Katie McIntyre	367
modern medicine	209
Mona Lisa	172
moral	532
more or less	111
MORE QUESTIONS	679
more than	111
more ... than anyone else	553
more ... than ever	553
much	182
much less	112
must	096, 534
Narration（語り）	362
NASA	649
Neanderthal	387
needless to say	112
nervous	531
New Prefixes	603
New York	353
next to	113
no	179
no better than	113
no less than	113
no more than	113
none other than	114
not	179
not least	114
not to mention	112
nothing but	113
nothing less than	113
nothing more than	113
nothing other than	114
notion	533
nuclear bombs	242
NUMBERS	602
Numeral Prefixes	602
occur	519
of	349
Of course	544
offended	531
of：比喩	166
on	348
on the other hand	551
one	183
Onomatopoeia	400
opinion	171
Orbit	649
otherwise	148, 185
out	352
out of date	526
over	347
owing to	550

P〜R

panda	317
Paradox	396
PARALLEL	210
parallel structure	043
paraphrase	194
PARENTHESIS [(　)]	054
Particles（前置詞／副詞）	342
penny	211
people	519
Perdita	386
period	525
person	519
Phrasal Verb	320, 326
phrase	522
Phrase 単位で読む	297
Picasso	455
plain English	500
pleased	531
poem	213
point	524
Political Correctness	384
pony	167
precious	528

PROBABILITY	182
problem	523
PRONUNCIATION SYSTEM	593
proverb	522
PROVERBS	563
psychological	532
pull	322
PUNCTUATION	052
put	328
question	524
rain	322
raise	527
rarely	181
razor	196
realize	521
Rebecca	365
recognize	521
REDUCED SOUNDS	600
REFERENCE	382
reflect	545
resources	281
result from ...	550
result in ...	550
reveal	545
rhetoric	393,395
rhetorical question	393
Rhyme	397
rise	527
role model	623
root	315
run	340
Russian	354

S〜U

sari	366
save for a rainy day	323
say	518
saying	522
scarcely	181
scenery	217
Scenes（場面）	382
seeker	255
Seine	367
SEMICOLON [;]	054
sentiment	532
shall	096
should	096,533
should have gone	494

show	339,545
simile	318
since	022,548
situation	520
slang	221
snow	224
so to say	114
so to speak	114
soft power	295
somebody	519
someone	519
sort of	110
soul	532
speak	518
speech	523
Space Elevator	649
spirit	532
spiritualist	450
star	161
stem	315
still	183
still less	115
Stories don't try to explain; they try to depict.	360
story	524
substantive words〈実質語〉	178
such as	546
suggest	545
sun	315
suppose	543
SUPPOSE	579
suspect	543
take	329,517
Take it from me	323
take place	520
talk	519
telephone	186
tell	338,518,530
Temperature	615
term	522
Textese	391
Than	062
that	037
that 節	022
that の用法	037
the	454,455,536
the bottom line	324
the name of the game is	324

the tip of the iceberg	322
the way	497
thing	524
think	543
thought	533
TIME SERIES	221
times	525
to say nothing of	112
to の意味	073
to 不定詞	072, 102, 512
to 不定詞の前置詞	141
Toni	426
toothbrush	196
trouble	523
turn	341
UFOs	636
Umberto Eco	441
understand	521
unless	555
up	343
up to date	526
Urban legends	620

V〜Y

valuable	528
Verbs	326
Volum	614
VOWELS + SEMIVOWLES	593
waste collection	204
water	316
way	525
Weight	614
Welcome to the club	324
well	180
what's going on	524
what ... is about	521
whatsoever	431
What's going on?	495
WHAT YOU SEE ISN'T WHAT YOU HEAR	592
what：関係詞と疑問詞	025
while	021, 555
will	097
William Porter	366
William Safire	502
-wise	186
with	355
without	529

wonder	543
word	522
Words Per Minute	303
work	337
worth	528
would	097
wpm	303
Wright brothers	637
Write Plain English	126
yet	183
You can't take it with you	323

あ〜こ

値する	528
アリストテレス	319
言う	518
意見・感想を述べる	543
一般の接続詞	19
イディオム	392
井伏鱒二	230
入れる	528
因果関係	550
引用符について	160
于武陵	230
英語長文の基本構造	232
英語らしい英語を書け	506
演算	614
大きな数	603
起こる	519
織田作之助	364
解答SIMULATION	244
外部コンテクスト	002, 038, 300
会話の英語	388
数・冠詞	535
型を覚え、中身を入れ替える	490
価値がある	528
考え	533
関係詞	514
関係詞 what	117
関係詞 where	29
関係詞周辺	139
関係詞節	29
関係詞の省略	32
感情	530
間投詞	398
擬音・擬態語	400
紀元	610
機能語	178

基本文＋ニュアンスの付加	91
(ニセの)「決まり文句」	142
疑問詞節および whether [if] 節	23
強調	121
きれいな形で書け	513
結果	508
語句の移動	85, 86
こころ・精神・気持ち	532
語順	515
語整序問題	154
言葉	522
語の選択	127

さ〜と

山上の垂訓	212
『三四郎』	363
ジークムント・フロイト	618
シェークスピア	302
使役動詞	529
『詩学』	319
時間の順／論理の順と記述の順を一致させる	167
時刻	612
辞書について	538
時制	175, 367, 537
時代	525
自動詞	140
自動詞・他動詞	147
自動詞／他動詞について	317
修辞	393
修辞疑問	393
修辞疑問(的なもの)	122
住所	613
修飾	14
修飾語句	103, 141
主格補語	78
「熟語」	320
主情報は同じ、違いはニュアンス	128
小数	607
譲歩	207
譲歩する	544
省略	388, 510
除外する	528
助動詞	95, 533
所有格と of について	174
知る・分かる	520
スペリング・パンクチュエーション	537
〜世紀	610
接続詞でつなぐ	555

接続詞と関係詞	19
接着のパターン	72
節を加える	121
前後のカンマは( )のようなもの	51
前置詞	511
前置詞＋疑問詞	30
全要素の入った問題	271
挿入	51
その他の並列構造	46
第一に	526
「第5文型」を書く	554
大切な	528
代動詞	175, 510
代名詞	175, 510
高まる・高める	527
多義語	472
他動詞	140
単位	614
段落完成問題	257
段落整序問題	244
違いを説明する	551
巷の英語	556
(ウィンストン・)チャーチル	31, 37
注意が必要な接続詞	20
強まる・強める	527
丁寧に書け	508
デカルト	448
点	524
電話番号	613
同格の that / of	512
登場人物	382
東大の長文レベル	234
倒置	85, 121
特徴的な(凝った)言い回しをする	121

な〜ほ

ない	528
夏目漱石	362
何が評価されるのか？	498
何と何のどこを比べる？	60
何と何を並べる？	44
並べる	541
二重否定	123
「似た」音を区別する	595
人間	519
人称	362
〜年紀	610
年号	609

〜年代 611
『ノルウェイの森』................................401
倍数 607
バイリンガル 301
初めて 526
はじめに 526
はじめは 526
80-20の法則 299
パレートの法則 299
比較 60, 141, 509
比較＋否定 123
比較する 553
比較で使われる単語の意味を理解する 61
日付 611
ひと 519
100％、0％という記述を避ける 512
比喩の型 318
副詞 100
含む 528
2つ目のasの省略 62
増える・増やす 527
不用意に言い切りをしない 513
分詞構文 66
分数 607
文脈に合わない文を作る 142
並列 513
並列構造 43
並列と省略 45
便利な日本語に注意せよ 518
補語および意味上の主語＋述語 78
補語と副詞 81
『坊っちゃん』....................................362

ま〜よ

『マクベス』 302
間違い指摘問題 138
短く・強く書け 507
見直し箇所を決めろ 535
村上春樹 401
名詞を「動かす」 170
『夫婦善哉』..364
面 524
目的 508
目的格補語 78
問題 523
「訳す」のでなく「移す」..................484
ユダヤの法則 299
要旨選択問題 257

ヨク見聞キシ、ソシテ忘レヅ 311
予測 295
読む速度 303

ら〜を

頼山陽 230
理由 508
理由を述べる 548
類義語 127
類似表現を区別せよ 526
例をあげる 546
話法 376
和訳の 3C's 158
〜を見ると〜が分かる 545

731

東大英語総講義

東大英語総講義

東大英語総講義

謝辞

　本書の企画から完成までを導いてくださった東進ブックスの「武士」倉野英樹さんと、その間の困難な全過程を担当してくださった「新ママ」柏木恵未さん。校正・校閲をしてくださった上垣結子さんと向山美紗子さん、法政大学の同僚 Andrew Chen さん。イラストレーターの新谷圭子さん。デザイナーの山口勉さん。皆さんのお力で本ができました。お名前を記して感謝いたします。また、製版・印刷・製本・CDナレーターの皆さん、ありがとうございました。

宮崎　尊

【著者紹介】

宮崎　尊（みやざき そん）　上智大学外国語学部英語学科卒。米国ネブラスカ州 Midland Lutheran College 留学（ジャーナリズム専攻）。法政大学講師。東進ハイスクール・東進衛星予備校講師。東進ハイスクール東大特進コース英語を担当。
学習参考書『宮崎の今すぐ書ける英作文　和文英訳編』『同　自由英作文編』（いずれも東進ブックス）他、多数。翻訳書『誰にも書けなかった戦争の現実』『健康帝国ナチス』（いずれも草思社）『ヴィトゲンシュタインの箒』（講談社）他、多数。

究極の東大対策シリーズ

東大英語総講義

2014年8月15日　初版発行
2024年5月3日　第6版発行

著者　　　　　宮崎　尊
発行者　　　　永瀬昭幸
　　　　　　　（編集担当：柏木恵未・倉野英樹）
発行所　　　　株式会社ナガセ
　　　　　　　〒180-0003　東京都武蔵野市吉祥寺南町1-29-2　出版事業部（東進ブックス）
　　　　　　　TEL：0422-70-7456／FAX：0422-70-7457
　　　　　　　URL：http://www.toshin.com/books/
　　　　　　　★東進ブックス公式 X、Facebook ★
　　　　　　　https://twitter.com/toshinbooks
　　　　　　　https://www.facebook.com/pages/東進ブックス/547357288634275
　　　　　　　（本書を含む東進ブックスの最新情報は上記「東進WEB書店」またはSNS各種をご覧ください）

装幀・本文デザイン　　山口 勉
本文イラスト　　　　　新谷圭子
英文校閲　　　　　　　Andrew Chen
編集協力　　　　　　　上垣結子・向山美紗子
　　　　　　　　　　　佐藤 渚・新保彩夏・田中美穂・野口直幹・松田侑子
DTP・図版作成　　　　株式会社秀文社
印刷・製本　　　　　　中央精版印刷株式会社
音声収録・編集　　　　財団法人 英語教育協議会（ELEC）
CD-ROM制作協力　　　 株式会社ジェイブイディ

※落丁本・乱丁本は着払いにて小社出版事業部宛にお送りください。新本におとりかえいたします。
※本書を無断で複写・複製・転載することを禁じます。

©Song MIYAZAKI
Printed in Japan
ISBN978-4-89085-617-6 C7382

本書付録 CD-ROM について

付録 CD-ROM にはパソコンで使用するための音声データ（MP3）が収録されています。音楽用 CD プレイヤーでは使用できません。パソコンや携帯音楽プレイヤーなどの各再生機能については、ご使用になる機器の取扱説明書を必ずご参照の上、ご利用ください。

東進ブックス

編集部より

この本を読み終えた君に オススメの3冊！

合格答案が書ける秘訣がここにある!英語の「型」と「発想」をていねいに説く「今すぐ書ける英作文」講義、和文英訳編。書けない悩みを払拭!

合格答案が書ける秘訣がここにある!英語の「型」と「発想」をていねいに説く「今すぐ書ける英作文」講義、自由英作文編。書けない悩みを払拭!

論理の基本が身につく「講義」で「解き方」ではなく「考え方」を伝授。論理的な答案作成力を鍛える「実践問題」掲載!

体験授業

この本を書いた講師の授業を受けてみませんか？

東進では有名実力講師陣の授業を無料で体験できる『体験授業』を行っています。「わかる」授業、「完璧に」理解できるシステム、そして最後まで「頑張れる」雰囲気を実際に体験してください。

※1講座(90分×1回)を受講できます。
※お電話でご予約ください。
　連絡先は付録9ページをご覧ください。
※お友達同士でも受講できます。

宮崎尊先生の主な担当講座　※2024年度
「東大対策英語」など

東進の合格の秘訣が次ページに

合格の秘訣1 全国屈指の実力講師陣

東進の実力講師陣
数多くのベストセラー参考書を執筆!!

東進ハイスクール・東進衛星予備校では、そうそうたる講師陣が君を熱く指導する！

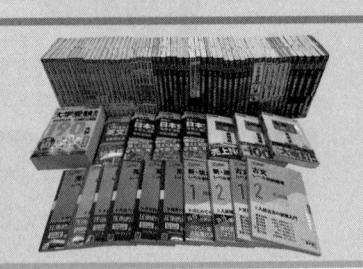

本気で実力をつけたいと思うなら、やはり根本から理解させてくれる一流講師の授業を受けることが大切です。東進の講師は、日本全国から選りすぐられた大学受験のプロフェッショナル。何万人もの受験生を志望校合格へ導いてきたエキスパート達です。

英語

本物の英語力をとことん楽しく！日本の英語教育をリードするMr.4Skills。
安河内 哲也先生 [英語]

100万人を魅了した予備校界のカリスマ。抱腹絶倒の名講義を見逃すな！
今井 宏先生 [英語]

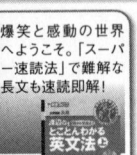

爆笑と感動の世界へようこそ。「スーパー速読法」で難解な長文も速読即解！
渡辺 勝彦先生 [英語]

雑誌『TIME』やベストセラーの翻訳も手掛け、英語界でその名を馳せる実力講師。
宮崎 尊先生 [英語]

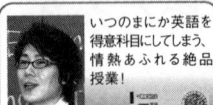

いつのまにか英語を得意科目にしてしまう、情熱あふれる絶品授業！
大岩 秀樹先生 [英語]

全世界の上位5%(PassA)に輝く、世界基準のスーパー実力講師！
武藤 一也先生 [英語]

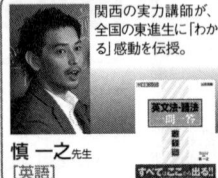

関西の実力講師が、全国の東進生に「わかる」感動を伝授。
慎 一之先生 [英語]

数学

数学を本質から理解し、あらゆる問題に対応できる力を与える珠玉の名講義！
志田 晶先生 [数学]

論理力と思考力を鍛え、問題解決力を養成。多数の東大合格者を輩出！
青木 純二先生 [数学]

「ワカル」を「デキル」に変える新しい数学は、君の思考力を刺激し、数学のイメージを覆す！
松田 聡平先生 [数学]

明快かつ緻密な講義が、君の「自立した数学力」を養成する！
寺田 英智先生 [数学]

付録 1

WEBで体験

東進ドットコムで授業を体験できます！
実力講師陣の詳しい紹介や、各教科の学習アドバイスも読めます。
www.toshin.com/teacher/

国語

輿水 淳一先生 [現代文]
「脱・字面読み」トレーニングで、「読む力」を根本から改革する！

西原 剛先生 [現代文]
明快な構造板書と豊富な具体例で必ず君を納得させる！「本物」を伝える現代文の新鋭。 

栗原 隆先生 [古文]
東大・難関大志望者から絶大なる信頼を得る本質の指導を追究。 

富井 健二先生 [古文]
ビジュアル解説で古文を簡単明快に解き明かす実力講師。

三羽 邦美先生 [古文・漢文]
縦横無尽な知識に裏打ちされた立体的な授業に、グングン引き込まれる！

寺師 貴憲先生 [漢文]
幅広い教養と明解な具体例を駆使した緩急自在の講義。漢文が身近になる！ 

正司 光範先生 [小論文]
小論文、総合型、学校推薦型選抜のスペシャリストが、君の学問センスを磨き、執筆プロセスを直伝！

石関 直子先生 [小論文]
文章で自分を表現できれば、受験も人生も成功できますよ。「笑顔と努力」で合格を！ 

理科

宮内 舞子先生 [物理]
正しい道具の使い方で、難問が驚くほどシンプルに見えてくる！

鎌田 真彰先生 [化学]
化学現象を疑い化学全体を見通す"伝説の講義"は東大理三合格者も絶賛。

立脇 香奈先生 [化学]
「なぜ」をとことん追究し「規則性」「法則性」が見えてくる大人気の授業！

飯田 高明先生 [生物]
「いきもの」をこよなく愛する心が君の探究心を引き出す！生物の達人。

地歴公民

金谷 俊一郎先生 [日本史]
歴史の本質に迫る授業と、入試頻出の「表解板書」で圧倒的な信頼を得る！

井之上 勇先生 [日本史]
つねに生徒と同じ目線に立って、入試問題に対する的確な思考法を教えてくれる。

荒巻 豊志先生 [世界史]
"受験世界史に荒巻あり"と言われる超実力人気講師！世界史の醍醐味を。

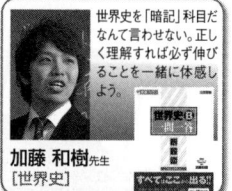

加藤 和樹先生 [世界史]
世界史を「暗記」科目だなんて言わせない。正しく理解すれば必ず伸びることを一緒に体感しよう。

清水 裕子先生 [世界史]
どんな複雑な歴史も難問も、シンプルな解説で本質から徹底理解できる。

山岡 信幸先生 [地理]
わかりやすい図解と統計の説明に定評。

清水 雅博先生 [公民]
政治と経済のメカニズムを論理的に解明しながら、入試頻出ポイントを明確に示す。

執行 康弘先生 [公民]
「今」を知ることは「未来」の扉を開くこと。受験に留まらず、目標を高く、そして強く持て！

※書籍画像は2024年3月末時点のものです。

付録 2

合格の秘訣2 ココが違う 東進の指導

01 人にしかできないやる気を引き出す指導

夢と志は志望校合格への原動力！

夢・志を育む指導

東進では、将来を考えるイベントを毎月実施しています。夢・志は大学受験のその先を見据える、学習のモチベーションとなります。仲間とワクワクしながら将来の夢・志を考え、さらに志を言葉で表現していく機会を提供します。

一人ひとりを大切に 君を個別にサポート

担任指導

東進が持つ豊富なデータに基づき君だけの合格設計図をともに考えます。熱誠指導でどんな時でも君のやる気を引き出します。

受験は団体戦！ 仲間と努力を楽しめる

チーム制

東進ではチームミーティングを実施しています。週に1度学習の進捗報告や将来の夢・目標について語り合う場です。一人じゃないから楽しく頑張れます。

現役合格者の声

東京大学 文科一類
中村 誠雄くん
東京都 私立 駒場東邦高校卒

林修先生の現代文記述・論述トレーニングは非常に良質で、大いに受講する価値があると感じました。また、担任指導やチームミーティングは心の支えでした。現状を共有でき、話せる相手がいることは、東進ならではで、受験という本来孤独な闘いにおける強みだと思います。

02 人間には不可能なことを AI が可能に

学力×志望校 一人ひとりに最適な演習をAIが提案！

AI演習

東進のAI演習講座は2017年から開講していて、のべ100万人以上の卒業生の、200億題にもおよぶ学習履歴や成績、合否等のビッグデータと、各大学入試を徹底的に分析した結果等の教務情報をもとに年々その精度が上がっています。2024年には全学年に AI 演習講座が開講します。

■AI演習講座ラインアップ

高3生 苦手克服＆得点力を徹底強化！
「志望校別単元ジャンル演習講座」
「第一志望校対策演習講座」
「最難関4大学特別演習講座」

高2生 大学入試の定石を身につける！
「個人別定石問題演習講座」

高1生 素早く、深く基礎を理解！
「個人別基礎定着問題演習講座」 **2024年夏 新規開講**

現役合格者の声

千葉大学 医学部医学科
寺嶋 伶旺くん
千葉県立 船橋高校卒

高1の春に入学しました。野球部と両立しながら早くから勉強する習慣がついていたことは僕が合格した要因の一つです。「志望校別単元ジャンル演習講座」は、AIが僕の苦手を分析して、最適な問題演習セットを提示してくれるため、集中的に弱点を克服することができました。

付録 3

東進ハイスクール 在宅受講コースへ

東進で勉強したいが、近くに校舎がない君は…

「遠くて東進の校舎に通えない……」。そんな君も大丈夫！ 在宅受講コースなら自宅のパソコンを使って勉強できます。ご希望の方には、在宅受講コースのパンフレットをお送りいたします。お電話にてご連絡ください。学習・進路相談も随時可能です。

0120-531-104

---

03 本当に学力を伸ばすこだわり

楽しい！わかりやすい！そんな講師が勢揃い

実力講師陣

わかりやすいのは当たり前！おもしろくてやる気の出る授業を約束します。1・5倍速×集中受講の高速学習。そして、12レベルに細分化された授業を組み合わせ、スモールステップで学力を伸ばす君だけのカリキュラムをつくります。

英単語1800語を最短1週間で修得！

高速マスター

基礎・基本を短期間で一気に身につける「高速マスター基礎力養成講座」を設置しています。オンラインで楽しく効率よく取り組めます。

本番レベル・スピード返却 学力を伸ばす模試

東進模試

常に本番レベルの厳正実施。合格のために何をすべきか点数でわかります。WEBを活用し、最短中3日の成績表スピード返却を実施しています。

パーフェクトマスターのしくみ

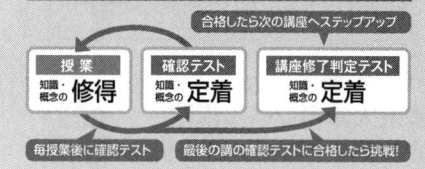

合格したら次の講座へステップアップ

- **授業** 知識・概念の**修得**
- **確認テスト** 知識・概念の**定着**
- **講座修了判定テスト** 知識・概念の**定着**

毎授業後に確認テスト　最後の講の確認テストに合格したら挑戦！

現役合格者の声

早稲田大学 基幹理工学部
津行 陽奈さん
神奈川県 私立 横浜雙葉高校卒

私が受験において大切だと感じたのは、長期的な積み重ねだと思います。基礎力をつけるために「高速マスター基礎力養成講座」や授業後の「確認テスト」を満点にすること、模試の復習などを積み重ねていくことでどんどん合格に近づき合格することができたと思っています。

ついに登場！ 高等学校対応コース

君の高校の進度に合わせて学習し、定期テストで高得点を取る！

目指せ！「定期テスト」20点アップ！
「先取り」で学校の勉強がよくわかる！

楽しく、集中が続く、授業の流れ

1. 導入
授業の冒頭では、講師と担任助手の先生が今回扱う内容を紹介します。

2. 授業
約15分の授業でポイントをわかりやすく伝えます。要点はテロップでも表示されるので、ポイントがよくわかります。

3. まとめ
授業が終わったら、次は確認テスト。その前に、授業のポイントをおさらいします。

付録 4

合格の秘訣3 東進模試

申込受付中
※お問い合わせ先は付録7ページをご覧ください。

学力を伸ばす模試

■本番を想定した「厳正実施」
統一実施日の「厳正実施」で、実際の入試と同じレベル・形式・試験範囲の「本番レベル」模試。
相対評価に加え、絶対評価で学力の伸びを具体的な点数で把握できます。

■12大学のべ42回の「大学別模試」の実施
予備校界随一のラインアップで志望校に特化した"学力の精密検査"として活用できます（同日・直近日体験受験を含む）。

■単元・ジャンル別の学力分析
対策すべき単元・ジャンルを一覧で明示。学習の優先順位がつけられます。

■最短中5日で成績表返却
WEBでは最短中3日で成績を確認できます。※マーク型の模試のみ

■合格指導解説授業
模試受験後に合格指導解説授業を実施。重要ポイントが手に取るようにわかります。

2024年度 東進模試 ラインアップ

共通テスト対策
- 共通テスト本番レベル模試　全4回
- 全国統一高校生テスト（全学年統一部門）（高2生部門）（高1生部門）　全2回

同日体験受験
- 共通テスト同日体験受験　全1回

記述・難関大対策
- 早慶上理・難関国公立大模試　全5回
- 全国有名国公私大模試　全5回
- 医学部82大学判定テスト　全2回

基礎学力チェック
- 高校レベル記述模試（高2）（高1）　全2回
- 大学合格基礎力判定テスト　全4回
- 全国統一中学生テスト（全学年統一部門）（中2生部門）（中1生部門）　全2回
- 中学学力判定テスト（中2生）（中1生）　全4回

※2024年度に実施予定の模試は、今後の状況により変更する場合があります。
最新の情報はホームページでご確認ください。

大学別対策
- 東大本番レベル模試　全4回
- 高2東大本番レベル模試　全4回
- 京大本番レベル模試　全4回
- 北大本番レベル模試　全2回
- 東北大本番レベル模試　全2回
- 名大本番レベル模試　全3回
- 阪大本番レベル模試　全3回
- 九大本番レベル模試　全3回
- 東工大本番レベル模試[第1回]／東京科学大本番レベル模試[第2回]　全2回
- 一橋大本番レベル模試　全2回
- 神戸大本番レベル模試　全2回
- 千葉大本番レベル模試　全1回
- 広島大本番レベル模試　全1回

同日体験受験
- 東大入試同日体験受験　全1回
- 東北大入試同日体験受験　全1回
- 名大入試同日体験受験　全1回

直近日体験受験　各1回
- 京大入試直近日体験受験
- 北大入試直近日体験受験
- 阪大入試直近日体験受験
- 九大入試直近日体験受験
- 東京科学大入試直近日体験受験
- 一橋大入試直近日体験受験

付録5

2024年 東進現役合格実績
受験を突破する力は未来を切り拓く力!

東大現役合格実績日本一[※1] 6年連続800名超!
※現役生のみ!講習生を含みます!

※1 2023年東大現役合格実績をホームページ・パンフレット・チラシ等で公表している予備校の中で最大(2023年JDnet調べ)。

東大 834名

文科一類	118名	理科一類	300名
文科二類	115名	理科二類	121名
文科三類	113名	理科三類	42名
学校推薦型選抜	25名		

現役合格者の36.5%が東進生!

東進生現役占有率 834 / 2,284 = **36.5%**

全現役合格者に占める東進生の割合
2024年の東大全体の現役合格者は2,284名。東進生の占有率は36.5%。現役合格者の2.8人に1人が東進生です。

学校推薦型選抜も東進!
東大 25名
学校推薦型選抜現役合格者の27.7%が東進生! 27.7%

法学部	4名	工学部	8名
経済学部	1名	理学部	2名
文学部	1名	薬学部	2名
教育学部	1名	医学部医学科	1名
教養学部	3名		

京大 493名 昨対+21名
史上最高![※2] 現役生のみ!講習生を含みます!

総合人間学部	23名	医学部人間健康科学科	20名
文学部	37名	薬学部	14名
教育学部	10名	工学部	161名
法学部	56名	農学部	43名
経済学部	49名	特色入試 (上記に含む)	24名
理学部	52名		
医学部医学科	28名		

'22 468 / '23 472 / '24 493

早慶 5,980名 昨対+239名
史上最高![※2] 現役生のみ!講習生を含みます!

早稲田大 3,582名
政治経済学部	472名
法学部	354名
商学部	297名
文化構想学部	276名
理工学部	752名
他	1,431名

慶應義塾大 2,398名
法学部	290名
経済学部	368名
商学部	487名
理工学部	576名
医学部	39名
他	638名

'22 5,678 / '23 5,741 / '24 5,980

医学部医学科 1,800名 昨対+9名
史上最高![※2] 現役生のみ!講習生を含みます!

| 国公立医・医 | 1,033名 | 防衛医科大学校を含む |
| 私立医・医 | 767名 | 史上最高![※2] |

'22 1,658 / '23 1,791 / '24 1,800

国公立医・医 1,033名 防衛医科大学校を含む

東京大	43名	名古屋大	28名	筑波大	21名	横浜市立大	14名	防衛医科大学校	30名
京都大	28名	大阪大	24名	千葉大	25名	浜松医科大	19名	その他	
北海道大	10名	九州大	23名	東京医科歯科大	21名	大阪公立大	20名	国公立医・医	700名
東北大	28名								

私立医・医 767名 昨対+40名 史上最高![※2]

| 自治医科大 | 2名 | 慶應義塾大 | 39名 | 東京慈恵会医大 | 30名 | 関西医科大 | 49名 | その他 | |
| 国際医療福祉大 | 80名 | 順天堂大 | 52名 | 日本医科大 | 42名 | | | 私立医・医 | 443名 |

旧七帝大 +東工大・一橋大・神戸大 4,599名

東京大	834名	東北大	389名	九州大	487名	一橋大	219名
京都大	493名	名古屋大	379名	東京工業大	219名	神戸大	483名
北海道大	450名	大阪大	646名				

上理明青立法中 21,018名

上智大	1,605名	青山学院大	2,154名	法政大	3,833名
東京理科大	2,892名	立教大	2,730名	中央大	2,855名
明治大	4,949名				

国公立大 16,320名
※2 史上最高…東進のこれまでの実績の中で最大。

国公立 総合・学校推薦型選抜も東進!

旧七帝大 +東工大・一橋大・神戸大 434名

東京大	25名	大阪大	57名
京都大	24名	九州大	38名
北海道大	24名	東京工業大	30名
東北大	119名	一橋大	10名
名古屋大	65名	神戸大	42名

国公立医・医 319名

国立大学の総合型・学校推薦型選抜の合格実績です。指定校推薦を除く、早稲田塾を含まない東進ハイスクール・東進衛星予備校の現役生のみの合同実績です。

関関同立 13,491名

| 関西学院大 | 3,139名 | 同志社大 | 3,099名 | 立命館大 | 4,477名 |
| 関西大 | 2,776名 | | | | |

日東駒専 9,582名

| 日本大 | 3,560名 | 東洋大 | 3,575名 | 駒澤大 | 1,070名 | 専修大 | 1,377名 |

産近甲龍 6,085名

| 京都産業大 | 614名 | 近畿大 | 3,686名 | 甲南大 | 669名 | 龍谷大 | 1,116名 |

ウェブサイトでもっと詳しく [東進] 🔍検索

2024年3月31日締切

付録 6

各大学の合格実績は、東進ネットワーク(東進ハイスクール、東進衛星予備校、早稲田塾)の現役生のみ、高3時在籍者のみの合同実績です。一人で複数合格した場合は、それぞれの合格者数に計上しています。

東進へのお問い合わせ・資料請求は
東進ドットコム www.toshin.com もしくは下記のフリーコールへ！

東進ハイスクール
ハッキリ言って合格実績が自慢です！ 大学受験なら、

0120-104-555 (トーシン ゴーゴーゴー)

●東京都

[中央地区]
- 市ヶ谷校　0120-104-205
- 新宿エルタワー校　0120-104-121
- ＊新宿校大学受験本科　0120-104-020
- 高田馬場校　0120-104-770
- 人形町校　0120-104-075

[城北地区]
- 赤羽校　0120-104-293
- 本郷三丁目校　0120-104-068
- 茗荷谷校　0120-738-104

[城東地区]
- 綾瀬校　0120-104-762
- 金町校　0120-452-104
- 亀戸校　0120-104-889
- ★北千住校　0120-693-104
- 錦糸町校　0120-104-249
- 豊洲校　0120-104-282
- 西新井校　0120-266-104
- 西葛西校　0120-289-104
- 船堀校　0120-104-201
- 門前仲町校　0120-104-016

[城西地区]
- 池袋校　0120-104-062
- 大泉学園校　0120-104-862
- 荻窪校　0120-687-104
- 高円寺校　0120-104-627
- 石神井校　0120-104-159
- 巣鴨校　0120-104-780

- 成増校　0120-028-104
- 練馬校　0120-104-643

[城南地区]
- 大井町校　0120-575-104
- 蒲田校　0120-265-104
- 五反田校　0120-672-104
- 三軒茶屋校　0120-104-739
- 渋谷駅西口校　0120-389-104
- 下北沢校　0120-104-672
- 自由が丘校　0120-964-104
- 成城学園前駅校　0120-104-616
- 千歳烏山校　0120-104-331
- 千歳船橋校　0120-104-825
- 都立大学駅前校　0120-275-104
- 中目黒校　0120-104-261
- 二子玉川校　0120-104-959

[東京都下]
- 吉祥寺南口校　0120-104-775
- 国立校　0120-104-599
- 国分寺校　0120-622-104
- 立川駅北口校　0120-104-662
- 田無校　0120-104-272
- 調布校　0120-104-305
- 八王子校　0120-896-104
- 東久留米校　0120-565-104
- 府中校　0120-104-676
- ★町田校　0120-104-507
- 三鷹校　0120-104-149
- 武蔵小金井校　0120-480-104
- 武蔵境校　0120-104-769

●神奈川県
- 青葉台校　0120-104-947
- 厚木校　0120-104-716
- 川崎校　0120-226-104
- 湘南台東口校　0120-104-706
- 新百合ヶ丘校　0120-104-182
- センター南駅前校　0120-104-722
- たまプラーザ校　0120-104-445
- 鶴見校　0120-876-104
- 登戸校　0120-104-157
- 平塚校　0120-104-742
- 藤沢校　0120-104-549
- 武蔵小杉校　0120-165-104
- ★横浜校　0120-104-473

●埼玉県
- 浦和校　0120-104-561
- 大宮校　0120-104-858
- 春日部校　0120-104-508
- 川口校　0120-917-104
- 川越校　0120-104-538
- 小手指校　0120-104-759
- 志木校　0120-104-202
- せんげん台校　0120-104-388
- 草加校　0120-104-690
- 所沢校　0120-104-594
- ★南浦和校　0120-104-573
- 与野校　0120-104-755

●千葉県
- 我孫子校　0120-104-253

- 市川駅前校　0120-104-381
- 稲毛海岸校　0120-104-575
- 海浜幕張校　0120-104-926
- ★柏校　0120-104-353
- 北習志野校　0120-344-104
- 新浦安校　0120-556-104
- 新松戸校　0120-104-354
- 千葉校　0120-104-564
- ☆津田沼校　0120-104-724
- 成田駅前校　0120-104-346
- 船橋校　0120-104-514
- 松戸校　0120-104-257
- 南柏校　0120-104-439
- 八千代台校　0120-104-863

●茨城県
- つくば校　0120-403-104
- 取手校　0120-104-328

●静岡県
- ★静岡校　0120-104-585

●奈良県
- ★奈良校　0120-104-597

★ は高卒本科(高卒生)設置校
※ は高卒生専用校舎
□ は中学部設置校

※変更の可能性があります。
最新情報はウェブサイトで確認できます。

東進衛星予備校
全国約1,000校、10万人の高校生が通う、

0120-104-531 (トーシン ゴーサイン)

東進ハイスクール在宅受講コース
近くに東進の校舎がない高校生のための

0120-531-104 (ゴーサイン トーシン)

東進ドットコム
ここでしか見られない受験と教育の最新情報が満載！

www.toshin.com

東進TV
東進のYouTube公式チャンネル「東進TV」。日本全国の学生レポーターがお送りする大学・学部紹介は必見！

大学入試過去問データベース
君が目指す大学の過去問を素早く検索できる！ 2024年入試の過去問も閲覧可能！

大学入試問題 過去問データベース
190大学 最大30年分を無料で閲覧！

※2024年4月現在